KB105945

경험과 판단

Erfahrung und Urteil

경험과 판단

논리학의 발생론 연구

에드문트 후설

이종훈 옮김

민음사

일러두기

1 1. 이 책은 후설의 유작 *Erfahrung und Urteil. Untersuchungen zur Geneologie der Logik*, (ed.) L. Landgrebe(Hamburg, Felix Meiner, 1972)를 완역한 것이다.

2 번역하는 데 영역본 *Experience and Judgement*, trans. J. S. Churchill & K. Ameriks (London, Routledge & Kegan Paul, 1973)도 참조했다.

3 옮긴이는 이 책을 1997년 대우학술총서 제103권으로 발표했으나, 그 당시 서둘러 정리할 수밖에 없었기에 여러 면에서 부실한 점이 드러났다. 그래서 오랜 기간 고민해 오다 이번 기회에 전면적으로 다시 번역했다. 독자에게 여전히 부끄럽지만 이제야 조금 위안이 된다.

4 원전에서 격자체나 이탤릭체 또는 겹따옴표(" ")로 묶어 강조한 부분은 일괄적으로 고딕체로 표기했다.

5 인명, 중요한 전문 용어나 원어를 밝혀야 정확한 뜻을 파악할 수 있는 문구는 우리말 다음에 원어를 병기했고, 필요한 경우 독자의 이해를 돕기 위해 간략한 옮긴이의 주석을 달았다.

6 긴 문장 가운데 중요한 용어나 합성어 그리고 일부의 내용을 부각시켜 문장의 흐름을 파악하는 데 도움이 된다고 판단한 부분은 원전에 없는 홑따옴표(' ')로 묶었다.

7 문맥의 원활한 흐름을 위해 또는 독자의 이해를 돕기 위해 필요한 말은 옮긴이가 꺾쇠괄호〔〕 안에 보충했다. 그리고 너무 긴 문단은 그 내용을 고려해 단락을 새롭게 나누었다.

8 원전의 주는 〔원주〕로, 옮긴이의 주는 각 절에 새로운 번호로 달았다.

차례

옮긴이 해제 술어적 '판단'의 원천인 생생한 '경험'의 지향적 구조   17

편집자 서문   53

서론   **연구의 의미와 범위**   **61**

1   **논리학의 발생론에서 중심적 주제인 술어적 판단**   61

2   **술어적 판단을 전통적으로 규정하는 것과 그 우위성 그리고**   65
    그 문제

3   **논리적 문제제기의 양면성. 주관적으로 방향이 정해진**   68
    문제설정의 출발점인 명증성 문제와 이것이 전통으로 옮겨지는 것

4   **명증성 문제의 단계들. 가능한 명증적 판단작용의 예비조건인**   72
    대상적 명증성

5   **판단의 명증성이 대상적 명증성으로 되돌아감**   76

    a) 명증적 판단작용이 지향적으로 변양된 것인 단순한 판단작용

    b) 간접적 명증성과 직접적 명증성 그리고 단적인 직접적 인식으로
      되돌아가야 할 필연성

    c) 궁극적인 '대상이 된 것'(궁극적 기체)인 개체들에 관련된
      직접적인 '궁극적' 판단들

6   **개체적 대상들의 명증성인 경험 발생적 판단론의 제1부인**   83
    선술어적 경험의 이론

7   **개별적 대상들의 모든 경험에 미리 주어진 보편적 신념의 토대인**   85
    세계

8 경험의 지평구조. 경험의 모든 개별적 대상이 유형적으로 미리 89
알려져 있음

9 모든 가능한 판단의 기체의 지평인 세계. 이것을 통해 규정된 101
세계의 논리학인 전통적 논리학의 성격

10 생활세계로 되돌아가는 것인 경험의 명증성으로 되돌아가는 것. 103
생활세계를 은폐한 이념화의 해체

11 판단의 근원을 해명하는 것과 선험적이며 현상학적-구성적인 110
문제제기의 전체적 지평 속에 있는 논리학의 발생론

12 개별적 분석의 출발점. 단적인 경험과 기초 지어진 경험의 구별 117
그리고 가장 단적인 경험으로 되돌아갈 필요성

13 판단과 대상의 일반적 개념. 확정하는 것으로서 판단 125

14 외적 지각과 지각에 대한 판단의 분석에서 출발해야 할 필요성과 132
이 연구의 한계

1부   선술어적(수용적) 경험 141

1장   수용성의 일반적 구조 143

15 외적 지각에 대한 분석으로 이행함 143

16 수동적으로 미리 주어진 것의 장과 그 연상적 구조 145

17 자극과 '자아가 주의를 기울이는 것'. 자아의 활동에서 가장 낮은 150
단계인 수용성

18 자아의 경향인 주의하는 것 155

19 경험된 것에 대한 '관심'인 경험하는 자아의 경향과 자아의 '행위' 157
속에 이러한 경향 을 실현함

20 관심의 좁은 개념과 넓은 개념 162

21 **경향을 억제하는 것과 확실성이 양상화되는 근원**   165

   a) 부정의 근원

   b) 회의의 의식과 가능성의 의식

   c) 문제점이 있는 가능성과 개방된 가능성

   d) 양상화에 관한 논의의 이중적 의미

2장   **단적인 파악과 해명**   184

22 **다음 분석의 주제인 관찰하는 지각의 단계들**   184

23 **단적인 파악과 관찰**   188

   a) 내재적–시간적 통일체인 지각. 파악작용의 능동성 속에 있는

      수동성인 '여전히–파지해–유지함'

   b) 서로 다른 방식의 '파지해 유지함'과 과거지향에 대립된 그 차이

24 **해명하는 관찰작용과 해명적 종합**   196

   a) '기체'와 '규정'이라는 범주의 근원적 장소인 해명적 종합과

      이것을 분석하는 과제

   b) '중첩'이라는 종합의 특수한 방식인 해명적 합치

   c) 단적인 파악에서 '파지해–유지함'에 대립된 해명에서 '파지해–

      유지함'

   d) 해명과 다수성의 파악

25 **해명의 습득적 침전물. 각인됨**   209

26 **지평에 의해 예측된 것을 판명하게 하는 것인 해명과 분석적으로**   212

   판명하게 하는 것의 차이

27 **해명의 근원적인 수행방식과 근원적이지 않은 수행방식. 예측**   216

   속의 해명과 기억 속의 해명

28 **다층적 해명 그리고 기체와 규정의 차이를 상대화함**   219

29 **절대적 기체와 절대적 규정 그리고 이 구별의 삼중 의미**   223

30 독립적 규정과 비독립적 규정. '전체'라는 개념   232

31 단편의 파악과 비독립적 계기의 파악   235

32 결합인 비독립적 계기와 속성인 비독립적 계기   239

　　a) 간접적 속성과 직접적 속성

　　b) 속성의 적확한 개념 그리고 속성과 결합의 차이

3장　　　　관계파악과 수동성에서 관계파악의 토대   243

33 지평의식과 관계적 관찰작용   243

34 관계적 관찰작용의 일반적 특성   246

　　a) 집합적 총괄작용과 관계적 관찰작용

　　b) 관계적 관찰작용이 방향을 전환할 수 있음과 '관계의 기초'

　　c) 관계작용과 해명작용

35 관계를 기초 짓는 통일체의 본질에 관한 물음   251

36 지각의 수동적 (시간적) 통일체   252

37 기억의 통일 그리고 기억과 지각의 분리   255

38 자아와 자아 공동체의 모든 지각과 정립적 현전화의 지향적   259

　　대상들이 감성의 형식인 시간에 기초해 갖는 필연적 연관

39 유사-정립성으로 이행함. 상상의 직관은 아무 연관이 없음   266

40 상상이 상상의 세계의 통일체로 수렴됨으로써 상상 속에 시간의   271

　　통일체와 그 연관. 실제적 경험의 세계 안에서만 가능한 개체화

41 자아의 지각의 대상과 상상의 대상이 직관적으로 통일될   275

　　가능성의 문제

42 의식의 흐름 속에 구성된 모든 대상성 사이의 직관적 연관을   276

　　연상을 통해 확립할 가능성

　　a) 자아의 모든 체험의 시간적 통일체

　　b) 정립적 의식의 연관에 대한 연상의 이중적 기능

　　　c) 연상에 근거한 지각의 직관과 상상의 직관의 직관적 통일 그리고

　　　　가장 넓은 개념에서 직관의 통일

　43　**결합의 관계와 비교의 관계**　　　　　　　　　　　　　　285

　　　a) 순수한 본질의 관계('관념들의 관계')인 비교의 관계

　　　b) 가장 중요한 결합의 관계(실제성의 관계)의 구성

　　　c) 직관의 통일체의 좁은 의미와 넓은 의미

　　　d) 형식적 관계들의 근본적 토대인 형식적 통일체의 형성

　44　**비교하는 관찰의 분석. 동등함과 유사함**　　　　　　　294

　45　**전체적 유사함과 부분적 유사함(어떤 것과-관련된-유사함)**　　297

　46　**관계의 규정과 대조의 규정('절대적 인상')**　　　　　299

2부　　술어적 사고와 오성의 대상성　　　　　　　　　　301

1장　　술어와작용의 일반적 구조와 가장 중요한 범주적 형식의　　303
**　　　　발생**

　47　**술어적 작업수행에서 인식의 관심과 그 성취**　　　　　303

　48　**인식하는 행동은 실천적 행동과 평행관계를 이룬다**　　307

　49　**객관화하는 작업수행의 단계를 구별한 의미. 구성적 분석으로**　　311
**　　　　이행**

　50　**술어화작용의 근본적 구조**　　　　　　　　　　　　314

　　　a) 술어적 과정의 양면성

　　　b) 술어화작용 속에 형식이 이중적으로 형성됨

　　　c) 술어로 규정하는 주제의 연관에 근원적 세포인 판단과 이

　　　　판단의 독립성의 의미

　51　**단순히 전진해 가는 해명에 상응하는 판단의 형식들**　　　326

a) 연속적 규정작용

b) '등등'이라는 형식으로 규정하는 것

c) 동일화해 연결하는 규정작용

52 '이다'-판단과 '가짐'-판단   **332**

a) '가짐'-판단의 형식은 독립적 부분들의 해명에 상응한다

b) 비독립적 규정의 명사화와 '이다'-판단의 '가짐'-판단으로 변형

53 관계적 관찰에 근거한 판단작용. 절대적 형용사와 상대적 형용사   **336**

54 규정하는 판단작용과 관계 짓는 판단작용을 구별하는 의미   **338**

55 관심을 규정들에 균등하지 않게 배분함으로써 생긴 부가어의   **341**

근원

a) 주문장과 부문장이 분절됨

b) 명제의 형식이 변양된 부수적 형식

c) 규정의 측면에서 부가어의 연결

56 기체 대상에 대한 술어적 작업수행의 결과인 논리적 의미의 구성   **347**

57 동일성의 판단의 근원   **350**

2장   **오성의 대상성과 술어적 작업수행에서 나온 대상성들의**   **353**

근원

58 술어적 작업수행이 새로운 단계로 이행함. 범주적 대상성인   **353**

사태를 '미리 구성함'과 명사화함으로써 이것을 '이끌어 냄'

59 상태의 '원천'인 단적으로 부여할 수 있는 대상. 상태와 사태   **355**

60 사태와 완전한 판단명제의 구별   **359**

61 오성의 대상성에 관한 그 이상의 예인 집합. 생산적 자발성 속에   **363**

집합의 구성

62 상태와 사태의 원천인 오성의 대상성. 구문론적 결합과 관계를   **367**

구문론적이지 않은 결합과 관계로부터 구별함

63 오성의 대상성과 수용성의 대상성을 구성하는 것의 차이 370

64 오성의 대상성의 비실재성과 그 시간성 374

   a) 모든 대상성 일반이 주어지는 형식인 내재적 시간

   b) 실재적 대상성의 시간성. 주어지는 시간과 객관적 (자연의) 시간

   c) 전체-시간성인 비실재적 대상성의 시간의 형식

   d) 오성의 대상성의 비실재성은 유적 일반성을 의미하지 않는다

65 포괄적 의미에서 실재적 대상성과 비실재적 대상성의 구별. 388

   의미의 대상성(사념된 것)의 영역에 속하는 오성의 대상성

3장   판단의 양상들의 근원 396

66 서론: 자아가 결정하는(능동적으로 태도를 취하는) 양식인 396

   술어적 판단의 양상들

67 양상화의 동기인 판단의 공허한 변양들 400

   a) 경험의 예측하는 작용 속에 정초된 공허한 변양들과 양상화

   b) 근원적으로 형성된 판단이 침전되어 생긴 공허한 변양들

68 공허한 사념들을 비판해 생긴 판단의 태도를 취하는 근원. 410

   확증(일치)을 향한 비판

69 판단의 사념된 것 그 자체와 참된 사태. 사태는 어느 정도까지 414

   의미의 대상성인가

70 기초에 놓인 기체의 대상성의 명증성과 유사한 사태가 주어진 417

   것의 명증성

71 승인하거나 부인하는 것으로서 판단의 태도를 취하는 것. 418

   취득하는 것인 승인하는 것과 자신을 유지하려는 노력에 대한 그

   의미

72 판단의 '질'의 문제. 부정판단은 결코 근본적 형식이 아니다 423

73 변양된 판단의 주어를 지닌 더 높은 단계의 판단의 태도를 취하는 425

것인 실존판단과 진리판단

74 **실존의 술어화작용과 실제성의 술어화작용의 구별**   430

    a) 실제성의 술어화작용의 근원

    b) 실존의 술어화작용은 의미를 향하고, 실제성의 술어화작용은

       주어인 명제를 향한다

75 **실제성의 술어화작용과 실존의 술어화작용은 결코 규정하는**   434

   술어화작용이 아니다

76 **좁은 의미의 양상으로 이행함. 능동적으로 태도를 취하는 작용인**   436

   회의와 추측

77 **확실성의 양상들과 확신의 개념. 순수한 확실성과 순수하지 않은**   440

   확실성, 추정적 확실성과 필증적 확실성

78 **물음과 답변. 판단을 결정하려고 노력하는 것인 묻는 작용**   443

79 **단적인 물음과 정당성을 지닌 물음의 구별**   447

3부   **일반적 대상성의 구성과 일반자의 판단작용의**   453

          형식들

80 **고찰의 진행**   455

1장   **경험적 일반성의 구성**   460

81 **일반자의 근원적 구성**   460

    a) 일반자가 부각되는 근거인 동등한 것과 동등한 것의 연상적 종합

    b) 일반자는 산출하는 자발성 속에 구성된다. 개별적 판단과 유적 판단

    c) 일반자의 동일성에 관여함과 단순한 동등함

82 **경험적 일반성과 그 외연. 개념의 이념성**   468

83 경험적-유형적 일반성과 이것이 수동적으로 미리 구성됨   472

    a) 자연적 경험의 통각의 유형에서 경험적 개념을 획득함

    b) 본질적 유형과 비본질적 유형. 학문적 경험은 본질적 유형을

       명백하게 밝힌다

84 일반성의 단계들   477

    a) 완전히 동등한 개체들을 반복해 얻은 일반자의 구체적인

       일반성. 독립적 일반성과 추상적 일반성, 명사적 일반성과

       형용사적 일반성

    b) 단순한 유사함에 근거한 일반성인 더 높은 단계의 일반성

85 실질적 일반성과 형식적 일반성   480

2장   본질직관의 방법을 통한 순수한 일반성의 획득   483

86 경험적 일반성의 우연성과 아프리오리한 필연성   483

87 본질직관의 방법   485

    a) 본질직관의 근본토대인 자유로운 변경

    b) 변경의 항을 형성하는 과정에서 임의성의 형태

    c) 본질직관의 근본토대인 변경들의 다양체 전체를 '파지해

       유지함'

    d) 개별자에 대한 경험과 본질직관의 관계. 추상이론의 오류

    e) 변경의 다양체들이 중첩되는 합치에서 합동과 차이

    f) 변경과 변화

88 일반성을 '직관한다'는 말의 의미   495

89 순수한 일반성을 획득하려는 목적에서 모든 존재의 정립을   497

    명백하게 배제해야만 할 필연성

90 순수한 일반성과 아프리오리한 필연성   501

91 순수한 일반성의 외연   504

    a) 순수한 개념의 외연의 전체성은 개별적 차별화를 전혀 제공하지

        않는다

    b) 가능성의 차별화와 실제성의 차별화

92 순수한 일반성의 단계를 구축하는 것과 이념들을 변경해 가장   507

높은 구체적 류들(영역들)을 획득하는 것

93 '사물'의 영역을 획득하는 데 명시된 최상의 류를 획득하는 어려움   511

    a) 변경할 수 있는 범례를 수립하는 방법

    b) 완전한 구체화를 획득하는 문제. 추상적 본질고찰과 구체적

        본질고찰

3장   일반자의 양상에서 판단들   519

94 자발적 작업수행의 가장 높은 단계인 판단작용의 '일반자−   519

변양들'의 고찰로 이행함

95 개체적 '이것'이 상관없게 된 것에 입각한 '일반자−변양'의 근원   520

96 특칭판단   522

    a) 내재적 판단인 특칭판단. 특칭성과 수(數)의 개념

    b) 규정된 판단이 변양된 것인 특칭판단

    c) 아프리오리한 실존판단인 특칭적 상상판단

97 보편판단   527

    a) 특칭적 변양에서 생긴 보편적 일반자의 근원

    b) 전칭판단

    c) 보편적 상상의 판단 속에 아프리오리한 가능성을 획득함

98 총괄   535

부록 537

부록 1 어떤 내용을 '사태'로 파악하는 것과 개체성의 근원. 시간의   539
    양상과 판단의 양상

부록 2 개연성에 관한 주장의 명증성. 흄의 파악에 대한 비판   551

후설 연보   559

후설의 저술   565

찾아보기   572

술어적 '판단'의 원천인 생생한 '경험'의 지향적 구조

1 후설과 현상학 운동

후설 현상학

현상학(Phänomenologie)의 창시자 에드문트 후설(Edmund Husserl)은 1859년 4월 8일 독일의 메린 주(당시 오스트리아 영토) 프로스니츠(현재 체코의 프로스테요프)에서 유대인으로 태어나 1938년 4월 27일 프라이부르크에서 79세로 사망했다. 그는 할레대학교 강사(1887~1901년), 괴팅겐대학교 강사(1901~1906년)와 교수(1906~1916년), 프라이부르크대학교 교수(1916~1928년)로 재임하는 동안 그리고 은퇴 후 죽는 날까지 '철학자'였다. '철학자로 살아왔고 철학자로 죽고 싶다'는 유언 그대로, 스스로 길을 찾았고 자신이 개척한 길에 잠시도 안주하지 않는 진지한 초심자의 자세로 끊임없이 자기비판을 수행했다.

본래 철학은 어떤 사실을 소박하게 전제하거나 신화 또는 주술에 의한 설명에 만족하지 않고, 자유로운 이성(Logos)에 기초해 보편타당하고 절대적으로 확실한 앎(이론)을 추구한다. 그리고 이성에 근거한 자율적 삶(실천)을 형성해 가기 위해 근본적인 것을 탐구하려는 이념을 갖는다.

그러나 이 이념은 근대 이후 정밀한 실증과학이 이룩한 번영에 가려져 위축되고 희석되었다. 객관적 수학과 자연과학에서 학문의 전형을 찾는 실증주의는 인간이 자기 자신과 세계를 반성하는 주체인 이성을 제거했고, 이성이 모든 존재에 부여하는 의미 문제를 외면했다. 그 결과 철학은 근본적 위기를 맞이했다. 이성에 대한 신념이 붕괴된 이 위기는 곧 참된 앎(학문)의 위기이며, 진정한 삶(인간성) 자체의 위기이다.

후설은 이 위기를 극복할 수 있는 길이 모든 학문의 근원과 인간성의 목적을 철저히 반성함으로써 철학의 참된 출발점을 근원적으로 건설하는 데 있다고 파악했다. 있는 '사실의 문제'만을 소박하게 추구하고, 어떻게 있어야 하고 살아야 하는가 하는 '이성의 문제'를 해명하지 않는 사실과학(事實科學)은 단순한 사실인(事實人)을 만들 뿐이다. 그러나 참된 인간은 단순한 사실인일 수만은 없다. 그렇기에 다음과 같이 역설한다.

우리는 이론적 작업을 수행하면서 사태와 이론, 방법에 몰두한 나머지 그 작업의 내면에 관해 아무것도 모르고, 그 작업 속에 살면서 그것을 수행하는 삶 자체를 주제로 삼지 않는 이론가의 자기망각을 극복해야 한다.

따라서 후설 현상학의 이념은 보편적 이성을 통해 모든 학문이 타당할 수 있는 조건과 근원을 되돌아가 물음으로써 궁극적 자기책임에 근거한 이론(앎)과 실천(삶)을 정초하려는 '엄밀한 학문'으로서의 '제일철학(즉 '선험철학')이다. 그리고 이것을 추구한 방법은 기존의 철학에서 정합적으로 형이상학의 체계를 구축하는 것이 아니라, 모든 편견에서 해방되어 의식에 직접 주어지는 '사태 자체(Sachen selbst)'를 직관하는 것이다. 이러한 이념과 방법은 부단히 발전해 나간 그의 현상학에서 조금도 변함이 없었다. (물론 그 방법에는 초기 저술의 정적 분석과 후기 저술과 유고의 발생적 분석의 차이가 있다. 그러나 이 둘은 서로 배척되는 것이 아니라, 마치 어떤 건물에 대한 평면적 파악과 입체적 조망의 차이처럼 상호 보완적이다.)

현상학은 20세기 철학계에 충격적 사건으로 등장해 '현상학 운동'으로 발전하면서 실존주의, 인간학, 해석학, 구조주의, 존재론, 심리학, 윤리학, 신학, 미학, 사회과학 등에 깊고도 폭넓은 영향을 계속 끼쳐 왔다. 셸러(M. Scheler), 하이데거(M. Heidegger), 야스퍼스(K. Jaspers), 가다머(H. G. Gadamer), 마르쿠제(H. Marcuse), 인가르덴(R. Ingarden), 마르셀(G. Marcel), 사르트르(J. P. Sartre), 메를로퐁티(M. Merleau-Ponty), 레비나스(E. Levinas), 리쾨르(P. Ricoeur), 슈츠(A. Schutz) 등은 직접적으로, 그다음 세대인 하버마스(J. Harbermas), 데리다(J. Derrida) 등은 간접적으로, 후설과 밀접한 관계 속에 자신의 철학을 형성해 나갔다.

그러나 이들은 암묵적이든 명시적이든 한결같이 선험적 현상학을 비판하고 거부했다. 후설은 이들이 현상학적 방법으로 풍부한 결실을 얻을 수 있다는 점을 알았고 그 성과를 높게 평가했지만 이에 만족하지 않았다. 더구나 그의 충실한 연구조교였던 란트그레베(L. Landgrebe)와 핑크(E. Fink)조차 후설의 사후에는 점차 선험적 현상학에서 떠나갔다.

그럼에도 불구하고 후설은 선험적 현상학을 결코 포기하지 않고 끝까지 견지했다. 왜 그럴 수밖에 없었을까?

후설 현상학은 방법론인가, 철학인가?

오늘날 현상학은, 새로운 방법론으로 간주되든 독자적 철학으로 간주되든, 적어도 인문·사회과학에서 낯설지 않다. 우리나라에서도 관련된 논문이나 입문서가 적지 않으며, 후설 원전도 여러 권 번역되었다. 그러나 후설 현상학에 대한 이해는 극히 보잘것없다. 그 이유를 살펴보면 다음과 같다.

첫째, 그의 저술은 대부분 추상적인 주제를 다루며, 그 분석도 매우 치밀하고 문장 구조가 매우 복잡해서 간단히 접근하기도 이해하기도 어렵기 때문이다. (그러나 일단 그의 논지를 파악하면, 애매하고 신비적인 개념들로 일관된 저술보다 명확하게 이해할 수 있다.) 둘째, 그의 사상 전체를 제대로 파악할 수 있는 방대한 유고(유대인 저서 말살 운동으로 폐기될 위험에서 구출된 약 4만 5000여 장의 속기 원고와 1만여 장의 타이프 원고)는 1950년 후설 전집이 출판되기 시작한 이후에야 비로소, 그것도 조금씩 점차 밝혀졌기 때문이다.

한편 후설의 현상학이 그의 주장과는 전혀 상관없이, 아니 어떤 경우는 정반대로 해석되는 데에도 문제점이 있다.

첫째, 흔히 후설 사상의 발전을 '기술적 현상학 → 선험적 현상학 → 생활세계의 현상학', 또는 '정적 현상학 → 발생적 현상학'으로 구분한다. 이 구분은 나름대로 근거와 의의가 있지만 이 구분에만 얽매이면, 후설 사상의 총체적 모습은 결코 밝힐 수 없다. 그의 사상은 여러 가닥의 생각이 부단히 떠오르고 가라앉으며 '의식의 흐름'이라는 전체 밧줄을 형성하듯이, 각 단계의 특징이 서로 뒤섞여 나선형의 형태로 발전해 나갔기 때문이다. 둘째, 그의 현상학은 의식의 다양한 관심의 영역(층)에 주어지는 사태 그 자체를 분석하는 일종의 '사유실험(Denkexperiment)'이기 때문에, 이에 접근하는 문제의식의 시각에 따라 제각기 해석될 수 있다. 그래서 대부분 그 자체로서보다, 이들 각자가 비판한 (동시대인이면서도 단지 후학(後學)이라는 이유 하나만으로 정당화된) 견해를 통해서만 평가되고 있다.

그 결과 '판단중지'와 '환원'으로 선험적 주관성을 해명한 '선험적 현상학은 관념론(합리론·주지주의)'으로, 직관적으로 주어진 경험의 심층 구조를 분석한 '생활세계의 현상학은 실재론(경험론·주의주의)'으로 파악된다. 심지어 '실천이 모든 진리의 규준'이라는 마르크스-레닌주의 사회철학이 풍미하던 1980년대에 출간된 사전은 후설 현상학을 "실천을 떠난 부르주아 사상", "주관적·관념론적으로 왜곡된 플라톤주의의 현대판"(한국철학사상연구회 편, 『철학대사전』(동녘, 1989), '후설' 및 '현상학' 항목 참조)으로까지 규정한다.

과연 후설은 어제는 선험적 현상학에, 오늘은 생활세계의 현상학에 두 집 살림을 차렸는가? 도대체 선험적 현상학은 무엇인가?

우선, 후설이 '생활세계'를 문제 삼은 것은 오직 '선험적 현상학'(목적)에 이르기 위한 하나의 길(방법)이었다. '방법(method)'은 어원(meta+hodos)상 '무엇을 얻기 위한 과정과 절차'를 뜻한다. 따라서 방법에서 목적을 배제하면 방황할 수밖에 없다. 후설 현상학 역시 마찬가지로 둘을 분리해 생각해선 안 된다. 그리고 '관념론(주관주의)인가 실재론(객관주의)인가' 하는 논의는 후설 현상학을 총체적으로 파악하는 것 훨씬 이전에 논의의 출발점이자 중심인 '의식의 지향성(인식하는 주관은 인식되는 객체(대상)와 본질상 결코 분리될 수 없는 상관관계(Subjekt-Objekt-Korrelation)에 있음)'에 대한 기본적 이해조차 전혀 없다는 것을 스스로 입증할 뿐이다. 또 그의 사상이 부르주아적이라는 해석은 근거가 없다. 그는 '부르주아'라는 용어를 사용한 적이 없고, 그렇게 해석될 수 있는 문구도 (적어도 아직까지는) 발견되지 않았다. 의식을 강조하고 분석한 것이 '주관적 관념론'이고 '부르주아 사상'이라면, 불교의 가르침도 그러하다. 그러나 불교계 누구도 이렇게 주장하지 않는다. 또한 후설 현상학이 '실천을 떠난 이론'이라는 해석은 그가 선험적 현상학을 추구한 근원적 동기만 공감할 수 있으면 자연히 해소될 수 있는 오해이다.

결국 후설 현상학(선험적 현상학)의 참모습은 파악하기도 쉽지 않은데다 근거 없는 비난에 파묻혀 외면당하고 있다. 어쩌면 우리는 유대인이었던 후설이 아우슈비츠수용소에서 비참하게 희생당하지 않은 것만으로 위안을 삼아야 할지 모른다. 그러나 이제는 현대의 고전이 된 후설 현상학의 참모습과 의의를 올바로 규명할 필요가 있다.

2 후설의 사상 발전

심리학주의 비판: 수학에서 논리학으로

라이프치히대학교와 베를린대학교에서 수학과 철학을 공부하고 변수 계산에 관한 박사 학위 논문을 통해 수학자로 출발한 후설은 빈대학교에서 브렌타노(F. Brentano)의 영향을 받아 철학도 엄밀한 학문으로 수립될 수 있다고 확신했다. 그래서 1887년 교수 자격 논문 「수 개념에 관하여 ─ 심리학적 분석」에서 심리학의 방법으로 수학의 기초를 확립하고자 했다.(이 논문은 1891년 『산술철학』으로 확대되어 출판되었다.) 이 심리학적 방법은 자극의 조건-반사를 탐구한 파블로프(I. Pavlov)의 생리학과, 정신현상을 감각요소로 설명한 분트(W. Wundt)의 실험심리학이 풍미하던 당시의 지배적 경향이었다.

그러나 후설은 이것이 충분치 못함을 곧바로 깨달았다. 여기에는 그의 시도를 '심리학주의'라고 지적한 프레게(G. Frege)와 나토르프(P. Natorp), 주관적 판단작용과 객관적 판단내용을 구별해 순수논리학을 추구한 볼차노(B. Bolzano)의 영향이 있었다. 그리고 수학과 논리학의 형식상의 관계를 밝히려는 자신의 문제도 확장되었다. 즉 수학을 정초할 수 있는 근거가 논리학에 있다고 생각한 그는 1900년 『논리연구』 1권에서 심리학주의를 비판하고, 학문 이론으로서의 순수논리학을 정초하고자 했다.

근대 이후 논리학주의는 논리학이 순수한 이론학으로, 심리학이나 형이상학에 독립된 분과라고 주장했다. 반면 심리학주의는 논리학이 판단과 추리의 규범을 다루는 실천적 기술학으로, 심리학에 의존하는 분과라고 주장했다. 이론학은 사실의 법칙을, 규범학은 당위의 법칙을 다룬다.

후설에 따르면, 논리학의 이러한 두 측면은 서로 대립된 것이 아니라 긴밀한 관계를 맺고 있다. 이를테면 "모든 군인은 용감해야 한다."라는 실천적 당위의 명제는 "용감한 군인만이 훌륭한 군인이다."라는 아무 규범도 갖지 않는 이론적 사실의 명제를 포함한다. 거꾸로도 마찬가지다. 따라서 규범학 속에 내포된 이론적 영역은 이론학을 통해 해명되어야 하고, 이론학도 실천적 계기를 배제하는 것이 아니기 때문에 규범적 성격을 지닌다. 그러나 규범의 기초는 이론에 근거하므로 규범학이 학문적 성격을 지니려면 이론학을 전제해야 한다. 이 점을 고려할 때, 논리학은 본질적으로 이론학에 속하고 부차적으로 규범적 성격을 띤다.

그런데 논리학이 규범학으로만 인정될 경우, 그 과정들은 심리 활동의 산물이기 때문에 논리학뿐 아니라 모든 정신(인문)과학의 기초는 심리학, 특히 인식의 심리학에 있다고 주장하는 심리학주의가 된다.

1) 심리학주의의 주장

논리법칙이 심리적 사실에 근거한 심리법칙이기 때문에 논리학은 심리학의 한 특수 분과이다. 따라서 논리법칙은 심리물리적 실험을 반복해 일반화한 발생적 경험법칙으로서 사유의 기능 또는 조건을 진술하는 법칙이다. 논리학의 기본 원리이자 '모든 공리의 원리'인 모순율도 심리학적 법칙에 근거를 두고 설명한다. 모순율이란 모순된 두 명제(이를테면 "화성에는 생명체가 없다."와 "화성에는 생명체가 있다.")를 동시에 참으로 받아들일 수 없는 마음의 신념, 즉 판단작용의 실재적 양립 불가능성을 가리킨다.

2) 후설의 비판

순수논리법칙은 대상(예를 들어, 가능적으로도 존재하지 않는 '둥근 사각형'이나 현실적으로 존재하지 않는 '황금산')의 존재를 함축하거나 전제하지 않는다. 그것은 실재적으로 판단하는 주관의 다양한 작용들과는 무관한, 이 작용들에 의해 통일적으로 구성된 객관적 내용이다. 모순율도 모순된 명제들이나 상반된 사태들의 이념적 양립 불가능성이다. 따라서 확률적 귀납에 의한 맹목적 확신으로 심정적으로 느낀 인과적 필연성과, 명증적 통찰에 의해 직접 이해된 것으로 어떠한 사실로도 확인되거나 반박되지 않는 보편타당한 논리적 필연성은 혼동될 수 없다.

그런데 심리학주의의 인식론에서 개인적 상대주의(진리의 척도가 개별적 인간)의 주장, "어떠한 진리도 없다."는 "어떠한 진리도 없다는 진리는 있다."라는 명제와 똑같은 진리치를 갖는 가설로 자가당착이다. 종적 상대주의(진리의 척도가 인간 종(種))의 "동일한 판단 내용이 인간에게는 참인 동시에 다른 존재자에게는 거짓일 수 있다."라는 주장도 모순율에 배치된다. 또한 진리를 인식할 수 있는 조건이 곧 진리가 성립함을 입증하는 것도 아니다.

이와 같은 심리학주의의 상대주의들은 보편타당한 논리법칙을 제한된 우연적 경험의 사실에서 일반화해 도출하기 때문에 항상 귀납법적 비약이 포함될 수밖에 없고, 따라서 개연적 근사치만 얻을 뿐이다. 그리고 사실들이 변화되면 원리도 변경될 수밖에 없기 때문에 자신의 주장마저 자신에 의해 파괴되는 자기모순과 회의주의의 순환론에 빠진다.

　이러한 심리학주의 비판은 후설 현상학의 출발인 동시에 그 이후 다양하게 발전해 간 그의 사상 전체의 기본적 얼개이다.

기술적 현상학: 논리학에서 인식론으로

　후설은 철저한 심리학주의 비판을 통해 '심리학주의에 결정적 쐐기를 박은 객관주의자'라는 인상과 함께, 철학자로서 확고한 명성을 얻었다. 물론 후설은 주관적 심리학주의뿐 아니라, 주관에 맹목적인 객관적 논리학주의도 비판했다. 그러나 이 비판의 핵심은 이념적인 것(Ideales)과 실재적인 것(Reales), 그리고 이념적인 것이 실천적으로 변형된 규범적인 것(Normales) 사이의 근본적 차이를 인식론적으로 혼동한 것(metabasis)을 지적한 것이다. 후설은 이들의 올바른 관계는 경험론의 추상 이론을 포기해야만 분명히 드러날 수 있다고 파악했다. 그는 이를 뒷받침하기 위해 경험이 발생하는 사실이 아니라 객관적으로 타당하기 위한 권리, 즉 '어떻게 경험적인 것이 이념적인 것 속에 내재하며 인식될 수 있는가'를 해명할 필요가 있었다. 그의 관심은 다시 순수논리학을 엄밀하게 정초하기 위해 인식론으로 전환되었다.

　그래서 그는 곧이어 1901년 출간한 『논리연구』 2권에서 다양한 의식체험을 분석해 그 본질 구조가 항상 '무엇을 향한', 즉 인식주관과 인식대상 사이의 불가분적 상관관계를 통해 대상의 의미를 구성하는 활동인 '지향성(Intentionalität)'임을 밝혔다. 그리고 의식의 지향성을 전제해야만 생생한 체험으로 이해할 수 있는 표현을 분석했다.

　표현에는 의사소통을 통해 알리고 알아듣는 '통지기능', 표현에 의미를 부여하는 의미지향과 이것을 직관하는 의미충족으로 이루어진 '의미기능', 표현된 대상성을 지시하는 '명명기능'이 있는데, 의미기능이 없는 표현은 불가능하고, 의미를 통해 표현된 대상성은 비록 가상(假象)이라도 그 표현을 무의미하게 만들지 못하기 때문에 표현에는 의미기능이 본질적이다. 또한 의미기능에서 의미지향은 의미충족이 원천적으로 불가능한 것(가령, '둥근 사각형') 또는 상상으로만 가능한 것('황금산') 그리고 과거 역사상에서만 의미충족을 갖는 표현('현재 프랑스의 왕')도 유의미한 것으로 이해하기 때문에, 표현의 의미를 구성하는 데 의미충족보다 더 본질적이다. 그러나 진리는 의미지향과 의미충족이 일치하는 데 있다.(이러한 의미론은 상상, 동화, 문예작품에서처럼 지시하는 대상이 현존하지 않은 의미지향도 표현의 의미를 확보할 수 있어, 비트겐슈타인(L. Wittgenstein)의 '그림이론'이나 논리적 실증주의의 '검증원리'보다 더 포괄적이고 설득력을 갖는다.)

그러나 이러한 의식의 작용들을 기술하는 작업은 순수논리학보다 체험심리학이나 인지심리학에 적절한 관심사로 비쳐졌다. 그래서 동시대인들은 주관성으로 되돌아가 묻는 그의 시도를 심리학주의로의 후퇴, 심지어 '단순한 의식철학', 추상적인 '주관적(절대적) 관념론'으로까지 해석했다. 그는 이러한 오해가 소박한 자연적 태도로 전락하기 때문에 발생한다는 점을 여러 번 해명했지만, 이미 깊이 뿌리내린 편견을 해소할 수는 없었다.

결국 그의 심리학주의 비판은 심리학 자체를 거부한 것이 아니다. 경험의 대상과 그것이 의식에 주어지는 방식들 사이의 보편적 상관관계를 체계적으로 밝히는 것, 즉 심리학이나 그 밖의 학문을 통해 이성에 관한 참된 학문의 길을 제시하는 것은 후설에게 변함없는 주요 문제였다.

선험적 현상학(현상학적 철학)의 추구: 방법론에서 철학으로

후설은 『논리연구』 이후 『이념들』 1권까지 10여 년간(논리적·실천적· 가치 설정적) 이성 일반의 비판, 즉 논리학을 인식론적으로 해명하는 현상학적 이성비판에 집중했으나, 그 내용을 출판하지는 않았다. 그러나 이 기간에 매우 주목할 만한 일 세 가지가 있다.

첫째, 1904~1905년 겨울 학기 강의 「현상학과 인식론의 주요 문제」이다. 이 가운데 '객관적 시간과 그 시간 속에 시간적, 개체적으로 존재하는 모든 객체의 구성 및 이 구성의 기초인 현상학적 시간의 자기구성'을 다룬 부분은 시간의식의 흐름의 생생한 역사성(Geschichtlichkeit) 의 지평구조를 밝힘으로써 이른바 후기 사상의 전개축인 발생적 분석의 지침을 제시한다.(1928년 하이데거가 관련 자료를 편집해 『시간의식』으로 출판했고, 그 강의에서 다룬 '개체화'의 문제가 확대된 것이 이 책의 모체이다.)

둘째, 1905년 여름 젊은 현상학도들과 제펠트에서 가진 연구회의 초고이다. 여기에서 '환원(Reduktion)'과 대상의 '구성(Konstitution)'을 처음 다루었으며, 이것을 바탕으로 「1907년 강의」를 수행했다.(이 유고는 1950년 『이념』으로 출판되었다.) 이것은 논리학(『논리연구』 1권)에서 인식론, 즉 기술적 심리학(『논리연구』 2권)으로 관심을 전환한 이래 새로운 방법을 통해 선험적 현상학(『이념들』 1권)에 이르는 길목을 파악할 수 있는 중요한 거점이다.

셋째, 1910년 크리스마스 휴가부터 다음 해 초까지 작성해 《로고스 (Logos)》 창간호에 발표한 「엄밀한 학문」이다. 다른 저술에 비해 비교적 짧은 이 논문은 제자들에게만 국한되었던 현상학의 구상을 일반 대중에게 극명하게 전한 선언문이었다. 모든 존재를 자연과학적 방법으로 수량화해 규정하고 의식과 이념을 자연화(사물화)하는 '자연주의'는 의식의 지향성을 파악할 수 없고, 보편타당한 이념적 규범을 경험적 사실로 정초하려는 모순이다. 더구나 인격적 자아를 망각해 가치나 의미의 문제가 소외된 삶의 위기를 발생시킨다. 또한 지속적으로 발전하는 모든 역사와 사회, 문화를 직관해 추후로 체험하고 이해할 수 있다는 '역사주의'는 역사적 입장들이 모두 부당하다는 회의적 상대주의가 되며, 세계에 관한 경험과 지식인 세계관을 시대정신으로 간주하는 '세계관 철학'은 각 세계관이 모두 중요하고 타당하다는 역사주의적 회의론이 된다. 왜냐하면 이들이 전제하는 가치평가의 원리는 이념적 영역에 있기 때문이다. 이러한 비판은 그 이후 다양하게 발전된 후설 사상을 이해할 수 있는 시금석이다.

한편 후설은 급증하는 현상학에 대한 관심과 요구에 따라 그 통일적 모습을 밝힐 필요를 느꼈다. 그래서 1913년 자신이 공동 편집인으로 창간한 《(철학과 현상학적 탐구) 연보》에 『이념들』 1권을 발표해, 순수의식(이것을 그는 '이성', '선험적 주관성(자아)', '순수자아' 등으로 부른다.)의 본질 구조를 통해 선험적 현상학의 방법과 문제를 구체적으로 제시했다.

'판단중지(Epoche)'는 자연적 태도로 정립된 실재 세계의 타당성을 괄호 속에 묶어 일단 보류한다. 예를 들어 빨간 장미꽃을 보고, 그것에 관한 과거의 경험이나 편견에 따라 판단하는 것을 중지한다. 그러나 그 꽃의 실재를 부정하거나 회의하는 것이 아니라, 그것을 바라보는 관심과 태도를 변경해 경험의 새로운 영역을 볼 수 있게 만드는 것이다.

'형상적 환원(eidetische Reduktion)'은 개별적 사실로부터 보편적 본질로 이끈다. 즉 빨간 장미꽃에서 출발해 상상 속에 자유롭게 변경해서 빨간 연필, 빨간 옷 등을 만들고, 이들이 서로 합치하는 것을 종합해 '빨간색'이라는 본질, 즉 형상을 직관한다. 이 본질은 어떤 신비적인 형이상학적 실체가 아니라, 의식에 의해 보편화된 새로운 대상, 즉 경험이 구조적으로 밝혀질 수 있는 최소한의 필요조건이다.

'선험적 환원(transzendentale Reduktion)'은 의식의 작용들과 대상들에 통일성을 부여하고, 그 동일한 의미를 구성하는 원천인 선험적 자아와 대상 영역을 드러낸다. 경험적 자아와 선험적 자아는 동일한 자아의 서로 다른 양상이며, 기능적 작용에 따라 구분된다. 즉, 경험적 자아는 구체적으로 존재하는 세계와 일상적으로 교섭하는 사실적 자아인 데 반해, 선험적 자아는 자연적 태도의 경험들을 판단중지하고 남은 기저의 층(層)으로, 환원을 수행하는 자의 구체적인 체험의 흐름이다.

후설은 궁극적 근원을 찾아 형식논리와 모든 인식의 근원인 순수의식을 분석하는 선험논리의 영역을 파고들었다. 그 결과 보편적 이성을 해명하는 선험적 현상학은 '주관적 관념론'이라는 인상과 함께 자아 속으로 파고 들어가 빠져나올 수 없는 '독아론(獨我論)'으로 간주되었다. 하지만 그는 모든 세계의 객관적 타당성과 존재의 의미는 선험적 주관성에 근거해서만 성립되고 이해될 수 있다고 확신했다.

더구나 『이념들』 1권은 본래 3부로 계획된 것 가운데 1부에 불과하다. 이미 완성된 초고와 그 후 계속된 수정안을 편집해 1952년과 1953년 출간한 『이념들』 2권과 3권은 다양한 세계의 구성 및 학문의 토대의 문제를 다룬 것으로, 본래 구상의 2부이다. 결국 3부 '현상학적 철학의 이념'은 다루지 못했다.

그 후에 이 이념을 밝히고자 계속 노력했는데, 그 흔적은 우선 1922년 6월 런던대학교 강연 「현상학적 방법과 현상학적 철학」에 나타난다. 이것을 확장해 1922~1923년 「철학입문」(이것은 유고로 남아 있다.)과 1923~1924년 「제일철학」(이것은 1956년 『제일철학』 1권 '역사 편' 및 1956년 2권 '체계 편'으로 출판되었다.)을 강의했다. '제일철학'이라는 고대의 명칭은 독단적 '형이상학'을 극복하고 이성을 비판하는 철학 본래의 이념을 복원하려는 의도를 함축한다.(이 명칭은 1930년대 점차 '선험철학'으로 대치된다.) 그런데 이미 여기에서 제일철학에 이르는 길로 데 카르트가 방법적 회의를 통해 자의식의 확실성에 도달한 것과 같은 직접적인 길 이외에, 심리학이나 실증과학의 비판을 통한 간접적인 길들을 모색한다. 그리고 1927년 제자 하이데거와 공동으로 집필을 시작해 세 차례 수정 작업을 거치면서 결별하게 된 『브리태니커 백과사전(Encyclopaedia Britannica)』(14판, 17권, 1929) '현상학' 항목에서 찾아볼 수 있다.

그러나 그는 어떤 것에도 만족할 수 없었다.

은퇴 후에도 계속된 선험적 현상학(현상학적 철학)의 이념 추구

후설은 1928년 봄 하이데거에 후임을 넘기고 프라이부르크대학교 교수직을 은퇴했다. 그러나 학문적 작업마저 은퇴한 것은 아니었다. 오히려 더 왕성한 의욕을 갖고 새로운 출발을 모색해 갔다.

그는 그해 11월부터 1929년 1월까지 약 2개월간 『형식논리학과 선험논리학』을 저술해 발표했다. 여기에서 술어적 판단 자체의 진리와 명증성은 판단의 기체들이 주어지는 근원적인 선술어적 경험의 대상적 명증성에 근거하기 때문에, 형식논리학은 선험논리학에 의해 정초되어야만 참된 존재자(세계)에 관한 논리학이 된다고 밝혔다. 이것은 『논리 연구』 1권 이래 오래 침묵했던 순수논리학의 이념을 더 명확하게 해명한 것이었다.

그리고 1929년 2월 프랑스 학술원이 주관해 소르본대학교의 데카르트기념관에서 선험적 현상학을 데카르트의 전통에 따라 체계적으로 묘사한 「선험적 현상학 입문」을 강연했다.(레비나스와 코이레(A. Koyre)가 번역한 강연의 '요약문'은 1931년 프랑스어판으로 출간되었다.)

이러한 시도는 현상학을 방법론으로만 받아들인(선험적 환원은 배제하고 본질직관의 형상적 환원만 수용한) 셸러와 (선험적 자아를 이념적 주체로 규정하고, 이 주체로는 현존재(Dasein)의 사실성과 존재론적 성격을 파악할 수 없다고 주장한) 하이데거를 통해 간접적으로 전파된, 따라서 선험적 현상학이 추상적 관념론이나 독아론으로 오해된 프랑스에서 자신의 철학을 직접 해명했다. 후설이 볼 때 이들의 현상학은 여전히 소박한 자연적 태도의 심리학적-객관적 인간학주의로서 '세속적 현상학'일 뿐, '선험적 현상학'에는 이르지 못한 것이다.

후설은 '파리 강연'을 독일어판으로 확장해 출판하는 것을 필생의 작업으로 간주하고 수정해 갔다.(이 수정 원고들은 1973년 『상호주관성』 3권으로 출판되었다.) 이러한 가운데 칸트학회의 초청으로 1931년 6월 프랑크푸르트대학교, 베를린대학교, 할레대학교에서 「현상학과 인간학」을 강연했다.(이것은 1989년 출간된 『논문과 강연들』(1922~1937년)에 수록되었다.) 여기에서 철학을 인간학적으로 정초하려는 딜타이(W. Dilthey) 학파의 생철학과 셸러, 하이데거의 시도를 비판하고, 철저한 자기성찰과 자기책임에 입각한 선험적 현상학의 이념을 데카르트의 성찰과 관련지어 전개했다. 이 강연의 예기치 않은 성황에 힘입어 '감정이입, 타자경험, 상호주관성'의 문제를 중심으로 다시 수정했지만, 이 역시 만족할 수 없었다.

그래서 1932년 8월 핑크에게 위임해 「선험적 방법론」을 구상케 하고, 검토해 갔다.(이 자료는 1988년 『제6성찰』 1·2권으로 출간되었다.) 그러나 후설은 그 내용이 선험적 현상학의 이념에 충실함을 인정하면서도, '완전히 다른' 책이 될 수 있다고 판단했다. 또한 『이념들』 1권 이래 추구한 '데카르트적 길'이 단 한 번의 비약으로 선험적 자아에 이르지만, 상세한 예비 설명이 없기 때문에 선험적 자아를 가상적이고 공허한 것으로 만들었고, 따라서 소박한 자연적 태도를 벗어나지 못한 사람들에게 선험적 현상학을 이해시키기 어렵다고 판단해 출판을 보류했다.

옮긴이 해제

더구나 후설은 1934년 8월 프라하의 국제철학회로부터 "우리 시대에 철학의 사명"이라는 주제로 강연을 요청받았다. 그때는 나치 정권이 등장해 철학이나 정치·사회 전반에 걸쳐 합리주의에 대한 반감이 팽배하고, 유럽 문명에 대한 불신이 짙게 감돌았다. 이 야심 찬 강연 준비 때문에 '파리 강연'을 독일어판으로 완성시키려는 계획을 유보할 수밖에 없었다.(이 자료는 1950년 『성찰』로 출간되었다.) 또한 1919~1920년 강의 「발생적 논리학」과 관련 수고들을 정리하던 작업도 관심 밖으로 밀려났다.(란트그레베가 위임받은 이 작업은 1939년 『경험과 판단』으로 출간되었다.)

선험적 현상학으로의 새로운 출발: '생활세계'를 통한 길

후설은 그 연구 결과를 1935년 5월 빈문화협회에서 「유럽 인간성의 위기에서의 철학」을, 11월 프라하의 독일 대학과 체코 대학에서 「유럽 학문의 위기와 심리학」을 강연했다. 또다시 '선험적 현상학'을 소개한 1부에서 유럽 인간성의 근본적 삶의 위기로 표현되는 학문의 위기를 논하고, 2부에서 갈릴레이 이래 객관적 근대과학의 문제점을 비판하고 데카르트에서 칸트까지 근대철학사를 목적론으로 해석했다.(이 강연은 유고슬라비아 베오그라드에서 1936년 창간한 《필로소피아(*Philosophia*)》에 실렸다.)

그는 이것을 완결 지어 출판하려 했으나, 1937년 8월 병들었을 때 3부 '선험적 문제의 해명과 이에 관련된 심리학의 기능'(이것은 다시 'A. 미리 주어진 생활세계로부터 되돌아가 물음으로써 현상학적 선험철학에 이르는 길'과 'B. 심리학으로부터 현상학적 선험철학에 이르는 길'로 나뉜다.)은 수정 중이었다.(3부는 관련 자료와 함께 1954년 『위기』로 출간되었지만, 이역시 본래 5부로 저술하려던 계획으로 보면 미완성이다.)

『위기』가 현대철학에 던진 커다란 충격은 무엇보다 '생활세계'(Lebenswelt, Life-world)를 본격적으로 밝힌 데 있다. 이것은 후설 현상학을 총체적으로 이해하는 데 결정적으로 중요할 뿐 아니라, 선험적 현상학을 거부하던 철학과 인문·사회과학들에도 새로운 탐구 영역을 활짝 열어 주었다.

생활세계는 수학과 자연과학에 의해 이념화된 세계나, 일반적 의미의 일상세계도 아니다. 논리 이전에, 즉 술어로 규정되기 이전에 미리 주어진, 그 유형을 통해 친숙하게 잘 알려진 선술어적(先述語的) 경험세계이다. 그런데 그것은 『위기』에서 비로소 등장한 개념이 결코 아니다. 심리학주의, 자연주의, 역사주의, 세계관철학에 대한 인식비판과 소박한 형식논리학에 대한 경험비판을 통해 그가 일관되게 강조한 '사태 그 자체'로 되돌아가 직접 체험하는 직관의 세계 이외에 다른 것이 아니기 때문이다.

그러나 생활세계에 대한 그의 분석은 결코 간단하지 않다. 세속적·자연적 의미의 생활세계(경험세계)와, 선험적 의미의 생활세계(선험세계)를 엄밀하게 구별하지 않고 동일한 명칭으로 다루기 때문에 더 그러하다.

1) 자연적 의미의 생활세계(경험세계): 방법론으로서 현상학

객관적 학문의 세계는 구체적 경험을 통해 직관할 수 있는 생활세계에 추상적 '이념과 상징의 옷'을 입힌 것이다. 자연을 '수학적 언어로 쓰인 책'으로 파악한 갈릴레이 이래 자연과학은 이 생활세계를 수량화하고 기호로 이념화한 객관적 자연을 참된 존재로 간주한다. 그 결과 자연은 발견했지만, 객관성에 의미를 부여하고 해명하는 주관성은 망각했다. 이 점에서 갈릴레이는 '발견의 천재인 동시에 은폐의 천재'이다. 또한 데카르트가 사유실체(의식)와 연장실체(사물)를 구분한 이래 의식도 객관적 자연과학의 방법으로 탐구되었다.

따라서 실증적 자연과학이 추구하는 '객관적 인식(Episteme)'은 '그 자체의 존재'가 아니라 그것에 이르는 하나의 방법에 불과하다. 오히려 단순히 주관에 상대적이기 때문에 낮은 단계의 모호한 명증성을 지닌 것이라고 경멸했던 '주관적 속견(Doxa)'은 술어적으로 충분히 확증될 수 있는 진리의 영역, 즉 참된 이성의 직접적인 최초의 형태로서, 객관적 인식이 그 타당성의 의미와 정초의 관계상 되돌아가야 할 궁극적 근원이다.

그런데 그는 생활세계가 구체적 경험에 미리 주어진 '토대(Boden)'라고도, 주관이 구성한 '형성물(Gebilde)'로서 지평과 관심의 세계라고도 한다. 따라서 실재론적 해석도, 관념론적 해석도 가능할 수 있다.

하지만 이 주장들은 서로 배척하는 것이 아니라, 부단히 상호 작용한다. 즉 일단 형성된 의미는 문화와 기술, 도구 등 보편적 언어의 형태로 생활세계 속으로 흘러 들어가 침전되고, 이것은 지속적 타당성을 지닌 습득성(Habitualität) 또는 관심(Interesse)으로서 현재의 경험을 동기 짓고 규정하는 배경(토대)이 된다. 그리고 상호 이해와 의사소통으로 자명하게 복원되거나 수정·폐기되면서 다시 그 의미가 더욱 풍부하게 형성되는 생생한 발생적 역사성과 사회성을 지닌다. 이 구조는 차바퀴가 헛도는 것과 같은 폐쇄된 악순환이 아니라, 생소한 외국어 문장을 해석할 때 그 문맥과 단어에 대한 상호 이해가 점차 본래의 뜻에 접근하듯이, 개방된 나선형의 순환 구조이다. 그것은 상호 주관적으로 경험되며 언어적으로 논의하고 해석할 수 있는 우리 모두에게 공통적인 동일한 역사적 환경세계, 우리가 그 속에 자연스럽게 살고 활동하며 존재하는 인격적 환경세계이다.

결국 생활세계로 되돌아가는 것은 경험된 세계를 단순히 받아들이는 것이 아니라, 그 속에 이미 침전된 역사성을 근원으로까지 소급해 그것의 지향적 지평구조의 본질을 분석하는 것이다.

2) 선험적 의미의 생활세계(선험세계): 철학으로서 현상학

그러나 후설은 단지 이와 같이 생활세계로 되돌아가는 것은 '세계 가 미리 주어져 있다는 것'을 소박하게 전제하는 자연적 태도이기 때문 에 철저하지 않고, '그것이 왜 그렇게 주어질 수밖에 없는가'를 되돌아 가 묻는 선험적 태도가 필요하다고 주장한다.

이렇게 철저한 선험적 태도에서 되돌아가 물으면 다양한 생활세계 들이 모든 상대성에도 불구하고 그 자체가 상대적이지는 않은 보편적 본질 구조와 유형이 드러난다. 이것은 '선험적인 것(또는 선험성)', '주 관적인 것'으로도 부르는 '선험적 (상호) 주관성', 즉 주관과 객관의 불 가분적 상관관계를 뜻하는 '의식의 지향성'에 대한 심층적 표현이다. 이것을 밝히는 '생활세계 존재론(lebensweltlche Ontologie)'은 곧 다른 전 통과 문화세계들을 이해할 수 있고 자신의 생활세계를 발전시킬 수 있 는 원천이자 근거이다.

후설은 이처럼 생활세계의 근원적 의미의 연관과 정초의 관계를 밝 힘으로써, 객관적 인식만을 추구하는 실증적 자연과학이 주관적 속견 을 배제하여 자신의 고향을 상실하고 본래의 의미가 소외되어 야기된 학문의 위기를 극복하고자 했다. 학문에서 발생한 위기는 학문을 통해 서만 극복될 수 있다. 그것은 '묶은 자가 풀어야 한다(結者解之)'는 당연 한 주장이다. 그 학문은 곧 의식에 직접 주어지는 사태와 문제 자체에 서 출발하는 참된 근원에 관한 학문, 진정한 실증주의로서의 선험적 현 상학이다.

더구나 그는 인격과 가치규범의 담지자인 자아(선험적 주관성)가 이 성에 대한 신념을 상실한 위기에도 처해 있다고 파악했다. 따라서 현 대의 총체적 위기를 진정으로 극복(진단인 동시에 처방)하려면 생활세계 를 분석하는 경험적 현상학(방법)에 머물 수 없고, 선험적 주관성을 해 명하는 선험적 현상학(선험철학)에 도달해야만 한다고 역설했다.

3 후설 철학(선험적 현상학)의 의의

선험적 현상학과 이에 이르는 길들

후설은 선험적 현상학에 이르는 길들로 '생활세계를 통한 길' 이외에 '심리학을 통한 길'(『심리학』, 『브리태니커 백과사전』, 『위기』 3부 B)도 제시했다. 이 길은 '경험적 심리학/현상학적 심리학/선험적 현상학'의 정초 관계를 밝혀 소박한 자연적 태도의 심리학주의를 철저히 극복함으로써 선험적 주관성을 구명하려고 했다. 그런데 '생활세계나 심리학을 통한 길'은 실증적 자연과학과 긴밀한 관련을 맺고 있기 때문에 일반인이 쉽게 접근할 수 있고,(즉 선험적 현상학은 실증과학을 포기하거나 이들의 성과를 부정한 것이 아니다.) 모든 학문의 궁극적 정초라는 엄밀한 선험철학의 이념을 구체적으로 밝히고 실행할 수 있다.

따라서 이 길들은 '데카르트적 길'과 배척되는 것이 아니라, 상호 보완 관계에 있다. 즉 선험적 현상학에 오르는 지름길은 짧지만, 가파르고 (그 의미를 이해하기) 힘들다. 우회로는 평탄하고 도중에 아기자기한 정경(情景)들도 제공하지만, 멀기 때문에 정상에서 전개될 새로운 세계(선험적 주관성)를 망각하거나 포기하기 쉽다.

이 새로운 세계, 곧 선험적 주관성(자아)은 일반적 의미의 대상과 대립된 주관이 아니라, 자아 극(Ichpol)과 대상 극(Gegenstandpol) 모두를 포함하는, 세계와 의식 사이에 미리 주어진 본질적인 보편적 상관관계이다. 그것은 다양한 체험들을 통일적으로 파악하는 동일한 극(極)이고, 개인이나 공동체의 기억과 습득성을 담지하는 기체(基體)이며, 생생한 현재뿐 아니라 과거와 미래의 지평을 지니고 서로 의사소통하면서 자기 자신을 구성하는 모나드(Monad)이다. 그리고 그 자체로 완결되고 폐쇄된 독아론적 자아가 아니라, 사회성과 역사성을 통해 감정이입 속에 타자를 경험하고 상호주관적 공동체 속에 구성되는 상호주관성(Intersubjektivität)이다.

요컨대 선험적 자아는 인간이 인간다움(인간성)을 실천하려는 의지, 정상적으로 기능하는 신체와 이성의 통일체인 '의식의 흐름'이다. 즉 '나뿐 아니라 너·우리·그들'의 마음이요, 몸이며 정신을 포괄하는, 부단히 파도치는 표층의식을 근거 짓는 '심층의식'이다. 물론 이것은 나나 다른 사람의 손, 발, 머리 등과 같이 구체적으로 경험되는 실재적 의미의 자아(eine Ich)는 아니다. 그렇다고 이념화된 추상적 자아는 결코 아니다. 오히려 그때그때 다양하게 기능하는 경험적 자아들을 통일적 상관관계 속에 이해하고 유지하는 근원적 자아(Ur-Ich)이다. 따라서 경험적 자아와 선험적 자아는 다른 자아가 아니라 동일한 하나의 자아의 표층과 심층일 따름이다.

그렇기 때문에 이 선험적 자아를 강조하는 후설 현상학을 흔히 '의식철학', '이성(합리)주의'라고 한다. 그러나 전통적 의미에서 경험론에 대립되는 합리론과는 근본적으로 다른 '초(超)합리주의(Über-rationalismus)'이다. 왜냐하면 그의 '이성'은 '감성'이나 '오성'과 구별되는 것이 아니라 이들을 포괄하는 '보편적 이성', 즉 지각·기억·기대 그리고 침전된 무의식을 포괄하는 '생생한 의식'이기 때문이다. 그것은 단순히 계산하고 판단하며 도구를 다루는 기술적·도구적 이성에 그치는 것이 아니라, 과거의 경험들을 바탕으로 가까운 미래를 예측하면서 현재 느끼고 판단하며 의욕하는 '이론적·실천적·가치 설정적 이성 일반'이다.

결국 선험적 주관성이라는 새로운 세계를 발견하려는 선험적 현상학은 인간성이 지닌 은폐된 보편적 이성(선험적 주관성)을 드러내 밝히는 자기이해로서의 철학이다. 왜냐하면 후설에서 철학은 이성이 자기자신을 실현시켜 가는 역사적 운동의 장소이기 때문이다. 그리고 이 속

옮긴이 해제

에서만 인간성의 자기책임이 수행되기 때문이다. 그래서 그는 선험적 주관성을 해명하는 『성찰』의 결론에서 선험적 현상학을 통해 "델포이 신전의 신탁 '너 자신을 알라.(gnothi sauton)'라는 말이 새로운 의미를 획득했다."라고 주장하고, 다음과 같은 아우구스티누스의 경구를 인용한다.

> 밖으로 나가지 말고 너 자신 속으로 들어가라. 진리는 인간의 내면에 깃들어 있다.(Noli foras ire, in te redi. In interiore homine habitat veritas.)

즉 후설에서 철학을 함(Philosophieren)은 곧 선험적 주관성의 자기구성과 그 원초적 영역(세계구성)을 해명해 자기 자신과 세계를 궁극적으로 인식하려는 현상학을 함(Phänomenologisieren)이며, 학문과 인간성의 이념에 부단히 접근해야 할 목적을 지닌 보편적 이성에 대한 현상학적 이성비판이다.

왜 선험적 현상학까지 가야만 하는가?

선험적 주관성의 깊고 풍부한 세계를 해명하는 길은 너무도 멀고 힘들다. 그렇기 때문에 소박한 자연적 태도에 안주하기 급급해 진정한 삶의 의미와 목적을 외면하거나, 현대문명의 엄청난 성과와 편리함에 유혹되어 실험을 통해 증명된 것만 '사실'로 받아들이는, 실증과학에 철저히 세례를 받은 사람들의 눈에는 분명 선험적 자아가 군더더기이다. 그래서 이성을 부정하는 실존주의, 특히 사르트르는 '선험적 자아는 곧 의식의 죽음'이라고까지 단언했다. 또한 포스트모더니즘을 선도하거나 이들의 견해를 무조건 추종하는 사람들은 '지금이 어떤 시대인데, 아직도 이성 타령인가?' 하며 이성을 즉결 재판하고 있다.

그러나 선험적 자아(마음)는 버선목처럼 뒤집어 보일 수는 없지만, 분명 실재하는 것이다. 그것이 부정된다면, 나뿐만 아니라 다른 사람, 공동체의 역사적 전통이나 관심, 습관을 전혀 이해할 수 없다. 물론 이것들을 유지하고 새롭게 발전시킬 주체도 확보되지 않는다. 마음이 다르면, 동일한 사물이나 사건에 대한 이해 역시 근본적으로 다르다. 마음이 없으면, 느끼고 보아야 할 것도 못 느끼고 못 보며, 따라서 '어디로 향해 나아가야 하는지', '왜 많은 어려움에도 불구하고 그것을 실현하기 위해 노력해야 하는지' 알 수 없다. 목적과 가치를 알 수도 없는 일에 실천을 강요할 수는 없다. 그렇다면 마음이 없는 철학을 무엇 때문에 해야 하는가? 목적을 성취하는 보람과 희망이 없는 세계에 살고 싶을까?

후설은 보편적 이성에 정초해 궁극적으로 자기책임을 지는 앎과 삶을 형성해 가는 주체인 선험적 주관성을 해명하기 위해 선험적 현상학을 시종일관, 심지어 현상학을 심화시켜 나아갈수록 더욱더 철저하고 생생하게 추구했다. 또한 이러한 작업이 종교적 개종(改宗)과 같이 어렵더라도 반드시 수행되어야 한다고 강조했다. 그래서 그는 단지 자신이 본 것을 제시하고 기술할 뿐이지 가르치려 시도하지 않는다면서도, 자신의 철학이 '말로만 매우 급진적인 태도를 취하는 사람들보다 훨씬 더 급진적이며, 훨씬 더 혁명적'이라고 주장했다.

무슨 근거에서 이러한 주장을 할 수 있는가?

그가 본 것, 즉 '선험적 주관성'은 의식의 지향적 통일성 속에 인격적으로서 자기동일성을 확보하고, 의사소통을 통해 자기 자신과 다른 사람, 사회공동체, 다른 역사와 전통을 지닌 문화를 이해함으로써 새로운 삶을 창조해야 할 이성적 존재로서의 자기책임을 실천하는 주체이다. '먹어 보고' '만져 보고' '들어 보고' 아는 것처럼, 보는 것은 아는 것의 기초이다. 그리고 알면 더 많은 것을 보게 된다. 물론 보고 알면 사랑(실천)하게 되고, 그러면 더 많이 보고 알게 된다. 즉 이들은 개방된 순환구조를 지닌다. 따라서 유가(儒家)가 모든 것의 근본을 격물치지(格物致知)에, 불가(佛家)가 팔정도(八正道)의 첫 항목을 정견(正見)에, 도가(道家)가 도통(道通)의 첫 단계를 관조(觀照)에 둔 것과 마찬가지로, 아는 것은 자아를 실천하는 첫걸음이다. 단지 선험적 주관성에 대한 후설의 해명은 현대적 의미에 보다 적합하게 구체적이고 생생하게 분석되었을 뿐이다.

후설 현상학의 의의

후설에 따르면 현대는 객관적 실증과학이 자신의 의미 기반인 생활세계를 망각한 학문(인식)뿐만 아니라, 인격의 주체인 자아가 매몰된 인간성(가치관)의 위기에 처해 있다. 여기에는 이 위기를 불가피한 재난이나 암울한 운명으로 간주해 이성을 적대시하는 회의적 비합리주의로 전락하는 길과, 이 위기를 궁극적으로 극복할 '이성의 영웅주의(Heroismus)'를 통해 재생하는 길이 있다. 어느 길을 걸어도 하나의 삶이다.

물론 후설은 이성의 길을 선택했다. 현대가 처한 위기의 근원은 이성 자체가 아니라, 이성의 좌절에 있다고 파악했기 때문이다. 따라서 거부되어야 할 것은 '이성'이 아니라, 소박한 자연과학의 영향 아래 이성이 추구한 잘못된 '방법'일 뿐이다. 요컨대 이성은 결코 죽지 않았다.

이 이성주의는, 의식의 무한히 개방된 지향성에 따라, 이미 완결된 어떤 체계를 설정하는 철학이 아니다.(후설은 키르케고르나 니체, 포스트모더니즘의 해체주의 못지않게 체계를 형성하는 것을 혐오했다.) 그것은 보편적 이성, 즉 생생한 의식을 통해 학문의 이념인 사태 그 자체에 부단히 접근할 뿐만 아니라, 인간성을 완성하려는 이념에 부단히 접근해야

할 이중의 목적론(Teleologie)을 지닌다. 따라서 선험적 현상학은 다양한 경험세계들을 분석하면서도 이들의 근저에 놓여 있는 통일성, 즉 하나의 보편적 구조를 지닌 선험세계를 확보한 점에서, 인격적 주체의 자기 동일성과 자기책임을 강조한 점에서 포스트모더니즘을 넘어서는 '트랜스모더니즘(Trans-Modernism)'이라 할 수 있다. 후설 철학은 철저한 자기 성찰을 통해 자신과 세계를 이해하고 자기를 실현해 가는 '윤리적·종교적' 문제들로 점철된 험난하고 고된 구도자의 길이다.

이러한 후설의 과학문명 비판과 그 극복책은 반세기가 지난 오늘날에도 여전히 타당한, 아니 오히려 더욱더 절실하게 요청되는 철학이다. 현실은 서양이나 우리 모두 실증적 객관성과 과학적 사고방식에 사로잡혀 가치와 사실이 분리되고, 규범의 담지자인 자아는 망각되어 있다. 그리고 고도의 산업사회에서 생활세계는 객관적 학문의 의미 기반일 뿐만 아니라, 생태계 전반의 위기인 '환경'문제를 해결할 수 있는 실마리이다. 또한 21세기 첨단과학의 정보화 시대에는 신속한 전문 기술의 획득 이외에도 가치 있는 삶을 창조함으로써 자기 자신과 가족, 사회, 국가, 인류에 대해 책임을 지는 인격적 주체의 확립이라는 과제가 주어져 있다.

이러한 현대의 문제와 과제에 직면해 후설 현상학의 의의는 다음과 같이 선명하게 부각된다. 언어로 표현되기 이전의 생생한 경험의 지평 구조를 통해 소박한 일상의 경험이나 실증과학의 경험과는 비교가 되지 않을 정도로 깊고 풍부한 의미의 세계를 드러내 주고, 철저한 자기 성찰과 궁극적 자기책임에 입각해 자신과 세계를 이해하고 부단히 새롭게 형성해 나갈 인격적 주체로서의 선험적 자아를 깨닫고 실현해 가는 것이다.

옮긴이 해제

4 이 책의 주제: 술어적 판단의 근원인 선술어적 경험

형식논리학은 진리를 판단의 형식적 정합성인 무모순성에서 찾는다. 그러나 그 법칙들은 공허한 형식 속에 삽입된 판단의 기체(대상)의 실질적 내용은 다루지 않기 때문에 진리의 소극적 조건일 뿐이다. 판단이 자신의 목표인 존재자에 관한 참된 인식에 도달하려면, 판단의 대상이 스스로 주어지는 현실성(사태 자체)까지 파고 들어가야 한다. 이러한 점을 간과하고 논리적 형성물이 발생하는 의식작용을 탐구해 왔던 심리학은 참된 학문 이론(Wissenschaftslehre)으로서의 논리학을 올바른 사고에 관한 기술론(Kunstlehre)으로만 파악했다. 따라서 후설은 '칸트의 논리학도 경험적 사고의 심리학과는 달리 주관적으로 방향이 정해진 아프리오리한 사고의 학문이지만, 형식논리학을 그 자체로 완결된 것으로 간주했기 때문에 인식의 가능성에 대한 선험적 물음을 소홀히 했다'라고 비판한다.

그런데 판단의 대상인 존재자가 명증적으로 주어진 것은 술어적 판단으로 형식화될 필요가 없지만, 대상에 관한 명증적인 술어적 판단은 그 대상 자체가 명증적으로 주어지지 않으면 가능하지 않다. 그러므로 술어적 명증성은 판단의 대상들이 주어지는 선술어적 명증성에 기초해야만 한다. 그것은 어떠한 규정 이전의 궁극적 기체(tode ti), 즉 근원적 대상으로서 곧바로 경험되고 직접 해명될 수 있는 개체이다. 따라서 최초의 경험은 대상이 스스로를 원본적으로 부여하는 지각이다.

선술어적 경험의 지평구조

후설은 모든 개별적 대상이 감각자료처럼 그 자체로 고립된 것이 아니라, '유형적으로 미리 알려져 있음(typische Vorbekanntheit)'이라는 선술어적 경험의 지향적 지평구조 속에서만 주어진다는 점을 밝힘으로써, 일상적 상식이나 실증적 자연과학, 특히 원자론적 경험론의 단편적이고 세계로부터 단절된 평면(표층)적 이해를 넘어서 전체적인 역사적 세계에서 연속되는 매우 풍부한 입체(심층)적 이해에 이르게 해 준다.

인식활동 이전에 단적인 확실성으로 스스로 주어진 개별적 대상들은 아직 주목받지 못해도, 장차 현실태(Entelechie)로 인식될 가능태(Dynamis)로서 지각의 영역 속에 미리 놓여 있다. 경험은 존재자가 드러나는 작업수행(Leistung)으로서, 그때그때 실제로 파악된 것 이상(plus ultra)을 함께 지닌다. 즉 스스로 거기에 주어진 핵심을 넘어서 처음에는 주시하지 않았던 국면을 점차 밝혀 줄 '가능성(Möglichkeit)'을 지시하는 생생한 '지평'을 갖는다. 이것은 자아의 입장에서 보면, '능력(Ver-möglichkeit)'이다. 따라서 아직 알려지지 않은 것(Nichtwissen) 속에는 언제나 본질적으로 부수적 앎(Mitwissen)이 함축되어 있기 때문에, '알려지지 않은 것(Unbekanntheit)'은 동시에 '알려진 것(Bekanntheit)'의 한 양상이다. 이 미리 아는 것(Vorwissen), 미리 지시하는 것(Vorzeichnung)은 항상 불완전하고 내용상 규정되지 않았지만, '주어진 핵심을 넘어서 생각함(Über-sich-hinaus-meinen, Mehrmeinung)'으로써 앞으로 규정될 수 있는 가능성들의 활동 공간인 '공허한 지평(Leer-horizont)'을 갖는다. 즉 세계에 대한 의식의 기본 구조 및 이와 상관적으로 경험 가능한 모든 개별적 실재의 지평인 세계의 기본 구조는 이미 '알려진 것'과 아직 '알려지지 않은 것'의 구조이다.

그러므로 형식논리학의 기체 'S'나 'p'를 형식화해 주어나 술어에 대입시킬 수 있는 것은 어떠한 제한도 없는 임의적인 것이 아니라, 사실적이든 상상적이든 경험할 수 있는 모든 것의 총체인 세계의 통일 속에 있는 동일한 존재자, 즉 '세계-내-존재(In-der-Welt-Sein)'이다. 그리고 자유로운 변경(freie Variation)에 설정된 확고한 한계에 기초해서만 판단들은 유의미한 판단일 수 있으며, 논리학은 사유 형식을 다루는 논리학일 뿐 아니라, 세계 속에 있는 존재자(세계)의 논리학, 즉 참된 철학적 논리학이 된다.

결국 대상의 의미 내용은 결코 완성된 것으로 주어지는 것이 아니라, 그 지평 속에 함축된 모든 잠재성을 부단히 해명함으로써만 밝혀질 수 있다.

지각이 해석되는 단계

흔히 어떤 대상에 관한 경험은 매우 단순해서 최종적이고도 근원적인 것으로 간주한다. 가령 책상 위에 있는 책을 보는 경우 흰색, 검은 활자, 매끄러운 종이 등 각기 단절된 감각자료들이 그 자체로 직접 주어지는 것으로 파악한다.

그러나 지각이 해석되는 과정에서는 대상인 '책'을 단적으로 파악하고, '흰 종이와 검은 활자'로 이루어진 그 부분적 요소들로 상세하게 규정해 해명하고, '책상 위에 또 연필 옆에 있다'는 다른 대상들과의 관계를 관찰하는 단계가 있다. 그리고 어떠한 지각도 자극에 주의를 기울이거나 시선을 향하는 자아의 능동적 활동을 통해서만 해석될 수 있다. 예를 들어 창 밖에서 무슨 소리가 났지만, 독서에 열중하던 사람은 그것이 무엇인지 정확히 파악할 수 없다. 자극이 경과된 후 그 경험의 내용을 해석하고 술어로 판단해야만 그 소리가 자동차 경적이었으며, 어떠한 상황에서 경적을 울렸는지를 이해하게 된다. 또한 지각은 단순히 감각성질들을 바라보는 것이 아니라, 그 대상이 원본적으로 제시되는 방식까지도 파악하는 것이다. 가령 망치가 실제로 제시되려면, 그 사용 방법을 배워야만 한다. 망치의 형태나 색만 본다면, 그 사물만 보는 것이지 도구를 보는 것이 아니다.

자아가 대상을 구체적으로 인식하는 지각의 경향은 다음과 같은 세 단계로 이루어진다.

1) 단적인 파악

단적인 파악은 지각이 대상을 객관화해 해석하는 인식활동의 가장 낮은 단계이다. 그러나 결코 단순한 자료가 아니라, 내적 시간의식의 통일 속에 구성된 복잡한 구조를 갖는다. 가령 계속 울려 퍼지는 멜로디를 듣는 경우, 여기에는 '여전히 파지함'과 '예측해 미리 파지함'이 연속체로 통일을 이루며 생생한 '지금'에 수동적으로 미리 주어진다.

이 단적인 파악에는 근원적으로 미리 구성하는 시간 흐름의 수동성인 '능동성 이전의(vor) 수동성'과, 주어진 대상들을 함께 주제로 삼는 '능동성 속의(in) 수동성'이 수반된다. 전자는 내재적 시간성을 구성하는 절대적으로 고정된 수동적 법칙성, 즉 능동성 자체의 법칙이다. 반면 후자는 자아의 중심에서 발산된 시선의 방향을 정하는 능동적 작용으로서, 이 '수동적–능동적으로 파지해 간직함(passiv-aktive Im-Griff-behalten)'에 근거해서만 대상을 '지금', '방금 전의 지금' 그리고 '바로 다음에 올 지금' 속에 시간적으로 지속해 존재하는 대상으로서 단적으로 파악할 수 있다.

2) 해명

해명은 완전히 새로운 대상이 단적으로 주어지는 것이 아니라, 예측들이 상세하게 규정되거나 수정되는 것으로서, 지각의 관심 방향을 대상의 내적 지평 속으로 침투해 들어가 포착하는 능동적 활동이다. 이러한 과정을 통해 지각의 대상 S는 동일성을 유지한 채 유기적 관련을 지닌 내적 규정들(α, β……)인 대상의 속성(계기·부분)들을 통해 지속적으로 해명되고, 그 의미가 풍부하게 계속 형성된다. 즉 S의 규정들로 일단 받아들여진 해명의 항들은 그 이후 줄곧 S의 의미를 규정한 침전물이 된다. S는 α가 해명된 다음에는 그 주제의 대상이 S(α)가 되고, β가 해명된 다음에는 (Sα)β가 된다.

그런데 기체들에 대한 규정들에서, 가령 가로수의 길과 그 속의 가로수처럼 전체에 대해 독립적 부분인 '단편'과, 흰 종이에서 흰색처럼 비독립적 부분인 '계기'는 구분된다. 전체는 통일적으로 파악되고 관찰된 다음, 그 부분들이 단계적으로 파악되고 관찰될 때 비로소 그 자신과 합치되고 풍부하게 된 통일체로 파악되며, 명료하게 부각되어 주어진다. 즉 전체는 다른 단편들이 파악될 수 있는 잉여를 함축한다. 반면 단편은 전체에 의거해서만 파악된다.

그러나 해명되지 않은 잔여가 의심되는 방식은 독립적 단편을 해명하는 경우와 비독립적 계기를 해명하는 경우가 다르다. 가령 갈색 탁자에서 어떤 때는 갈색(계기)을, 어떤 때는 그 탁자의 다리(단편)를 파악한다. 어떤 단편이 부각될 경우, 해명되지 않은 잔여는 그 단편의 외부에 있다. 반면 어떤 계기가 부각될 경우, 해명되지 않은 잔여는 그 계기의 외부에 있지 않다. 왜냐하면 계기들은 서로 침투되기 때문이다. 반면 단편들은 그 독립성에도 불구하고 서로 결합되어 있다는 점에서 집합의 요소들과 구별된다. 따라서 '전체는 그 부분들의 단순한 총합 이상'이다.

3) 관계관찰

관계를 파악하려는 관심은 대상의 외적 지평 속에 함께 현전하는 대상들을 함께 주제로 삼아 지각의 대상들을 관찰한다. 이 경우 대상의 내적 규정들이나 해명들과는 다른, '어떤 대상이 다른 대상들과 관련해 존재하는 것'을 설명하는 외적인 상관적 규정들이 요구된다. 가령 이 연필은 사전 '옆에' 있고, 만년필보다 '더 길다'고 하자. 이때 지각의 관심은 모든 대상에 똑같이 배분되는 것이 아니라, 그때그때 우선적으로 주목하는 시선에 따라 임의적으로 어떤 대상에 집중되며, 다른 대상들은 그 대상을 더 상세히 규정하는 한에서만 관련된다. 물론 이것은 술어로 표현되기 이전에 일어나며, 그 관계는 술어적 판단에서 모든 사태가 서로 치환될 수 있는 기초가 된다. 또한 상관적 규정은 현재의 지각 속에 다른 대상들이 나타나고 사라지는 것에 의존하지만, 대상 속에 포함되고 대상과 부분적으로 합치하는 내적 규정들은 이러한 변화에 영향을 받지 않는다.

그런데 상관적 규정은 두 대상을 비교하는 규정과는 달리 관계의 항들이 언제나 현실적으로 존재할 필요는 없다. 예를 들어 우리는 주위에 키가 작은 사람이 없어도 키가 180센티미터인 사람은 키가 크다고 간주한다. 또한 섭씨 5도는 열대지방에서는 매우 추운 날씨지만, 온대지방에서는 그렇지 않다. 그리고 마차는 근대에서는 빠른 교통수단이었지만, 현대에서는 전혀 그렇지 않다. 이러한 규정은 환경세계에 따라 변화할 수 있는 경험의 '정상성(Normalität)'에 관계한다.

이와 같이 술어적 인식의 최종근거인 지각은 '단적인 파악', 내적 지평을 통한 '해명', 외적 지평을 통한 '관계관찰'의 단계로 세밀하게 해석할 수 있는 구조를 지닌 자아의 총체적 구성작용이다. 그리고 이 단계들은 거역할 수 없는 일방적 방향으로 확정된 것이 아니라, 부단히 교류하면서 보다 완전한 인식에 도달할 수 있는 개방된 나선형 순환구조를 갖는다.

지각이 수용되는 보편적 구조

배경에서 촉발되는 모든 대상은 모호한 형태로 알려지는 수동적 속견(passive Doxa)을 갖는다. 이 대상을 선술어적으로 파악하는 지각작용은 이미 인식작업이 수행된 가장 낮은 단계의 능동성인 수용성(Rezeptivität)으로서, 이것을 술어로 대상화해 지속적인 인식의 소유물로 확립하려는 판단작용의 자발성(Spontaneität) 이전의 것이다.

자아가 주의를 기울이는 어떠한 능동적 관여도 없는 비정립적 의식에 수동적으로 지각이 주어지는 수용성의 구조에는 '내적 시간의식'과 '신체'가 있다.

1) 내적 시간의식

후설은 지향적 의식체험의 복잡한 다층적 표층구조를 표상(지각·판단), 정서, 의지의 영역으로 구분하고, 이 가운데 각 영역에 공통적으로 포함된 표상작용을 가장 기본적인 일차적 지향작용, 즉 모든 의식작용을 정초하는 근본 토대로 간주했다. 이러한 표상작용은, 인식작용 (noesis)이 주어진 감각자료에 의미를 부여해 통일적 인식대상(noema)을 구성한다. 그런데 정신의 시선인 주의(注意)가 방향을 전환하면, 인식작용과 인식대상의 상관관계나 인식대상의 핵심은 변하지 않지만, 그 핵심이 파악되는 양상은 지금 지각해 원본적으로 주어진 활동성(Aktualität)에서 배경으로 물러나 비활동성(Inaktualität)으로 변한다. 이 인식작용은 여러 단계의 기억이나 상상으로 변양되기도 하고, 주의를 기울여 대상을 정립(정립성)할 뿐만 아니라 주의를 기울이지 않은 채 유사-정립(중립성)할 수도 있기 때문에 긍정·부정·회의·추측 등 다양한 단계의 신념의 성격을 지니며, 그에 따라 인식대상이 존재하는 성격도 변한다.

그러나 인식대상이 구성되기 이전에 시간 자체가 구성되는 의식의 심층구조에서는 이러한 인식(파악)작용과 인식(파악)대상의 상관관계가 해소되고, 모든 체험이 통일적으로 구성되는 터전인 내적 시간의식의 끊임없는 흐름만 남는다. 이 의식 흐름은 '지금'이 과거로부터 미래로 이어지는 계열인 '가로 방향의 지향성'과, '지금'이 지나가 버렸지만 흔적도 없이 사라진 것이 아니라 변양된 채 '무의식(Unbewußtes)' 속에 원근법적으로 침전되어 여전히 유지되는 계열인 '세로 방향의 지향성'으로 이중의 연속성을 지닌다. 이 연속성 때문에 의식의 흐름은 방금 전에 체험한 것을 현재화해 지각하는 '과거지향(Retention)', 지속하는 시간의 객체가 산출되는 원천인 '근원적 인상'으로서 '지금(Jetzt)', 즉 '생생한 현재(lebendige Gegenwart)' 그리고 미래의 계기를 현재에 직관적으로 예상하는 '미래지향(Protention)'으로 연결되어 통일체를 이룬다. 이 통일체에 근거해 이미 알고 있는 것(과거지향)으로부터 아직 알려지지 않은 것(미래지향)을 생생한 '지금'의 지평구조 속에 친숙한 유형을 통해 미리 지시하고(Vorzeichnung), 미리 해석해(Vordeutung) 예측해 가는, 즉 '귀납추리(Induktion)'하는 의식은 곧 '예언가적 의식'이다. 예를 들어 지하철역에 들어섰을 때 기다리는 사람이 많다면, 열차가 곧 올 것이라고 예상한다. 물론 이 예상은 신체를 움직이거나 시간이 흐르면 확인될 수도 수정될 수도 있다.

그리고 분리된 기억들은 감각된 것들의 동질성과 이질성에 따라 시간적으로 변양된 표상들을 연상적으로 일깨우는 내재적 발생의 짝짓기(Paarung)에 근거해서만 서로 관련되고, 하나의 시간적 상관관계 속에 직관적으로 질서 지어진다. 이 근원적 연상에 의한 '합치의 종합'은 동등한 것과 유사한 것의 감각적 통일과, 현실적 직관과 과거 속으로 가라앉은 직관의 서로 다른 위치를 결합하는 하부의식 속의 통일이 수동적으로 미리 주어져 있기 때문에 가능하다. 모든 지각의 상관관계를 생생하게 만들고 통일을 확립하는 연상작용(Assoziation)은 내적 시간의식에서 가장 낮은 단계의 종합 위에 계층을 이루고 올라간 '수동적 종합'(passive Synthesis)이다. 모든 개별적 의식체험은 시간적으로 발생하는 자신의 '역사', 즉 '시간적 발생'을 갖는데, 시간의식의 통일은 모든 시간의 객체가 통일적으로 직관될 수 있는 동일한 대상으로서 지속·공존·계기

옮긴이 해제

하는 보편적 질서의 형식이고, 객관적 시간성이 구성될 수 있기 위한 필수조건이다. 술어적 판단도 내적 시간의식 속에 끊임없이 정립되고 통일된 객체가 확보되어야만 가능하기 때문에, '과거지향이 필수적'이다.

결국 시간의식의 분석은 지각이 단적으로 파악되고 해명되며, 관계를 관찰하는 선술어적 경험의 생생한 지평구조를 되돌아가 물음으로써 인식의 궁극적 근원을 밝히려는, '선험적 현상학(논리학)의 가장 근원적인 층(層)'이다. 더구나 생활세계와 선험적 (상호) 주관성의 구체적 역사성, 따라서 후설 현상학의 총체적 모습을 밝혀 줄 수 있는 핵심 고리이다.

2) 신체

지각의 대상이 가능한 모든 측면에서 주어질 수 있는 것은 신체의 운동감각(Kinasthesis) 때문이다. 신체는 직접 자유롭게 운동할 수 있는 의식주체의 의지적 기관으로서, 항상 필연적으로 지각의 영역 속에 있다. 메를로퐁티가 지적하듯이, '심장이 몸속에 있는 것처럼, 신체는 세계 속에 있으며, 지각을 연출하는 익명적으로 활동하는 지향성'이다. 사물들이 음영 지어 원근법적으로 나타나는 조망은 신체를 지닌 관찰자의 공간적으로 제한된 위치를 가리킨다. 즉 신체는 '모든 방향이 정해지는 영점(Null-punkt)'으로, '모든 거기(Dort)에 대해 절대적 여기(Hier)'이다. 그리고 지각은 인상들을 수동적으로 받아들이거나 단지 촉발하는 것이 아니라, 스스로 움직일 수 있는 가능성을 능동적으로 수행하는 행동에서 직접 아는 것, '만약 …… 그러면(Wenn … so)'이라는 자발적 운동감각의 체계에 의해 동기 지어진 결과이다. 따라서 세계는 자기 자신을 감각할 뿐만 아니라 개별적 사물과 세계도 함께 지각하는 운동감각의 '그 밖의 등등(Undsoweiter)'의 지평이다.

그런데 의식에 대한 담지자인 신체는 정신을 매개하고 기초 짓는 토대이며, 정신은 동기 부여를 통해 신체를 지배한다. 의식이 개입되지 않으면, 신체는 단순한 '물체(Körper)'일 뿐이며, '운동감각'도 그 기능을 전혀 수행할 수 없다. 그리고 정상적 경험 속에 정당하게 일치해 구성되어 있고, 서로 의사소통할 수 있는 공동체의 세계는 정상적 유형으로 기능하는 최상의 지각의 체계로서 신체를 전제한다. 그뿐 아니라 언어적 표현의 기관인 신체는 상호주관적 학문과 세계가 가능할 수 있는 조건이다. 물론 신체도 의식과 연관되어 그 자신의 침전된 역사성을 지닌다.

후설 현상학에서 이 책의 의의

이 책의 모체는 후설이 1919~1920년 강의 「발생적 논리학」을 기본으로 1910년부터 1934년까지 이 주제와 관련해 작성된 연구 수고이다.(이 자료의 일부는 1966년, 『수동적 종합(Analysen zur passiven Synthesis)』, 2000년, 『능동적 종합(Aktive Synthesen)』으로 편집되어 출판되었다.) 후설은 앞에서 언급했듯이, 예정에 없던 프라하 강연을 준비하기 위해 란트그레베에게 이 자료들을 체계적으로 정리할 것을 위임했으나, 그 성과는 그가 죽은 다음 해 1939년 발표되었다. 그리고 「편집자 서문」에서 알 수 있듯이, 이 책의 내용은 물론 출간된 사실조차 2차 세계대전 동안은 물론 심지어 그 이후로도 상당 기간 거의 망각되었다.

후설의 저술들 대부분, 특히 그의 생전에 발표한 저술들은, 『논리연구』나 『시간의식』을 제외하고는, 현상학에 대한 총체적 계획을 담은 입문의 성격을 띤다. 반면 이 책은 술어적 판단의 근원인 선술어적 경험의 지평구조, 지각이 해석되는 단계들 그리고 지각이 수용되는 보편적 구조로서 내적 시간의식과 신체의 운동감각을 생생하게 분석한 성과를 구체적으로 제시한다. 따라서 이 책에서 다루는 주제는, 「서론」에서 간단히 확인할 수 있듯이, 『논리연구』에서 『형식논리학과 선험논리학』과 『위기』까지, 즉 후설 현상학의 전반에 걸쳐 중요한 전개축이다.

또한 하이데거는 『존재와 시간(*Sein und Zeifn*)』에서, 메를로퐁티는 『지각의 현상학(*Phénoménologie de la Perception*)』(1962) 여러 곳에서 루뱅의 후설아카이브(Husserl-archiv)에 있던 미발표 유고뿐 아니라 이 책을 상당 부분 참조했음을 분명히 밝히고, 가다머가 『진리와 방법(*Wahrheit und Methode*)』(1960)에서 파악한 현상학적 분석도 주로 이 자료에 근거하고 있음을 파악할 수 있다.

이러한 점들을 고려할 때 이 책은 후설 현상학이 지닌 추상적 관념적 형식 속에서도 구체적 실재적 내용을 파악할 수 있는 중요한 문헌이다. 또한 후설 현상학에서 생활세계가 결코 후기에 새롭게 제기한 도달점이 아니라 선험적 상호주관성의 구성이라는 지속적 문제제기를 해명하기 위한 하나의 통과점이라는 사실, 술어적 판단에 기초한 형식논리학과 선술어적 경험의 지평구조를 분석한 선험논리학의 정초 관계, 더 나아가 한편으로 시간의식과 운동감각에 기초해 지각이 수용되는 구조를 밝힌 선험적 감성론(pathos)과 다른 한편으로 선험논리학(logos)을 통해 선험적 주관성을 해명하는 선험적 현상학이 서로 대립되거나 별개의 것이 아니라 하나의 의식에 심층과 표층이라는 파악, 언어의 공동체로서 선험적 상호주관성이 담지하는 유형과 관심 및 습득성의 역사성과 사회성, 술어적 판단이나 물음을 제기하는 작용도 판단의 결단인 인식에 이르려는 의지의 실천적 행동으로 파악한 '이론적 실천'에 대한 분석 등은 이 책을 통해 처음으로 또 더욱 체계적으로 밝혀진 후설 현상학의 새로운 면모이다.

따라서 이 책을 통해 해석학, 구조주의, 질적(質的) 연구 등 현상학적 방법에 근거한 다양한 인문·사회과학들과 후설 현상학의 긴밀한 내적 관련성이 구체적으로 해명될 수 있을 것이다.

이종훈

편집자 서문

이 책은 1938년 에드문트 후설이 죽은 직후 프라하의 아카데미아 출판사에서 출간되었다. 그러나 1939년 봄 체코슬로바키아 합병 문제로 출판사가 문을 닫자 더 이상 판매되지 못했고, 발행 부수 전체가 프라하에 방치되다 2차 세계대전 와중에 소실되었다. 그 가운데 예외적으로 200권이 1939년 런던의 앨런 앤드 언윈 출판사로 발송되어 미국과 영국에 판매될 수 있었다. 그래서 이 책은 비록 제한된 범위이지만, 미국과 영국에 유포되어 논평되고 인용된 반면, 유럽의 독서계에는 거의 알려지지 않는 역설적 상황이 발생했다. 이러한 상황에서 이미 8년 전 간행된 이 책을 대중에게 다시 공개하기 위해 원본을 사진판으로 다시 인쇄하게 되었다.

이 책은 후설이 위임해 편집되고 발행되었으며, 그는 마지막까지 〔편집자와〕 함께 작업했다. 〔그러나〕 그가 처음 의도한 대로 자신이 「머리말」을 〔출판사에〕 미리 보내거나 생전에 출간할 수는 없었다. 따라서 도입부에서 필요한 사항을 언급하는 과제는 편집자에게 주어질 수밖에 없었다.

후설은 『형식논리학과 선험논리학』(1929)에서 현대에 이르기까지 매우 포괄적으로 이루어진 모든 논리적 문제의 내적 의미·분류 그리고 상호 의존 관계를 확증할 뿐 아니라, 논리적 문제제기 전체를 현상학적으로 상세히 규명하려는 목표를 설정했다. 이러한 목표에 부응하는 분석적으로 기술하는 연구의 주요 부분은 이 책에서도 제시된다. 『형식논리학과 선험논리학』은 이미 그 당시에 기획된 구체적이고 개별적인 분석을 위한 일반적이며 원리적인 서론으로 의도된 것이다. 그렇지만 『형식논리학과 선험논리학』이 출간되고 매우 오랜 기간이 경과되어, 그 분석은 더 이상 단순히 그것을 계승해 전개한 성과로 등장할 수 없었다. 더구나 후설이 『형식논리학과 선험논리학』 출간 후에 체계적으로 고찰하면서 그 책의 성과 가운데 많은 것을 새롭게 조명해 발표했으므로 그 분석은 더더욱 등장할 수 없었다.

따라서 이 책은 그 자체로 독자적인 저술의 형태를 취할 수밖에 없었고, 상세한 '서론'을 앞에 제시해야만 했다. 즉 '서론'은 한편으로 전체적 분석의 의미를 후설의 사상이 발전한 최종 국면(이 국면들의 중요한 성과 가운데 많은 것이 그의 최후 저작인 『위기』(『필로소피아(*Philosophia*)』, 1권, 1936)에서 이루어졌다.)으로 소급해 관계 짓는 것에 이바지하고, 다른 한편으로 (개별적 분석의 단초를 이해하는 데 결정적인) 『형식논리학과 선험논리학』의 근본 사상을 총괄하는 데 이바지한다.

'서론'에서 『형식논리학과 선험논리학』의 몇 가지 관점을 반복한다고 해서 현상학적 논리학의 원리적 물음에 다시 한 번 확실하게 답변하려는 요구가 관철될 수 없다는 점은 분명하다. 〔따라서〕 현상학적 논리학의 특성과 의미를 실제적으로 꿰뚫는 도입 부분의 연구는 간략한 총괄로 대체될 수 없기에, 그 책을 상세하게 파악할 필요가 있다. 이와 관련된 '서론' 부분은 간략하게 암시하는 것으로 그치기 때문에, '서론'의 다른 부분과 마찬가지로 현상학에 아직 친숙하지 않은 독자에게는 매우 어려울 것이다. 그래서 나는 독자들이 이 책을 읽을 때 '서론'을 생략하고, 곧바로 그 자체만으로 이해될 수 있는 개별적 분석으로 나갈 것을 권한다. 즉 저술 전체에 대한 연구가 이루어진 다음에야 비로소 다시 한 번 '서론'으로 되돌아가 파악하고, 그런 다음『형식논리학과 선험논리학』을 관련시키는 것이 좋을 것이다. 논리학에서 세워진 계획의 본질적 부분을 분석하는 이 책은 동시에『형식논리학과 선험논리학』을 더 잘 이해하는 데 이바지한다. 그리고 이 책에서 실행된 개별적 분석의 깊은 의미는『형식논리학과 선험논리학』을 참조함으로써 비로소 밝혀질 수 있을 것이다.

이 책의 성격을 이해하기 위해 이 책이 나오기까지의 과정을 언급할 필요가 있다. 끊임없이 불어나는 초안과 연구 초고에 직면해 후설은 생애 마지막 20년간을 제자들과 협력자와의 공동 작업을 통해 자신이 연구한 성과가 책으로 나올 수 있는 새로운 방안을 찾는 데 몰두했다. 그는 자신의 연구를 책으로 출판하려면 혼자 힘만으로는 불가능하다고 생각했다. 그래서 당시 후설의 조교였던 나는 1928년 그에게서, 선험적 논리학의 문제 영역에 속하는 초고들을 통합하고, 속기 원고를 바르게 옮겨 쓰며, 이것들을 체계적이고 통일적으로 배열하도록 위임받았다.

선험적 논리학에 대한 실마리와 근본 사상은 후설이 프라이부르크 대학교 1919~1920년 겨울 학기 세미나에서 여러 차례 수행한 '발생적 논리학'에 대한 주당 4시간 강의에 포함되어 있다. 이 강의들은 이 책을 완성하는 기초가 되었고, 이것을 보충하는 데는 1910년부터 1914년까지 일련의 초고와 1920년대의 다른 강의들에서 발췌한 부분이 이용되었다. 그렇게 이루어진 초안은 출판을 위한 기본적 토대를 갖추었지만, 후설 자신은 그 최종적 편집 작업을 유보했다. 그래서 이것은 편집되어 출판되지 않았다. 내가 이 책의 '서론'으로 앞에 배치한 '선험적-논리적 문제제기의 의미'에 관한 작은 논문을 검토하던 후설에게 이 문제를 더 분명하게 밝혀내려는 욕구가 그에게 강하게 일어났는데, 그 결실이 1928~1929년 겨울에 스케치한『형식논리학과 선험논리학』이다. 이것은 우선 독자적인 형태로 출간되었고, 이 책이 형성된 발단이자 이 책 '서론'의 싹을 형성한 것이다. 논리적 문제제기의 전체적 연관을 새롭게 규명하기 위해서는 당연히 내가 통합한 초안에다 최근에 수정한 작업을 참작해야만 했다. 이 책은 이렇게 이미 출간된『형식논리학과 선험논리학』과 관련됨으로써 그 개별적 분석의 내용이 심화되었을 뿐 아니라 내용으로도 확장되었다.

1929~1930년 작성된 이 책의 두 번째 초안은 다음과 같은 방식으로 이루어졌다. 이것은 (『형식논리학과 선험논리학』을 집필하기 전에 이미 세워진) 최초의 초안이 기초인데, 후설 자신이 작성한 난외 주석과 보충 부록이 포함되었다. 이것들을 우선 고려해야 했고, 그런 다음 1919~1920년 사이에 대부분 작성된 보충 수고를 첨부했다. 여기에서 나의 과제는『형식논리학과 선험논리학』에서 확정된 원리적인 기본 노선을 참조해 이 자료에서 통일적이고 체계적으로 연관 짓는 원전을 수립하는 것이었다.

이러한 원전의 근본 토대는 서로 매우 다른 성격을 띤다. 그것은 한편으로 후설 자신이 교열을 본 최초의 초안이고, 다른 한편으로 서로 다른 시대에 작성되고 서로 다른 성격을 띤, 새롭게 첨부된 수고들이다. 이 수고들은 부분적으로 아주 간략하고 단편적으로 스케치된 분석을 포함하고, 부분적으로 그 자체로 완결되었지만 거기에 위치한 다른 것들과의 연관을 명백히 고려하지 않고 마구 써 내려간 개별적 연구를 포함한다. 따라서 나는 그것들을 문제뿐 아니라 용어도 서로 동화시키고, 가능한 한 동등한 수준에 맞추어야만 했다. 또한 이러한 논의에 빠진 부분을 작성하고 이것들을 장과 절로 분류하며, 그에 속한 표제를 모두 삽입해야 했다. 더구나 수고들에서 분석이 단지 암시적으로 스케치되거나 미흡한 곳은 보충해야만 했다.

이러한 일은 다음과 같은 방식으로 이루어졌다. 즉 내가 손을 대고 첨부한 작업은 후설과 미리 구두로 상론되었고, 원전이 직접 수고의 정확한 내용에 근거할 수 없는 곳에서조차도 후설의 언질과 그의 동의에 근거할 수 없는 것은 이 원전에 전혀 포함시키지 않았다. 그런 다음 (1930년 완성된) 이 책의 두 번째 초안도 이것을 가능한 한 빨리 출간하려는 의도에서 후설 자신이 주석들을 달았다. 그러나 다른 절박한 작업[1]이 불가피하게 들이닥쳤고, 결국 이 작업은 후설의 시야에서 사라지고 말았다.

1935년에야 비로소 프라하철학회가 후원해 이 작업을 새롭게 시작할 수 있었다. 후설은 스스로 완성하려는 계획을 단념하고 그때부터 원전에 최종 손질을 가하는 전권을 나에게 위임했다. 그래서 후설 자신이 두 번째 초안에 단 주석들을 고려할 수 있었을 뿐 아니라, 전체의 배열이 압축되고 명료한 형태를 띠게 되었다. 더구나 판단의 양태들에 관한 부분이 새롭게 첨가되었다. 이것들은 앞에서 언급한 발생적 논리학에 관한 강의에서 다루어졌지만, 이전의 초안에서는 수용되지 않았던 문제의 연관이다.

하지만 무엇보다 중요한 것은 연구의 전체 의미를 제시하는 '서론'이 지금에야 비로소 입안되었다는 점이다. 이 '서론'은 부분적으로 후설이 최후에 출간한 저술 『위기』와 『형식논리학과 선험논리학』의 사상을 자유롭게 복제한 것이며, 부분적으로 후설과 토론한 것과 1919년부터 1934년까지에 걸친 수고들에 근거한다. 이 '서론'의 초안도 후설 자

---

1 이것은 1934년 8월 30일 프라하의 국제철학회가 「우리 시대에서 철학의 사명」이라는 주제로 요청한 강연의 준비 작업이었다. 그 성과는 1935년 체코의 빈대학교의 강연 「유럽 인간성의 위기에서 철학」, 11월 프라하대학교의 강연 「유럽 학문의 위기와 심리학」으로 발표되었는데, 프라하 강연은 1936년 『위기』의 1부와 2부로 출판되었다.

신과 충분한 토론을 거쳤으며, 그 본질적 내용과 사고의 과정도 그의 동의를 얻은 것이다.

이 책이 나오기까지 복잡한 과정과 다층적 수정 작업을 고려할 때, 이 원전이 문헌적 정밀성을 갖추기에는 부족하다는 점이 분명하다. 기초가 되는 (예외 없이 속기로 쓴) 원본 수고의 정확한 내용과 후설이 구두로 표현한 것을 복제한 것 그리고 편집자가 (물론 후설의 동의를 얻어) 첨가한 것을 원전 속에서 구별하는 것은 기술(技術)상 완전히 불가능할 것이다.

'이러한 상황에서 도대체 이 책이 후설의 작품으로 인정될 수 있는가' 하는 물음에 이 책은 전체적으로 후설 자신의 위임을 받아 완성된 것으로 간주해야 한다고 답할 수 있다. 이 점은 다음과 같은 것을 뜻한다. 즉 이 책에서 사상의 내용, 이른바 원소재는 후설에서 유래하지만(여기에는 편집자가 단순히 첨가한 사항이나 편집자의 현상학에 대한 해석이 전혀 없다.) 본문이 표현하는 양식에 대해서는 대체적으로 편집자가 책임질 수밖에 없는 아주 독특한 종류의 공동 작업에 의한 성과이다.

『경험과 판단』이라는 이 책의 이름은 1929년 작성한 현상학적 논리학의 근본 물음을 다룬 수고의 표제에서 유래한다.

이 책의 끝에 첨부된 두 개의 부록은 특수한 위치를 갖는다. 이 부록들은 원본 수고에서 단지 문체만 손질을 가한 것으로, 그 자체로 완결된 고찰을 포함한다. 이러한 이유 때문에 그 내용의 본질적 부분을 희생시키지 않고서는 그 밖의 다른 원전 속에 삽입될 수 없을 것이다. 〔따라서〕 이 부록들은 단순한 부속물이 아니라 원전의 해당 부분에 대한 본질적 보충으로 간주되어야 한다. '부록 1'은 1919년과 1920년 작성한 것이다. '부록 2'는 비록 완결되지 않아 출간될 수 없던 것이지만, 1913년 『논리연구』 2권 제6연구의 개정판에 붙인 초안의 한 절이다.

마지막으로 이 책을 출간하는 데 기여한 모든 분께 진심으로 감사드린다. 독일 학술조성단체는 1929년부터 1930년까지 보조금을 지급해 본인이 후설의 작업에 협력할 수 있게 해 주었고, 프라하철학회와 록펠러재단은 이 책을 최종적으로 완결 짓고 초판을 인쇄하는 데 후원해 주었다. 끝으로 클라센 고버츠 출판사는 이 책을 현재의 개정판으로 인쇄하는 작업을 떠맡아 주었다. 원전의 최종적 표현의 양식, 특히 '서론'의 형태를 구성하는 데 조언을 준 프라이부르크대학교의 오이겐 핑크(Eugen Fink)[2] 박사에게 깊이 감사드린다.

루트비히 란트그레베(Ludwig Landgrebe)

---

2 핑크(1905~1975년)는 1930년 란트그레베의 후임으로 프라하대학교의 교수로 취임했고, 후설의 연구조교로 '시간'과 '상호주관성'의 구성의 문제 등을 공동으로 연구했다. 그는 후설의 1929년 파리 소르본대학교의 강연 『데카르트적 성찰』(이 책의 프랑스어 판은 1931년 출판되었다.)의 독일어판 출판을 위해 공동으로 보완하고 수정하던 중 선험적 현상학을 체계적으로 서술하는 과제를 위임받아 작업했지만, 후설은 이것이 본래의 파리 강연과 완전히 다른 책이 될 수 있는 내용이기 때문에 그 출판을 보류했다.(이 자료는 1988년 『제6 데카르트적 성찰』 1권과 2권으로 출간되었다.)

서론: 연구의 의미와 범위

1 논리학의 발생론에서 중심적 주제인 술어적 판단

이 연구는 근원(Ursprung)에 관한 문제와 관련된다. 이것은 술어적 판단(prädikative Urteil)의 근원을 해명함으로써 논리학 일반의 발생론(Genealogie)〔을 해명하는 데〕에 기여하고자 한다. 그와 같은 계획의 가능성과 필연성 그리고 여기에서 설정되어야 할 근원에 관한 물음의 의미는 무엇보다 상세한 논의가 필요하다. 여기에서 근원은 일상적 의미에서 논리학의 역사에 관한 문제나 발생적 심리학의 문제를 주제로 삼지 않는다. 따라서 이렇게 근원을 해명함으로써, 그 근원을 심문하는 형성물의 본질이 밝혀져야만 한다. 그러므로 우리의 과제는 술어적 판단의 근원을 탐구하여 술어적 판단의 본질을 해명하는 것이다.

술어적 판단의 본질을 해명해 논리학 일반의 발생론에 관한 문제가 진척될 수 있다면, 그 근거는 술어적 판단, 즉 진술논리(Apophansis)[1]라는

---

1 이것은 그리스어 'apophainestai'(제시하다, 나타내다, 설명하다, 진술하다 등)에서 유래한 'Apophantik'으로 후설은 명제, 진술, 판단, 문장 등에 대한 의미론을 뜻하는 말로 썼다. 판단은 인식론의, 문장은 언어학의, 명제와 진술은 논리학의 대상이다. 그래서 여기에서는

개념이 역사적으로 형성된 형식논리학의 중심 속에 있다는 사실이다. 형식논리학의 핵심은 진술논리, 즉 판단과 판단의 형식에 관한 이론이다. 가장 근원적인 의미에서 형식논리학은 단지 이러한 사실뿐 아니라 '형식적 보편수학(mathesis universalis)[2]인 형식적 수학을 그 자신 속에 포함하는, 완전히 구축된 형식논리학에서는 형식적 존재론(Ontologie)이 형식적 진술논리에 대립해 있다'는 사실도 지닌다. 형식적 존재론은 어떤 것 일반에 관한 학설, 이것이 변형되는 형식들에 관한 학설, 따라서 대상·속성·관계·다수성 등과 같은 개념에 관한 학설이다.

그리고 전통적으로 문제제기에서는 언제나 두 가지 분야에서의 물음이 다루어졌다는 점이 여기에서 언급될 수 있다. 왜냐하면 형식적 진술논리와 형식적 존재론의 관계, 이들의 상관적 상호의존성, 심지어 이들의 분리가 단지 일시적인 것, 즉 결코 분야(Gebiet)의 차이가 아니라 태도(Einstellung)의 차이에 기인한다고 입증된 것에 대해 〔이들의〕 내적 통일성에 관련된 어려운 문제는 더구나 여기에서 다루어질 수 없기 때문이다.[3] 〔따라서〕 형식적 존재론의 주제를 형성하는 형식적 범주들 모두는 판단작용으로 대상을 획득한다는 사실만 주장될 것이다. 대상들 일반이 논리적으로 사고되는 어떤 것 일반(etwas Überhaupt)이라는 공허한 개념은 판단 속에서만 나타나며,[4] 이것은 판단이 변형되는 형식들에

이 용어를 '진술논리'로 옮긴다. 그 어원과 가장 잘 어울릴 뿐 아니라, 후설의 'Apophantik'에는 '술어논리'와 '명제논리'가 포함되며, 프레게와 달리, 주장·주체의 구성하는 활동과 무관한 추상적 실체인 '명제'와 구별되기 때문이다.

2 데카르트에서 보편수학의 이념은 그가 해석기하학을 발전시키면서 생각한 산술, 기하학, 천문학, 음악이론학, 광학, 기계학 등을 포괄하는 수학의 통합과학이다. 라이프니츠에서 보편수학은 이것을 넘어 논리학, 대수학까지 포괄하는 모든 형식과학에 대한 학문을 뜻한다. 반면 후설은 이 개념을 발전시켜 학문이론(Wissenschafts-theorie)으로서의 순수논리학을 완성하고자 한다.

3 〔원주〕『형식논리학과 선험논리학』, 1부 4장과 5장을 참조.

4 〔원주〕위의 책, 98쪽.

서도 마찬가지다.

속성이 판단 속에 무엇보다 우선 종속적으로 나타나는 형식(이것은 명사화되어 기체(基體) 형식의 성질을 산출한다.)을 표시하듯이, 명사화되어 부각된 의미, 즉 기체(Substrat)나 대상이 된 것(Gegenstandes wor-über)의 의미에서 대상으로 변형되어 집합을 산출하는 복수(複數)는 복수의 판단들 속에 나타난다.[5]

형식적 존재론에서 나타나는 그 밖의 모든 개념에서 동등한 것이 보일 수 있을 것이다. 우리는 이러한 사실을 고려할 때 역사적 근거뿐 아니라 실질적 근거에서 '형식적–논리적 문제제기 전체에서 중심적 위치는 판단에 관한 학설에 놓여 있다'고 주장할 수 있다.

이렇게 확정된다고 해서 우리는 가장 광범위하고도 포괄적인 의미에서 '논리학' 또는 '논리적'이라는 명칭으로 이해될 수 있는 것의 본질을 규정하는 것을 미리 예측해 처리하면 안 된다. 오히려 이와 같은 포괄적인 본질의 개념은 논리적인 것(Logisches)을 현상학적으로 해명하고 그 근원을 탐구해 이룩되는 최종적 성과일 수 있다.

이러한 탐구는 『형식논리학과 선험논리학』에서 시작되었고, 논리적인 것의 원리적 물음을 밝히는 작업은 이 저술의 연구에서 계속 전개된다. 논리적인 것의 근원을 현상학적으로 천명하는 일은 '논리적인 것의 범위가 전통적 논리학이 이제까지 다룬 범위보다 훨씬 더 넓다'는 사실을 밝혀 준다. 동시에 그 일은 전통적 논리학의 범위가 이렇게 좁게 한정된 본질적 이유가 무엇인지 밝혀 준다. 곧 전통적 논리학이 우선 전통적 의미에서 논리적인 것의 근원으로 되돌아감으로써 〔그 이유를〕 밝

---

5 〔원주〕 위의 책, 95쪽.

서론: 연구의 의미와 범위

혀 준다. 이렇게 함으로써 전통적 논리학은 '논리적 작업수행(Leistung)[6]이 전통에서 파악되지 못했던 층(層) 속에 놓여 있다'는 사실을 깨닫게 된다. 따라서 전통적 논리학의 문제제기는 우선 비교적 높은 단계에서 시작한다는 사실뿐 아니라, 은폐된 전제들은 바로 낮은 층들 속에 발견될 수 있다는 사실도 깨닫게 된다. 이러한 전제들에 근거해 논리학자가 주장하는 고도의 명증성(Evidenz)의 의미(Sinn)와 정당성(Recht)이 비로소 궁극적으로 이해된다.

이렇게 함으로써만 전통 전체에 대한 논리학의 대결이 비로소 가능해지고, '논리학'과 '이성(Logos)'이라는 포괄적 개념을 획득할 수 있다. 이러한 개념을 획득하는 것은 논리학의 현상학적 해명이라는 차원에서 볼 때 아득히 멀리 떨어져 있는 목표이다. 만약 논리적인 것의 영역이 미리 구획될 수 없다면, 논리적인 것을 현상학적으로 해명하는 일은 일반적으로 형상학적 탐구에 우선 방향을 지시하는 예비개념(Vorbegriff)이 필요하다. 이 예비개념은 자의적으로 선택될 수 있는 것이 아니라, 전통적으로 미리 주어진 논리학이나 논리적인 것의 개념이다.[7] 그리고 이것의 중심부에 술어적 판단의 문제제기가 놓여 있다.

---

6 의식의 '산출, 수행, 수행된 결과, 기능, 성취' 등을 뜻하는 이 용어는 일상적으로 은폐된 의식을 현상학적 환원을 통해 해명하는 선험적 주관성의 다양한 지향적 능동적 활동을 지칭한다. 그리고 의식이 체험한 내용이 축적되고, 이것이 다시 기억되거나 새로운 경험을 형성하는 복잡한 발생적 역사성을 함축한다. 따라서 의식의 다양한 심층의 구조뿐 아니라 부단히 흘러 들어가고 나오는 그 역사성을 강조하고 또한 의식의 단순한 표층적 '작용(Akt)'과 구별하기 위해, '작업수행'으로 옮긴다.

7 〔원주〕논리적 전통의 의미를 해명하는 것에 관해서는 『형식논리학과 선험논리학』 '서론' 11절과 1부 A를 참조.

2 술어적 판단을 전통적으로 규정하는 것과 그 우위성 그리고 그 문제

판단, 즉 전통적 의미의 진술논리는 그 자체로 여전히 다양한 것을 포함하는 명칭이다. 그래서 무엇보다 이러한 주제를 더 정확하게 규정하고, 전통적으로 그것에 미리 제시된 문제들을 파악하는 것이 필요하다.(제2절) 그런 다음에야 비로소 우리는 여기에서 착수해야 할 방법, 즉 '발생적'으로 불렸던 방법의 특징 묘사를 점진적으로 추구할 수 있다.(제3절 이하)

그래서 전통 전체에 걸쳐 극히 다양한 판단의 형식들이 구별되며, 판단 자체의 본질이 서로 다른 방식으로 확정될 수 있게 추구된다. 그러나 아리스토텔레스가 논리적 전통을 수립한 이래 처음부터 확립된 것은 기체(hypokeimenon), 즉 이것에 대해 진술된 것과 이것에 의해 진술된 것(kategoroumenon), 그리고 다른 방향에서 보면, 그 문법적 형식에 따라 명사(onoma)와 동사(rhema), 이 두 가지로 분류된 것이 술어적 판단에서 매우 보편적으로 특징지어진다는 사실이다. 모든 진술명제는 반드시 이 두 가지로 분류된 항(項)으로 이루어진다.[1] 이것은 '모든 판단작용은 어떤 대상 앞에 놓여 있으며, 우리에게 미리 주어져 있고, 그것에 대해 진술되었다는 점을 전제한다'라는 사실을 함축한다.

이것으로 판단의 근원에 관해 문제 삼아야 할 이른바 원형이 미리 주어진다. 우리는 여기에서 '우리가 이것으로써 가장 근원적인 논리적 형성물을 실제로 다루어야 하는지'에 관해 전적으로 판단을 유보해야만 한다. 전통적으로 판단으로 규정된 이 형성물의 근원을 밝히는 것만이 앞의 물음뿐만 아니라 이와 관련된 그 밖의 다음과 같은 모든 물음에 답변할 수 있다. 즉 '어느 범위까지 술어적 판단은 우선적으로 취급

---

1 〔원주〕 Aristoteles, *De Interpretatione*, 16a 19와 17a 9 참조.

서론: 연구의 의미와 범위

되는 논리학의 중심적 주제인가' 또 '논리학은 그 핵심상 필연적으로 진술논리나 판단론인가' 더 나아가 '언제나 이미 판단 속에 구별되었던 두 가지 부분의 결합 방식은 무엇이며, 판단에서 어느 범위까지 종합(Synthesis)과 분리(Diairesis)의 통일이 이루어지는가', 이러한 물음들은 논리학자를 끊임없이 곤경에 빠뜨렸고, 오늘날까지도 결코 만족스럽게 해결되지 못한 문제이다.

판단 속에 결합된 것과 분리된 것은 무엇인가? 더구나 전통적으로 다양하게 구분된 판단의 형식들 가운데 어느 것이 가장 근원적인 형식인가? 즉 어느 것이 가장 밑바닥에 있으며, 그 밖의 모든 것을 기초 짓는 것으로 반드시 전제되었고, 더 높은 단계의 그 밖의 다른 형식들이 그것 위에 구축될 수 있기 위해 본질상 필연적으로 다른 것에 앞서 놓여 있는 것으로 생각됨에 틀림없는가? 하나의 근원적 형식이 존재하는가, 또는 동등한 권리를 지닌 병존하는 다수의 근원적 형식들이 존재하는가? 그리고 오직 하나의 근원적 형식만 존재한다면, 어떤 방식으로 그 밖의 모든 형식이 이 가장 근원적인 형식으로 환원될 수 있는가? 예를 들면 긍정판단이나 부정판단은 동등한 권리를 지닌, 근원적으로 동등하게 병존하는 두 개의 기본적 형식인가, 또는 이것들 가운데 어느 하나가 우선권을 지니는가?

판단에 관한 전통적 규정은 이러한 물음으로 이끈다. 물론 이것을 넘어서 여전히 그 밖의 다른 문제들이 미해결로 남아 있다. 이러한 문제들은 전통적으로 판단으로 미리 주어진 것의 근원을 천명하는 우리의 방식으로는 즉시 답변될 수 있는 것이 아니다. 오히려 그 답변은 이 책의 연구 범위를 넘어서는 전통 전체와 대결하는 일이 될 것이다. 그럼에도 불구하고 중요한 몇 가지 문제들은 여기에서 예시될 수 있다.

아리스토텔레스 이래 판단의 기본적 도식은 'S는 P이다'라는 기본적 형식으로 환원될 수 있는 계사(繫辭)의 판단을 확실한 것으로 간주해 왔다. 그 밖의 연결 형식을 지닌 모든 판단, 예를 들면 동사를 술어로 갖는 형식은 이 [전통적] 견해에 따르면, 논리적 의미의 변화 없이도 계사의 결합 형식으로 치환될 수 있다. 그러한 예로 '인간이 걸어간다(der Mensch geht)'는 '인간이 걸어가고 있다(der Mensch ist gehend)'와 논리적으로 동치(同値)이다. [계사] '있다(ist)'는 언제나 시제가 함께 표시된 '동사'의 한 부분으로 존재하며, 이 속에서는 동사와 마찬가지이다.[2] 그러므로 '사실상 이러한 치환의 가능성이 정당한지 여부, 그 차이가 논리적 의미의 작업수행에서의 차이를 결코 지시하지 않는 언어적 형식의 단순한 차이인지 여부'의 물음에 우리가 어떤 태도를 정할 수 있기 이전에, '이러한 계사의 결합 속에 무엇이 일어났는가, 또 계사로 결합된 술어적 판단의 본질과 근원은 어떠한 종류인가'를 정확하게 통찰하는 일이 필요하다. 그러나 어쨌든 후자의 [그 치환의 가능성이 논리적 의미의 작업수행에서의 차이를 지시하는] 경우라면, '한편으로 계사를 지닌 명제와 다른 한편으로 동사를 지닌 명제라는 두 가지 형식은 어떻게 서로 관련되는가?' 또는 '이것들은 동등하게 근원적인 의미의 작업수행인가, 아니면 그 가운데 어느 하나(그렇다면 어떤 것)가 더 근원적인 것인가?' 하는 문제가 발생할 것이다.

그렇다면 'S는 P이다'라는 계사의 형식은 실제로 전통적인 판단의 기본 도식을 표현하는가? 더구나 이러한 도식의 근원적 성격에 관한 물음도 '주어가 그 도식 속에서는 자명하게 3인칭의 형식으로 정해진다'는 사실에 대해서도 제기되어야만 할 것이다. 이러한 사실에는 1인칭이나 2인칭, 즉 '나는 ……'이나 '너는 ……'이라는 형식의 판단이 '그것은 ……'이라는 기본 도식 속에 표현된 의미의 작업수행을 벗어난 어떠한 논리적 의미의 작업수행도 표현하지 않는다는 전제가 포함되어

---

2 [원주] 위의 책, 같은 곳과 21b 9 참조.

서론: 연구의 의미와 범위

있다. 이 전제 역시 우선 검토할 필요가 있으며, 'S는 P이다'라는 전통적인 기본 도식의 근원적 성격에 관한 물음도 다시 새롭게 밝혀져야 할 것이다.[3]

3 논리적 문제제기의 양면성. 주관적으로 방향이 정해진 문제설정의 출발점인 명증성 문제와 이것이 전통으로 옮겨지는 것

이러한 모든 물음이 결부된 판단은 진술명제로서 그것이 언어적으로 형태화된 것 속에 무엇보다 논리학자에게 미리 주어져 있다. 즉 이러한 판단은 일종의 객관적 형성물로서, 논리학자가 그 밖의 다른 존재자와 마찬가지로 그 형식과 관계의 양식들을 연구할 수 있는 것으로 미리 주어져 있다. 논리적 처리절차들(Verfahrungsweisen)을 지닌 인식은, 우리가 논리적으로 숙고하면, 이미 언제나 자신이 활동을 착수한 것이다. 왜냐하면 이미 우리는 언제나 판단을 내리고, 개념을 형성하며 추론을 이끌기 때문이다. 이것들은 실로 우리의 인식의 자산이며, 그 자체로 우리에게 이미 주어진 것이다. 이러한 사실은 〔논리학을〕 시작하는 논리학자가 그와 같은 형성물에서 갖는 관심이 '일정한 형식을 지닌 어떤 형성물에 대한 단순한 관심'이 아니라 인식의 침전물(Niedershlag)이고자 주장하는 형성물에 대한 관심이라는 점을 뜻한다. 논리학자가 형성물의 형식들을 목표로 연구하는 판단들은 잠칭된 인식으로 나타난다. 여기에는 '논리적으로 숙고하는 모든 것에 앞서 실제적 인식이며,

---

3 전통적 형식논리학에서는 계사의 결합 형식이 과연 근원적으로 판단의 기본 도식인가 하는 문제와 3인칭 판단 형식으로는 1인칭이나 2인칭으로 진술하는 주어의 감정이나 의미가 표현될 수 없다는 문제, 그리고 진술된 어떤 대상(주어)이 미리 주어졌다는 존재론적 해석을 전제해 판단의 규칙만 다루기 때문에 진술하는 시제(時制)의 차이가 전혀 드러나지 않는 문제 등이 있다.

진리로 이끄는 판단과 단순히 사념되고 단순히 잠칭된 인식인 판단의 차이에 관한 앎이 이미 존재한다'는 사실이 함축되어 있다. 논리적으로 숙고하기에 앞서 우리는 참된 판단과 처음에는 추정적으로 참된 것이었지만 나중에 가서 어쩌면 거짓으로 판명될 판단, 정당한 추론과 부당한 추론 등의 차이를 이미 알고 있다.

그런데 논리학자가 실제로 포괄적이고도 엄격한 의미에서 논리학에 주목하면, 그의 관심은 판단들이 형식을 갖추는 법칙인 형식논리학의 원리와 규칙에 향할 것이다. 이것들은 단순한 유희의 규칙이 아니라, 〔판단들이〕 형식을 갖추는 것을 만족시킴에 틀림없는 법칙이다. 이렇게 형식을 갖춤으로써 인식 일반은 비로소 가능할 수 있다.[1] 이 법칙은 판단의 대상, 즉 판단의 기체로서 공허한 형식 속에 삽입된 것의 실질적 내용을 전혀 도외시하더라도, 순수하게 그 형식상 판단들에도 적용된다. 그러므로 그 법칙은, 요컨대 가능한 진리의 단지 소극적인 조건을 포함한다. 왜냐하면 이 조건들을 벗어난 판단작용(Urteilen)은 결코 진리에, 주관적으로 말하면, 명증성에 이를 수 없기 때문이다. 즉 그것은 명증적 판단작용일 수 없다.

그러나 한편으로는 그것이 비록 이러한 법칙들의 요구를 만족시키더라도 여전히 자신의 목표인 진리에 도달할 수 없음은 틀림없는 사실이다. 이러한 통찰은 만약 인식활동이 자신의 목표에 도달한다면, 가능한 진리의 형식적 조건들을 넘어서도 여전히 첨부되어야 할 것을 묻게 강요한다. 추가된 이 조건들은 주관적 측면에 놓여 있으며, 통찰력(Einsichtigkeit)이나 명증성의 주관적 성격 그리고 이러한 목적을 달성하는 주관적 조건에 관계한다. 판단들이 잠칭된 인식으로 나타난다는 사실, 그

---

1 〔원주〕 진리의 논리와, 유희의 규칙에 대한 분석의 차이에 대해서는 『형식논리학과 선험논리학』, 33절 86쪽 이하 참조.

서론: 연구의 의미와 범위

러나 스스로를 인식이라고 위장하는 것들 가운데 많은 판단들이 나중에 허위로 판명된다는 사실 그리고 이러한 사실에 기인하는 판단들의 진리[여부]에 관해 비판해야 할 필연성 때문에 논리학이 지닌 문제제기의 두 가지 측면은 처음부터 논리학에 지시되어 있다. 물론 전통[적 논리학]은 이러한 측면들의 더 깊은 의미를 결코 파악하지 못했다. 즉 그것은 한편으로 [판단의] 형식을 갖추는 것과 이것의 법칙성에 관한 물음이고, 다른 한편으로 명증성을 획득하는 주관적 조건에 관한 물음이다. 후자의 물음에는 주관적 활동인 판단작용과 주관적 경과(Subjektive Vorgänge)가 문제시된다. 이러한 주관적 경과 속에 [논리적] 형성물은 때로는 명증적으로 때로는 명증적이지 않게 나타나는 것으로 입증된다.

그러므로 인식을 표현하려는 모든 요구를 가지며 [논리적] 형성물이 발생하는 의식의 작업수행이라 할 수 있는 이러한 판단작용이 주목받는다. 이것은 전통적 논리학의 고찰에서 (반드시 필요한 일이었으나) 결코 그 중심에 세우지 못했던 문제의 영역이다. 오히려 전통적 논리학은 이러한 문제의 영역을 심리학에 떠맡길 수 있다고 믿었다. 그 결과 '판단작용과 논리적인 것 일반에 관련된 근원에 관한 물음은 발생적 심리학의 양식으로, 주관적으로 되돌아가 묻는 것 이외에 다른 의미를 가질 수 없다'는 사실은 전통[적 논리학]에 의해 미리 지시된 것처럼 보인다. 우리가 발생적 문제제기를 심리학적인 것으로 특징짓는 것을 거부하면, 또 그 문제제기를 일상적 의미에서 심리학적 근원에 관한 물음과 명백하게 대립시킨다면, 그것은 여기에서 분석되어야 할 근원의 특성을 부각시킬 특별한 정당성을 필요로 한다.

더구나 당분간은 오직 다음과 같이 예측할 수 있을 뿐이다. 즉 일상적 의미에서 '판단에 관한 발생적 심리학(genetische Urteilspsychologie)'은 처음부터 판단의 근원을 현상학적으로 해명하려는 우리의 기도와 구별되고, 따라서 논리학 일반의 현상학적 발생론(Genealogie)과도 구별된다는 것이다. 왜냐하면 전통[적 논리학]은 논리적 형성물과 관련해 주관적으로 되돌아가 묻거나(Rückfrage), 모든 자연적 출발점을 부여하는 명증성의 문제를 진지하게 이해하거나 검토하지도 않았기 때문이다. 처음부터 사람들은 명증성이 무엇인지 알고 있다고 믿었으며, 모든 인식을 절대적이며 필증적으로 확실한 인식의 이상(理想)으로 측정할 수 있다고 믿었다. 그들은 인식의 이러한 이상과 더불어 그 자체로 필증성을 요구하는 논리학자 자신의 인식들이 정당화하는 것(Rechtfertigung)과 근원을 정초하는 것(Ursprungsbegründung)을 필요로 한다는 점을 전혀 의심하지 않았다.

그래서 심리학적 노력은 결코 명증성 자체에 적용되지 못했다. 곧 판단하는 사람의 명증성뿐 아니라 판단작용의 형식적 법칙성에 관한 (필증적) 명증성에 적용되지 못했다. 그것은 명증성 자체를 문제 삼은 것이 아니라, 사고의 명석함(Klarheit)과 판명함(Deutlichkeit)[2]으로 오류를 방지하는 명증성을 수반하는 것에만 관심을 두었다. 그래서 논리학은 '심리학적으로 규정된 올바른 사유에 관한 기술학(Technologie)'이라고 자주 각인되었다.[3] 따라서 주관적으로 되돌아가 묻는 모든 것이 그러한

---

2 이 용어는 데카르트가 방법적 회의를 한 결과 "나는 생각한다. 그러므로 나는 존재한다."라는 자기의식의 확실성으로부터 '명석함과 판명함(clara et distincta)'을 진리의 기준으로 연역해 보편수학을 수립한 데 연유한다. 즉 '명석'은 '주의 깊은 정신에 명백하게 주어지는 것'이고, 그렇지 못한 것은 '혼란'(이것은 다시 여러 가지 뜻으로 이해되는 '애매'와, 지시하는 범위와 한계가 명확하지 않은 '모호'로 구별된다.)이다. 그리고 '판명'은 '아주 간결하고 판이해서 다른 것과 확연하게 구별되는 것'이다.

3 이것은 논리법칙도 사유작용의 기능과 조건을 진술하는 심리법칙으로 해석해 논리학의 근거를 심리학에서 찾는 심리학주의(Psychologismus)의 주장으로, 심리학주의는 자극의 조건반사를 인과적으로 탐구하는 생리학과, 정신현상을 감각요소로 분석해 설명하는 실험심리학에 영향을 받았다. 후설은 『논리연구』 1권에서, 보편타당한 논리법칙을 우연적인 경험적 사실에서 도출하는 심리학주의는 '이념적인 것(Ideales)'과 '실재적인 것(Reales)'의 인식론적 차이를 '혼동한 것(metabasis)'으로 희망 없는 시도라고 밝힌다. 또한 논리법칙이 변화

서론: 연구의 의미와 범위

노선으로 이끌렸다는 점은 결코 단순한 우연이 아니라는 사실, 본래의 진정한 명증성의 문제는 더 깊이 놓여 있는 근거 때문에 원리적으로는 심리학적 문제제기의 지평 속에서는 결코 나타날 수 없었던 사실이 밝혀져야 할 것이다.

그 밖에 우리는 이러한 문제를 해결하는 데 준수해야 할 방법의 특성과 그 도달 범위(7~10절), 그리고 이러한 방법과 심리학적인 발생적 방법의 원리적인 차이뿐 아니라, '왜 심리학적 발생론의 방법이 명증성의 문제를 포착할 수 없었던가' 하는 이유(11절)를 밝히기 위해 우선 이러한 종류의 명증성의 문제(5~6절)를 살펴볼 것이다.

4 명증성 문제의 단계들. 가능한 명증적 판단작용의 예비조건인 대상적 명증성

우리가 주관적으로 되돌아가 묻는 경우, 판단하는 행위는 '인식하기 위해 전력을 다해 노력하는 행위'로 고찰된다. [그렇다면 인식은] 무엇에 관한 인식인가? 아주 일반적으로 말하면, 그것은 존재하는 것, 즉 존재자(Seiendes)에 관한 인식이다.

[그러나] 만약 인식하기 위한 노력이 존재자를 향해야 하면, 그리고 그것이 '존재자란 무엇이며 어떻게 존재하는가'를 판단하면서 진술하는 노력이면, 존재자는 이미 미리 주어져 있어야만 한다. 또한 판단작용은 그것이 판단하는 대상인 기체(Zugrundeliegendes), 즉 '대상이 된 것'이 필요하기 때문에, 존재자는 판단작용의 대상이 될 수 있게 미리 주

될 수 있는 사실이나 사고하는 개인의 심리상태에 의존하면, 자기주장마저 자신에 의해 부정되는 모순에 빠지고, 결국 진리를 의식의 체험으로 해체시키는 회의적 상대주의에 빠질 뿐이라고 비판한다.

어져야만 한다. 판단활동, 즉 명백하든 않든 모든 종류의 사유운동이 전개되는 곳에서는 어디에서나 이미 대상들이 표상될 수 있어야만 한다. 그 대상들이 공허하게 표상된 것이든 직관적으로 스스로 주어진 것이든 아무 상관이 없다. 왜냐하면 모든 사유활동은 미리 주어진 대상들을 전제하기 때문이다.

그러나 판단하는 활동인 사유작용이 실제로 자신의 목표인 인식으로 나아가려면, 즉 판단들이 명증적 판단이려면, '어떤 방식으로든 그 어떤 대상들이 미리 주어졌다'는 점이나 '판단작용들이 그 대상들을 향해 있고 더구나 논리학에 의해 대상들의 형식을 지시하는 규칙들과 원리들을 단순히 만족시킨다'는 점만으로는 충분치 않다. 오히려 인식의 작업수행이 〔자신의 목표 달성에〕 성공하려면 그 내용과 관련해 대상들 자체가 미리 주어지는 방식을 요구한다. 대상들은 그것들의 측면에서 미리 주어진 것이 틀림없기 때문에, 대상들이 주어졌다는 것은 그 자체로 인식, 즉 명증적 판단작용을 가능케 만든다. 이것들은 그 자체로 명증적이며, 대상들 자체로 주어져 있음에 틀림없다.

그러므로 명증성, 명증적으로 주어진 것에 관한 논의는 여기에서 그 자체로 주어진 것(Selbstgegebenheit)을 주장할 뿐이다. 이것은 어떤 대상이 주어짐에서 단순한 현전화(Vergegenwärtigung),[1] 즉 단지 지시하는 공허한 표상에 대립해 의식과 관련해 스스로 거기에(selbst da), 생생하게 거기에(leibhaft da) 존재하는 것으로 특징지을 수 있는 종류들과 방식들이다. 예를 들면 외적 지각의 어떤 대상은 기억, 상상 등 대상에 관한 단순한 현전화에 대립해 명증적으로 그 자체로, 곧바로 실제적 지각으로 주어진다. 따라서 우리는 '이렇게 주어진 것이 충전적(adäquat)인지 아

---

1 이것은 기억이나 상상과 같이 시간·공간적으로 현존하지 않는 것을 의식에 현존하도록 만드는 자아의 능동적 작용이다.

서론: 연구의 의미와 범위

닌지' 묻지 않고도, 대상에 관해 그 대상을 스스로 부여하는 것으로 성격 지어진 모든 종류의 의식을 명증적으로 지시한다. 이렇게 함으로써 우리는 정확하게 기술하면 [한편으로] 대상이 충전적으로 주어지고, 다른 한편으로 필증적(apodiktisch)으로 통찰되는 경우에 대체로 적용되는 일상적으로 사용되는 '명증성'[2]이라는 단어에서 벗어나게 된다. 이와 같이 주어지는 방식도 스스로를 부여함, 즉 이념성(Idealität)이나 보편적 진리로 특징지어진다.

그러나 모든 종류의 대상은 그 특성상 '스스로를 부여함(Selbst-gebung)＝명증성(Evidenz)'을 갖는다. 그리고 모든 대상, 예를 들어 외적 지각의 공간적 사물의 대상들에서 필증적 명증성이 가능한 것은 아니다. 그럼에도 불구하고 그 대상들은 '근원적으로 스스로를 부여함'이라는 방식과 함께 '명증성'이라는 방식도 지닌다.

대상이 명증적으로 주어짐에는 술어적으로 형성되는 것이 포함될 필요가 전혀 없다. 판단의 가능한 기체인 대상은 술어적 판단 속에 판단되지 않고도 명증적으로 주어질 수 있다. 그러나 대상에 관한 명증적인 술어적 판단은 대상 자체가 명증적으로 주어지지 않고는 가능하지 않다. 무엇보다 경험에 근거한 판단의 경우 이러한 사실은 결코 생소하지 않다. 사실상 이 경우 선술어적(先述語的) 명증성 속에 술어적 명증성을 기초 지으려는 암시에 의해서만 자명성이 진술될 수 있는 것처럼 보인다.

---

2 후설은 '명증성'을 "정합성(Richtigkeit)의 가장 완전한 징표"(『논리연구』 1권, 13쪽), "사태나 대상에 대해 사고가 맞아떨어지는 일치"(『이념』, 49쪽) 등으로 표현한다. 그리고 명증성을 주어진 사태와 사고가 일치하는, 즉 대상이 충족되는 측면의 '충전적 명증성'과, 주어진 사태가 존재하지 않는 것을 결코 의심할 수 없는, 즉 자의식의 확실성이라는 측면의 '필증적 명증성'으로 구분한다.
그런데 그는 충전적 명증성과 필증적 명증성의 합치가 진리의 이념이라고 파악했지만, 발생적 분석에서는 "충전적이 아닌 것에도 필증적 명증성은 있으며, 필증적 명증성이 최고의 권위를 지닌다."(『성찰』, 55~56쪽)라고 주장한다.

그러나 대상적(gegenständlich), 선술어적(vorprädikativ) 명증성으로 되돌아가는 것(Rückgang)은 다음과 같은 사실을 확정함으로써 비로소 자신의 주안점과 완전한 의미를 얻게 된다. 즉 '이 기초 짓는 관계(Fundierungsverhältnis)가 경험에 근거한 판단만 아니라 모든 가능한 명증적인 술어적 판단 일반에도 관련되며, 그 밖에 기체들의 일정한 영역에 그것들이 적용될 수 있음을 고려하지 않고, 어쨌든 그 자체로 타당함을 주장하며 필증적 명증성을 지닌 논리학자 자신의 판단에도 관련된다'는 사실이다.

이러한 판단들도 결코 자유로이 떠 있는 진리 그 자체를 내용으로 갖는 것이 아니라, 그 적용 영역 속에 기체들의 세계에 관련된다. 따라서 그것들 자체가 기체들이 주어지는 가능한 대상적 명증성의 조건을 궁극적으로 소급해 지시한다는 사실이 밝혀져야만 할 것이다.(9절 참조) 대상적 명증성은 근원적 명증성, 즉 만약 명증적인 술어적 판단작용들이 가능할 수 있으려면, 미리 주어져야만 하는 명증성이다.

그러므로 완성되어 제기된 진술명제를 인식의 성과로 만들고 인식이라고 주장하는 그 명제의 요구를 정초하는 것은 진술명제 자체에서는 파악될 수 없다. 이를 파악하기 위해서는 판단작용의 대상들이 미리 주어지는 방식, 즉 '그것들이 스스로 주어지는지 여부'의 문제로 되돌아갈 필요가 있다. 왜냐하면 이것은 인식의 성공적인 작업수행이 가능할 수 있는 조건, 그 형식적 논리적 특성들에서 아무 결함이 없는 모든 판단작용과 판단들의 관계(예를 들면 추론)가 제기되는 조건이기 때문이다.

따라서 명증성의 문제제기에서는 물음의 단계가 발생한다. 그 하나는 미리 주어진 대상 자체의 명증성, 또는 '미리 주어진 것'의 조건에 관한 것이다. 다른 하나는 대상들의 명증성에 근거해 수행되는 명증적인 술어적 판단작용이다. 형식논리학은 대상들이 미리 주어지는 방식에서의 차이를 묻지 않았다. 형식논리학은 명증적인 판단작용의 조건을 문제 삼았으나, 판단작용의 대상들이 명증적으로 주어지는 조건은 문제 삼지 않았다. 가능한 두 단계의 물음 가운데 첫 단계의 물음은 이제까지 주관적으로 되돌아가 묻는 그 심리학[발생적 심리학]이 취급했기 때문에 다루지 않았다.

그러나 판단작용의 발생을 현상학적으로 해명(Aufklärung)하는 데는 이렇게 되돌아가 묻는 것(Rückfrage)이 필요하다. 왜냐하면 현상학적으로 해명하는 것, 즉 본질상 인식, 즉 명증성을 향한 활동인 판단작용이 자신의 목표를 달성할 수 있게 하는 것이, 가능한 명증성의 형식적, 논리적 조건들을 충족시키는 것을 넘어 첨부되어야만 할 것을 비로소 분명하게 해 주기 때문이다. 현상학적 해명에는 판단작용의 대상, 즉 모든 판단이 지닌 명증성의 전제(단도직입적으로 판단하는 자(geradehin Urteilendes)의 전제뿐 아니라 이러한 판단작용의 형식적 법칙성들에 관련된 논리학자 자신이 지닌 명증성의 전제도)인 '사유의 내용이 명증적으로 주어져 있음에 관한 물음'이 우선권을 갖는다. 〔따라서〕 대상적 명증성이 더 근원적인 명증성이다. 왜냐하면 그것은 판단의 명증성을 비로소 가능케 만들기 때문이며, 술어적 판단의 근원을 해명하는 것은 '명증적인 술어적 판단작용이 대상적 명증성에 근거해 구축되는 방식'을 추구하는 것이기 때문이다. 또한 무엇보다 이것은 술어적 판단작용의 가장 원초적인 작업수행에서 요청되는 방식이다.

5 판단의 명증성이 대상적 명증성으로 되돌아감

a) 명증적 판단작용이 지향적으로 변양된 것인 단순한 판단작용

하지만 대상적 명증성, 즉 판단의 기체들이 주어진 명증성과 판단 자체의 명증성을 대립시키는 것은, 이러한 보편성에서 보면, 그와 같은 근원적 명증성이 추구되어야 할 곳에서 '그 명증성은 어떤 종류인가 그리고 이 근원적 성격의 의미는 본래 무엇인가'를 이해하기 위해서는 여전히 충분치 않다. 그렇다면 궁극적으로 근원적인 대상적 명증성에 도달할 수 있기 위해 더 많은 단계들로 되돌아갈 필요가 있다. 그 밖에 이 대상적 명증성은 판단의 모든 근원을 해명하는 데 필연적인 출발점을 형성해야만 한다.

잠칭된 인식들로 형성된 것인 진술들은 우리에게 미리 주어져 있다. 우리가 판단들의 단순한 형식을 고찰하는 데 머무르는 한, 판단들은 참된 인식을 문제 삼든 잠칭된 단순한 판단들을 문제 삼든(물론 거의 대부분은 단순한 판단을 문제 삼는다.) 동등한 근원적 성격으로 미리 주어져 있다. 인식의 신화적인 최초의 출발 단계에서조차 모든 형식의 전통에 기인하는 극도로 다양한 판단작용은 참으로 인식하는 판단작용과 제휴하며 〔내용적으로〕 충족됨으로써 이것을 훨씬 능가하게 되었다.

그러나 실제적 인식인 명증성과 잠칭된 인식, 즉 단순한 판단인 비-명증성(Nichtevidenz)의 차이에 관해 〔알기 위해〕 매우 다른 형식으로 다양하게 미리 주어진 이 판단작용을 심문하면, 미리 주어진 판단을 형식에 따라 단순히 관찰하고 더구나 그 판단을 단지 읽으면서 추후에 이해하며(nachverstehen) 본래 판단하면서 추후에 판단하는 것(nachurteilen)만으로는 충분치 않다. 더 나아가 우리는 그 판단들이 근원적 인식의 성과로 형성되고 반복함으로써 새롭게 형성될 수 있는 인식작용, 이미 형성되었으며 어쨌든 다시 근원적으로 형성된 인식작용에서 판단들을 추후에 실행(nachvollziehen)해야만 한다. 따라서 만약 우리가 판단들이 산출하는 근원적 성격을 통해 판단들의 현상학적 발생을 탐구하면, 단순한 판단작용은 인식하는 판단작용이 지향적으로 변양된 것(intentionale Modifikation)이라는 점을 밝혀야 한다. 근원적으로 명증적으로 산출한 판단, 이전에 통찰을 통해 근원적으로 획득된 인식은, 비록 판명함 속에 재생산되었더라도, 언제나 〔그와 같이〕 통찰하지 않고도 재생산될 수 있다.[1] 즉 가령 우리가 수학적 공리〔가 성립된 과정〕를 처음으로 완전히 이해해 추후에 실행하고, 그런 다음 그것을 기계적으로 재생산하는 경우를 생각해 보자. 그러면 그 자체로 고찰한 '모든 의식하는 자아' 속의 인식들, 처음에는 낮은 단계의 인식, 그다음에는 높은 단계의 인식이 단순한 판단들의 〔인식의〕 결과로 가능케 되기 위해 선행되어야만 한다는 사실은 일반적으로 타당하다.

〔그러나〕 이것이 '모든 경우에 판단들은 단순히 인식의 판단들로, 동일한 판단들의 기억에 의한 침전물'이라고 주장하는 것은 아니다. 그리고 일시적으로 착각해 판단들로 나타나는 이치에 어긋난 착상도, 지향적 매개(媒介)가 무엇이더라도, 최초의 인식들이 지향적으로 변양(變樣)된 것이다. 그러므로 판단들은 판단작용의 세계, 무엇보다 개별적인 모든 판단의 주체의 세계에서 가장 근원적인 것이며, 인식하는 것이라고 부르는 산출 방식의 직접성 속에 존재하는 것으로 생각된다.

우리는 이미 여기에서 '발생(Genesis)의 문제는 어떠한 의미에서 중요한 것인가'를 보았다. 우리의 관심사는 최초의 (역사적인 그리고 개인 자체에 상응하는 의미에서 역사적인) 발생이나 모든 의미에서 인식의 발생이 아니다. 오히려 판단과 마찬가지로 인식이 스스로 주어지는 것의 근원적 형태인 자신의 근원적 형태를 통해 발생하는 산출 과정은, 비록 그것이 임의적으로 반복되더라도, 언제나 다시 동일한 것, 즉 동일한 인식을 산출하는 과정이다. 판단, 판단된 것 그 자체와 마찬가지로 인식은, '동일한 것〔판단〕을 반복함으로써만 언제나 동등한 것이 될 수 있다'는 인식하는 행위의 내용적 계기가 아니라, 반복을 통

---

1 〔원주〕 판명함의 명증성에 관해서는 『형식논리학과 선험논리학』, 16절 a)항, 49쪽 이하를 참조.

해 반복의 동일자(Identisches)로서 스스로 주어지는 종류의 내재적인 것 (Immanentes)²이다. 달리 말하면 그것은 내실적(reell)이거나 개별적이며 내재적인 것이 아니라, 비-실재적인(irreal) 내재적인 것, 즉 초-시간적인 것(Überzeitliches)이다.

b) 간접적 명증성과 직접적 명증성 그리고 단적인 직접적 인식으로 되돌아가야 할 필연성

그러므로 우리에게 미리 주어진 다양한 판단들 안에서 근원적 명증성을 통해 추후에 다시 실행될 수 있는 명증적 판단들과 명증적이지 못하며 명증성을 획득할 수도 없는 판단들을 구별하려면, 명증적 판단들의 총체에서 임의의 어떤 범례(ein beliebiges Exempel)를 선택하고, 이 범례를 통해 대상적인 선술어적 명증성에 기초해 술어적 명증성이 발생하는 것을 연구하는 것만으로는 충분치 않다. 오히려 명증적 판단들도 간접성과 직접성의 대립에 지배된다. 예를 들어 어떤 추론의 결론과 같이, 간접적 판단들은 직접적 인식으로 소급되는 정초들의 결과이다. 명증적 판단들은 정초의 연관 전체가 현실적 인식이 종합적으로 일치된 통일체로 존재하는 한에서만 인식으로 현실적이다. 오직 이러한 통일

---

2 내재(Immanenz)는 의식의 영역 안에 존재하는 것으로, 의식의 영역 밖에 존재하는 '초재(Transzendenz)'와 구별된다. 그리고 '실재적(real)'은 일정하게 시간·공간으로 지각하고 규정할 수 있는 구체적 개체의 특성을 뜻하는 것으로, 그렇지 않은 '이념적(ideal)'과 구별된다. 또한 '내실적(reell)'은 감각적 질료와 의식(자아)의 관계로서 의식의 작용에 본질적으로 내재하는 것으로, 의식과 실재적 대상 사이의 '지향적' 관계에 대립된 뜻으로 사용된다. 따라서 '내재'와 '초재'를 다음과 같이 이해할 수 있다.

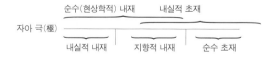

체를 통해서만 간접적으로 정초된 것 자체는 그것에 현실적으로 귀속되는 인식, 그러나 곧 간접적으로 귀속되는 인식이라는 성격을 갖는다.

따라서 간접적 인식들은 자신만으로는 인식으로서의 성격을 산출할수 없다. 〔추론의〕 결론이 명증성(그리고 이것은 여기에서 판명함의 단순한 명증성이 아니라 진리의 명증성을 뜻한다.)을 획득할 수 있는 것은 오직 전제들이 명증성을 획득할 수 있고 실제로 획득하는 경우뿐이다. 그래서 '만약 우리가 대상적 명증성을 통해 판단의 명증성을 기초 짓는 작업을 추구하고자 하면, 우리가 호소해야만 할 명증적 판단들은 어떤 종류인가' 하는 문제 역시 임의적인 것이 아니다. 어떠한 직접적 길도 간접적 판단의 명증성, 즉 간접적 인식에서 이것을 정초하는 대상적 명증성으로 이끌지는 않는다. 왜냐하면 이것 자체는 자신의 측면에서 여전히 그밖의 다른 인식, 즉 직접적 인식 속에 기초하기 때문이다.

그러므로 간접적 인식이나 그 인식을 정초하는 형식을 연구하기 전에, 우리는 무엇보다 직접적 인식, 즉 가장 단적인 인식 또는 인식활동을 연구해야 한다. 그것은 인식의 발생 속에, 인식이 산출되는 형식이 이루어지는 것 속에 가장 근원적인 것이며, 간접적 인식이 가능하기 위해 이미 성취되었어야만 할 작업수행이다. 그리고 그것은 명백히 형식상 단순한 판단이다. 따라서 형식(이를테면 추론명제의 형식)을 통해 그것을 가능하게 정초하거나 명증적으로 만드는 일은 다른 판단들에 의존하는 것이 아니라 이제까지 입증되지 않은 판단 속에 추구되어야 한다.

c) 궁극적인 '대상이 된 것'(궁극적 기체)인 개체들에 관련된
직접적인 '궁극적' 판단들

그러나 그 형식상 단적인 직접적 판단으로 되돌아가는 것만으로는 여전히 충분치 않다. 단순한 형식의 모든 임의 판단이 판단의 명증성을

대상적 명증성 속에 기초 짓는 작업을 추구하고, '대상적 명증성'이라는 본래 문제가 되는 점을 이해하는 데 동등한 방식으로 이바지할 수는 없다. '대상적 명증성'은 판단의 기체가 '미리 주어지는 방식'에 관계한다.

하지만 판단의 기체, 즉 '대상이 된 것'은 어떤 것이든 모든 것 일반이 될 수 있다. 왜냐하면 논리적 분석론(Analytik)의 형식적 성격은 '논리적 분석론은 어떤 것의 실질적(material) 특성을 묻지 않으며, 기체들은 판단 속에 받아들이는 범주적 형식(주어의 형식·술어의 형식 등)에 관해서만 문제가 된다.'는 점만 주장할 수 있기 때문이다. 그러나 그것들은 임의로 대입시킬 수 있는 공허한 장소(Leer-stellen)만 주장할 뿐, 즉 'S'나 'p'라는 기호로 예시된 채 전적으로 규정되지 않은 것으로 남아 있다. 예를 들면 정언(定言)판단의 형식이다. 더 상세하게 말하면, 〔주어가〕 형용사에 의해 규정된 판단의 형식은 '판단의 주어와 술어가 그 자체로 내부〔핵심〕에 이미 범주적 형식을 포함하는지 여부'의 문제에 대해 아무것도 말하지 않는다는 것이다. 왜냐하면 형식으로 이해된 주어 S는 'a인 S', 'b인 S' 또는 'Q와 관련된 S' 등과 마찬가지로 여전히 규정되지 않은 대상 S에 의해 형식적으로 특수화되기 때문이다.

그러므로 'S는 p이다'와 같은 단순한 판단의 형식에서도 형식화가 명사들〔S와 p〕을 허용하는, 규정되지 않은 것의 경우 실제적 판단들을 통해 개별화된다. 그래서 '이 형식들이 궁극적 기체(基體)들을 형성하는 데 직접 소급되는 형식인지 여부' 또는 '이 형식들이 명사들의 위치에서 대상이 된 것(이것은 그 자체로 이미 범주적 형성물이며, 요컨대 이렇게 형식을 형성하는 것이 그것들에 귀속된 이전의 판단을 지시하는 형식이다.)을 이미 포함하는지 여부'의 문제가 해결되지 않은 채 남아 있다.

따라서 어떤 것 일반, 가능한 판단의 기체 일반인 '대상'이라는 개념은 형식논리학이 사용하는 형식적 공허함 때문에, 판단의 명증성에 대립해 '대상적 명증성'이라고 부르는 것을 연구하기에 충분치 않다.

왜냐하면 범주적으로 형성하는 것, 가령 이미 판단의 대상 속에 포함될 수 있는 것과 같이 수식적으로 형성하는 것은 이러한 수식어가 그 대상에 근원적으로 술어로 진술된 이전의 판단들을 소급해 지시(그리고 그 방식은 나중에 우리가 추구할 것이다.)하기 때문이다. 따라서 형식적 측면에서 '대상'은 스스로 이미 판단의 명증성인 그러한 명증성을 지시한다.

그러므로 판단의 명증성을 전제로 가지면서 판단의 명증성에 대립하는 대상적 명증성과 같은 것이 가능한 영역에 도달하고자 하면, 우리는 가능한 판단의 대상, 즉 판단의 기체들 안에서 범주적 형식들을 지닌 '이전의 판단작용들의 침전물을 지닌 것'과, 판단 속에 처음으로 기체로 등장하는 대상들인 '실제로 근원적 기체, 즉 궁극적 기체'를 여전히 구별해야만 한다. 오직 궁극적 기체만 판단의 명증성에 대립하는 근원적인 대상적 명증성의 본질을 밝힐 수 있다.

〔그렇다면〕 궁극적 기체에 관해 명증적으로 주어진 것은 무엇을 주장할 수 있는가? 형식논리학은 궁극적 기체에 대해 '그것은 범주적으로 완전히 형식을 갖추지 못했다는 점, 아직 판단 속에 등장하지 않았으며 판단의 형식을 갖추지 않았다는 점, 또 그 기체가 명증적이며 스스로 주어져 있는 것과 같이 처음으로 판단의 기체가 된다는 점' 이외에 아무것도 표명할 수 없다.

그러나 동시에 이것은 궁극적 기체만 개체적 대상이 될 수 있다는 사실을 함축한다. 왜냐하면 가장 원초적인 일반성과 다수성(多數性)은 이미 다수의 개체들을 총괄하며, 총괄된 것이 범주적으로 형성하는 것, 즉 일반성을 형성하는 것을 포함하는 다소 원초적인 논리적 능동성 역시 소급해 지시하기 때문이다.

그러므로 근원적 기체는 개체이고 개체적 대상이다. 생각할 수 있는 모든 판단은 비록 복잡하게 매개되었더라도 궁극적으로 개체적 대상들과 관계한다. 만약 일반적 대상성이 판단의 기체라면, 이 기체는 궁극적으로는 일반성을 파악하는 것(이것은 그 자체로 이미 주어진 다수의 개체들에 곧바로 관계한다.)을 다시 소급해 지시한다. 결국 이것은 전혀 규정되지 않은 형식적-분석적 일반성에 대해서도 타당하다. 왜냐하면 일반성에 관련된 진리는 곧 임의적으로 개방된 개체적 대상들의 외연[범위]에 대한 진리이고, 이 외연에 적용되기 때문이다.

6 개체적 대상들의 명증성인 경험. 발생적 판단론의 제1부인 선술어적 경험의 이론

그러므로 대상적 명증성의 성격에 관한 물음은 개체들이 명증적으로 주어지는 것에 대한 물음이다. 그리고 개체적 대상들의 명증성은 가장 넓은 의미에서 경험의 개념을 형성한다.[1] 따라서 최초의, 가장 본래적인 의미에서 경험은 개체적인 것(Individuelles)에 대한 직접적 관계로 정의된다. 그런 까닭에 개체적 기체들을 지닌 판단, 개체적인 것에 관한 판단이라고 할 수 있는 그 자체로 제1의 판단은 경험의 판단이다. 경험의 개체적 대상들이 '명증적으로 주어진 것', 즉 '술어로 주어진 것'은 그 판단에 선행한다. 그래서 경험의 명증성은 우리가 추구한 궁극적인 근원적 명증성이며, 동시에 술어적 판단의 근원을 해명하는 출발점일 것이다. 선술어적 경험의 이론, 곧 가장 근원적인 기체를 대상적 명증성 속에 미리 부여하는 것에 관한 이론은 그 자체로 현상학적 판단론의 제1부이다. [따라서] 연구는 선술어적 경험의 의식에서 시작해서, 더 높은 단계의 명증성을 발견하는 것을 추구해야만 한다.

---

1 〔원주〕『형식논리학과 선험논리학』, 181쪽 이하 참조.

서론: 연구의 의미와 범위

경험의 개념은 개체적 현존재(Dasein)가 스스로 주어지는 것이다. 따라서 존재의 확실성 속에 스스로 주어진 것을 단적으로 이해할 뿐 아니라, 추측이나 개연성 등으로 변화될 수 있는 확실성의 양상화(樣相化)도 이해할 수 있게 폭넓게 파악되어야만 한다. 더구나 이 개념은 '마치(Als ob)'의 양식으로 주어지는 경험, 그것에 상응하는 자유로운 태도 변경을 통해 개체적인 것을 정립하는 경험이 되는 상상(Phantasie) 속에 개체적인 것이 주어지는 것도 포함한다.

그럼에도 불구하고 이제까지 획득한 일반적이면서도 다소 공허한 '경험'이라는 개념은 되돌아가도록 요청된 의미를 이해하는 데 결코 충분치 않다. 특히 '어떤 점에서 술어적 명증성을 경험의 명증성 속에 기초 짓는 작업을 추구하는 근원의 해명이 심리학적 발생의 문제가 아니며, 또한 원리적으로 그러한 문제가 될 수도 없는가' 하는 점을 이해하기 위해서는 [이러한 경험의 개념으로는] 결코 충분치 않다. 그 밖에도 논리학자도 이렇게 되돌아가는 것에 대한 충분한 반론들을 이미 마련할 것이다. 논리학자가 경험의 명증성을 승인하고, 이것에 의해 우리가 경험의 명증성을 확대하는 것을 당연한 것으로 고찰하면, 논리학자에게는 당연히 판단의 명증성은 본래적 의미에서 지식(Wissen)과 인식(Erkenntnis)이 처음으로 논의될 수 있는 것으로 더 분명하게 나타난다.

그렇다면 객관적 인식(Episteme)의 영역에서 주관적 속견(Doxa)[2]의 영역, 즉 기만적 가상(假象)을 지닌 모호한 경험의 영역으로 어떻게 되돌

---

2 근대 이래 객관적 정밀성을 추구한 실증적 자연과학은 주관적 속견을 단순히 상대적이고 모호한 것으로 간주해 객관적 지식보다 낮은 단계의 명증성을 지닌 것으로 경멸해 왔다. 그러나 객관적 인식은 존재 그 자체를 파악하는 하나의 방법에 불과하다. 선술어적 경험으로 자명하게 미리 주어진 '생활세계(Le benswelt)'인 주관적 속견은 술어적 판단의 영역인 객관적 인식이 발생하고 의미를 획득하는 궁극적 근원의 영역이다. 요컨대 주관적 속견은 이성적 진리의 예비 형태 또는 최초 형태로서, 객관적 인식은 이것의 최종 형태이다. 따라서 의식에 직접 주어진 '사태 그 자체(Sachen selbst)'인 주관적 속견은 객관적 인식의 고향으로, 가치상 오히려 더 높은 것이다.

아갈 수 있는가? 술어적 판단작용만으로는 지식, 즉 참된 본래의 명증성의 자리를 차지할 수 없는가? 우리가 경험에 어떤 종류의 명증성을 부여하고 그것이 발생적으로 술어적 명증성에 선행한다는 점을 인정하더라도, 이 명증성은 더 낮은 가치를 지닌 것이 아닌가? 〔그렇지 않다면〕 판단의 명증성에서 명백하게 더 낮은 단계의 차원으로 소급하는 해명인 판단의 근원을 해명하는 것은 무슨 소용이 있는가? 더 낮은 차원으로 되돌아감으로써 더 높은 것의 본질이 해명될 수 있을 것인가?

7 개별적 대상들의 모든 경험에 미리 주어진 보편적 신념의 토대인 세계

이 모든 물음에 답변하려면 선술어적 경험의 본질과 구조를 더 깊게 통찰할 필요가 있다. 그것을 위해 이미 논의한 것으로 돌아가자.

개체적 대상들이 '스스로를 부여함'이라는 경험의 개념은 폭넓게 파악된다. 따라서 개체적 대상들이 '스스로를 부여함'은 단적인 확실성의 양상에서 그 개념으로 분류될 뿐 아니라, 확실성의 변양, 즉 실제적 경험이 '마치'로-변양되는 것(Als-ob-Modifikation)도 그 개념으로 분류된다. 만약 이 모든 것이 경험의 개념 속에 함께 포함되면, 존재의 확실성 속에 일어나는 경험은 특별한 위치를 차지한다. 왜냐하면 그것은, 경험이 계속 진행된 경과가 곧 모든 종류의 회의나 변양의 기회를 부여하지 않는 한, 모든 상상의 체험이나 '마치'라는 경험의 모든 변양이 이전의 경험의 변화와 변형인 변양으로 주어지고 발생적으로 이전의 경험을 소급해 지시하기 때문이다. 뿐만 아니라 단적인 믿음의 확신이 추측이나 개연성 등의 양식을 취하는 것들은 무엇보다 경험의 〔대상인〕 모든 존재자가 우리에게 소박하게 미리 주어지는 〔매체인〕 근원적으로 단적으로 믿는 의식이 변양된 것이기 때문이다. 모든 인식활동이 시작하기 이전에 대상들은 이미 우리에게 현존하며, 단적인 확실성으로 미리 주어진다.

〔따라서〕모든 인식 행위는 그 출발에서 이미 이러한 대상들을 전제한다. 그 대상들은 단적인 확실성으로 우리에게 현존한다. 즉 추정적으로 존재하며, 인식 이전에 이미 우리에게 타당한 것으로 존재하고, 서로 다른 방식으로 존재한다. 그러므로 그 대상들은 형식과 정당성의 성격을 유지하고 인식의 작업수행에서 일관된 핵심인 인식활동에 대해 단적으로 미리 주어진 발단이자 자극으로 존재한다. 이 작업수행의 목표는 참으로 존재하는 대상, 참으로 존재하는 그대로의 대상이다. 인식운동(Erkenntnisbewegung)이 시작하기 이전에 우리는 신념의 확실성(Glaubensgewißheit)을 통해 단적으로 추정한 추정된 대상을 갖는다. 그리고 경험이 계속 진행되거나 인식작용이 비판적으로 활동함으로써 이러한 신념의 확실성을 흔들면, 그 확실성은 '그러한 것이 아니라 다른 것'의 형태나 '추정적으로 그러한'의 형태 등으로 변양되거나 추정된 대상을 '실제로 그렇게 존재하는 것'이나 '참으로 존재하는 것'으로 확실하게 입증한다.

우리는 다음과 같이 말할 수 있다. 즉 모든 인식운동 이전에 인식의 대상은 완전태(Entelechie)가 될 가능태(Dynamis)로 미리 놓여 있다. 이 미리 놓여 있는 것은 대상이 우리의 의식 장(場)에 배경(背景) 속에 나타나는 것으로 촉발되거나 그 대상이 전경(前景) 속에 이미 존재하며 이미 파악된다는 점을 뜻한다. 그러나 이것은 그 밖의 모든 관심과 확연히 구별되는 인식에 대한 관심(Erkenntnisinteresse)이 삶의 실천(Lebenspraxis)에서 일깨워져야 비로소 일어난다. 하지만 고립된 개별적 대상을 촉발하는 작용이 아닌 자극(Affektion)은 언제나 파악작용(Erfassen)에 앞서 미리 놓여 있다. '촉발하는 작용(Affizieren)'이란 언제나 더불어 현존하는 환경에서 두드러지게 이끌어내는 작용

(Sichherausheben), 관심, 경우에 따라서는 인식에 대한 관심을 스스로 불러일으키는 작용을 뜻한다.

환경(Umgebung)은 미리 주어진 것, 수동적으로 미리 주어진 것의 영역으로 함께 현존한다. 즉 환경은, 파악하는 시선이 전혀 관여하거나 개입하지 않아도, 아무 관심도 불러일으키지 않아도, 언제나 이미 현존한다. 모든 인식활동, 어떤 개별적 대상을 파악하려고 주의를 기울이는 모든 작용은 수동적으로 미리 주어진 것의 이러한 영역을 전제한다. 왜냐하면 대상은 자신의 장(Feld)에서 촉발하며, 수동적인 주관적 속견 속에, 즉 그 자체가 수동적인 주관적 속견의 통일체를 제시하는 어떤 장 속에 이미 미리 주어진 여러 존재자들 가운데 하나인 대상이기 때문이다.

또한 우리는 그때그때의 세계(Welt)가 모든 인식활동에 앞서 보편적 토대(Boden)로 미리 놓여 있다고 말할 수 있다. 이 보편적 토대는 모든 개별적 인식 행동(Erkenntnishandlung)이 이미 전제한 보편적인 수동적 존재에 대한 신념(Seinsglauben)의 토대를 뜻한다. 존재하는 대상으로 인식의 목표인 모든 것은 존재하는 것으로 자명하게 간주된 세계의 토대 위에 있는 존재자이다. 세계 속에 추정적으로 존재하는 개별자는 존재하지 않는 것으로 밝혀질 수도 있고, 인식이 개별적으로 존재에 대한 의견을 정정할 수도 있다. 그러나 이것은 그렇게 존재하는 경우에 해당하며, 그 밖에 전체로서 존재하는 세계의 토대 위에서는 전혀 그렇지 않다.

삶의 실천뿐 아니라 인식작용의 이론적 실천(theoretische Praxis)도 포함하는 모든 실천이 전제하는 것은 바로 이러한 세계에 대한 신념(Weltglauben)의 **보편적 토대**이다. 전체로서의 세계의 존재는 자명한 사실이다. 이것은 결코 의문시되지 않으며 판단하는 활동에 의해 후에 획득되는 것이 아니라, 이미 모든 판단작용에 대한 전제를 형성한다.

세계에 대한 의식은 '신념의 확실성'이라는 양상의 의식이다. 왜냐하면 이것은 삶의 연관 속에 독특하게 나타나는 존재를 정립하는 작용이나 존재하는 것으로 파악하는 작용, 또는 술어적인 존재판단의 작용으로 획득되는 것이 아니기 때문이다. 이 모든 작용은 신념의 확실성을 통해 '세계에 대한 의식(Weltbewußtsein)'을 이미 전제한다. 예를 들어 만약 내가 책상 위의 어떤 책을 주시하듯이 나의 지각 장에서 어떤 대상을 특별히 파악하면, 나는 비록 그 대상을 주목하지 못했더라도, 나에 대해 존재하는 것, 이전에 이미 나에 대해 '내 연구실에', '거기에' 있던 것으로 파악한다. 이와 똑같이 지금 〔나의〕 지각의 장에 나타난 이 연구실 전체는 지각에 의해 부각된 모든 대상과 함께 연구실의 친숙한 가구들과 보이지 않는 측면이 통일되어 이미 나에게 존재한다. 그런데 그것이 친숙하다는 것은 친숙한 거리에 있는 '내 집의 방', 내가 사는 곳에 있는 그 거리 등을 의미한다.

그러므로 우리를 촉발하는 모든 존재자는 세계의 토대 위에 있으며, 추정적 존재자로서 우리에게 존재한다. 그리고 인식활동이나 판단활동은 '존재자가 스스로 존재하는 방식, 미리 사념된 방식으로 참으로 존재하며, 참으로 그러하게 존재하는지 아닌지'를 음미하는 것을 목표로 한다. 존재하는 세계로서 세계는 판단하는 모든 활동에, 발단이 된 모든 이론적 관심에 보편적이며 수동적으로 미리 주어진 것이다.

그리고 일관되게 발전된 이론적 관심의 특성도 존재자의 전체성(Allheit, 여기에서는 '세계'를 뜻한다.)에 대한 인식을 궁극적으로 목표 삼으면, 이것은 이미 〔세계가 존재한〕 그다음에 발전한 것이다. 전체로서 세계는 언제나 수동적으로 확실하게 미리 주어지며, 개별적 존재자에 대한 인식의 〔관심〕 방향은 전체로서 존재자에 대한 인식의 〔관심〕 방향보다 발생적으로 더 근원적이다. 이 점은 개별적 존재자가 자신의 존재(Sein)나 그렇게 존재함(Sosein)을 의심하고 인식하는 행위를 통해 비판

적으로 음미하는 것을 필요로 하든, 자신의 존재 속에 의심할 여지없이
실천의 목적을 위해 이바지하는 고찰을 요구하든 상관없다.

8 경험의 지평구조. 경험의 모든 개별적 대상이 유형적으로 미리 알려져 있음

그러나 '개별적 대상에 대한 모든 파악이나 그 이후의 모든 인식활
동이 세계의 토대 위에 전개된다'는 점은 '인식활동이 수동적 확실성
속에 미리 주어진 것의 영역에 의거한다'는 점보다 더 많은 것을 시사
한다. 경험의 개체적 대상들에 관한 인식의 작업수행은 마치 이러한 대
상들이 여전히 전혀 규정되지 않은 기체(基體)로서 최초로 미리 주어진
것처럼 수행되는 것은 결코 아니다. 우리에게 세계는 언제나 이미 인식
〔활동〕이 극히 다양한 방식으로 일정한 성과를 이룩한 세계이다. 그래
서 단적인 의미에서 '최초의 사물에 대한 경험, 즉 최초로 사물을 경험
하고 지식으로 받아들여, 그 사물에 관한 지식보다 더 많이 알지 못하
게 되는 경험은 없다'는 사실은 확실하다.

모든 경험, 즉 본래적 의미에서 시선 속에 받아들인 것으로 경험되
는 모든 것은 바로 이 사물에 관해, 즉 그것이 여전히 시선 속에 받아들
이지 못한 사물의 그 특징〔부분〕에 관해 '어떤 앎(ein Wissen)'과 '부수
적 앎(Mitwissen)'을 당연히 그리고 필연적으로 갖는다. 이러한 '미리 앎
(Vorwissen)'은 내용적으로 규정되지 않았거나 불완전하게 규정되어 있
지만, 그렇다고 완전히 공허하지는 않다. 만약 '미리 앎'이 함께 타당
하지 않으면, 경험은 결코 이러저러한 〔개별적〕 사물에 관한 경험일 수
없다.

모든 경험은 그 자신의 경험의 지평(Erfahrungshorizont)[1]을 갖는다. 왜냐하면 모든 경험은 실제적으로 규정된 앎을 수용하는 핵심(Kern) 을 지녔고, 직접 스스로 주어진 규정성(Bestimmtheit)에서 자신의 내실(Gehalt)을 지녔기 때문이다. 그러나 경험은 규정된 '그렇게 존재함' 의 핵심을 넘어서, 본래 스스로 거기에 주어진 것을 넘어서 자신의 지평을 갖는다. 이러한 점은 '모든 경험이 최초로 주시함 속에 주어진 것, 본래 스스로 주어진 것에 따라 주어진 사물을 점차 획득할 가능성(Möglichkeit)을 지시한다(verweisen)'는 사실을 함축한다. 이 가능성은 자아의 측면에서 보면, 하나의 능력(Ver-möglichkeit)이다.

모든 경험은 동일한 것[사물]에 관한 유일한 경험, 즉 무한히 개방된 경험으로서 종합적으로 통일된, 개별적 경험들의 연속성과 해명하는 연쇄를 통해 확장될 수 있다. 나는 그때그때의 목적에 대해 실제로 이미 경험된 것에 만족할 수도 있지만, 어쨌든 이 경우 '그것으로 충분하다'는 점 때문에 '나는 곧바로 중단한다'.

그러나 나는 어떠한 규정도 최종적인 것은 아니라는 점, 실제로 경험된 것은 동일한 것을 경험할 수 있는 하나의 무한한 지평을 여전히 갖는다는 점을 확신할 수 있다. 그리고 규정되지 않은 이 지평은 가능성들의 활동공간(Spielraum)으로서, 그 밖의 다른 가능성들에 대립해 특정한 가능성을 실현한다. 동시에 실제적 경험으로 비로소 특정한 가능

---

1 후설은 그리스어 'horizein(구분 짓다, 경계 짓다)'에서 유래한 이 용어를 제임스(W. James)가 의식의 익명성을 밝히려고 사용한 '언저리(Fringe)'라는 개념에서 받아들였다. 모든 의식 작용에는 기억이나 예상으로 함께 주어지는 국면이 있는데, 이것들은 대상의 지평을 구성해 경험이 발생하는 틀을 형성한다. 즉 '지평'은 과학적으로 분석하면 존재하지 않지만, 단순한 환상은 결코 아니다. 우리는 세계 속에 있는 어떤 객체를 제거할 수는 있지만, 지평 자체를 제거한 세계는 생각조차 할 수 없다. 즉 지평은 신체가 움직이거나 정신이 파악해 감에 따라 점차 확장되고 접근할 수 있는 문화와 역사, 사회적 조망을 지닌 무한한 영역, 인간이 자신과 분리될 수 없는 지형적 통일체로서의 세계와 자기 자신을 항상 새롭게 이해할 수 있는 전제 조건이다.

성의 입장에서 결정하는 더 상세하게 규정하는 길을 지시하는 것으로서, 처음부터 타당하다.

그러므로 개별적 사물에 관한 모든 경험은 내적 지평(Innen-horizont)을 갖는다. 여기에서 지평은 본질적으로 모든 경험에 속하고, 그 안에 존재하며 이것과 불가분의 관계인 귀납추리(Induktion)[2]를 뜻한다. '귀납추리'라는 말은 일상적 의미에서 추론 방식으로서의 귀납추리(그 자체로 하나의 귀납추리)를 미리 지시할 뿐만 아니라, 그것을 올바로 이해하려고 해명하는 경우 결국 원본적인 근원적 예측으로 소급한다는 점을 미리 지시하기 때문에 〔우리의 논의에〕 편리하다. 따라서 이것에서 출발해 참된 귀납추리의 이론(이것을 위해 사람들은 매우 열심히 노력했으나 성과가 없었다.)을 구축해야 한다. 어쨌든 여기에서 중요한 점은 바로 경험의 지평구조이기 때문에 이 자리에서는 이것만 말해 두자.

이 근원적 귀납추리나 예측은 근원적으로 건립하는 인식활동들이 변화되는 양상으로 입증된다. 이 변화되는 양상은 활동이나 근원적 지향이 변화되는 양상, 곧 지향성(Intentionalität)[3]의 양상으로, 주어진 것의 핵심을 넘어서 생각하고 예측하는 지향성이다. 그러나 '넘어서 생각하는 것(hinausmeinend)'은 이렇게 경험된 대상에서 밝혀질 것으로 기대되는 규정을 예측하는 방식뿐 아니라, 다른 측면에서 그 이후 미래에 규정

---

2 여기에서 귀납추리는 개별적 사실이나 자료에서 일반적 법칙을 이끌어내는 원리적 측면보다, 이미 알고 있는 것들에서 경험의 지향적 지평구조에 따라 아직 알려지지 않은 것들을 예측해 가는 방법적 측면을 뜻한다.

3 지향성은 "현상학 전체를 포괄하는 문제"(『이념들』 1권, 303쪽)이지만, 후설 현상학에 관한 수많은 오해와 끊임없는 편견도 이것을 제대로 이해하지 못한 데서 연유한다. 후설은 의식이 항상 '무엇에 관한 의식'이라는 이 개념을 물리적 현상과 심리적 현상을 구별한 브렌타노에게서 받아들였지만, 의식이 대상을 통일적 의미를 지닌 대상성으로 구성하는 작용으로 발전시켰다. 또한 의식하는 주관과 의식되는 대상이 결코 분리될 수 없는 본질적 상관관계를 지칭하는 지향성은 시간적 발생을 통해 침전된 역사성을 지닌다. 따라서 지향성은 주관과 객관이 철저하게 단절된 종래의 이원론적 사고방식을 근본적으로 극복할 수 있는 실마리이다.

서론: 연구의 의미와 범위

될 자신의 예측된 모든 가능성에 의해 그 사물을 넘어서 생각하는 것이다. 또한 처음에는 단지 배경 속에 의식된 객체라도, 그 객체와 더불어 다른 객체들을 넘어서 생각하는 것이기도 하다. 이것은 경험된 모든 사물이 내적 지평을 가질 뿐 아니라, 부수적 객체들(Mitobjekte)에 관한 개방된 무한한 외적 **지평**(Außenhorizont)(따라서 첫 번째 단계의 지평과 그것을 함축하는 두 번째 단계의 지평)도 갖는다는 것을 뜻한다. 이 부수적 객체들은 내가 지금 시선을 향하고 있지 않지만, 내가 지금 경험한 것과 다르거나 어떤 유형 속에 그것들과 동등한 것으로 항상 시선을 향할 수 있는 것이다. 하지만 다른 객체들이 아무리 예측으로 서로 다르게 의식될 수 있더라도, 어쨌든 그것은 그것들 모두에 공통적인 것이다. 왜냐하면 그때그때 동시에 예측되었거나 오직 배경 속에 외적 지평으로 의식된 모든 실재적인 것은 세계에서 유래하는 실재적 객체들(또는 실재적 속성들, 실재적 관계들 등)로 의식되며, 하나의 시간·공간의 지평 속에 존재하는 것으로 의식되기 때문이다.

이러한 사실은 무엇보다 직접적으로는 단적인 경험, 즉 감각적 경험[4]의 세계, 순수한 자연에 대해 타당하다. 또한 이 사실은 간접적으로는 세계의 모든 것에 대해, 즉 세계의 주체인 인간 주체나 동물 주체에 대해, 그리고 문화재, 일용품, 예술작품 등에 대해서도 타당하다. 세계의 모든 것은 자연에 관여한다. 정신을 자연화하는 것(Naturalisierung des Geist)[5]은 철학자들이 고안해 낸 것이 아니다. 만약 이러한 작업이 잘못 해석되고 이용되었다면, 오직 이러한 경우에만 근본적인 오류에 빠질

---

4 〔원주〕'단적인(schlicht) 경험'과 '기초 지어진(fundiert) 경험'의 차이는 다음의 12절을 참조.
5 후설은 『엄밀한 학문』에서 모든 존재자를 단순히 현존하는 물질과 이것에 의존해 경험되는 심리로 구별하고 이러한 심리 물리적 자연 전체를 정밀한 자연법칙에 따라 규정하며 의식에 직접 주어지는 주관적인 것을 모호한 비과학적인 것이라고 배제하는 자연주의가 의식을 자연화(사물화)하는 것을 비판한다.

것이다. 정신을 자연화하는 것은 '세계에 실재하는 모든 것이 직접적이든 간접적이든 시간·공간의 영역 속에 자신의 위치를 갖는다'는 점에서 자신의 근거와 정당성을 갖는다. 모든 것은 여기저기에 존재하며, 그 장소는, 모든 시간·공간적인 것과 마찬가지로 규정될 수 있다. 따라서 그것이 모래시계든 전자시계든 그 밖의 다른 시계든 물리적 계기(計器)로 시간을 규정할 수 있다. 이렇게 해서 모든 비-감각적인 것도 감각적인 것에 관여한다. 왜냐하면 그것은 하나의 시간·공간적 지평 속에 존재하는 세계로부터의(aus der Welt) 존재자(Seiendes)이기 때문이다.

그러므로 실재적인 것의 실존(Existenz eines Realen)은 우주 속의 존재, 시간·공간성의 개방된 지평 속에 있는 존재인 내재(Inexistenz)의 의미만 가질 뿐이다. 그 지평은 지금 현실적으로 의식되어 이미 잘 알려진 실재적인 것의 지평일 뿐만 아니라, 잘 알려져 있지는 않지만 가능한 방식으로 경험되거나 미래에 알려질 수 있는 실재적인 것의 지평이다.

개별적 통각(Apperzeption)[6]은 실재적인 것을 개별적으로 의식하게 만든다. 비록 주제로 형성된 의미의 요소는 아니라도 통각을 넘어서, 개별적으로 통각이 된 것의 요소 전체를 넘어서 도달하는 어떤 의미의 요소와 불가피하게 결부된다. [이미] 시작된 개별적 통각에 그때그때의 요소에서 새로운 요소로 진행하는 것은 종합적 통일체가 지배한다. 왜냐하면 새로 통각이 된 것은 이전에 공허하고 내용상 규정되지 않은 지평을, 이미 시사되었지만 여전히 특수화하거나 규정되지 않은 의미를 충족시키는 지평을 선(先)타당성(Vorgeltung)으로 소유하기 때문이다. 그래서 타당성의 지평, 존재의 타당성 속에 [정립된] 세계, 개별성과 상

---

6 이 말은 라틴어 'appercipere(덧붙여 지각한다)'에서 유래하며, 직접 지각함(Perzeption) 이외에 잠재적으로 함축된 감각들도 간접적으로 지각하는 것을 의미한다. 칸트 이후에는 새로운 경험(표상)을 이전의 경험들과 종합하고 통일해 대상을 인식하는 의식의 작용을 뜻하기도 한다.

대적 규정으로 그때그때 파악되고 타당하게 받아들여진 것을 넘어서 특수화하고 확증하는 충족이 끊임없이 운동하는 예측은 지속적으로 존재한다.

따라서 의미의 초월성(Sinnestranszendenz)은 모든 개별적 통각에, 그때그때 모든 개별적 통각의 요소 전체에 부착되어 있다. 한편으로 그 초월성은 미래에 세계로부터 의식 속으로 나타나는(Ins-Bewußtsein-treten) 과정이 실현되어 앞으로 경험될 것으로 가능한 새로운 개별적인 실재적인 것들과 이 실재적인 것들의 집합 전체가 지속적으로 예측된 잠재성에 관련된다. 다른 한편으로 여전히 통각이 되지 않은 징표들의 요소에 관해 이미 등장한 모든 실재적인 것 속에 내적 지평으로 존재한다. 경험 속에 새로운 것으로 등장하는 모든 실재적인 것은 세계의 지평 속에 있으며, 그러한 것으로 자신의 내적 지평을 갖는다. 실재적인 것은 주제가 될 지각 속에 알려지며, 반면에 경험작용이 확장되는(비록 이것이 그때그때 아무리 멀리 도달하더라도) 가운데 실재적인 것은 스스로 거기에 존재하는 것으로 지속적으로 제시된다. 더구나 자신의 개별적 징표와 내용적 계기(Wasmomente)를 통해 해석하면서 지속적으로 제시한다. 왜냐하면 이 경우 개별적 징표와 계기는 그 측면에서 자기 스스로를 제시하는 것으로 의식되지만, 실재적인 것은 자기 본래의 모습으로 나타나는 의미로서 곧바로 의식된다. 우리는 이와 같은 해명하는 구조를 상세하게 논의할 것이다.

이와 같이 나타나고 지각된 것을 해명하기 이전에 이미 그것에 함축된 모든 것은 실재적인 것이 이러한 지각을 통해 본래의 지각이 되는 것으로 본질적으로 타당하다. 실재적인 것 그 자체는 그때그때 현실적인 지식이 되고, 이미 지식이 되었던 것 이상이다. 그것은 자신의 내적 지평이 그것에 끊임없이 알려 주는 의미를 갖는다. 왜냐하면 '보인 측면'은 그것이 그와 같은 의미를 규정하는 것으로 예측되는 '보이지 않은 측면들'을 갖는 한, 하나의 측면일 따름이기 때문이다. 우리는 이러한 측면들을 그때그때 주제로 삼을 수 있으며, 그것들을 심문할 수 있고 직관할 수 있다. 요컨대 지각이 중단되고 배워서 안 것으로부터 지속적 타당함(Fortgeltung)이 획득된, 그리고 여전히 생생한(noch lebendig) 지식으로 형성된(실재적인 것에 관해 본래 알려져 형성된 것에 기초해 실재적인 것을 아는 것) 다음에, 우리는 더 나아간 지각이 실재적인 것 자체에 속한 것을 우리에게 제공할 수 있고 제공해야만 할 것을 미리 표상할 수 있다. 그러나 이러한 실재적인 것에 아프리오리(Apriori)하게 귀속되는 것을 미리 직관하는 모든 것은 규정되지 않은 일반성이라는 본질의 특성을 갖는다.

이러한 사실은 만약 우리가 어떤 사물의 뒷면을 시각적으로 직관하면, 우리는 (회상의 경우와 마찬가지로) 현전화하는 직관을 획득하지만, 회상(Wiedererinnerung)의 경우처럼 그것은 우리를 개별적으로 구속하는 확고한 규정성, 즉 양 측면에서 완전히 광범위한 명석함을 전제하는 규정성은 아니라는 점을 뜻한다. 우리가 실제로 내적 규정성으로 나아가자마자, 스스로 제시하고 이제부터는 사물의 색깔로 계속 유지할 색깔의 자의적 성격을 의식하게 된다. 미리 직관하는 모든 것은 예컨대 일정한 색깔에 한해서이지만 그와 다른 것을 똑같이 대입시킬 수 있는 자유로운 변경 항(Variante)인 의식 속에 변경의 항(項)들을 고정시킬 수 있는 함께 의식된 유동적인 가변성(Variabilität)에서 수행된다.

그러나 어쨌든 자의적 성격(Willkür)에 제한이 없을 수는 없다. '미리 직관하는 것(Vorveranschaulichung)'이 동요하는 경우, 어떤 변양이나 일시적으로 포착된 것의 방향이 그 밖의 다른 것으로 이행하는 경우, 우리는 예측의 통일성, 즉 사물의 뒷면 색깔을 예측하는 통일성에 머문다. 그러나 하나의 예측인 그것은 일반적으로 규정되어 있지 않다. 왜냐하면 유형적으로 규정된 것은 '유형적으로 미리 친숙한 것(typisch

Vorvertrautes)'으로 예측하기 때문이다. 이 유형적 일반성을 그러한 색깔을 지닌 실제의 존재에 개방된 일정한 가능성들의 형식으로 해명함으로써 예측의 규정되지 않은 일반성의 명확한 범위인 가능성들의 활동 공간이 밝혀진다.

경험으로 나타나는 사물은, 비록 이것에 의해 내용(Washeit)의 핵심이 사실적인 본래적 지식으로 등장하더라도, 그때그때의 어떤 내적 지평의 사물로서 존재의 의미를 갖는 반면, 사물, 즉 경험할 수 있는 것인 모든 실재적인 것 일반은 자신의 일반적인 아프리오리,[7] '미리 알려져 있음(Vorbekanntheit)'을 갖는다. 그것은 규정되지 않은 일반성이지만, 그러나 아프리오리한 가능성들의 활동 공간에 속하는, 아프리오리한 유형을 끊임없이 그렇게 동일화할 수 있는 일반성이다. 만약 우리가 유형을 총체적으로 파악하면, 그 유형도 명백히 현실적 지식 속에 나타나는 특성들을 포함할 것이다. 내용들이 발생하고 나타나는 변화에서 실재적인 것은 언제나 '하나이며 동일화할 수 있는 것'으로 의식되고, 유형적 일반성의 지평 전체인 총체적 지평은 이러한 통일체에 속한다. 이러한 지평 전체에서 현실적으로 알려져 이루어진 모든 것은 특수화하고 다소간에 완전히 충족시키는 규정으로 배치된다.

그러나 그때그때 개별적 실재적인 것에 속하고 이러한 실재적인 것에 의미를 규정하는 외적 지평에 관해 말하면, 이것은 개별적 실재적인 것을 경험할 수 있는 잠재성(Potentialität)의 의식 속에 존재한다. 왜냐

---

7 라틴어로 '논리상 경험에 앞서며, 인식상 경험에 의존하지 않는다'는 의미의 이 용어는 칸트 이후 전통적으로 '경험의 확실성과 필연성의 근거 조건'인 의식 내재적인 형식적 개념을 뜻했으나, 후설은 특히 발생적 분석에서 '그 자체로 미리 주어지고 경험되는 질료'를 포함해 사용한다. 따라서 이 용어를 '선천적' 또는 '생득적'으로 옮기는 것은 옳지 않다. 그리고 '선험적'으로 옮기는 것도 후설 현상학의 근본 특징인 근원을 부단히 되돌아가 묻는 태도를 지칭하는 '선험적(transzendental)'과 혼동되기 때문에 적합하지 않다. 그래서 적절한 표현이 마련될 때까지 원어 그대로 표기한다.

하면 개별적 실재적인 것 각각은 고유한 아프리오리를 그 유형(Typik)[8]
으로 갖기 때문이다. 이 유형을 통해 그것들은 필연적으로 예측되며, 불
변적인 활동 공간의 이러저러한 가능성의 형식으로 그 각각이 충족됨으
로써 불변적으로 남게 된다. 그러나 특수한 실재적인 것들(그리고 실재적
인 것들의 배치(Konstellation))의 모든 특수한 유형은 무한하게 세계의 지
평 전체에 속한 총체성의 유형(Totalitättypik)에 에워싸여 있다. 세계에
대한 경험의 흐름, 그 자신이 그때그때 구체적으로 완전히 세계를 의식
하는 흐름 속에 '세계'라는 존재의 의미(Seinssinn)는 불변하는 것으로
남고, 이와 더불어 개별적 실재성들의 불변하는 유형에서 성립된 이러
한 존재의 의미를 구조적으로 구축하는 것도 불변하는 것으로 남는다.

그러므로 세계에 대한 의식(Weltbewußtsein)의 기본 구조, 또는 이와 상
관적으로 경험 가능한 모든 개별적 실재적인 것의 지평인 세계의 기본
구조는 알려진 것(Bekanntheit)과 〔아직〕 알려지지 않은 것(Unbekanntheit)의
구조이다.[9] 이 구조는 철저한 상대성 그리고 규정되지 않은 일반성과

---

8 이 말은 본래 '유형(Typus, Typ)에 관한 학문'을 뜻하지만, 후설은 이들을 구별하지 않고
같은 유형에 속하는 것들을 총칭하는 데 사용한다.
본질직관으로 획득하는 '본질(Wesen)'은 순수한 보편성과 아프리오리한 필연성을 갖지만,
이전의 경험을 연상적으로 일깨워 재인식할 수 있게 만드는 '유형'은 경험적 일반성과 우연
적 필연성을 갖는다.('유형'은 이 책 3부 1장에서, '본질'은 3부 2장에서 상세히 논의된다.) 즉 유
형은, 이전의 경험을 근원적으로 건립해 형성된 것으로, 명확하게 규정되지는 않았지만 모호
하게 이미 알려진 것에 따라 새로운 경험을 예측으로 미리 지시하고 그 내용을 풍부하게 만
들거나 수정할 수 있는 경험의 가능 조건, 침전되었던 것이 부각되는 배경의 지평으로서 잠
재의식이다. 예를 들어 우리는 이전에 본 적이 전혀 없는 동물을, 그것이 개와 비슷한 모양이
기 때문에, 이제까지 경험했던 개의 유형에 따라 비교하면서 그 행동거지나 아직 보지 못한
이빨, 꼬리 등을 예측하며 경험한다. 물론 유형의 일반성이 극대화될 경우 그것은 본질이지
만, 유형이 형성되는 과정과 본질이 획득되는 방법에는 근본적 차이가 있다. 그리고 유형을
구성하는 것은 인식을 주도하는 관심(Interesse)이다.
9 의식이 주의와 관심을 기울여 알려진 것(활동성(Aktualität), 정립성(Positionalität))은 아
직 상세하게 알려지지 않았지만 친숙한 유형을 통해 일반적으로 알려진 '세계 속의 존재자'
의 지평구조(비활동성(Inaktualität), 중립성(Neutralität))를 통해서만 가능하다. 즉 "우리에
게 알려지지 않은 이 세계의 사물들도 그 유형에 따라 알려지고"(『성찰』, 141쪽), "보이지 않

규정된 특수성 사이의 철저한 상대적 구별로 특징지어진다. 지평으로 의식된 세계는 자신의 끊임없는 존재의 타당성 속에 일반적으로 알려진, 그럼에도 불구하고 개별적 특수성에서는 알려지지 않은, 존재자의 지평인 '일반적으로 친숙함'이라는 주관적 성격을 띤다. 규정되지 않은 이러한 일반적 친숙함은 존재자로서 특별한 타당성을 얻는 모든 것에 분배된다. 따라서 각각의 사물은 알려진 형식으로서 자신의 친숙함을 갖는다. 이 알려진 형식 안에서 (이미) 알려진 것과 (아직) 알려지지 않은 것 사이의 모든 상세한 구별이 이루어진다.

우리가 선술어적 경험의 본질과 작업수행의 개념, 즉 어떤 대상을 경험하고 원초적 파악작용의 겉모습에 궁극성(Letztheit)과 근원성(Ursprünglichkeit)을 경험하는 경우에 관계되는 개념을 획득하기 위해서는, 당분간은 이러한 대략적인 설명만으로 충분하다.

(따라서) 한편으로 참으로 존재하는 대상은 우선 우리의 인식활동이 만들어 낸 산물이라는 점이 정당하다는 사실, (다른 한편으로) 어쨌든 어디에서 시작하든 참으로 존재하는 대상을 산출하는 이러한 작용은 그 활동이 대상을 무(無)로부터 창조했다는 것이 아니라, 대상들이 언제나 이미 대상적 환경세계가 앞서 미리 주어졌다는 점을 뜻한다는 사실이 명백해진다. 배경 속에 촉발되는 모든 것은 처음부터 대상적 파악으로 의식된다. 각각의 삶의 계기(Lebensmoment)에 속한 지각의 장(場)은 처음부터 그 자체가 가능한 경험의 통일체로 파악되고, 동일한 말이지만, 지식을 받아들이는 가능한 기체로 파악되는 대상들의 장이라는 점

은 모든 것(Alles Ungesehenes)은 지각의 흐름을 통해 보일 수 있는 것(Sichtbares)으로 변화되기"(『시간의식』, 123쪽) 때문에 의식에 나타난 전경(前景)은 나타나지 않은 배경(背景) 없이는 아무것도 아니다.
이러한 구조는 공간적 존재의 질서뿐 아니라 시간적 존재의 질서에도 적용된다. 이미 알려진 과거지향과 아직 알려지지 않은 미래지향이 지평 속에 생생하게 현전하는 '지금'은 시간의식의 통일적 흐름을 구성한다.

으로 예측되어 의식된다.

이러한 사실은 그때그때 수동적으로 미리 주어진 배경의 장에서 우리를 촉발하는 것이 완전히 공허한 것, 어떠한 의미도 여전히 갖지 않은 어떤 자료,(우리는 이것에 대한 적당한 명칭을 갖고 있지 않다.) 절대로 알려지지 않은 자료가 아니라는 것을 뜻한다. 오히려 '알려지지 않은 것'은 언제나 동시에 '알려진 것'의 한 양상(ein Modus)이다. 우리를 촉발하는 것은 그것이 일반적으로 규정을 지닌 어떤 것인 한, 적어도 처음부터 (어느 정도) 알려져 있다. 왜냐하면 그것은 규정할 수 있는 (Bestimmbarkeit) 공허한 형식으로 의식되며, 따라서 (어떤 규정되지 않은, 알려지지 않은) 규정들의 공허한 지평으로 구비되었기 때문이다. 이와 상관적으로 공허한 지평에 한 부분으로 형성하는 파악은 처음부터 ('나는 할 수 있다', '나는 처리할 수 있다', '더 상세하게 주시하고' 그것을 '되돌아 볼 수 있다' 등) 실행될 수 있는 해명의 개방된 공허한 지평을 갖는다. 물론 이것은 규정되지 않고, 공허하게 예측된 해명이다. 실제적 해명을 다루는 모든 것은 (공허한 예측인) 지평의 지향(Horizontintention)을 충족시키고 실현시키는, 규정되지 않은 어떤 규정들에 기초해 규정되고 그 이후에는 알려진 것이 되는 일정한 단계들을 통해 실현시키는 지향적 성격을 이러한 파악에 부여한다.

그러므로 여전히 완전하게 규정되지 않고, 알려지지 않은 대상 일반으로 파악하는 것은 어떤 방식으로든 존재하고, 해명될 수 있으며 그것의 본질이 알려질 수 있는 어떤 것으로 '알려진 것'의 계기를 이미 수반한다. 게다가 이러한 파악은 존재자의 총체로 파악된 세계의 지평 속에 존재하는 어떤 것, 그것이 세계 속에 존재하는 한, 상관적으로 말하면 우리의 흐르는 경험에 통일되어야만 하는 존재자인 한, 그 자체가 이미 알려진 어떤 것으로 '알려진 것'의 계기를 이미 수반한다.

그러나 더 살펴보자. 대상, 해명될 수 있는 것 일반인 일반적 파악뿐

서론: 연구의 의미와 범위

아니라 실로 모든 대상을 일정하게 유형화하는 것도 발전된 의식에 처음부터 미리 지시된다. (발생적으로 말하면) 처음부터 구성된 새로운 종류의 대상과 더불어 새로운 유형의 대상이 지속적으로 미리 지시된다. 이에 따라 그와 유사한 그 밖의 다른 대상들이 처음부터 파악된다.

그래서 미리 주어진 우리의 환경세계는 자신의 영역적 범주들에 따라 형식화되고 다양한 특별한 류(類)나 종(種) 등에 따라 유형화된, 다양하게 형식화된 것으로 미리 주어져 있다. 이러한 사실은 배경 속에 촉발되고 최초에 능동적으로 포착되어 파악된 것이 더 포괄적인 의미에서 알려진다. 그것은 대상, 경험할 수 있는 것, 해명될 수 있는 것으로서뿐 아니라 상세한 특수성에서 사물, 인간, 인간의 작품 등으로서도 이미 배경 속에 수동적으로 파악된다는 것을 뜻한다.

그에 따라 대상은 특수하게 제시하거나(Einzeichnung) 미리 지시하는(Vorzeichnung)[10](그것에 상응하는 양식들을 해명함으로써 수행되어야 할 해명의 양식에 대한 규정들) '대상'이라는 보편적 지평으로 기술되어야 할 자신의 '알려져 있지만〔상세하게〕알려지지 않은' 공허한 지평(Leerhorizont)을 갖는다. 어쨌든 이 지평은 규정될 수 있는 지식이나 '알려진 것'으로 이끌 수 있는 '규정되지 않은 것', '알려지지 않은 것'의 지평이며, 공허한 지평이다. 물론 때에 따라서는 촉발하는 것〔객체〕이 특별히 유형화되지 않을 수도 있지만, 그것은 적어도 객체(Objekt)로서, 그것이 만약 감각적 자료라면, 공간적 객체로서 또한 가장 보편적이며 단적으로 필연적인 형식인 대상 일반 안에서 그 자체로 파악된다.

---

10 '미리 지시하는 것'은 의식이 술어적 경험에 앞서 경험의 윤곽을 묘사하는 것이며, '제시하는 것'은 미리 지시된 것이 직관에 의해 확인되는 것이다.

9 모든 가능한 판단의 기체의 지평인 세계. 이것을 통해 규정된 세계의 논리학인 전통적 논리학의 성격

그러므로 아무리 형식논리학에서 'S'나 'p' 등 판단의 명사(Termini)를 형식화해 생각하더라도, 이 공허한 장소(주어의 위치와 술어의 위치)에 대입될 수 있는 어떤 것, 즉 판단들이 순수하게 자신의 형식에 의해 고찰되는 경우 자신의 내용(Was)에 관해 임의로 생각될 수 있는 어떤 것을 교환할 수 있는 데는 한계가 있다. 그러나 여기에 대입될 수 있는 것은 자유로운 임의적인 것이 아니며, 결코 명백하게 형성되지는 않는 전제가 남아 있다. 즉 대입된 어떤 것은 곧 경험의 통일체가 되는, 이와 상관적으로 경험할 수 있는 것 일반의 총체인 세계의 통일체 속에, 따라서 사실적 경험뿐 아니라 상상에서 가능한 모든 경험의 통일체가 되는 존재자라는 전제이다. 따라서 그것이 만약 실제적 세계의 존재자가 아니더라도, 어쨌든 가능한 세계의 존재자이다. 그래서 자유로운 임의성에서 판단하는 활동의 대상인 기체(基體)가 될 수 있는 모든 것은 그 어떤 동질성, 공통적 구조를 갖는다. 요컨대 이 구조에 기초해서만 비로소 그것은 유의미한 판단이 될 수 있다. [판단의 대상인] 기체는 그것이 어떤 것 일반, 즉 우리의 경험의 통일체가 되는 동일한 것(Identisches), 그런 까닭에 우리의 경험의 통일체 속에 대상적 명증성으로 접근될 수 있어야만 한다는 사실과 결부된다.[1]

그래서 [판단의] 핵심을 자유롭게 변경할 수 있는 것에는 한계가 설정되어 있다. 그리고 논리학 속에 이 한계가 명백하게 표현되거나 자신의 근본전제로 분명하게 제시되지 않았더라도, 논리학은 세계의 논리학(Logik der Welt), 세계에 있는 존재자(weltlich Seiendes)의 논리학이 된

---

1 [원주] 『형식논리학과 선험논리학』, 89절 b) 193쪽 이하 참조.

서론: 연구의 의미와 범위

다.[2, 3] 따라서 술어적 명증성을 선술어적 경험의 명증성으로 소급하고 술어적 판단이 선술어적 세계에 대한 경험에서 발생하는 것을 증명하는 일은, 마치 이러한 방식으로는 경험의 선술어적 명증성으로 소급될 수 없는 술어적 판단들도 실제로 존재할 것이라는 반론을 제기할 수 있는 것처럼, 그 일반성에서 범례적(exemplarisch) 가치가 문제로 제기되는 어떠한 제한을 뜻하는 것은 아니다. 오히려 우리는 전통적으로 논리적인 것으로 '미리 주어진 것'의 발생을 심문하기 때문에, 사실상 그 발생을 보편적 일반성에서 제시한 것이다. 왜냐하면 기체로서 자신의 판단들 속에 등장할 수 있는 모든 것은 우리 경험의 통일체에 일부를 이루기 때문이다. 그런 까닭에 근본적 유형, 즉 모든 것을 받아들여야만 할 보편적 양식이자 불변하는 테두리로서 세계 속에 있는 존재자의 근본적 유형으로 소급될 수 있는 것은 이러한 전통적 논리학 속에 암암리에 함축된 전제이다.

이렇게 해서 우리가 이미 앞(4절 중간 부분)에서 주장한 것, 즉 술어적 명증성이 선술어적 명증성에 기초하는 것을 밝히는 일은 단지 특정한 종류의 술어화작용과 술어적 명증성의 발생론뿐 아니라 근본적 부분에서 논리학 자체의 발생론도 제시한다는 점을 비로소 완전히 이해할 수 있게 된

---

2 〔원주〕전통적 논리학이 세계에 관련된 것(Weltbezogenheit)과 이것을 능가하는 궁극적 논리학(letzte Logik)의 문제에 관해서는 『형식논리학과 선험논리학』, 92절 a) 193쪽 이하와 102절 236쪽 이하 참조.

3 후설은 판단의 형식적 정합성에서 진리를 찾는 형식논리학이 소박하게 전제하는 술어적 명증성을 철저하게 반성하고, 판단의 기체들인 대상들이 그 자체로 주어지는 근원적인 대상적 명증성으로 되돌아가 선술어적 경험이 해석되고 수용되는 보편적 구조를 분석하는 선험논리학을 추구했다. 그에 따르면 형식논리학의 기체 'S'나 'P'에 대입시킬 수 있는 것은 어떠한 제한도 없는 임의적인 것이 아니라, 사실적이든 상상적이든 경험할 수 있는 모든 것(판단의 기체)의 총체인 세계의 통일 속에 있는 동일한 존재자로서 '세계-속의-존재'(In-der Welt-Sein)이다. 자유변경(freie Variation) 속에 설정된 이 확고한 한계에 기초해서만 판단들은 유의미한 판단일 수 있으며, 논리학은 "사유 형식을 다루는 논리학뿐 아니라 세계 속에 있는 존재자, 즉 세계의 논리학이 된다."(『형식논리학과 선험논리학』, 17쪽)

다. 왜냐하면 모든 명증성, 심지어 논리학자 자신의 명증성은 판단작용의 궁극적 기체를 가능하게 명증적으로 만드는 것을 지배하는 조건들 속에 자신의 의미의 기반(Sinnesfundament)을 갖기 때문이다.

10 생활세계로 되돌아가는 것인 경험의 명증성으로 되돌아가는 것. 생활세계를 은폐한 이념화의 해체

모든 술어적 명증성은 궁극적으로 경험의 명증성에 기초되어야만 한다. 술어적 판단의 근원을 해명하는 과제, 술어적 판단의 기초 짓는 관계를 증명하고 경험의 명증성에서 선술어적 명증성이 발생하는 것을 추구하는 과제는 이제부터 경험의 본질을 해명함에 따라 '개별적인 모든 경험의 토대로서, 경험의 세계로서 모든 논리적 작업수행에 앞서 직접적으로 미리 주어진 것인 세계로 되돌아가는 과제'로 입증된다. 경험의 세계로 되돌아가는 것(Rückgang)은 '생활세계'로 되돌아가는 것이다. 이 세계는 우리가 언제나 그 속에 살아가는 세계, 모든 인식의 작업수행과 모든 학문적 규정에 토대를 부여하는 세계이다.

이제 우리가 획득한 세계의 경험으로서 경험의 본질에 대한 통찰은 이러한 되돌아가는 것의 의미에 관련된 문제에 답변하고 이에 대립될 수 있는 반론들에 관련된 문제와 심리적이지 않은 것인 이 발생적 문제설정의 방법론적 특성에 관련된 문제에 답변할 수 있는 능력을 줄 것이다.

이미 언급한 것에서 우리의 세계에 대한 경험의 흐름(이 흐름은 언제나 미리 주어진 세계에 관련된다.) 속에서는 우리가 추구한 궁극적으로 근원적인 경험의 명증성과, 전적으로 근원적이며 근원적으로 건설된 경험의 명증성에 기초해 구축된 선술어적 명증성의 실제적인 근원적 건설(Urstiftung)을 즉시 발견하지는 못할 것이라는 사실이 분명하게 밝혀진다. 그것을 위해서는, 마치 범례로서 임의로 선택된 각각의 판단에서 궁극적인 근원적 경험의 명증성으로 되돌아가는 일이 즉시 시작될 수 있는 것처럼, 우리에게 범례로 제시되는 개별적 판단들에서 그 기체의 대상들이 미리 주어지는 방식으로 단순히 소급하는 것만으로는 충분치 않다. 오히려 완전히 근원적으로 획득된 인식의 구조를 현전화하기 위해 우리는 그 각각의 경험의 작업수행(Erfahrungsleistung)이 불가분적으로 존재하는 경험의 지평을 언제나 주목해야만 한다.

우리가 그 속에 살고 인식하며 판단하는 활동을 하는 세계는 논리적 작업수행의 침전물이 주입된 것으로 언제나 우리에게 미리 주어져 있다. 이 세계로부터 가능한 판단의 기체가 되는 모든 것이 우리를 촉발한다. 왜냐하면 그 세계는 사람들이 이미 논리적으로 판단하고 인식하는 활동을 해 왔던 세계가 아니고는 우리에게 주어질 수 없기 때문이다. 우리는 그들이 경험한 성과를 전달, 학습, 전통으로 이어받는다. 이러한 사실은 모든 대상이 유형적 친숙함의 지평 속에 친숙한 대상으로 존재하게 되는 유형적으로 특정한 의미뿐 아니라, 대상 일반이 가능한 인식의 대상이나 규정할 수 있는 것 일반으로 우리에게 미리 주어지게 되는 의미인 '지평을 미리 지시하는 것'에도 관련된다.

이 '미리 주어진 것(Vorgegebenheit)'의 의미는 '근대의 자연과학이 존재자를 규정해 수행한 모든 것이 현대의 우리에게 미리 주어진 그대로의 세계에 함께 속한다'는 사실을 통해 규정된다. 그리고 우리 자신이 자연과학에 관심이 없고 자연과학이 이룩한 성과들에 대해 전혀 알지 못하더라도, 어쨌든 존재자는 적어도 우리가 그것을 원리상 과학적으로 규정할 수 있는 것으로 파악할 정도로까지는 규정된 채 우리에게 미리 주어져 있다. 달리 말하면, 우리에게 미리 주어진 세계에 대해 "일반적으로 존재자의 무한한 전체성(Allheit)은 그 자체로 보편적 학문에 의해 상관적으로, 게다가 남김없이, 지배될 수 있다는 합리적 전체의 통일성(Alleinheit)"[1,2]이라는 이념을 우리는 근대에 이룩된 전통의 기초 위에 자명하게 받아들였다. 수학적-물리학적 자연과학의 방법인 정밀한 방법을 통해 지배할 수 있는 존재의 우주(Universum), 그 자체로 규정된 우주인 '세계'라는 이념은 너무나 당연하다. 그래서 우리는 이 이념에 비추어 우리의 경험에 개별적으로 주어진 모든 것을 이해한다. 이 경우 과학은 이러한 우주의 사실적인 규정들을 탐구해야만 한다. 또한 우리가 정밀한(exakt) 자연과학적 방법들과 인식들의 이상(理想)이 지닌 일반적 구속력이나 보편적 적용 가능성을 승인하지 않는 경우에도, 이러한 인식 방식의 양식(Stil)은 매우 전형적인 것이 되어서, '우리의 경험의 대상들은 그 자체로 규정되어 있다. 혹은 인식의 작업수행은 곧 그 자체로 존재하는 이 규정들을 접근(Approximation)을 통해 발견하고, 이 규정들을 그 자체로 존재하는 그대로 객관적으로 확정할 수 있다'는 확신이 이미 존재한다. 여기서 '객관적'이라는 말은 '확연히' 또 '모든 사람에 대해'를 뜻한다. 존재자가 '그 자체'로 규정된다는 이러한 이념, 그리고 우리의 경험의 세계는 그 자체로 존재하는 것과 그 자체로 규정된 것의 우주라는 이념은 우리에게는 너무도 자명해서〔이에 대한〕문외한이 인식의 작업수행을 고찰하는 경우에도 이러한 객관성〔객체성〕은 처음부터 자명한 것으로 받아들인다.

---

1 〔원주〕『위기』, 20쪽 참조.
2 원전에는 '『위기』(『필로소피아(Philosophia)』1권, 1936), 97쪽'으로 표기되었지만, 『필로소피아』를 확인해 볼 수 없는 옮긴이는 후설 전집 6권에서 이 인용문을 찾아 그 쪽수를 기재했다.(이것은 이 책에 등장하는 『위기』의 다른 인용문도 마찬가지다.) 또한 '전체의 통일성'도 원전에는 앞의 '전체성'과 똑같이 표기되었지만, 『위기』와 대조해 '전체의 통일성'으로 옮겼다. 더 나아가 후설이 이 책에서 『위기』를 자주 인용한 점을 고려해 볼 때, 『형식논리학과 선험논리학』과 『위기』의 긴밀한 관계, 즉 술어적 명증성의 근거인 선술어적 명증성을 밝히는 '선험논리학'과 일상적 경험에 직접 주어지는 '생활세계'의 본질적 구조를 해명하는 것은 후설 현상학이 발전해 나간 마지막 정점(頂点)에서 서로 합치하는 것을 분명하게 확인할 수 있다.

서론: 연구의 의미와 범위

따라서 우리 세계의 공간과 존재자가 경험되고 우리 자신의 경험 자체가 존재하는 시간은 수학적-물리학적 자연과학의 과제인 '그 자체로 존재하는 것'으로 정밀하게 파악할 수 있는 바로 그 공간과 그 시간이라는 사실이 자명하게 전제되어 있다. 이와 마찬가지로 경험 속에 주어지는 존재자의 인과적 연관은 정밀한 인과적 법칙들이 관련된 것으로서 객관적 과학을 통해 정밀하고 객관적으로 규정될 수 있는 바로 그러한 것이라는 사실도 자명하게 전제되어 있다.

그러므로 우리의 경험세계는 처음부터 이념화(Idealisierung)의 도움으로 해석된다. 그러나 이 경우 기하학의 정밀한 공간, 물리학의 정밀한 시간, 정밀한 인과법칙으로 이끌고, 우리의 경험세계를 그 자체로 그렇게 규정된 것으로 파악하게 이끄는 이념화(理念化)는 곧 우리의 직접적 경험에 미리 주어진 것에 기초한 인식방법의 작업수행이라는 사실이 전혀 파악되지 않았다. 그리고 이 직접적 경험은 어떠한 정밀한 공간도, 어떠한 객관적 시간이나 인과성(Kausalität)도 모른다. 존재자를 이론적인 과학적으로 규정하는 모든 것이 궁극적으로 경험과 '경험이 주어진 것'으로 소급해 관계하더라도, 경험은 그 자체로 경험된 대상들에서 활동하는 사고가 설명하고 결합하고 분리하며 관계하고, 개념을 형성하며 연역하고 귀납하면서 즉시 참된 의미의 대상들, 즉 학문의 대상들로 이끌게 대상들을 즉시 부여하지는 않는다. 우리가 그 자체로 모든 사람에게 타당한 진리를 추구하는 학문의 대상들을 논의한다고 가정하자. 그러면 범주적 활동들의 완전한 형성물인 술어적 명제들을 통해 그것에 적합한 표현을 발견하는 대상들은 순수하게 경험되고 순수한 경험에 기초해 범주적 활동으로 규정되는 경험의 대상들은 아니다. 경험의 판단, 더 분명하게 말하면 순수한 경험, 즉 감각적 경험과 그 속에 기초 지어진 정신적 존재의 경험에 근거해 근원적으로 산출된 것, 오직 이것들로부터만 범주적 작용을 통해 획득된 판단들은 결코 최종적으로 타당한 판단이 아니다. 적확한 의미에서 학문, 즉 최종적으로 타당한 이념들 아래 작업하는 학문의 판단도 아니다. 따라서 이념화의 논리적 능동성과 이 이념화를 전제하는 수학화(數學化)의 논리적 능동성, 일반화하면 '기하학화(幾何學化)'로 표현되는 논리적 능동성은 그 본성상 그 밖의 다른 범주적 능동성들과 구별된다.

자연의 수학화(Mathematisierung der Natur)[3]는 — 이것은 이념적 형태로 유클리드기하학이 창조됨으로써 미리 준비되었고 갈릴레이 이래 자연[4] 일반의 탐구에서 전형(典型)이 되었다. — 너무도 자명한 사실이 되어서, 정밀한 세계를 갈릴레이가 구축할 때 이미 그것은 처음부터 우리의 경험세계로 대체되었고, 사람들은 근원적으로 의미를 부여하는 작업수행을 되돌아가 묻는 일을 전적으로 소홀히 했다.[5, 6] 이 작업수행을 통해 모호하고 유동적인 유형을 지닌 직관의 공간에서 기하학의 정밀한 공간이 〔형성〕되었다. 이렇게 소급해 성찰하는 것은 상상에 의해 직

---

3 후설은 '자연의 수학화'를 갈릴레이가 존재하는 모든 것을 기하학적 질서(ordine geometrico)로 측정할 수 있는 것으로 자연을 '기하학화'한 것과, 비에타(F. Vieta), 데카르트, 라이프니츠 등이 이 기하학을 '산술화(Arithmetisierung)'한 것으로 상세하게 나누어 분석한다.(『위기』, 9절 특히 f) 참조)

4 '자연(Natur)'은 그리스어 'physis'(어간 psy는 '성장'을 뜻한다.)에서 유래한 것으로, 본래 생성되는 실재(to on), 근본 원리(arche)를 뜻한다. 이 말은 스피노자까지는 본래의 의미가 유지되었지만,('만드는 자연(natura naturans)'과 '만들어진 자연(natura naturata)'을 참조) 근대 르네상스의 과학을 통해 오늘날의 '자연'이라는 개념, 즉 과학적 기술을 통해 경험할 수 있는 영역에 대한 총체로 이해되었다.(박종현, 『희랍 사상의 이해』(종로서적, 1982), 25~28쪽 참조)

5 〔원주〕이러한 점과 이래의 논의는 『위기』, 22쪽과 48쪽 이하 참조.

6 후설의 문제는 객관성을 연역적으로 확증하는 것이 아니라, 그 객관성을 해명하는 것, 즉 객관성이 나타나는 의미의 현상이다. 그렇기 때문에 그는 모든 세계의 존재의 객관성에 선행하며 객관적 진리를 이해시키고 세계의 궁극적 존재의 의미에 도달할 수 있는 선험적 주관성이 "그 자체로 최초의 존재"(『위기』, 70쪽)라고 한다. 따라서 "이론적 작업을 수행하면서 사태와 이론, 방법에 몰두한 나머지 그 작업의 내면에 관해 아무것도 모르고, 이 작업 속에 살면서 이 작업을 수행하는 삶 자체를 주제로 삼지 않는 이론가의 자기망각을 극복해야 한다." (『형식논리학과 선험논리학』, 20쪽)라고 경고한다.

관적 공간의 형태들을 정확한 기하학의 형태들로 변형시키는 것이 아니라, 직관적으로 주어진 것을 이념화하는 하나의 방법이며, 따라서 존재자를 그 규정들 자체로서 지배하는 모든 자연과학적 규정에 대해서도 이념화하는 단지 하나의 방법일 뿐이라는 사실을 밝혀 줄 것이다.

이렇게 해서 이 이념화의 방법은, 결국 경험 속에 예견될 수 있는 것이 무한히 확대된 예측(Voraussicht)만 수행할 뿐이라는 사실을 간과했다. 정밀한 과학이 존재자의 우주를 파악하는 규정된 것 그 자체의 우주는 직접적 직관이나 경험세계, 즉 생활세계에 입혀진 '이념의 옷(ein Kleid von Ideen)'일 뿐이다. 그래서 학문의 모든 성과는 이러한 직접적 경험이나 경험에 상응하는 세계 속에 자신의 의미의 기반을 갖고 또한 그것에 소급해 관계되어야 한다는 점이 언제나 간과되었다. "이 이념의 옷은 우리가 하나의 방법(eine Methode)에 지나지 않는 것을 참된 존재(wahres Sein)로 간주하게 만든다."[7] 이러한 사실은 우리의 경험의 세계를 언제나 '그것에 입혀진 이념의 옷'이라는 의미로, 마치 그것이 그 자체로 그렇게 존재하는 것처럼, 이해하게 만든다. 그래서 순수 경험으로 되돌아가 고찰하는 모든 것, 무엇보다 실증주의가 일반적으로 받아들이는 고찰은 이미 이념화된 자연에 〔만족해〕 머문다. 이와 동등한 사실은, 만약 논리학자가 실로 인식작용의 경험적 토대를 물으면, 그 논리학자에게도 적용될 것이라는 사실이다.

또한 이것은 처음부터 체험작용을 객관적으로 규정된 것과 규정할 수 있는 것을 통해 발견할 수 있다고 믿는, 사물들의 참된 존재와 상관적으로 존재하는 것으로 간주하는 심리학자에게도 마찬가지로 적용된다. 그래서 논리학자도 언제나 인식의 작업수행의 의미를 이러한 '그 자체〔의 존재〕(An sich)'에 도달하고 객관적 인식을 달성하는 것에서, 그리

---

7 〔원주〕『위기』, 9절 h) 52쪽.

고 자신의 목표를 모든 사람에 대해 확연히 존재자를 규정하는 것에서 파악한다. 따라서 논리학자는 '이것이 도대체 인식의 작업수행의 의미이며 판단하면서 인식하는 모든 행위에 적합한 규범인지' 또는 '오히려 인식의 작업수행은 근원적 경험(이러한 경험은 정밀한 인식이 단지 가능한 목표들 가운데 하나에서 발생하는 목표 설정을 이룬다.)의 의도에 적합해야만 하는지'를 묻는 일을 망각했다. 〔논리학자가 이러한 문제를 망각한 것은〕 곧 정밀한 과학에서 유래하는 이념화(이것은 이렇게 이해될 수밖에 없다.)와 근원적으로 주어진 것을 중첩시킨 결과로 나타난 것이며, 따라서 근원적 경험에 관한 어떠한 개념도 획득할 수 없었기 때문이다.

그러므로 우리가 추구한 궁극적인 근원적 의미의 경험으로 되돌아가려면, 그것은 여전히 이 이념화에 관해 아무것도 모르며 오히려 이 이념화의 필연적 기반인 근원적 생활세계의 경험일 수밖에 없다.

그리고 이 근원적 생활세계로 되돌아가는 것은 우리에게 주어진 그대로 우리의 경험세계를 단순하게 받아들이는 것이 아니다. 그 속에 이미 침전된 역사성(Geschichtlichkeit)을 그 근원으로까지 소급해 추구하는 것이다. 이 역사성 속에 객관적으로 규정할 수 있는 그 자체로 존재하는 세계의 의미가 근원적 직관이나 경험에 기초해 비로소 세계에 생긴다. 논리학자는 이념화에 의해 근원적 경험의 세계가 이렇게 중첩된 것의 배후로 되돌아가 묻지 않고 경험의 근원적 성격은 언제나 즉시 복원될 수 있다는 견해를 갖는다. 그래서 그도 정밀한 객관적 앎인 객관적 인식(Episteme), 정밀성(Exaktheit)의 이상(理想)으로 인식을 측정한다.

이에 대립해 선술어적 경험으로 되돌아가고, 선술어적 경험의 가장 깊고도 궁극적인 근원적 층(層)들의 본질을 통찰하는 것은 여전히 정밀하지 않으며 수학적-물리학적으로 이념화되지 않은 궁극적인 근원적 명증성의 영역인 주관적 속견(Doxa)의 정당성을 의미한다. 이것에 의해 '주관적 속견의 이러한 영역은 객관적 인식, 즉 판단하는 인식작용이나 그 침전물들의 명증성보다 더 낮은 단계의 명증성의 영역이 아니라, 정밀한 인식이 그 의미에 따라 되돌아가는 궁극적인 근원적 성격의 영역'이라는 사실도 입증된다. 정밀한 인식은 '그 자체〔의 존재〕'를 전달하는 인식의 길이 아니라, 단지 하나의 방법으로서 자신의 성격이 통찰되어야만 한다.

이러한 주장은 정밀한 인식의 가치나 논리학자 자신의 필증적 명증성의 가치를 결코 손상하지 않는다. 그것은 더 높은 단계의 명증성에 도달할 수 있고, 이 명증성이 기인하는 은폐된 전제들, 즉 그 의미를 규정하고 한정하는 전제들에 도달할 수 있는 길을 규명할 뿐이다. 그러한 명증성 자체는 그 내용에 관해 아무 문제도 제기되지 않는다. 오히려 인식은 더 높은 단계의 명증성 속에 확증된다는 사실, 본질적으로 인식의 길은 주관적 속견에서 객관적 인식으로 상승하는 것이라는 사실에 머문다. 물론 이것은 곧 궁극적 목표에 관해서도 낮은 단계의 근원(Ursprung)과 고유한 권리(Eigenrecht)가 망각되어서는 안 된다는 사실을 뜻할 뿐이다.

11 판단의 근원을 해명하는 것과 선험적이며 현상학적-구성적인 문제제기의 전체적 지평 속에 있는 논리학의 발생론

이와 동등한 이유에서 경험의 가장 근원적인 명증성으로 필연적으로 되돌아가는 것은 심리학의 매개를 통해서는 수행될 수 없다. 심리학이 순수하게 체험된 것과 의식에 주어진 것 자체에 관련된 순수한 심리학으로, 즉 순수한 내성(內省)심리학으로 수행된 경우에도 그러한 심리학은 기껏해야 논리적 형식들이 미리 주어진 유형으로부터 그 형식들에 본질적으로 속한 주관적 작업수행을 되돌아가 물을 수 있다. 이 작업수행 속에 이러한 형식의 형성물은 명증적 형성물이 된다.

그러나 심리학이 명증성의 문제를 진지하게 착수하고 판단의 명증성을 선술어적 명증성 속에 기초 짓는 작업을 추구할 경우에도, 어쨌든 심리학은 우리 세계의 주관인 주관의 명증적 체험을 필연적으로 되돌아가 묻는다. 이 세계는 이미 이념화를 통해 중첩되고 이러한 중첩(Überlagerung)의 의미로 통각이 된 세계이다. 모든 판단의 명증성이 발생하는 논리화(論理化)하는 활동으로 소급해 성찰하는 경우, 심리학은 이미 자명하게 이념화(理念化)된 세계에 관련된 것으로 생각된 경험에 머문다. 이 이념화를 해체하고 가장 근원적인 경험에서 은폐된 의미의 기반을 파헤치는 것은, 아무리 광범위하고 순수하게 수행되어도, 심리학이 제기할 수 있는 문제는 결코 아니다. 왜냐하면 내적으로 지각해 접근할 수 있는 것과 같은 체험을 심리학적으로 반성하는 것은 세계에 입혀진 이념의 옷이 근원적으로 생활세계의 경험에서 발생한다는 사실로 이끌 수 없기 때문이다.

심리학적 반성은 체험을 우리 의식 속에 서로 구별되는 개별적 사건으로 받아들인다. 논리학자가 개별적 형식들을 연구하는 것과 마찬가지로 심리학적 반성은 물론 개별적 사건들의 발생도 개별적 체험으로 연구할 수 있다. 그러나 이 모든 심리학적 반성은 그것들이 체험인 한, 세계에 관한 경험인 체험으로 이끌 것이다. 그 세계는 이러한 주관에 대해 언제나 완성된 것으로 현존하는 세계, 즉 근대과학이 정밀하게 규정하는, 자신의 작업을 이미 실행한 것으로 현존하는 세계이다.

그러므로 심리학자는 술어적 경험에 앞서 개별적 작용의 선술어적 경험이 지닌 우선권을 확립할 수 있을지 모르지만, 더 근원적인 것으로 되돌아가는 것 자체의 본래적 의미를 구명할 수 없을 것이다. 심리학자가 연구하는 체험의 상관자인 이 세계는 그가 아주 자명하게 마주치며, 언제나 함께 존재하는 그 체험에 속한다. 그러나 그는 이 체험에서 이 세계 자체의 근원으로 되돌아가는 길을 갖고 있지 않다. 물론 이 세계 자체의 근원도 주관적 작업수행, 인식작용의 활동, 과학적 방법을 적용하는 행위에 기초한 것일 뿐이며, 이러한 것들을 통해 세계는 곧 이러저러하게 규정되고 원리상 자신의 참된 존재로 무한히 계속 규정될 수 있는 것으로 우리에게 존재한다.

또한 이것들은 주관적 작업수행, 지향적 작업수행의 침전물이다. 그러나 지향성(Intentionalität)의 작업수행은 반성의 시선에 개방된 것이 아니라, 그것을 시사하는 침전물 속에 단지 함축적으로 존재한다. 그러므로 이러한 지향적 함축뿐 아니라 심리학의 주관이 완성된 것으로 나타나는 세계 자체의 역사를 드러내 밝히는 것도 '주관적인 것'(Subjektives)[1]으로 되돌아가는 것을 뜻한다. 이 주관적인 것의 지향적 작업수행을 통해 세계는 이러한 형태를 획득한다. 그러나 그것은 은폐된 주관성으로 되돌아가는 것이다. 그리고 그것은 자신의 지향적 작업수행을 통한 반성에서 실제로 확증될 수 없다. 다만 미리 주어진 세계 속에 이러한 작업수행의 침전물을 통해 단지 지시되기 때문에 은폐되어 있다.

따라서 가장 근원적인 명증성으로 되돌아가 묻는 것도 주관적인 것이지만, 일찍이 심리학이 문제 삼았던 주관적인 것보다 더 철저한 의미에서 주관적인 것을 되돌아가 묻는 것이다. 그것은 현전하는 우리의 경험의 세계 속에 이미 의미의 침전물에 놓여 있는 모든 것을 해체하는 것이다. 이 의미의 침전물에서 그것이 형성된 주관적 원천(Quelle)을 되돌아가 묻고, 따라서 작업을 수행하는 주관성을 되돌아가 묻는 것이다.

---

1 이것은 '주관성'의 다른 표현으로, 자아와 그 체험 영역 전체를 가리킨다. '주관과 관련된 것'으로 '주관–객관–상관관계'(Subjekt-Objekt-Korrelation)를 함축하는 이 용어는 대상(객체)과 본질상 불가분적 상관관계에 있지 않은 주체, 즉 전통적으로 객체와 대립된 주체(Subjekt vs. Objekt)와는 근본적으로 다른 '자아'의 구조와 그 기능 및 의의를 부각시킨다.

이 주관성은 심리학적으로 자각하면서 이미 완전하게 형성된 이 세계에 대면하는 주관들의 주관성은 아니다. 거꾸로 그 의미를 밝히는 작업수행을 통해 우리에게 미리 주어진 그대로의 세계, 즉 우리의 세계가 우리에 대해 존재하게 되는 그 주관성이다. 그것은 근원적 경험의 순수한 세계가 아니라, '그 자체로 정밀하게 규정되거나 규정할 수 있는 세계'라는 의미를 지닌 세계이다. 이 세계에서 개별적인 모든 존재자는 처음부터 또 자명하게 정밀한 과학의 방법에 따라 원리상 규정될 수 있는 것으로, 적어도 원리상 수학적-물리학적 자연과학의 이념화에서 근원적으로 유래하는 의미에서 '그 자체로 존재하는 것'으로 우리에게 주어진다.

　더구나 그와 같이 되돌아가 묻는 것에는 특정한 역사적 주관성에서 이 의미의 침전물이 사실적 역사적으로 발생한 것, 그들이 실행해 수학화의 사상을 처음 파악한 특정한 역사상의 인물들의 주관성은 중요하지 않다.[2] 오히려 우리의 세계는 주관적 원천에서 발생하는 가능한 세계 일반의 구조와 근원을 연구한 하나의 범례가 될 뿐이다. 만약 우리가 이 작업수행을 추후에 스스로 실시하지 못하고, 이념화의 작업수행이 근원적 삶의 경험에서 이렇게 발생하는 것을 추후에 체험하지 못하면, 우리는 역사적 주관들에서 의미의 작업수행이 이렇게 특정하게 역사적으로 발생하는 것을 이해할 수 없을 것이다. 그러므로 우리 안에 이념의 옷(Ideenkleid)을 걸친 은폐된 생활세계에서 근원적 세계에 대한 경험이나 생활세계로 되돌아가는 것을 수행할 수 없을 것이다.

　이렇게 함으로써 우리는 이미 일어난(geschehen), 이전에는 은폐되었지만 지금은 추후의 실행을 통해 명백하게 드러난, 또한 그러한 것으로 이해된 작업수행이 형성되는 주관적 작업수행의 역사(Geschichte) 전

---

2 〔원주〕 이렇게 되돌아가는 방법에 대해서는 『위기』, 58쪽 이하 참조.

　　　　　　　　　　　　　　　　서론: 연구의 의미와 범위

체를 반복한다. 그러면 우리는 우리 자신을 단순한 심리학적 반성을 통해 이미 완성된 세계 속에 발견하는 것이 아니라, 이 세계를 형성시키는 모든 작업수행을 가능성으로 지니고 실행하는 주관성으로 이해한다. 우리는 지향적 함축(Implikation)들을 이렇게 드러냄으로써, 또한 지향적 작업수행에서 생기는 세계의 의미의 침전물의 근원을 심문함으로써 우리 자신을 선험적 주관성(transzendentale Subjektivität)으로 이해한다.

이 경우 '선험적'이라는 말은 데카르트가 제시한 독창적인 동기 이외에 달리 이해될 수 없다. 즉 '모든 인식이 형성되는 궁극적 원천을 되돌아가 묻고, 자기 자신에게 타당한 모든 학문적 형성물이 목적에 합당하게 생기며 획득물로 보존되어 자유롭게 처리할 수 있고, 그렇게 처리되는 자기 자신과 자신의 인식하는 삶을 인식하는 자가 스스로 성찰하는 동기(Motiv)'[3, 4]라는 것이다. 더 정확하게 말하면, 미리 주어진 세계를 구성하는 선험적 주관성으로 되돌아가는 것은 다음 두 단계로 실행된다.

(1) 자신의 모든 의미의 침전물과 학문이나 학문적 규정을 지닌 미리 주어진 세계에서 근원적 생활세계로 되돌아가는(Rückgang) 단계.

(2) 생활세계에서 이 세계가 발생하는 주관적 작업수행으로 되돌아가 묻는(Rückfrage) 단계.[5]

---

3 〔원주〕'선험적인 것(Transzendentales)'의 개념에 관해서는 위의 책, 100쪽 이하 참조.
4 이 용어는 소박한 자연적 태도에서 정립한 것 일반을 판단중지(Epoche)함으로써 드러난 새로운 차원을 뜻한다. 이것은 간혹 '선험성'(Transzendentalität)으로도 표현(『위기』, 177, 181쪽 참조)되는데, 그 의미상 경험적 태도에서 드러나는 '경험세계'와 대조되는 것으로, 철저한 '선험적 태도에서만 드러나는 '선험세계'이다.
5 후설은 궁극적 근원을 밝히는 선험철학의 작업에서 이와 같이 1) '사태 그 자체'로 '되돌아가는' 단계와, 2) 이것이 주어지는 인식의 근거를 '되돌아가 묻는' 단계를 명확하게 구분함으로써 '생활세계'가 그의 현상학에서 결코 도달점이 아니라 통과점이라는 것을 밝히고 있다. 이러한 사실은 『위기』 3부 A의 제목 '미리 주어진 생활세계에서 되돌아 물음으로써 현상학적 선험철학에 이르는 길'에서도 입증된다.

왜냐하면 생활세계는 단순히 미리 주어진 것이 아니며, 또한 그것이 구성되어 형성된 방식에 대해 심문할 수 있는 형성물이기 때문이다. 물론 여기에서 우리는 논리적 의미의 작업수행을 본다. 확실히 이 작업수행은 언제나 '그 자체의 존재'와 '그 자체로 규정된 것'의 이념화를 근본 토대로 갖는 우리의 전통적 논리학의 의미에서가 아니라, 무엇보다 생활세계의 경험의 제한된 상대적 지평들을 통해 규정하거나 인식작용을 향한 근원적인 논리적 작업을 수행한다는 의미에서 '논리적'(logisch)이다. 그러나 논리적 의미의 작업수행들은 우리의 경험세계를 구축하는 데 참여하는 것의 단순한 한 부분이다. 실천적 경험이나 심정의 경험 또한 실제적 교제나 가치평가 등의 친숙한 형태로 자신의 지평을 제공하는 의지, 평가, 손쉬운 행동을 통한 경험작용도 이것에 속한다. 하지만 일반적으로 세계의 시간(Weltzeit)이나 공간·공간의 사물들·동료 주관들(Mit-Subjekten) 등을 구성(Konstitution)[6]하는 감성적 경험의 작업수행 전체도 이것에 속한다. 만약 우선적으로 가능한, 생활세계의 구성에 속한 가장 낮은 단계의 구성적 작업수행을 추구했다면, 그다음은 객관적 시간, '자신의 존재(An-sich)'를 지닌 수학적-물리학적 자연의 구성이다.

가능한 세계를 구성하는 의식의 작업수행들이 '서로 뒤섞인 것

---

6 칸트에서 '구성(Konstruktion)'은 감성의 직관형식인 시간과 공간을 통해 잡다하게 주어진 것을 오성의 아프리오리한 사유형식인 12범주를 능동적으로 집어넣어 질서를 부여해 인식의 형태로 구축하는 것이다.

반면 후설에서는 인식의 형식뿐 아니라 내용도 아프리오리하다. 즉 인식될 내용이 미리 완성되어 있다. 물론 그 내용에 대한 우리의 인식도 완성되어 있는 것은 아니다. 그렇기 때문에 경험을 발생적으로 분석할 필요가 있다. 즉 '구성'은 '순수의식의 상관자로서 이미 스스로 주어진 대상성을 실제로 현현하는 것으로 표상하는 작용, 그 대상성에 의미를 부여해 밝히는 것'이다. 그러므로 후설은 '구성'은 결코 실재적 세계를 '창조'하는 형이상학적 개념이 아니라, 침전된 의식 삶의 구조와 존재의 의미를 역사적으로 '해명'하는 방법론적 개념이다. 그것은 새로운 세계가 아니라 동일한 세계를 새로운 관점에서 보고 경험할 수 있는 다양한 방식을 획득하는 것이다.

서론: 연구의 의미와 범위

(Ineinander)' 전체를 해명하는 것은 '구성적 현상학'의 포괄적인 과제이다. 가능한 세계, 즉 세계 일반의 본질형식이 중요하지 우리의 사실적인 실제적 세계가 중요하지는 않다. 현상학의 테두리 속에 술어적 판단의 근원을 해명하는 것은, 지평 전체로 이해된 의미 그리고 그것의 완전하고 포괄적인 의미로 보면, 선험논리학(transzendentale Logik)이 되는 논리학의 발생론의 기본 과제로 위치가 세워진다. 이 발생론은 논리적인 것, 가장 넓은 의미에서 '논리적 의식의 작업수행이 세계를 구축하는 데 인식하는 이성(Vernunft)의 작업수행이 참여하는 것'을 탐구하는 것이다.

논리적인 것, 논리적 이성(세계를 구축하는 데 논리적 의미가 형성되는 것, 논리적 작업수행에 참여하는 것으로 이해될 수 있는 모든 것)의 영역이 어디까지 도달하는지, 그래서 이성(Logos), 논리적인 것 자체의 개념은 어디까지 파악될 수 있는지. ── 이 모든 것은 물론 구성적 문제제기의 전체 테두리 속에서만 비로소 확정될 수 있다. 여기에서 과제는 더 단순해진다. 우리는 여전히 논리적인 것의 포괄적 개념을 마음대로 처리하지 못한다. 따라서 전통적 개념에서 출발해 우리의 경험세계를 구축하는 가운데 논리학과 논리적 작업수행으로서 전통적으로 이미 목표삼은 것을 편입시켜 추구해야만 한다. 더 나아가 이 논리적 작업수행을 구축하는 데 받아들인 단계를 추구해야만 한다.

그러므로 이제까지 살펴본 것을 포괄적이며 이념적으로 완결된 의미의 차원에서 정리해 보면, 선험논리학의 과제는 한편으로 구성적 현상학 전체의 과제와, 다른 한편으로 발생적 논리학, 즉 전통적 형식논리학이 근원을 분석하고 주관적으로 정초하는 과제가 구분된다. 술어적 판단의 근원을 해명하려는 기초론에서는 오직 후자(발생론의 과제)만 추구된다.[7]

---

7 (원주) 포괄적인 구성적 체계학(Systematik)의 과제에 대해서는 이 책 14절 이하 참조.

12 개별적 분석의 출발점. 단적인 경험과 기초 지어진 경험의 구별 그리고 가장 단적인 경험으로 되돌아가야 할 필요성

이러한 설명은 술어적 명증성에서 선술어적, 대상적 명증성으로 되돌아가는 것, 즉 생활세계의 경험의 명증성으로 되돌아가는 것의 의미를 이해하는 데 충분하다. 이제 문제는 이러한 일반적 통찰에 근거해 구체적인 개별적 분석을 올바로 수행하기 위한 결론을 획득하고 생활세계의 경험의 영역 전체 속에 이 선술어적 명증성을 추구하는 일이다. 〔그런데〕 이 선술어적 명증성 속에 술어적 판단의 근원이 명시될 수 있다.

만약 우리가 경험에 관한 어떤 개념을 개체적 대상의 대상적 명증성으로 이미 획득했다면, 비록 자신의 근원성에 층(層)을 이룬 모든 이념화가 해체되더라도, 그와 같은 경험은 여전히 여러 가지 형태를 취할 것이다. 이러한 의미의 층들을 해체함으로써만 밝혀질 수 있는 우리의 근원적인 생활세계는, 이미 언급했듯이, 논리적 작업수행에 기초한 세계, 즉 가능한 판단의 기체들로서, 인식활동의 가능한 주제들로서 대상들이 미리 주어진 영역일 뿐만 아니라, 일상적으로 '경험'이라는 표현과 결합된 완전히 구체적인 의미에서 경험의 세계이다.

그리고 이 일상적 의미는 결코 순수하게 인식에 적합한 행동에 관계하는 것이 아니다. 그 최대한의 일반성에서 보면, 그것과 더불어 제공된 자, 경험된 자에게 한정된 의미이든 삶 전체에 '태도를 취하는 것'으로 이해된 일반적 의미이든, 삶의 상황 속에 결정하고 행동하는 확실성을 부여하는 습득성(Habitualität)[1]에 관계한다. 다른 한편 이러한 표현에 이 습

---

1 그리스어 'echein(갖는다)'의 통일체 'Hexis(가짐)'에서 유래하는 이 말은 '경험의 축적'이라는 뜻을 지닌다. 이 용어나 '습성(Habitus)'은 선험적(순수) 자아가 근원적으로 건설한 것이 의식 속으로 흘러 들어가 침전되고, 이것이 다시 생생하게 복원될 수 있는 타당성과 동기부여의 연관에 담지자(擔持者)이다. 요컨대 습득성은 항상 현재 의식하는 삶이 쏟는 관심(Interesse)을 형성하고 지속적 소유물로서, 그 기체(基體)인 선험적 자아와 그 구성적 작업

서론: 연구의 의미와 범위

득성이 획득되는 경험작용의 개별적 단계들이 포함된다. 따라서 일상적으로 친숙하고 구체적인 이 경험의 의미는 특히 인식하고 판단하는 행동보다 훨씬 더 실천적으로 활동하고 가치를 평가하는 행동을 가리킨다.

우리는 우선 구체적인 의미에서 이러한 경험작용을 형성하는 모든 것을 무시하고, 술어적 판단과 그 명증성에 관해 되돌아가 묻자. 그럼으로써 판단의 기체가 미리 주어진 것에 대한 의식인 수동적인 존재신념(Glauben)의 영역, 즉 세계신념의 토대(Boden)로 입증될 신념의 토대영역으로 직접 돌아가자. 이 신념의 토대를 통해 모든 개별적 경험은 세계의 지평 속에 있는 경험이 된다. 그러나 세계의 이러한 지평은 실로 인식의 실천(Erkenntnispraxis)에서 유래하는 존재자〔사물〕의 친숙함으로 규정될 뿐 아니라, 무엇보다 일상적 삶의 행위의 실천(Lebenspraxis)에서 유래하는 친숙함으로도 규정된다.

우리가 이러한 사실을 통해 미리 묘사된 넓고도 구체적인 경험의 개념을 넘어서 더 좁은 〔경험의〕 개념으로 되돌아와 시작한 것은, 세계에서 '태도를 취하는 모든 것', 즉 실천적 행위뿐 아니라 인식하는 행위가 이러한 〔더 좁은〕 의미에서 경험에 기초하기 때문에 정당화된다. 실천적 행동, 가치정립, 평가작용은 미리 주어진 대상들, 즉 이미 존재의 확실성에서 우리 앞에 존재하는 것으로 있으며, 존재하는 것으로 취급될 그러한 대상에 대한 평가작용이고 행동이다. 그러므로 수동적인 주관적 속견(Doxa), 수동적인 존재 신념, 이러한 신념의 토대영역은 모든 개별적 인식작용, 모든 '인식에 주의를 기울임〔관심〕', 존재자의 판단의 기초일 뿐 아니라, 존재자에서 모든 개별적 가치평가와 실천적 행동의 기초이다. 따라서 이것은 우리가 구체적인 의미에서 '경험'과 '경험작용'이라고 부르는 모든 것의 기초이다.

수행의 구체적 역사성을 밝혀 주는 핵심적 개념이다.

〔그러나〕 존재자가 이렇게 수동적으로 미리 주어진 것에서 항상 그리고 우선 인식활동으로 이행되어야 한다고 주장하면 결코 안 된다. 촉발하는 것은 오히려 행동에 자극을 제공한다. 물론 원초적 인식활동, 이러저러하게 규정된 존재자로 파악하는 것, 어떤 부분을 해명하는 것은 촉발하는 것을 위해 언제나 전제되어 있다. 그러므로 명증적으로 주어진 것, 미리 주어진 것, 무엇보다 개체적 대상들이 수동적으로 미리 주어진 것인 이러한 '경험'의 개념은 그것으로 구체적인 의미에서 모든 경험의 근본구조가 지시된다는 점에서 자신의 현저한 특징을 갖는다. 수동적인 주관적 속견에서 존재자는 그것에 관여할 수 있는 가능한 인식의 작업수행을 위한 기체로 미리 주어질 뿐만 아니라, 모든 가치평가, 실천적 목적설정, 행동의 기체로 미리 주어진다. 그와 동시에 유익한 것, 아름다운 것, 두려운 것, 위협적인 것 또는 언제나 주어질 수 있는 것은(비록 우리가 더 이상 지각작용으로 파고들지 않더라도, 우리가 그 지각작용을 해명하고 순수하게 고찰하면서 파악하고 감각적으로 지각할 수 있는 성질들을 통해 해석하려고 노력하지 않고 오히려 그것이 감각적으로 현존함에 기초해 즉시 우리의 실천적 관심이나 심정적 관심을 끌어 유효한 것, 매력적인 것, 거부감을 일으키는 것으로 주어지더라도) 어떤 방식으로든 감각적으로 파악할 수 있는 것으로 현존하며, 직접적인 감각적 경험 속에 주어짐에 틀림없다. 이와 같은 존재자들은 곧 감각적으로 파악할 수 있는 단적인 성질들을 지닌 기체이며, 가능한 해석의 길〔방법〕은 항상 이러한 성질들로 이끈다는 점에 기초한다.

따라서 경험에 관해 논의하는 경우 단적인 경험과 기초 지어진 경험을 구별해야만 한다. 수동적인 주관적 속견 속에 전체로서 언제나 미리 주어지며, 모든 개별적 판단작용에 신념의 토대를 제공하는 세계는 단적으로 감각적으로 파악할 수 있는 기체의 세계로서 단적인 경험 속에 그 경험의 가장 밑에 주어진다. 모든 단적인 경험 또는 어떤 단적인 기체의 존재

의미와 함께 모든 경험은 감각적 경험이며, 존재하는 기체는 경험이 일치하는 가운데 확증되고 참으로 존재하는 것으로 간주된 물체로서의 물체(Körper)이다. 보편적인 감각적 경험은, 보편적 일치에서 보면, 하나의 존재의 통일체(Seinseinheit), 즉 더 높은 차원의 통일체를 갖는다. 이 보편적 경험의 존재자는 '전체-자연(All-natur)', 모든 물체의 우주이다.

그러므로 우리의 경험세계 속에 자연은 가장 낮은 층, 즉 그 밖의 모든 것을 기초 짓는 층(fundierende Schicht)이다. 자연으로서 단적으로 경험할 수 있는 자신의 성질들 속에 있는 존재자는 하나의 기체로서 우리의 평가작용이나 행동에 관여하는 모든 경험하는 방식의 근거인 기체이다. 이것은 그 평가들이 변화되는 상대성과 목적에 따라 그 유용성이 변화되는 상대성에도 불구하고, 자연적으로 주어진 소재(Material)에서 곧 그때그때 구별되는 것을 만들어 내기 위해 불변자(Invariables)로서 근거에 놓여 있다. 존재자는 비록 관심이 그것들에 향할 필요는 없더라도, 단적인 경험을 통해 접근할 수 있는 자연적 성질들을 지닌 자연의 물체로서 언제나 가장 밑바닥에 주어져 있다.

만약 이와 같은 경험이 원본적으로 주어지면, 우리는 그 경험을 '지각(Wahrnehmung)'이라고 부르며, 외적 지각이라고 부를 수 있다. 우리는 모든 외적 세계의 것을 시간·공간의 '전체-자연' 속에 물체적으로 존재하는 것으로 지각한다. 우리가 동물이나 인간 그리고 문화의 대상(일용품, 예술작품 등)과 마주칠 때는 언제나 단순한 자연(bloße Natur)이 아니라 정신적 존재의미(geistiges Seinssinn)의 표현을 갖는다. 그러므로 우리는 단적이고 감각적으로 경험할 수 있는 것의 영역을 넘어선다. 순수한 감각적 지각으로서 지각은 단적으로 단순한 물체성을 향한다. 이에 대립해 어떤 목적으로 도구를 만들고 규정할 사람들을 지시하는 기억 속에 그 도구를 이해하듯이, 오직 표현을 이해함으로써만 지각할 수 있는 지각이 있다. 그런 다음 다시 직접적으로 (다른) 어떤 사람의 신체와 같이 물체적 신체(körperlicher Leib)의 표현이 있다.

이 양자는 표현을 기초 짓는 물체적인 것의 감각적 지각을 전제하며, 이것에서 어떤 반성(Reflexion)[2]으로 이행하는 것을 전제한다. 그런데 이 반성은 인간의 '인격적인 것(자아적인 것)' 또는 동물의 주관성의 공존(Mitsein)을 직접적이든 간접적이든 최종적 확신으로 이끌고, 이렇게 기초 지어진 방식으로 단순히 물체적으로 현존재하는 것(Daseiendes)이 아니라 그것과 일치하고 또한 그것에 관련된 '주관적인 것(Subjektives)'인 존재자(Seiendes)를 규정한다.

그러나 이 '주관적인 것'은 단적으로 곧바로 경험할 수 있고 지각할 수 있는 것이 아니다. 그것은 기초 지음(Fundierung)에서만 단적으로 현존하거나 감각적으로 경험할 수 있는 것을 통해 단적인 것(Schlichtes)과 더불어 또는 일치하여 지각에 합당하게 현존하고, 스스로 현존하는 것으로 경험할 수 있다.

그러므로 반성은 우리가 지각된 것에 단적으로 향할 수 있는 어떤 지각작용이 아니라, '곧바로 향함'[대상에 대한 지향]에서 벗어나 등급이 정해지는 것이다. 만약 내가 어떤 인간을 향하면, 시선을 향하는 작용, 주제를 지닌 능동성(Aktivität)의 빛은 단적으로 곧바로 물체로, 감각적으로 지각할 수 있는 것으로 나아간다. 그러나 이 빛은 물체에 한정되는 것이 아니라, 표현을 이해함으로써 자아 주체(Ichsubjekt)로, 이러저러한 행위를 통해 자신의 존재로 계속 나아간다. 즉 '시선을 향함', '몰두해 있음', '세계를 가짐', '이것에 의해 세계에서 자극을 받음' 등, 이 모든 것이 표현되자마자 곧 자신의 존재로 계속 나아간다. 그리고 이것에는 자아가 자신의 물체적 신체에, 즉 나에 대해 현존하는 신체에 '관련

---

2 〔원주〕 여기에서 '반성'이라는 표현은 이러한 체험 방식의 직접성만 시사한다. 당연히 이러한 종류의 **반성**은 통상적 의미의 반성, 즉 곧바로 경험할 수 있는 대상성에서 고유한 체험들로 시선을 되돌이켜 향하는 것과는 전적으로 다르다.

서론: 연구의 의미와 범위

된 것'의 존립〔상태〕이 필연적으로 속한다.

그렇지만 어떤 인간이 물체의 감각적 지각으로부터 표현을 통해 '그것이 속하고 표현되는 자아의 주체'로 지각하는 이러한 일상적 과정도 태도변경을 허용한다. 즉 우리는 순수하게 물체적인 것에 주목할 수 있으며, 단지 물체적 사물에 몰두된 것처럼 주목할 수도 있다. 표현은 여전히 이해되지만, 그 이해는 현실적으로 기초 지어지지 않는다. 자아의 주체는 이른바 배경으로서만, 주제 외적으로(außerthematisch) 거기에 함께 현존한다.

실제로 궁극적이며 근원적인 선술어적 경험의 명증성에 도달하기 위해 우리는 이러한 기초지어진 경험들에서 가장 단적이며 게다가 모든 표현을 기능 밖으로 배제하는 경험으로 되돌아가야만 한다. 왜냐하면 존재자를 그것의 자연적 성질에 따른 것 이외에 달리 규정해 발견하고 그것을 도구나 그 어떤 것으로 확립하는 모든 경험은 표현에 관한 어떤 이해를 지시하기 때문이다. 따라서 순수하게 감각적으로 지각한 다음 경험 일반을 타당한 것으로 간주하고 세계를 순수하게 지각의 세계로 고찰하자. 그리고 순수하게 지각하는 행동에서 유래하는 것이 아니라 다른 사람의 평가하는 행동과 마찬가지로 우리의 평가하는 행동에서 유래하는 친숙함이나 규정들에서 그것이 그 자체로 지닌 모든 것을 단념하자. 이렇게 우리는 수동적으로 미리 주어진 경험의 토대인 순수한 보편적 자연을 획득한다. 이것은 감각적 지각이 일관되게 계속 수행됨으로써 그 자체로 완결된 연관으로 생기며, 순수하게 나에 의해 지각되고 지각될 수 있는 것으로 생긴다. 왜냐하면 이제 나는 나의 현실적 경험의 영역 속에 표현을 기능 밖으로 배제함으로써 어떠한 다른 사람〔다른 자아〕도 갖지 않기 때문이다.

'기능 밖으로 배제하는 것'은 구체적으로 존재하는 세계에 대해 추상하는 것을 뜻한다. 이 추상은 우선 나에 대해, 현존하고 더 나아가 타당한 것으로 남는 것을 고려하지 않고 배제하는 '기능 밖으로 배제하는 것'을 표현하는 말이다. 이 말(추상)에 의해 '단순한 자연을 체계적으로 조직화하는 것(자연을 그 자체만으로 분리된 채 또는 심지어 세계에 대한 표상(Weltvorstellung), 세계가 존재한다는 의식을 근원적으로 형성함으로써 비로소 나에 대해 존재하는 것)이 필요하고, 그런 다음에야 비로소 그 이상의 존재 의미를 유지하게 된다'는 사실을 묵과하거나 파악하는 것으로 생각하면 안 된다. 이 모든 것은 문제 밖이다.

오직 숙고하는 자인 나에 대해서만 타당한 것의 영역에 경험을 추상적으로 한정하는 것에는 이미 이념화하는 것 전체를 배제하는 것이 포함된다. 즉 모든 사람에 대한 판단의 타당성, 즉 객관성의 전제를 배제하는 것(이것은 과학의 '궁극적 타당성(Endgültigkeit)'이라는 의미에서 정밀한 규정의 이상(Ideal)에 방향이 정해진 전통적 논리학이 암묵적으로 판단작용의 본질에 속하는 것으로 전제한 것이다.)이 포함된다. 왜냐하면 우리가 다른 사람을 도외시하자마자 곧 다른 사람의 인식활동을 지시하는 어떠한 타당성도 존재하지 않으며, '우리의 세계는, 그것이 우리에게 주어져 있듯이, 언제나 이미 정밀하게 규정할 수 있으며, 그것이 역사적으로 앞에 놓여 있는(문제시 되는) 것과 같이, 학문의 작업수행을 통해 이미 궁극적 타당성의 이념 아래 규정된 것으로 이해된다'는 사실을 보증하는 어떠한 의미의 침전도 여전히 존재하지 않기 때문이다.

물론 이념화하는 것은 경험의 토대에서 판단들 속에 이미 놓여 있다. 이 속에서 우리는 범례적으로 선택한 기체를 보통명사로 표시한다. 그래서 이렇게 표시된 대상들은 적어도 관련된 '언어공동체' (Sprachgemeinschaft)[3]에 잘 알려진 것으로 받아들여지고, 판단들은 이 공

---

3 후설은 언어를 통해 의사를 소통하고 상호 이해함으로써 부단히 그 의미가 침전되고 풍부하게 형성되면서 발전하는 '선험적 상호주관성'을 "언어공동체"(『위기』, 369쪽), "전달 공동체"(『상호주관성』 3권, 460쪽 이하)로 파악하는데, 이러한 점은 선험적 현상학의 역사성과 사회성을 이해하는 데 매우 중요하다.

서론: 연구의 의미와 범위

동체에 타당한 것으로 받아들여진다. 자연적 경험을 대상화(對象化)하는 것도 마찬가지다. 따라서 모든 사람, 즉 관련된 환경세계와 공동체 모두에 대해 타당한 것도 이것에 속한다. 판단된 대상들은 공동체에 속한 모든 사람에 대한 대상이라는 의미를 띠고 미리 주어진다. 이것은 실천적 의도의 규정들에 대해서도 타당하다. 이제 근원적 판단작용에 도달하기 위해, 또한 판단하는 규정 속에 수행된 근원적 작업수행 전체를 추구하기 위해 우리는 이러한 점을 도외시해야만 한다. 그리고 '마치 이미 함께 주어진 공동체의 미리 지시하는 것(Vorzeichnung) 없이도 작업수행이 그때그때 나 자신의 전적으로 근원적인 획득물인 것처럼' 행위를 해야만 한다.

이 경우 우리 언어의 표현들은 당연히 필연적으로 일반적이고 의사를 소통하는 의미에서 표현이다. 그래서 어떤 대상을 지시함으로써 적어도 첫 번째 이념화, 어떤 언어공동체에 대해 타당한 이념화는 이미 시사되고 또한 압도된 표현들의 의미와 거리를 유지하기 위해서는, 언제나 새로운 노력[긴장]을 요한다는 어려움이 있다. 즉 이 어려움이 세속적 의미들(mundane Sinne)과 세계에서 의사소통하는 의의(weltlich kommunikative Bedeutung)를 지닌 표현들에 의지하는 한, 그것은 가장 근본적인 의미에서 '주관적인 것(Subjektives)'의 연구에 본질적으로 부착된 것이다.[4]

그러므로 우리는 '마치 그것이 오직 나에 대한 획득물을 지니며 오

---

4 후설은 "모든 현상학적 논의는 자연적 언어를 사용해야만 하는 한, 그 의미를 완전히 변경시킨다."(『상호주관성』 3권, 390쪽)라고 주장한다. 또한 경험적 의미의 생활세계와 선험적 의미의 생활세계가 정초되는 관계를 밝히는 가운데 '구성요소'나 '층'이라는 용어를 사용하면서 "자연적 세계에서 유래하는 이 말들은 [오해가 발생할 수 있기에] 위험하므로 반드시 그 의미가 변경되어 이해되어야 한다."(『위기』, 177쪽)라고 한다. 결국 후설이 어쩔 수 없이 사용하는 전통적 언어는 역사적이거나 일상적 의미가 아니라, 오직 현상학적 맥락 속에서만 정확하게 이해할 수 있다.

직 그때그때 나에 대한 판단작용인 것처럼 판단작용을 추구한다. 또한 판단작용의 의사소통하는 기능을 전적으로 도외시하며, 그것이 어떤 의미를 미리 지시함으로써 대상들을 미리 부여했던 종류와 방식에서 선행하는 의사소통을 언제나 이미 전제한다'는 사실을 도외시한다. 그런 다음에야 비로소 우리는 우리의 세계가 구축되는 논리적 작업수행의 가장 기본적인 초석(primitivister Baustein)에 도달한다. 기체로서 그렇게 기능하는 대상들은 무엇보다 모든 사람에 대해, 또한 한정된 공동체의 모든 사람에 대해 존재하는 것으로 생각된 대상들이 아니라, 오직 나에 대한(nur für mich) 대상들이다. 그리고 세계는 오직 나에 대한 세계로 생각되어야만 한다. 이 세계로부터 대상들은 촉발된다. 그때그때 자기 자신의 영역을 이렇게 방법적으로 제한하는 것은 실제로 논리적 작업수행을 그것의 궁극적 근원성에서 알기 위해 필요하다. 이 궁극적 근원성 속에서 논리적 작업수행은 곧 그때그때 어떤 주관의 작업수행이 된다.

13 판단과 대상의 일반적 개념. 확정하는 것으로서의 판단

우리의 경험세계와 무엇보다 각자의 고유한 경험이 이루어지는 모든 겹쳐진 층(層)을 도외시하면, '판단작용도 순수한 경험의 토대, 즉 더 한정시켜 보면, 각자의 고유한 경험의 토대 위에 있는 가장 낮은 단계 속에 이미 궁극적 타당성의 이념 아래 판단의 구조와 합치하는 구조를 갖는다'는 사실이 나타난다.

그러므로 논리적인 것의 영역은 이러한 방식으로 학문적 의도가 아직 존재하지 않는 곳까지 도달할 뿐 아니라, '판단'이라는 표현에 의해 어떤 일반적 본질이 표시되는데, 이것은 자신의 근본 구조상 그것이 일어나는 논리적 작업수행의 모든 단계에서 동일하다. 따라서 가장 단적인 경험들에 제한된 분석의 테두리 속에 술어적 판단의 구조로 제시된 것은 판단이 더 높은 단계의 기능을 충족하는 경우에서조차 판단의 본질을 통찰하기 위한 자신의 범례적 의미를 갖는다.

만약 우리가 처음부터 미리 이러한 판단의 가장 일반적인 개념과 그 판단의 기체로서 이것에 속한 대상의 개념을 정확하게 규정하려면, 아주 구체적인 의미에서 판단작용과 삶의 경험의 연관으로 되돌아가야만 한다. 이러한 구체적인 의미에서 모든 경험은 단적이며 궁극적인 근원적 속견(Urdoxa)에 의지하며, 이 속견은 그 경험의 가장 밑에서 단적으로 파악할 수 있는 기체를 부여한다. 이 근원적 속견 속에 미리 주어진 자연적 물체들은 인지적 규정일 뿐 아니라 가치의 규정과 실천적 규정에 대한 궁극적 기체이다. 이 규정들 모두는 단적으로 파악할 수 있는 이러한 기체들에서 일어난다.

그러나 단적인 신념에 대한 의식의 토대인 이 근원적 속견의 영역은 기체인 대상들을 단지 수동적으로 미리 부여하는 의식이다. 동일성의 통일체인 존재자는 이 영역 속에 미리 주어져 있다. 어쨌든 주관적 속견의 영역은 흘러가 버리는 것의 영역이다. 수동적으로 미리 주어진 동일성의 통일체는 아직 그 자체로 파악되고 유지된 대상적 동일성은 아니다. 오히려 파악작용(Erfassen), 예를 들어 미리 주어진 감각적 기체를 지각하는 관찰작용은 이미 하나의 능동성이며, 가장 낮은 단계의 인식의 작업수행이다.[1] 그래서 우리가 미리 주어진 촉발하는 대상에 시선을 이리저리로 변화시킬 수 있는 것은 단순한 지각작용 속에서이다. 이 경우 대상은 서로 다른 측면의 동일한 대상으로 나타나고, 반성을 통해

---

[1] 대상을 객관화해 지각하는 '단적인 파악'은 단순히 감각성질들을 바라보거나 그 감각자료들을 수동적으로 받아들이는 것이 아니라, 내적 시간의식의 통일 속에 구성된 복잡한 구조를 갖는다. 따라서 이 단적인 파악에는 자아가 지각의 대상에 주의를 기울이는 능동성이 이미 관여하고 있다.

시선은 '대상이 원근법(Perspektive), 음영(Abschattung)[2] 속에 우리에게 주어진다'는 사실로 향한다. 이 음영을 통해 대상은 우리의 주의(注意)가 향한 동일한 하나의 대상으로 나타난다. 이렇게 미리 주어진 기체를 단순히 지각하는 관찰작용도 우리의 작업수행으로 입증된다. 즉 작업수행은 인상들을 단순히 감수하는 것(bloßes Erleiden)이 아니라 하나의 행위로 입증된다.

대상을 지각하는 가운데 나타나는 모든 원근법, 음영 등을 통해 자신의 동일성에서 대상 자체에 향하는 소박한 의식은 언제나 이러한 행위의 성과, 즉 지각에 의해 설명된 것으로 대상을 본다. 이 소박한 의식은 '대상이 감각적 성질들을 통해 그렇게 주어지는 것이 그 자체로 이미 그 자신의 작업수행, 특히 가장 낮은 단계의 인식의 작업수행'이라는 것을 전혀 깨닫지 못한다. 그래서 이 의식은 지각작용이나 관찰작용을 하나의 감수하는 작용으로, 수동적으로 행동하는 것(passives Verhalten)으로 간주하려는 경향이 있고, 미리 주어진 대상들을 능동성으로 받아들이는 이 수동성에 더 좁은 의미의 실천, 즉 미리 주어진 사물을 포착하는 변형시키는 것뿐 아니라 객관적 형성물, 산출물로 현존하는 술어적 명제들이 산출하는 것을 대립시키는 경향이 있다.

그러므로 능동적으로 행동하는 것과 수동적으로 받아들이는 것, 감수하는 것을 구별하는 것은 미리 주어진 대상에 단도직입적으로 향하는 소박한 의식(반성의 시선도 마찬가지로)과 동일한 의미를 갖지 않으며, 이 반성의 시선은 미리 주어진 것을 그렇게 받아들이는 가운데, 즉 자신의 관찰

---

2 원근법 또는 음영은 사물이 그 전체성이 아니라 우연적인 어느 한 측면을 통해 나타나는 고유한 방식을 가리킨다. 따라서 그것은 충전적이지 않으며, 새로운 경험으로 확인되거나 수정될 수 있으므로 필증적이 아니다. 이에 반해 내재적 존재인 의식의 체험은 지각의 대상이 지각작용과 동일한 체험의 흐름 속에 있기 때문에 음영 지어 나타나는 연속들로서가 아니라 전체를 남김없이 한꺼번에 파악하므로 충전적이고, 그것의 '존재'와 '의식된 것'이 달리 있을 수 없게 일치하므로 필증적이다.

서론: 연구의 의미와 범위

하는 파악작용 속에 이미 능동성(Aktivität)의 계기를 발견하고, 이 계기에 대립해 소박한 의식의 〔의식이 생각한〕개념보다 더 철저한 수동성(Passivität)의 개념을 획득함에 틀림없다. 이러한 더 철저한 수동성의 개념은 순수하게 감성적으로 미리 주어진 것, 수동적인 존재 신념의 개념이며, 이 속에는 인식의 작업수행에 관한 것은 전혀 없다. 예를 들어 방금 전에 우리 귀에 들린 개 짖는 소리와 같이 어떤 환경세계의 존재자에서 나온 단순한 자극은, 우리가 그 소리에 주목하거나 주제적 대상으로 그 소리에 시선을 향하지 않더라도, 이미 존재한다. 주의가 문제가 되는 어디에서도 이미 가장 낮은 단계의 그와 같은 능동성이 놓여 있다.[3] 감각적 경험의 흐름 속에 주어진 것을 파지하고, 이것에 주목해 주의를 기울이며, 그 특성을 관찰하면서 파고드는 모든 ‘파악하면서 주의를 기울이는 것’은 하나의 작업수행이며, 판단작용에서 우리가 논의할 수도 있는 가장 낮은 단계의 인식활동이다. 동일성의 통일체인 존재자는 물론 수동적으로 미리 주어지고 미리 구성되어 있지만, 어떠한 술어화작용-(Prädizieren)도 포함할 필요 없이 이러한 동일한 통일체로 파지되는 것은 비로소 〔그러한〕파악을 통해서이다.

물론 자신의 언어적 표현을 진술논리, 진술명제 속에서 발견하는 술어적 판단은 항상 전통 논리학의 의미에서 판단으로 이해한다. 실제로 어떤 사물이 실생활에서 이루어지는 교제의 연관 속에, 하나의 ‘명칭(Namen)’으로 지시되는 어디에서나, 선술어적 파악뿐 아니라 술어적 판단작용도 관련되거나 이미 수행된 의미의 작업수행과 더불어 전제된다.

그러나 우리는 가장 좁고 본래적인 술어적 판단의 판단이라는 개념에 대립해 가장 넓은 판단의 개념을 한정 짓기 위해 이러한 점을 완전히 도외시할 수 있다. 또한 선술어적이고 대상화하는 시선이 어떤 존재

---

3 〔원주〕이에 대한 상세한 분석은 아래의 17절 이하를 참조.

자를 향하는 모든 경우에 이미 더 넓은 의미에서 판단작용에 관해 논의해야만 한다는 사실을 밝힐 수 있다. 예를 들어 어떤 대상의 존재가 우리 앞에 나타나고 우리가 그러한 것으로 사념하는 지각에 대한 의식은 더 넓은 의미에서 하나의 판단작용이다. 우리가 이제 '선술어적 의식은 자신의 측면에서 서로 다른 양상의 명석함(Klarheit)과 혼란됨(Verworrenheit)을 가지며, 다른 한편 술어적 판단작용도 그 자신의 명석함과 판명함(Deutlichkeit)의 차이를 갖는다'는 사실을 고려하면, 가장 넓은 의미의 판단의 개념은 술어적 양상뿐 아니라 선술어적 양상 모두를 내포한다.

그렇다면 이와 같은 의미에서 판단은 객관화하는(대상화하는) 자아의 작용들(Ichakte) 전체, 즉 『이념들』 1권의 용어로 말하면, 속견적 자아의 작용들 전체에 대한 명칭이다. '지각하는 관찰이나 설명보다 낮은 단계의(수용성의 단계인) 자아의 능동성으로서 선술어적 판단작용이 어떻게 더 높은 단계, 즉 술어적 판단작용의 자발성과 구별되는가' 하는 점을 [이제] 상세하게 논의할 것이다.

더 높거나 낮은 단계에서 자아의 능동성인 가장 넓은 의미의 판단작용은 흄(D. Hume)과 그를 따른 실증주의가 의식의 판(板) 위에 있는 자료(Datum)로 간주한 수동적 신념과 혼동하면 안 된다. 또한 브렌타노[4]의 판단의 개념도 그와 같은 자료와 관련되는데, 어쨌든 내적 의식에 관한 그의 학설이 보여 주듯이, [그의 학설에는] 자아 극(Ichpol)에서 유출되

---

4 브렌타노(1838~1917)는 독일 관념론과 신칸트학파를 배격하고 자연과학에 따른 경험적-기술적 심리학의 방법으로 철학을 엄밀하게 정초하고자 했고, 윤리적 인식의 근원을 해명하는 가치론을 개척했다. 후설은 브렌타노의 이 기술심리학에서 결정적인 영향을 받아 수학에서 철학으로 전향해 그의 제자가 되었으며, 특히 물리적 현상과 구별되는 심리적 현상의 특징인 의식의 지향성에 대한 분석은 후설 현상학이 형성되는 데 큰 역할을 했다. 저서로 『경험적 관점에서의 심리학』(1874), 『도덕적 인식의 근원』(1889) 등이 있고, 많은 유고가 편집되어 출판되었다.

는 어떠한 능동성도 없다. 수동적 배경으로부터 촉발되는 미리 주어진 모든 대상은 그 자신의 수동적 속견을 갖는다. 이러한 대상이 미리 주어지는 방식은 지각하는(대상화하는) 파악의 시선이 '미리 주어진 것'을 향하든 그것이 즉시 실천적 행동의 주제가 되든 아무 상관없다. 그리고 배경 속에 부각된 자료를 내재적 시간성 속의 통일체로 수동적으로 구성하는 것조차도 수동적 속견을 갖는다. 이것은 지향성이 종합적 통일체에 수동적으로 일치하는 것에 속한 신념의 확실성일 뿐이며, 이 확실성은 변양된 채 모든 재생산에 관계하지만 언제나 수동적 확실성으로 관계한다는 점을 의미한다.

지향적으로 일치하는 가운데 통일체로 구성되는 모든 것은 그것이 일치한다는 존재의 확신을 갖는다. 이러한 한에서 우리는 이미 존재자이다. 또는 주관적으로 말하면, 신념을 가지며, 이 일치가 파괴되는 경우 불일치, 신념의 양상화(樣相化)를 갖는다. 이러한 한에서 모든 수동적 의식은 이미 대상들을 구성하는 것이다. 더 정확하게 말하면, '미리 (vor)-구성하는 것'이다. 그러나 대상화하는 능동성과 인식작용의 능동성 그리고 단지 수동적 속견만은 아닌, 더 낮거나 높은 단계의 자아의 능동성만 인식의 대상들과 판단의 대상들을 제공한다.

그러므로 대상화하는 것은 언제나 자아의 능동적 작업수행이며, 의식된 어떤 것을 '능동적으로 믿고 의식해 갖는 것(Bewußthaben)'이다. 그리고 이것은 의식의 지속 속에 연속적으로 확장됨으로써 나온 하나의 것, 연속적인 동일자이다. 그것은 종합으로 형성될 특정한 작용들 속에 있으며, 동일화된 것, 즉 종합적 동일자로 의식되며, 또한 자유롭게 반복할 수 있는 회상이나 자유롭게 산출할 수 있는 지각(그것에 다가가 한 번 더 그것을 주시하면)을 통해 언제나 다시 동일자로 인식할 수 있는 가운데 의식된다.

무한히 개방되어 있고 자유로운 반복을 통해 수행될 수 있는 동일화하는 것(Identifizierung)의 상관자(Korrelat)인 이 동일성(Identität)은 곧 대상의 적확한 개념을 형성한다. 그 밖의 모든 실천이 자신의 실천적 목표나 행동의 목적을 갖는 것처럼, 존재하는 것으로서 존재하는 대상은 속견적 행동·인식의 행동의 목표, 즉 존재자를 그 존재의 양상들에서 설명하려는 행동의 목표이다. 여기에서는 이 존재의 양상들을 '규정들'이라고 부른다. '존재자가 어떻게 존재하고 그 본질은 무엇인가'를 이렇게 확정하는 것(Feststellung)(이것은 판단하고 대상화하는 기능을 형성한다.)은 물론 언제나 다시 그것으로 되돌아갈 수 있고 그 자체로 지속하는 인식의 재산인 확정하는 것이 된다. 본래 이것은 진술명제 속에서만 자신의 침전물을 발견하는 더 높은 단계의 술어적 판단작용 속에서만 비로소 가능하다. 인식의 재산의 침전물인 이것은 자유롭게 처리하고 보존하며 전달할 수 있다.

〔요컨대〕술어적 판단작용만이 본래의 의미에서 인식의 재산과 인식의 대상들을 제공한다. 단순히 수용적인, 판단하는 관찰작용은, 비록 습득되고 유지되어 남는 앎(Kenntnis)을 제공하더라도, 인식의 재산과 대상들을 제공하지 못한다. 모든 술어적 판단은 지속하는 인식의 재산이 제공되는 첫걸음이다. 그것은 그 자체로, 그리고 이 이후의 분석이 보여 주듯이, 규정하는 것의 완결된 첫걸음이며, 주제적으로 규정하는 것의 근원적 세포(Urzelle)이다.[5]

물론 인식하면서 판단하는 모든 대상화하는 것이, 술어적이며 진술들 속에 자신의 침전물을 발견하는 어디에서나 확연하게 확정하는 것, 객관적으로 확정하는 이러한 경향에 이끌리는 것은 아니다. 이 경우 일시적인 실천적 목적에만 이바지하는 것이 문제가 된다. 즉 특정한 상황 또는 유형적으로 유사한 상황들에만 이바지하는 확정하는 작용이 문제

---

5 〔원주〕이에 관해서는 아래의 50절 c) 참조.

서론: 연구의 의미와 범위

다. 예를 들어 어떤 목적을 위해 어떤 도구를 사용할지, 그 가능성을 판단하는 확정하는 작용은 그것이 사용될 상황과 관련된 의미만 갖는다. 사물들의 가치적 특성과 실천적 특성에 관해 확정하는 모든 것도 그 사물이 가치적이며 실천적으로 사용할 수 있는 상황에만 상관성을 갖는다. 이 상관성은 어떤 실천의 연관 속에 있고, 오직 이것에만 이바지하는 모든 판단작용에 부착되어 있다.

그러므로 이와 같은 판단〔작용〕에서 판단하면서 확정하는 것의 의미를 형성하는 언제나 다시(immer wieder)는 오직 이러저러한 유형의 상황에 상관적〔상대적〕이라는 한정과 함께 이해되어야 한다. 그러나 이러한 상관성에도 모든 인식의 지향(Erkenntnisintention)의 특색, 모든 판단하면서 대상화하는 것이 지닌 특색의 본질, 즉 순간적 상황을 넘어서 그것이 전달할 수 있고 미래에도 사용할 수 있는 인식에서의 획득물을 만들어 내기 위해 노력한다는 사실은 유지되어 남는다. 그리고 이것은 우리가 그때그때 고유한 것의 영역을 추상적으로 제한하는 경우에도 여전히 타당하다. 물론 이 경우 오직 나에 대해 확정하는 인식에 대한 소유, 즉 나에 대한 소유로 이끌며 그것을 획득하려고 확정하는 것이 문제가 된다.

14 외적 지각과 지각에 대한 판단의 분석에서 출발해야 할 필요성과 이 연구의 한계

그러므로 우리가 논리적 작업수행과 세계에 대한 경험의 흐름 사이의 연관과 이 흐름 속에 있는 논리적 작업수행의 기능을 파악했다면, 이제 술어적 판단의 형식들이 선술어적 경험에서 발생하는 것을 분석적 개별 연구에서 추구하기 위해 우리가 착수했던 곳에 몰두해야 한다.

왜냐하면 우리가 가장 기본적인 것, 즉 그 밖의 모든 것을 기초 짓는 것을 추구했기 때문이다. 따라서 그것은 가장 단적이며 가장 직접적인 경험에 기초된 판단작용이 되어야만 한다. 가장 단적인 경험은 감각적 기체에 대한 경험, 구체적인 세계 전체의 자연층(自然層)에 대한 경험이다. 그러므로 우리는 판단에서 술어적 판단작용 일반의 구조들과 이것들이 선술어적 작업수행 위에 구축되는 것을 범례적으로 연구하기 위해 외적 지각, 물체적 지각의 토대에서 판단에 방향을 맞추어야만 할 것이다.

감각적 지각 그리고 지각이 대부분 즉시 이행하는 해명에 근거한 판단작용(Urteilen)과 해명작용(Explikation) 자체는 미리 주어진 촉발하는 최종적 기체들, 즉 물체들을 순수하게 관찰하는 관심을 갖고 '몰두하는 것'을 이미 전제한다. 그러므로 선술어적 영역에서 우선 추구되는 것은 지각의 관심이 일관되게 쏟은 성과이다. 그렇다고 이것이 구체적인 세계에 대한 경험의 연관 속에 언제나 그러한 성과에 이른다는 것을 말하려는 것은 아니다. 오히려 일반적으로 감각(aisthesis), 단적인 감각을 통해 '알게 된 것(Gewahrwerden)'에서 오는 행동, 가치평가 등으로 이행되며, 언젠가 그것이 특수한 이유 때문에 순수하게 관찰하는 관심이 되기 이전에 사물들을 즐거운 것, 이로운 것 등으로 파악하는 것으로 이행된다. 자신의 환경세계 속에 구체적으로 살아가며 자신의 실천적 목적들에 전념하는 자아는 무엇보다 관찰하는 자아는 결코 아니다. 자신의 구체적인 생활세계 속에 있는 자아에서 어떤 존재자를 관찰하는 것은 어떤 특별한 점 없이 그때그때, 그리고 일시적으로 취할 수 있는 하나의 태도이다.

그러나 직접적 경험의 세계, 우리의 생활세계의 구조를 추적해 철학적으로 성찰하는 일(Besinnung)은 관찰하는 지각이 세계의 구조들을 발견하고 이것들을 주제로 삼는 한에서만 특징지어진다는 사실을 가르쳐

서론: 연구의 의미와 범위

준다. 세계의 구조들도, 비록 일반적으로 주제화되지 못하더라도, 언제나 모든 실천적 행위의 기초가 된다. 관찰하고 지각하면서 쏟는 관심은 근본적 감각의, 근원적 속견(Urdoxa)의, 구체적인 의미에서 모든 경험작용의 기초가 되는 근본적 층(層)을 활성화하는 것(Aktivierung)이다. 그러므로 외적 지각 및 관찰하면서 지각하는 관심은 이 속에서 사물들을 파악하며, 더욱이 확정하는 것으로 향한 판단작용의 경향(Tendenz)은 가장 신속하게 충족될 수 있다는 특권을 갖는다. 어쨌든 이것들은 순수한 지각의 대상들, 단적이며 감각적으로 파악할 수 있는 기체, 자연의 사물 그리고 '자연적 물체'라고 부르는 그 근본적 층들에 따른 사물들이다. 이것들은 그 자체로 상대적이 아니며 미리 주어진 것과 함께 환경세계에서 이루어지는 교섭의 모든 상대성에도 불구하고 지속하는 대상적 동일성으로 유지되고, 그러한 것으로 확정되고 판단될 수 있다.

그러므로 지각작용과 지각에 근거한 판단작용은 환경세계의 모든 변화와 상대성에서도 어떤 불변자(Invariante)에 관련될 뿐 아니라, 동시에 위에서 언급한 이념화하는 것(이것은 이론적 학문의 기초가 되며 단연코 그리고 모든 사람에 대해 타당한 객관성의 목표를 지닌 확정하는 작용을 가능케 하는 태도이다.)을 포함하는 변양 속에 시종일관 몰두하여 관찰하는 관심으로 존재한다. 그런 까닭에 그것은 전통 논리학이 문제 삼는 술어적 판단작용이 기초하는 선술어적 명증성의 방식이다.

반면 [아직까지] '전통 논리학이 학문적으로 확장하는 데 자신의 방향을 정하고, 인식하는 행위가 학문과 학문 이론을 향한 경향에서 실천의 행위와 가치설정의 행위에 관련된다'는 것이 문제로 제기되지 않았다. 또 '이러한 방식으로 순수한 인식의 관심에는 이바지하지 않지만, 가장 일반적인 의미에서 실천적 관심에 이바지하는 판단작용이 어떻게 얻어지는가' 그리고 '어떻게 술어적 명증성이 선술어적인 것의 이러한 영역, 즉 실천적 명증성과 심정적 명증성 위에 구축되는가'

역시 연구되지 않았다.[1] 여기에서는 존재자가 스스로를 부여하는 것 (Selbstgebung)에 관한 고유한 원천이 중요하다. 또한 본질상 단지 실천적 행동 자체에서만 일어날 수 있고 단순한 관찰작용에서는 일어날 수 없는 규정성을 해명하는 것도 중요하다는 점은 논란의 여지없이 확실하다.

그러나 우리는 여기에서 이러한 스스로를 부여하는 방식들을 묻는 것이 아니며, 경우에 따라서는 '어떻게 판단해 대상화하는 작용이 그러한 방식들에 의지하는가'를 묻는 것도 아니다. 오히려 우리는 '자아에게 존재자가 수동적이며 자극적으로 미리 주어진 것처럼, 자아는 관찰하는 것 이외에 어떠한 의도나 관심도 없이 순수하게 관찰하는 행동에서 즉시 존재자를 향한다'는 점을 가설로 삼는다. 달리 말하면 환경세계에서 자극되는 것, 즉 존재자로부터 어떠한 실천적 행동도 유발하지 않으며, 단지 관찰하는 태도를 취하는 어떤 주관의 가설을 만드는 것이다.

그럼에도 불구하고 관찰하는 지각과 이것에 기초한 술어적 판단의 분석은 이러한 이론적 능동성이 갖는 실천의 태도와 가치평가의 태도의 관계를 계속 심문하는 데 근본적으로 중요할 수 있다. 왜냐하면 '본래적인 술어화작용의 활동이 어떻게 관찰하면서 지각하는 능동성에 근거하는지' 묻는 방식은 이러한 관찰하는 태도, 즉 순수하게 인식하는 태도가 그 자체로 '어떤〔실천적〕행동에 이바지 하는지 또는 그것이 자기의 목적인지'와는 전혀 상관없으며, '그 태도가 어떤〔실천적〕행동에

---

1 후설은 전통적 형식논리학이 진리를 판단의 형식적 정합성인 무(無)모순성, 즉 술어적 명증성에서만 찾고, 판단의 기체인 대상의 실질적 내용이 스스로 주어지는 선술어적 명증성을 문제로 삼지 않았기 때문에 참된 존재자를 인식하는 데 단지 소극적인 조건에 관한 탐구라고 비판한다. 이러한 점에서 아리스토텔레스의 형식논리학을 그 자체로 완결된 것으로 파악한 칸트의 논리학도 인식의 가능성에 대한 선험적 물음을 소홀히 했다.(『형식논리학과 선험논리학』, 267쪽 참조) 그 결과 형식논리학이 '인식의 행위가 실천의 행위나 가치설정의 행위와 서로 관련되었다'는 것을 문제로 삼지 않았기 때문에 이론과 실천이 단절되었다.

서론: 연구의 의미와 범위

선행하는지 또는 그 행동에 따르는지'와도 전혀 상관없다. 술어적 종합을 선술어적 종합 위에 층을 이루는 것은, 실천적으로 활동하는 태도와 그 태도에 관련되고 이바지하는 판단이 문제가 되는 것을 제외하면, 이두 가지 경우에서 구조상 동일한 것이며,[2] 술어화작용에 선행하는 구조들은 선술어적 층(層) 속에 더 복잡하게 존재하며, 〔이것은〕 단순한 지각이 아니다.

그러므로 지각에 특권을 부여하는 것은 더 중대한 단순성(Einfachheit) 속에 그 밖의 근거를 갖는다. 사실상 그와 같은 분석에서 단순한 것에서 시작해 복잡한 것으로 올라가는 것은 방법상의 철칙(methidisches Gebot)이다. 단순하게 관찰하는 지각작용의 영역에서 선술어적으로 지각하는 경험작용 위에 술어적 판단작용을 구축하는 것은 매우 손쉽게 확증될 수 있다. 바로 여기에 대상적 명증성이 존재하는데, 이것은 즉시 선술어적 명증성으로 드러날 수 있다. 따라서 대상적 명증성은 다른 어떤 것에도 기초하지 않는 관찰하는 지각작용과 해명작용의 명증성이다. 이것으로 여기에서 제시된 종합들은 범례적 종합이라는 의미를 얻는다. 실천적 태도에서 출발해 그 연관 속의 술어화작용으로 이행하는 더 복잡한 과정과 여기에서 문제 삼는 종합의 성질을 탐구하는 것은 독자적인 연구의 대상일 것이다.

선술어적으로 판단하면서 인식하는 종합과 이것에 근거한 술어적 종합의 범례를 획득하기 위한 방법은 이렇다. 우선 분석이 정지된, 즉부동의 대상들에 관한 지각에 방향을 정하고, 분석하기 매우 어려운 운동에 관한 지각이나 운동된 존재자에 관한 판단작용을 끌어들이지 않으면 그것은 더 큰 단순함과 명석함의 동등한 근거를 갖는다. 〔그러나〕

---

2 이와 같이 선술어적 영역과 술어적 영역은 그 구조가 동일하기 때문에 선술어적 경험이 술어적 판단을 정당하게 기초 지을 수 있다.

'그것을 끌어들일 경우 어떠한 변양들이 일어날 것인가, 어떤 경우에 종합과 해명 그리고 이것에 기초한 술어적 종합의 근본구조가 일관된 것으로 증명될 수 있는가' 하는 점은 미해결인 채 남아 있다.

다음 연구의 범례적 성격[3]에서는 그것이 단지 정언(定言)판단에 머물게 된다는 사실에 기초한다. 또한 그 밖의 다른 판단의 형식들에서 그러한 종류의 발생적 기원을 추구하는 것은 그다음의 연구에 과제일 것이다. 따라서 주제는 지각에 기초한 정언판단이다. 그리고 이 속에는 여전히 제한이 있다. 즉 지각에는 대상들이 상상(Phantasie)의 경우와 반대로 실제적으로 존재하는 것으로 주어진다. 또한 상상은 대상성들이 주어지는 나름의 방식을 갖는다. 그러나 그것은 결코 실제적 대상이 아니라 유사-실제적(quasi-wirklich) 대상, '마치(Als-ob)'의 양상을 띤 대상이다. 만약 우리가 실제성과 유사-실제성을 정립성(Positionalität)의 영역과 중립성(Neutralität)의 영역처럼 서로 대립시키면, 그 고찰은 상상-체험을 배제함으로써 동시에 정립성의 영역, 즉 추정적으로 실제적 존재를 부여하는 의식의 영역으로 제한하는 것(적어도 그 출발에 대해)을 표명하는 것이다. 또한 우리는 앞으로 상상의 체험과 상상에 기초한 판단을 함께 고찰해야만 할 것이다.

이러한 타인의 공동-존재(Mit-sein)를 도외시한 제한된 분석은 단지 나에 대한 존재(Sein-nur-für-mich)의 영역 속에 진행될 것이라는 점, 이 영역 속에서는 여전히 모든 이념화, 즉 순수한 경험의 세계에 입혀진 '이념의 옷'에 대해서는 어떠한 논의도 있을 수 없다.

---

3 후설의 현상학적 분석은 항상 범례적 성격을 띤다. 즉 그가 지향적 의식체험의 표층구조를 표상(지각·판단), 정서, 의지의 영역으로 구분하고 이 중에 각 영역에 공통적으로 포함된 표상작용을 가장 기본적인 1차적 지향작용, 즉 모든 의식의 작용을 정초하는 근본 토대로 간주해 이것을 집중적으로 분석한 것이나, 이념적 대상성들이 학문적 전통으로 전승되고 계속 발전해 가는 역사성을 분석하면서 기하학의 공리나 원리를 우선적으로 다룬 것도 그 범례적 성격 때문이다.

여기에서 우리는 술어적 판단들이 발생하는 가장 근원적인, 최종적으로 기초 짓는 명증성을 추구했다. 물론 '이 근원(적 명증)성에 의해 현상학적으로 구성적인 체계학이 전체적으로 구축되게 전위(轉位)된 연구들이, 그렇게 구축되는 가운데 완전히 근본적인 층(層)과 마주친다'는 사실을 주장하는 것은 결코 아니다. 또한 이 연구들이 공간적 사물에 개체적 대상들의 지각을 분석하는 데서 시작하면, 이 연구의 주제는 지각의 사물이나 더 나아가 공간의 사물에 외부 세계를 구성하는 것이 아닐 것이다. 오히려 지각작용의 구조들은 '논리적 작업수행들이, 자신이 산출하는 논리적 형성물과 더불어 어떻게 감각적으로 지각하는 경험 위에 구축되는가', '지각에 기초한 범주적 대상들, 즉 사태의 대상성[4]과 일반적 대상성이 논리적 자발성에 의해 어떻게 산출되는가'를 이해하기 위해 필요한 한에서만 고려된다.

그러므로 우리의 분석이 시작하는 시점에서 이미 다양한 구성적 층들과 작업수행이 전제된다. 즉 공간의 사물로 미리 주어진 것의 영역이 구성된다는 점이 전제되고, 이에 따라 자신의 단계 전체에서 사물에 대한 지각을 구성하는 것에 관련된 구성적 연구의 층 전체가 전제된다. 이와 같은 연구들은 개별적 감각의 영역을 구성적으로 형성하는 것, 개별적 감각의 영역, 즉 감성의 개별적 영역들을 완전히 구체적인 사물에 대한 지각으로 이끄는 협동작용(Zusammenwirken), 운동감각들(Kinästhesen),[5] 지각하는 자의 정상적으로 기능하는 신체(normal

---

4 '대상성'이나 '대상적인 것(Gegenständliches)'은 좁은 의미의 대상뿐 아니라, 그 사태, 징표, 관계 등 어떤 상황을 형성하는 비독립적 형식을 가리킨다.(『논리연구』 2-1권, 38쪽 주 1 참조) 따라서 사태나 관계 등 '범주적 대상성'은 '오성(Verstand)의 대상성'이며, 현상학에서 본질직관은 감성적 직관에 그치는 것이 아니라, 이 대상성을 있는 그대로 파악하는 '범주적 직관', 즉 '이념화 작용(Ideation)'을 포함한다.

5 이 용어는 그리스어 'kinesis(운동)'과 'aisthesis(감각)'의 합성어이다. 운동감각은 직접 자유롭게 움직일 수 있는 의식의 주체(신체)의 의지적 기관으로, 감각적 질료가 주어지는 지각은 이 운동감각의 체계에 의해 '만약 ~하면, ~하다'(Wenn~, So~)의 형식으로 동기 지

fungierender Leib)[6]와의 관계 그리고 단계적으로 우선 정지하는 것 (ruhend)으로, 결국 그 밖의 다른 사물들과의 인과적 연관 속에 있는 것으로 감각적 사물을 구성하는 것에 관계한다.

또한 이와 더불어 시간적인 것, 시간적으로 연장된 것으로 이미 일어난 사물의 구성, 그리고 다른 측면에서 공간적 사물성이 구성되는 개별적 작용들의 구성이 '내적 시간의식(inneres Zeitbewußtsein)'[7] 속에 전제되어 있다. 이 모든 것은 구성적 연구의 차원에서 이루어지는 것으로, 여기에서 수행된 것보다 더 깊이 놓여 있으며, 전체의 구성적 체계학 속에 우리의 연구가 차지하는 위치를 명확하게 하기 위해 여기에서 반드시 제기되어야만 한다.

어진 결과이다.

6 후설에서 모든 상호 주관적 구성의 토대는 '신체'와 '이성'의 정상성(Normalität)이다. 신체와 이성이 아직 정상적으로 기능하지 못하는 어린아이나 비정상적으로 기능하는 사람의 경험 또는 자신만의 원초적(primordial) 경험은 본질적으로 항상 그것의 완전한 구성을 위해 상호 주관성을 필요로 하는 미완성일 뿐이다. 특히 일상생활에서 친숙하게 경험할 수 있고 서로 의사소통할 수 있는 상호주관적 공동체의 세계는 정상적으로 기능하는 최상의 적합한 지각의 체계로 신체를 전제한다. 따라서 후설 현상학을 독아론(Solipsismus)이라고 비판하는 것은 신체와 이성의 이러한 상호주관성을 기본조차 파악하지 못한 데서 생긴 오류일 뿐이다.

7 객관적 시간과 이 속에서 시간적-객관적으로 존재하는 모든 객체는 내적 시간의식의 수동적 종합에 근거한다. 즉 내적 시간의식의 끊임없는 흐름은 모든 체험이 통일적으로 구성되는 궁극적 터전이다.

1 수용성의 일반적 구조

1부

선술어적(수용적) 경험

1 수용성의 일반적 구조

15 외적 지각에 대한 분석으로 이행함

개체적이며 공간 속 사물의 대상들의 생생한 현재의 의식과 외적 지각의 작용들에서 '선술어적 경험의 작업수행의 본질이 무엇인지', '술어적 종합은 어떻게 그 위에 구축되는지'가 범례적으로 연구되어야만 한다.

그 밖에 속견적 체험(doxisches Erlebnis), 객관화하는 체험의 영역 전체에서 어떤 부분적 단편만 형성하는 지각작용의 영역에 수동적으로 '미리 주어진 것(Vorgegebenheit)', 능동적으로 '자아가 주의를 기울이는 것(Ichzuwendung)', 관심(Interesse), 수용성(Rezeptivität)과 자발성(Spontaneität)의 서로 다른 구조가 구별되려면, 그 구별은 지각작용의 영역이나 속견적 체험의 영역에 일반적으로 제한되는 것이 아니라는 점이 강조되어야만 한다. 따라서 이 경우 그 밖의 다른 모든 의식의 영역에서 동등한 방식으로 발견될 수 있는 구조가 중요하다는 점이 동시에 강조되어야만 한다.

그러므로 감각적으로 주어진 것, 즉 감각자료(Sinnesdatum)의 근원적 수동성뿐 아니라 느끼는 작용(Fühlen)의 근원적 수동성도 존재한다. 그리고 이것에 대립해 지각에서 객관화하는 능동적인 주의를 기울이는 것이 존재하듯이, 가치를 평가하고 좋아하는 것에서도 그와 같은 주의를 기울이는 것이 〔지각작용의 영역에〕존재한다. 또한 여기에는 명증성과 유사한 것, 따라서 가치나 목적 등 근원적으로 자기를 부여하는 것으로서 지각과 유사한 것도 존재한다.

지각작용, 지각하면서 개별적 대상들에 주의를 기울이는 것, 대상을 관찰하고 해명하는 것은 이미 자아의 **능동적 작업수행**이다. 능동적 작업수행은 우리에게 어떤 것이 미리 주어지고, 우리가 지각에서 이것에 주의를 기울일 수 있다는 점을 그 자체로 전제한다. 그리고 개별적 객체들은 그것 자체만으로 고립된 채 미리 주어진 것이 아니라, 언제나 개별적 객체가 부각되고 이른바 지각으로, 지각하는 관찰로 자극하는 미리 주어진 것의 장(場)이다. 우리의 지각을 자극하는 것은 우리의 환경세계 속에 미리 주어졌다. 우리는 이 환경세계로부터 촉발된다. 그러나 상론한 '서론'에 따라 여기에서는 '자극하는 것이 언제나 세계의, 무엇보다 우리의 환경세계의 대상들에 관한 지각작용'이라는 점을 도외시하고자 한다. 왜냐하면 실로 이것은 그것이 나에 대해서뿐 아니라 다른 사람, 즉 나의 동료 인간(Mitmenschen)에 대해서도 지각될 수 있다는 점을 함축하기 때문이다.

우리는 단지 그것이 〔앞에서〕암시된 제한 속에 지각하면서 주의를 기울이는 나에 대해 두드러지게 부각된 것들의 장이라는 점만 전제한다. 이러한 장을 구성하는 것은 그 자체로 독자적이며 매우 포괄적인 분석의 주제일 것이다. 〔따라서〕본 연구에서는 몇 가지 간략한 암시만으로도 충분할 것이다.

16 수동적으로 미리 주어진 것의 장과 그 연상적 구조

단지 추상적으로 제시될 수 있는 대상의 근원성에서 '수동적으로 미리 주어진 것'의 장(場)을 받아들이자. 즉 우리를 자극하고 이전의 경험에 근거해 이미 우리에 대해 존재하는 모든 것과 함께 이미 알려진 것들의 질(質)이나 친숙함을 도외시하자. 자아의 활동이 그것에서 의미를 부여하는 작업수행을 아직 실행하기 전에 이 장을 있는 그대로 받아들이면, 그것은 본래적 의미에서 아직 대상성들의 장이 아닐 것이다. 왜냐하면 이미 언급했듯이, 대상은 대상화하는 작업수행, 즉 자아의 작업수행의 산물이며, 적확한 의미에서 술어적으로 판단하는 작업수행의 산물이기 때문이다.

그럼에도 불구하고 이 장은 단순한 혼돈, 자료들에 관한 단순한 혼란이 아니라 일정한 구조, 즉 두드러지게 부각된 것들과 분절된 개별성들의 장이다. 감각의 장(Sinnesfeld), 예를 들어 시각의 장과 같이 감각적으로 주어진 것의 장은 우리가 이 구조를 연구할 수 있는 가장 단순한 모형이다. 비록 어떤 감각의 장, 예컨대 색깔과 같이 감각적으로 주어진 것들의 분절된 통일체가 경험(이 경험에서 색깔은 구체적인 사물의 색깔, 표면의 색깔, 어떤 대상에 반점(斑點) 등으로 언제나 파악된다.)에서 대상으로 직접 주어지지 않아도, 우리에게는 통각의 하부 층(層)을 대상으로 만들 수 있는 추상적인 시선의 전환이 항상 가능하다. 이것은 '추상적으로 명백하게 제시될 수 있는 감각적으로 주어진 것이 그 자체로 이미 다양한 방식으로 나타나고 그런 다음 통일체 자체로 주제적 대상이 될 수 있는 동일성의 통일체'라는 점을 함축한다. 이러한 조명에서 흰색을 '지금-봄(Jetzt-sehen)'은 흰색 그 자체는 아니다. 그러므로 우리가 구체적 사물들에서 추상적 층으로 항상 시선을 돌릴 수 있는, 감각적으로 주어진 것도 이미 구성적 종합의 산물이다. 이 종합은 내적 시간의식

　　　　　　　　　　　　　　1 수용성의 일반적 구조

속에 이루어진 종합의 작업수행을 가장 낮은〔단계의〕종합으로 전제한
다. 이것은 그 밖의 다른 모든 것을 필연적으로 결합하는 가장 낮은〔단
계의〕작업수행이다.

시간의식은 동일성의 통일체(Identitätseinheit) 일반을 구성하는 근원
적 발상지(Urstätte)이다. 그러나 그것은 보편적 형식을 제시하는 의식
일 뿐이다. 시간의 구성을 수행하는 것은 계기의 보편적 질서의 형식
이며, 내재적으로 주어진 모든 것이 공존하는 형식일 뿐이다.[1, 2] 그러나
형식은 내용 없이는 아무것도 아니다. 지속하는 내재적 자료는 단지 그
내용의 자료로서만 지속하는 것이다. 그러므로 어떤 감각의 장의 통일
체를 제시하는 종합들은 이미 더 높은 단계의 구성적 작업수행이다.

이제 내재적 현재 속에 주어지는 통일적인 감각의 장을 관찰하고,
'도대체 이 감각의 장에서 두드러지게 부각된 어떤 개별적인 것의 의식
은 어떻게 가능한가', 더 나아가 '동등하거나 유사한 것들이 두드러지
게 부각된 다수성의 의식이 성립하기 위해서는 어떠한 본질적 조건들
이 충족되어야만 하는가'를 심문해 보자.

그러한 모든 감각의 장은 그 자체만으로 통일이며, 동질성(Homo-
geneität)의 통일체이다. 즉 그것은 그 밖의 다른 모든 감각의 장과 이
질성(Heterogeneität)의 관계에 있다. 이 장에서 개별적인 것은 흰색 바
탕 위에 빨간색 반점처럼 다른 것과 대조를 이룸으로써 두드러지게 부
각된다. 빨간색 반점은 흰색 표면과 대조를 이루지만, 이 반점들은 서

---

1 〔원주〕이에 관해서는 아래의 38절 참조.
2 시간의식의 통일은 모든 시간의 객체가 통일적으로 직관될 수 있는 동일한 대상으로서 지
속·공존·계기하는 보편적 질서의 형식이고, 객관적 시간성이 구성될 수 있기 위한 필수조건
이다. 즉 끊임없이 흐르는 내적 시간의식은 모든 체험이 근원적으로 종합되는 궁극적 근원이
다. 따라서 후설도 시간을 객관적 경험이 가능할 수 있는 감성의 형식으로 파악해 시간에 관
한 분석을 칸트와 같이 "선험적 감성론"(『성찰』, 173쪽; 『형식논리학과 선험논리학』, 297쪽)
이라고 부른다.

로 아무 대조 없이 융합되어 있다. 물론 이것은 그것들이 서로의 속으로 흘러 들어가는 방식이 아니라, '원격의 융합(Fern verschmelzung)', 즉 그것들이 함께 유사한 것으로 합치에 이를 수 있는 방식에서 그러하다. 물론 모든 대조에서도 근친관계와 융합이 남아 있다. 즉 빨간색 반점과 흰색 표면은 시각적으로 주어진 것들로서 근원적으로 가까운 관계에 있다. 그리고 이 동질성은 다른 종류, 예를 들어 청각(聽覺)에 주어진 것의 이질성과 구별된다.

그러므로 그때그때 어떤 의식의 생생한 현재 속에 통일되었으며, 두드러지게 부각된 감각에서 주어진 것들의 내용상 가장 일반적인 종합은 근친성(Verwandtschaft), 즉 동질성과 생소함(Fremdheit), 즉 이질성에 따른 것이다. 물론 '개별적으로 주어진 것들 사이의 유사함은 어떠한 실제적 고리도 세우지 않는다'고 말할 수 있다. 그러나 우리는 지금 실재적 성질들이 아니라, 감각에 주어진 것들이 내재적으로 결합된 방식을 논의한다.

근친성 또는 유사함은 가장 완전한 근친성, 차이가 없는 동등함의 극한과 더불어 다른 정도(程度)를 가질 수 있다. 완전한 동등함이 전혀 없는 곳에서도 대조하는 것, 즉 공통적인 것의 토대로부터 동등하지 않은 것을 두드러지게 부각시키는 것은 유사함(근친성)과 제휴해 간다. 우리가 동등함에서 동등함으로 이행하면, 새로운 동등한 것이 반복(Wiederholung)으로 주어진다. 그래서 내용상 최초의 것과 전혀 차이가 없는 완전한 일치가 이루어진다. 이것이 곧 우리가 '융합(Verschmelzung)'[3]으로 특징지은 것이다. 그러나 유사한 것에서 [다른]

---

3 '융합'이라는 표현은 이 책의 여기에서뿐 아니라 42절 b); 81절 a); '부록 1'; 『성찰』, 147쪽; 『위기』, 372쪽; 『시간의식』, 35, 86쪽 등에서 자주 등장한다. 그리고 이것은 가다머의 영향사(影響史)에 입각한 해석학에서 핵심적 개념인 '지평의 융합'(Horizontverschmelzung)(『진리와 방법(Wahrheit und Methode)』(Tübingen, 1960), 289, 356, 375쪽 등)을 연상시킨다. 그런데 이 둘은 단순히 용어상 유사한 것이 아니라, 그 의미와 내용상 본질적으로 동일한 것이다.

1 수용성의 일반적 구조

유사한 것으로 이행하면 일종의 일치가 나타나는데, 이것은 동등하지 않은 것이 동시에 대립하는 부분적 일치일 뿐이다. 그리고 이 유사함의 중복에는 융합과 같은 것이 있지만, 동등한 계기에 따른 것일 뿐, 완전한 동등함의 경우처럼 순수하고 완전한 융합은 아니다. 그러므로 순수하게 정적으로(statisch) 기술하는 데 동등함이나 유사함으로 주어지는 것은 그 자체로 이미 이러저러하게 '합치하는 종합'의 산물로 간주되어야 한다. 이 합치하는 종합은 우리가 전통적 표현에 따라, 그러나 그 의미가 변화된 채, '연상(Assoziation)'[4]으로 특징지은 것이다. 수동적으로 미리-주어진 것의 영역을 지배하고 내적 시간의식의 종합 위에 계층을 이루는 것은 곧 연상적 발생(Genesis)의 현상이다.

'연상'이라는 명칭은 이러한 연관에서 의식 일반에 속하는 내재적 발생의 본질적 형식이다. 이 연상이 현상학에서 기술하는 일반적 주제가 될 수 있으며 단순히 객관적 심리학의 주제가 아니라는 점은 지시(Anzeige)의 현상이 현상학적으로 제시될 수 있는 것이라는 사실에 있다.(『논리연구』에서 이미 통찰한 것은 실로 발생적 현상학의 싹을 형성했다.)[5] 따라서 연상과 이 법칙성을 일종의 객관적 귀납을 통해 획득할 수 있는 '심리물리적 자연의 법칙성'으로 파악하는 것은 모두 여기에서 배제되어야만 한다.

---

4 이것은 시간적으로 변양된 표상이 동기부여(Motivation)에 의해 새롭게 주어지는 표상과 끊임없이 결합하는 발생의 짝짓기(Paarung)로서, 자연의 인과 법칙과 명백하게 구별되는 정신의 세계를 지배하고 구성하는 근본법칙이다. 감각된 것들의 동질성과 이질성에 따른 연상적 일깨움에 근거해서만 분리된 기억들이 서로 관련지어지고, 하나의 시간적 연관 속에 질서지어지는데, 이러한 연상이 합치하는 종합은 '하부 의식' 속의 통일이 수동적으로 미리 주어져 있기 때문에 가능하다.

5 이러한 후설의 진술은 그의 현상학에서 '정적' 분석과 '발생적' 분석이 결코 배타적 양자택일의 관계가 아니라 포괄적 상호보완의 관계라는 것을 분명하게 확인시켜 준다. 한편 그는 지향적 체험의 구조를 밝히기 위해 기호의 체계인 언어의 의미를 분석하면서, 기호와 이것에 의해 지적된 것이 필연적으로 입증된 '표현(Ausdruck)'과 이것들이 협약이나 동기부여에 의해 지시된 '표시(Anzeichen)'를 구분한다.(『논리연구』 1권, 24~30쪽 참조)

여기에서 연상은 '어떤 것을 기억하는 무엇', '다른 것을 지시하는 어떤 것'의 순수한 내재적 연관으로 문제가 된다. 개별적으로 두드러지게 부각된 것, 즉 개별적으로 주어진 것을 어떤 장(場)에서 부각된 것(전자는 후자를 상기시킨다.)으로 갖는 곳에서만 우리는 이러한 현상을 구체적으로 알아차릴 수 있다. 이 관계는 그 자체로 현상학적으로 제시될 수 있다. 그것은 그 자체로 스스로를 발생으로 부여한다. 즉 어떤 부분은 일깨우는 것으로, 다른 부분은 일깨워진 것으로 의식에 적합하게 특징지어진다.

물론 연상이 언제나 이러한 방식으로 원본적으로(originär) 주어지지 않는다. 중간 항(項)이 생략된 간접적 연상의 경우도 있는데, 이것은 중간 항과 이 중간 항들 사이에 존재하는 직접적 유사함이 명백하게 의식되지 않는 연상이다. 그러나 모든 직접적 연상은 유사함에 따른 연상이다. 이 직접적 연상은 '완전한 동등함'이라는 극한까지 이르는 그때그때 서로 다른 정도의 유사함을 통해서만 본질적으로 가능하다.[6] 그러므로 근원적으로 대조하는 모든 것도 연상에 기인한다. 왜냐하면 동등하지 않은 것은 공통적인 것의 토대에서 부각되기 때문이다. 따라서 동질성과 이질성은 연상적 통일의 두 가지 서로 다른 근본적인 방식의 결과이다. 이와 다른 방식은 현존하는 것(Präsentes)과 현존하지 않는 것이 통일되는 방식이다.

그래서 어떤 감각의 장이 통일되는 것은 연상적 융합(동질적 연상)에 의해 이루어진 것이며, 마찬가지로 그것의 배열과 분류뿐 아니라 집단들과 동등함을 형성하는 모든 것도 연상의 작용을 통해 그 장 속에서 만들어진다. 왜냐하면 유사한 것은 유사한 것을 통해 일깨워지고, 유사하지 않은 것과 대조되어 나타나기 때문이다.

---

6 〔원주〕 이에 관해서는 44절 이하 참조.

이러한 사실은 우선 동질적인 감각의 장의 구조에서 제시될 수 있지만, 동등한 방식으로 주어진 모든 것, 즉 더 복잡하게 주어진 것에 대해서도 적용된다. 그리고 우리가 지각의 장이라고 부른 것, 지각하는 파악이 주의를 기울이고 이것으로부터 개별적인 것을 지각의 대상으로 이끌어 내 파악하는 '수동적으로 미리 주어진 것'의 장이라고 부른 것은 실로 종합적 통일화와 더 많은 감각의 장들의 협동작용에 의해 이미 매우 더 복잡하게 이루어진 구성, 즉 구성된 구조의 장(場)이다.

17 자극과 '자아가 주의를 기울이는 것'. 자아의 활동에서 가장 낮은 단계인 수용성

〔어떤〕 영역에서 두드러지게 부각된 모든 것, 동등함과 차이에 따라 그것을 분류하는 것, 이것에서 성립하는 집단을 형성하는 것, 동질적 근본 토대에서 개별적 부분을 두드러지게 부각시킴, 이것들은 다양한 종류의 연상적 종합의 산물이다. 그러나 그것은 단순히 의식 속에 수동적으로 일어난 일이 아니다. 이 합치하는 종합은 그 자신의 자극적 힘(Kraft)을 갖는다. 예를 들어 우리는 자신의 유사하지 않음을 통해 동질적 지반에서 두드러지게 드러난 것, 부각된 것을 '주의를 끈다'고 말한다. 그리고 이러한 사실은 그것이 자아를 향한 자극적 경향을 전개한다는 점을 뜻한다.

전혀 차이가 없는 융합의 합치이든 동등하지 않은 것의 반대되는 합치이든, 합치하는 종합은 자극적 힘을 갖는다. 이 힘은 실제로 자극에 따르든 않든 주의를 향함으로써 자아에 어떤 자극을 준다. 장(場) 속에 있는 감각자료가 파악되면, 그것은 언제나 두드러지게 부각된 것의 토대 위에 일어난다. 그 자료는 자신의 강도(强度)에 의해 촉발하는 다양한 것들에서 두드러지게 부각된다. 가령 감각의 영역에서 음, 소리, 색깔은 다소간 강제적이다. 이것들은 지각의 장 속에 있고 이 장에서 부각되며, 비록 아직 파악되지 않았지만, 강하든 약하든 자아에 자극을 준다.

이와 마찬가지로 갑자기 떠오르는 생각은 강제적일 수 있으며, 소망이나 욕구는 배경으로부터 우리를 강제성과 관련시킬 수도 있다. '강제로 밀어붙이는 것'은 다소간에 현저하게 부각됨(감각적 영역에서 대조, 상당한 거리의 질적(質的) 불연속성 등)으로써 조건 지어진다. 물론 비-감각적으로 주어진 것의 영역에서는 그와 같은 질적 불연속성은 전혀 문제가 안 된다. 어쨌든 여기에서는 유비적인 것(Analoges)도 존재한다. 우리를 움직이는 서로 다른 희미한 생각의 활동 가운데 다른 모든 생각에 앞서 어떤 생각이 두드러지게 부각될 때를 예로 들어 보자. 그것은 그 생각이 자아에 대립해 밀어붙이기 때문에 자아에 감각적으로 영향을 가해 일어난 것이다.

이제 우리는 '강제로 밀어붙이는 것'을 일으키고, 유사한 방식으로 강제로 밀어붙이는 조건인 그 불연속성(감각의 영역에서 무엇보다 우선 질적 불연속성이나 강도의 불연속성)을 강제로 밀어붙이는 것 그 자체와 구별해야만 한다. 강제성은 정도에서 단계를 가진다. 더구나 강제로 밀어붙여진 것은, 더 가깝든 멀든, 남아서 자아에 나타난다. 즉 그것은 나를 강제로 밀어붙인다. 그러므로 우리는 강제로 밀어붙이는 것과 그것이 강제로 밀어붙인 자아를 구별한다. 강제성의 강도에 따라 강제로 밀어붙이는 것은 '자아에 더 가까움'이나 '자아에 더 멈'을 갖는다. 우리는 이 강제성의 차이와 이에 상응하는 자아에 대한 자극(이것은 현상학적으로 제시할 수 있는 자료이다.)을 의식의 장 속에서 되돌아봄으로써 매우 잘 대조할 수 있으며, 이와 마찬가지로 강도가 다른 계기들, 즉 연속적으로 두드러지게 부각된 것과, 그 강도, 그리고 가장 넓게 파악된 연상의 영

1 수용성의 일반적 구조

역에 함께 속하는 그 밖의 더 간접적인 계기들과의 연관도 매우 잘 대조할 수 있다.

자아가 자극에 순응하면 새로운 것이 나타난다. 자아를 향한 지향적 객체[1,2] 자극은 더 강하거나 덜 강한 특징을 갖고 이 자아를 끌어당기며, 자아는 이에 굴복한다. 단계적인 등급을 지닌 경향(Tendenz), 즉 지향적 객체를 자아의 배경의 위치에서 자아에 대립물의 위치로 이행하는 경향은 현상들을 결합한다. 이것은 상관적인 지향적 배경(背景)의 체험 전체를 전경(前景)의 체험으로 변화시키는 것이다. 왜냐하면 자아는 객체에 주의를 기울이기 때문이다. 주의를 기울이는 것 자체는 무엇보다 매개하는 과정이며, 방향을 돌리는 것은 객체와 이 객체에 관계하는 자아의 파악작용에서 자아의 존재와 더불어 끝난다. 자아가 이렇게 굴복함으로써 하나의 새로운 경향이 나타나는데, 이것은 자아로부터 객체를 향한 경향이다.

그러므로 우리는 다음과 같은 것을 구별해야만 한다.

1) 사유작용(cogito) 이전의 경향과 그 자신의 서로 다른 등급의 강도를 갖는 지향적 배경의 체험의 자극(Reiz)으로서 경향. 자극〔촉발〕(Affektion)이 강하면 강할수록, 그만큼 자아가 몰두하고 파악하는 경향은 더 강해진다. 이미 언급했듯이, 이 경향은 그 자신의 두 가지 측면을 갖는다.

① 자아에 '밀쳐 들어가는 것', 주어진 것이 자아에 행사하는 특징

② 자아로부터 '몰입하는' 경향, 자아 그 자체가 이끌린 것, 촉발된

---

1 〔원주〕 이 경우 여기에서는 어떤 객체, 어떤 대상, 비본래적인 것이 문제가 된다는 점을 다시 한 번 기억해야 한다. 왜냐하면 이미 여러 번 강조했듯이, 근원적 수동성의 영역에서는 본래적 의미에서 대상들에 관해 전혀 논의할 수 없기 때문이다.

2 일반적으로 '객체(Objekt)'는 인식의 주체(Subjekt)가 바라본 것으로서 추상적으로 사용된 '객관성'은 인식의 보편타당성을 뜻하고, '대상(Gegenstand)'은 인식의 주체에 대립해서 있는(존재하는) 객체를 뜻한다.

것. 사유작용 이전에 이 경향에서 구별된다.

2) 이 경향에 뒤따르는 작업수행인 주의를 기울이는 것. 그것은 지향적 배경의 체험에 경향성이 변화됨으로써 현실적 사유작용이 된다. 이제 자아는 객체에 주의를 기울이고, 그 자체로 경향적으로 그 객체를 향한다.

그러므로 일반적으로 말하면 모든 사유작용, 모든 특수한 자아의 작용은 그 자신의 서로 다른 성과의 형식을 갖는 자아로부터 수행된 노력(Streben)이다. 이 노력은 방해를 받든 안 받든, 더 완전하든 덜 완전하든 성과를 낼 수 있다. 우리는 이 점에 관해 상세하게 논해야 한다.

또한 이 경향은 서로 다른 긴장의 강도를 갖는다. 자아는 다소 활발하게 또 강도가 상승하는 서로 다른 템포로, 경우에 따라서는 돌발적으로 강도가 유입되는 상황에서도 자극하는 어떤 것에 마음이 끌릴 수 있다. 이와 상응해 복종하는 것의 본성과 템포는 유사한 차이를 가질 수 있다.

그러나 〔이 경향은〕 이러한 차이들을 통해서만 규정될 수 있는 것은 아니다. 자아는 어떤 강한 자극에 전적으로 빠질 필요는 없으며, 자아는 서로 다른 강도에 의해 그 자극에 관계될 수 있다. 게다가 자극적 힘이 상승하는 것은, 예를 들어 우리 앞으로 다가오는 기관차의 기적 소리와 같이, 객체가 지각에 적합하게 주어지는 방식의 어떤 변화에 의해 필연적으로 조건 지어진다. 하지만 이 주어지는 방식만은 주의를 기울이는 것을 애써 성취할 필요가 없다. 우리가 중요한 사람과 대화하면, 〔어떤 외부의〕 강력한 자극에 주의하지 않는다. 그리고 일시적으로 극복되는 경우조차 그것은 단순히 2차적으로 주의를 기울이는 것, 별도로 주의를 기울이는 것일 수 있으며, 또는 그것에 상세히 주의하지 않고 단지 일시적으로 '마음을 빼앗긴 것', '기분을 전환시킨 것'일 수도 있다.

우리가 '자아가 일깨워졌다(Wachsein)'라고 부르는 것은 주의를 기울

　　　　　　　　　　　　　　　1 수용성의 일반적 구조

인 것이다. 더 정확하게 말하면, 여기에서 자아의 작용을 사실적으로 실행한 것인 일깨워져 있는 것과 가능성으로 일깨워져 있는 것, 즉 '작용들을 실행할 수 있는' 상태(이것은 작용을 사실적으로 실행하기 위한 전제를 형성한다.)인 일깨워져 있는 것을 구별해야만 한다. 일깨우는 것은 어떤 것에 시선을 보내는 것이다. 일깨워진 것은 어떤 효과적인 자극을 감수하는 것을 뜻한다. 그래서 어떤 배경은, 지향적 대상들이 거기〔배경〕로부터 얼마간 자아에 가까워지고, 이러저러한 것이 자아를 효과적으로 그 배경 자체로 이끌어 감으로써 생생하게 된다. 자아는 자아가 그것에 주의를 기울일 때 대상에 가까이 접근한다.

자아가 주의를 기울임으로써 촉발하는 자극들로 자아에 미리 주어진 것을 받아들이는 한, 여기에서 자아의 수용성에 관해 논할 수 있다.

현상학적으로 필수적인 '수용성(Rezeptivität)'이라는 개념은 자아의 능동성(Aktivität)(이러한 명칭에는 자아의 극(Ichpol)으로부터 나오는 모든 특수한 작용이 포함될 수 있다.)에 결코 배타적으로 대립하지 않는다. 오히려 수용성은 능동성의 가장 낮은 단계로 간주되어야만 한다. 자아는 '들어오게 될 것'에 기꺼이 응하고 그것을 받아들인다.

그러므로 우리는 예를 들어 '지각작용'이라는 명칭에서 한편으로 원본적 나타남(Erscheinung)(이것은 대상들을 원본적 생생함에서 제시한다.) 속에 단순히 '의식해 갖는 것(Bewußthaben)'을 구분한다. 이러한 방식으로 지각의 장 전체는 언제나 순수한 수동성 속에 우리에게 명백하게 제시된다. 다른 한편으로 '지각작용'이라는 명칭에는 원본적 나타남을 넘어서까지 이르는 지각의 장 속에 부각되는 대상들을 능동적으로 파악하는 작용으로서 능동적 지각이 있다. 마찬가지로 우리는 회상의 장을 가질 수도 있으며, 실로 이 장을 순수한 수동성 속에 가질 수 있다.

그러나 단순히 다시 기억에 적합하게 나타나는 작용은 나타나는 것(Erscheinendes), 즉 우리에게 갑자기 떠오르는 것과 관련된 능동적으로 파악하는 회상작용은 아직 아니다. 명백히 정상적인 경험의 개념(지각, 회상 등)은 능동적 경험을 의미하며, 이것은 그다음에 해명하게 될 경험으로서 성과가 나타난다.(다음 절을 비교할 것)

18 자아의 경향인 주의하는 것

비록 배경에 적합한 것이지만 존재자가 우리에게 의식되는 속견적 체험, 즉 객관화하는 체험의 영역과 특히 관련지어 말하면, 그것은 일반적으로 통상 심리학자들이 주의하는 것으로 주목하는 속견적으로 주의를 기울이는 것(doxische Zuwendung)이다. 그렇지만 어떤 그림의 아름다움에 완전히 사로잡힌 사람은 그것을 즐기면서 사는 것이지, 존재자를 지향하면서 존재에 대한 신념 속에 사는 것은 아니다. 이와 마찬가지로 어떤 실제적 행동을 실행함에서 매우 신중하게 처신하며 살아가는 사람은 일상적 삶에서도 주의 깊다, 즉 '아름다움에 대해 주의 깊고, 완성된 작업에 이르기까지 서로 다른 단계에서 그것이 실제로 일어난 일에 대해 주의 깊다'라고 일컫는다.

물론 여기에서도 두 가지, 즉 존재의 신념에서 존재의 파악(또는 존재의 해석, 존재자가 어떠한 방식으로 존재하는가에 대한 해석)과 가치평가의 행동 또는 실제의 행동은 여러 가지 방식으로 뒤얽혀 이행한다. 요컨대 속견적 행위는 수공업의 행위를 기초 지으며, 완성된 것 또는 완성품에 뒤따르는 속견적으로 확정하는 것은 미래에 그것을 사용할 수 있게 실천적으로 '측면에 두는 것(Zur-Seite-stellen)'과 결합된다. 또한 속견적이지 않은 모든 주의를 기울이는 것과 어떤 것에 계속 몰두하는 것이 속견적으로 주의를 기울일 가능성을 남겨 둔다는 점도 명백하다. 이 속견적으로 주의를 기울이는 것은 그것에서 발생하는 작업수행의 형성

1 수용성의 일반적 구조

물들을 존재자로 파악하고, 존재자로서 능동적으로 해석한다.

일반적으로 주의하는 것은 자아의 특별한 행사(적확한 의미의 표현으로는 자아의 작용)의 본질 구조에 속하는 자아가 지향적 대상을 향하는, 즉 주어지는 방식의 변화에도 불구하고 언제나 나타나는 통일체를 향하는 경향이며, 게다가 '실행하면서-경향을 띠는 것(vollziehend-Tendieren)'이다. 주의를 기울임으로써 시작되는 실행, 작용을 실행하는 출발점은 자아가 계속 실행하는 대상을 향해 있는 것의 시초이다. 이 시초는 그 이후의 종합적인 통일적으로 (비록 계속 애매하게 수행될 수 있더라도) 실행하는 과정의 방향을 미리 지시한다. 이 과정 속에서 출발부터 진행 과정과 이제까지의 실행들로 생긴 경향이 각 국면마다 충족되지만, 동시에 경향에 따라 계속 전진하면서 새롭게 충족되는 단계들을 제시한다.

그러므로 그러한 경향은 최종까지 또는 단절될 때까지, 경우에 따라서는 '그 밖의 등등(Undsoweiter)'의 형식으로 제시한다. 따라서 시초는 지향적 지평을 가지며, 공허한 〔그러나〕 그 뒤에 따라올 실현시킴을 통해 비로소 직관적 방식으로 자신을 넘어서 지시한다. 즉 시초는 연속적인 통일적 경향이 시종일관 진전되는 연속적인 종합적 과정(여러 가지 차원들의 가능한 과정들이 나아갈 어떤 방향을 경우에 따라서는 규정하지 않은 채)을 함축적으로 지시한다. 이 통일적 경향은 과정의 흐름(Ablauf) 속에 연속적으로 변화된 충족의 양상, 여전히 새로운 충족을 지평에 맞게 지시하는 '중간적 충족'이라는 성격을 지닌 모든 양상을 갖는다.

경향의 양상 속에 포함된 이러한 본질적 구별은 모든 지향적 체험에 속한다. 즉 자아는 체험 속에 활동적으로 살아가고 체험 속에 지향적 대상성을 향해 있으며, 이 대상성에 몰두하거나 몰두하지 않거나 한다. 이때 형편이 좋은 경우 체험, 즉 배경의 체험의 양상에서 또는 그 속에 있는 지향적 대상에서 자아를 향해 각성하게 이끌고, 서로 다른 자극적 힘 속에 있는 각성하는 자극(Reiz)이 (자아가 이미 각성되었고 다른 곳에서 활동하는 경우) 자아로 나아간다.

19 경험된 것에 대한 '관심'인 경험하는 자아의 경향과 자아의 '행위' 속에 이러한 경향을 실현함

존재자(경우에 따라 이것은 가능한 존재자, 추정적 존재자, 비존재자로 양상화된다.)를 향한 속견적 작용들은 주의하는 지향적 체험의 특수한 경우, 즉 실행되는 자아의 작용들의 특수한 경우이다. 이것들에는 서로 다른 양상의 지향적 직접성이나 간접성을 지닌 직관하는 경험, 최종적으로는 존재자 자체를 부여하는 경험인 명증적 경험(아주 정확하게 말하면, 이것은 경험과 직관 또한 그것에 의해 모든 종류의 작용과 대상이 포함될 정도로 일반적으로 파악될 수 있기 때문에 속견적 경험이다.)이 속한다. 만약 우리가 아래에서 '주의하는 것', 특히 지각과 기억에 관해 논의하면, 그것은 항상 속견적 작용을 뜻한다.

이미 개괄적으로 언급했듯이, 존재자에 주의를 기울이거나 주목하는 것의 출발은 경향을 지닌 행동, 애쓰는 행동을 작동시킨다. 그것은 실현하는 애씀(Streben), 자신의 서로 다른 단절하거나 종결짓는 형식을 지닌 실행하는 애씀이다. 주의를 기울임으로써 지각하는 작용의 시작은 이미 객체에 가까이 가 있는 존재에 대한 의식이다. 요컨대 지각작용은 생생한 현재(leibhafte Gegenwart) 속에 객체를 파악하는 의식이다. 하지만 자아에서 발생하는 경향은 주의를 기울이는 것을 출발시켜 종결되는 것은 아니다. 그것은 객체를 향해 있지만, 우선은 단순히 그 객체를 겨냥하는 것이다. 이 경향에 의해 지각의 대상에 대한 관심은 존재하는 것으로 일깨워진다고 말할 수 있다. 우리는 대상 자체에 지속적으로 향해 있고, 대상을 경험하는 지속적 의식을 수행한다.

대상의 현존재(Dasein)에 대한 의식은 여기에서 현실적 신념이다. 지각의 나타남들이 근원적인 직접적 제시(Präsentation),[1] 과거지향(Retention) 그리고 미래지향(Protention)[2] 속에 지속적으로 자신을 입증하며 흘러가 버리는 일치함에 의해 신념은 확실성을 갖는 지속적 신념이 된다. 즉 자신의 생생한 현재에 존재하는 대상의 이러한 근원성에서 확신하는 지속적 신념이 된다.

그러나 대상에 대한 확고한 방향성(Richtung), 대상을 경험하는 연속성(Kontinuität)에는 주어진 것과 이것이 일시적으로 주어지는 양상을 넘어서 계속 나아가는 '그 이상의 것'으로 기울어지는 지향이 함축되어 있다. 그것은 계속되는 '의식해 가짐(Bewußthaben)'일 뿐 아니라, 점차 파악됨으로써 자연히 나타날 대상의 그 자신(Selbst)이 풍부해지는 것에 대한 관심인 새로운 의식으로 계속 애씀이다. 따라서 주의를 기울이는 것의 경향은 완전히 충족시키는 경향보다 더 나아간다.

촉발하는 것(Affizierendes)은 우선 구별되지 않은 통일체 속에 자아가 자신으로 향한 시선을 이끈다. 그러나 이 통일체는 즉시 자신을 구

---

[1] 이것은 원본적 지각이 생생한 '지금' 속에 현재 존재하는 것으로 정립하는, 즉 시간적으로 구성하는 시간화(Zeitigung)의 양상으로, '현재화(Gegenwärtigung)'이다. 반면 '간접적 제시(Appräsentation)'는 직접적 제시와 함께 '통각'과 '연상'을 통해 예측으로 주어진 것으로, 이미 기억 속으로 흘러가 현존하지 않는 것을 시간의 지향적 지평구조에 의해 다시 함께 현존하게 만드는 '현전화(Vergegenwärtigung)'이다.

[2] '과거지향'은 라틴어 'retentare(굳건히 유지해 보존하다)'에서 유래하는 것으로, 방금 전에 나타난 것이 사라져 버리는 것을 생생하게 유지하는 작용을 뜻한다. 그리고 '미래지향'은 이미 유형을 통해 친숙하게 알려진 것을 근거로 미래의 계기를 현재에 직관적으로 예상하는 작용이다. 그런데 과거지향은 방금 전에 지나가 버린 것이 그 자체로 직접적으로 제시되는 지각된 사태로서 1차적 기억이다. 반면 '회상(Wiedererinnerung)'은 과거에 지각된 것을 상상 속에 기억하는 것으로 생생하게 지각된 현재(지금)와 직접적 관련은 없고, '연상의 동기부여'라는 매개를 통해 나타나기 때문에 그 지속적 대상성이 재생산된 2차적 기억이다. 즉 그것은 기억된, 현재화된 과거로서 실제로 현재 지각되거나 직관된 과거는 아니다. 또한 과거지향은 직관적 재생산들의 연관을 해명함으로써 충족되지만, 미래지향은 현실적 지각 속에 충족된다.

성하는 계기들(Momente)로 분리된다. 즉 계기들이 부각되기 시작한다. 그런 가운데 어느 하나는 시점(Blickpunkt) 속에 있으며, 그 밖의 다른 것들은 대상에 속하는 것으로서 그 대상의 지향적 통일체 속으로 이끌려 주제적으로 관련되고, 그러한 것으로서 자신의 자극을 행사한다. 이와 마찬가지로 실제적으로 주어진 모든 것과 더불어 지평들이 일깨워진다. 가령 내가 정지해 있는 사물의 대상을 앞면에서 보면, 보이지 않은 뒷면은 지평 속에 의식된다. 그래서 대상을 겨냥하는 경향은 이제 다른 측면에서도 그 대상에 접근할 수 있는 것으로 향해 있다. 주어진 것이 이렇게 풍부해지고 개별적인 것에 정통하며 모든 측면에서 주어짐으로써 경향은 목적을 설정한 최초의 양상을 넘어서 목적을 달성하는 양상으로 이행하는데, 이것은 다시 그 자신의 서로 다른 단계를 갖는다. 왜냐하면 이것은 목적을 불완전하게 달성한 것, 목적의 설정에서 충족되지 못한 요소들을 지닌 목적을 부분적으로 달성한 것이기 때문이다.

그러므로 경향은 자아의 다양한 행위 속에 전개된다. 경향은 자아가 외적 대상에서 갖는 나타남(Erscheinung), 즉 제시함(Darstellung)을 다른 나타남 그리고 다시 '동일한 객체의 다른 나타남'으로 이행하고자 기도한다. 이 경향은 가능한 나타남들의 범위가 제한된 다양체 속에 움직인다. 이 경향은 대상을 모든 측면에서 주어진 것으로 이끌기 위해 언제나 새로운 나타남의 변화를 얻으려고 애쓴다. 게다가 경향은 모든 나타남 속에 스스로를 제시하는 동일한 하나의 객체, 이러저러한 측면에서 또 더 가깝거나 먼 측면에서 동일한 대상을 향해 있다.

하지만 이 경향은 '어떤 것이 나타나는 방식(Etwas im Wie)'을 그 밖의 다른 것이 나타나는 방식에서 동일한 것으로 변화시키고자 기도한다. 이 경향은 우리가 '심상(Bild)'이라고 부를 수 있는 나타남의 새로운 방식들을 산출하는 것을 언제나 기도한다. '심상'이라는 이 개념은 당연

1 수용성의 일반적 구조

히 묘사하는 것(Abbildung)과는 전혀 관계가 없지만, 철저하게 통상적인 언어로 사용된다. 그러므로 가령 우리가 어떤 사태(Sache)에서 갖게 되는 심상에 관해 논의하면, 이것은 곧 '우리가 그 사태를 어떻게 보는가' 또는 '그 사태는 우리에게 자신을 어떻게 제시하는가' 하는 방식을 논의한다는 것을 의미한다.

이러한 의미에서 외적 지각의 모든 대상은 어떤 심상 속에 주어지며, 이 대상은 심상에서 〔다른〕 심상으로 종합되는 이행 속에 구성되고, 이것에 의해 심상들은 동일한 것에 관한 심상들(나타남들)로서 종합되는 합치에 이른다. 이렇게 위치가 정해진 방향에서 나에게 객체를 제공하는 모든 지각은 동일한 객체가 그 밖의 다른 나타남들, 게다가 어떤 집단의 나타남들로 이행할 수 있는 가능성을 실천적으로 남겨 놓는다. 〔이러한〕 이행의 가능성은 적어도 불변적으로 지속하는 것으로서 주어진 객체가 문제가 될 때의 실천적 가능성이다.

따라서 여기에는 내가 눈을 움직이고, 머리를 움직이며, 내 몸의 자세를 변화시켜 〔객체의〕 주위를 돌고, 시선을 객체로 향하는 일 등을 할 정도로 훑어볼 수 있는 자유가 존재한다. 우리는 지각의 본질에 속하고 가능한 한 모든 측면에서 지각의 대상을 주어진 것으로 이끌 수 있는 데 이바지하는 이러한 움직임들을 '운동감각(Kinästhesis)'이라고 부른다. 이 운동감각은 지각의 경향이 작동된 것(Auswirkung)이며, 비록 자의적인 행동은 아니더라도, 어떤 의미에서는 활동(Tätigkeit)이다. 그와 동시에 나는 (일반적으로) 자의적 작용들도 수행하지 않는다. 본의 아니게 나는 눈을 움직이며, 더구나 '생각하지 않고 눈을' 움직인다. 이와 관련된 운동감각은 활동적이며 주관적으로 경과하는 성격을 갖는다. 그래서 그것에 속한 변화하는 시각적 또는 촉각적 '심상'이 경과하는 것은 운동감각과 제휴해 가며, 이 운동감각에 의해 동기 지어진다.

반면 대상은 정지한 지속(Dauer)이나 그 자신의 변화(Veränderung)

속에 어쨌든 나에게 주어진다. 나는 이 대상과 관련해 '수용적'이며, 다른 한편으로 다시 '생산적'이다. 심상이 모습을 나타내는 것은 '나의 힘(Macht) 속에서'이다.[3] 나는 일련의 심상을 중단시킬 수 있다. 예를 들면 나는 눈을 감을 수 있다. 그러나 만약 내가 운동감각을 작동시키면, 그 밖의 다른 심상이 나타나는 것은 나의 힘 밖에 있다. 이 다른 심상에 대해 나는 단순히 수용적이다. 만약 내가 객체에 직면해 이러저러한 운동감각을 작동하면, 이러저러한 심상들이 나타날 것이다. 이것은 운동이나 정지에 대해서도, 그리고 불변함이나 변화에 대해서도 타당하다.

그러므로 자아가 최초로 주의를 기울임으로써 시작한 지각작용은 지각의 경향, 통각(Apperzeption)이 새로운 통각으로 지속적으로 이행하는 경향, 즉 다양한 운동감각을 훑어볼 수 있고 이것을 통해 심상들이 경과하게 이끌 수 있는 경향으로 활기를 띤다. 이 경우 언제나 나는 심상들 속에 나타나는 것·제시되는 것, 특히 이러저러한 대상의 계기들과 형식들 등에 초점을 맞춘다. 경향들이 이렇게 작동하는 것, 동기짓는 운동감각이 경향으로 규제되어 경과하는 것은 외적 지각의 본질적 요소이다. 이것은 모든 활동적 경과, 진행되는 가운데 이완된 경향들이 경과하는 것이다.

이제까지의 서술에서는 지각의 경향들이 최초에 주의를 기울이는 것 이후에 작동된다는 점, 그리고 이렇게 작동되는 것은 주의를 기울이는 것의 조명 속에 자신보다 더 나아간다는 점이 전제되었다. 그러나 여기에서 나의 시각 장의 객체들도 예를 들어 자신의 자극을 발휘할 수 있고, 내가 주목해 주의를 기울이지 않고도 눈 운동에 의해 굴복하게 되는 경향을 전개시킬 수 있다. 활동적 경과들인 이러한 통각의 경과들

---

3 이것은 대상이 스스로 거기에 주어진 핵심을 넘어서 처음에는 주시하지 않았던 국면을 점차 드러내 밝혀 줄 '가능성'을 지향적 지평구조를 통해 미리 지시하는 자아의 '능력(Ver-möglichkeit)'을 뜻한다.(이 책 8절 참조)

은 자아가 주의를 기울이지 않고도 가능하다.

다른 한편 '주의를 기울이는 것' 또는 '내가 지각한다'는 형식으로 자아가 '주의를 기울이는 것' 속에 통각을 하는 것은 다음의 사실을 만든다. 즉 '객체는 나의 객체, 내가 관찰하는 객체라는 사실, 또 관찰작용(Betrachten) 그 자체, 운동감각이 관통하는 것(Durchlaufen), 나타남들을 동기지어 경과시킨 것(Ablaufenlassen)은 내가 관통하는 것이며 그 심상들을 가로질러 대상적인 것을 내가 관찰하는 것'이라는 사실을 일으킨다. 자아는 사유작용(cogito) 속에 살며, 이 자아는 사유작용의 모든 내용에 자신의 특수한 '자아와의 관계(Ichbeziehung)'를 부여한다. 주의를 기울이는 것 자체는 '내가 행한다(Ich tue)'로 특징지어지며, 이와 마찬가지로 주목하는 시선, 즉 주의를 기울이는 것의 양상에서 시선의 불빛이 이동하는 것은 '내가 행한다'이다. 그러므로 이것은 다음과 같이 구별된다.

1) 전혀 '내가 행한다'가 아닌 행위, 주의를 기울이기 이전의 행위.

2) 내가 행한 행위. 그러나 이미 말했듯이, 여전히 어떠한 자의적 행동도 포함할 필요는 없다. 즉 내가 주목해 대상에 주의를 기울이는 동안 본의 아니게 나는 눈을 움직인다.

20 관심의 좁은 개념과 넓은 개념

우리는 대상에 주의를 기울임으로써 일깨워지는 관심에 대해서도 논의했다. 이제 이 관심은 여전히 어떤 특별한 의지의 작용과 전혀 상관없다는 사실이 나타난다. 의도나 자발적 행동을 유발시키는 것은 결코 관심이 아니다. 단지 그것은 정상적인 지각의 본질에 속하는 애씀의 계기이다.

여기에서 관심에 대한 논의는 감정(Gefühl), 게다가 적극적 감정이 이러한 애씀과 제휴해 간다는 사실에 그 근거를 갖는다. 그러나 이 감정은 대상에서 [느끼는] 어떤 좋은 감정과 혼동하면 안 된다. 더구나 대상 자체는 우리의 감정을 움직인다는 점, 대상이 우리에게 가치가 있다는 점, 그렇기 때문에 우리가 대상에 주의를 기울이고 이 대상에 대해 장황하게 이야기한다는 점은 사실일 수 있다. 그러나 이와 마찬가지로 그 대상이 가치가 없으며, 흉측하기 때문에 우리의 관심을 일깨운다는 점도 사실일 수 있다.

　그러므로 관심에 속하는 감정은 아주 독특하게 방향이 정해진 것이다. 대상이 우리가 그 대상에서 느끼는 가치나 무가치를 통해 우리가 주의를 기울이는 것을 동기 짓든 아니든, 모든 경우에 우리가 그 대상을 파악하자마자 그 의미의 내용은 필연적으로 풍부해진다. 그 내용의 일부는 지각 속에 그 대상의 단순한 직관적 지속으로, 일부는 결과로 일어나는 대상의 어두운 지평들을 일깨워 풍부하게 된다. 이 지평들은 '언제나 새롭게 풍부하게 될' 가능성과 기대에 관련된다. 이것에는 이렇게 풍부하게 되는 것에 만족하는 특유의 감정이 결합된다. 그리고 확대되고 증가되어 풍부하게 되는 이 지평과 관련해 대상에 '언제나 더 가깝게 접근하고' 대상을 언제나 더 완전하게 자신의 것으로 소유하려는 애씀이 결합된다. 게다가 더 높은 단계에서 이러한 애씀도 본래의 의지작용(Willen), 즉 의도적으로 목적을 설정하는 등 인식으로서의 의지작용[1]이라는 형식을 취할 수 있다. 어쨌든 이것은 우리가 단순한 지각과 이와 결합되어 깊이 파고드는 관찰의 영역 속에 스스로를 발견하는 여기에

---

1 후설에서 이론과 실천은 부단히 상호작용하면서 전개되는 개방된 순환구조를 갖는다. 즉 '먹어 보고' '만져 보고' '들어 보고' 아는 것처럼, 보는 것은 아는 것의 기초이다. 그리고 대상에 대해 더 많이 알수록(이론) 더 많은 것을 보게 되며, 그러면 그만큼 더 가까이 다가설 수 있다.(실천) 결국 술어적으로 인식하려고 이론으로 묻고 파악하는 의식의 작업수행은 그 자체로 의지의 영역에 속하는 하나의 실천적 행동이다.

　　　　　　　　　　　　1 수용성의 일반적 구조

서는 아직 문제가 되지 않는다.

여기에서 전개된 '관심'의 개념과 그 밖의 다른, 넓은 의미에서 '관심'의 개념은 구별되어야만 한다. 대상 속으로 깊이 파고 들어가려는 이 애씀과 대상 자체를 풍부하게 하려는 것은 내가 대상에 단지 일반적으로 주의를 기울이면 나타나지 않고, 내가 '주제(Thema)'라는 특수한 의미에서 그 대상에 주의를 기울이는 경우에만 나타난다. 이러한 적확한 의미에서 〔한편으로〕 주제와 〔다른 한편으로〕 자아가 주의를 기울이는 대상은 항상 일치하지는 않는다. 예를 들어 나는 학문적 연구를 주제로 몰두하려는데, 거리에서 들려오는 소음에 방해를 받는다. 그 소음이 나를 엄습하여, 잠시 그 소음에 주의를 기울인다. 그렇다고 이제까지의 나의 주제는 포기된 것이 아니고, 단지 잠시 배후로 숨겨진 것이다. 이 주제는 〔소음의〕 방해가 끝나자마자 내가 다시 되돌아가는 주제로 끝까지 남아 있다.

이러한 사실과 관련해 우리는 관심 또는 관심의 작용에 더 넓은 개념을 형성할 수 있다. 이 가운데는 내가 어떤 대상을 주제적으로, 지각하고 깊이 파고 들어가 관찰하면서 주의를 기울이는 것뿐 아니라, 그것이 일시적이든 지속적이든 자아가 주의를 기울이는 것 또는 자아가 〔그 대상에〕 참여하는 것(Dabeisein), 즉 '〔그 대상의〕 존재 속으로 들어가는 것(inter-esse)'[2]의 모든 작용 일반도 이해되어야 한다.

---

2 이러한 어원적 분석에서도 알 수 있듯이, '관심'은 자아가 주의를 기울이는 측면에 따라 대상을 파악하기 위해 그 존재 속으로 파고들어 가는 능동적 활동을 뜻한다.

21 경향을 억제하는 것과 확실성이 양상화되는 근원

이제 첫 번째 그리고 본래의 의미에서 '관심'으로 되돌아가자. 구체적 지각은 동일한 대상이 언제나 새롭게 주어지는 방식에 관한 관심의 경향인 '계속 애쓰는 것(Fortstreben)'이 작동되는 가운데 성취된다. 이러한 경향은 억제되지 않거나 억제된 채 작동될 수 있다.

이것은 다음과 같은 것을 뜻한다. 경향은 단순히 대상이 언제나 새롭게 주어지는 방식을 향해 맹목적으로 '계속 애쓰는 것'이 아니라, 기대의 지향, 즉 미래지향의 기대(Erwartung)와 제휴해 간다. 이 미래지향의 기대는 대상에 관한 지각하는 관찰이 계속 진행됨으로써 주어지게 될 것에 관련되며, 가령 이제까지 아직 보이지 않았던 뒷면에 대한 기대이다.

그러므로 모든 지각의 국면은 현실적 기대지향과 잠재적 기대지향이 발산되는 체계(Strahlensystem)이다. 정상적인 지각의 경우, 국면들이 억제되지 않은 채 지속적으로 경과하는 가운데, 통상적으로 그렇게 부르는 지각 속에 현실화하는 자극이 지속되는 과정이 일어난다. 여기에서 충족은 동시에 대상을 '더 상세하게 규정하는 것'이다. 관심의 만족, 즉 지각의 어떤 국면에서 그다음 국면으로, 대상이 주어지는 어떤 방식에서 그다음에 주어지는 방식으로 '계속 애쓰는' 가운데 경향이 충족되는 것은 기대지향이 충족되는 것과 동일하다. 그것은 지향이 억제되지 않은 채 경과하는 정상적인 경우이다. 그런 다음 대상은 단적인 신념의 확실성에서 존재하는 것으로, 또 그렇게 존재하는 것으로 우리 앞에 서 있다.

이에 대립되는 것은 경향이 억제되는 경우이다. 이때 우리는 가령 대상의 어떤 심상 옆에 남아 있다. 그 대상은 모든 측면에서가 아니라, 단지 '이 측면에서'만 주어진다. 그렇다면 대상이 지각의 장에서 사라져 버렸기 때문이든 그 앞에 밀쳐진 다른 것에 의해 어떤 것이 가려졌

1 수용성의 일반적 구조

기 때문이든, 지각작용이 중단된다. 또 그 대상이 여전히 언제나 지각할 수 있는 것으로 우리 눈앞에 있지만 다른 더 강력한 관심이 효력을 발휘해 그 밖에 다른 주제에 몰두할 동기를 부여하고 대상에 대한 관심이 그 경향을 완전히 성취하고 충족시키지 않고서 밀어제치는 경우에도 지각작용은 중단한다. 따라서 관심은 다소간 불만족스러운 상태로 남아 있다.

a) 부정의 근원

그러나 다른 방식으로도 억제(Hemmung)는 경향이 충족되는 과정 속에 나타날 수 있다. 즉 대상에 대한 지각의 관심은 끊임없이 지속될 수 있다. 대상은 계속 관찰되고 관찰될 수 있는 방식으로 계속 주어진다. 그렇지만 기대지향이 충족되는 대신 실망(Enttäuschung)이 생길 수 있다. 일률적으로 빨간색 공을 보는 예를 들어 보자. 당분간 지각의 경과가 흘러가 이 파악은 일치해 충족될 것이다. 하지만 이제 지각작용이 진행되는 가운데 이전에 보이지 않은 뒷면의 일부가 점차 나타나고, 그 당시 '일률적으로 빨간색이며, 일률적으로 공의 형태를 취한다'고 말한 근원적으로 미리 지시하는 것(Vorzeichnung)에 대립해 기대를 실망시키는 다른 것('빨간색이 아니라 녹색', '공 모양이 아니라 움푹 파인 모습')의 의식이 나타난다.

그러나 이 경우 어떤 사정이 있더라도 지향적 과정이 통일되어 여전히 유지될 수 있으려면 어느 정도 관통하는 충족이 전제되어야 한다. 이에 상관적으로 대상적 의미의 어떤 통일체는 변화하는 나타남들이 흘러감을 통해 시종일관 유지되어야만 한다. 오직 이렇게 됨으로써만 우리는 체험과 그 나타남들이 경과하는 가운데 하나의 의식이 일치함, 모든 국면을 포괄하는 통일적 지향성을 갖는다. 여기에서는 이 대상에 관한 지각의 의식의 통일체와, 이 대상을 관찰하는 것을 향한 경향의 통일체를 갖는다.

따라서 통일적 의미의 테두리는 계속 충족되는 가운데 끝까지 유지된다. 곧 〔그 공에〕 관련된 표면의 상태에 속하는, 미리 지시하는 예상된 지향의 일부분만 관련되고, 이에 상응하는 대상적 의미(추정된 대상 그 자체)의 부분은 '그렇지 않고, 오히려 다르다'는 성격을 유지한다. 이렇게 해서 여전히 생생한 지향들과 새롭게 수립된 근원성에서 나타나는 의미의 내용들 사이에 모순이 생긴다.

그러나 모순만 있는 것은 아니다. 그 자신의 생생함에서 새롭게 구성된 대상적 의미는, 마치 말의 안장에서 적대자를 만난 것처럼 〔이전의 의미를〕 밀어내 떨어트린다. 그 의미가 단지 공허하게 미리 기대되었을 뿐인 자신의 적대자를 생생하게 충족되는 것으로 덮어씌우기 때문에 그 의미는 자신의 적대자를 압도한다. '녹색'이라는 자신의 인상(Impression)이 충족시키는 힘 속에 있는 새로운 대상적 의미는 '빨간색으로 존재한다'는 이전의 기대가 갖는 확실성을 압도하는 근원적 힘(Urkraft) 속에 확실성을 갖는다. 압도된 그 확실성은 여전히 의식되지만, '무효한(nichtig)'이라는 성격을 띤 채 의식된다. 다른 한편 '녹색'은 그 밖의 다른 의미의 테두리에 자신을 집합시킨다. 새로운 지각의 국면에서 등장하는 '녹색의 움푹 파여 존재하는 것'과 사물의 관련된 측면의 전망(Aspekt) 전체는 그 의미상 일치하는 행렬 속에서 과거지향적으로 여전히 앞서 의식된 나타남들의 계열을 이어 간다.

물론 이 경우 지각의 의미의 내용 전체에서 어떤 이중화(Verdoppelung)가 일어난다. 기대된 새로운 것 그리고 다른 것이 이제까지의 지각의 행렬 속에 미래지향적으로 미리 지시된 의미인 '빨간색의 공 모습을 띤 것'을 덮어씌우고 무효하게 만드는 것과 마찬가지로, 이에 상응하는 것도 이제까지의 계열 전체에서 소급적으로 작동해(rückwirkend) 일어난다.

즉 지각의 의미는 단지 일시적인 새로운 지각의 구간(Strecke)만 변화되는 것이 아니다. 인식대상(noema)[1]의 변경은 과거지향의 영역에서 소급해 작용하는 말소하는(Durchstreichung) 형식으로 반사하며, 그 이전의 지각의 국면에서 발생하는 자신의 의미의 작업수행을 변경시킨다. 일관되게 계속된 '빨간색의 일률적으로 둥근 것'에 맞춰진 이전의 통각은 '어떤 측면에서는 녹색의 움푹 파인 것'으로 은연중에 바뀌어 해석된다.

본질적으로 이것은 다음과 같은 사실을 함축한다. 즉 과거지향적 존립 요소들, 따라서 여전히 신성하게 의식되지만 완전히 불명료하게 된 나타남들의 계열을 명백한 회상 속에 직관적으로 만들면, 우리는 이 계열의 모든 지평에서 그것이 그 당시 근원적으로 동기 지어진 것과 마찬가지로 예전의 기대의 구조와 충족의 구조 속에 예전에 미리 지시한 것을 기억에 적합하게 발견한다. 그뿐 아니라 이것을 넘어서 이제 철저하게 '녹색의 움푹 파인 것'을 지시하는 그에 상응해 변경된 미리 지시하는 것이 세워진다. 그리고 이것은 그것과 대립된 예전에 미리 지시한 계기들을 무효한 것으로 특징짓는 방식으로 이루어진다. 그러나 이러한 의미의 계기들이 단순히 통일적인 또 확고한 통일성 속에 조직된 의미의 계기인 한, 나타남들의 계열의 의미 전체는 양상에서 변화되고 그와 동시에 중복된다. 왜냐하면 예전의 의미는 여전히 의식되지만, 새로운 계기에 의해 겹쳐져 층(層)을 이루고, 상응하는 계기들에 따라 말소되기 때문이다.

그러므로 부정(Negation)의 근원적 현상, 다른 것을 무효화하거나 지양하는 것(Aufhebung)이 기술될 수 있다. 〔이것은〕 외적 지각의 예에서 분

---

1 이 말의 어원은 '사유, 인식하는 주관, 삶의 주체'를 뜻하는 그리스어 'nous(지성)'이다. 플라톤은 『국가(Politeia)』 6권 '선분의 비유'(519d~511e)에서 인식되는 대상을 감각의 대상들(ta aistheta)과 지성에 의해 알 수 있는 것들(ta noeta)로 나누고, 이에 상응해 인식하는 주관의 상태를 전자는 속견(doxa), 후자는 지성에 의한 인식(noesis)이라고 한다. 이러한 맥락에서 'noesis'는 '인식작용'으로, 'noema'는 '인식대상'으로 옮긴다.

석된 그 밖의 모든 대상을 정립해 추정하는(setzend vermeinend) 정립적(positional) 의식과 그 대상성(Gegenständlichkeit)에 대해서도 유사한 방식으로 타당하다. 따라서 이것은 부정이 술어적 판단작용의 최초의 일이 아니라, 오히려 자신의 근원적 형태로 이미 수용적 경험의 선술어적 영역 속에 등장한다는 사실을 가리킨다. 어떤 종류의 대상이 문제되든 새로운 의미를 밀어제침으로써 이미 구성된 의미 위에 겹쳐서 층(層)을 이루는 것은 부정에서 언제나 본질적이다. 이와 상관적으로 인식작용의 방향에서 밀어제쳐진 최초의 파악에 '나란히' 있지 않고, 오히려 이것을 '넘어(über)' 있으며, 이것과 '대립된' 두 번째 파악이 형성된다. 신념은 신념에 대립하며, 어떤 의미의 내실과 직관의 양상에 대한 신념은 자신의 직관의 양상 속에 다른 의미의 내용에 대한 신념과 대립한다.

여기에서 대립은 본래 예측하는 지향, 즉 어떤 새로운 인상(Impression)에 의한 기대를 지양하는 것에 있다. 실망하는 것은 단지 이것에 대한 하나의 다른 표현일 뿐이다. 더구나 그것은 어떤 제한된 존립 요소들에 따라 지양하는 것인 반면, 그 밖의 것에 따라 충족되는 일치성이 유지된다. 지양하는 것에서 직접적으로 관련된 것, '아닌 것'이라는 성격을 우선적으로 지닌 것은 대상적 계기 '빨간색'이고, 이것이 예측되어 '존재하는 것'이다. 그 결과 비로소 추정된 '빨간색'의 기체인 사물 자체가 신념 속에 말소된다. 그 사물 자체는 도처에 '빨간색'으로 '존재하는 것'으로 '사념된' 사물이 아니라, 오히려 이 동일한 사물은 이러저러한 위치에서 '녹색'이다.

근원적으로 단적이며 정상적인 지각이 말소됨으로써 겪었던 변화 이후에 우리는, 말살함과 더불어 제휴해 가는 의미의 변화가 통일적이며 철저하게 일치하는 의미를 지닌 지각(이 속에서 우리는 계속 끊임없이 지향이 충족되는 것을 발견한다. 즉 '녹색의 움푹 파인 것'을 대입시킴으로써 모든 것을 다시 일치시킨다.)을 산출한다는 점에서 정상적 지각과 동등한 지각을 다시 갖는다. 그러나 이전의 것과 대립된 차이는 '새로운 지각이 파악한 것에 의해 부분적으로 침투되는 예전의 지각이 파악한 체계가 의식에 대해 과거지향으로 유지되어 남는다'는 점에 있다. 이 예전에 파악한 것은 여전히 의식되지만, '지양된 것'이라는 성격으로 의식된다. 우리는 예전의 의미가 부당한 것으로 밝혀지고 이 의미를 타당한 의미인 다른 의미로 대체한다고 말할 수 있다. 이것은 지향된 의미에 대해 새롭게 충족되는 의미를 부정하거나 단지 대체하는 것의 다른 표현이다.

그러므로 다음이 밝혀진다.

1) 여기에서 부정은 근원성에서 우리가 '정상적 지각, 억제되지 않은 정상적 지각의 관심을 성취하는 것'이라고 부르는 정상적인 근원적 대상을 구성하는 것을 전제한다.[2] 대상을 구성하는 것은 근원적으로 변양될 수 있기 위해 현존해야만 한다. 부정은 자신의 고유한 본질상 스스로를 현존하는 것으로 예고하는 의식이 변양되는 것이다. 부정은 거기에서 끝까지 유지되는 신념의 확실성의 토대 위에서, 즉 궁극적으로는 보편적인 세계에 대한 신념의 토대 위에서 언제나 부분적으로 말소하는 것이다.

2) 어떤 지각의 대상을 근원적으로 구성하는 것은 지향들(외적 지각의 경우 통각적 파악들) 속에 실행된다. 이것은 그 본질상 미래지향적 기대에 대한 신념에 실망함으로써 항상 어떤 변양을 받아들일 수 있다. 이 변양은 여기에서 본질적으로 나타나는 '겹쳐져서 층을 이루는 것', 즉 '서로 대립해 향한 지향들이 겹쳐져서 층을 이루는 것'과 일치해 발생한다.

---

2 선험적 주관성의 자기구성을 해명하는 후설의 현상학에서 유일한 규준은 정상적인 모든 인간에게 동일하게 기능하는 '이성'과 '신체', 즉 경험의 정상성이다.

b) 회의의 의식과 가능성의 의식

그러나 선술어적 영역 속에서 단지 부정의 근원적 형상만 발견될 수 있는 것은 아니다. 전통적인 형식논리학의 핵심부를 형성하는 이른바 판단의 양상들도 선술어적 경험에서 일어난 일들 속에 자신의 근원과 근본 토대를 갖는다. 정상적으로 경과하는 지각을 당장 단순하게 중단하거나 이것에 속한 기대의 지향들 가운데 어떤 것에 단순하게 실망해서는 안 된다. 당장 말소하는 곳에서 단순한 회의가 나타날 수 있는데, 이 경우 이제까지 단적으로 타당하게 간주된 지각이 파악한 것이 즉시 말소되지는 않는다.

회의는 부정해 지양하는 것으로 이행하는 양상을 제시한다. 하지만 이것은 지속하는 상태로도 등장할 수 있다. 가령 진열창 속에 맨 처음 실제의 사람으로 간주한 어떤 형태(아마 바로 이곳에서 종사하는 종업원)가 서 있는 것을 본다. 그런 다음 그것이 단순한 마네킹은 아닌지 주저하게 된다.〔이렇게〕회의하는 것은 이러저러한 측면에 따라 더 가까이 가서 주목하면 해소될 수 있다. 그러나 얼마간 '그것이 사람인지 인형인지' 의심이 해결되지 않은 상태가 유지되어 남을 수 있다.

이 경우 두 가지 지각이 파악한 것이 중첩된다. 즉 하나는 우리가 시작한 정상적으로 경과하는 지각 속에 유지된다. 우리는 잠시 동안 주변의 다른 사물들처럼 어떤 사람을 일치해 확실히 거기에서 보았다. 이것은 부분적으로 충족되고 부분적으로 충족되지 않은 정상적 지향이었다. 이것은 어떠한 대립이나 중단도 없이 지각하는 과정이 지속적으로 일어난 결과, 정상적으로 충족되는 지향이다. 그러나 그 후에 단순히 중단한 것이 결정적으로 실망하는 형식으로 일어나지는 않는다. 따라서 새롭게 등장하는 어떤 지각이 나타남에 대한 기대의 지향이 대립하는 것은 최초의 지각을 말살함으로써 일어나지는 않는다. 오히려 본래

1 수용성의 일반적 구조

의 나타남에서 완전히 구체적인 내용은 이제 갑자기 그것 위에 겹친 두 번째 내용을 유지한다.

시각적 나타남, 즉 색채에 의해 충족된 공간의 형태는 '인간의 신체' 그리고 일반적으로 '인간'이라는 의미를 부여했던 파악하는 지향의 마당(지평)에 의해 미리 마련되었다. 지금은 '옷 입혀진 인형'이라는 의미가 그것 위에 겹친다. 본래 보인 것에서 아무것도 변화되지 않고, (양자에) 공통적으로 변화된 것은 없다. 옷, 머리카락 등이 양 측면에서, 즉 한편에서는 피와 살이, 다른 한편에서는 채색된 목재가 공통적으로 통각된다. 감각자료에서 동일한 하나의 요소는 서로 겹쳐져 층을 이룬 두 가지 파악의 공통적 토대이다. 양자 가운데 어느 것도 회의하는 동안 말살되지 않는다. 이것들은 서로 대립해 있으며, 각각은 어느 정도 자신의 힘을 갖고 있고, 이제까지의 지각의 상황과 그 지향적 내용에 의해 동기 지어지며, 요구된다. 그러나 요구는 (다른) 요구에 대립해 있고, 어느 하나는 다른 것에 의해 이의가 제기되며, 그 반대의 상황도 겪는다.

(그러면) 결정되지 않은 대립이 회의 속에 남아 있다. 공허한 지평들은 공통적으로 직관할 수 있는 핵심과 일치해서만 대상성을 구성하기 때문에, 따라서 우리는 단지 하나의 의미만 일치하게 구성한 근원적인 정상적 지각이 어느 정도는 이중의 지각으로 분리되는 작용을 갖는다. 이것들은 공통적 핵심의 내용에 의해 침투된 두 가지 지각이지만, 원래는 두 가지가 아니다. 왜냐하면 이들의 대립도 상호 배척하는 것을 뜻하기 때문이다. 공통적으로 지각할 수 있는 핵심의 어느 부분을 파악하는 데 사로잡히면, 즉 그것이 현실화되면, 우리는 사람을 보는 것이다. 그러나 마네킹을 향한 두 번째 파악은 무(無)가 되지 않는다. 그것은 (무력해져) 아래로 억제된다. 그런 다음 '마네킹'이라는 파악이 돌출한다. 즉 우리는 마네킹을 본 다음 무력하게(außer Funktion) 정립된 '인간이라는 파악'이 아래로 억제된다.

그러므로 이중화(二重化)하는 것은 비록 지각의 근본 특성과 생생함을 지닌 의식이 이미 존재하더라도 실제로 지각들을 이중화하는 것은 아니다. '사람'이라고 통각을 한 것이 '마네킹'이라고 통각을 한 것으로 갑자기 변화하면, 맨 먼저 생생하게 '인간'이 현존하고, 다음에는 '마네킹'이 현존한다. 그러나 사실 '인간'이 회의가 시작되기 이전에 현존했던 것과 마찬가지로 이 양자 중에 어떠한 것도 현존하지 않는다. 비록 대상적 의미와 이것이 나타나는 방식이 이전과 마찬가지로 이후에도 생생한 양상을 갖더라도, 명증적으로 의식의 양상은 변화된다.

그럼에도 불구하고 신념 또는 존재의 양상은 본질적으로 변화된다. 즉 생생하게 나타나는 것이 의식되는 방식은 어떤 다른 것이 된다. 생생하게 나타나는 것이 일의적이며 동시에 일치해 경과하는 정상적 지각 속에서와 마찬가지로 '단적으로 거기에(schlechtin-da)'로 의식되는 대신, 그것은 지금 문제가 되는 것, 의심스러운 것, 논란의 여지가 있는 것으로 의식된다. 즉 다른 나타남, 다른 지각의 국면에서 생생하게 주어진 것에 의해 생생하게 나타나는 것과 대립해 침투되면서 이론(異論)이 제기된 것이다.

따라서 우리는 이것을 다음과 같은 방식으로도 표현할 수 있다. 원본적으로, 생생하게 의식하게 만드는 의식은 그것을 현전화하는 의식과 공허한 의식(이것들은 동일한 대상적 의미를 생생함에서 의식하게 만들지 않는다.)에서 구별하는 생생함의 양상뿐 아니라, 변화할 수 있는 존재의 양상 또는 타당성의 양상도 갖는다. 근원적인 정상적 지각은 '존재하는', '단적으로 타당한'이라는 근원적 양상을 갖는다. 그것은 단적으로 소박한 확실성이며, 나타나는 대상은 의문의 여지가 없는 확고한 확실성 속에 현존한다. 의문의 여지가 없는 것은 가능한 논쟁들, 심지어 중단을 지시하며, 분열된 가운데 타당성의 양상이 변화되는, 즉 지금 기술한 것과 같은 것을 지시한다. 회의하는 가운데 서로 대립하는 두 가

1 수용성의 일반적 구조

지 생생함은 '문제가 되는'이라는 동일한 타당성의 양상을 가지며, 문제가 되는 모든 것에서 다른 것에 의해 이론이 제기된다. 즉 논쟁이 이루어진다.

그러나 이 모든 것은 '지금'의 국면에서 순간적 지각의 상황에 대해 타당할 뿐 아니라, 부정의 경우와 마찬가지로 여기에서도 대립은 본질적으로 이미 흘러가 버린 국면들에 반작용한다. 또한 이러한 국면들에서는 일의적(einsinnig) 의식이 다의적(mehrsinnig) 의식으로 나뉜다. 즉 자신의 통각으로 중첩(Überschiebung)됨으로써 분열되는 것(Zwiespältigwerden)은 과거지향의 의식 속으로 계속 진행된다. 이 경우 만약 우리가 회의에 선행했던 지각의 구간에 대해 명백한 현전화를 수행하면, 그것은 이제 더 이상 자신의 일의성 속에 있는 이전의 기억과 같은 것으로 현존하는 것이 아니라, 동일한 이중화(Verdoppelung)를 받아들이는 것이 된다. 어디에서나 '마네킹'에 대한 통각은 '인간'에 대한 통각 위에 층을 이루어 놓는다.

이와 같은 사실은 회상에 대해서도 타당하다. 과거지향 속으로 또 이것에 의해 명백하게 만드는 회상 속으로 '소급해 빛을 비춤'으로써 양상화되는 것은 그 속에서도 수행된다. 물론 이것에 의해 우리는 생생하게 현전하는 것으로 지금도 여전히 계속 지속하는 동일한 것에 대한 과거의 구간만 주의를 기울인다. 반면 그것이 어떤 정상적 지각을 재생산한 것이라는 사실에 의해 정상적 기억은 재생산된 것을 확실성이 정상적으로 타당한 양상으로 확실히 존재하는 것으로 의식하게 만든다. 이렇게 '소급해 빛을 비춤'으로써 분열된 의식은 '문제가 되는', 즉 이렇게 존재했든 저렇게 존재했든, '인간'으로 존재했든 '마네킹'으로 존재했든, '문제가 되는'이라는 변화된 타당성의 양상을 제공한다.

또한 부정의 경우와 마찬가지로 '의심스럽게 되는' 경우에는 경향적 지각의 관심이 충족되는 경과 속에 억제하는 것이 놓여 있다. 그것은 부정의 경우와 같이 단순히 실망하는 형식으로 지각의 경향을 억제하는 것에 이르지는 않지만, 어쨌든 지각에 속한 기대의 지향들이 일치된 만족이나 충족에도 이르지 못한다. 이것들의 경과와 이것에 의한 관심의 만족은 '자극들의 성향에 복종하는 자아가 단적인 확실성에 도달하지 못하고 또한 확실성을 말소하는 것에도 이르지 못하며 오히려 회의하는 경우, 어떤 하나에 대해 결정할 수 없는 상황에서 이른바 신념의 경향들 사이에서 이리저리로 이끌리는' 방식으로 억제된다.

〔이렇게 되면〕 자아는 '인간에 대한 파악'과 '마네킹에 대한 파악' 사이에서 동요한다. 지각에 속한 예측하는 기대의 지향은 어떠한 미리 지시하는 것도 주지 못하고, 다의적으로 미리 지시하는 것을 준다. 이러한 사실은 각각의 측면에서의 신념의 경향과 더불어 의식에 따른 대립으로 이끈다. 즉 자아가 맨 먼저 어느 한 측면, 요컨대 '인간'으로서의 파악을 겨냥하는 동기를 그 자체로 현실화하기 때문에, 그것은 이러한 측면을 향해 나아가는 일의적 요구가 뒤따른다. 자아가 오직 이러한 측면에 몰두하기 때문에, 그리고 다른 측면, 즉 '마네킹'에 대해 말하는 것이 배제된 채 남아 있기 때문에, 확실성에서 경향에 몰두하게 하는 힘을 겪는다. 그러나 이에 대립하는 지향도 이와 마찬가지로 현실화된다.

그러므로 자아의 정상적 지각작용은 '신념의 추정(Glaubensanmutung)'이라고 부르는 작용들에 대한 단적인 신념의 확실성에 의해 양상화된다. 우리는 의식된 대상들의 측면인 인식대상(noematisch)의 측면뿐 아니라 존재의 추정에 대해서도 논의할 수 있다. 이것은 대상으로부터 자극이 나간다는 사실, 대상은 자신의 적대적 파트너와 마찬가지로, 자아에게 존재하는 것으로 또 그렇게 존재하는 것으로 추정된다는 사실을 뜻한다. 이렇게 추정된 것을 우리는 (자아와의 관계를 도외시한 채 고찰하면) '가능적(möglich)'이라고도 부른다. 왜냐하면 '가능성(Möglichkeit)'이라는 개념은 신념의 경향들, 상관적으로는 존재의 추정들이 이렇게 대립

1 수용성의 일반적 구조

되는 가운데 자신의 근원을 갖기 때문이다.[3]

그러므로 기능적으로 존재함, 가능성은 부정의 경우와 마찬가지로 이미 선술어적 영역 속에 등장하고, 거기에서 가장 근원적으로 기거하는 현상이다. 이 경우 이것들은 서로 대립된 상태에 놓인 '문제점이 있는(problematisch)' 가능성이다. 우리는 이것을 '문제가 되는(fraglich)' 가능성이라고도 부른다.[4] 왜냐하면 회의하는 가운데 발생하며 추정적인 회의의 항(項)들 가운데 어느 하나를 결정하기 위한 지향을 '문제 삼는 지향'이라고 부르기 때문이다. 추정과 반대의 추정이 활동하는 곳에서만, 무엇에 대한 찬성과 반대에서 '어떤 것이 논의되고 문제가 되는가'가 논의될 수 있다. 그러나 이러한 종류의 가능성에 대한 가장 독특한 표현은 추정적 가능성이다.

개연성은 어떤 것이 논의되는 이러한 가능성의 경우에만 화제가 될 수 있다. 지각의 상황 전체에서 신념의 경향 또는 존재의 추정은 두 가지 측면 가운데 어느 하나에 대해 더 커지고, 다른 것에 대해 더 적어진다. '그것이 사람이라는 것은 있을 법한 사실'이기 때문이다. 즉 이 사실이 '그것이 사람'일 가능성을 더 대변하기 때문이다. 그래서 개연성은 존재의 추정에 귀속하는 무게(Gewicht)를 지시한다. 추정된 것은 다소 추정적이며, 게다가 이것은 동일한 하나의 대립에 속한다. 그리고 이 대립을 통해 종합적으로 결합된, 경우에 따라서는 다양하게 문제점이 있는 모든 가능성과 비교해도 타당하다. 왜냐하면 어떤 의식이 상호 억제로 분

---

3 하이데거는 '현상학'의 어원을 분석해 사태 자체를 기술할 가능성으로서 현상학의 특성을 밝힌다.(*Sein und Zeit*(Tübingen, 1972), 27~39, 153~156쪽 참조) 즉 존재자가 나타나는 현상(phainomena)은 접근하는 방식에 따라 서로 다르며, 자신을 나타냄(Sichzeigen)과 자신을 나타내지 않는 것 ── 현상의 배후에 있는 것이 아니라 은폐되거나 전에 밝혀진 것이 다시 파묻힌 것 ── 을 알림(Sichmelden)인 논의(logos)는 존재자를 제시하면서 보게 만듦(Sehenlassen) 속에 종합하는 기능을 갖는다.
4 '문제점이 있는'은 가능성의 영역 속에 다양한 추정이 가능한 것을 뜻하며, '문제가 되는'은 이것에 대해 의문을 제기하는 것을 뜻한다.

열되는 반대도 통일체를 만들어 내기 때문이다. 그 통일체는 인식대상 적으로 대립물(Gegeneinander), 즉 이것에 의해 서로 함께(aneinander) 결합된 가능성들의 통일체이다.

c) 문제점이 있는 가능성과 개방된 가능성

회의의 상황에서 발생하는 문제점이 있는 가능성의 특색은, 우리가 지각이 경과하는 구조 속에 정초되는 이 가능성을 '개방된 가능성'이라 이름 붙이고 다른 종류의 가능성과 대조해 보면, 더욱 뚜렷하게 부각될 것이다. 물론 지각의 통각적 지평 속에 지향적으로 미리 지시된 것은 가능한 것이 아니라 확실한 것이다. 그리고 어쨌든 가능성들은 항상 그와 같은 미리 지시하는 것, 다양한 가능성의 범위 속에 포함되어 있다.

어떤 사물을 전면에서 지각할 때 보이지 않은 측면들에 대해 주어진 미리 지시하는 것(Vorzeichnung)은 '규정되지 않은 일반적인 것〔예측〕'이다. 이 일반성은 공허하게 제시하는 의식의 인식작용적 성격이며, 이와 상관적으로 미리 지시된 것은 그 대상적 의미의 성격〔을 띤 것〕이다.

예를 들면 어떤 사물이 우리에게 아직 알려지지 않았고 우리가 그 사물을 다른 측면에서 정확하게 보지 않았다면, 사물의 뒷면의 색깔은 완전히 규정된 색깔로 미리 지시되지 않는다. 그러나 어쨌든 '어떤 색깔'이 미리 지시되며, 경우에 따라서는 더 많이 미리 지시된다. 앞면이 도안되어 있다면, 우리도 뒷면에 대해 계속 펼쳐지는 도안을 기대할 것이다. 그것이 여러 가지 반점(斑點)을 지닌 균일한 색깔이면, 어쨌든 뒷면에 대해서도 반점을 기대할 것이다. 그러나 뒷면에는 규정되지 않은 것도 남아 있다. 이렇게 정상적 지각에서 제시하는 것은 그 밖의 모든 지향과 마찬가지로 소박한 확실성의 양상을 갖는다. 하지만 그것은 곧

1 수용성의 일반적 구조

그것을 의식하게 만드는 것과 그것을 의식하게 만드는 의미와 그 방식에 따라 확실성의 양상을 갖는다. 그러므로 확실히 '그 어떤 색깔 일반' 또는 '반점들에 의해 중단된 색깔 일반' 등은 규정되지 않은 일반성이다.

물론 이러한 일반성에 관한 논의는 여기에서 현상들 자체를 시사하고 간접적으로 기술하는 응급수단으로 사용되었다. 왜냐하면 여기에서는 논리적 개념들, 분류하거나 일반화하는 일반성이 고려된 것이 아니라, 오히려 지각의 미리 사념하는 것(Vormeinung)이 '규정되지 않음(Unbestimmtheit)'이라는 자신의 의식의 양상과 더불어 지각 속에 있는 대로 미리 사념하는 것이 단순히 고려된 것이기 때문이다.

모든 공허한 지향의 일반적 본질, 따라서 그와 같이 규정되지 않은 미리 해석하는 것(Vordeutung)의 일반적 본질에는 현전화의 형식으로 그것을 해석할 수 있는 가능성(Explizierbarkeit)이 속해 있다. 우리는 자유롭게 대상의 주위를 순회했다고 상상함으로써 '보이지 않은 것'(Unsichtiges)을 직관화하는 현전화를 형성할 수 있다. 만약 우리가 이러한 일을 행하면, 직관들은 완전히 규정된 색깔을 지닌 채 등장한다.

그러나 우리는 '규정되지 않음'의 테두리 안에서 이러한 색깔을 자유롭게 변경할(frei variieren) 수 있다. 즉 우리가 단순히 직관화하는 것을, 또 현전화된 지각의 계열에 의한 지각이 유사-충족된 것을 향하면, 규정된 색깔을 지닌 구체적 직관은 그때그때 실제로 나타날 것이다. 그럼에도 불구하고 이 규정된 것은 미리 지시되지도 않았고, 따라서 요구되지도 않았다. 현전화된 것은 확실히 그 뒷면으로서 거기에 있지만, 곧 '규정되지 않은 것'의 의식 속에 있다. 현전화하는 다른 직관들이 다른 색깔을 지닌 채 나타나면, 확실성은 그만큼 더 적은 영향을 끼친다. 왜냐하면 이것들 가운데 어느 것에 대해서도 그 어떤 것이 미리 결정되지도 않았고, 어떤 것도 요구되지 않았기 때문이다.

이러한 것은 이제까지 아직 보이지 않은 것을 미리 현전화하는

(vorvergegenwärtigend) 직관에 대해서도 타당하다. 우리가 지각이 실제로 진행되는 가운데 실제로 충족이 결여된 것과 이것을 대조하면, 이 경우 규정되지 않은 미리 지시하는 것을 충족시키는 색깔들의 나타남이 그 자체로 확실한 것으로 성격 지어진다. 여기에서 또 확실성에서 규정하는 특수화와 이것에 의한 지식의 증가가 뒤따라 일어난다. 〔따라서〕 새롭게 등장하는 지각의 구간은 자신의 확실성의 내용 속에 미리 지시된 규정되지 않은 일반자(Allgemeines)를 더 상세하게 규정하는 구체화하는 것(Konkretion)으로 이끈다. 이 구체화하는 것은 지각의 확실성의 통일에 의해 포괄되고 미리 지시하는 것, 미리 기대하는 것을 통일적으로 충족시킨다. 여기에서 충족된 것은 〔곧〕 지식이 성장한 것이다.

그러나 예시하는 현전화의 경우 사정은 다르다. 다른 모든 색깔은 곧바로 등장하는 색깔에 대해 이바지할 수 있다. 현전화는 그 속에 등장하는 규정된 색조에도 불구하고 '규정되지 않은 것'이라는 자신의 양상을 색조(Färbung)와 관련해 지키는 한에서만, 확실성의 양상이 마련된다. 현전화는 이러한 점을 통해서만 우리가 뒷면에서 실제로 지각한 후에 이것을 다시 현전화할 때 가질 어떤 규정된 기억에서 확실하게 구별된다.

이에 따라 실제로 지식을 취하기 이전에 직관화하는 모든 현전화는 유사하게 규정하는 내용에 관해 어떤 양상화된 확실성의 성격을 가져야만 한다는 사실이 분명하게 이해된다. 그러나 이 불확실성은 이 속에서 우연적으로 주어진 색깔이 곧 우연적인 것이 아니라는 특징을 갖는다. 이 우연적인 것은 임의적인 어떤 것이 아니라, 단지 그 밖의 모든 색깔이 이것에 대치될 수 있다는 것이다. 즉 일반적으로 '규정되지 않은 것'은 자유롭게 변경될 수 있는 외연〔범위〕을 갖는데, 이 외연 속에 들어가는 것(그것은 동일한 방식으로 함축적으로 함께 포괄되고 어쨌든 적극적으로 동기 지어지지 않았으며 적극적으로 미리 지시되지도 않았다.)은 이

1 수용성의 일반적 구조

테두리에 적용될 수 있지만 이 테두리를 넘어서는 완전히 불확실한 '더 상세하게 규정하는 것'의 개방된 외연의 한 항(項)이다. 이것은 '개방된 가능성'이라는 개념을 형성한다.

이 가능성은 문제점이 있는 가능성에 대립해, 총체적으로 구별되는 양상화(樣相化)를 지시한다. 왜냐하면 양상화하는 의식은 두 가지 측면에서 근본적으로 구별된 근원이기 때문이다. 문제점이 있는 가능성의 경우 지각의 상황에 의해 동기 지어지고 서로 대립된 신념의 경향들이 놓여 있다. 그것은 어떤 것이 그것을 대변하는, 그때그때 자신의 무게를 갖는 가능성이다.

그러나 개방된 가능성의 경우 무게에 관해서는 논의되지 않는다. 거기에는 어떠한 양자택일도 없으며, 일반성의 테두리 안에서 가능한 모든 특수화가 동일한 방식으로 개방되어 있다. 여기에서 양상화하는 것은 '그 자체로 확실성의 양상을 갖는 규정되지 않은 일반적 지향은 생각할 수 있는 모든 특수화에 관해 자신의 확실성이 층(層)에 따라 배분되는 것을 어떤 방식에서 함축적으로 내포한다'는 사실에 있다. 예를 들어 규정되지 않은 일반성에서 반점들이 붙은 색깔이 확실히 요구되면, 그것은 그 어떤 형태의 반점들을 지닌 그 어떤 색깔임에 틀림없다는 측면에서 충족이 결합되어 있다. 그리고 이와 같은 유형의 모든 특수성은 동일한 방식으로 이러한 요구를 충족시킨다.

그러므로 단적으로 소박한 확실성의 근원적 양상에서 완결되고, 정확하게 한계 지어진 양상들의 집단은 그것들이 대립, 즉 근원적으로 단적이며 확실한 요구와 이에 반대되는 요구의 대립에 의해 양상화된 것이라는 사실로 규정될 수 있다. 문제점이 있는 의식은 그것의 문제점이 있는 가능성들과 더불어 이 범위에 속한다. 그러므로 대립에서 발생하는 양상들과 개방된 특수화의 양상들은 근본상 본질적으로 구별될 수 있다. 이 두 가지 모두가 신념의 양상 또는 존재의 양상이라는 규정된 개념을 형성한다. 양상화하는 것은 여기에서 신념의 확실성 또는 존재의 확실성에 대립해 있다.

d) 양상화에 관한 논의의 이중적 의미

그러나 다른 의미에서도 여전히 양상화가 논의될 수 있다. 회의의 현상을 다시 한 번 고찰해 보면 이러한 점이 명백해질 것이다. 회의의 본질에는 해결할 가능성, 그리고 사정에 따라서는 능동적으로 결정할 가능성이 속한다. 회의 그 자체는 결정하는 것에 대립해 있는 '결정되지 않은 것'을 뜻하며 결정되지 않은 의식에 관한 의식을 뜻한다. 지각의 분야에서 결정하는 것은 필연적으로 새로운 나타남으로 진행하는 가운데(가령 그에 상응하는 운동감각의 경과들이 자유롭게 연출되는 가운데) 서로 대립하는 공허한 지평들 중 하나에 적절하며 기대에 맞는 충족이 접합되는 적절한 형식(가장 근원적으로 결정하는 형식으로서)으로 수행된다. 변화되거나 완전히 새롭게 등장하는 감각자료는 지향적으로 주어진 상황 아래 파악할 것을 요구한다. 이 파악들은 논쟁이 될 수 없게 확실하게 남아 있는 지향들의 복합을 보충함으로써, 대립의 원천이 막히고 특별히 회의를 동기 짓는 것은 새로운 인상의 힘에 의해 폐기된다.

우리가 〔대상에〕 더 가까이 접근하고 그것을 손으로 만지고 붙잡아 보기도 함으로써, 〔마네킹의〕 목재(인간의 신체 대신)를 향한 여전히 의심스러운 지향은 확실성의 특권을 얻는다. 이 지향은 새로운 나타남들 속으로 이끌고 일치해 그 특권을 얻는다. 이 새로운 나타남들은 충족되지 않은 자신의 지평에 따라 인간의 파악과 일치하지 않고 '생생함'이라는 자신의 충족시키는 힘으로 이러한 파악을 부정한다. 그래서 어느 한 측면에 따른, 게다가 근원적 지각을 이끌며 의심스러운 것으로 양상화된 '인간'으로 파악하는 측면에 따라 결정하는 것에서 부정함이 생긴다. 반면 '마네킹'으로 파악하는 경우 그것에 대해 긍정함 또는 근원적이지만 그 뒤에 의심스럽게 된 지각을 입증하는 것이 나타날 것이다. 그렇다면 생생하게 나타나는 것은 '확실히', '실제로'라는 양상의 타당성의 성격을 얻을 것이다.

그러므로 부정함과 마찬가지로 입증하는 긍정함도, 비록 신념의 확실성과 존재의 확실성을 주더라도, 어떤 방식으로는 완전히 근원적인, 완전히 변양되지 않은 확실한 타당성의 근원적 양상에 대립하는 변양이다. 이 근원적 양상에서 지각의 대상을 단적으로 구성하는 것은 일의적으로 또 아무 다툼도 없이 실행된다.

따라서 양상화에 대한 논의는 이중의 의미를 얻는다. 한편으로 그것은 근원적인, 소박한 확실성에 대립된 타당성의 양상의 모든 변화를 뜻할 수 있다. 이 확실성은 분열되지 않으며, 따라서 회의로 중단되지 않는다. 다른 한편으로 그것은 확실성의 타당성의 양상의 변화(방금 위에서 고찰한 의미의 가능성, 개연성 등에 따른 양상화)를 뜻할 수 있다. 이 타당성의 양상의 변화에 의해 그것은 확실성으로 존재하기를 중단한다. 근원적 양상은 확실성이지만, 가장 단적인 확실성의 형식이다. 회의를 거쳐 긍정하거나 부정하는 결정이 일어나자마자 우리는 확실성을 원상회복시킨다. '사실상' 실제적인 것으로 또는 실제적이지 않은 것으로 밝혀진 것은 다시 확실해진다. 그리고 어쨌든 이제 의식이 변화된다. 회의를 거쳐 결정으로 경과하는 것은 의식에 결정하는 성격을 부여하고, 자신의 인식대상적 의미에 그에 상응하는 성격을 부여한다. 이러한 성격은 그때 '확실히', '사실상', '실제로 그러한'과 같은 어조로 표현된다.

그렇지만 본래적 의미에서 결정하는 것에 관해 논의하면, 우리는 수용성의 영역을 넘어서 자아가 자발적으로 태도를 취하는 영역으로 이끌린다. 이에 반해 수용적 지각에서는 단지 수동적으로 경과하는 종합이 문제되는데, 이 종합은 일치해 유지되거나 대립 속에 깨지거나 파악한 것이 동요됨으로써 경과하는 가운데 다시 일치하거나 '회의'를 해소시킨다.

이 경우 모든 현상은 더 높은 단계에서 통상적 의미의 판단의 양상들을 형성하고 양상화된 술어적 판단들을 형성하는 동기를 일으킨다. 이러한 사실은 나중에 살펴볼 것이다. 판단의 양상들에 관한 학설은, 전통[논리학]에서와 같이 단지 술어적 판단의 관점에서만 전개되거나 모든 양상화의 이 현상들의 근원이 선술어적 영역 속에 찾아지지 않는다면 허공에 뜰[근거가 불확실할] 것이다. 그리고 여기에서 우리는 양상화들을 근원적 지각이 갖는 관심이 경과하는 가운데 억제하는 것으로 파악한다. 그와 같이 근원을 해명함으로써 다음과 같은 것이 밝혀진다. 즉 가장 단적인 신념의 확실성이 근원적 형식이라는 것, 그리고 부정함, 가능성의 의식, 긍정함이나 부정함을 통한 확실성의 원상회복과 같은 그 밖의 모든 현상은 이 근원적 형식에 의해서만 비로소 생기며, [근원적 형식과] '같은 가치를 지니고 나란히 놓여 있는 것'이 아니라는 것이다.

지각의 관심이 성취되는 양상화로서 억제하는 것과 최초에 명명한 지각의 경과가 중단된 것 ── 이것이 자신의 근거를 대상이 주어지는 방식(지각의 장(場)에서 사라지는 것, 은폐되는 것 등)에서 갖든 '여전히 지각에 맞게 주어진 것에 대한 관심이 다른 더 강력한 관심에 의해 대체되는 것'에서 갖든 ── 으로서 경향을 억제하는 것은 구별되어야 한다. 두 가지 종류의 억제하는 것은 함께 작용하며 서로 조건지어질 수 있다. 지각이 경과하는 것을 중단하는 것은 그 뒤에 올 해소할 수 없는 의심과 이미 대상에 의해 보인 것을 '소급적으로 작동해 양상화하는 것'이라는 결과를 수반할 수 있다. 또는 양상화하는 것은 어떤 중단, 자신의 성질에 관해 의심스럽게 된 대상이나 '그런 것'이 아니라 '다른 것'(예를 들면 '인간' 대신 '마네킹')으로 증명되는 대상에 대한 관심이 마비되는 것을 동기 지어 유발시킬 수 있다.

1 수용성의 일반적 구조

2 단적인 파악과 해명

22 다음 분석의 주제인 관찰하는 지각의 단계들

앞으로 우리는 〔논의의 범위를〕 지각의 억제되지 않고 경과하는 방식들, 따라서 경과가 중단되어 양상화도 억제하는 것도 일어나지 않는 지각들에 제한하자. 심지어 여기에서도 서로 다른 단계의 작업수행이 존재하는데, 그 가운데 몇 가지는 이제까지 명확하게 명명되지 않았더라도 양상화를 분석하는 데 이미 가시적으로 함께 있던 것이다. 하여튼 양상화가 우리가 기술한 방식, 즉 '이러저러하게 존재함'이 불확실하게 되는 가운데 나타나면, 적어도 대상을 관찰하는, 억제되지 않고 계속 진행되는 어떤 부분은 이미 전제되어 있다. 대상의 개별적 계기들과 특성들은 부각되어야만 한다. 그 밖의 것, 가령 여전히 보이지 않은 뒷면의 특성들에 관한 기대는 그 개별적 계기들과 특성들에 의해 일깨워져야만 한다. 이러한 기대는 이루어지지 않아 실망하게 되고, '그런 것이 아니라 다른 것'이라는 양상화로 이끈다. 요컨대 양상화가 이렇게 일어나는 것에는 이미 지각의 대상에 관한 어떤 부분을 해명하는 것(Explikation)이 전제되어 있다. 그리고 실로 그와 같은 해명은 적어도 지각이 지닌 관심의 경향에 의해 이미 요구된다.

대상을 능동적으로 파악하는 것은 일반적으로 즉시 관찰하는 것이 된다. '지식을 취하려는(Kenntnisnahme)' 자아는 (모든 측면에서뿐 아니라 자신의 모든 개별성에서) 대상에 정통하려는 경향이 있고, 따라서 해명하면서 관찰하는 경향이 있다. 물론 이러한 것에 즉시 도달할 필요는 없다. 그와 같은 해명에 이르는 길은 애쓰는 것의 성과가 억제된 채 차단될 수 있다. 예를 들어 우리가 직접적인 시각의 장(場)에서 가시적 대상에 관심을 가지면, 그 대상은 불명확하게 나타나 우리는 처음에는 그 대상에서 특수한 어떤 것도 구별할 수 없을지 모른다. 즉 대상들에는 '두드러지게 부각된 것'이 없다. 눈의 위치를 바꿈으로써 나타나는 방식들은 변화될지 모르지만, 이 경우 지속적으로 종합되는 동일화(Identifizierung) 속에 '그' 대상은 내적 차이가 부각되지 않고 나타나며, [따라서 그것에 대한] 특수한 '지식을 취함'이 가능하지 않을 수도 있다.

물론 정상적으로 유리하게 이루어진 경험의 상태인 경우 사정이 다르다. 이것은 즉시 관심을 충족시키는 해명의 과정에 이른다. 그러나 억제하는 것이 없더라도 우리가 변화하는 나타남의 방식들에서 통일체로 스스로를 제공하는 대상을 파악하는 것 전체, 그리고 어떤 방식으로 그 대상을 관찰하는 것 전체를 겨냥하면, 해명해 대상 속으로 '깊이 파고 들어가는 것'은 일어나지 않을 수 있다. 대상은 우선 먼 거리 때문에 불리하게 이루어진 '나타남의 방식들'로 제시되며, 우리는 우리의 운동감각을 적절하게 배치하는 형식으로 그 변화를 통해 대상에 더 가까이 다가간다.[설명한다.]

이 운동감각이 주관적으로 경과하는 것은 나타남의 변화를 조건 짓는다. 그와 동시에 정상적인 방식으로 다양하게 [대상에] 접근함으로써 풍부해지는 부각된 것들이 발생되며, 이 부각된 것은 대립해 강요되고,

심지어 일시적으로 파악되기도 한다.[1] 그러나 어쨌든 자아는 파악하는 경향에 굴복할 필요가 없다. 나타남들이 지속적으로 종합되어 변화하는 가운데 자아는 이렇게 지속적으로 종합되는 동일성의 통일체를 순수하게 향한 채 대상을 단적이고 통일적으로 바라보는 태도를 유지한다. 그러므로 우리는 어떤 대상을 관찰하는 지각의 단계들을 구별할 수 있고, 이것에 의해 다음의 분석을 위한 실마리를 얻는다.

1) 모든 해명 이전의 관찰하는 직관. 즉 전체적으로 대상을 향한 직관이다. 이 단적인 파악(schlichte Erfassung)과 관찰(Betrachtung)은 더 아래 단계인 객관화하는(objektivierend) 능동성의 가장 낮은 단계, 즉 지각이 지닌 관심이 억제되지 않고 성취하는 가장 낮은 단계이다.

2) 관심이 성취되는 더 높은 단계는 대상의 본래적인, 해명하는 관찰이다. 심지어 최초의 파악과 관찰도 즉시 함께 일깨워진 자신의 지평들, 최초의 내적 지평을 갖는다.(이 점에 관해서는 8절 참조)

대상은 처음부터 '이미 알려진 것(Bekanntheit)'의 성격으로 현존한다. 즉 대상은, 비록 모호한 일반성에서 규정된 유형이라도, 이미 어떤 방식으로 알려진 것의 대상으로 파악된다. 그 대상을 주시하는 것은 대상이 그렇게 존재함(Sosein), 아직 보이지 않은 뒷면 등 일반적으로 대상에서 그 특성들을 더 상세하게 관찰하는 경우 밝혀질 것에 관해 미래지향의 기대를 불러일으킨다. 이제 관찰이 해명으로 이행하면, 관심은 일깨워진 기대의 방향을 따른다. 또한 여기에서 관심은 그 자체만으로 부각된 어떤 대상에 집중된 채 남아 있고, '어디에 그 대상이 존재하는가, 그 대상은 내적 규정들에서 자신으로부터 무엇을 제공하는가'를 설명하며 내용적으로 대상 속에 깊이 파고들고, 대상의 부분들과 계기들을 파

---

1 따라서 현상학은 대상이 주어질 수 있는 모든 지평 속에 함축된 가능성들을 부단히 해명해 '사태 그 자체로' 접근하려는 목적론(Teleologie)을 갖는다.

악하며, 다시 개별적으로 이것들 자체 속에 깊이 파고들고, 이것들을 해석하려고 애쓴다. 이 모든 것은 대상이 나타남의 전체와 파악 전체의 통일체에 '근거해' 계속 유지되는 종합적 통일체의 테두리 속에 진행된다.

해명은 지각이 지닌 관심의 방향을 대상의 내적 지평 속으로 끌고 들어가는 것이다. 이 관심이 억제되지 않은 채 성취되는 경우 미래지향의 기대들이 충족되며, 대상은 자신의 특성들을 통해 예측되었던 것으로 증명된다. 여기에서 예측되었던 것이 지금 본래적으로 주어지게 되는 경우는 제외된다. 〔여기에서〕 더 상세하게 규정하는 것이 일어나는데, 그것은 경우에 따라 수정하는 것 또는 억제하는 경우 기대에 대해 실망하는 것, 부분적으로 양상화되는 것에 의해 이루어진다.

3) 지각의 작업수행들의 더 이상의 단계는 관심이 대상의 내적 지평 속으로 해명하면서 끌고 들어가는 것에 만족하지 못하고, 외적 지평 속에 함께 현전하는 대상들(이것들은 외적 지평과 더불어 동시에 〔지각의〕 장(場)에 존재하고 자극하는 것이다.)을 함께 주제로 삼고, 이것들과 관련해 지각의 대상을 관찰하는 경우에 일어난다. 이 경우 내적 규정들이나 해명들에 대립해 대상이 다른 대상들과 관련해 존재한다는 사실, 즉 '연필은 잉크병 옆에 놓여 있으며, 펜대보다 더 길다.' 등을 설명하는 상관적 규정들이 생긴다. 그와 같이 상관적 규정들이 파악되면, 지각이 지닌 관심은 〔지각의〕 장에 존재하는 다수의 대상들에 똑같이 분배되는 것이 아니라, 그 가운데 어느 한 대상에 집중된 채 남아 있다. 그 밖의 다른 대상들은 어느 한 대상과 자신들의 관계 속에 그것을 더 상세하게 규정하는 데 기여하는 한에서만 관련된다.

그러므로 외적인 상관적 규정들이 이렇게 생기는 것은 지각의 외적 지평 속에, 즉 현재의 〔지각의〕 장(Feld)에 다른 대상들이 함께 주어지는 것에 의존하며, 다른 대상들이 합류하는 것이나 사라져 버리는 것에 의존한다. 반면 내적 규정들은 주변, 즉 함께 자극하는 여러 가지 대상들

2 단적인 파악과 해명

속에 일어나는 이러한 변화에 영향을 받지 않은 채 남아 있다.

23 단적인 파악과 관찰

a) 내재적-시간적 통일체인 지각. 파악작용의 능동성 속에 있는
수동성인 '여전히-파지해-유지함'

이러한 관찰하는 지각작용의 세 가지 단계는 그 자체로 각각의 분석이 필요하다. 맨 먼저 단적인 파악을 문제 삼아 보자.

그것의 단적인 성격에도 불구하고 단적인 파악은 결코 단순한 자료(einfaches Datum)가 아니라, 다양한 구조를 스스로 제시한다. 이 구조 속에 그 자료는 그 자체로 내재적-시간적 통일체로 구성된다. 심지어 구성적 체계학을 구축하는 데 가장 기본적인 문제인 시간의 구성 문제가 여기에서 충분히 다루어질 수 없다면,[1] 어쨌든 단적인 파악과 해명의 구별을 근본적으로 파악하는 데 필요한 한에서 고려해야만 한다.

단적인 파악의 단순한 예로, 그치지 않고 울려 퍼지는 어떤 음(音)을 듣는 것을 들 수 있다. (강도나 높이에서) 지속적으로 동일하며 언제나 변함없는 것이라고 하자. 그 음은 개별적 국면들 속에 울려 퍼진다. 이 국면들은 '음'이라는 시간적 대상이 나타나는 방식들이다. 이 시간적 대상은 시간 속에 지속하며, 그 지속(Dauer)은 각각의 순간과 더불어 지속적으로 확장된다. 음은 '지금(Jetzt)'의 시점, 즉 한편으로 지속적 과거의 지평, 다른 한편으로 미래의 지평과 더불어 구체적인 현재의 형태로 나타난다. 이러한 현재의 현상은 '지금'으로부터 언제나 새로운

---

1 〔원주〕이 책의 「서론」 14절 끝부분 참조.

'지금'으로 나아가고, 과거의 지평과 미래의 지평이 상응해 변화하는 끊임없는 근원적 흐름(Fluß)[2] 속에 있다. 더구나 그 음도 대부분 공간적으로 장소가 정해진 것으로 주어질 것이며, 공간적으로 가깝거나 먼 곳에서 울려 퍼지는 것으로 파악된다. 이 공간적 규정들은 어떤 공간의 영점(Nullpunkt), 즉 모든 '이곳'과 '저곳'이 향하는 우리 자신의 육체(Körper)에 관련된다. 이러한 방식으로 음은 지속의 통일체로서 수동적으로 미리 주어진다.

이제 울려 퍼지는 음을 능동적(수용적)으로 파악하는 것으로 나아가면, 파악 그 자체는 지속적으로 계속하는 것이다. 즉 그것은 음이 울려 퍼지는 한에서, 즉 그 음이 들리는 한에서 지속한다. 그때그때 '지금'의 시점에서 일어나기 때문에, 파악은 생생하게 존속하는 가운데 그 자체로 그때그때, 지금 울려 퍼지는 음을 향해 있다. 그러나 파악하는 시선은, 마치 이 순간적 '지금' 속의 음만 단적으로 파악된 음인 것처럼, 그때그때 지금 울려 퍼지는 국면(Phase)을 향해 있지는 않다. 그러한 '지금', 그러한 지속의 국면을 순간으로 파악하고 그 자체로 대상으로 만드는 것은 오히려 새롭게 독자적으로 파악하는 작업수행이다. 계속 지속하는 음, 요컨대 '이 음'을 파악하면서 우리는 순간적이지만 어쨌든 지속적으로 변화되는 현재(지금 울려 퍼지는 국면)를 향해 있는 것이 아니라, 자신이 변화되는 이 현재를 관통해 본질적으로 이러한 변화, 즉 나타남들의 흐름 속에 제시되는 통일체(Einheit)인 음을 향해 있다.

---

2 후설이 의식의 본질적 구조로 파악한 지향성은 '의식은 항상 무엇에 대한 의식으로 대상을 향해 있다'는 것이다. 요컨대 의식과 대상은 서로 불가분의 상관관계에 있다. 이 의식은, 데카르트에서와 같이 연장실체와 평행하는 사유실체, 즉 그 자체로 완결된 형이상학적 실체(Substanz)가 아니라, 마치 폭포처럼 항상 흐르는(恒轉如瀑流), 끊임없는 생성(Werden) 속에 있는 흐름(Strom)이다. 그는 이러한 의식의 삶의 생생한 체험의 현상을 "헤라클레이토스적 흐름"(『이념』, 47쪽; 『위기』, 159, 181쪽)이라 부르며, 그 흐름 전체를 통일성 속에 파악하는 것을 현상학의 과제로 삼았다.

2 단적인 파악과 해명

더 정확하게 조사해 보면, 파악하는 능동성은 생생하게 현전하는, 지속적으로 현전하는 계속하는 음을 향해 있어 자아가 최초로 파악하는 시선은 원본적 '지금'의 중심적 계기를 관통해 (이러한 형식으로 나타나는 음의 계기를 향해) 나아간다. 게다가 자신의 지속적으로 이행하는 흐름 속의 '지금'으로, 즉 '지금'에서 언제나 새로운 '지금'으로 그리고 이것에 의해 원본적으로 등장하는 계기들의 흐름 속에 나타나는 언제나 새로운 것으로 나아간다. 어떠한 '지금'도 원본적 '지금'으로 남아 있지 않으며, 모든 '지금'은 '방금 지나가 버린 것(Eben-vergangen)'이 되고, 이것은 [다시] '지나가 버린 것의 지나가 버린 것'이 된다. 그리고 이러한 나타남의 변화가 지속되는 가운데 동일한 하나인 수동적으로 스스로 합치해(Selbstdeckung) 문제된 계기는 지속적으로 능동적으로 파지해 남아 있다.

그러므로 '여전히-파지함(Noch-im-Griff)'이라는 변양된 능동성은, 생생한 '지금'에 접속된 것처럼, 과거들의 연속체(Kontinuum)를 끊임없이 관통해 간다. 그리고 근원적 원천을 이루는 새로운 능동성과 일치해 변양된 능동성은 능동성의 유동적인 통일체이며, 그 자체로 이러한 흐름 속에 스스로 합치해 있다. 물론 유사한 것이 미래지향으로 나타나는 미래의 지평들의 흐름에 대해서도 타당하다. 다만 이 미래의 지평들은 단순히 '여전히 파지하는 것'이 아니라, 지속적으로 예측하는 '미리 파지하는(Vorgriff)' 가운데, 그러나 '여전히-파지하는' 협력 아래 경과한다.

이러한 사실을 통해 우리는 (구체적으로 지속하는) 음을 파악하는 능동성(Akttiuvität)이, 모든 능동성 이전에 독자적인 수동성(Passivität)에서 경과하는 생생한 지속이 구성되는 법칙성에 근거해 복잡한 구조(Aufbau)를 갖는다는 점을 보았다. 이러한 구조는 능동성으로서 순수하게 고찰해 보면, 능동성의 본질적 구조에 속한다. 이 능동성은 지속적으로 흐르는 능동성이며 지속적으로 파생되고 지평에 따라 변양된 능동성과 일치해 근원적 원천을 이루는 능동성의 지속적 흐름(Strom)이다. 이것은 '여전히-파지해-유지함(Noch-im-Griff-halten)'이라는 성격과 미래의 측면에 따라 다르게 변양된 미리 파악하는(vorgreifend) 능동성, 따라서 다시 근원적 원천을 이루는 것이 아니라 부수적인 것으로 삽입된 성격을 지닌다.

일반적으로 음을 능동적으로 파악하는 작용이 발생하고 그것이 아프리오리하게 발생할 수 있는 한, 불가분의 통일체 속에 지속적으로 발생하는 끊임없는 스스로 합치해 일어나는 이 능동성은 구체적으로 말하면 자아에서 솟아나오는 자아의 작용(Akt)이다. 그러나 이 능동성 속에는 본래 지속적으로 솟아오르는 능동적 광선(Strahl)과 어쨌든 능동성 그 자체의 법칙성인 고정된 수동적 법칙성이 구별되어야만 한다. 능동적 파악에 본질적으로 속한 변양된 능동성은 이중의 방향과 변양의 형식 속에 능동적 파악과 제휴해 간다. 따라서 능동성 이전의(vor) 수동성, 즉 근원적으로 구성하지만 단지 미리 구성하는 시간 흐름의 수동성뿐 아니라, 이것을 넘어서 놓인, 본래 대상화하는, 즉 대상들을 주제로 삼거나 함께-주제로 삼는 수동성도 존재한다. 토대(Unterlage)가 아니라 작용(Akt)으로서 작용에 속하는 그 수동성은 일종의 능동성 속에 있는 수동성이다.

이러한 논의에 대해 다음과 같은 점이 밝혀진다. 즉 능동성과 수동성의 구별은 결코 고정된 것이 아니라는 점,[3] 이 경우 언제나 정의(定義)에 의해 확정할 수 있는 전문 용어가 중요한 것이 아니라, 기술하고 대조하는 수단만 중요하다는 점이다. 그 의미는 모든 개별적 경우에 분석의 구체적 상황을 고려해 근원적으로 새롭게 창조되어야만 한다. 그

---

3 따라서 후설의 '수동성'과 '능동성'은, 칸트의 '감성'과 '오성'의 역할처럼, 절대적인 것이 아니라 지향적 현상을 기술하는 방편으로서 상대적인 의미를 지닌다.

2 단적인 파악과 해명

리고 이러한 주석(註釋)은 지향적 현상을 기술하는 모든 경우에 대해서도 타당하다.

여기의 가장 단순한 예에서 부각된 것은 물론 시간적으로 지속하는 (변화되지 않았거나 변화하는, 정지하거나 움직이는) 대상을 단적으로 파악하는 모든 작용에 대해 타당하다. 대상은 수동적이고-능동적인 이러한 '파지해-유지하는 작용(Im-Griff-behalten)'에 근거해서만 지속하는 대상으로서 단적인 지각 속에 파악될 수 있다. 즉 지금 존재할 뿐 아니라 동일한 것으로서 방금 전에 존재했고, 바로 다음에 올 '지금' 속에 존재할 것으로서 단적인 지각 속에 파악될 수 있다. 그렇지만 '파지해-유지하는 것'을 이렇게 최초로 기술하는 것은 여전히 충분치 않다. 〔따라서〕 이것을 이것과 쉽게 혼동될 수 있는 다른 현상들과 대조해 볼 때 비로소 그 특성이 날카롭게 부각될 수 있을 것이다.

b) 서로 다른 방식의 '파지해-유지함'과 과거지향에 대립된 그 차이

자아가 서로 아무 관련도 없는 여러 가지 대상들에 계속 주의를 기울이고, 그 각각이 서로 아무 연관도 없는 방식으로 관심을 일깨우더라도, '여전히-파지해-유지함'이 발생할 수도 있다. 만약 이 대상들이 의식의 현재의 통일체 속에 촉발하면서 나타나는 가운데 자아가 처음에는 이 대상들 중 오직 하나만 추구하더라도, 자아는 미래지향으로 '미리 파악하는(Vorgreifen)' 가운데 부차적으로 이미 다른 대상에 주의를 기울일 수 있다. 이때 자아가 이 다른 대상을 추구하면, 처음의 대상은 더 이상 최초에 파악한 객체는 아니지만, 완전히 폐기될 필요는 없다. 그것은 여전히 파지되어 있다. 즉 그것은 다른 대상에 주의를 기울인 다음 단지 의식의 배경 속으로 순수하게 수동적으로 과거지향으로 가라앉아 버리는 것이 아니라, 자아는 변양된 방식으로 그 대상에 여전히

능동적으로 향해 있다.

이 '여전히-파지하는 것'은 위에서 언급한 변양된 능동성이 대상에 관해 근원적으로 파악하는 능동성과 합치했던 것과 구별되어야만 한다. 물론 그 합치는, 두 가지 대상을 종합적으로 파악하는 것에 근거해 어떤 중첩이 발생해도, 여기에서 나타나지 않는다. 이에 관해서는 앞으로 논의할 것이다.[4]

이 두 가지 '여전히-파지함'은 더 복잡한 어려움을 가질 수 있다. 만약 자아가 처음의 대상이 여전히 파지되어 남아 있는 동안 어떤 새로운 대상에 주의를 기울이면, 이것은 처음의 대상이 여전히 지속하는 것으로 주어지는 방식으로 일어나거나, 그 대상 자체가 더 이상 원본적으로 주어지지 않는 (가령 음이 울려 퍼지기를 중단하거나 어떤 시각적 대상이 문제되는 경우 그 대상이 시각의 장(場)의 영역에서 벗어나는) 방식으로 일어난다.

그럼에도 불구하고 자신의 과거지향으로 사라져 버림 속에 새로운 대상에 주의를 기울이는 가운데 '여전히 파지하는 것'은 유지된다. 따라서 '파지해-유지하는 작용'은 인상적인(Impressional) '파지해-유지하는 것', 대상이 지속적으로 주어지는 가운데 '파지해-유지하는 것'일 수 있거나, 또는 대상이 원본적으로 주어지는 것이 중단된 다음에도 여전히 존속하는 인상적이지 않은 '파지해-유지하는 것'일 수 있다.

인상적인 '파지해-유지하는 것'에는 〔위의〕 a)에서 고찰된 '지속하는 대상을 능동적으로 파악함에 대해 구성적인 것' 이외에도 이미 언급된 새로운 대상에 주의를 기울일 때 여전히 지속하면서 주어지는 대상을 '파지해-유지하는' 경우도 속한다.

이와 마찬가지로 인상적이지 않은 '파지해-유지하는 것'도 두 가지

---

4 〔원주〕 이 책, 24절 b) 참조.

경우에서 가능하다. 즉 한편으로 더 이상 원본적으로 주어지지 않는 대상은 어떤 새로운 대상에 주의를 기울이는 경우에도 '여전히 파지해 유지하는 것'이 될 수 있으며, 다른 한편으로 자아는 대상이 주어지기를 중단한 다음에도 자신의 '과거지향으로 사라져 버리는' 가운데 이 동일한 대상에 여전히 주목해 주의를 기울인 채 남아 있을 수 있다.

그렇다면 대상적 의미에서 종합적 합치는 과거지향 속에서의 능동적 파악작용과 그것이 이전에 인상적으로 주어졌던 지속을 '여전히-파지해-갖는 것'(Noch-im-Griff-haben) 사이에서 발생한다. 그것은 '방금 전에 내가 들었던', 그리고 비록 그것이 희미하게 사라져 버렸더라도 내가 지금 아직도 주목해 주의를 기울이는, 가령 '어떤 종류의 음이 존재했을 것인가'를 끄집어내려는 의도에서 동일한 음이다.

이렇게 기술함으로써 변양된 능동성, 즉 능동성 속에 있는 수동성으로서 '파지해-유지하는 것'은 종종 '신선한(frisch) 기억'[5]이라고도 부르는 과거지향을 유지하는 것과 구별되어야만 한다는 점이 분명해진다. 후자는 순수한 수동성의 테두리 속에 지향적으로 변양된(Modifikation)이다. 그것은 자아의 중심에서 발산하는 능동성의 어떠한 관여도 없이 절대적으로 고정된 법칙성에 따라 일어난다. 이 과거지향은 내재적 시간성을 근원적으로 구성하는 법칙성[6]에 속하며, 이 내재적 시간성에서 원본적인 순간적 '지금'을 인상적으로 의식해 갖는 것 모두는 '방금-전에(So-eben, 방금 전에 존재했던 '지금')'의 양상으로 원본적인 순간적 '지금'을 '여전히-의식해-갖는 것' 속으로 끊임없이 변화된다. 이 과거지향은 다시 그 자체로 과거지향적 변양에 지배되고, 이는 계속된다.

---

5 이것은 방금 전에 존재하거나 체험한 것으로 지각과 직접 연결된 의식을 뜻한다. 반면 '회상'은 지각된 것을 상상 속에 다시 기억하는 것, 새롭게 나타나는 것이다.
6 〔원주〕이에 관해서는 『내적 시간의식의 현상학 강의』(하이데거 편집, 『철학과 현상학 탐구 연보(Jahrbuch für Philo. und phäno. Forschung)』, 9권, 1928)을 참조.

그렇다면 구체적 현재의 의식은 과거지향적 과거의 구간(Strecke)에 대한 의식을 자체 속에 포함한다는 점 그리고 구체적 현재가 끝나면 구체적인, 흐르는 과거지향적 과거가 이어져야만 한다는 점은 명백하다. 마찬가지로 근원적 기대, 즉 비록 완전히 공허하더라도, 처음에는 순수하게 수동적인 기대(미래지향)의 지평이 체험의 흐름 속에 등장하는 모든 체험에 속한다는 점은 앞으로 다가올 것에도 타당하다. 그러므로 과거지향적 과거의 구간뿐 아니라(비록 그것이 완전히 공허한 미래라도) 미래지향적 미래의 구간도 구체적 현재(konkrete Gegenwart)의 의식에 속한다.[7]

　이러한 법칙성은 현상학적으로 주어진 모든 것, 즉 의식의 흐름 속에 등장하는 자아의 작용들뿐만 아니라 순수하게 수동적으로 주어진 것들에 관계한다. 또한 모든 자아의 작용, 예를 들어 어떤 대상을 단적으로 파악하는 모든 작용은 시간적으로 구성되는 자료로서 시간의 장 속에 등장한다. 자아의 작용은 '지금'의 순간 속에 또는 '지금'의 순간들이 지속적으로 계속되는 가운데 근원적 원천을 이루면서 등장하는 양상으로 인해 자신의 모든 국면에서(심지어 자아가 자신의 능동성을 파지한 것에서 대상을 풀어주더라도) 과거지향과 미래지향의 법칙성에 지배된다. 이 경우 순수하게 수동적이며 과거지향적으로 유지하는 의미에서 근원적 원천을 이루는 능동성의 변양이 생긴다.

　이에 반해 '파지해-유지하는' 경우 근원적 원천을 이루는 능동성은 변양된 능동성이지만, 그러나 단순한 과거지향의 형식으로는 아니다. 오히려 과거지향으로 사라져 버리는 국면들도 비록 변양되었더라도 어떤 실제적 작용이 구체화되는 가운데 실제로 기능하는 존립 요소들

---

　7 따라서 후설은 생생한 현재인 '지금'의 시점에 아직 알려지지 않은 것들을 그 친숙한 유형을 통해 미리 지시하고 해석하며 예측해 가는, 즉 귀납추리해 가는 의식을 "예언가적 의식"(『시간의식』, 56쪽)이라고도 부른다.

　　　　　　　　　　　　　　2 단적인 파악과 해명

로 여전히 남아 있다. 그와 같은 존립 요소로 남아 있을 때만 과거지향은 '여전히' 실제적 능동성이다. 더 적확하게 말하면, '여전히'라는 양상에서 실제적 능동성이다. 이와 마찬가지로 어떤 작용이 중단되는 경우, 미래지향의 수동적 법칙성이 계속 작동되고 있음에도 불구하고, 미래지향의 지평들은 '능동적으로 예측된 지평'이라는 성격을 잃어버린다. 〔그래서〕 미래지향은 '미리 파악하는' 양상에서 더 이상 실제적 능동성이 아니다.

다른 한편 만약 우리가 '여전히-파지해-유지하는 것'을 그것의 서로 다른 형식들에서 고찰하면, 그것은 '인상적으로 또한 과거지향으로 의식된 대상성들에, 그리고 일반적으로 가능한 모든 의식의 양상, 곧 이 대상성들에 관계하는 변양된 능동성의 형식인 의식의 양상에서 대상성들에 관계할 수 있다'는 점을 통해 과거지향의 현상과 구별될 것이다. 이 능동성이 그 대상성들을 빼앗기면, 자아가 이 대상성들에서 완전히 자신이 주목하는 것을 딴 곳으로 돌려 그 대상성들을 여전히 파지해 유지하지 않으면, 그 대상성들은 인상(Impression) 또는 과거지향(Retention)으로서 또는 그것들이 부각되어 여전히 계속 자극하게 되면서 의식의 장 속에 언제나 의식된 것으로 남게 된다. 그러나 그것들은 지향적으로 변화되는 가운데 오직 수동성의 법칙성에 예속된 채 순수한 수동성 속에 주어진다.

24 해명하는 관찰작용과 해명적 종합

a) '기체'와 '규정'이라는 범주의 근원적 장소인 해명적 종합과 이것을 분석하는 과제

객관화하는 능동성의 그다음 단계인 해명하는 관찰작용(explizierendes

Betrachten)으로 이제 넘어가자.

그것은 예측으로 이미 지각의 관심의 방향을, '대상이 주어지는 경우 즉시 함께 일깨워지는 대상의 내적 지평 속으로 파고 들어가는 것'으로 간주했다. 그것은 다음과 같은 사실을 뜻한다. 즉 지각의 관심이 억제되지 않고 성취되는 경우를 가정하면, 자아는 단순히 단적인 관찰과 파악에 더 오래 머물 수 없고, 오히려 관찰의 경향을 즉시 더 작동시킨다. 일직선으로 지속적으로 계속 흐르는 관찰작용은, 그것이 중단되지 않고 내적으로 결합된 채 '개별적 명제들을 연결시키는 다수 정립적 통일체(polythetische Einheit)를 형성하는 분리된 단계들의 불연속성'에서 일련의 개별적 파악들과 개별적 작용들로 넘어가면, 단순히 주시하는 것이 될 것이다. 개별적 파악들은 대상들에 관한 개별성을 향한 채 서로 잇달아 일어난다. 그 대상, 게다가 모든 대상은 자신의 특성들, 자신의 내적 규정들을 갖는다.

현상학적으로 방향을 전환하면, 이것은 다음과 같은 것을 뜻한다. 즉 어떤 가능한 경험의 대상으로서 일반적으로 생각될 수 있는 모든 대상은 자신이 주어지는 방식의 주관적 양상들을 갖는다. 그 대상은 모호한 의식의 배경에서 등장할 수 있으며, 이것으로부터 자아를 촉발하고, 주목하는 파악작용으로 규정할 수 있다. 이것에 의해 그 대상은 가까이 있음과 멀리 있음에 따라 다르게 나타나고, 먼 곳에서 가까운 곳으로 옮겨지는 자신의 방식을 갖는다. 이 경우 개별적 계기들에서 점점 더 부각되고 특수한 자극들과 특수한 주의를 기울임을 규정한다. 가령 집을 바라볼 때, 우선 지붕, 그다음 그 지붕의 특성, 색깔, 형태 등이 눈에 띄게 되는 것처럼, 처음에는 전체적으로 대상의 표면과 색깔, 그 형태가, 그런 다음에는 대상이 부각된 일정한 부분이 눈에 띈다. 그리고 기대들은 언제나 대상이 주어지는 방식의 본성에 따라 많든 적든 규정된다. 이 기대들은 즉시 함께 일깨워지며 그 대상의 특성들에서 제시되는 것과 관련된다. 대상은 처음부터 친숙함의 성격으로 현존한다. 그것은 이미 어떤 방식으로 알려지며, 많든 적든 모호하게 규정된 유형의 대상으로 파악된다. 더 상세하게 고찰하는 경우 대상에서 특성으로 밝혀지는 것에 관한 기대들의 방향은 이러한 사실을 미리 지시할 수 있다.

'근원적인 직관적 해명의 각 단계는 이미 친숙함의 지평 속에 발생한다. 각 단계는 완전히 새로운 대상이 단적으로 주어지게 이끄는 것이 아니라 단지 예측들이 상세하게 규정되고 수정되는 것'이라는 사실을 우선 도외시하고, 단순한 단적인 관찰작용과 구별되는 해명하는 과정의 일반적 본질을 밝혀 보자. 그런 다음에 해명하는 가운데 항상 현존하는 지평에 대한 의식을 완전히 구체화하는 것을 고려해 봄으로써 가능한 해명이 서로 다르게 수행되는 방식들이 고찰될 것이다. 그러나 이 수행하는 방식들 속에서는 자신의 모든 근본적 구조가 동일한 것으로 유지될 것이다.

'S'라고 부르는 어떤 대상과 그 내적 규정들 α, β ……를 생각해 보면, S에 대한 관심으로 분출된 과정은 파악 S, 파악 α, 파악 β 등의 단순한 계열을 마치 이 파악과 다른 파악이 아무 상관없는 것처럼, 또는 주제들에 변화가 일어난 것처럼, 제공하는 것이 아니다. 따라서 그 과정은 어떤 대상을 '인식하려는 관심(Erkenntnisinteresse)'이 마비된 후, 두 번째 대상, 그다음 세 번째 대상에 대한 관심에 의해 첫 번째 대상에 대한 관심이 압도된 후에, 우리가 그에 상응하는 힘을 지닌 자극에 의해 주목하게 강요했던 것들에 우리의 주의를 기울이는 방식이 아니다. 오히려 파악 S로부터 파악 α, β……로 이끄는 개별적 작용들의 과정 전체 속에서 우리는 S를 알게 된다. 그 과정은 전개되는 관찰, 분절된 관찰의 통일체이다.

〔이러한〕과정 전체를 통해 S는 주제의 성격을 유지한다. 반면 우

리는 단계적으로 각 계기들, 부분들을 파지하며, 그 각각은 곧 계기(Moment), 부분(Teil)이다. 즉 일반적으로 말하면 특성, 규정이다. 따라서 그것은 그 자체만으로는 아무것도 아니며, 대상 S에 '관한(von)' 무엇, 대상에서 '나온(aus)' 또는 대상 '속에 있는(in)' 무엇이다. 특성들을 파악하게 됨으로써 우리는 대상을 알게 되고, 이 특성들을 오직 그 대상의 것으로 알게 된다. 규정되지 않은 주제 S는 그것이 전개됨으로써 부각된 특성들의 기체로 되며, 이 특성들 그 자체는 그것이 전개됨으로써 자신의 규정들로 구성된다.

그러나 자아가 α, β……를 파악하는 가운데 'S를 인식한다'는 점을 의식하는 일은 무엇에 의해 일어나는가? 무엇을 통해 α가 다른 방식으로 S 또는 우리가 S 다음에 주의를 기울이는 임의의 다른 S′로 의식되는가? 달리 말하면 무엇이 'α, β……가, 비록 이것들이 차례로 파악되고 그래서 어떤 방식으로 주제가 되더라도, S와 대조해 보면 어떠한 동등한 권리도 갖지 못하는 특명한 의미에서' S로부터 일관된 주제를 형성하는가? 과연 이것들(α, β……)이 S에 대한 지배적 관심이 시종일관 성취하는 단순한 주제라는 점, 그리고 이것들로 이행하는 것이 다른 대상에 간섭하는 것, 따라서 S에 대한 관심을 전향시키거나 약화시키는 것이 아니라 그 관심을 지속적으로 충족시키고 상승시키는 것이라는 점은 사실인가?

그러므로 해명의 대상이 기체라는 의미의 형식으로 우리에게 제시된다는 점, 또한 해명된 계기들은 (우리가 해명하는 것, 자신의 규정들을 통해 S가 전개되는 것을 논의할 수 있어 그 S가 α, β…… 등으로서 규정될 수 있을 정도로) 완전히 다른 의미의 형식으로, 즉 대상의 특성들, 규정들로 제시된다는 점을 형성하는 지향적 기능들이 기술되어야만 한다.

대상을 근원성 속에 해명하는 과정은 원본적으로 주어진 대상을 명백한 직관으로 이끄는 과정이다. 이 과정에 대한 구조의 분석은 '어떻게 '기체로서의 대상'과 '규정 α……'라는 이중적 의미를 형성하는 것이 그 과정 속에 수행되는가' 하는 점을 명백하게 밝혀야 한다. 즉 그것은 '어떻게 그 의미를 형성하는 것이 분리된 단계들에서 계속 진행하는 과정의 형식으로 수행되는가' 하는 점을 보여 주어야만 한다. 이 경우 어쨌든 이 과정을 통해 합치되는 통일체(Deckungseinheit)가 지속적으로 연장된다. 그리고 통일체는 오직 이러한 의미의 형식들에만 속한 특별한 종류의 합치되는 통일체이다. 그 과정 속에 '어떤 것이 기체의 대상 그 자체, 규정들 같은 것 자체로서 근원적으로 간취되는 명증성(Evidenz)의 과정'이 제시될 필요가 있다고 말할 수 있다. 그것에 의해 우리는 이른바 논리적 범주들(logische Kategorien)의 첫 번째 근원적 위치에 다가서 있다. 물론 본래적 의미에서 논리적 범주들은 가능한 술어적 판단의 영역 속에 비로소 논의될 수 있다. 그러나 거기에서 등장하는 모든 범주와 범주적 형식은 선술어적 종합 위에 구축되어 있고, 이 선술어적 종합 속에 그 근원을 갖는다.

b) '중첩'이라는 종합의 특수한 방식인 해명적 합치

S의 파악에서 α의 파악으로 이행하는 경우, 해명하는 과정 가운데 우선 눈에 띄는 것은 파악된 두 가지가 정신적으로 중첩되는 것(Überschiebung)이다. 그러나 이것은 해명하는 것의 특성을 묘사하는 데 결코 만족스럽지 못하다. 왜냐하면 그와 같이 파악된 것이 중첩되는 것 모두는 자아가 종합적 행동, 즉 어떤 관심을 결합하는 통일체 속에 파악하는 것에서 〔다른〕 파악하는 것으로 진행해 가는 모든 가능한 경우와 함께 해명하는 데 공통적이기 때문이다. 이러한 중첩은 처음에는 어떤 사물이, 그다음에는 이 사물에서 분리되어 규정으로서 그 사물에 속하지 않는 어떤 형태, 소리, 냄새가 종합적으로 파악될 때와 같이, 어떤

사물이 처음에는 구별되지 않은 통일체 속에, 또 형태, 소리, 냄새에 따른 그리고 부각된 그 어떤 부분들에 따른 특수성 속에 파악될 때도 일어난다.

그와 같은 모든 종합의 경우, 서로 다른 대상들 전체가 통일적으로 관찰되지 않더라도, 중첩이 일어난다. 자아는 단계들의 계열을 관통해 줄곧 지속적으로 활동하는 것으로 기능하며, 두 번째 대상의 경우에도 여전히 첫 번째 대상을 향한다. 따라서 자아는 중요하게 파악된 것으로서 새로운 대상의 특권적 지위에도 불구하고 일치해 두 대상 모두를 향한다. 이렇게 일치하는(in eins) 두 가지는 자아 속에 능동적으로 받아들여지며, 분할할 수 없는 자아는 이 두 가지 속에 있다. 주목하는 시선과 파악하는 시선이 '잇달아 일어나는 것'은 하나의 이중 광선(Doppelstrahl)이 된다.

그러나 '이러한 종합적 능동성 속에 대상적 의미에 따라 합치되는 종합, 특별한 경우, 가령 동일성의 종합이 성취되는지 여부'는 본질적 차이이다. 만약 우리가 어떤 색깔에서 어떤 음으로 이행하면, 이 경우 그러한 종합은 일어나지 않는다. 〔하지만〕 우리가 어떤 색깔에서 다른 색깔로 종합적으로 이행하면, 실로 합치되는 종합이 생기며, 서로 중첩되는 것은 동등함(Gleichheit) 또는 유사함(Ähnlichkeit)의 방식으로 합치된다. 이제 사물과 사물의 특성 그리고 일반적으로 대상과 대상의 특성이 종합되는 경우를 생각해 보면, 여기에서 '동일성의 합치'(Identitätsdeckung)라는 완전히 독특한 종합이 드러난다. 여기에서 개별적으로 등장하는 지향적 대상들(개별적으로 파악하는 작용들의 의미의 내용)에 관한 종합은 지속적으로 일관되게 나아가는, 즉 첨예하게 분리된 작용의 단계들을 관통해 나아가는 어떤 동일성이 합치되는 종합이다.

우리가 말하려는 이 해명하는 합치는, 어떤 표상(주어지는 방식)에서 동일한 대상의 다른 표상으로 종합적으로 이행하고 이것에 의해 자기 자신과 그 대상을 동일시할 때 일어나는 것과 같은 대상의 의미에 관한 총체적 동일성의 합치와 혼동하면 안 된다. 그와 같은 합치는 예를 들어 동일한 사물(지속적으로 하나인 것)의 의식 속에 다양하게 변화하는 나타남들의 지속적 종합인 지속적으로 진행하는 모든 사물에 대한 지각에 속한다. 그러나 그러한 합치는 동일한 대상이 지각되고 기억되는 감각적 직관들의 불연속적인 모든 동일성의 종합에도 속한다.

하지만 해명하는 합치의 경우 그것은 완전히 다른, 철두철미하게 독특한 동일화(Identifizierung)이다. 이 동일화 속에 연속성(Kontinuität)과 불연속성(Diskretion)은 뚜렷하게 결합되어 있다. 기체와 규정은 해명하는 과정 속에 일종의 합치에 상관항(相關項)으로 근원적으로 구성된다. α가 규정으로 의식되는 동안 그것은 S와 같은 동일한 것으로 단적으로 의식되지도 않으며, 단적으로 다른 것으로 의식되지도 않는다. S를 해명하는 모든 규정에서 S는 자신의 특수성들 가운데 어느 하나 속에 있다. 그리고 해명하는 항〔의 형식〕들로 등장하는 서로 다른 규정들 속에 그것은 동일한 것, 즉 단지 특성들로서 서로 다른 특수성 속에서만 동일한 것이다.

c) 단적인 파악에서 '파지해-유지함'에 대립된 해명에서
'파지해-유지함'

단적인 파악과 대조해 보면 해명하는 합치의 특성이 명백하게 드러난다. 우리가 아직 해명하는 관찰 없이 단적인 파악을 실행하면, 예를 들어 시간 속에 지속하는 어떤 대상을 그 대상에서 어떤 것을 구별하지 않고 잠시 동안 파악하면서 주의를 기울이면, 이 파악작용은 '자아-행동(Ich-tun)', 즉 '자아 극(Ichpol)'에서 근원적으로 솟아나오는 자발성(Spontaneität)이다. 이 경우 불연속으로 일어나는 능동적으로 포착하는

것(Zugreifen)과 그것이 이행하는 끊임없이 견지하는 것(Festhalten)을 구별할 수 있다. 포착하는 것은 자아의 파악하는 능동성이 끊임없이 계속 나아가는, 근원적으로 원천을 이루는 것이다.

이제 부분적 파악으로 넘어가자. 가령 우리가 앞에 놓여 있는 구리 그릇을 관찰한다고 하자. 우리의 시선은 이 그릇을 훑어보고, 지금 잠시 동안 동그란 모형에 고착되어 남으며, 똑같은 동그란 모형에서 벗어난 것인 부각된 부분에서 다시 그곳으로 되돌아간다. 그렇다면 우리의 시선은 광택 나는 폭넓은 부분을 뛰어넘으며 변화되는 광택에 따라 더 나아가면 돌출된 장식이 눈에 띄고, 이 장식들의 집단이 통일적으로 부각되며, 우리는 이제 이 장식들 등을 개별적으로 훑어본다.

이 모든 것에서 우리는 객체 전체를 지속적으로 향하고, 이 객체를 파악했으며, 주제(主題)의 기체로 견지한다. 특별히 개별성들을 파악하는 동안, 우리는 파악된 것이 우선적으로 드러나게 만드는 새롭고 능동적으로 '특수하게 주의를 기울이는 것'과 '특수하게 파악하는 것'을 언제나 실행한다. 물론 이 부분적 파악들은 단적인 최초의 파악작용과 마찬가지로 능동적 활동이다.

우리가 부분적 파악을 실행하면, 이것이 실행되는 동안 그릇에 대한 파악작용인 전체적 파악작용의 사정은 어떠한가? 어쨌든 그 그릇은 우리가 관찰하는 그 그릇으로 언제나 남아 있다. 우리는 줄곧 그 그릇을 파악하면서 주의를 기울이지만, 부분적 파악들은 전체가 〔파악된〕 특성을 합치하는 가운데 중복시키고 이러한 중복작용(Übergreifen) 속에 의식되는 한, 우리가 모든 개별적 파악 속에 전체를 파악하는 방식으로 부분적 파악들은 이러한 전체적 파악과 합치된다.

그러나 여기에서 우리가 단적인 파악작용의 경우에 '근원적 포착하는 것(Ergreifen)'과 '여전히-파지해-유지하는 것' 사이에 타당한 것으로 이미 구별한 그 차이가 다시 등장한다. 개별적인 것을 관찰하지 않고 전체를 최초로 파악한 것에는 원본적으로 자아로부터 솟아오르는 능동성의 흐름이 구별되지 않은 통일적 객체로 나아간다. 만약 해명하는 관찰이 연출되면, 원본적인 능동성의 새로운 흐름은 언제나 그것에 상관된 특성들로 나아간다. 이에 반해 최초의 근원적 원천을 이루는 능동성은 이제 유지되어 남지 못하고 이러한 근원적 형식에서 전체를 향한다. 해명하는 관찰작용이 시작되자마자 곧 그것은 자신의 지향적 양상을 명백하게 변화시킨다. 실로 우리가 파악하는 것이 관찰하는 객체라고 할 경우, 확실히 우리는 파악하면서 객체 전체를 향하고 그러한 상태로 남아 있다. 그러나 그것은 근원적인 또 근원적으로 생생한 형식에서 전체를 능동적으로 파악하는 머무는 것(Verbleiben)이 아니라, 지향적으로 변양되는 가운데 곧 '여전히-파지해-유지하는 것'으로서 능동성을 보존하는 것이다.

이러한 사실은 어떤 해명하는 항(項)에서 바로 그다음 해명하는 항으로 이행하는 경우에도 타당하다. 더 이상 부분적으로 파악되지는 않으나, 방금 파악된 순간적 계기는 새로운 능동적 단계로 이행함으로써 완전히 파지되어 유지된다. 이 유지하는 파지함, '여전히'라는 양상으로 파지함은 계속 지속하는 활동의 상태이지, 지속적으로 활동하면서 진행해 가는 포착작용이나 파악작용은 아니다. 단적인 관찰의 경우에서와 같이, '유지하는' 양상에서 파지하는 것은 다소간에 확고하다. 〔그런 다음〕 느슨해질 수 있거나 느슨해져 있다가 다시 확고하게 될 수 있다. 그렇게 파지하는 것도 객체가 포기되거나 그 객체가 파지함에서 미끄러져 나오는 일을 완전히 중단할 수 없다. 해명하는 것이 관찰되는 경우 '인상적으로 파지해-유지하는 것'이 문제가 된다는 사실은 특별히 언급할 필요가 거의 없다.

그러므로 지속적인 단적인 파악의 경우처럼 해명하는 모든 단계에서도 기체를 파지해 유지하는 것이 발생한다. 그러나 여기에서 '파지해-유지하는 것'은 단적인 파악의 경우와 전적으로 구별된다. 즉 끊임없이 '파지해-유지하는' 가운데 포함된 객체에 대한 파악은 부각된 모든 개별성을 점진적으로 내포한다. 해명하는 가운데 객체를 '파지하는 것(Im-Griff-haben)'은 내용상 변화되지 않는 '파지하는 것', 이러한 〔해명하는〕 단계 이전에 의식된 것과 똑같은 동일한 객체를 '여전히-파지함'이 아니고, 끊임없이 새로운 부분적 합치에 의한, 언제나 서로 다르게 '파지하는 것'이다. 각각의 단계에서 개별적으로 포착된 것은 합치를 통해 기체의 의미의 내용에 합병된다. 개별적 포착들은 단적인 관찰 속에 여전히 유지하는 경우나 새로운 대상으로 이행하는 경우와 같이 단순히 유지하는 개별적 포착들로 변화되는 것이 아니라, 전체적 포착이 변양되는 것으로 또는 그 변양된 내용이 '풍부하게 되는 것'으로 변화된다.

이제까지의 설명에는 'S를 여전히-유지하는 것'과 'α, β……를 여전히-유지하는 것'은 본질적으로 다르다는 점이 포함된다. 어느 한 측면에서 해명이 시작되고 2차적인 '여전히-파지해-유지하는 것'이라는 변양된 능동성이 시작하는 한, 우리가 시작하는 포착작용이 끊임없이 근원적 원천을 이루는 능동성과 현실적으로 '파지해-유지한다'. 이것은 지속적으로 진행하는 포착작용이며, '포착하는 것(Im-Greifen-haben)'이다. 끊임없는 통일체로 합류되는 이 두 가지 형식에서 능동적 자아는 지속적으로 S를 향해 있고, 그러한 상태로 남아 있다.

다른 한편 해명하는 항의 측면에서 현상들은 이와 다르다. 시작하면서 또 근원적으로 원천을 이루면서 진행하는 능동성은 다시 변화되는데, 이 능동성 속에 어떤 설명하는 항은 근원적 파악에 이르고 새로운 설명하는 항이 파악될 때까지 자신의 시간을 계속 지닌다. 이 설명하는 항은 실로 중단되지 않으며, 진행되는 과정 전체에 타당하게 남아 있다. 그렇다면 여기에서 '그것이 여전히 파지되어 남아 있다'는 점에 관해 논의해 보자.

그러나 이 '유지되어 남아 있음(Behaltenbleiben)'은 여기에서 이미 기술된 능동적 합치의 지향성 속에 자기만의 원천을 갖는다. 그리고 이 합치에 따라 설명하는 항과 그다음의 각 설명하는 항은 S 속에 규정요소들로, 그 이후 줄곧 S의 의미를 규정하는 침전물로 받아들여진다. S는 α가 해명된 이후에는 Sα가 되며, 마찬가지로 β가 등장한 이후에는 (Sα)β가 된다. 그러므로 α, β 등은 더 이상 1차적으로도 2차적으로도 파악되지 않으며, 자아는 특히 더 이상 이것들을 향하지도 않는다. 그러나 자아는 그것들을 침전물로서 자체 속에 포함하는 S를 향해 있다.

그에 따라 우리는 어떤 해명의 지향성이 끊임없이 운동하며, 지속적인 내적 변화 속에 있고, 동시에 각 단계들의 불연속성 속에 있다는 사실을 알게 된다. 어쨌든 이 지향성에 의해 지속성은 관통해 나간다. 이 지속성은 파악들의 내용뿐 아니라 능동성 자체에도 관련된 합치의 끊임없는 종합이다. 활동하는 파악작용과 전체에 향해 있음, 또는 더 정확하게 말하면, 기체 S에 향해 있음은 함축적으로 α……에 함께-향해 있음이며, α가 등장하는 가운데 S는 α'에 관해' 파악되고 전개된다.

d) 해명과 다수성의 파악

우리가 해명하는 과정의 이러한 특성을 파악했다면, 이제 그 과정과 가깝지만 엄밀하게 구별될 수 있는 종합, 즉 다수성(Mehrheit)의 파악에서 일어나는 종합을 쉽게 대조할 수 있을 것이다. 물론 다수성, 가령 일군의 별이나 색깔을 띤 반점들의 집단은 통일적으로 부각되는 것과 자극에 근거해 통일적인 주제가 될 수 있고, 대상의 개별적인 것들을 규정하는 부분으로 해명하는 것으로 경험될 수 있다. 그렇다면 우리는 해명하는 특수한 경우만 명백히 갖는다. 만약 다수성이 통일적 전체로 파악되고 다수의 개별적 통각(Apperzeption)들이 결여되면, 그것은 이념적 한계의 경우(Grenzfall)이다.

그러나 정상적인 경우에는 미리 어떤 형태를 띤 통일체가 다수의 방식으로 존재하는 것, 즉 대상들의 다수성으로 통각이 되고, 그 통각이 실현된다. 이것은 다수의 존재자가 통일적으로 대상에 '주의를 기울이지' 않고, 오히려 다수성의 개별적 항들(Glieder)이 처음부터 관심을 불러일으키며, 곧바로 개별적 방식으로(하지만 개별화된 것이 아니라 주제에서 서로 연결된 방식으로) 주제가 된다는 사실을 뜻한다. 요컨대 관심은 어떤 형태를 이루는 연상(Assoziation)의 그 밖의 계기들과 더불어 이미 배경 속에 연상 짓는 동등함이나 유사함에 따르고, 각각의 개별적 관심이 합치됨으로써 모든 개별적 새로운 것에 도움이 되고, 이전에 이미 파악된 것에 도움이 되고 이것에 부착되어 있는 한, 주제가 된다. 그 가운데 이제 관심이 개별적 방식으로 충족되고 새로운 개별성을 계속 추구하면, 이미 파악된 각각이 여전히 파지되어 남아 있는 어떤 통일적인 능동적 과정이 생겨 사실상 단순히 능동성들이 잇달아 일어나는 것(Nacheinander)이 아니라 이 잇달아 일어남을 관통해 지속하는 능동성의 통일체(Einheit)가 일어난다. 이 경우 관통하는 능동성은 어떤 통일적 형태(Konfiguration) 속에 지속적으로 나타나는 다수성이 지속하는 토대 위에 끊임없이 움직인다. 따라서 어떤 방식으로든 우리는 의식에 적합한 전체 안에서 부분적 파악들과 관련된다.

하지만 어떤 개별적 대상을 해명하는 경우와 더불어 유비(Analogie)가 아무리 넓게 확장되더라도 본질적 차이가 있다. 또한 우리가 최후의 점에 이르기까지 다수성이 관통되는 과정에서 제시한 것이 우리의 영역을 해명하는 데 본질적으로 아무리 타당하더라도, 어쨌든 본질적 차이가 눈에 띈다. 해명되는 주제적 대상은 해명에 속하고, 그 속에서 '자신의 해명하는 항에 대한 기체'라는 성격을 지닌다. 그러나 지금 다루는 다수성은 아무리 통일적 형태로서 근원적이며 직관적으로 나타나더라도, 능동적 활동의 목표, 즉 경험하면서 앎을 취하는 것의 목표가 결코 아니다. 그것은 처음부터 파악되어 있지 않고, 개별적 파악들 속에 여전히 능동적으로 파지되어 있다. 개별적 파악들이 진행되는 가운데 우리가 '해명하는 합치'라고 불렀던 독특한 부분적 동일화(Identifikation)는 일어나지 않는다. 이 합치는 양 측면의 능동성이 관여되어 있다. 또한 다수가 관통해 가는 가운데 있는 개별적 능동성들은 바로 이러한 근거 때문에 해명하는 원리와 같은 원리에 의해 통일되어 있지는 않다. 일반적으로 다수가 관통하는 가운데 능동성들의 통일체는 능동성을 통해서가 아니고, 수동성의 원천에서 결합됨으로써 세워진다.

물론 관통하는 것과 더불어 총괄하는 것이 동시에 일어나면 사정은 다르다. 그러나 그 경우 결합하는 능동성은 해명에 통일성을 부여하는 능동성과 전적으로 다르다. 그것은 이후에도 논의되어야 할 높은 단계의 능동성인 자발성이다. 이 자발성 속에 다수성은 독자적인 대상으로, 즉 집합(Menge)으로 구성된다.[1] 그러나 해명 그 자체에서 우리는 해명하는 항들을 독자적으로 총괄하는 어떤 것도 실행하지 않는다. 해명하는 항들을 집합적으로 연결하는 형식을 갖고 해명하기 위해서는 어떤 특별한 관심, 새로운 종류의 관심이 필요하다. 그렇지만 정상적으로 경과하는 해명을 위해 해명하는 항들의 집합적 총괄작용이 필요하지 않다. 해명은 처음부터 객체가 지속적 주제이며 이미 기술된 방식의 변양된 능동성 속에 그 주체로 끊임없이 파지되어 남아 있다는 사실에 의해 자신의 통일체를 갖는다.

---

1 〔원주〕이 책 59절 참조.

25 해명의 습득적 침전물. 각인됨

이제까지 '근원적으로 직관할 수 있는 가운데 근원성이 어떻게 실행되는가'를 해명하는 과정을 기술했다. 물론 이 근원성은 결코 알려지지 않은 어떤 대상을 처음에 단적으로 파악하고 해명하는 것을 뜻하지 않는다. 근원적으로 직관할 수 있는 가운데 실행되는 과정은 이미 예측(Antizipation)과 더불어 관철되었고, 이미 실제로 직관적으로 주어진 것보다 더 통각으로 함께 사념된다. 왜냐하면 모든 대상은 그 자체만으로 고립된 것이 아니라, 언제나 이미 '유형상 친숙함(Vertrautheit)'이나 '미리 알려진(Voranntheit)' 자신의 지평 속에 있는 대상이기 때문이다.

그러나 이 지평은 끊임없이 움직인다. 직관적 파악의 모든 단계와 더불어 그 속에서 새롭게 기입하는 것(Einzeichnung), 즉 상세하게 규정하는 것이나 예측된 것을 교정하는 것이 일어난다. 어떠한 파악도 단순히 순간적인 것이거나 지나가 버리는 것이 아니다. 물론 기체를 파악하거나 해명하는 항들을 파악하는 이러한 체험으로서 직관적 파악은 모든 체험과 마찬가지로 '지금' 속에 근원적으로 등장하는 그 자신의 양상을 갖는다. 이 양상은 점차적으로 그에 상응하는 근원적이지 않은 양상으로, 즉 과거지향으로 희미해지고 결국에는 완전히 공허하며 생생하지 않은 '과거 속으로 잠겨 버리는' 양상으로 '가라앉아 버릴 수' 있다. 이와 같은 체험 그 자체는 그 체험 속에 구성된 대상적인 것(Gegenständliches)과 더불어 망각될 수도 있다. 그러나 그러한 사실에 의해 체험은 결코 '흔적도 없이' 사라져 버리는 것이 아니라, 단지 '잠재적 상태(latent)'가 된다. 체험 속에 구성된 것에 따라 그것은 항상 현실적인 연상적 일깨움(assoziative Weckung)으로 새롭게 될 준비를 갖춘 습득적 소유물(habituelle Besitz)이다.[1]

해명하는 것의 각 단계와 더불어 이전에는 규정되지 않은, 즉 모호

2 단적인 파악과 해명

하게 지평으로 미리 알려졌고 예측으로 규정된 파악의 대상에서 습득적 지식의 침전물이 형성된다. 해명하는 과정이 '근원성'이라는 양상에서 경과된 다음 대상은 비록 수동성 속으로 가라앉아 버리더라도 관련된 규정들에 의해 규정된 것으로 구성된 채 남아 있다. 대상은 해명하는 작용들에서 근원적으로 구성된 의미의 형태들을 습득적 앎으로 자신속에 받아들인다.

따라서 어떤 대상을 깊이 파고 들어가는 모든 관찰작용은 거기에서 지속하는 성과를 갖는다. 실행된 주관적 작업수행은 지향적인 것으로서 대상에 습득되어 남아 있다. 이제부터 이와 관련된 주관은, 비록 경험적으로 주어지는 것과 주어지는 것 일반이 중단된 이후에 대상으로 되돌아가더라도, 해명하는 지식을 취함으로써 대상에 배분된 규정들을 지닌 이미 알려진 대상으로서 그 대상을 간주한다. 이것은 새로운 지식을 취하는 것이, 비록 기억 속에 실행될 뿐 아니라 대상을 다시 원본적으로, 따라서 지각에 적합하게, 부여했더라도, 이전의 지각들과는 본질적으로 다른 의미의 내용을 갖는다는 점을 뜻한다. 대상은 어떤 새로운 의미의 내용과 더불어 미리 주어지며 획득된 지식의 지평(물론 공허한 지평)과 더불어 의식된다. 능동적으로 의미를 부여한 침전물, 이것에 앞선 어떤 규정이 배분된 침전물은, 실제로 새롭게 해명되지 못하더라도, 지각이 파악하는 의미의 '지금'의 존립 요소이다. 그러나 그것이 새롭게 해명되면, 그것은 이미 획득된 앎을 '반복하는(Wiederholung)' 또는 '복원하는(Reaktivierung)' 성격을 지닌다.[2]

---

1 후설은 의식이 체험한 내용이 변양되어 무의식 속으로 침전되고 유지되는 것을 "이차적 감성"(『이념들』 1권, 332, 334쪽), "이차적 수동성"(이 책, 67절 b))이라 부르는데, 역사성과 사회성을 지닌 선험적 주관성은 곧 이 습득성의 기체(基體)이다.
2 후설은 이와 같이 원본적으로 산출된 의미의 형성물이 임의적으로 반복해 생생하게 복원될 수 있는 습득적 소유물로 침전되는 과정을 상세하게 분석함으로써 구체적인 생활세계와 이념적 대상성들의 역사성과 사회성을 밝혔다. 이에 관해서는 『위기』의 부록 '기하학의 기

근원적인 직관적 파악의 경과가 이렇게 습득되는 것은 의식의 삶의 일반적 법칙에 따라 실행된다. 즉 그것은 우리의 협력 없이, 해명된 대상에 대한 관심이 일회적이며 일시적인 곳에서도, 또 그 관심의 대상을 일회적으로 해명해 관찰한 다음 만족하고 대상 그 자체가 완전히 망각된 곳에서도 실행된다. 그러나 그 관심은 어떤 습득성(Habitualität) 자체를 이러한 방식으로 수립하기 위해 자발적으로 노력할 수 있다.

그렇다면 우리의 관심이 지각의 심상(Bild)을 주의하고 획득하며 각인하는 것(Einprägen)을 향해 있음에 관해 살펴보자. 그와 같은 관심은 빈번히 해명하는 종합을 반복해 관통하는 동기를 준다. 가령 그 관심은 우선 자신의 원본적 현재 속에 대상을 여러 번 관찰하는 동기를 주지만, 그런 다음에는 사정에 따라 신선한 기억 속에 해명하는 진행을 반복하는 동기를 준다. 이것은 우리가 바로 되돌아갈 경우이다.[3]

해명하는 가운데 부각된 특성들은 징표(Merkmal)가 되며, 전체로서 대상은 징표들의 통일체로 파악되고 유지된다. 이것에 의해 관심은 부각된 특성들 모두에 똑같이 분배되는 것이 아니라, 시선은 곧 이 성질들에 의해 특별히 각인된 성질들을 향한다. 일정한 유형의 대상이나 개별적 대상은 동등하거나 유사한 유형의 다른 대상들과 구별된다. 예를 들어 어떤 사람의 눈에 띄는 특징이 볼록 튀어나온 배, 사시(斜視) 등이라면, 우리는 이것들을 나중에 그 사람을 집단의 다른 사람들 가운데 재인식할 수 있기 위한 특별한 징표로 각인한다.

그러므로 관심이 단순히 일시적으로 '지식을 취하는 것'에 만족하지 않고 지각의 심상이 각인되는 것을 향하면, 반복되는 가운데 특성들을 최초로 해명하는 관통하는 것에 따라 특성들의 전체성에서 특징적

원' 참조.

3 〔원주〕이 책의 27절 참조.

2 단적인 파악과 해명

인 것이 부각되고, 무엇보다 시선이 이것에 이끌린다. 물론 그것은 나중에 비로소 분석될 과정인 술어화작용과 대부분 제휴해 나아갈 것이다. 이 술어화작용은 이후에야 분석될 과정이다. 그러나 어떠한 술어화작용도 없이 단순히 해명하는 관찰 속에서 주의하는 것에 쏟는 관심의 경향과 각인은 가능하다. 이러한 관찰은 강렬한 관찰이 되는데, 이 관찰 속에서 해명하는 경우 지각의 관심은 두드러지게 드러나는 다수의 본성들에서 특별히 주의를 끌고 특색을 지닌 것을 향한다.

26 지평에 의해 예측된 것을 판명하게 하는 것인 해명과 분석적으로 판명하게 하는 것의 차이

어떤 대상을 그 특성들로 해명해 알게 되는 각 단계에서 습득성을 수립하는 것은 단순히 그 대상 자체에만 관련된 것이 아니라, 오히려 그와 더불어 즉시 어떤 유형이 미리 지시되며, 이것에 근거해 통각이 전이되어 유사한 다른 대상들도 처음부터 이 유형의 대상들로서 이전의 친숙함 속에 나타나고 지평으로 예측된다. 이러한 사실은 이미 '서론'에서 언급되었다.[1]

따라서 어떤 존재자를 근원적으로 파악하고 해명하는 모든 단계에서 경험할 수 있는 것의 지평은 전체적으로 변화된다. 새로운 유형의 규정과 친숙함이 수립되고, 새로운 대상이 주어지는 것과 결합된 통각을 하는 기대에 방향을 제시해 주고 미리 지시해 준다. 이 점에 관해 모든 해명은, 근원적으로 직관할 수 있는 가운데 새롭게 경험된 어떤 대상을 해명하는 것과 같이, 판명하게 하는 것(Verdeutlichung)과 명석하게

---

1 〔원주〕 이 책의 8절 중간 이하 참조.

하는 것(Klärung)²으로 성격 지어진다. 이것은 지평의 형식 속에 규정되지 않은 것, 즉 지평의 형식 속에 함축된 것을 상세하게 규정함으로써 이루어진다.

모든 실제적 해명은(공허한 예측으로서) 지평의 지향(Horizontintention)을 충족시키고, 알려지지 않은 어떤 규정들에서 그에 상응해 규정되고 그때부터 알려진 것(이것은 지평 속에 규정되지 않은 함축된 것이 판명하게 되는 방식으로 알려진다.)이 되는 일정한 단계들에서 지평의 지향을 실현시키는 지향적 성격을 갖는다. 이러한 함축은 대상을 파악(또한 영역, 종(種), 유형 등에 따른 그 밖의 다른 파악)함으로써 이미 앞서 그 속에 포함되지만 한정되지 않은, 모호한, 혼란된 어떤 것의 특수한 의미를 얻었다. 명백하게 제시된 해명하는 항은 그에 상응하는 혼란된 상태를 명석하게 하는 것이다. 그 해명하는 항은 그것이 파악된(동시에 자신의 유형 속에 파악된) 대상과 합치하는 가운데 앞으로 더 명석하게 될 수 있는 것으로서 혼란된 상태의 잔여의 지평(Resthorizont)으로 둘러싸여 있다.

명석함은 이미 공허하게 미리 지시되고 사념된 것이 '스스로를 드러냄(Sich-selbst-zeigen)'이다. 비록 이것이 언제나 충족되더라도, 마치 미리 지시하는 것이 언제나 더 진전되어, 미리 지시된 의미가 절대적 규정성 속에 미리 사념되고 오직 그것 자체의 직관적 명석함으로 이행하는 것처럼, 순수하고 단순한 '스스로를 부여하는 것(Selbstgebung)'은 결코 아니다. 심지어 대상이 완전히 알려지는 경우에도 이 완전함은 자신의 이념에 상응하지 않는다. 공허하게 미리 사념된 것은 오직 상세하게 규정하는 형태에서만 충족되는 자신의 모호한 일반성, 자신의 '개방된 규정되지 않은 것'을 갖는다.

그러므로 완전히 규정된 의미 대신 공허하게 미리 사념된 것은 언

---

2 '명석함'과 '판명함'에 관해서는 「서론」 3절의 옮긴이 주 참조.

2 단적인 파악과 해명

제나 공허한 의미의 테두리이지만, 이것 자체는 확고한 의미로 파악되지는 않는다. 서로 매우 다른 범위(대상이 예측되면서 어떻게 파악되는가에 따라 대상 일반, 공간적 사물 일반, 인간 일반 등)에 따른 테두리의 범위는 충족되는 가운데 비로소 밝혀진다. 여기에서 논의되지 않은 독자적인 지향적 작용들 속에 나중에 가서야 비로소 한계가 정해지고, 개념들로 파악될 수 있다. 따라서 판명하게 하는 것과 단적으로 충족시키는 것은 동시에 의미를 풍부하게 만든다. 만약 이제 어떤 지평과 더불어 파악된 대상이 해명되면, 이 지평은 충족시키는 동일화작업(Identifizierung)에 의해 모든 단계에서, 하지만 부분적으로 해명된다.

더 명백하게 말하면, 근원적으로 완전히 모호하고 구별되지 않은 지평의 통일성은 명석하게 되지 않은 잔여의 지평이 남아 있는 한, 이 지평을 명석하게 하는 (물론 부분적으로만 명석하게 하는) 그때그때 드러난 해명하는 항과 더불어 이러한 충족에 의해 마련된다. 이제부터 'p라고 규정된 S'는 실로 다시 하나의 지평을(비록 변화된 지평이더라도) 가지며, 이것은 S(모호한 지평의 의미가 부여된 것)의 지속적 자기 합치에 의해 이전의 완전히 규정되지 않은 지평과 같은 것, 즉 p를 통해 이제까지 명석하게 되지 않았던 것이다.

따라서 전진해 가는 해명은 지평으로 모호하게 사념된 것을 전진해 가면서 충족시키는 명석하게 하는 것이다. 이 해명은 이제부터 구획된 S의 특수한 계기들이 전진해 가는 전개작용으로, S가 특수성 속에 있게 되는 규정들로서 여전히 제시되지만, 동시에 다른 한편으로 근원적 지평의 언제나 새로운 잔여의 형태인 언제나 새로운 공허한 지평을 충족시키는 명석하게 하는 작용으로서 제시된다. S는 언제나 하나의 동일한 파악의 S이며, 어떤 대상적 의미의 통일체 속에 언제나 동일한 것으로 의식된다. 그러나 그것은 파악작용이 끊임없이 변화되는 가운데 이 과정에서 S 자체가 있는 그대로의 S를 해석하는 것으로서 의식된다.

즉 그 S 자체를 해명하면서 전진해 가는 파악의 공허함(Leere)과 충족됨 (Fülle)이 언제나 새로운 관계 속에 의식된다. 그 결과 명석하게 하는 것 은 언제나 동시에 상세하게 규정하는 것, 더 적절하게 말하면, 판명하게 하는 것으로 진행해 간다. 왜냐하면 여기에서 '규정한다'는 말은 새로운 의미를 갖기 때문이다. 실제적으로 명석하게 하는 것에 의해 미리 사념 된 것이 제한된 판명하게 하는 것 속에 비로소 밝혀진다.

이러한 방식으로 모든 해명이 판명하게 하는 것으로 간주될 수 있 다면, 판명하게 하는 것에 관한 일상적 논의는 전문 용어상 어떤 다른 의미를 갖는다는 점을 기억해야만 한다. 즉 해명하는 판명하게 하는 것 은 본래적 의미에서 명명한 분석적으로 판명하게 하는 것과 혼동하면 안 된다. 우리가 직관할 수 있는 영역 속에 움직이면서 행하는 분석적으로 판명하게 하는 것은 일종의 해명을 제시하지만, 공허한 의식 속에서의 해 명을 제시한다. 우리는 모든 판단, 모든 판단의 사념의 경우 분석적으로 판명하게 하는 것을 술어로 판명하게 하는 것으로 논의한다. 판단하는 사념작용은 혼란될 수 있으며, 사념된 것[내용]에 따라 판명하게 될 수 있다. 그래서 그것은 명백한 본래적 판단작용이 된다. 이 판명하게 하는 것은 전적으로 공허한 의식 안에서만 가능하다. 이것은 판단 속에 사념 된 것이 직관적으로 주어져야만 할 필요는 없고, 단지 판단의 사념 그 자체가 명백하게 실행되는 것으로 충분하다는 사실을 뜻한다.[3]

이러한 사실은 술어적 판단작용이 기초 지어진 지향성을 갖는다는 점을 함축한다. 이 점은 나중에 상세하게 연구될 수 있을 것이다. 여기 에서 우리는 이 정도 암시에 만족해야만 한다. 왜냐하면 당분간 선술 어적 영역은 여전히 우리에게 [분석의] 한정된 테두리로 미리 지시되어 남기 때문이다.

---

3 [원주] 이에 관해서는 『형식논리학과 선험논리학』, 16절 a) 49쪽 이하 참조.

그렇지만 공허한 의식 속에 일어나는 것으로서 이러한 분석적으로 명료하게 하는 것은 모든 공허한 의식 일반이 경험할 수 있는 변양의 한 특수한 경우라는 사실에 주목해야 한다.

27 해명의 근원적인 수행방식과 근원적이지 않은 수행방식. 예측 속의 해명과 기억 속의 해명

한편으로 해명하는 과정이 관련된 것을 끊임없이 그 근원성에서 예측과 더불어 고려하고, 다른 한편으로 해명의 모든 단계에서 일어난 습득성을 수립하는 것을 고려하면, 다음과 같은 해명을 수행하는 가능한 방식들이 구별될 수 있다.

1) 출발점은 물론 근원적인 해명의 경우이다. 〔여기에서〕 대상은 전적으로 새롭게 규정된다. 그러나 대상은, 우리가 살펴보았듯이, 언제나 이러저러한 유형의 대상으로 통각으로 미리 파악된다. 처음부터 파악의 의미는 이러한 대상에서 아직 경험되지 않은, 그렇지만 그것들이 다른 대상들에서 그 이전의 유사한 경험들을 소급해 지시하는 한, 알려진 어떤 유형을 갖는 규정들을 함축한다.

그 결과 단순하게 완전히 규정되어 기대된 것을 입증하거나 '그런 것이 아니라 다른 것'으로 규정된 예측으로 미리 지시하는 것에 실망하는 것이 문제가 되는지에 따라, 또는 여전히 완전하게 알려지지 않은 대상들의 경우와 같이 예측들이 규정되지 않아 기대들이 단지 앞으로 다가올 새로운 것, 즉 '그 어떤 성질' 등을 향해 있는지 여부에 따라 '예측된 것'과 '이제 직관할 수 있는 가운데 스스로 주어진 해명하는 항들'의 서로 다른 방식들의 종합적 합치가 생긴다. 그렇다면 〔마지막 경우〕 본래적 의미에서는 입증하는 것에 대해서도 실망하는 것에 대해서도 여지가 없다. 대상이 스스로를 부여하는 것과 더불어 일어나는 충족은 적어도 어떤 것이 주어지고 아무것도 주어지지 않는 것이 아닌 한에서만 입증하는 것이다.

2) 그러나 대상은 여전히 스스로 주어지기 이전에 상상 속에 직관적으로 상세하게 그려 냄(Ausmalung)에 근거해 예측으로(antizipatorisch) 해명될 수도 있다. 이 경우 주어져 있던 동일한 유형이나 유사한 유형의 대상들에 관한 기억은 언제나 자신의 역할을 한다. 이러한 경우는 특히 술어적 판단을 단순히 분석적으로 판명하게 하는 것에서, 그것을 직관할 수 있게 만드는 명석하게 하는 것으로 이행될 때 빈번히 일어난다. 그러나 여기에서 열거된 해명의 다른 양상들도 모두 마찬가지로 직관적으로 부여하는 명석하게 하는 것으로 기능할 수 있다.[1]

3) 또 한편으로는 해명을 실행하는 방식들에 새로운 것은 이미 해명된 대상으로 되돌아가는 것이다. 경우에 따라 이미 이전에 규정된 대상을 그 규정들로 분해하는 것이다. 함축적으로 알려진 것은 다시 더 명백한 인식, 즉 다시 현실화된 인식으로 이끈다. 그렇게 '다시-되돌아가는' 경우에는 〔다음과 같은〕 몇 가지 가능한 변양들이 구별될 수 있다.

① 이미 해명된 대상은 우리의 기억에 남는 것처럼 새롭게 해명되고, 외적 경험의 대상들에서 가능한 것처럼 동시에 다시 지각된다. 기억의 해명은 새로워진 지각이 개별적으로 나아가는 단계들과 종합적으로 합치되고, 그 속에서 입증된다. 우리는 대상이 존재하며 변화되지 않고 남아 있는 것처럼 새롭게 확인한다. 그것으로 우리는 새로운 근원적 지식을 취하며, 동시에 오래된 것에 대한 회상들을 갖는다.

② 그러나 그 대상이 동시에 다시 지각에 의해 주어지지 않아도, 이전에 해명된 대상으로, 기억 속에서 되돌아갈 수도 있다. 이것은 다음의 두

---

1 〔원주〕 이에 관해서는 같은 책, 16절 c) 참조.

　　　　　　　　　　　　　　2 단적인 파악과 해명

가지 가운데 하나로 일어날 수 있다.

첫째, 우리가 일거에 기억 속에 이미 해명된 대상으로 되돌아가는 경우이다. 그것은 상대적으로 명석하지 않지만 어쨌든 그 기억 속에 있는 대상은 이전에는 결코 한 번도 해명되지 못한 기억된 대상과 다르게 현존한다. 왜냐하면 대상은 이미 알려진 규정들 속으로 깊이 파고 들어갈 가능성에 대한 지평, 자신의 기억에 적합한 지평을 벌써 갖고 있기 때문이다.

둘째, 이전의 해명의 단계들이 기억 속에 새롭게 분절되어 추후에 수행되며, 이전에 지각에 적합하게 주어진 모든 것이 기억에 적합하게 구체화되고 새롭게 직관적으로 주어진 것으로 이끄는 경우이다. 물론 그와 같은 기억 속의 해명은 기체에서 규정들로 이행하는 것, 서로 다르게 '파지해-유지함' 등에 관해 지각에서 해명과 정확하게 동등한 구조를 갖는다. 이 경우 곧 '인상적이지 않은 파지해-유지함'이 중요하다는 점만 제외된다.

4) 우리가 기억 속의 해명을 논의하면, 여전히 다른 것을 이해할 수도 있다. 어떤 대상이 원본적으로 지각에 적합하게 일거에 주어질 수도 있고, 그것이 이미 더 이상 그 자체로 주어지지 않은 가운데 해명될 수 있다. 가령 우리는 지나가는 길에 정원의 문으로 흘긋 시선을 던지고, 지나간 다음에야 비로소 우리가 거기에서 본래 모든 것을 보았다는 점을 분명하게 설명한다. 그것은 단적인 파악작용 속에 사전에 원본적으로 주어진 것에 근거한 기억 속의 해명이다. 이러한 사실은, 비록 스스로를 부여하는 가운데 이루어진 것은 아니지만, 근원적으로 해명된다.

이 경우 더 이상의 변양은 '전진해 가는 해명의 한 부분인 가운데 대상이 원본적으로 지각에 적합하게 주어져 남아 있다는 것', '대상이 지각에 적합하게 주어진 것은 중단되지만, 그럼에도 불구하고 기억 속의 해명은 더 전진해 간다는 것'이다. 요컨대 이 후자의 경우와 위의 1)에서 고찰된 것의 조합이다.

기억 속의 해명이 중요한 모든 경우에서 다음과 같은 점이 고려되어야만 한다. 모든 대상이 '유형적으로 알려진 것'에 근거해 대상이 최초로 주어지는 경우에도 이미 언제나 앞서 일깨워져 있다. 모든 해명의 본질에 속하는 지평의 지향은 여기에서는 착각이 일어날 수 있는 특별한 가능성을 불러일으키며, 그렇기 때문에 실제로 그러한 '유형상의 친숙함'에 근거한 '단지 예측으로 상세하게 그려 냄'인 것〔본질〕이 실제로 원본적으로 주어졌던 것에 대한 기억을 위해 유지된다.

28 다층적 해명 그리고 기체와 규정의 차이를 상대화함

이제까지의 분석은, 분파되지 않고 일직선으로 전진해 가는 해명이 고찰되는 한에서만, 해명하는 과정을 도식으로 단순화하면서 이루어졌다. 이제 이렇게 단순화하는 것을 지양하고 더 복잡한 형식들, 즉 분파된 해명으로 거슬러 올라갈 차례이다. 이러한 해명에 의해 기체와 규정에 관한 개념들과 그 차이의 의미는 명석하게 경험된다.

어떤 기체에서 출발하는데 그 규정들은 단지 직접적인 길로 나타나는 것이 아니라 그 자체로 다시 그 이후의 해명에 관한 기체로 기능한다는 사실로 해명은 분파된다. 이것은 다음 두 가지 방식으로 일어날 수 있다.

1) 자아는, 방금 전에 해명하는 항으로 특징지었던 것을 능동적 파악 속에 견지하며 계속 파지해 유지하는 대신, 자신의 근원적 기체를 포기한다. 예를 들어 화단이 우리의 주목을 끌며 관찰의 대상이 되면, 해명하는 도중에 파악된 꽃들 가운데 하나가 매우 큰 관심을 끌어서 우리가 화단에 대한 관심에서 완전히 벗어났어도 오직 '그 꽃'을 주제로 삼을

수 있다. 이것에 의해 해명하는 항(여기에서는 '그 꽃')은 해명하는 항으로서 독자적인 성격을 상실하고 그 자체로 **독립되어** 하나의 대상이 된다. 그러면 계속되는 '지식을 취하는 것'에 대한, 자신의 특성들을 '명백하게 제시하는 것'에 대한 하나의 고유한 기체가 된다.

그렇다면 이전의 S도 두드러지게 드러난 채 남아 있는 한, 계속 자극하면서 수동적 배경 속으로 가라앉는다. 이 경우 그것은 '(우리가 이전에 대상적인 것으로 파악했다고 생각할 수도 있는) 대상적이지만 주제적이지는 않은 다수성(Mehrheit)이 관통하는 것을 이전에 대조한 경우'와 유사한 상태이다. 어떤 새로운 기체로 변화된 해명하는 항은 이전의 기체와 여전히 합치해 있다. 그러나 이 기체는 지금 배경이 나타나는 수동적 형태를 갖는다. 이전에 능동적으로 합치된 종합은 그에 따라 변화되고, 그것은 능동성의 원천에서 나온 종합이라는 자신의 근본적 성격을 상실한다.

2) 그러나 우리에게 본질적으로 더 관심을 끄는 것은 다음과 같은 경우이다. 즉 일단 그 규정이 이렇게 독립된 다음에도, 근원적 기체는 어쨌든 주된 관심(Hauptinteresse)의 대상으로 계속 남는다. 두드러지게 드러난 규정으로 계속 깊이 파고드는 모든 독자적 해명은 개별적 꽃과 이것의 해명으로 이행할 때 화단이 끊임없이 주요한 관심 속에 남는 것처럼 간접적으로 오직 그 기체를 풍부하게 하는 데 이바지하는 경우이다. 이러한 분파는 꽃받침, 암술 등의 특별한 형식이 부각되고 그 측면에서 해명될 때, 또한 화단의 모든 새로운 장소에서도 그러할 때, 반복될 수 있다.

이전에 기술된 변화들 속에 지속적으로 진행해 나가면서 S를 특수한 의미에서 대상적으로 만드는, 전진해 가는 '지식을 취하는' 주제로 만드는 주제화하는 능동성은 개별적 파악의 능동성 속에 성취된다. 개별적 파악들은 S의 합치 속에 배열되고 종속된다. 특수한 의미에서 주제적 파악인 S의 파악은 자신의 대상 속에 목표를 가지며, 그것은 그 자체만으로 타당한 단적인 대상이다.

그러나 해명하는 항들은 그렇지 않다. 해명하는 항들은 어떠한 독자적 타당성도 없고, 그 속에서 S가 규정되는 것인 상대적 타당성만 갖는다. 더 적절하게 표현하면, 그 속에서 S가 특수성으로 존재하며, 주관적으로 말하면, S가 경험되는 지각작용 속에 그것은 생생하게 나타난다. 이렇게 타당성을 독립적으로 갖지 못한 것은 해명하는 항의 본질에 속한다.

어쨌든 동일한 S가 일관된 주제로 남아 있는 가운데 이제 해명하는 항 자체가 다시 해명되면, 해명하는 항은 그 자체로 어떤 방식에서 주제가 되고, 자신의 해명하는 항과 관련해 기체의 형식을 획득한다. 그러나 이 경우 S로서의 고유한 타당성은 상대적인 것이다. 그것은 S에 관한 해명하는 항의 형식을 상실하지 않았고, 자신의 독자적인 해명하는 항들은 두 번째 단계의 간접적인 해명하는 항들에 관한 형식을 유지한다. 이것은 해명이 진행되는 경우 파지해 유지하는 것을 중첩시킴으로써만 가능하다. 요컨대 명백한 해명의 경우 S가 α, β……로 이행하는 가운데 끊임없이 풍부하게 파지하는 것으로 남아 있다. 반면 해명하는 항들이 자신들을 위해 유지되는 것이 아니라 곧바로 'S가 풍부하게 되는 것'으로 유지되면, α에서 이것을 해명하는 항인 π로 이행하는 경우 S는 α에 의해 풍부하게 된 것으로만 유지되는 것이 아니라 그것(S)에 중첩되어 α도 여전히 유지된다. 하지만 그것(α)은 그 자체만의 기체처럼 유지되는 것이 아니라, 그것에 관한 어떤 것으로서의 S와 종합된 합치 속에 유지된다. 그러므로 이렇게 유지하는 것은 S에 관한 직접적인 해명이 진행되는 경우, 즉 α에서 β로 이행하는 경우에 α는 결코 그 자체만으로 유지되는 것이 아니며, α에 의해 풍부하게 된 S만 유지되는 것과는 다른 방식으로 일어난다. 만약 이 이중적 층으로 이루어진 해명의 최초의 단계가 실행되고 Sαπ가 구성되면, 해명들은 서로 다른 방향으로 진행될 수 있을 것이다.

① 해명은 S의 더 나아간 직접적인 해명하는 항 β로 이행할 수 있다. 그렇다면 오직 S는 απ에 의해, 간접적으로는 π에 의해 이중적 층으로 이루어진 풍부하게 된 것으로 파지되어 유지된다. 그러나 α는 더 이상 그 자체만으로 유지되지는 않는다.

② 그러나 해명은 우리가 'ρ'라고 부르는 α의 더 나아간 해명하는 항으로도 이끌 수 있다. 그러면 ρ의 파악은 한편으로 Sαπ, 다른 한편으로 απ(π에 의해 풍부하게 된 α)를 유지하는 것에 근거해 이루어진다. 이것은 Sαπ와 종합되어 합치되지만, 새로운 해명들의 기체인 주요한 기체 Sαπ와 '나란히(neben)' 특히 '그 자체만으로(für sich)' 유지되어 남아 있다. 물론 α를 풍부하게 하는 것 모두는 풍부하게 하는 것으로서 S에 직접 부가되는 것이 아니라, 이것이 α를 그 자체 속에 갖는 한에서만 S에 부가된다.[1]

그러므로 S는 여러 겹의 단계들에서, 임의적으로 반복될 수 있는 과정 가운데 간접적으로 계속 해명될 수 있다. π 자체는 다시 기체가 될 수 있으며, 이것은 계속적으로 이어질 수 있다. 모든 단계에서 '상대적 기체'와 '이에 상관적인 해명하는 항'의 형식이 등장한다. 그러나 일련의 단계들에서 지배하는 기체는 특별히 취급되어 남고, 이에 대립해 그 밖의 모든 기체는 그것에 이바지하면서 종속된다. 능동적인 동일성의 종합은, 아무리 많은 분파들이 발생하더라도, 모든 것이 지속적으로 S를 향한 능동성에서 중심점이 맞추어지고, 진행해 가는 능동성을 그에 상응하는 방식으로 변양시키는 단계들 속에 계속된다.

---

1 모든 의미의 형성물은 규정을 통해 판명하게 해명됨으로써 지속적 명증성과 타당성을 지니고 논리적으로 연역할 수 있는 체계인 생생한 전통으로 수립된다.

중심적 주제인 S를 지속적으로 겨냥해 보자. 지배하는 의도는 해명하는 항들의 연쇄와 이어지는 단계들 속에 충족된다. 여기에서 단계적 합치에 의해 언제나 다시 S만 자신의 특수성에서 존재하고 스스로를 드러낸다. 가능한 해명이 일어나는 경우 주된 기체는 오직 그것에 속한, 단적으로 고유한 타당성에 의해 두드러진 의미에서 대상적이다. 그 밖에 주제가 되는 것은 상대적 의미에서 그러하다. 그것은 단적으로 주제적이지 않으며, 근원적 대상이 포기되는 한에서만 주제적이 된다. 물론 그와 같은 '독립화'는 모든 임의의 단계에서 가능하며, 아무리 높은 단계의 해명이더라도, 모든 해명은 주제적으로 독립화될 수 있다.

29 절대적 기체와 절대적 규정 그리고 이 구별의 삼중 의미

그러므로 기체와 규정을 구별하는 것은 우선 순수하게 상대적인 것으로 증명된다. 언제나 자극되고 대상적이 되는 모든 것은 기체의 대상으로뿐 아니라 규정의 대상으로, 즉 해명하는 항으로 기능할 수 있다. 그리고 우리가 항상 더 높은 단계에서 해명하는 항들을 계속 기체로 독립시키고 기체화(基體化)할 수 있는 것처럼, 모든 독립적 기체를 다른 대상들과 결부시킬 수 있고, 그 후에 집합체(Kollektion)를 전체로 주제로 삼을 수도 있다. 그런 다음 각 항들 속에 해명하면서 깊이 파고들어 전체를 규정하면서 해석할 수 있다. 따라서 이전의 독립적 기체의 대상들 각각은 이제 해명하는 항의 성격을 획득하게 된다. 또는 그것은 처음부터 순수하게 그 자체로 독립적인 기체들로 구성된 하나의 집합체를 어떤 개별적 대상과 마찬가지로 전체로서 자극할 수 있다.

따라서 '기체'라는 개념에서 '어떤 규정을 주제적으로 독립시키는 것에서 생긴 그때그때의 기체들이 중요한지, 또는 근원적인 통일적 대

상들이 중요한지, 다수의 대상들(독립적 대상들의 다수성)이 중요한지'
하는 점은 미해결로 남아 있다. 어떤 경우라도 경험적으로 해명하는 작
용은 그 자체로 기체와 규정을 구별한다. 즉 그러한 해명하는 작용은
언제나 새로운 기체를 파악하는 가운데, 또 이것들 속에 파악된 것을
해명하는 것으로 이행하는 가운데 전진해 나아간다. 우리는 주목하는
시선 속에 언제나 등장할 수 있는 것을 기체로, 특히 주요한 기체로 만
들 수 있고, 이것에서 우리는 기체와 기체 일반의 이념과 규정을 구별
하는 것을 구상할 수 있다.

그러나 우리가 기체와 규정을 이렇게 구별하는 것에서 근원적 명증
성에서 생기는 경험의 작업수행을 발생적으로 묻자마자, 이 임의성은
더 이상 타당하지 않게 된다. 경험이 경과하는 가운데 무한히 진행되는
기체와 규정의 구별을 상대화하는 것은 한계를 가지며, 절대적 의미와
상대적 의미에서 기체와 규정은 구별될 수 있다. 물론 어떤 경험된 행동
속에 규정으로 등장하는 것은 언제나 새로운 경험작용 속에 기체의 새
로운 형식과 지위를 받아들일 수 있다. 그래서 그것은 자신의 특성들로
해명된다.

새로운 규정 또한 이제는 자신의 규정에 대한 하나의 기체로 이렇게
변화되는 가운데, 본래의 규정은 비록 그 기능이 변화되었더라도 동일
한 것으로 의식되고, 동일한 것으로 스스로 주어진다. 어떤 기체가 이
른바 규정을 기체화함으로써 빈번히 생기면, 어쨌든 '어떠한 기체도 그
렇게 발생할 수 없다'는 사실이 즉시 명백해진다. 기체화된 것은 자신
의 존재의미(Seinssinn) 속에 그 근원을 보존해 왔다. 그리고 그것이 지금
경험의 주제가 되면, '자신의 규정으로 발생한 어떤 다른 기체가 이전에
해명되었다는 사실에 의해서만 근원적으로 경험의 주제가 될 수 있다'는
점이 분명해진다. 이것에 의해 우리는 결국 필연적으로 기체들(이것들은
기체화함으로써 생긴 것이 아니다.)에 이른다. 이러한 연관에서 '절대적 기

체'라는 명칭은 당연히 근원적인 경험의 주제로 돌아가야 한다. 그러나 이러한 사실로 그 규정들이 즉시 '절대적 규정들(절대적 규정의 대상들)'이라 부를 수 있다고 주장하는 것은 결코 아니다. 오히려 우리는 여기에서 (다음과 같은) 새로운 상대성으로 이끌린다.

경험영역의 상대적인 기체들에 상응하는 경험의 모든 작용이 그 기체들을 향해 있지만, 이 '향해-있음(Sich-darauf-richten)', 즉 경험하는 행동의 출발은 경험하는 활동을 통해 매개된다. 이 활동에서 그것에 관련된 절대적 기체가 해명되고 결국 그것에 (직접적이든 간접적이든) 관련된 규정들이 기체화된다. 그러므로 절대적 기체[1]는 '단적으로 곧바로 경험될 수 있고 직접적으로 파악될 수 있다'는 점, 그리고 그것의 해명은 '진행되면서 직접적으로 정립될 수 있다'는 점에 의해 특징지어진다. 단적으로 파악될 수 있는 기체들, 특히 두드러진 의미에서 기체들은 무엇보다 외적인 감각적 지각의 개체적 대상, 즉 물체이다. 이것들에는 경험하고 술어적으로 해명하는 능동성들의 가장 근원적인 기체를 미리 부여하는 것[2]으로서 외적 지각의 결정적 특권들 가운데 하나가 들어 있다.

그러나 이러한 특수한 의미에서 단적으로 경험할 수 있는 것은 공간 시간의 형태(Konfiguration)이다. 예를 들어 그것들이 어떤 기체와 같이 서로 관련되어 통일적으로 조건 짓는다는 사실에 의해 일치해 경험할 수 있는 물체들의 인과적 전체(kausales Ganze)로서 다수의 물체들이다. 여기에서 가능한 단적인 파악작용은 경험하는 지향을 성취함으로써 곧바로 다수의 규정들, 그 본성(Washeit)으로(개별적 방식으로 존재하는 것으로) 이행한다. 이러한 사실로 우리는 '규정들'이라는 명칭으로 부분들(Teile), 다수의 부분들 그리고 최종적으로 개별적 물체(Körper)에

---

1 이것은 어떠한 규정 이전에 대상이 곧바로 경험되는 근원적으로 주어진 것, 즉 구체적인 개체(tode ti)를 뜻한다.

2 (원주) 이에 관해서는 이 책 「서론」 14절 이하 참조.

2 단적인 파악과 해명

이른다. 물론 이것들에만 이르는 것이 아니라, 나아가 그것들 자체로는 물체가 아닌 규정들에도 이른다. 따라서 우리는 새로운 종류의 기능의 변화에 직면한다.

절대적 기체에서 물체들은 규정들로 기능할 수 있고, 부분과 전체 속에, 즉 높은 단계의 기체의 통일체 속에 분절하는 기능을 받아들일 수 있다. 그러나 그것들이 단적으로 곧바로 경험할 수 있고 해명될 수 있는 한, '절대적 기체'라는 점에 아무 변화도 없다. 더구나 그러한 전체로 간주된 다수성도 절대적 기체이기 때문에 어떤 절대적 기체에서 규정으로 등장하는 모든 것이 절대적 규정일 필요가 없다는 사실도 분명하다.

따라서 절대적 기체는 다수성에 관한 기체, 또 다수성 속의 단일성(Einheit)인 기체와, 그 자체로 다수성(Mehrheit)인 기체로 나뉜다. 무엇보다 이 구별은 상대적인 것이다. 그러나 이 구별은 경험 속에서 다수성이 그 자체로 다시 다수성이 될 수 있는 절대적 단일성과 다수성으로 이끈다. 그렇지만 뒤돌아가 보면, 모든 다수성은 궁극적으로 절대적 단일성에 이르고, 물체적 다수성은 더 이상 구성된 형태가 아닌 물체에 이른다.

여기에서 문제가 되는 것은 어떤 물체를 작게 나눌 인과적 가능성이 아니다. 이 경우 부분들은 나누는 인과적 능동성[활동]에 의해 비로소 발생하고, 그런 다음에야 잠재적으로 그 속에 포함된 부분들로서 전체에 귀속된다. 더구나 무한히 나누는 이념적 가능성이 문제가 되는 것도 아니다. 실제적 경험에서 무한히 나누는 것은 존재하지 않으며, 무엇보다 계속되는 경험 속에(가령 '더 가까이 다가감' 속에) 새로운 다수성들로 무한히 해체되는 경험 가능한 다수성은 존재하지 않는다.

그러므로 절대적 기체의 규정을 관찰하면, 우리는 그 자체로 다시 절대적 기체가 될 수 있는 규정, 따라서 다수의 기체(자신의 부분들을 지닌 실제로 경험할 수 있는 전체, 다수성의 통일체)에 직면하게 된다. [그러

나) 이 규정은 절대적 기체가 아니다. 물체의 세계에서는 궁극적으로 물체의 통일체가 오직 규정으로서만 근원적으로 경험될 수 있고, 그래서 궁극적 통일체는 단지 상대적 기체가 될 수 있는 규정만 전적으로 갖는다. 그것은 예를 들어 어떤 형태나 색깔의 경우에도 그러하다. 그것들은 물체, 즉 그것들의 기체로서 형태를 띠고 채색된 공간적 사물의 대상에 단지 규정으로서만 근원적으로 등장할 수 있다. 맨 처음 그 물체는 — 비록 자아가 그 물체에 전혀 주의를 기울이지 않아 자아의 관심이 그 물체에서 떠나면서 색깔이 주요한 관심이 되어 그 물체에서 오직 색깔만 파악해도 — 적어도 배경 속에서 자극적으로 부각되는 것에 틀림없다.

그러나 다수의 기체도 근원적으로는 단지 그러한 규정으로서, 간접적으로는 자신의 규정인 자신의 개별적 물체들의 규정도 도외시하고 등장할 수 있는 규정을 갖는다. 다수성 그 자체의 통일체를, 가장 넓은 의미에서 형태적 규정 또는 복합적 규정을 부여하고 이것에서 통일적으로 경험할 수 있는 다수성 속에, 그것들이 '관련된 것(In-Beziehung-sein)'으로서 모든 개별적 분절의 항(이와 마찬가지로 모든 다수의 부분들)에 생기는 모든 상대적 규정을 부여하는 것은 명백히 이러한 규정이다.[3]

그래서 경험의 영역에는, 즉 가능한 경험의 대상인 '존재자가 스스로 주어져 있는 것'에는 절대적 기체와 절대적 규정 사이의 근본적 구별이 있다. 절대적 기체는 단적으로 경험할 수 있으며 규정할 수 있는 개체적 대상이고, 절대적 규정은 존재하는 것으로, 즉 기체화(基體化)를 통해서만 기체를 지니고 경험할 수 있는 것이다. 경험할 수 있는 모든 것은 그 자체를 위해 또 그 자체 속에 있는 어떤 것으로 또는 오직 다른 것, 즉 그 자체만으로 존재하는 것에서만 있는 어떤 것으로 성격 지어진다.

---

3 〔원주〕 이에 관해 상세한 것은 이 책 32절 b) 이하와 43절 b) 이하 참조.

2 단적인 파악과 해명

달리 표현하면, 절대적 기체는 그 존재가 단순한 규정이 아니며, 규정하는 형식은 그 기체에 비본질적인 것이다. 따라서 그 존재의 의미는 그 존재 속에 다른 존재가 '그렇게 존재한다(Sosein)'는 사실에만 있지 않다.

절대적 규정은 규정하는 형식들이 본질적이며, 그 존재는 근원적으로 원리상 다른 존재가 '그렇게 존재함'으로서만 특징지을 수 있는 대상이다. 절대적 규정은, 그것이 이전에는 규정으로 등장했다는 점, 규정으로 등장하는 다른 대상들은 우선 기체로 주어진다는 점을 통해 근원적으로 '스스로 주어진 것'에서 기체의 형식으로 등장할 수 있다. 그것은 독자적 능동성인 독립화하는 것을 통해서만 기체의 형식을 아프리오리하게 획득한다. 이러한 의미에서 절대적 기체는 독립적이고, 절대적 규정은 비독립적이다.

더 나아가 절대적 기체는 단일성과 다수성으로 구별된다. 우리가 단일성을 절대적으로 이해하면, [한편으로] 단지 절대적 규정을 통해서만 규정될 수 있는 절대적 기체와, [다른 한편으로] 그것들 자체가 여전히 절대적 기체를 통해 규정될 수 있는 절대적 기체가 구별된다.

물론 절대적 기체의 독립성을 논의하는 의미는 일정한 제한 속에 이해되어야만 한다. 우리가 경험하는 가운데 우리에게 주어지는 어떠한 개별적 물체도 실로 그 자체만으로 고립되어 있지는 않다. 궁극적이고 보편적으로 말하면, 모든 물체는 하나의 통일적 연관 속에 있는 물체, 세계의 물체이다. 그러므로 보편적 일치함 속에 일어나는 것으로 생각된 보편적인 감각적 경험은 존재의 통일성, 즉 더 높은 등급의 통일성을 갖는다.

이러한 보편적 경험의 [대상인] 존재자는 '전체-자연(All-Natur)', 모든 물체의 우주이다. 또한 우리는 경험의 주제인 이 세계 전체에 향할 수 있다. 개별적 물체들에 관한 경험의 유한함에 대립해 세계를 해명하는 무한함이 있는데, 이 속에서, 즉 경험의 유한한 기체들에서 항상 새로운 기체들로 진행해 나갈 수 있는 무한함에서 세계의 존재가 해석된다. 물론 '전체-자연'이라는 의미에서 세계는 단적인 경험에서 기체로 경험되지 않으며, 기체의 계기들, 즉 속성들 속에 단적으로 해석되거나 경험되지도 않는다. 오히려 '전체-자연'에 관한 경험은 [그에] 선행하는 개별적 물체에 대한 경험 속에 기초 지어진다. 그러나 '전체-자연'도 경험되며, 또한 우리는 이미 개별적 물체를 경험함으로써 그것에 향할 수 있고, 그것의 존재가 드러나게 되는 특성들을 통해 그것을 해명할 수도 있다. 그래서 모든 기체는 결합되어 있다. 우리가 우주로서의 세계 안에서 움직이면, 그 어떤 것도 다른 것들, 즉 직접적이든 간접적이든 모든 것과의 실재적(real) 관계 없이는 존재하지 않는다.

이와 같은 사실은 '절대적 기체'라는 개념의 새로운 파악으로 이끈다. 유한한 기체는 단적으로 그 자체만으로 경험될 수 있고, 그래서 '그 자체로 존재함(Für-sich-sein)'을 갖는다. 그러나 그것은 동시에 필연적으로 규정하는 것이다. 즉 유한한 기체는, 우리가 그 기체보다 포괄적인 기체를 고찰하자마자, 규정하는 것으로 경험될 수 있다. 모든 유한한 기체는 '무엇 속에 존재함(In-etwas-sein)'으로 규정될 수 있는 성격을 지니며,[4] 이 사실은 무한히 타당하다. 그런데 세계는 이러한 점에서 절대적 기체이다. 즉 모든 것은 그 속에 있지만, 그것 자체는 '무엇-속에 [존재하는 것]'이 아니며, 더 포괄적인 다수성 속에 있는 상대적인 단일성[통일체]은 더 이상 아니다. 그것은 '모든-존재자(All-seiendes)', 즉 '무엇 속에[존재하는 것]'가 아니라 '모든-무엇(All-etwas)'이다. 그 밖의 다른 절대성은 이것과의 연관 속에 있다. 실재적 존재자, 유한한 실재적 다수성, 실재성으로서 통일적 다수성은 그 변화의 인과성 속에 존속한다. 그리고 인과적으로 결합되고 상대적으로 존속하는 다수의 단

---

4 [원주] 이 책의 「서론」 8절 중간 이하 참조.

2 단적인 파악과 해명

일성으로 있는 모든 것은 그 자체로 다시 인과적으로 관련된다. 이것은, 실재적 단일성이든 실재적 다수성이든, 세계에 존재하는 모든 것이 궁극적으로 비-독립적이라는 사실을 함축한다. 절대적 독립성이라는 엄밀한 의미에서 보면 절대적 기체인 세계만 독립적이다. 세계는, 유한한 것이 그것의 외적 상황과의 관계 속에 존속하는 것처럼 존속하는 것이 아니다.

그러나 구체적으로 생각해 보면 우리의 경험세계는 단지 '전체-자연'은 아니며, 그 속에는 다른 사람들, 즉 동료 인간도 존재한다. 그리고 사물들은 자연적 규정들을 지닐 뿐 아니라, 문화의 대상들로서 인간에 의해 가치의 술어, 즉 유용성의 술어 등으로 형태 지어진 사물들로 규정된다. 우리가 실제로 세계에 관해 단적으로 곧바로 지각하는 것은 우리의 외적 세계이다. 우리는 외적 세계에서 존재하는 모든 것을 시간-공간적 자연 속에 물체적으로 지각하는 것처럼 감각적으로 지각한다. 인간과 동물 그리고 문화의 대상들에 직면하는 곳에서 우리는 단순한 자연을 갖는 것이 아니라 정신적 존재의미가 지닌 표현을 가지며, 거기에서 우리는 감각적으로 경험할 수 있는 것을 넘어서 이끌린다.[5] '어떤 존재자는 단순히 자연적 물체로 존재하는 것이 아니라 인간, 동물, 문화의 대상 등으로 규정되고 경험될 수 있다'는 사실에 근거해 볼 때, 이제 이러한 규정들은 물체를 물체로 규정하는 것과는 전혀 다른 종류의 규정이다. 그 규정들은 〔그것들을〕 기초 짓는 시간-공간의 사물에서 가령 그 사물의 색깔과 같은 동일한 방식에서 규정들로 등장하지는 않는다. 오히려 단순히 '자연에 존재하는 것(Naturales)'이 아니라, 인간, 동물, 문화의 대상으로 경험되는 존재자는 그 자신의 인격적(personal) 규정을 갖는다. 그것은 이러한 규정들에 대립해 그 자체로 기체이며, '그것이 기초 짓는 물질적 사물에서 이전에 규정들로 경험되어

---

5 〔원주〕 이 책의 「서론」 12절 중간 이하 참조.

야 한다는 규정들을 기체화함으로써 비로소 기체가 되지는 않는다'는 의미에서 근원적 기체이다.

그 결과 더 넓은 의미에서 기체와 규정의 구별이 생긴다. 그 대상성들 〔인간, 동물, 문화의 대상〕을 단적으로 지각할 수 있고 단적으로 경험할 수 있는 존재자들은, 물체적 존재 속에 기초 지음(Fundierung)에도 불구하고 근원적 기체이다. 여기에서는 그것을 기초 짓는 것을 고려해 절대성에 관해 논의되지 않았거나 단지 더 모호한 의미에서만 허용되더라도 그러하다. 기체로서 그것들은 자신의 독립성을 갖는다. 이것은 물론 〔그것들을〕 기초 짓는 대상성들의 비의존성을 주장하는 것이 아니라 상대적 독립성이다. 그러나 여기에서 '상대적'이라는 것은 추후에 독립화된 근원적 규정들의 의미와는 전적으로 다른 의미이다. 근원적으로 그것들은 결코 어떤 것에서의 형식으로 등장하지 않고, 그 자신의 규정들, 즉 인격적 규정들 속에 경험되면서 해명될 수 있는 근원적 기체로 언제나 등장한다.

총괄적으로 다음과 같이 말할 수 있다. 즉 기체와 규정의 관계에서 상대성은 절대적 구별 속에, 더구나 삼중의 방식으로 한계를 갖는다.

1) 특별하게 두드러진 의미에서 절대적 기체는 전체-자연, 물체들의 우주이다. 이 속에서 절대적 기체는 해석되고, 따라서 전체-자연과 관련해 비독립적이며, 전체-자연의 규정들로 간주될 수 있다. 전체-자연의 절대성은 그것의 독립성 속에 있지만, 그것이 전체로서 단적인 파악작용의 간단한 주제가 될 수 있다는 의미에서 근원적 기체는 아니다.

2) '근원적이며 단적으로 경험할 수 있다'는 의미에서 절대적 기체는 외적인 감각적 지각, 즉 물체에 대한 지각의 개체적 대상이다. 그것은 개별적으로나 다수성으로 단적으로 곧바로 경험의 주제가 될 수 있다는 의미에서 독립적이다. 이에 대립해 규정은 절대적 규정이며, 근원적으로 그것이 대상들에서만 규정하는 형식으로 경험될 수 있다는 측면에서 비

독립적이다.

3) 모호한 의미에서 단적으로 주어질 수 있는 대상들 속에 기초 지어진 대상성도 절대적 기체로 특징지을 수 있다. 여기에서 '절대적'이란 근원적으로 그것이 (비록 단적으로 곧바로 경험될 수 없더라도) 오직 기체의 형식으로서만 해석되는 자신의 규정에 대립해 경험될 수 있다는 의미이다.

절대적 기체에 관한 더 넓은 개념은 논리적으로는 전혀 규정되지 않은 어떤 것, 개체적인 여기 이것(dies da), 모든 논리적 능동성의 궁극적인 사태의 기체에 관한 개념이다. 이 기체에 관한 개념은 여기에서는 단지 암시될 뿐이고, 그것에 대한 논의는 바로 다음 장에서 이루어질 것이다.[6] 형식적 일반성 속에 있는 '절대적 기체'라는 개념은 '단적인 것이든 기초 지어진 것이든 대상에 대한 경험이 어떠한 종류인지' 하는 점을 미해결로 남겨 두고, 모든 논리적 형식의 결핍, 즉 높은 단계의 논리적 능동성을 통해 기체에서 규정으로 출현된 모든 것의 결핍만 포함한다.

30 독립적 규정과 비독립적 규정. '전체'라는 개념

단적으로 경험할 수 있는 기체의 대상, 즉 개체적인 시간, 공간적-물체적 사물(앞 절의 2)에서 언급된 의미에서 절대적 기체), 이것들은 무엇보다 외적 지각의 수용성을 분석하는 연관 속에 관심을 끄는데, 그 규정들의 본질은 더 상세한 설명과 구별이 필요하다.

---

6 〔원주〕 '궁극적 기체'라는 개념에 대해서는 『이념들』 1권, 28쪽; 『형식논리학과 선험논리학』, 181쪽 이하 참조.

이러한 의미에서 절대적 기체가 단일성뿐 아니라 다수성의 대상일 수 있다는 점은 이미 밝혔다. 이것은 '그 대상들에서 규정으로 등장하는 모든 것이 반드시 절대적 기체일 필요가 없다'는 점을 함축한다. 더욱이 형태(Konfiguration)나 다수성(Mehrheit)의 개별적인 항들은 해명될 경우 규정으로 등장한다. 그러나 그것들은 자극이나 관심 방향의 종류와 방식에 따라 근원적일 뿐 아니라, 독립적 기체로 등장할 수 있다.[1] 왜냐하면 관심은 처음부터 다수성(Vielheit) 또는 전체를 파악할 수 있고 기체가 될 수 있으며, [이것은] 그 어떤 개별적인 것도 마찬가지이다. 어떤 형태나 다수성의 항들에서 규정의 형식은 비본질적이다. 그러므로 절대적으로 단적으로 경험할 수 있는 기체의 규정은 독립적 규정과 비독립적, 즉 근원적 규정으로 나뉜다. 요컨대 가로수 길의 나무들처럼 독립적이며, 어떤 대상의 색깔처럼 비독립적이다. 이러한 구별은 즉시 논구되어야 할 주어지는 방식에서 다른 종류의 성질들을 포함한다.

이것에서 분명해진 '전체'라는 개념에 대해 미리 언급할 수 있다.

가능한 내적 규정에 대한 모든 기체는 부분들을 갖는 전체로 간주된다. 이 부분들 속에 전체는 해명된다. 그런 다음 '부분들'이라는 개념과 마찬가지로 '전체'라는 개념은 가장 넓은 의미에서 파악된다.[2] 부분적 파악들, 따라서 깊이 파고 들어가 해명하는 관찰을 허용하는 모든 통일적 대상은 '전체'라는 명칭으로 이해되고, 그 결과로 나타나는 해명하는 항은 '부분'이라는 명칭으로 이해된다. 이러한 의미에서 어떤 종이와 그 종이의 흰색 사이의 관계도 '전체-부분의 관계'로 간주될 수 있다. 맨 처음에 대상으로 만들었던 나의 주의를 끄는 흰색에서 종이로 이행하면, 어쨌든 그 종이는 흰색과의 관계에서 전체이다. 이렇게 해서 나는

---

1 [원주] 이 책 29절 중간 참조.
2 [원주] '부분'에 관한 가장 넓은 개념에 관해서는 『논리연구』 2-1권, 제3연구 228쪽 참조.

2 단적인 파악과 해명

재떨이의 부분인 밑받침에서 재떨이 전체로 이행하는 경우와 아주 유사하게 나의 시선 속에 '그 이상의 것'을 받아들인다. 이 두 가지 경우에서 모두 해명하는 항에서 기체로 이행하는 것을 볼 수 있다. 그러므로 가장 넓은 의미에서 '전체'라는 개념은, 그것이 단일적이든 다수적이든, 근원적 기체의 대상이든 아니든 상관없이 일반적으로 해명을 위한 기체의 대상이 될 수 있는 가능한 방식의 모든 대상을 자신 속에 포함한다.

이에 대해 단지 근원적 기체의 대상들만 자신 속에 포함하는 더 좁은 개념의 전체가 대조될 수 있다. 그러면 이러한 의미에서 모든 전체는 규정들(우리의 가장 넓은 의미에서 '부분들')을 가지며, 그 규정들은 독립적이거나 비독립적이다. 여전히 더 좁고 본래적으로 적확한 개념의 전체 아래 독립적 부분들로 이루어지고, 그 부분들로 세분될 수 있는 전체가 포함된다. 독립적 부분들을 '단편들(Stücke)'이라 부른다. 반면 비독립적 계기들(unselbständige Momente)(『논리연구』 2-1권 제3연구에서는 '추상적 부분들'이라 불렀다.)[3]인 비독립적 부분들이 대조될 수 있다.

이러한 적확한 의미에서 '전체'라는 개념은 세분될 수 있다는 점을 포함한다. 이것은 그 해명이 독립적 규정으로 이끈다는 것을 뜻한다. 그럼에도 불구하고 그것은 어떤 집합(Menge)과 같은 단편들의 단순한 총합은 결코 아니다. 이 집합의 해명도 독립적 규정으로 이끈다. 규정의 형식은 단편들과 집합의 요소들에 비본질적이며, 기체의 형식은 계기들에 비본질적이다. 후자(계기들)는 독립화하는 것의 고유한 능동성을 통해서만 기체의 형식을 받아들였다.

---

3 이와 같이 '독립적 단편'과 '비독립적 계기'를 구분한 원형은 『논리연구』 2-1권, 제3연구 「부분과 전체」(특히 275~276쪽)에서 구체적으로 찾아볼 수 있다.

31 단편의 파악과 비독립적 계기의 파악

계기의 비독립성에 대립해 단편의 독립성은 어떻게 성격 지어지는 가? 이것은 해명하는 작업수행에서 나오는 '구성적 근원'에 관한 물음이다. 독립적 대상은 비독립적 대상과는 근원적으로 다르게 주어지며, 해명하는 경우에 더 넓은 의미에서의 전체 안에서 독립적 부분들(단편들)이 서로 다른 단계들의 비독립적 부분들과는 다른 방식으로 두드러지게 부각된다. 이러한 모든 전체의 본질에는 관찰(Betrachtung)과 해명(Explikation)의 가능성이 속한다. 그것은 통일적 대상으로 주어진다. 이 대상에서 다른 대상들, 부분들이 부각된다. 그것은 그 속에 특수한 자극들이 포함된 자극의 통일체이다. '이제 단편들로 이루어진 전체가 문제되면, 단편들 각각이, 가로수 길의 어떤 나무를 관찰하는 경우와 같이 전체가 파악되지 않고도 그 자체만으로 파악되고 관찰될 수 있기 위해 단편들의 독립성은 어떻게 성취되는가'를 우리는 보게 될 것이다.

다른 한편 전체도 부분들 가운데 어느 하나 또는 모든 부분이 그 자체만으로 파악되지 않고도 파악될 수 있다. 하지만 전체로서의 그것은 우선 통일적인 주제를 파지하는 가운데 파악되고 관찰된다. 그런 다음 그것의 부분들에 따라 단계적으로 파악되고 관찰될 때 비로소 완전히 파악되고 명료하게 주어진다. 그래서 그것은 이미 알려진 방식으로 부분에서 (다른) 부분으로 이행하는 가운데 끊임없이 스스로를 풍부하게 하고, 자신의 (다른) 부분들 속에 자기 자신과 합치되는 통일체로 파지되어 유지된다.

그렇다면 그 자체로서 자신의 단편, 즉 전체에 속한 단편들 그 자체는 어떻게 파악되는가? 단순하게 이해하기 위해 두 가지 단편만으로 이루어진 전체를 생각해 보자. 두 가지 직접적 부분만 갖고 이것들로만 분해되는 한, 그것은 '전체'라고 부른다. 그것은 처음부터 어떤 자극의 통일체로 수렴되는 특수한 자극들이 부여되어 있다. 이제 이 두 가지 단편 가운데 어느 하나를 향한 해명을 생각하면, 그것의 본질에는 다음과 같은 점이 함축되어 있다. '전체 속에 어떤 단편을 그와 같이 해명해 분리하는 경우 그 자체만으로 자극적 힘을 갖고 또 첫 번째 것과 결합된 두 번째 단편으로 파악될 수 있는 어떤 잉여(Überschuß), 즉 과잉(Plus)이 부각된다'는 것이다.

〔그런데〕 이 과잉은 파악이 가능하다. 왜냐하면 부각시키는 작용은 부각된 것도 이미 실제로 그 자체만으로 파악된다는 것을 뜻하지 않기 때문이다. 관찰된 전체에 근거해서만 하나의 단편은 우선적으로 파악된다. 그것은 전체와 합치되어 있지만, 기체와 비독립적 계기의 합치에 의해 구별되는 완전히 고유한 방식에서 그러하다. 따라서 전체(더 넓은 의미에서 파악된 두 가지 단편)에 근거한 어떤 부분을 분리하는 두 가지 경우에서, 모든 해명하는 합치의 경우에서 어떤 것은 이끌어 내 분리되고, 그렇지 못한 것은 남게 된다. 이것은 '일치가 단지 부분적인 것'이라는 점을 뜻한다.

그러나 해명되지 않은 잔여(Rest)가 의식되는 방식은 단편들을 해명하는 경우와 비독립적 계기들을 해명하는 경우가 전적으로 다르다. 예를 들어 어떤 때는 구리 재떨이의 빨간색처럼 대상에서 색깔이 파악되고, 다른 때는 가령 그 재떨이의 밑받침처럼 하나의 단편이 파악된다. 어떤 단편이 부각되면 해명되지 않은 잔여는 그것 외부에 있고, 비록 그것과 결합되어 있더라도 그 단편에 의해 두드러지게 부각된다. 즉 우리가 든 예에서는, 비독립적 계기의 경우, 재떨이 전체를 뒤덮는 빨간색에서 두드러지게 부각된 것은 결코 그것 외부에 있는 것이 아니다. 그 재떨이의 비독립적인 다른 계기들은 색깔에서 분리되거나 단지 색깔과 결합되어 자극하는 것이 아니라, 빨간색으로 해명되고 파지되어 간직된 것인 기체가 동시에 껄끄럽거나 매끄러운 것 등으로 자극하고, 그에 따라 그 이후의 해명에서 파악될 수 있다. 이렇게 기술함으로써 이미 『논리연구』 2-1권, 제3연구[1]에서 순수하게 인식대상적(noematisch)으로 확정된 것, 즉 서로의 외부에(außereinander) 있는 독립적 계기들에 대립해 비독립적 계기들은 침투된다(sich durchdringen)는 사실[2]이 주관적 측면에서 이해될 것이다.

그러므로 단편(적확한 의미에서 독립적 부분인 부분)의 개념에는 그 단편이 전체 속에 (그 독립성의 결과로서) 다른 부분들과 결합되었다는 사실이 함축되어 있고, 비독립적 계기들이 개념, 더구나 직접적이며 특성적인 계기들의 개념에는 '그것이 보충하는 계기들을 갖지 않는다'는 사실이 함축되어 있다. 그것은 이러한 계기들과 결합되어 있다. 다른 한편 전체의 단편들을 그것들의 독립성에도 불구하고 집합의 요소들에 대립하는 것으로 특징짓는 것은 바로 이 '결합되어 있음'이다. 〔그런데〕 집합의 요소들은 결합되어 있지 않다. 이러한 사실에는 전체는 그 부분들의 단순한 총합 이상이라는 사실이 함축되어 있다.

이것에서 다음과 같이 중요한 명제들이 생긴다.

단편들을 통해 전체는 관련지어 결합된 부분들로 나뉜다. 전체를 결합에 적합하게 형성하는 결합의 모든 요소는 하나의 단편이다.

어떤 단편을 두드러지게 부각시키는 것은 이미 전체를 나눈다. 즉 이것은 적어도 어떤 단편의 성격을 갖는 보충적 전체와 결합된 이 단편 속에 이미 전체를 나눈다. 요컨대 A가 하나의 단편이면, A와 B의 결합물 또한 하나의 단편이다. 그러므로 전체는 결코 유일한 하나의 단편을 갖지 않으며, 오히려 적어도 두 개의 단편을 갖는다.

독립적 대상들의 모든 결합은 분명히 하나의 독립적 대상이다.

---

1 〔원주〕 그 책의 21절 276쪽.
2 후설은 위의 『논리연구』 2-1권 제3연구에서 '기초 지음(Fundierung)'을 통해 '전체'와 '부분'의 개념을 이와 같이 구별해 분석한다.

2 단적인 파악과 해명

이제까지 항상 우리는 단편들을 비독립적 계기들과 대조했고, 이 비독립적 계기들을 직접적인 것으로 생각했다. 이것에 보충적으로 다음과 같은 점에 유의해야 한다. 즉 비독립적 계기는, 그것이 그 어떤 단편의 계기가 아니거나 더 많은 단편들의 결합의 계기(이에 관해서는 바로 다음 절에서 논의할 것이다.)가 아니면, 직접적으로 어떤 대상의 계기이다.

이것은 '어떤 직접적 계기의 본질에는 그 계기가 전체 속에 대상의 다른 구성의 단편들(가장 넓은 의미에서 부분들)과 결합될 수 없다는 점이 그 결과로 속한다'는 사실을 함축한다.

그러므로 계기는 그 자체로 세분될 수 있고 서로 결합된 계기들로 분할될 수 있다. 그렇다면 이 계기들과 관련해 그것은 다시 상대적으로 독립적인 대상들로 세분될 수 있는 상대적 기체로 간주된다.

상대적으로 서로에 대해 독립적인 대상성들만 결합할 수 있고 그 본질을 통해 '결합의 계기'를 기초 지을 수 있다. 따라서 '전체'라는 적확한 개념에는 '그것이 독립적 단편들의 결합을 제시한다'는 점이 함축되어 있다.

여기에는 '독립적 대상들이 결합을 반드시 기초 지어야 하는지, 기초 짓는다면 어떤 방식으로 기초 지어야 하는지, 우리가 모든 종류의 독립적 대상들이 자신의 유적(類的) 특성에 따라 결합을 기초 지을 수 있고 이러한 류의 두 가지 대상의 결합이 가능하다고 말할 수 있는지', 또한 '모든 기체의 대상은 적확한 의미에서 전체, 따라서 세분될 수 있는 전체이어야만 하는지'의 물음은 미해결로 남아 있다. 그러나 모든 기체의 대상은 확실히 속성들을, 비독립적 계기들을 갖는다. 모든 단편도 다시 비독립적 계기들, 즉 결코 단편들이 아닌 부분들을 갖는다.

바로 다음 절에서 논의되겠지만, 이 모든 구별은 우선 단적인 기체의 대상성들, 예를 들면 문화의 대상들로 즉시 넘겨질 수는 없다는 점을 다시 한 번 강조한다. 그럼에도 이러한 대상성들에서 전체와 부분의 관련, 속성들의 관련 등과 같은 관계들도 종적(種的)으로 그것들에 고유한 방식으로 제시될 수 있는 것임에 틀림없다.

32 결합인 비독립적 계기와 속성인 비독립적 계기

a) 간접적 속성과 직접적 속성

이제까지 근원적으로 비독립적 규정, 즉 비독립적 계기들을 통한 규정의 예로서 언제나 속성을 지닌 규정들이 선택되었다. 그러나 '속성'의 개념은 이러한 근원적인 비독립성에 의해 충분히 정의되었는가? 속성은 근원적으로 비독립적 계기와 같은 뜻을 지니는가? 또는 여전히 다른 종류의 비독립적 계기들이 존재하는가?

예를 들어 우리가 어떤 물질적 사물의 가장자리나 그 공간의 형태로 경계 지은 사물의 전체 표면을 생각하면, 그것은 확실히 비독립적 계기들이며, 결코 단편들이 아니다. 우리는 어떤 사물을 두 가지 독립된 부분으로 나누는 방식으로 표면이나 가장자리를 떼어 낼 수는 없다. 다른 한편으로 경계가 정해진 표면은 확실히 사물의 속성이 아니다. 이 것에서 '모든 사물의 비독립적 계기는 속성으로서 사물에 속하지 않는다'고 귀결된다.

사물의 속성들에는 그것의 색깔, 껄끄러움, 매끄러움, 전체의 형식 등이 있다. 그러나 우리가 사물을 세분하면, 개별적 단편의 색깔 등은 그 사물의 속성이고 단지 간접적으로 전체의 속성이다. 〔가령〕 어떤 위치나 단편에서 사물은 빨간색이며, 다른 위치나 단편에서는 파란색이다. 그 사물은 여기에서는 빛나고 매끄럽지만, 거기에서는 껄끄럽다. 간략하게 "그 사물은 껄끄럽다."라고 말하면, 이 경우 '이러저러한 단편

　　　　　　　　　　　2 단적인 파악과 해명

에 따라'라는 조건이 보충되어야만 한다. "그 사물은 자신의 표면에 의해 경계가 정해졌다."라고 말하는 경우에도 사정은 이와 유사하다. 본래 사물은 무엇보다 연장(사물의 직접적 속성으로서 연장)된 것이다. 즉 (사물의 추상적 계기로서) 연장(延長)은 이러저러한 형식의 한계(표면)를 그것의 직접적 속성으로 갖는다. 이 경우 이것은 단지 사물 전체의 간접적 속성이다. 따라서 직접적 속성들로서 사물에 속하는 비독립적 사물의 계기들은 간접적 속성, 즉 그 사물의 독립적 단편들이나 독립적 계기들의 속성이다. 우리가 단적으로 속성에 관해 말하면, 그것은 일반적으로 직접적 속성을 뜻한다.

b) 속성의 적확한 개념 그리고 속성과 결합의 차이

그렇다면 어떤 대상(전체로서 그것에 속한 모든 것)의 직접적으로 독립적인 모든 계기를 즉시 '속성'이라고 부를 수 있는가?

이에 대해 다음과 같이 말할 수 있다. 즉 독립적 단편이 결합하는(가령 전체에서 두드러지게 부각된 단편과 그 밖의 것(Übriges)이 결합하는, 그것을 보충하는 전체와 단편이 결합하는) 형식은 확실히 전체의 비독립적 계기들이지, 그 단편들의 비독립적 계기들은 아니다. 어쨌든 우리는 그것들을 '전체의 속성'이라고 부를 수도 있다.

따라서 속성들은 어떤 대상의 비독립적 계기인데, 그 계기인 단편들이나 결합인 단편들의 어떤 종합에 속하지 않는다. 그렇다면 어떤 기체의 가능한 내적 규정에서 단편(Stück), 결합(Verbindung), 속성(Eigenschaft) 세 가지로 구별할 수 있다.

우리는 결합과 속성을 비독립적 계기와 일치해 받아들일 수 있고, 구별할 수도 있다.

① 어떤 총합(Inbegriff)이나 집합체(Kollektivum)의 비독립적 계기들

은 그 요소들의 비독립적 계기들이 아니다.(더 넓은 의미에서 총합들의 속성: 결합의 속성, 형식상의 속성)

②다수적이지 않은 어떤 기체의, 어떤 단일적 대상의 비독립적 계기들은 전체로서 그것〔기체나 단일적 대상〕에 속하며, 따라서 그 단편들이나 이것들의 집합체에 속하지는 않는다.(더 좁은 의미에서 속성: 직접적 속성)

③그 밖에 대상에 고유한 모든 것을 포괄하는 가장 넓은 의미에서 가능한 속성의 개념이 여기에 포함되어야 한다. 즉 그것에 대해 진술할 수 있는 모든 것, 부분들을 갖는 것, 부분들의 속성, 부분들의 총합의 속성 등이다.

이에 반해 '더 좁은 본래적 의미의 속성 그리고 결합이 어떻게 구성되는가' 하는 방식을 고찰하면, 다른 분류와 구별이 생긴다. 즉 비독립적 계기들의 경우 이것들이 단편의 속성이든 결합의 형식이든, 전체의 속성인지 그 밖의 비독립적 계기인지에 따라 주어지는 방식에서 본질적 차이가 있다. 전체의 직접적 속성은 전체의 단순한 해명 속에 이미 부각된다. 어떤 단편의 비독립적 속성을 지닌 계기는 단편이 부각되고 그 자체만으로 파악될 때 비로소 파악될 수 있으며, 그래서 그것도 그 구성하는 방식에 따라 전체를 간접적으로 해명하는 항이다. 물론 이것은 비독립적 계기들 자체의 비독립적 계기에 대해서도 타당하다.

이제 결합의 형식들에 관해 말하면, 이것들은 결합된 것들이 결합하는 계기로서만 파악될 수 있다. 즉 이 계기들이 〔우선〕 파악되어야만 하고, 그런 다음에야 비로소 결합이 파악될 수 있다. 그래서 결합은 그 부분들에 관해 전체가, 따라서 이미 분할된 전체 속에 해명된 다음에야 비로소 주어지는 비독립적 계기이다. 그것은 다음과 같이 일어난다. 즉 파지해 유지된 전체에 근거해 모든 단편은 그 자체만으로 파악되며, 그것이 이제 '분할된 전체'라는 방식으로 전체에 풍부하게 된 것으로 추가된

2 단적인 파악과 해명

다. 결합은 '전체가 이 두 부분과 동일한 의미로 여전히 갖고 있다는 세 번째 부분'으로서가 아니라, 전체의 간접적 규정 또는 우선 간접적 계기로 부각된다. 이 간접적 계기는 이러저러한 부분의 직접적 계기가 아니라, 이것들을 모두 합친 것(Zusammen)이다. 그것은, 모두 합쳐진 것 그 자체가 주어질 때만, 즉 전체가 그 부분들 속에 해명되고 부분들로 나뉠 때만, 부각될 수 있다. 그러므로 전체 안에서 결합의 계기들도 간접적 성질이고 우선 간접적으로 해명하는 항이다.

우리가 직접적으로 해명하는 항을 제한시키면, 단지 두 가지 종류만 남는다. 즉 직접적 해명은 단편으로 이끌든가, 또는 해명된 것의 직접적인 비독립적 계기로 이끈다.

전체의 직접적 단편(모든 단편이 어떤 계기의 단편이 아니면, 당연히 직접적으로 파악될 수 있다.)은 해명하는 방식에서 직접적인 비독립적 계기와 구별되고, 이러한 직접적인 비독립적 계기는 항상 또 필연적으로 속성이다. 따라서 우리는 속성을 전체의 직접적인 비독립적 계기로서, 또는 '전체 속에 자신 이외에 그것이 결합될지도 모를 어떠한 직접적 부분도 갖고 있지 않은 전체의 직접적 부분'으로 정의할 수도 있다.

3 관계 파악과 수동성에서 관계 파악의 토대

33 지평의식과 관계적 관찰작용

해명하는 작업수행을 통해 경험의 대상(우리가 관찰하는 방향을 제한 하는 데는 오직 단적인 경험의 대상, 외적 지각의 대상만 중요하다.)은 그것이 가능하게 규정되는 하나의 방식에 따라 충족된다. 그러나 어떤 대상을 파악하는 것은 그와 같이 깊이 파고드는 관찰에만 머물지 않는다. 대부 분 처음부터 대상은 경험의 장(場) 속에 그것과 더불어 주어진, 함께 자 극하는 다른 대상성들과 즉시 관련된다.

그래서 우리는 최초의 개관(22절)에서 이미 깊이 파고들어 해명하 는 관찰을 넘어서는 관계적 관찰(beziehende Betrachtung)과 대조했다. 우 리는 이제부터 관계적 관찰을 분석할 것이다. 예측으로 넘어서는 관계 적 관찰은 우선 관찰하는 시선의 대상의 외적 지평 속으로 '깊이 파고 드는 것'으로 특징지을 수 있는데, 이 경우 무엇보다 근원적으로 동일 하게 '직관할 수 있음(Anschaulichkeit)' 속에 함께 현전하는 대상적 주변 이 생각되었다.

이 대상적 주변(Umgebung)은 동시에 함께 촉발하는 기체들의 다수성(Mehrheit)으로 항상 배경적으로 함께 주어진다. 주변에 함께 주어진 것의 다수성은 수동성의 장을 지배하는 법칙들에 따라 구성된 자극의 다수의 일치성(Vieleinigkeit)이다. 우리가 관찰하는 시선을 대상으로 향할 때는 언제나 함께 촉발하는 대상의 주변, 그러나 덜 강하게 촉발하고 따라서 자아로 깊이 침투하지 않으며 자아가 주의를 기울이게 강요하지 않는 주변이 배경 속에 의식된다. 이와 마찬가지로 내적 지평은 능동적 파악을 자극하듯이 주제적 대상을 그 주변에 관련지으며 주변에 상관적인 대상의 특징과 성질을 파악하게 고무한다.

그러나 관계적으로 관찰하고 상관적 규정들을 획득하는 동기를 부여하는 것은 원본적으로 지각할 수 있는 대상적 배경 속에 함께 주어진 것뿐 아니라, 모든 대상이 미리 주어진 유형적으로 미리 알려진(Vorbekanntheit) 지평이다. 이 '유형적으로 친숙한 것(typische Vertrautheit)'은, 비록 함께 현재하지(mitgegenwärtig) 않더라도, 어쨌든 대상을 경험적으로 규정하는 경우 외적 지평으로 언제나 '함께 작동하는 것'을 함께 규정한다. 그것은 자신의 근거를 수동적이며 연상적인 동등함이나 유사함의 관계, 즉 유사한 것들의 모호한 기억 속에 갖는다.

이제 내적 해명의 경우에서처럼 이렇게 은폐되어 남은 관계들을 토대로 대상 그 자체 속으로 깊이 침투하는 대신, 어떠한 관계들 자체가 주제화될 수 있다. 즉 기억들은 명료하고 직관적이 될 수 있으며 자체성(Selbstheit)에서 직관적으로 주어진 대상은 기억되고 연상된 것에 능동적으로 관련지어질 수 있고, 이것들과 함께 일종의 직관적 통일체가 주어질 수 있다. 관찰하는 시선은 스스로 주어진 것과 현전화된 것 사이에서 이리저리로 경과할 수 있으며, 이 경우 비로소 본래적 의미의 동등함이나 유사함의 관계들이 능동적으로 미리 구성된다.

따라서 단적으로 직관적으로 스스로 주어진 대상이 우리에 대해 존재하는 것, 즉 대상이 자신의 내적 성질과 상관적 성질 속에 파악될 수 있는 것은 대상 그 자체에서 직관적으로 또 그 직관적 주변의 장 (Umfeld)으로 스스로 주어졌고 스스로를 줄 수 있는 것이다. 더구나 그 것은 언젠가 주어졌던 것, 경우에 따라 다시 현전화하는 것이다. 어떤 유사함의 관계가 세워질 수 있는 한, 자유로운 상상(freie Phantasie)의 대 상성에 관련된 것이다. 〔하지만〕 이 관계들은 대부분 밝혀지지 않고 남 아 있다. 단적인 근원적 경험을 토대로 선술어적 파악이 가능한 작업수 행과 술어적 규정을 완전히 이해하기 위해 우리는 '스스로 주어진 것' 의 영역, 더구나 '정립적으로 의식된 것(positional Bewußtes)'의 영역을 넘어서 도달하고, 또한 현전화의 영역과 상상적 직관의 영역을 끌어들 여야만 한다. 그렇게 함으로써 비로소 우리는 직관적으로 '스스로 주어 진 것'의 관계적 관찰과 상관적 규정에 기여하는 모든 것을 시선 속에 갖게 된다.

그래서 다른 종류의 직관적 통일체가 존재한다. 이 통일체에 근거해 관계적으로 관찰하는 시선은 기체의 대상과 관계의 대상 사이를 이리 저리 경과한다. 어떤 때는 지각 속에 '스스로 주어진 것'의 통일체, 다 른 때는 '스스로 주어진 것' 속에 '스스로 주어지지 않은 것'과 일치된 통일체이다. 그리고 이것은 다시 서로 다른 방식으로 일어난다. 이러한 통일체의 종류에 따라 관계적 관찰작용의 형식들을 특수화하는 것이 생긴 다. 이 특수화로 우리가 범주적 대상성으로 더 높은 영역 속에 구성되 는 관계들과 관계의 형식들을 제시하고, 관계에 관한 이론의 근본적 부 분을 제시하는 관찰작용의 근본적 형식들을 구분하는 데 성공하면, 지 금 우리가 관찰한 성과는 여전히 관계들의 총체적인 근본적 형식을 개 관한 것일 수 없으며, 오히려 외적 지각의 개별적 대상에 관한 수용적, 단적인 경험의 영역 속에 곧바로 미리 구성되는 근본적 형식들을 개관 한 것일 뿐이다. 반면에 새로운 독자적 관계의 형식들은 더 높게 기초 지어진 대상성들의 영역 속에 산출하는 자발성의 더 높은 단계에서와 마찬가지로 다시 등장한다.

물론 이미 부여된 규정들의 습득적 침전물과 내적 규정에 대해 어떤 대상을 새롭게 규정하거나 전적으로 새롭게 규정하는 경우, 이 침전물의 협력에 관해 앞의 절에서 제시된 모든 것은 관계적 관찰을 토대로 대상의 것이 되는 모든 규정에 대해서도 타당하다. 해명의 경우와 동일한 방식으로 관계적 관찰에서도 구별이 존재한다. 단지 일회적이고 일시적인 관심, 즉 한 번뿐이고 순간적인 관찰로 각인되는 것과 그렇지 않은 것, 예를 들어 어떤 대상을 그 위치, 크기, 비례 속에서 그것과 함께 주어진 다른 대상들에 주목하는 경향 사이의 구별이 그것이다. 이 모든 것은 술어화작용으로 이행하는 모든 것에 앞서 있다.

34 관계적 관찰작용의 일반적 특성

관계적 관찰작용의 특수한 형식들을 추구하기 이전에 관계적 관찰작용의 일반적 특성을 살펴보고, 그 모든 형태에 공통적인 본질적 특징을 밝혀 보자.

a) 집합적 총괄작용과 관계적 관찰작용

미리 주어진 의식 속에 존재함이 틀림없는 대상들의 다수성은 언제나 중요하다. '어떻게 이 다수성이 자극적 통일체의 성격을 띠고 성취되는가' 하는 점은 우선 문제 밖이다. 대상들의 다수성은 근원적으로 수동적으로 건립될 수 있지만, 서로 관련된 대상들이 잇달아 집합작용(Kolligieren)을 통해 근원적으로 총괄되는 경우와 같이 자아의 능동성을 통해 구성되고, 그다음 수동성으로 뒤로 가라앉게 될 수도 있다.

이미 이것은 다음과 같은 사실을 함축한다. 대상들은 단순히 능동적으로 총괄하는 것, 최초의 대상에 그 이상의 대상들을 부가하는 것은 여전히 관계적 관찰작용이 아니고, 기껏해야 그러한 작용을 위한 전제를 제공할 뿐이라는 것이다. 대상들의 다수성을 '잇달아 훑어보는' 가운데 단순히 파악하는 경우,[1] 가령 내가 책상 위의 대상들, 예컨대 잉크병, 책, 파이프, 펜대 등을 힐끔 쳐다봄으로써 차례로 훑어보는 경우와 같이, 이전에 파악된 대상이 여전히 파지되어 남아 있는 가운데 언제나 계속 대상들이 총괄된다는 사실만 중요하다. 내가 이 경우 그 대상들을 독특한 작용을 통해 능동적으로 어떤 '집합'이나 '수'의 대상들로 총괄하지 않더라도, 어쨌든 선행된 대상은 모든 새로운 파악의 경우에서 여전히 파지되어 남아 있다. 즉 훑어본 대상들의 다수성에 관한 의식이 이루어진다. 그러나 어떤 대상이 다른 대상에 대해 가질 수 있는 관계에 관한 어떤 것도 이것에 의해 파악되지는 않는다.

오히려 이것에는 더 넓은 의미에서의 독특한 관심, 이러한 대상들 가운데 어느 하나를 관찰하는 관심이 필요하다. 그것은 그 대상을 주요한 주제로 주시하게 만드는 관심이다. 가령 펜대를 주목해 관찰해 보자. 우리의 시선은 주제로 파지되어 유지된 채 남아 있는 그 펜대에서 책상의 표면으로 이동한다. 따라서 우리는 관찰의 범위 안에서 책상의 표면을 함께 끌어들이지만, 주요한 주제가 아니라 단지 펜대와 관련된 주제로 끌어들인다. 우리가 새로워진 근원적 파악을 통해 펜대에 한 번 더 주의를 기울이지 않고도, 그 펜대는 그것이 파지되어 유지된 것처럼 이제 우리에 대해 '책상 위에 놓여 있는 것'이 된다. 마찬가지로 펜대 옆에 놓여 있는 연필을 함께 끌어들이는 경우에도 '펜대 옆에 놓여 있는 것'의 파악이 이루어진다.

---

1 〔원주〕 이 책의 24절 d) 참조.

그러나 여기에는 여전히 술어로 형성하는 것이 전혀 없다. 또한 여기에서 파지되어 간직된 '주요한 주제'(펜대)와 '이와 관련된 주제'(책상 또는 연필)라는 파악된 것 두 가지가 종합되는 중첩(Überschiebung)이 발생한다. 그런데 그것은 두 가지 파악과 주의를 기울이는 시선이 단순히 잇달아 일어나는 것(Nacheinander)이 아니라, 이중의 시선(Doppelstrahl)이다.[2] ('어떻게 대상들의 그와 같은 공간적 관계들이 상세하게 구성되는가'는 공간의 구성에 관한 일반적 문제의 연관에 속하며, 여기에서 상세하게 논의할 수는 없다. 따라서 어떤 예를 통해 오직 관계의 파악과 상관적 규정들의 파악의 가장 일반적인 구조들이 제시될 것이다.)

두 가지 대상이 서로 병존해(nebeneinander) 놓여 있는 것으로 파악되는 이러한 통일적 의식을 토대로 이제 근원적으로 직관할 수 있는 가운데 펜대에 관한 새로운 규정, 예를 들어 '펜대는 연필보다 굵다'는 규정이 구성될 수 있다. 우리는 여기에서 다시 동일한 구조를 갖는다. 즉 주요한 주제인 '펜대'는 파지되어 유지되고, 시선이 '연필'로 넘어가 이동하는 경우 연장(延長)과 관련해 중첩된 합치를 토대로 이것에 어떤 잉여가 부각된다. 즉 여전히 파지되어 유지된 것으로서 '펜대'는 이제 '보다 굵다'는 규정을 얻는다.[3] 물론 그 거꾸로 '연필'은 우리가 처음부터 그 연필을 관찰의 주제로 삼았다면, 동일한 방식으로 '보다 가늘다'로 파악될 수 있다. 이러한 토대에서와 마찬가지로 하나의 의식 속에 '함께 존재함(Beisamensein)'의 통일체를 토대로 '서로 병존함' 또는 '그 위에 놓여 있음'의 두 가지 파악은 이전에 기체를 규정하는 것으로 파악되었다.

---

2 〔원주〕이 책 24절 b) 참조.
3 〔원주〕더 상세한 분석은 이 책 42절 참조.

b) 관계적 관찰작용이 방향을 전환할 수 있음과 '관계의 기초'

여기에서 중요한 것은 비록 건립된 통일체라도, 우선 그와 같은 통일체를 토대로, 즉 다수의 대상들이 하나의 의식 속에 함께 존재함의 통일체를 토대로 주목해 주요한 주제로 파악된 어떤 대상에서 다른 대상들로 이행하는 경우, 이것들에서 새로운 규정들이 침전된다는 사실뿐이다. '이 다수성 가운데 어떤 대상이 우선적으로 주목되어 파악되는가'는 그때그때 관심의 방향에 의존한다.

그러므로 통일체를 토대로 때에 따라 이러저러한 대상의 완전히 서로 다른 규정들이 발생할 수 있다. 즉 어떤 때는 어떤 것이 '보다 굵은 것'으로, 그다음 다른 것이 '보다 가는 것'으로 부각되고, 때로는 어떤 것이 '그것 위에 놓여 있는 것'으로, 다른 것이 '그것 아래 놓여 있는 것'으로 부각된다. 여기에서는 어떤 확고한 서열이 지시되어 있지 않다. 이 점은 근원적 기체인 대상들이 본질적으로 근원적 규정으로서만 등장할 수 있는, 다른 것들에 선행한 내적 해명의 경우와 같다. 우리는 처음부터 독립적 대상들에 관계하며 관계적 관찰의 경우, 두 가지 관계의 항 각각은 관계의 근원적인 주요한 주제이며 기체다. 뿐만 아니라, 그때그때 관심이 요구하는 것에 따라 관계된 (단지 부수적으로 관찰된) 주제다. 이러한 관계는 우리가 더 높은 술어적 단계에서 모든 관계의 사태에 방향을 전환할 수 있는 것으로 [나중에] 알게 될 것의 기초가 된다.

물론 이제까지 우리의 단계에서 일종의 사태(Sachverhalt)로서의 관계(Relation)에 관해서는 아직 어떠한 논의도 없었고, 관찰작용의 단계들만 논의했다. 그런데도 우리는 이 단계들이 관계적 관찰작용의 기초가 되고, 어떻게 이루어졌더라도 그 통일체를 관계의 기초(fundamentun relationis)로 표시하는 관계들의 구성에 대해 전제를 제공한다는 사실을 관련지을 수 있다.

3 관계 파악과 수동성에서 관계 파악의 토대

c) 관계작용과 해명작용

분명히 이러한 통일체 자체는 관계적 관찰작용이 시작할 수 있기 이전에 주제화될 필요가 없다. 오히려 그 통일체는 하나의 의식 속에 미리 주어진 대상들과 함께 촉발함으로써 순수하게 수동적으로 작동하며, 그래서 어떤 대상에서 다른 대상으로 종합되는 이행이 가능하다.

그러므로 관계적 관찰작용도 '마치 미리 시선이 통일체와 마주쳐야 하고, 따라서 이 통일체는 통일체로서 능동적으로 파악되어야 하며, 그 다음에야 비로소 이 통일체를 토대로 관계 짓는 것이 미리 건립된 통일체를 해명하는 한 종류로 시작할 수 있는 것처럼' 이해될 필요는 없다. 원리적으로 해명작용은, 그 작용을 통해 해명된 것이 해명하는 항에서 또는 해명하는 항 속에 파악되며, 해명하는 항에 속한다는 사실에 의해 언제나 부분적 합치가 일어난다는 점에서, 이러한 관계작용과 구별된다.

이에 반해 관계의 규정들은 기체들에서 등장한다. 즉 기체는 스스로를 더 크거나 작은 것 등으로 부여한다. 그러나 이러한 규정들은 관계적 관찰작용이 통일체를 해명해야 하는 경우와 마찬가지로 두 가지 관계의 항 사이의 통일체에서 또는 통일체 속에 등장하지는 않는다. 오히려 관계의 규정들은 미리 주어진 통일체를 토대로 발생한다. 이러한 미리 주어진 통일체는 그 자체로 주제가 되는 것이 아니라, 단지 관계적으로 관찰된 대상만 주제가 된다. 우리는 이미 말했듯이, 우리가 대상에서 내적으로 해명하는 항들을 파악하는 것처럼 대상에서 상관적 성질들을 파악한다. 그러나 동시에 우리는 대상 속에 포함된 것으로서, 대상과 부분적으로 합치하는 것으로서 내적 규정들을 파악한다. 그에 반해 상관적 규정들은 결코 대상 속에 있지 않고, 상관적 대상으로 이행함으로써, 즉 이 대상 쪽에 이른바 촉수(觸手)를 내뻗어 비로소 발생한다.

물론 합치의 이러한 종합, 즉 a)에서 기술한 상관적 규정들이 두드러지게 드러나고 파악되는 중첩도 관계적 관찰 속에 발생한다. 그러나 이러한 합치의 의식은 불연속적인 것으로서 지속적 합치에 대한 의식과 엄밀하게 구별되어야만 한다. 이 합치의 의식에서 어떤 대상의 통일체 는, 단적인 파악에서든 그것의 해명에서든 지속적으로 의식된다.

35 관계를 기초 짓는 통일체의 본질에 관한 물음

지금까지 우리는 모든 관계적 관찰작용의 전제인 관계의 항들의 통 일체에 관해 아주 일반적으로 살펴보았다. 그렇지만 서로 다른 종류의 직관적 통일체가 존재한다는 사실을 이미 언급했다. 이 직관적 통일체 를 토대로 기체의 대상(주요한 주제)과 관계의 대상(어떤 것과 관련된 주 제) 사이에서 관계적으로 관찰하는 시선은 이리저리로 나아갈 수 있다. 그것은 직접적 지각 속에 '스스로 주어진 것'의 통일체일 수 있으나, 마 찬가지로 '스스로 주어진 것'과 '스스로 주어지지 않은 것(현전화된 것, 상상된 것)' 속에 일치된 통일체일 수도 있다.

이제 우리는 관계 짓는 것의 가능한 특수한 형식들을 적어도 그 근 본적 유형에서 통찰하기 위해 통일체를 형성하는 종류들에 관해 물어 야만 한다. 우리가 외적 지각 속에 개체적인 공간적 사물의 대상들이 '스스로 주어진 것'에서 출발한 것에 따라 지금까지 논구된 관계적 관 찰작용의 범례들에서 통일체는 '동시에 지각의 장(場) 속에 직관적으로 미리 주어지고 촉발하는 대상성들의 통일체'로, '촉발하는 것의 동시성 (同時性)의 통일체'로 생각되었다. 어떤 지각의 장 속에 원본적으로 주 어진 것 또는 시선을 전향함으로써 가능한 방식으로 주어질 수 있는 것 으로 놓여 있는 것은 통일적으로 촉발된다. 왜냐하면 이 모든 것에서 자극들이 자아로 흘러가기 때문이다. 장의 이러한 통일체에 기초해 그것에서 촉발하는 개별적 대상성들로 파악하면서 주의를 기울이는 모든 것은 그것들의 해명이나 '서로 관련지어진 것'과 마찬가지로 가능하다. 그리고 장의 이러한 통일체는 이제까지 단순히 전제되었으며, 단지 그것은 그와 같은 통일체가 가장 깊숙한 곳에서 가능케 되는 시간의식의 수동적 종합의 작업수행이라는 점만 언급되었다.[1]

이제 다양한 자극들이 일치하는 구조를 이해하려면 이 작업수행을 더 고찰해야만 한다. 또한 이 지각의 장에 기초해 등장하는 자아의 작용, 주의를 기울임, 즉 파악은 작용인 이상 이미 논구한[2] 자신의 시간적 구조를 갖는다. 따라서 지금 우리가 심문하는 것은 이러한 구조가 아니라 수동적 장 자체의 시간적 구조이다. 이것은 모든 작용에 앞서 놓여 있고, 따라서 다수의 지각적 사물들이 '미리 주어진 것'의 수동적 통일체를 형성한다.

우리는 가장 가까이 놓여 있는 이러한 통일체, 즉 현전(Präsenz) 속에 직관적으로 일치된 다수의 지각의 대상들의 통일체에서 출발해야만 하고, 그런 다음 이러한 근원적 직관의 통일체 이외에 관계들을 기초 짓는 통일체로서, 게다가 지각의 대상들의 관계적 규정에 기여하는 통일체로서 다른 어떤 통일체가 여전히 가능한지를 계속 심문해야만 한다.

36 지각의 수동적(시간적) 통일체

다수의 개체적인 것들에 관한 지각의 통일체가 가능하기 위해 다수의 개체적인 것들은 하나의 의식의 '지금' 속에 동시에 촉발하는 것으로

---

1 〔원주〕 이 책의 16절 참조.
2 〔원주〕 이 책의 23절 참조.

주어져야만 한다. 이것은 어떤 감각적 지각의 통일체, 직관적 대상에 대한 의식의 통일체가 감각적 의식의 통일체라는 점을 뜻하는데, 그 자체로 완결된 개체이든 그러한 개체들의 다수성이든, 감각적 의식 속의 대상적인 것 모두는 대상적 통일체를 가능케 만드는 포괄적인 시간 지속(Zeitdauer)의 형식 속에 또 그 형식과 더불어 근원적으로 주어진다.

우리가 우선 직관 속에 나타나는 하나의 개체만 가정하면, 그 개체에 관한 직관의 통일체는 정확히 근원적 지속의 통일체, 즉 근원적 시간의식 속에 구성되는 개별적 지속의 통일체만큼 도달한다. 만약 진행되는 근원적 시간의 구성이 이러한 지속을 [문제된] 개체의 지속(따라서 풍부한 실질적인 개별적 계기(契機)들에 의해 충족된 지속)으로 구성하지 않으면, 개체 자체가 계속 지속하는, 직관적이 아닌 방식으로 의식에 적합하게 지속하는 것으로 사념되더라도, 개체는 직관에서 다시 나타난다.

이것은 다수의 개체들에서도 타당하다. 그러나 이것들은 근원적 지속과 일반적으로 시간성을 구성하는 의식의 통일이 동시성과 계기(繼起)의 양상으로 다수성을 통일적으로 포괄하는 경우에만 직관의 통일체 속에 함께 의식된다. 그렇다면 일반적으로 다수의 개체들 각각은 직관되고 그 각각이 시간의 지속 속에 같은 류의 개체와 함께 의식될 뿐 아니라, 이것들 모두는 함께 하나의 지속 속에 근원적으로 의식된다. 왜냐하면 이것들은 모두 함께 '이것들을 결합하는 지속이 근원적으로 감각의 형식 속에 직관적으로 구성된다'는 사실을 통해 감각적 통일체를 형성하기 때문이다. 근원적으로 구성된 시간이 도달하는 만큼 근원적이며 감각적으로 (즉 모든 능동성에 앞서 수동적인) 가능한 대상성의 구성된 통일체가 도달한다. 이 대상성은 단일의 개체이거나 공존하는 독립적 개체들의 다수성이다. 그렇게 근원적으로 주어진 다수성은 단지 능동적 집합작용에 의해 수집된 집합체가 아니라, 물론 단순히 시간적으로 건립된 대상성의 통일체이다. 하지만 이것은 새로운 개체(Individuum), 가령 기초 지어진 개체는 결코 아니다.

이렇게 상론함으로써 다수성, 미리 주어진 개체적 대상들이 단순히 공존하는 것(Koexistenz)은 일치해 결합된 통일체라는 명증성에 도달한다. 이것은 창조적 자발성 속에 산출된 범주적 통일체가 아니라, 개별적 개체와 동일한 종류의 통일체이다. 물론 그것은 그 자체로 개체는 아니지만, 단적으로 주어진 모든 대상성의 현상학적 근본 특성을 갖는다. 그 특성은 '그것이 근원적으로 또 감각적 통일체로 주어질 수 있다'는 것, 또한 '그것을 능동적으로 파악하는 모든 것은 감성이 통일적으로 미리 주어진 것을 요구한다'는 것이다. 확실히 '이미 근원적, 수동적으로 미리 구성된 것'은 능동적 파악을 통해 비로소 주제가 된다. 따라서 지속하는 개체들인 한, 시간의 형식은 개체들의 형식일 뿐 아니라 더 나아가 개체들을 하나의 결합된 통일체로 일치시키는 기능도 갖는다. 그러므로 다수의 개체들에 관한 지각의 통일체는 〔개체들을〕 결합하는 시간의 형식에 기초한 통일체이다. 이미 언급한 '병존해 있음'의 관계, 따라서 일반적으로 공간적 위치의 관계에 근거가 되는 것은 곧 통일체이다. 지각의 개체적 대상들은 하나의 시간 속에 '함께 존재함'에 기초해 그 공간적 위치들을 서로 갖는다.

더 정확하게 말하면, 다수의 대상들이 일치되는 시간은 지각의 체험의 주관적 시간이 아니라, 이 체험의 대상적 의미에 속하는 객관적 시간이다. 즉 지각작용의 체험들은 내재적으로 동시적이거나 일반적으로 다수성에 관한 단일의 지각에 함께 밀집된다. 그것을 넘어서 그 체험들 속에 실제로 존재하는 것으로 사념된 대상성은 객관적으로 동시에 지속하는 것으로 사념된다. 그러므로 여기에서 성립하는 직관의 통일체는 체험의 현재 속에 다수성이 '직관적으로 사념되어 있음(Vermeintsein)'에 기초한 통일체일 뿐 아니라 객관적인 '함께 있음'

(Zusammen)의 통일체이다. 이것은 그 밖의 다른 경우들, 즉 직관적 통일체가 성립하지만 직관적으로 일치된 대상들이 서로 다른 시간에 존재하는 것으로 객관적으로 사념되거나 상상의 대상성에서처럼 어떠한 객관적 시간 속에도 존재하지 않는 것으로 사념되는 그 밖의 다른 경우들과 대조해 봄으로써 더 명백해진다.

이러한 경우들은 그때그때 자기 자신에게 고유한 것의 영역을 넘어서 그 밖에 제한된[3] 연구의 영역으로 확장해 나갈 것을 강요한다. 이제까지 지각, 따라서 대상들을 존재하는 것으로 사념하는 정립적 의식(positionale Bewußtsein)이 문제가 되었다면, 이 대상들은 나에 대한 대상들로서만, 오직 나에 대한 세계의 대상들로서만 생각된다. 그러나 한편으로 지각과 기억 그리고 다른 한편으로 상상의 체험들 사이의 대립과 관계를 기초 짓는 통일체를 통해 조건 지어진 차이들을 심도 있게 이해하기 위해 여기에서, 또 다음 절에서 불가피하게 다룰 객관적 시간에 관한 언급은 이미 '단지 나에 대해서만 존재함(Sein-nur-für-mich)'의 영역을 넘어선다. 객관적 시간, 객관적 존재와 객관적으로 존재하는 것에 관한 모든 규정은 실로 나에 대해 존재할 뿐 아니라 다른 사람에 대해 존재한다는 것을 뜻한다.

37 기억의 통일 그리고 기억과 지각의 분리

지각의 직접적 통일을 넘어서 여전히 존립할 수 있는 다른 종류의 직관적 통일을 심문하는 경우, 우리는 우선 정립적(positional) 의식 안에서만 유지한다. 따라서 가장 가까운 물음은 우선 '정립하는 현전화

---

3 〔원주〕 이 책 「서론」 12절 참조.

3 관계 파악과 수동성에서 관계 파악의 토대

(setzende Vergegenwärtigung)'인 지각과 기억의 연관과 그 직관적 통일체의 본성에 관련된다. 따라서 이러한 통일체는, 서로 잇달아 관련되어 통일 된 대상들이 어떤 지각 속에 동시적으로 나타나는 것이 아니라, 일부는 지각 속에 일부는 현전화 속에 주어질 때도 나타날 수 있는 것이다.

다음과 같은 것이 범례가 될 수 있다. 지각을 통해 나는 내 앞에 있 는 어떤 책상을 보며, 그와 동시에 이전에 여기에 있었던 다른 어떤 책 상을 직관적으로 기억한다. 가령 내가 '기억된 책상'을 '지각된 책상' 옆으로 옮겨 놓을 수 있더라도, 어쨌든 '기억된 책상'은 실제적 지속의 통일체 속에 '지각된 책상'의 옆에 있지 않다. 그것은 어떤 방식으로든 '지각된 책상'과 분리된다. 지각의 세계와 기억의 세계는 서로 분리된 세계이다.[1] 그러나 다른 한편으로 내가 두 책상을 현존 속에 직관적으 로 명백하게 갖는 한, 어쨌든 통일체가 있는 것이다. 이것은 앞으로 밝 혀지겠지만, 여러 겹의 의미에서 그러하다. 여기에서는 어떤 의미에서 분 리와 통일이 문제가 되는가?

확실히 기억된 것과 지각된 것이 분리된 것에 관한 논의는 정당한 권리를 갖는다. 즉 내가 갑자기 떠오른 생각에 의해 뒤죽박죽되어 〔어떤〕 기억에서 〔다른〕 기억으로 비약하지 않는 한, 곧 중단되지 않고 남아 있 는 어떤 기억된 직관 속에 사는 한, 기억된 것은 비교하고 구별하며 관 계 짓는 모든 작용 이전에 그 속에 있고, 감각적으로 통일되며 유동적인 부분들 속에 직관적으로 통일되고 그 자체로 완결된 것이다. 통일적인 모든 기억은 그 자체로 지속적으로 통일적이며, 자신 속에 대상성의 의 식된 통일체를 구성한다. 이것은 직관적-감각적 통일체이며, 이 경우 '직관적'이라는 것은 우리가 말한 유동적 부분들 속에 그러하다. 즉 기

---

1 후설이 지각, 직관, 상상, 기억 등에 곧잘 붙이는 '세계'라는 용어는 실재적 의미가 아니라 하나의 동일한 세계가 태도 변경에 따라 다양하게 드러나는 '영역'을 뜻한다.

억 속에 더 오래 지속하는 사건의 경과는 원본적 지각 속에 그것을 파악하는 작용과 정확하게 동일한 구조를 갖는다. 원본적 지각에서는 하나의 국면만 언제나 원본성에서 직관적으로 의식되고, 그 국면은 바로 다음 국면에 의해 즉시 교체된다. 그 후에 또 파지되어 유지되고 그것과 종합적으로 통일되듯이, 사건에 대한 기억 속에 사건 전체, 즉 언제나 사건의 유동적인 시간의 간격만 본래적으로 직관적이더라도, 자신의 모든 국면에서 생각된 사건은 더구나 통일적이며 직관적이다.

물론 기억의 완결성(Geschlossenheit)이라는 원리는 우리가 이전에 시간적 지속의 통일체에 의거해 지각에 대해 명백하게 밝혔던 것과 정확하게 동일한 것이다. 그것은 지각된 어떤 개별적 사물이나 사건을 이끌어 내 파악하고 주제적으로 관찰하는 작용과 관련될 뿐 아니라, 이러한 능동성을 정초하는 '인상(Impression)'이라는 통일적 현상과 관련된 통일체이다. 이 현상 속에 대상성들(아무리 그 항이 많더라도)의 통일체가 우리에게 감각적으로 미리 주어지며, 우리에 대해 수동적으로 현존한다. 그것은 원본적으로 구성된 형성물(Gebilde), '그곳으로 흘러 들어가는 형성물'이다. 이 형성물은, 지각(원본적으로 감각적으로 주어진 것)의 형성물이든 기억의 형성물이든 언제나 그 자체만으로 존재하고, 오직 지평의 지향들은 '그것을 넘어서 도달하는 객체성(Objektivität)', 즉 그것이 존립하는 부분인 객관적 세계와의 연관을 형성물에 준다.

그러한 기억에서는 이 지평의 지향에 근거해 우리가 기억 속에, 가령 더 가까운 과거에서 원본적 현재에까지 이르는 기억 속에 '지속적으로 경과함(Durchlaufen)'이라 부르는 것이 일어날 수 있다. 맨 처음에 고립되어 떠오르는 기억은 자유로이 더 계속될 수 있으며, 우리는 기억의 지평 속에 현재를 거슬러 올라가 (어떤) 기억에서 (다른) 기억으로 지속적으로 전진해 간다. 이렇게 해서 떠오르는 모든 기억은 지금 흐르면서 서로의 속으로 이행하는 서로 관련된 통일적 기억의 간격이다. 이 경우

3 관계 파악과 수동성에서 관계 파악의 토대

일반적으로 그 과정은 비본질적인 기억의 부분을 생략함으로써 조잡해지고 간략해(축소)진다. 따라서 다음과 같이 구별될 수 있다.

1) 그때그때 (언제나 흐르는) 기억의 장(場)의 통일체. 이것은 좁은 의미의 직관적 통일체이다. 기억 속에 더 오래 지속하는 사건의 경과는 모든 국면에서 이 기억의 체험들이 선행한 국면에서 직관된 것, 즉 이전에 지나가 버린 것을 여전히 직관하고, 여전히 파지해 유지하는 한, 하나의 기억이다. 반면에 선행한 국면 속에 새롭게 떠오르는 것은 바로 일차적으로 직관할 수 있는 것이 된다.

2) 넓은 의미에서 직관적인 기억의 장(場) 전체. 이것에는 우선 의식의 통일체 속에 경과하는 본래 직관적인 기억의 장들의 집합체가 포함된다. 이러한 장들 가운데는 더 이상 본래적으로 직관적이지는 않지만 과거지향의 생생함을 지니며 사라져 가라앉지 않는 것이 있다. 더 나아가 이것에는, 비록 새롭게 회상되지는 않았더라도, 과거의 지평 속에 포함된 모든 것도 속한다. 이것에는, 맨 처음 직관적 회상의 형식에서 출발해 그 자체로 과거지향으로 침강해 비직관적이지만 여전히 생생한 과거지향이 된다. 여기에는 어쨌든 가라앉아 버린 것이 아니라 침강된 것이 되는 회상의 형식으로 지향들을 충족시키는 단순한 잠재성(Potentialität)이 포함된다.

이러한 회상의 전체적 통일체들은 (이것들이 특별한 과정과 특수하게 구조화된 과정 속에 원본적 지각으로 소급되지 않으면, 또는 지속적 결합 속에 상호 관련된 회상의 통일체로 함께 결합되지 않으면) 서로 분리된다. 회상 속에 등장하는 감각적 통일체들, 대상들 그리고 결합체들은 그때그때 지각의 세계 속에 등장하는 것에 의해 서로 분리된다.

그러므로 우리는 주어진 것이 회상에서 그리고 지각에서 비본래적이거나 본래적인 직관적, 감각적 결합 속에 나타난다는 사실에 관해 명백하게 말할 수 없다. 어떤 지각의 대상, 가령 내가 지금 책상 위에 있는 것으로 지각하는 만년필은 1년 전에 이 책상 위의 동일한 장소에 있었고, 내가 지금 그것을 기억하는 책과 결코 직관적으로 결합되어 있지 않다. 그 책은 만년필 옆에 있지 않으며, 만년필과 공간적으로 통일된 관계가 전혀 없다. 왜냐하면 하나의 시간의 지속 속에 직관된 것의 통일체는 그러한 통일된 관계가 필요하기 때문이다. 따라서 그와 같은 관계들, 이것들을 향한 관계 짓는 관찰작용 그리고 대상들이 서로 공간적으로 갖는 위치의 관계들은 그렇게 분리된 직관들의 대상인 경우에는 가능하지 않다.

38 자아와 자아 공동체의 모든 지각과 정립적 현전화의 지향적 대상들이 감성의 형식인 시간에 기초해 갖는 필연적 연관

그렇지만 이 모든 분리의 경우에도 불구하고 여기에서는 어쨌든 통일체와 이것에 근거한 통일체의 관계가 존재한다. '그것들이 어떤 종류인가'는 우리가 이미 언급한 지평의 지향을 기억하면 명백해질 것이다. 실제적 대상성을 사념하는 의식인 모든 지각은 '이전(Vorher)'과 '이후(Nachher)'라는 자신의 지평을 갖는다. 그 지각은 이전에 지각된 것을 소급해 지시한다. 기억들이 그때그때 지각과 직접적으로 서로 관련되지 않고 모호하고 기억되지 않은 간격들에 의해 그때그때의 지각에서 분리되더라도, 이전에 지각된 것은 기억 속에 현전화될 수 있다. 나중에 가서야 비로소 논의될 연관(이것은 모든 지각된 것이 지나간 과거[의 경험]에서 유사한 것 또는 동등한 것이 비록 시간적으로 그것과 분리되더라도 기억하는 관계이다.)을 무시하더라도, 여기에서는 여전히 더 깊이 놓여 있는 다른 종류의 통일체도 존재한다. 만약 내가 어떤 지각에서 출발해 기억을 통해 나 자신의 고유한 과거 속으로 되돌리면, 이 과거는 나 자신의 과거, 즉 생생한 현재의 동일한 주체의 과거이다. 또한 지나가 버린 그리고 지금 기억된 주변세계(Umgebungswelt)는 내가 지금 살고, 그 과거의 어떤 부분[시점] 속에 단지 현전화된 이 세계와 동일한 세계에 속한다.

이제 상호주관성(Intersubjektivität)을 이끌어 내기 위해 타인이 자신의 지나간 체험을 나에게 이야기하고 자신의 기억을 전달하면, 우리가 앞에서 언급한 것은 타당하다.[1] 지나가 버린 체험들 속에 기억된 것은 나와 우리의 공통적 체험의 현재 속에 주어진 것과 같은 객관적 세계에 포함된다. 타인이 이야기하는 자신의 기억된 환경세계(Umwelt)는 우리가 현재 우리 자신을 발견하는 세계와는 다른 세계일 수도 있다. 즉 나는 내 주거지를 변경할 수 있으며, 다른 사람들이 살고 다른 관습을 지닌 다른 나라로 이주할 수도 있다. 또한 거주자들이 사는 동일한 공간[지리]적 주변이 인간이 살아가는 도중에 변화되어 그 주변이 곧 다른 주변이 될 수도 있다.

그럼에도 서로 다르게 기억된 환경세계들 모두는 동일한 하나의 객관적 세계의 단편들(Stücke)이다. 이 객관적 세계는, 가장 포괄적인 의미에서 서로 이해할 수 있는 공동체 속에 존재하는 '인류에 대한 생활세계(Lebenswelt)'로서, 서로 다른 이 모든 환경세계를 자신의 변화나 과거와 함께 자체 속에 포함하는 '우리의 지구(unsere Erde)'이다.[2] 왜냐하면 우리는 어쩌면 인간이 살 수 있는 환경세계로서 다른 어떤 별들에 관해

---

1 후설은 '이성'과 '신체'가 정상적으로 기능하는 공동의 인간성을 "언어(Sprache)의 공동체"(『위기』, 369쪽), "감정이입(Einfühlung)의 공동체"(같은 책, 371쪽), "전달(Mitteilung)의 공동체"(『상호주관성』 3권, 460쪽 이하) 등으로 부르는데, 이것은 곧 의사소통과 상호 이해를 통해 공동체의 기억을 생생한 역사적 전통으로 계승하고 부단히 새롭게 발전시켜 가는 개방된 '선험적 상호주관성'을 뜻한다.
2 후설은 이러한 주장을 통해 서로 다르게 지각되고 기억되는 다양한 환경세계들이 서로 이해하고 융합될 수 있는 근거로 보편적 본질의 구조를 지닌 하나의 동일한 상호주관적 생활세계를 밝힌다.

아무 지식도 없기 때문이다.[3] 내가 지금 근원적으로 감각적으로 지각하는 모든 것, 즉 내가 이전에 지각했고 그것을 내가 지금 기억할 수 있는 모든 것 또는 다른 사람이 지각했던 것이나 기억했던 것으로서 나에게 가르쳐 줄 수 있는 모든 것은 이러한 '하나의 세계' 속에 자신의 위치를 갖는다. 그 모든 것은 이 객관적 세계 속에 자신의 확고한 시간 위치(Zeitstelle), 즉 객관적 시간 속에 위치를 갖는다는 사실로 자신의 통일체를 갖는다.

이러한 점은 지각의 모든 대상 그 자체, 즉 사념된 대상, 실제로 존재하는 것으로 추정된 모든 대상에 대해 타당하다. 이것은 지각, 즉 생생한 현재의 영역 속에는 모순이 존재하며, 첫 번째 지각과 모순되어 침투하는, 두 번째 지각으로의 비약[4]이 존재하고, 현재의 지각에서 파생된 과거의 모든 지각 속에도 모순이 존재한다는 사실을 뜻한다. 모순은 감성 그 자체 속에도 (따라서 모든 능동성 이전에) 등장한다.

그러나 이 경우 다음과 같은 점에 주의해야 한다. 즉 서로 모순되고 또 침투되는 지향적 대상들이 시간의 계기(Moment) 자체에 관해 대립하지 않는 한, 지향적 시간(사념된 대상성 그 자체에 속하는 모든 시간)은 〔모순에〕 관련되지 않는다는 점이다. 요컨대 마치 어떤 대상의 색채가 서로 대립되는 두 개의 서로 다른 색채로서 동일한 시간의 상황 속에 등장할 수 있는 것과 같은 방식으로, 동일한 색채를 지닌 두 개의 시간의 상황이 대립해 등장하는 것과 같다. 근원적, 수동적으로 등장하는 감각적 모순은 동일한 시간을 규정하는 두 대상을 필연적으로 포함하며, 시간을 규정하는 동일성을 전제한다.

---

3 〔원주〕 물론 여기에서 객관적 세계는 이해할 수 있는 포괄적 공동체인 인류의 생활세계와 동일하게 취급된다. 우리의 문맥에서는 '인류의 생활세계로서 구체적으로 파악된 세계가 엄밀한 의미에서 객관적 세계, 즉 자연과학적 의미로 규정된 세계와 어떠한 관계에 있는가' 하는 문제는 무시해 버릴 수 있다.

4 〔원주〕 이 책 21절 참조.

3 관계 파악과 수동성에서 관계 파악의 토대

그러므로 어떠한 사정에도 감각적으로 구성된 시간의 계열은 유일한 시간의 계열이며, 구성되거나 앞으로 구성될 그 밖의 통일체의 성격이나 독립성의 성격을 도외시하고, 곧 감각적으로 구성된 (근원적으로 나타나는) 모든 지향적인 것[대상] 그 자체가 이 시간의 계열에 편입된다. 따라서 근원적으로 나타나는 것(Erscheinendes)은 비록 모순 속에 나타나더라도, 모두 자신의 규정된 시간 위치를 갖는다. 즉 그것은 지향적 대상성 그 자체 속에 주어진 것인 현상적 시간을 자신 속에 가질 뿐 아니라, 하나의 객관적 시간 속에 자신의 확고한 위치도 갖는다. 더 정확하게 말하면, 비록 대상이 서로 지양되는 방식으로만 잇달아 일어날 수 있더라도, 또한 어느 한 대상이 나타나면 다른 대상은 은폐되는 방식으로 의식되는 경우라도, 은폐된 채 주어지든 개방된 채 주어지든 그와 같은 모든 대상적인 것은 하나의 시간 속에 자신의 지향적 시간 상황과 시간 위치를 갖는다.

이제 우리는 '시간이 감성의 형식이며, 따라서 객관적 경험의 모든 가능한 세계의 형식'이라는 칸트 명제의 내적 진리를 이해하게 된다. 객관적 실제성에 관한 모든 물음 이전에, 우리가 나타남에 '참된 대상' 또는 '실제적 대상'이라는 술어를 배분하기 위해 직관적 경험 속에 스스로를 부여하는 지향적 대상들에 우선권을 주는 것에 관한 물음 이전에 참되거나 공허한 것으로 밝혀진 모든 나타남의 본질적 특성이 드러나는 사태는 '그것들이 시간을 부여하는 것이며, 더구나 그렇기 때문에 주어진 모든 시간이 하나의 시간에 편입된다'는 사실에 있다.

따라서 지각되고 참으로 지각할 수 있는 모든 개체는 시간의 공통적 형식을 갖는다. 그것은 제1의 근본적 형식이고, 모든 형식의 형식이며, 그 밖의 통일체를 건설하는 모든 '결합된 것(Verbundenheit)'의 전제이다. 그러나 여기에서 형식은 처음부터 직관적 통일체의 가능성에서 다른 모든 것에 필연적으로 선행하는 성격을 뜻한다. 지속(Dauer), 공존

(Koexistenz), 계기(Folge)로서의 시간성은 통일적으로 직관할 수 있는 모든 대상의 필연적 형식이며, 그러한 한에서 그것들의 직관 형식(구체적으로 개체적으로 직관된 것들의 형식)이다.

그와 동시에 '직관 형식'이라는 말은 여전히 두 번째 의미를 갖는다. 즉 직관의 통일체 속에 직관된 모든 개체적인 것은 현존(Präsenz) 속에 현존화된 모든 것이 주어지는 형식으로, 시간적으로 방향이 정해져(Orientierung) 주어진다. 그러나 더 나아가 우선 아무 연관도 없는 직관 속에 의식된 모든 구체적 개체(추상적인 개체의 계기들은 이것에 의해 자명한 결과로 관련된다.)는 하나의 시간(비직관적이지만, 자유롭게 전개됨으로써 앞으로 직관적으로 만들 수 있는 시간, 즉 직관 속에 놓여 있는 지향들의 충족을 위해 주어진 것으로 이끌 수 있는 시간)의 통일체에 속한다. 하나의 시간은, 우선 아무 연관도 없는 직관들, 예를 들어 지각들과 이것들에서 분리된 기억들 속에 자아가 이 형식을 부여했거나 부여할 수 있는 모든 개체적 대상성의 하나의 유일한 형식이다. 또 모든 직관은 무한한 직관들 속에 전개될 수 있는 자신의 지평을 갖는다. 이 무한한 직관들은 이렇게 전개되어 하나의 시간 속에 주어진 것으로 의식되는 대상성들에 상응한다. 그것이 전개됨으로써 직관하는 체험들 자체와 자아의 체험들 일반을 포함하는 '주어진 것' 가운데 동일한 것으로 명백하게 밝혀지는 것이 바로 하나의 시간이다.

이것은 감정이입(Einfühlung)[5] 속에 계속된다. 이 감정이입 속에 상호주관적으로 공통적이며 객관적인 시간이 구성되고, 체험들과 지향적 대상성들에서 모든 개체적인 것은 이 시간 속으로 편입될 수 있음에 틀

---

5 타자의 몸(물체)은 원본적으로 주어지지만, 그 신체(심리)는 감정이입, 즉 유비적으로 만드는 통각의 의미전이(意味轉移)에 의해, 간접적 제시(Appräsentation)로, 함께 파악함(comprehensio)으로써 주어진다. 후설은 이 용어를 의식의 경험을 심리학주의로 기술했던 립스(Th. Lipps)에게서 받아들였지만, 오히려 심리학주의를 비판하고 타자에 대한 경험의 구성을 해명하는 선험적 분석에 적용했다.

3 관계 파악과 수동성에서 관계 파악의 토대

림없다. 이러한 사실은 각각의 자아에 대한 감정이입이 기억들이나 기대들에 대립된 특별한 집단의 정립적 현전화일 뿐이라는 점, 자아는 모든 정립적 직관과 마찬가지로 이러한 직관들을 이미 진술한 방식으로 통일시킬 수 있다는 점으로 소급될 수 있다.

자아의 모든 지각과 정립적 현전화를 통일시킬 수 있는 결합에 관해 물었을 때, 이것은 곧 시간의 결합(Zeitverbindung)이라고 밝혀졌다. 그것은 감성을 함축하는 수동성의 영역 속에 건설된다. 어떤 자아의 의식 안에서 임의의 지각들은 필연적 연관을 가진다. 자아가 이 지각들을 능동적으로 총괄하고 다른 지각들과 결합하면서 관계하든 않든, 혹은 자아가 전혀 그 지각들 속에 활동하지 않고 어떤 다른 대상에 몰두하고 있든 않든, 그 자체로 연관을 갖는다. 그 지각들은 모든 것을 포괄하는 자신의 지향적 대상들의 연관을 구성한다. 각각의 지각은 자신의 과거 지향적 지평을 가지며, 이 지평 속으로 파고들어 기억들 속에 이 지평을 전개할 가능성을 준다. 그러므로 지각의 통일체 속에 직관적이지 않은 모든 연관은 실제적 직관의 통일체 속에 연관들의 연쇄를 소급해 지시하고, 따라서 그 연쇄를 직관적으로 다시 부여하는 가능한 지속적 회상들을 소급해 지시한다.

한편 실제로 직관할 수 있는 것은 새로운 실제적 직관들을 미리 제시한다. 이렇게 '미리 제시하는 것(Vorweisen)'은 '미리 예상하는 것(Vorerwartung)'이다. 지각들이 지속적 연쇄 속에서만 등장한다는 점은 자아의 지각의 본질에 속한다.[6] 자아가 통일되는 것은 우리가 내적 의식이 통일되는 범위만큼 도달하고, 오직 그 범위만큼 도달할 수 있다.

---

6 후설은 모든 개별적 대상이 감각자료처럼 그 자체로 고립된 것이 아니라 유형적으로 미리 알려진 선술어적 경험, 즉 지각의 지향적 지평구조 속에서만 주어진다는 점을 밝힘으로써, 원자론적 경험론의 단편적이고 세계에서 단절된 평면(표층)적 파악을 넘어서 전체적인 역사적 세계 속에 연속되는 입체(심층)적 이해를 제시한다.

또한 그러한 범위만큼 의식 속에 등장하는 지각들의 지향적 대상들도 작용들의 내재적 시간의 연관과 합치되는 시간의 연관을 구성함이 틀림없다. 그러므로 각각의 지각과 지각이 재생산한 각각의 회상은 원리적으로 직관할 수 있게 만들 수 있는 시간 관계를 그 자신의 대상들에 만들어 줌에 틀림없다. 이것들은 하나의 세계 안에서 실제적인 대상들이나 추정적으로 실제적인 대상들에 관련된 것으로 연관 속에 있다. 이러한 연관은 어떤 종류의 관계들, 지각된 모든 대상성, 즉 지각들 속에 실제로 존재하는 것으로 사념된 모든 대상성의 시간적 위치들의 관계에 대해 근거를 부여한다.

우리는 일반적으로 다음과 같이 법칙으로 공식화할 수 있다. 자아의 모든 지각과 경험은 자신의 지향적 대상들과 연관되며, 이것들은 (비록 모순되더라도) 하나의 시간에 관련된다. 또한 서로 이해되는 모든 자아의 주체의 지각과 경험은 그 지향적 대상들과 연관된다. '연관 속에 있다'는 말은 그 모든 주관적 시간 속에 구성된 객관적 시간과 이 시간 속에 구성되는 객관적 세계와 '연관된다'는 것을 뜻한다.

물론 '어떻게 각각의 경험(예를 들어 각각의 회상)이 동일한 자아의 각각의 다른 경험(가령 그때그때 현실적 지각을 지닌 회상)을 지니거나, 하나의 시간 속에 경험된 모든 것이 결합됨을 제공하는 연관을 동일한 자아의 의식의 흐름 속에 가질 수 있는가'를 완전히 명료하게 밝히는 것, 그것이 모든 가능한 자아에 대해 또한 자아의 경험들에 대해 타당하다는 점을 요구하는 일종의 필연성을 이해하는 것이 현상학의 주요 문제이다.

우리가 의식의 흐름에 관해 논의하면, 어떤 방식으로든 우리는 이미 무한한 시간을 전제한다. 즉 우리는 이 무한한 시간을 실마리로 삼아 의식에서 의식으로 역행하거나 전진해 나간다. 의식이 현실적으로 주어지고 (또는 가능성 속에 주어진 것으로 표상되고) 의식이 필연적으로 계

3 관계 파악과 수동성에서 관계 파악의 토대

속 흐르면, 그 경우 기억 속에 통일적인 의식의 흐름으로 이끄는 의식에 관한 회상이 등장할 가능성이 존재한다. 이 어려운 문제들, 특히 '어떻게 대상들이 절대적 시간의 규정들에 관해 파악하는가, 객관적 시간 속에 이 대상들의 위치가 구성되는가' 그리고 '도대체 어떻게 객관적인 절대적 시간의 이러한 연관이 주관적 체험들의 시간 속에 알려지는가' 하는 문제는 앞으로 상론될 '시간의식의 현상학'에 중요한 주제가 될 것이다.[7, 8]

39 유사-정립성으로 이행함. 상상의 직관은 아무 연관이 없음

이제까지 정립적 의식 안에서 직관적 통일의 가능성, 즉 서로 뒤섞인 지각들과 이 지각들과 더불어 정립하는 현전화들이 통일될 수 있는 가능성만 고려했다면, 이제는 지각의 상상이든 재생산의 상상이든 유사-정립성(Quasi-positionalität)을 살펴볼 것이다. 즉 우리는 '유사-정립성 그 자체(그것의 지향적 대상들) 안에서 직관적 통일의 어떠한 가능성이 존재할 수 있으며, 이것과 정립적 체험의 지향적 대상들 사이에서 직관적으로 통일될 어떠한 가능성이 존재할 수 있는가'를 물어볼 것이다.

실제적 세계의 대상들을 지각하는 사념작용(Vermeinen)의 체험에서는 이것들과 전혀 연관 없는 상상(Phantasie)의 체험, 가령 허구들(Fikta), 허구들로 사념된 대상성을 향한 체험이 등장할 수 있다. 이것들은 지각과 전혀 연관 없다. 즉 모든 지각은 그 지각 속에 사념된 대상성에 관해 통일체로 수렴되고, 하나의 세계의 통일체에 관련되며, 상상의 대

---

7 〔원주〕몇 가지 더 상세한 설명은 이 책 63절 b) 참조.
8 이 책의 63절에는 b)가 없다. 아마 '실재적 대상성들의 시간성'을 논의한 '64절의 b)'가 잘못 표기된 것 같다.

상성은 이러한 통일체에서 제외된다. 반면 상상의 체험은 이와 같은 방식으로 지각의 대상성과 더불어 사념된 세계의 통일체로 수렴되지 않는다.

물론 어떤 자아의 상상들은 서로 뒤섞여 있고, 체험들과 관련해 지각하는 내적 의식의 모든 체험과 같이, 체험들로서 이 자아의 지각들을 지닌 것과 연관된다. 상상들은 체험들로서 모든 작용과 마찬가지로 자아의 통일체에 편입된다. 이것은 내적 의식이 지향적 연관을 구성한다는 사실을 뜻한다. 그러나 어쨌든 상상들은 그 대상적 관계 속에 서로 뒤섞이거나 지각들과 전혀 연관이 없다. 내가 지금 생각하는 '반인반마(牛人牛馬)', 내가 이전에 생각한 '하마(河馬)' 또 내가 지금 곧바로 지각하는 '책상'은 서로 전혀 연관이 없다. 즉 이것들은 서로 아무런 시간 위치도 갖지 않는다. 현재의 것이든 과거의 것이든 모든 경험은 하나의 경험의 연관으로 수렴되고 절대적 시간에서 '이전', '이후'와 '동시성'이라는 일의적인 시간적 질서를 갖는다고 해도, 상상의 대상성들에는 타당하지 않다. '반인반마'는 '하마' 또는 내가 지금 지각하는 '책상'보다 이전에 있거나 이후에 있지 않다.

물론 어떤 의미에서는 모든 상상의 대상성도 자신의 시간을 갖는다. 즉 시간적 지속의 통일체로 의식된다. 여기에서 시간은, 그 자체로 완결된 지각이나 기억에 제시된 것과 정확히 마찬가지로, 통일체를 형성하는 것으로 기능한다. 상상된 것은 언제나 시간적인 것이다. 예를 들어 모든 감각적 상상은 어떤 감각적 대상을 상상하며, 지향적 시간성은 단순한 지향적 대상인 이 감각적 대상에 속한다. 상상의 대상은 시간적인 것, 시간적으로 규정된 것 그리고 시간 속에 지속하는 것으로 의식된다.

하지만 그 시간은 유사-시간(Quasi-Zeit)이다. 가령 내 눈앞에 아른거리는 어떤 빨간색 삼각형을 상상하는 것이 문제가 된다고 하자. 나는

3 관계 파악과 수동성에서 관계 파악의 토대

그 삼각형을 기술할 수 있고, 이렇게 함으로써 그것의 지속(Dauer)에도 도달한다. 그것은 하나의 시간적 객체이며, 자신의 시간을 갖는다. 어쨌든 그것은 어떠한 시간 속에도 존재하지 않는다. 즉 그 삼각형의 시간적 지속은 그것의 모든 시점과 더불어 어떤 실제적인 빨간 삼각형의 색채에 대립해 갖는 유사–색채와 동일한 의미로 변양된다. 〔요컨대〕모든 사물은 어떤 색채를 갖는다. 상상의 사물은 상상된 사물이며, 이러저러하게 채색된 것 등으로 상상된다. 상상의 색깔은 상상의 지향적 상관자(Korrelat)이며, 그 자체로 '마치(Als-ob)'라는 양상을 갖는다. 그럼에도 불구하고 그것은 단순히 표상된 것(또는 일반적으로 표상되고 지각되며 기억되고 상상된 것 등)이 실제로 존재하지만 경우에 따라서는 실제로 존재하지 않는다. 즉 비–실제적인 것, 어떤 표상 속에 주어진 것 또는 눈 앞에 아른거리는 것 그리고 규칙적으로 증명된 것이 각각의 시점에서, 각각의 규정에서 어떤 실제적인 것에 일치한다고 논의할 수 있는 충분한 의미를 갖는다. 거꾸로 '우리가 정상적 지각 속에 정당하게 주어진 모든 것에, 제시하는 것과 정확하게 동등한 방식으로 동등한 대상을 정확하게 표상했던 순수한 상상을 구축할 수 있다'는 것도 마찬가지로 타당하다.

그러나 단순한 허구 속에는 실제로 존재하는 대상들을 특징짓는 것이 필연적으로 결여되어 있다. 그것은 절대적 시간 위치, 시간 형태 속에 절대적으로, 단호하게 일회적으로 주어진 개별적 내용으로서 실제적 시간이다. 더 명백하게 말하면, 시간은 〔상상 속에〕직관적으로 표상되었지만, 그것은 실제적이고도 본래적인 위치의 장소성(Örtlichkeit)을 갖지 않는 시간, 곧 유사–시간이다.

물론 우리는 현상적 장소들과 상관적 장소의 관계 또는 위치의 관계, 거리들을 상상 속에도 직관적으로 갖는다. 그런데 상상은 어쨌든 '그 자체(An-sich)'라는 의미에서 동일화될 수 있고, 그에 상응해 구별될 수 있는 어떠한 위치도 우리에게 제공하지 않는다. 우리는 어떤 빨간 색 삼각형을 아무 연관도 없는 임의의 많은 상상들 속에 완전히 동등하게, 완전히 동등한 지속 속에 표상할 수 있다. 그렇다면 모든 삼각형은 서로 다른 상상의 의식 내용으로서 다른 모든 삼각형과 구별되지만, 결코 개체적 대상으로서 구별되는 것은 아니다. 상상들이 실제로 서로 아무 연관도 없다면, 단지 반복적으로 표상될 수 있는 몇 가지 대상들 또는 동일한 하나의 대상에 관해 여기에서 논의할 수 있는 어떠한 가능성도 없다.

더욱더 정확을 기하기 위해 다음과 같이 가정하자. 문제된 상상들은 자신의 대상들을 정확하게 동등한 지평 속에 표상할 수 있고, 따라서 어떤 상상이 대상 A를 이러저러하게 규정되거나 규정되지 않은 시간의 대상적 연관 속에 표상할 때, 다른 상상은 그 대상을 정확히 동일한 것으로, 정확히 동등하게 규정되거나 규정되지 않은 것으로 표상한다. 자유로운 상상의 경우 완전히 동등하게 상상할 수 있는 가능성은 아프리오리하게 주어진다.

그러므로 상상의 직관들이 서로 아무 연관도 없다는 논의의 의미는 명백해졌다. 상상의 대상성에는 절대적 시간위치가 없다. 그래서 상상의 대상성은 지각의 대상과 같이 (우리가 그것들 가운데 의식에 따라 함께-사념된 연관, 상상의 통일체를 형성하지 않은 상상에 관해 논의하는 한) 자신 안에서 어떤 시간의 통일체, 유일한 시간의 질서를 가질 수 없다.

그렇지만 그와 같이 가능한 통일체를 형성하는 것은 상상에 비본질적이다. 상상이 통일체로서 상상의 지속체인 지속적 연쇄 속에 등장해야만 한다는 것이 상상의 본질은 아니다. 서로 분리된 상상은 어떠한 필연적 연관도 아프리오리하게 갖지 않으며, 또한 일반적으로 우리의 사실적 경험에서도 어떠한 필연적 연관을 갖지 않는다. 그렇기 때문에 그 경우들에서 어떤 상상의 대상이 다른 상상의 대상에 앞서 있는

3 관계 파악과 수동성에서 관계 파악의 토대

지 뒤에 오는지 묻는 것은 아무 의미도 없다. 〔시간적〕 연관 밖에 있는 모든 상상은 그 자신의 구상의 시간(Einbildungszeit)을 가지며, 그러한 상상들이 존재하거나 존재할 수 있고 따라서 무한히 많은 상상이 있는 것처럼, 서로 비교할 수 없는 (그 일반적 형식, 구체적인 본질 일반을 도외시하면) 많은 구상의 시간들이 존재한다. 어떤 시간의 절대적 위치도 다른 어떤 것의 절대적 위치와 동일시될 수 없다. 그럼에도 그것들〔시간위치들〕 사이의 어떤 관계들이 여전히 가능한지는 앞으로 논구될 것이다.

주의할 점: 완전히 동등한 어떤 대상성의 아무 연관도 없는 몇 가지 상상들에 대해 이러한 동등함에도 불구하고 개별적 동일성이나 비-동일성에 대해서도 논의할 수 없다면, 그것으로 우리는 '하나의 동일하게 상상된 것이 상상하는 다수성(이 상상들은 의식에 따라 동일한 것에 관한 상상이라는 사실을 그 자체 속에 함축한다.)을 의미하는 것은 아니다'라는 점이다. 즉 A를 상상하면, 나는 완전히 동일한 내용으로 A에 대한 어떤 상상을 형성하고 다음에는 이 상상된 A를 내가 이전에 상상했던 것과 동일한 것으로 생각할 수 있다. 이러한 사실은, 어떤 회상이 동일한 것에 대한 그 이전의 지각이 갖는 관계와 정확하게 똑같이, 최초의 상상작용에 관계를 갖는 작용 속에서 단적인 방식으로 일어난다.

그러므로 우리는 마치 유사-지각된 것을 다시 기억했던 것처럼 행동을 취하는데, 그와 같은 유사-회상(이것은 태도 변경을 통해 그 이전의 상상작용과 상상된 것 그 자체에 대한 실제적 회상을 자신 속에 포함한다.)은 경우에 따라 이전에 이미 회상된 것을 회상하는 성격을 동시에 갖는 등, 종종 임의로 접속될 수 있다. 그렇다면 우리는 아무 연관도 없는 것이 아니라, 지향적으로 연관을 맺는 상상들의 연쇄를 갖는다. 유사-회상은 상상들의 연쇄 측면에서 연관을 갖는 회상들의 통일체로 변화될 수 있다. 이 통일체 속에 여러 번 직관할 수 있는 것은 동일한 것으로 의식되고, 직관적으로 주어진다. 어쨌든 이것은 상상들의 연관을 형성하는 경우로서, 이제 이것에 관해 상세하게 논의해 보자.

40 상상이 상상의 세계의 통일체로 수렴됨으로써 상상 속에 시간의 통일체와 그 연관. 실제적 경험의 세계 안에서만 가능한 개체화

모든 상상의 직관이 본질적으로 아무 연관이 없음에도 불구하고 어쨌든 여기에서 어떤 방식으로든 통일체가 가능하다. 즉 모든 '상상', '중립성(Neutralität)의 변양'이라는 의미의 상상에서 유일한 유사-세계가 부분적으로 직관되고 (반면) 부분적으로 공허한 지평 속에서 사념된 유일한 세계로 구성되는 한, 통일체는 가능하다. 물론 그것은 이러한 지평들이 규정되지 않은 것을 상상을 통해 자의적으로 유사-충족시킬 수 있는 우리의 자유(Freiheit)에 맡겨져 있다. 그러나 이 경우 '모든 상상이 그것들을 포괄하는 대상에 대한 의식, 즉 실제적이든 가능적이든 대상에 대한 의식의 통일체 속에 연관된다'는 사실에는 아무런 변화가 없다. 상상의 통일체는 분명히 어떤 가능한 경험의 통일체 또는 경험적 통일체의 중립성의 변양일 뿐이다. 그러나 이 통일체는 곧 '경험의 통일체' 라는 본질에 토대를 제공한다.

그러므로 모든 자유로운 상상의 통일체를 형성하는 것이 존재한다. 예를 들어 우리가 순수하게 상상하기 위해 현실적 세계와의 모든 관계에서 자유롭게 해방되어 생각하는 동화(童話)가 이러한 경우이다.[1] 우리가 동화를 단번에 관통해 상상하든 분리된 단락들 속에 상상하든, 각

---

1 '상상'은 현전화하는 모든 작용을 포함하며, 정립하는 작용들에 대립된다. 그리고 상상의 대상성은 시간적인 것이지만, 지각들과 아무 연관이 없기 때문에 그것은 실제적인 본래적 시간위치의 장소성을 갖지 않는 구성된 시간, 즉 유사-시간이다.

3 관계 파악과 수동성에서 관계 파악의 토대

각의 새로운 단락은 모호하지만 더 전개될 수 있는 지평을 통해 그 이전의 단락에 접속된다. 이것에 의해 모호한 기억들은 그 동화를 계속 읽어 가는 사람인 나에 대해 이전에 이미 읽었던 것과 내가 상상했던 것에 대한 실제적 기억이 되는 반면, 동화를 접하는 태도의 진행에서는 그 연결이 자체로 유사-기억인 상상 속의 기억 속에 수행된다.

따라서 하나의 상상은 기억의 고유한 의미에 의해 가능한 상상으로 합류하는, 즉 통일적 상상의 세계가 상관자로서 일치해 구성되는 직관적으로 통일적인 상상으로 합류하는 상상들의 임의적 연관을 포괄한다. 그와 같은 상상의 세계 안에서 우리는 모든 개체적 상상의 객체(유사-실제성으로서)에 대해 모든 시점(Zeitpunkt)과 모든 시간지속(Zeitdauer)에 대해 개체적으로 개별화하는 것(individuelle Vereinzelung)을 갖는다. 우리는 이 개별화하는 것을 우선 가장 좁은 의미에서 상상의 통일체 속에, 즉 현존 안에서 갖는다. 그 속에서는 유사한 것이 개체적으로 구분된다. [그럼에도] 더 나아가 상상이 일반적으로 (연관을 갖는 개별적 상상들의 통일체 속에) 직관적 통일체로, 확장된 의미에서 어떤 현존의 통일체(경과해 가는 현존들의 지속체)로 옮겨질 수 있는 한에서, 개체적으로 개별화하는 것은 새로운 대상에 관련되고 상상의 세계를 확장하는 새로운 상상에 의한 보충 없이도 상상 속에 존재한다.

그러나 우리가 어떤 상상의 세계에서 이것과 전혀 관계 없는 다른 상상의 세계로 이행하면, 그것은 어떻게 가능한가? 두 가지 임의의 상상의 본질은 그것들이 하나의 상상으로 통일될 것을 요구한다는 점을 전혀 함축하지 않는다. 우리가 상상 속에 또 이와 상관적으로 상상의 세계 속에 지향적으로 움직이자마자, 일치와 모순 그리고 양립 불가능성이 존재하게 된다. 우리가 실제적 세계 안에서 대상들을 지시했던 공간적 위치와 시간적 위치의 모든 관계는 상상의 세계에서도 가능하다. 모든 것은 지금 '유사[-세계]' 속으로 옮겨진다. [하지만] 아무 연관도 없는 상상의 형성물들 사이에는 그와 같은 것이 존재하지 않는다. 왜냐하면 어떤 〔상상의〕 세계의 사물들, 사건들, 실제성들은 다른 〔상상의〕 세계의 그것들과는 아무 관계도 없기 때문이다. 더 적절하게 말하면, 어떤 상상의 세계에 대해 구성적인 지향들의 충족이나 실망은 다른 상상의 세계에 대해 구성적인 지향, 그리고 이것으로 우리가 유사-지향들 위에 세웠던 어떠한 것도 형성하지 않는 지향에 결코 도달할 수는 없다. 여기에서는 시간의 통일이 세계가 통일될 가능조건, 어느 한 경험이 통일체를 이루는 상관자의 가능조건, 즉 대립의 형식으로 모든 양립 불가능성이 일어나는 토대의 가능조건으로서 자신의 특수한 역할을 한다.

〔그런데〕 서로 다른 상상의 세계 안에서 시점·시간지속 등의 개별화되는 것은 사정이 어떠한가? 우리는 그 세계의 존립요소들에 관해 동등함(Gleichheit)이나 유사함(Ähnlichkeit)을 논할 수 있지만, 동일성(Identität)은 결코 논할 수 없다. 그것을 논하는 것은 아무 의미도 없다.

따라서 실로 그러한 동일성을 전제할 것이라는 구속적 양립 불가능성은 전혀 등장할 수 없다. 예를 들어 어떤 동화에 나오는 '그레텔'은 다른 동화에 나오는 '그레텔'과 동일한 '그레텔'인지 묻는 것, 즉 어떤 것에 대해 상상되고 진술된 것이 다른 것에 대해 상상된 것과 일치하는지 또는 이것들은 서로 관계가 있는지 등을 묻는 것은 아무 의미도 없다. 나는 그것을 확정할 수 있지만, 이 경우 그 동화는 동일한 세계에 관련된다. 어떤 동화 안에서 나는 그와 같이 물을 수 있다. 왜냐하면 우리는 처음부터 하나의 상상의 세계를 갖기 때문이다. 그렇지만 물론 물음도 상상이 중단된 곳, 상상이 상세하게 규정되지 못한 곳에서 중단된다. 그리고 그것은 규정들을 자의로 포착하는 (또는 자의적이지 않은 연쇄 속에 그와 같은 규정들이 가능하게 될 수 있는) 상상의 통일을 계속 수행한다는 의미에서 상상의 형태를 갖추는 것에 유보되어 남아 있다.

실제적 세계에서는 아무것도 개방되어 남아 있지 않다. 그것은 자신이 있는 그대로 존재한다. 상상의 세계는 존재하며, 상상의 은총에 의해 상상되는 한에서 다양하게 존재한다. 어떠한 상상도 새로운 규정이라는 의미에서 자유롭게 형태를 취할 가능성의 여지를 남겨 두지 않고 끝나지는 않는다. 한편 상상의 통일체를 형성하는 연관의 본질 속에는 어쨌든 간과하면 안 될 풍부한 본질적 제약이 놓여 있다. 그 제약은 다음과 같이 표현된다. 비록 자유롭고 개방되었더라도 어떤 상상의 통일체로 계속 이끌어 가는 가운데 가능한 세계의 통일체는 그것에 속한 상상의 시간의 포괄적 형식에 의해 구성된다.

이렇게 상론한 것에는 '개체화와 개체적인 것의 동일성은, 이것 위에 기초 지어진 가능한 동일화 작업처럼, 실제적 경험의 세계 안에서만 절대적 시간의 위치에 토대해 가능하다'는 점이 포함된다. 여기에서 이것은 다음과 같이 매우 간략하게 지시될 수 있다. 즉 상론된 개체화의 이론은 지금 우리가 의도하지 않는다.[2] 따라서 상상의 경험은 결코 본래적 의미에서 개체적 대상들을 제공하지 않으며, 오직 유사-개체적 대상들과 유사-동일성을 상상의 세계에 확보된 통일체 안에서만 제공한다. 그러므로 우리가 처음에 판단론의 기초를 제공할 목적으로 중립성의 영역을 배제한 것은, 판단론이 궁극적 명증성을 제공하는 것인 개체적인 것에 관한 경험과 더불어 시작해야만 하고, 개체적인 것에 관한 경험이 상상 속에 또 일반적으로 중립적 의식 속에 일어나지 않는 한, 그 정당성이 증명된다.

---

2 〔원주〕 이에 관한 몇 가지 보충적 논평은 이 책 42절과 무엇보다 '부록 1'을 참조.

41 자아의 지각의 대상과 상상의 대상이 직관적으로 통일될 가능성의 문제

그럼에도 일단 상상의 경험도 우리의 관찰의 영역 속으로 들어오면, 그것은 '어쨌든 상상의 경험이 실제적 경험과 이 속에 수행된 규정들에 대해 갖는 단순히 무관심한 평행관계 이상이다'라는 점에 그 근거를 갖는다.

그러므로 정립성의 영역 속에서 제기된 모든 것을 여기에서 단순히 '유사'〔의 영역으〕로 옮겨 놓는 것만으로는 충분치 않다. 오히려 지각의 대상과 상상의 대상이 아무 연관도 없는데도, 여기에서는 경험 속에 주어진 개체적 대상들의 (상관적) 규정에 이바지할 수 있는 직관적 통일체가 여전히 가능하다. 여기에서 여전히 가능한 통일체에 관한 물음을 추구하는 것은 우리를 이제까지 제기된 것보다 더 넓은, 가장 넓은 개념의 직관의 통일체로 이끈다. 또한 가장 포괄적인 관계, 즉 지각의 대상이든 상상의 대상이든 직관의 통일체 속에 일치될 수 있는 모든 대상성 사이에 가능한 동등함의 관계와 유사함의 관계로 이끈다.

따라서 이러한 관계들과 더 높은 차원의 일반성 의식, 특히 본질직관(Wesenserschauung) 속에 자유로운 상상의 근본적 기능이 미리 지시되어야 한다. 이 기능은 3부에서 상세하게 논의될 것이다. 여기에서는 개체적인 것에 관한 경험의 영역 속에 머물며, '이러한 관계를 가능케 만드는 직관의 통일체는 어떤 종류이고 무엇에 근거하는지'를 살펴보도록 하자.

42 의식의 흐름 속에 구성된 모든 대상성 사이의 직관적 연관을 연상을 통해 확립할 가능성

a) 자아의 모든 체험의 시간적 통일체

여기에서 문제가 된 통일체는 동시성(Gleichzeitigkeit)이나 계기 (Sukzession)의 통일체인 절대적 세계의 시간 속의 대상성의 통일체일 수 없다. 왜냐하면 상상의 대상은 지각의 대상과 더불어 또는 그것들이 서로 뒤섞여 어떠한 시간의 연관도 갖지 않고, 그 결과 그러한 연관에 근거한 가능한 어떠한 직관적 통일체도 갖지 않는다는 것이 밝혀졌기 때문이다. 따라서 대상성의 통일체가 아닌, 통일체라면, 그것은 대상성들을 구성하는 체험의 통일체, 즉 지각의 체험, 기억의 체험 그리고 상상의 체험일 수밖에 없다.

자아의 모든 체험은 시간적 통일체를 갖는다. 이 체험들은 내적 시간의식의 절대적 흐름 속에 구성되며, 그 흐름 속에 절대적 위치와 일회성, 절대적 '지금'에서의 일회적 모습을 갖는다. 따라서 그 후에 이 체험들은 과거지향으로 점차 사라지고 과거 속으로 가라앉아 버린다.

물론 이러한 체험의 시간은 체험들 속에 있는 지향적 대상성들의 시간은 아니다. 예를 들어 내가 사물의 주변을 지각하는 가운데 번득 떠오른 기억에 주의를 기울이면, 이 자각의 세계는 사라지지 않는다. 이 지각의 세계가 아무리 현실성(Aktualität)을 상실하고 나에게서 멀어진다 해도, 그것은 지각적으로 언제나 그곳에 있으며, 더 넓은 의미에서 지각된다. 내가 지금 그 속에 살고 있는 기억은 나에게 기억된 것에 대한 시간을 제공한다. 이 시간은 함축적으로 지각의 현재로 방향이 정해져 있다. 그러나 체험으로서의 기억은 지각의 체험과 동시적으로 있는 데 반해, 기억된 것은 지나가 버렸고 더구나 지각된 것에 대립해 뒤로 멀리 떨어져 놓여 있다.(이것은 직관할 수 있는 시간의 성격이 아니라, 직관들의 연쇄 속에 전개되는 것을 지시하는 성격이다.)

그리고 우리가 미리 바라보는 기대를 형성하면, 기대된 것은 미래의 것, 일어날 것으로(비록 직관적이 아니더라도) 성격 지어지며, 반면 기대와 지각의 체험들은 동시적이며 부분적으로 계기(繼起)하면서 부분적으로 지각이 선행하고 기대가 뒤따르면서 일어난다. 여기에서는 정립적 체험이 중요하기 때문에, 그 모든 지향적 대상성, 체험들 속에 사념된 개별적 대상성은 객관적 시간, 즉 세계의 시간 속에 그 절대적 위치를 갖는다. 이 세계의 시간은 기억의 연관을 확립함으로써 현재의 지각에서 소급해 원리적으로 직관할 수 있게 만든다. 더 정확하게 말하면, 정립적 체험의 대상은 그 대상적 의미에 속하며, 그 절대적 위치를 통해 객관적 시간 속에 규정된 것으로 사념된다. 우리가 여기에서 이러한 사실을 도외시하더라도, 그 밖에 〔대상을〕 구성하는 체험은 내적 시간의식 속에 있는 체험으로서 서로 절대적인 시간위치, 즉 그것들의 '이전(Vorher)'과 '이후(Nachher)'를 갖는다. 이와 동등한 것이 이러한 흐름 속에 등장하는 상상의 체험에 대해서도 타당하다. 반면 그 체험 속에 사념된 상상의 대상성은 절대적이며 동일화될 수 있는 어떠한 시간위치도 갖지 않는다.

그러므로 자아의 모든 체험 사이에는, 물론 아직 직관의 통일은 아니라도, 시간적 통일이 있다. 왜냐하면 체험들 속에 사념된 것, 직관된 것, 지각되고 기억되고 상상된 대상성들은 서로 분리되어 있기 때문이다. 그리고 지각되고 기억된 정립적 체험의 모든 개체적 대상성 가운데 절대적인 시간의 위치에 토대해 객관적 세계 속에 이러한 체험이 갖는 가능한 방식으로 직관될 수 있는 통일이 있다면, 상상의 대상성에서는 이러한 연관의 가능성은 사라져 버린다. 그럼에도 하나의 내적 시간의식의 흐름 속에 '함께 구성된 것(Zusammen-konstituiert-sein)'에 토대를

　　　　　3 관계 파악과 수동성에서 관계 파악의 토대

둔다. 그리고 그 속에서 구성된 모든 대상성 사이의 직관적 연관을 확립할 가능성이 존재한다.

b) 정립적 의식의 연관에 대한 연상의 이중적 기능

그러나 그와 같은 직관적 연관에서, 즉 시간적으로 떨어진 서로 동일한 자아의 지향적 대상들 사이에서 직관의 통일이 사실적으로 확립되기 위해서는 대상들이 하나의 자아의식(Ichbewußtsein) 속에 '함께 구성된 것'이라는 사태만으로는 여전히 충분치 않다. 확실히 시간의식은 오직 일반적 형식만 확립하는 의식이다.[1] 사실적으로 일깨우는 것(faktische Weckung)과 '지각들이나 기억들 또는 지각이나 기억의 지향적 대상들을 사실적인 직관적으로 통일하는 것(Einigung)'은 연상(Assoziation)의 작업수행이다. 이 연상은 시간의식의 가장 낮은 종합 위에 층을 이루며 단계 지어진 방식의 수동적 종합(passive Synthesis)이다.

감각의 장(場), 즉 현존 속에 함께 존재하는 장, 우리에게 자극적으로 영향을 끼치는 미리 주어진 것들의 장의 구조를 이해하기 위해, 더 나아가 이러한 장에서 개별적으로 주어진 것들이 부각되고 자아가 이것들에 주의를 기울이며 대상적으로 파악하게 유발시키는 가능성(동질의 연상)과 하나의 현존 속에 주어진 서로 다른 감각의 장의 자료를 통일시킬 가능성(이질의 연상)을 이해하기 위해, 우리는 이미 〔오래전부터〕 연상과 자극의 법칙성으로 돌아가야만 했다.

그러나 연상은 하나의 현존 안에서 통일의 이러한 기능을 넘어서 그 이상의 기능을 갖는다. 적어도 그것이 언젠가 하나의 의식의 흐름 속에 구성되었던 한, 서로 떨어진 것을 통일시키고, 현존하는 것을 현

---

1 〔원주〕 이 책의 16절과 38절 참조.

존하지 않는 것과 통일시키며 현재 지각된 것을 이것에서 분리시켜 멀리 떨어진 기억들, 심지어 상상의 대상들과 통일시키는 기능이다.[2] 즉 여기에 있는 동등한 것은 거기에 있는 동등한 것을 기억하고, 유사한 것은 유사한 것을 기억한다. 이렇게 해서 독특한 계기(繼起)의 관계가 일어나는데, 물론 수동성(Passivität)의 영역과 이 영역 위에 구축된 수용성(Rezeptivität)의 영역 속에 일어나는 관계는 논리적 의미에서, 즉 관계 그 자체가 구성되는 자발적이며 창조적인 의식의 의미의 관계는 여전히 아니다.

그러므로 당분간 정립적 의식에 국한해 보면, '현재의 것이든 과거의 것이든 자아의 모든 지각이 하나의 시간의식 속에 구성된 것에 근거해 갖는 연관'을 우선 생생하게 만들고, 그것들 사이에 실제로 의식에 적합한 통일을 확립하는 것이 곧 연상의 작업수행인 것을 알 수 있다. 연상적 일깨움에 근거해서만 분리된 기억들은 서로 잇달아 관련지어질 수 있고, 〔시간적으로〕 되돌이켜 봄에서 각각의 항(項)은 하나의 직관적 기억의 연관에 삽입될 수 있다. 기억들이 일단 연상적으로 일깨워지면, 그것들은 시간적 연관, 즉 그것이 실제로 존재했던 그대로의 '이전'과 '이후'로 편입될 수 있고, 과거 속에 그 시간위치〔전후관계〕가 규정될 수 있다.[3] 따라서 연상적 일깨움은 '더 이전'과 '더 이후'라는 시간적 관계들의 구성을 위한 전제를 제공한다. 물론 우리가 지금 머물고 있는 수용성의 영역 속에는 기억의 통일적 연관을 확립하는 것, 연상적으로 일깨워진 기억의 연관이 현전화하는 통관작용(Durchlaufen) 이외에는 여전히 아무것도 일어나지 않는다. 그렇다면 이것에 근거해 더 높은 단계에서는 술어적 판단의 시간의 양상들 속에 자신의 표현을 발견하는 시간

---

2 〔원주〕이 책의 16절 후반 참조.
3 〔원주〕이에 관한 본질적 보충은 '부록 1'을 참조.

3 관계 파악과 수동성에서 관계 파악의 토대

의 관계들이 파악될 수 있다.

생생하지 않은 기억의 세계들은 연상적 결합을 통해 생생하지 않은 데도 일종의 존재를 얻는다. 즉 현재의 것은 과거의 것을 일깨우고, 가라앉아 버린 직관과 직관의 세계 속으로 침투해 들어온다. 동등함이나 유사함에서 경향은 완전한 회상으로 나아가고, 어떤 것이 실제로 기억 속에 등장하기 이전에 이미 기억하는 것은 과거 속으로 되돌아가 동등한 것이나 유사한 것으로서 독특한 지향을 갖는다. 왜냐하면 이 경우 그것은 결코 공허한 무(無)가 아니라, 방금 전에 직관한 것이 뒤로 가라앉아 버린 지평처럼, 또는 (동일한 것이지만) 방금 전에 직관적으로 존재했던 것이 모호한 방식으로 여전히 실제로 직관할 수 있는 것의 지평 속에 머무는 것처럼 유비적으로 의식되는 것을 기억하기 때문이다.

그러므로 그 거꾸로 과정도 있다. 직관적으로 주어진 것(지각이나 기억)에서 지향은 나아가고, 지향적 경향의 정도(程度)가 나아가는데, 이 지향적 경향 속에 생생하지 않게 가라앉아 버린 것은 어떤 때는 더 완만한 속도로, 어떤 때는 더 신속한 속도로, 뒤로 가라앉아 버린 것이 다시 직관으로 떠오를 때까지 생생하게 또 더욱더 생생하게 이행하는 것처럼 보인다. 그 속도가 매우 신속한 경우 우리는 갑작스러운 떠오름에 관해 말하지만, 사실상 단지 정도의 차이만 있을 뿐이다.

따라서 완전히 가라앉아 버린 것은 뒤로 가라앉아 버린 것의 한계이며, 이와 다른 한계는 완전히 '직관할 수 있는 것'이다. 그래서 직관할 수 있는 것은 본래 단절을 의미하지 않는다. 물론 서로 다르게 일깨워진 기억의 세계에서 기억들이 중첩되고 침투되며 융합되는 과정은 이 '직관할 수 있는 것'에 연결된다.

현재의 것에서 퍼져 나가고 과거의 것을 생생하게 만드는 것으로 향한 일깨움이 가능한 것은 반드시 다음과 같은 점에 근거한다. 즉 동등한 것과 유사한 것 사이에는 감각적 통일, 실제적 직관들과 가라앉아 버린 직관들의 서로 다른 위치들을 결합하는 하부의식(Unterbewußtsein) 속의 통일이 미리 수동적으로 구성되어 있다. 그러므로 결합들은 모든 위치를 통해 그리고 모든 동등한 것과 유사한 것에 따라 언제나 나아가며, 일깨우는 것과 이전의 것을 기억하는 것은 이전에 이미 현존했던 것을 단지 생생하게 만드는 것이다. 물론 이 '생생하게 만드는 것'은 일깨우는 것에서 새롭게 퍼져 나가는 지향(퍼져 나감에 따라 정지한 상태, 그래서 현상적으로 항속하는 상태로 이행하는 지향)이 일깨워진 것을 겨냥함으로써 새로운 것을 끌어들인다.

연상적 일깨움과 결합의 모든 경과는, 자아의 어떠한 관여도 없이 수동성의 영역 속에 일어난다. 우리의 의사와 상관없이 일깨움은 현재 지각된 것에서 퍼져 나가고, 기억들은 떠오른다. 그러나 자아는 기억해 내려는 노력, 가령 지나가 버린 경과를 자신의 순번에서 다시 현전화하려는 노력을 할 수 있다. 우선 중단된 단편만 현전화되고, 여전히 '더 이전'이나 '더 이후'의 관계에 따라 정돈되지 않을 수도 있다. 자아가 일깨우는 단편적 항들을 검토하는 현전화작용(Vergegenwärtigen)을 통해 '그것이 완결된 기억의 연쇄 속에 결국 자기 앞에 놓여 있는 전체적 경과를 갖고, 이 기억 속에 개별적인 각각의 단편에 자신의 시간위치를 지정할 수 있을 때까지' 다시 생생하게 만들려고 시도하는 '중간 단편들'이 결여될 수도 있다.

그러나 이렇게 능동적으로 기억해 내는 것은 이미 일어났던 연상적 일깨움의 토대 위에서만 가능하다. 왜냐하면 일깨움 그 자체는 항상 수동적으로 일어나는 사건(Ereignis)이기 때문이다. 자아의 능동성은 그것을 위한 전제만 제공한다. 자아의 능동성은 잃어버리지 않는 기억의 구간을 실험적으로 현실화함으로써 적당한 중간 항들을 찾아낼 수 있고, 이 것들에서 '연상적 일깨움'은 가라앉아 버린 것으로 퍼져 나가며, 이것은 다시 생생하게 만들어질 수 있다. 이 모든 것을 상세하게 분석하는 것은 여기에서는 불가능하지만, 이것은 '현전화하는 의식에 관한 현상학'의 주제이다.

그러므로 연상은 정립적 의식에 대해 이중의 기능을 갖는다. 즉 연상은 한편으로 절대적 위치에 토대해 시간의식의 흐름 속에 현재의 것이든 과거의 것이든 자아의 모든 지각의 사실적 연관을 하나의 기억의 통일체로 확립한다. 곧 논의되겠지만, 연상은 다른 한편으로 일깨우는 것과 더불어 일깨워진 것을 직관의 통일체로 이끌기 때문에 기억된 것의 직관적 통일체를 확립한다.

c) 연상에 근거한 지각의 직관과 상상의 직관의 직관적 통일
그리고 가장 넓은 개념의 직관의 통일

특히 주목할 점은, 이러한 연상적 연관이 자아의 모든 체험이 일반적으로 유사한 것과 비교할 수 있는 것을 그 체험 속에 대상적으로 구성하는 한, 자아의 모든 체험 사이에서 존재한다는 점이다. 따라서 이 연관은 정립적 직관뿐 아니라 그 시간성에 관해 그 자체로는 아무 연관도 없는 상상의 직관도 포함한다는 점이다. 그래서 가장 넓은 의미에서 현존화된 (지각이나 기억 또는 상상의 직관 속에 현존화된) 각각의 간격 안에서 통일적인 상관적 대상성의 의식의 흐름 속에 구성되고 그 이후에 이 현존 속에 서로 연관된 통일이 구성된다. 또한 개별적 현존의 간격들 또한 이 통일적 결합을 넘어서 임의의 서로 다른 현존들, 즉 그때그때 실제적이거나 가라앉아 버린 현존들 사이에 결합이 수립된다. 가라앉아 버린 것은 연상적으로 다시 일깨워지고 직관적으로 현전화하며, 그래서 새로운 현존 속에 일깨우는 것과 더불어 직관적으로 통일된다.

현재의 것(Gegenwärtiges)과 현전화된 것(Vergegenwärtigtes), 지각과 연상적으로 일깨워진 기억 또는 상상의 직관 사이에서 가능한 통일은

이것에 기인한다. 그것은 감각적-직관적 통일이고, 실제적이며 본래적인 직관의 장(場) 속에 또 이것을 넘어서 생성한 시간의 장 속에 구성된 통일, 즉 직관적 개별성을 통해 기초 지어진 통일이다. 이 통일은 의식의 통일을 전제한다. 이러한 의식의 통일 속에 근원적인 시간의 장은 그 내용과 더불어 구성되거나 또는 유사-근원적 장이 기억의 통일 속에 또는 지각으로 소급해 이끄는 기억의 통일 속에 변화한다.

여기에서 우리는 언제나 직관들의 결합이나 연쇄를 가질 뿐 아니라, 대상적인 것의 상관적 통일을 지닌 하나의 직관을 가질 수 있다. 이것에는 결합하는 형식이며 동시에 그 이상의 모든 결합을 가능케 만드는 형식인 시간형식과 (초월적 대상성의 경우) 이것에 정돈된 공간형식이 속한다. 물론 실제적으로 공존하지 않는 것에 관한 통일적 직관의 경우 공간형식은 객관적 공간형식이 아니라, 나타남의 공간형식이다. 이 공간에서 나타나는 것들은 객관적 지속의 통일 속에 실제로 연관지어 구성되는 것이 아니라, '연상적 일깨움'에 근거해 함께 이끌린다.

이러한 '지각의 책상' 옆에 '기억의 책상'을 옮겨 놓으면, 우리는 공간의 충족을 지닌 공간을 가지며, 시간을 갖는다. 이 공간 속에 스스로를 생생한 제2의 책상에 부여하며, 이 시간 속에 두 가지 책상이 병존하는 것이 잠시 동안 나타난다. 이 경우 '기억의 책상' 그 자체가 '지각의 책상'과는 다른 객관적 시간에 속한다는 사실에는 아무런 방해도 없다. 우리는 심상(心像)의 통일을 가지며, 그것은 현재의 심상, 공간적 통일에 속하는 공존(Koexistenz)을 지닌 지속의 심상이다.

그러므로 그것들이 물리적 대상이면, 우리는 서로 다른 현존의 장의 대상들을 서로 접근시킬 수 있고, 나타남의 공간 속에 서로 나란히 놓을 수 있으며, 시간적으로도 서로 접근시키고 나란히 놓을 수 있다. 그러나 〔시간적으로 서로 접근시키고 나란히 놓는〕 후자는 모든 경우 심지어 비공간적 대상들이나 공존하는 가운데 양립되지 않는 대상들의 경우에도

3 관계 파악과 수동성에서 관계 파악의 토대

그러하다.

그렇다면 우리는 서로 다른 현존의 장에 속하는 대상들을 하나의 시간의 장으로 옮겨 놓음으로써, 즉 어떤 대상들을 다른 대상들의 시간의 장 속으로 옮겨 놓음으로써 서로 접근시킨다고 말할 수 있다. 이렇게 해서 우리는 그 대상을 직관적 계기(繼起)나 직관적 공존(共存)으로 (즉 동시적으로 지속하는 통일 속으로) 이끈다. 그것들이 공간적 대상이면, 당연히 그것들은 하나의 공간의 통일 속에 게다가 우선적인 직관의 대상들을 포함하는 무한한 공간의 일부분이 통일되는 가운데 나타나며, 동시성의 경우에는 서로 잇달아 등장하거나 체류하는 것으로 나타난다.

따라서 직관의 통일, (지각된 것이든 현전화된 것이든 상관없이) 직관적 대상들이 통일적으로 '함께 있음'은 (우리가 개체적 대상들이나 유사-개체적 대상들의 영역 속에 있기 때문에) 이 대상들이 함께 존재하는 시간의 통일을 뜻한다. 물론 여기에서도 우리는 수동성의 본분인 '일깨워짐(Gewecktwerden)'과, 그 위에 구축된 (수용적) 능동성의 본분인 일깨워진 것을 '파악하는 것(Erfassen)', 통일적 직관적으로 미리 주어진 것으로 '주의를 기울이는 것(Sichzuwenden)'을 구별해야만 한다.

그러므로 연상을 통해 근원적으로 수립된 직관의 통일은 자아의 지각과 기억 사이에서 가능할 뿐 아니라, 정립적 직관과 상상의 직관 사이에서도 가능하다. 이것에 의해 우리는 다음과 같이 정의할 수 있는 가장 넓은 개념의 직관의 통일을 획득했다.

즉, 직관의 통일은 직관적 대상에 관한 의식의 통일이며, 대상성의 직관적 통일을 그 상관자로 갖는다. 그러나 서로 다른 개체들(또는 상상의 직관들의 유사-개체들)은 단지 직관의 통일에 이를 수 있으므로, 또 일반적으로 이렇게 통일적인 직관적 대상성을 형성할 수 있으므로, 직관적으로 구성된 시간의 통일은 그 개체들을 포괄한다. 따라서 그 개체들은 직관적 현존의 통일 속에 현상적으로 동시적이거나 잇달아 계기하면서 (또는 시간적으로 전위되어 부분적으로는 동시적으로, 부분적으로는 계기하면서) 나타난다.

이는 '시간의 직관의 통일이 모든 시간적 대상인 어떤 결합된 다수의 대상들에 대한 직관의 모든 통일이 가능한 조건이다'라는 사실을 뜻한다. 그러한 대상들의 그 밖의 모든 결합은 시간의 통일을 전제하기 때문이다.

43 결합의 관계와 비교의 관계

a) 순수한 본질들의 관계('관념들의 관계')인 비교의 관계

의식의 주관인 순수자아(reines Ich)에 대해 다수의 대상들 일반은 오직 다음 두 가지 형식으로만 직관적-수동적으로 '의식해 갖는' (Bewußthaben) 통일 속에 주어질 수 있다. 즉 다수의 대상들은 직관의 통일 속에 의식되고 그 대상들을 포괄하는 현존 속에 직관되거나, 그 대상들은 서로 아무 연관 없는 직관들, 요컨대 현존하는 직관의 통일로 결합된 직관들 속에 의식된다. 이 직관들은 하나의 직관의 통일 대신, 어떤 자아의 모든 체험을 내적 의식 속에 또 그것에 속한 체험의 시간 속에 결합하는 그러한 통일만 갖는다. 이것에는 비직관적인 지향적 체험들을 중복시키는 통일도 속한다.

물론 이 모든 직관은 하나의 의식의 흐름 속에 '구성된 것'에 근거해, 또 이것에 속한 '연상적 일깨움'의 가능성에 근거해 현존의 통일로 함께 이끌 수 있다. 어쨌든 이 현존의 통일 속에는 사실적으로 함께 속하지 않은 것이 직관적으로 통일된다. 우리가 지각의 공간 속에 '실제로 지각된 책상' 옆으로 옮겨 생각했던 '기억의 책상'은 이제 '실제로 지각된 책상'과 더불어 직관적으로 통일되어 의식된다. 물론 '기억의 책상'은 '실제로 지각된 책상'에 관해 어떠한 실제적 공간위치도 갖지 않

3 관계 파악과 수동성에서 관계 파악의 토대

고, 그것이 '실제로 지각된 책상'에 관해 어떠한 절대적 시간위치도 갖지 않는 것처럼, '실제로 지각된 책상' 옆에 오직 유사(Quasi)의 양상으로만 존재한다. 어쨌든 나는 이 직관의 통일 속에 그 두 가지 책상을 비교할 수 있다.

그러므로 가장 넓은 의미에서 직관의 통일은 모든 동등함의 관계와 유사함의 관계에 기초를 형성한다. 따라서 이 관계들은 결코 실제성의 관계가 아니다. 그래서 이를 전통적으로 (흄 등이) '관념들의 관계'로 간주했다. 왜냐하면 이것들은 표상들의 내용 속에 순수하게 기초되었기 때문이다. 이것들이 통일되는 형식은 오직 본질의 내용을 통해서만, 또는 통일된 요소들의 일정한 본질의 계기를 통해서만 그 기초가 세워진다.

만약 문제된 대상들이 존재하면, 이 대상들에 속한 통일도 필연적으로 존재한다. 현상학적으로 말하면, 그와 같은 통일의 형식을 통해 결합된 대상들이 한 번에 현존 속에 의식에 적합하게 주어지고, 일반적으로 직관적인 현재의 지평 안에서 (적어도 기초 짓는 본질의 계기들에 따라) 직관적으로 표상되면, 그 대상들이 파악되든 파악되지 않든 상관없이 직관적으로 현존한다. 또한 대상들이 지각되고 기억되며 기대되든 그렇지 않든, 또는 그 대상들이나 대상들의 개별적인 것들이 순수한 허구나 허구의 시간적 양상 속에 있는 상상의 대상인지 아닌지도 상관없다. 대상들의 통일은 이러한 형식 속에 직관적으로 현존한다.(수동적으로 미리 구성된다.(passiv vorkonstituiert))

비교의 관계들을 기초 짓는 이러한 통일은 시간의 대상들, 즉 개체들에 결합된 것이 아니다. 그래서 비교의 항(項)들을 통해서만 매개될 수 있는 '시간에 관련된 것'만 갖는다. a가 a′보다 이후의 것이면, 이들의 동등함은 시간 a나 시간 a′ 또는 [이들의] 중간 시간에 속하는 것이 아니라, 오히려 시간적 대상들에 관계되며, 따라서 시간 전체와 특수한 시간 간격들에 관계된다. 그와 같은 통일 또는 관계는 개체적 담지자

(擔持者)를 통해 개체화되고, 그 담지자들의 유적(類的) 특수성에 의해 특수화된다. 만약 그것들의 항이 허구적이면 그 관계는 상실되지 않는다. 이 경우 내실적 항은, 그 대립된 항이 관계 그 자체를 독특하게 양상화하는 허구적 존재(단순히 상상에서의 유사-존재)의 양상을 갖는다는 점을 제외하면, 사실상 관계의 술어항(述語項)을 갖는다.

b) 가장 중요한 결합의 관계(실제성의 관계)의 구성

실제성의 관계, 즉 관계된 것의 실제적 결합(사실들의 관계)에 기인하는 관계는 비교된 것들의 본질 내용 속에 ('지금 여기에(hic et nunc)' 존재함을 고려하지 않고) 순수하게 근거를 둔 비교의 관계에 대립해 있다.

이것들은 개체적 대상들 사이에서만 가능한 관계이다. 이것들을 기초 짓는 가장 낮은 단계의 통일은 결합된 것들이 절대적 시간위치를 갖는[1] 어떤 시간의 실제적 결합의 통일이다. 개체적인 모든 대상은 시간의 지속(Dauer)과 시간의 위치(Lage)를 가지며, 본질 내용에 의해 시간의 근원적 연속체(Kontinuum)를 넘어서 연장되고 전체적 본질 속에 지속으로서 시간의 간격에 크기와 이러한 지속을 충족시키는 것으로서 시간 내용을 갖는다. (지속을 분할하는 것에 상응해) 그와 같은 대상들의 시간적 부분들은 일반적 본질상 부분들의 본질을 외연적으로 결합하는 전체의 본질 속에 일치된다. 개체적으로 전체의 대상은 시간의 전체이며, 이 통일은 시간적으로 결합된 통일이다. 여기에서 전체는 생성되는 가운데 있으며, 지금 생성된 것으로서만 비로소 전체를 이룬다. 그 부분들이 '함께 있음'은 이것들이 '함께 생성되어 있음'이며, 더구나 모든 부분과 부분들의 부분으로 펼쳐지는 '점차-생성되어-있음'이다.

---

1 〔원주〕 이 책의 40절 참조.

모든 시간의 대상은 어떤 시간의 내용, 즉 연장된 본질을 가지며, 이 전체는 그것이 연장되었다는 사실, 그것이 생성된다는 사실에 의해 개체적일 수 있다. 이 경우 개체화하는 생성되는 것은 형식적 특수화들과 더불어 자신의 본질적 양상, 곧 지속의 서로 다르게 생성되는 양상과 이것에 속한 것을 갖는다. 동시에 시간적인 것이 실재적으로 '결합된 것' 모두는 시간의 형식 안에서 시간적-외연적으로 '결합된 것'이다. 의식의 현재 속에 통일된 표상들이 임의적으로 '함께 있음'은 여기에서 시간의 결합을 표상할 수 있게 만들지 못한다.

　　정확하게 말하면, 시간의 대상은 가장 완전한 의미에서 직관적이지 않으며, 더구나 그 대상이 자신의 완전한 본질(그것을 반복할 수 있음, 비교할 수 있음)에 따라 표상되면, (본질적으로 그 대상을 함께 개체화하는) 개체적으로 규정된 지속 속에 시간의 대상으로서 직관적이지 않다. 결합은 비교하는 것을 기초 짓는 통일체를 형성하는 것처럼 그것이 반복할 수 있는 본질 속에 근거하는 것이 아니라, 또한 필연적으로 시간의 일회성, 즉 시간의 내용을 개체화하는 그것들이 생성되는 것 속에 함께 근거한다. 생성되는 것의 재생산 속에서만, 또는 그 밖에 개체적으로 부여하는 어떤 생성되는 것에 대한 표상 속에서만 (생성되는 가운데 존재하는) 시간의 대상들은 생성되는 것과 생성된 것이 통일된 것으로 표상될 수 있다.

　　동등한 시간의 대상은 (본질적으로 동일한 것(derselbe)으로서) 서로 다르게 개체적으로 생성되는 연관 속에 등장할 수 있고, 이것에 의해 (생성되는 형식인 동등한 지속과 동등한 생성의 질료(Werdensmaterie)의) 다른 대상들과의 본질적 관계는 방해받지 않은 채 남아 있다. 그렇다면 시간의 결합과 시간의 질서는 서로 다른 것이다. 모든 개체적 대상은 시간적으로 결합되어 있다. 즉 이 대상들은 하나의 유일한 생성의 질서에 속하며, 시간을 구성하는 '생성의 표상작용(Werdensvorstellen)' 속에 그 질서를 추후에 재생산하는 것에서만 표상될 수 있다. 생성의 개체적인 것은 결합하는 통일과 질서(관계)를 기초 짓는다.

이것은 개체적 대상들의 시간 질서 속에 기초 지어진 공간위치의 질서와 그 사정이 유사하다. 공간은 감각적으로 주어진 (물질적) 사물들의 개체적 동시성의 질서이다. 개체화하는 계기들(그리고 '동시(Zugleich)'라는 시간 형식 속에 '여기'와 '거기'는 개체화된다.)은 연관을 기초 지을 수 있으며, 공간위치, 공간확장은 공간의 연관을 기초 짓는다. 어떤 시간은 그것이 보편적으로 생성되는 연관 속에서만 바로 그 시간인 것처럼, 어떤 공간(공간의 위치, 공간적으로 규정된 형태, 공간의 질서 그리고 거리)은 보편적이지만, 그러나 개체적 연관 속에서만 바로 그 공간이다. 따라서 이것은 유일한 연관이다. 어떤 시간적 대상과 마찬가지로 공간적으로 성격 지어진 어떤 형태의 개별화된 표상 속에는 다른 어떤 임의의 대상, 즉 개별화되어 표상된 동등한 대상에서 그 대상을 직관적으로 구별해 주는 어떠한 것도 본질의 내용에 없다.

그러나 위치의 개체적인 것은 단순히 개별화된 표상들 속에 아직 주어지지 않는다. 내가 두 가지 대상을 지닌 포괄적 연관, 즉 각각의 대상이 자신이 생성되는 위치를 갖는 연관을 직관적으로 표상하는 경우에만 거리, 상관적 시간질서, 시간위치에 대한 직관을 갖는다. 마찬가지로 내가 개별화된 대상들 대신, 이 대상들을 포괄하는 공간을 질서의 형식으로 직관적으로 표상하는 경우, 나는 더 이상의 것, 대상들을 공간적으로 구별하는 것을 표상한다. 물론 단지 상대적이지만 나는 나 자신의 '지금 그리고 여기'로 되돌아가는 경우 비로소 표상 속에 완전히 개체화된 것을 갖는다. 그렇지 않으면 나는 비-직관적인 것(Unanschaulichkeit)을 갖는데, 이것은 직관적 표상이지만, 위치를 개체화하는 측면에서는 '[아직] 규정되지 않은 것(Unbestimmtheit)'이다. 나는 상대적 공간 질서 속의 물체들에 대립해 물체들이 상대적으로 개체화된 것을 갖지만, 상대적 공간의 질서 그 자체는 위치상 여전히 완전하게 규정되지는 않는다. 내가

3 관계 파악과 수동성에서 관계 파악의 토대

여기 그리고 지금에 호소하는 경우 비로소 나는 (논리적 규정작용이 결여되었음에도 불구하고) 개별적 직관 그 자체를 위해 요구되는 규정성을 획득한다.

그러므로 직관적으로 주어진 두 가지 물체는 '일반적으로 함께 표상될 때 근원적 표상, 그것들의 유사함에 관한 직관을 산출하는 것과 마찬가지로' 공간적 관계인 거리에 관한 어떠한 근원적 표상도 허용하지 않는다. 거기에 공간적 관계가 있기 위해서는 두 직관적 공간의 주변은 두 가지 물체가 놓여 있는 하나의 공간으로 통일되어야만 하고, 이를 위해서는 이 두 가지 물체가 하나의 시각의 장(場) 또는 하나의 촉각의 장 속에 음영(陰影) 지어져야 한다는 사실이 필요하다.

한편 우리는 이것에 의해 '이 물체들 사이의 거리가 다른 물체들 사이의 거리보다 더 멀지 가까울지'에 관한 어떠한 충전적 표상도 아직 갖고 있지 않다. '이 물체들 사이의 거리가 다른 물체들 사이의 거리보다 상대적으로 더 먼지'를 우리는 여전히 즉시 통찰할 수 없고, 이것을 통찰하기 위해 거리에 대해 구성적인 두 가지 측면에서의 연관을 훑어보아야만 한다. 마찬가지로 거리들의 크기가 동등함을 표상하려면, 동등하게 방향이 정해지는 것을 훑어보고 관계 짓는 것이 필요하다.

더 나아가 실제적 결합에 기인하는 관계(결합의 관계)에는 가장 중요한 것만 명명하기 위해 원인과 결과, 전체와 부분, 부분과 부분 사이의 관계가 속한다. 실제성의 모든 관계는 원리적으로 '실제적인 것'과 '유사-실제적인 것' 사이에 존재할 수 없다. 이것은 어떤 항(項)이 실제적으로 의식되고 다른 항이 허구로 의식되는 경우, 그 관계가 '스스로 주어지는 것' 속에 구성될 수 없다는 것을 뜻한다. 만약 전체가 실제적이면, 부분도 실제적이다. 그리고 허구는 실제적인 것과 더불어 전체에 결합될 수 없다. 예를 들어 동등한 것은 공간적 거리에 대해서도 타당하다. 두 가지 사물은 하나의 거리를 갖는다. 즉 거리는 그 두 사물에 속하고, 그것이 사물로서 현존하지 않더라도, 어쨌든 그 거리는 사물들의 현존을 통해 기초 지어진 바로 그 현존(Existenz)을 갖는다. 일반적으로 공간적 거리와 공간적 위치는 실제적 결합을 전제하는 관계이다. 자명하게 이 모든 실제성의 관계는 '유사[의 양상]'으로 옮겨질 수 있고, 상상의 직관과 상상의 세계가 통일되는 만큼 '유사[의 양상]'으로 등장할 수 있다.

c) 직관의 통일체의 좁은 의미와 넓은 의미

다른 한편 동등함과 유사함의 관계는 '실제로 결합되지 않은 것들이 아무 연관도 없는 것'과 전혀 무관하다. 그 관계는 연상이 통일되어 미리 구성된 연결 속에 순수하게 근원적 원천을 갖기 때문이다. 연상의 효력이 통일적으로 연관된 대상들과 대상의 세계가 구성되는 데 아무리 크고 끊임없이 지속되더라도, 그것은 대상들이 이른바 아무 연관 없이 의식 속으로 파고 들어오는 경우에도 효력을 갖는다. 이것은 고리, 특히 유사함의 연상으로서 고리를 산출한다. 주제적 시선 속에 나타나는 이 연결은 유사함과 동등함의 관계를 능동적으로 구성하는 기초다.

그러므로 여기에서 두 가지 대상과, 이것들 위에 근거한 수용성 속에 동등함이나 유사함으로 파악된 것 그리고 더 높은 단계에서 자발적 산출작용 속에 유사함의 관계로 구성된 것 사이에 '수동적으로 건립된 통일체'를 구별해야만 한다.

동등함의 관계와 유사함의 관계에 대립해 실제성의 관계는 실제적 결합에 기인하는 직관을 전제한다. 이것은 '더 좁고 본래적 의미에서 연관된 직관'이다. 이 실제성의 관계는 함께 이끌릴 뿐만 아니라 함께 속함, 즉 원리적으로 직관적으로 만들 수 있는 세계(또는 '유사-세계')의 연관 속에 '함께 속함'의 통일체를 형성한다.

현존 속에 직관적으로 통일된 대상들이 실제적, 객관적으로 동시에 존재하는 것으로 스스로 주어진 경우, 또 그 대상들이 스스로 주어진 한에서, 가장 좁은 의미에서 직관의 통일체에 관해 논의할 수 있다. 가령 어떤 가로수 길이 직관의 통일체에 주어지면, 그것은 곧 모든 부분에 따라 반드시 직관의 통일체 속에 떨어진다. 어떤 부분이 가려져 있다면, 우리는 보인 부분에 대해서는 가장 좁은 의미에서 직관의 통일체를 갖지만, 가로수 길 전체에 대해 갖는 것은 아니다. 그래서 이 통일체는 본래적인 지각의 통일체이다. 모든 지각 속에 비본래적으로 함께 주어진 것에서 포함된 것은 더 이상 직관의 통일체에 속하지 않는다. 직관의 통일체는 물론 현전화(기억이나 상상) 속에 자신과 유사한 것을 갖는다.[2]

비교를 통해 실제성의 결합을 '함께 이끌렸던 것'의 직관의 통일체에서 구별하는 것은 더 높은 단계, 즉 범주적 단계에서 결합의 단계와 비교의 단계를 대립시키는 동기를 준다. 내적 의식에서 등장하는 체험 속에 구성된 것은 모두 현존의 직관적 통일체 속으로 함께 이끌렸기 때문에 비교될 수 있다. 요컨대 가능한 경험의 통일체, 즉 상관적으로 가능한 세계의 통일체 속에 들어갈 수 있는 모든 것은 비교될 수 있다. 그러나 실제적으로 근원적이며 대상적이고 통일적으로 구성된 것만 결합된 통일체를 갖는다.

물론 결합은 어떤 의미에서 결합되지 않은 것, 실제적으로 함께 속한 것이 아니라 단지 직관의 통일체 속으로 함께 이끌렸을 뿐인 것 사이에도 존재한다. 그러나 그것은 대상들의 실제적 결합이 아니라, 구성하는 체험들의 결합, 즉 의식의 흐름 속에 있는 결합이다. 정립적 체험뿐 아니라 상상의 대상성들을 구성하는 중립적 체험도 그 절대적인 시간적 위치를 서로 갖지만, 체험들 속에 구성된 대상성들은 그렇지 못하다.

---

2 〔원주〕 이 책의 37, 40절 참조.

d) 형식적 관계들의 근본적 토대인 형식적 통일체의 형성

여기에서 특별한 종류의 통일체를 형성하는 것, 즉 특별한 관계들, 형식적 관계들에 대해 근거를 제공하는 통일체를 형성하는 것이 언급되어야 할 것이다. 통일된 대상들이 실제적 결합에도 기인하지 않고 그것들의 본질적 계기들이나 본질 전체 속에도 기초되지 않는 것은 형식적-존재론적 통일체이다. 개체적이든 아니든 모든 가능한 대상에 걸쳐 있는 것이 통일체이다. 그것은 집합적 통일체의 형식, '함께 있음'의 통일체의 형식이다. 이 통일체는 그것에 의해 통일된 임의의 대상들이 어떤 의식(의식의 현재) 속에 주어지는 경우에는 언제나 근원적으로 주어진다. 집합의 통일적 전체는, 만약 여기에서 계속 개별적 파악과 총괄적 파악이 일어나면, 특수한 의미에서 대상적(주제)이다.

그래서 다음과 같은 명제가 된다. 즉 각각의 모든 것(모든 가능한 것, 그 속에 포함된 모든 실제적인 것)은 하나의 의식 속에 직관할 수 있고, (근원적 직관 속에 실제적으로나 가능적으로 직관할 수 있고) 각각의 모든 것은 원리적으로 집합시킬 수 있으며 같은 값을 지닌다. 모든 사물적인 것은 집합적 통일체에 대해 본질적으로 기초 지어져 있지 않고, 본질은, 그것이 구별을 가능케 만들지 않은 한, 전혀 고려되지 않는다. 물론 집합의 전체를 대상으로 만드는 것은 수용성(Rezeptivität)이 아니라, 산출하는 자발성(Spontaneität)의 '더 높은 단계의 작업수행(Leistung)'이다. 마찬가지로 형식적 관계 일반은 이러한 단계들에서 비로소 등장하며, 언제나 술어적 사고(prädikative Denken)의 작업수행을 전제한다. 여기에서는 이 정도의 시사적 논의로 만족하고 그 이상의 분석은 다음 절[3]로 미루자.

---

3 〔원주〕 이 책의 59~62절.

44 비교하는 관찰의 분석. 동등함과 유사함

이제 그 보편성 때문에 중요하게 된 동등함(Gleichheit)의 관계와 유사함(Ähnlichkeit)의 관계로 넘어가자. 여기에서 수용성의 영역에 머물더라도, 어쨌든 이 관계들은 객관화(Objektivation)의 가장 높은 단계에서도 일반성의 의식과 최후에는 본질의 의식을 구성하는 데 특별한 의미를 갖는다. 따라서 이미 언급했듯이, 3부에서 새롭게 이 문제로 되돌아갈 것이다.

하나의 행위인 능동적으로 관계하는 관찰작용, 즉 관계된 것들 사이를 파악하는 시선이 '능동적으로 이리저리 달려가는 것'인 비교작용은 근원적인 감각적 동등함이나 유사함, 즉 모든 개별적 파악과 이것들의 잇단 관계 이전에 감성 속에서 작용을 일으키는 것을 전제한다. 감각적으로 부각된 다수의 대상들은 감각적 집합체의 감각적 유사함이나 동등함이 통일되는 형식을 감각적으로 기초 짓는다.[1] 감각적으로 주어진 것은 어떤 자극을 발휘한다. 즉 그것은 '개별적 파악'과 '개관해 함께 유지함'을 행하는 가장 낮은 단계의 관심을 일깨운다.

이러한 과정에서 우리는 언제나 유사한 대상들의 집합체를 생각한다. 이 대상들은 가장 넓은 의미에서 직관의 통일체 속에 '유사-공존하는 것'으로 함께 이끌리고, 하나의 심상(Bild)으로 통일된다. 관찰해 훑어보는 작용은 개별적 파악들의 계속(Sukzession)으로 이행한다. 그리고 [어떤] 파악에서 [다른] 파악으로 이행하는 가운데 이전에 이미 수동성 속에 어느 정도 강조된 두 가지 대상의 유사함이나 동등함의 토대, 그리고 두 대상의 대조를 통해 나타난 유사하지 않은 것을 주의하는 데서 부각된다. 그래서 공통적인 것은 합치하고 서로 다른 것은 구별

---

1 [원주] 이에 대해서는 이 책의 16절 참조.

된다. 그것은 어떤 대상에서 다른 대상으로 이행하는 경우 모든 통일적 의식 속에 '파지해-유지하는(Im-Griff-behalten)' 형식으로 일어나는 중첩(Überschiebung)일 뿐 아니라, 대상적 의미에서 합치(Deckung)이다. A에 관한 파악에서 이와 동등하거나 유사한 B의 파악으로 이행하는 경우, 의식 속에는 여전히 B가 파지되어 유지된 A와 더불어 중첩되는 합치로 이끌리고, 이 두 가지에서 동등한 것은 동등한 것과 합치되는 반면, 동등하지 않은 것은 모순으로 나타난다.

어쨌든 동등함의 합치는 유사함의 합치와 구별되어야 한다. 우선 동등함의 합치를 살펴보자. 내가 A를 파악하고 B로 넘어가면, 우리가 'B에서 A와 동등하다'고 부른 것은 B에서 문제가 된 계기(Moment)가 특징지어지고 두드러지게 드러나는 방식으로 A와 일치하게 된다. 이것은 B가 A의 상응하는 계기를 전혀 거리 없이 덮어씌워서 그것과 완전히 일치하고, 그 결과, '덮어씌워진 것'이 전적으로 '덮어씌우는 것'에 의해 보인다는 사실로 일어난다. 'A'와 'B'라는 분리된 두 가지와 이것들의 공통적인 것도 통일되는데, 이 통일은 의식 속에 이중성을 유지하지만, 실질적으로는 서로의 밖에 있는(außereinander) 어떤 두 가지가 아니다. 양자는 서로 뒤섞여 있으며, 그러한 한에서만 그것들은 둘이다. 요컨대 그것들은 두 개의 판(版) 속에서만 현존하는 유일한 '함께 있음'을 형성한다.

그에 반해 관계가 그와 같은 단순한 유사함의 관계라면, 여전히 합치가 존재한다. 즉 문제되고 있는 근원적으로 직관된 B의 계기는 '여전히 의식되어 있음(Nochbewußtsein)' 속에 있는 상응하는 A의 계기와 합치된다. 그러나 철저히 B와 유사한 것을 통해 보이고 그것에 의해 덮어씌워진 A의 유사한 것은 어떤 거리를 갖는다. 이것들은 공통성 속에 융합되지만, 그래도 가까운 것이 분리되고 합치하는 것이어서, 실질적으로 분리된 두 가지가 남게 된다. 이것들은 어떤 동등한 것이 아니라 하나의 쌍으로 수렴된다. 이 쌍에서 어느 하나는 다른 것과 동등하지만, 다른 것에서 떨어져 있다. 공통성의 통일체를 지닌 이 두 가지는 완전히 공통성의 통일체에, 즉 동등함과 전혀 거리 없는 본질적 합치의 통일체에 더욱 더 접근할 수 있고 가까이 다가갈 수 있다. 그래서 우리는 더 가까워진 동등함, 거의 완전한 동등함인 유사함을 오직 사소한 차이만 지닌 채 논의하게 된다. 그러나 지속적 이행에도 불구하고 차이는 남아 존재한다.

물론 이러한 동등함의 합치나 유사함의 합치는 해명하는 합치로 구별해야 한다. 이 합치 속에서 어떤 대상의 부분들은 그 대상 속에 있는 것으로 파악된다. 여기에서는 가장 넓은 의미에서 하나의 전체 속에 있는 부분들이 대상적으로 '서로 뒤섞여 있음'은 결코 중요하지 않다.

그러나 이미 언급했듯이, 그것은 모든 집합작용(Kolligieren), 즉 다수의 대상들을 단순히 총괄적으로 파악하는 작용 속에 일어난 중첩의 보편적 성질로도 구별된다. 단순히 총괄해 파악하는 작용(Zusammenfassen)은 어떠한 유사함의 합치로도, 그 동등함이나 유사함에 관해 총괄적으로 파악된 것의 능동적 중첩으로도 이끌지 못한다. 이 중첩은 감각적 동등함이나 유사함에 의해 동기 지어진 능동적 활동이다. 물론 이 모든 대상 각각을 함께 합동으로 유지하고 총괄적으로 파악할 수 있지만, 이것은 우리가 동등함이나 유사함의 지향 또는 공통적인 것을 추구하려는 지향을 가질 때 비로소 비교하는 작용이 된다. 이러한 사실은 비록 동일한 한 종류인 이미 〔우리를〕 자극하는 감각적 동일함만 근원적으로 '비교하는 개별적 훑어봄'과 '공통적인 것을 부각시킴'으로 이행하는 것을 동기 짓더라도, 어쨌든 이질적으로 나타난 것의 경우에도 유사함의 발단을 만들 수 있고 그러한 유사함이 실제적으로 현존하는지 여부를 관망할 수 있다는 점을 뜻한다.

우리는 그와 같은 경우에 제기될 수 있는 감각적 유사함에 대립된 것을 적확한 의미에서 '비-유사함(Unähnlichkeit)'이라고 부른다. 이것은 단지 사소한 정도의 유사함, 즉 아주 사소한 유사함이 아니라 '이질성(Heterogeneität)'이라고 부르는 유사함의 완전한 부정을 뜻한다. 이 비-유사함은, 이질성으로 어떤 지향이 선행되었을 때, 또 만약 이러한 지향이 중첩하는 합치를 시도하는 경우, 완전한 모순이 발생해 실망할 때 등장한다. 여기에서 '그와 같은 완전한 이질성이 도대체 가능한지', '의식 속에 구성된 각각의 모든 것이 여전히 공통성, 즉 일종의 동등함을 갖는지'의 문제는 미해결로 남겨 둘 것이다.

45 전체적 유사함과 부분적 유사함(어떤 것과-관련된-유사함)

이제까지 논의한 유사함 또는 동등함은 구체적 유사함과 동등함, 즉 연한 분홍색을 띤 지붕이 진한 분홍색을 띤 지붕과 유사하듯이, 구체적 대상들의 유사함으로 이해되었다. 우리는 이 구체적 유사함에서 전이된 유사함을 구별한다. 이 전이된 유사함은 유사한 부분들에 관련된 유사함이지, 대상 전체의 유사함이나 단적인 유사함은 아니다. 구체적인 것과 전체가 〔그것에〕 편입된 계기들의 유사함에 의해 유사함에 관여하는 것은 특유한 관계이다. 이 유사함은 우선 그 계기들에 속한다.

유사함이 구체적인 것이면, 구체적인 것들이 자기 자신의 전체 본성을 통해 유사하고 구체적인 것으로 합치되는 것이면, 그 유사함은 흔히 구별할 수 있는 모든 계기에도 속한다. 더 정확하게 말하면, 우리는 두 가지 구체적인 것을 상응하는 계기들 속에 구별할 수 있고, 이것들이 명백한 질서를 이루면, 유사함은 그에 상응하는 모든 쌍에 속한다. 〔따라서〕 구체적 유사함은 부분적 유사함으로 그렇게 분해된다.

그러나 여기에서 전체는 이 부분들의 유사함에 의해 유사한 것은 아니다. 반면 전이된 유사함의 경우 부분들의 유사함은 전체로 단순히 전이된다. 여기에서는 특수한 종류의 합치가 일어난다. 전체는 부분들이 합치된다는 사실을 통해 독특한 '서로 잇단(Aufeinander) 관계' 속에 필연적으로 나타난다. 즉 전체는 부분들이 합치되는 감각적 통일체를 가졌기 때문에 그 자체로 이미 감각적 통일체를 획득한다. 또한 유사함에 관한 논의는 특히 유사한 결과들이 이 이차적 유사함에 결합되기 때문에 전체로 전이된다.

유사한 것은 유사한 것을 기억한다. 특별한 종류의 합치는 서로를 기억하는 일종의 유사함의 연상에 상응한다. 이끌린 기억의 연상(A를 통해 기억된 B로서의 연상)에서 이 '통해'가 주어지며, 동시에 A가 'α에 의해' B를 기억한다는 사실이 주어진다. 기억의 경향은 α에서 α′로 나아가고 α는 근거 짓는 것이다. 그러나 α가 구체적인 것으로서 1차적으로 주어진 것인 A에서만 주어지기 때문에, 그리고 α′는 자신의 입장에서 1차적으로 주어진 B 속에서만 주어지기 때문에, 전이에 의해 A가 B를 기억하는 관계를 획득한다. 그러나 이것은 α-α′로 기초 짓는 관계 속에서만 기초되더라도, 실제적 기억의 관계이다.

물론 우리는 이러한 관계도 파악할 수 있기 때문에 구체적인 것의 유사함을 실제적 유사함, 즉 바로 변양된 성격을 지닌 유사함, α의 유사함 속에 근거한 유사함으로 간주한다. 그렇다면 전체적 또는 구체적 유사함과 부분적 유사함은 서로 다른 유사함의 양상이며, 어느 한 양상이 부분적 유사함으로서 모든 계기의 명백한 질서를 가능케 하는 반면, 다른 양상은 유사함의 계기로서 개별적 계기들만 밝혀내게 한다.

그에 따라 우리는 다음과 같이 구별해야만 한다.

1) 구체적 전체의 전체적 유사함 또는 순수한 유사함.

2) 부분들의 순수한 유사함이지만 구체적인 전체의 순수한 유사함은 아닌 부분적 유사함.

만약 어떤 것의 직접적 부분도 결코 다른 것의 직접적 부분에 유사하지 않은 것이 아니면, 두 가지 내용은 순수한 유사함의 관계에 있다. 순수하지 않은 유사함은 불투명하게 된 유사함이며, 비-유사함의 구성요소들에 의해 불투명하게 된다.

순수한 유사함은 자신의 정도(程度)를 갖는다. 그러나 이 정도는 순수하지 않은, 부분적 유사함의 본래적이지 않고 지속적이지 않은 정도와 다르다. 이 정도는 완전하면 할수록 더욱더 부분들이 순수한 유사함 속에 있게 된다. 하지만 이 경우 부분들은 다시 그것들이 전체의 유사함의 크기를 규정하는 강도에 따라 구별될 수 있다.

46 관계의 규정과 대조의 규정('절대적 인상')

이제까지 논의한 경우에서 비교하는 규정과 마찬가지로 두 가지 관계의 항(項)은 직관의 통일체 속에 언제나 실제로 현존할 필요는 없다. 미리 주어진 '규정의 기체(基體)'는 다른 유사한 규정의 기체들이 본래적으로 일깨워지고 그 결과로 직관화하는 것이 이루어지지 않더라도, 다른 유사한 규정의 기체에 연상적으로 결합될 수 있다. 그것들은 배경 속에 머물 수 있고, 어쨌든 규정하는 경우 함께 작동한다. 예를 들어 키가 큰 사람은 일반적으로 우리의 시야 안에 키가 작은 사람이 없어도 '[키가] 큰 사람'으로 현존한다. 그는 정상적인(normal) 사람과 대조된다. 정상적인 사람들의 범례(Exempel)는 명백한 비교가 이루어지지 않더라도 모호하게 일깨워질지 모른다. 이것은 가령 뜨거움과 차가움, 길게 지속하는 것과 짧게 지속하는 것, 신속함과 느림을 규정하는 경우와 같다.

이 모든 규정은 [어떤] 환경세계에서 [다른] 환경세계로 변화할 수 있는 경험의 정상성(Normalität)에 관계된다.[1] 예를 들어 열대지방에서 차가운 날씨는 온대지방에서 차가운 날씨와는 다른 것을 뜻하며, 역마차 시대의 빠른 교통수단은 자동차 시대의 빠른 교통수단과는 다른 것을 뜻한다. 그러한 규정들에 대한 기준은, 대조하는 관계의 항들이 명백하게 일깨워지지 않더라도, 환경세계의 구조에서 즉시 또 아주 완전하게 생긴다. 파악작용의 시점에서는 오직 하나의 기체만 존재한다.

그러므로 우리가 일반적 특성에서 관계하는 관찰작용의 본질로 지시한 것, 즉 두 가지 기체 사이에서 관찰하는 시선이 '이리저리로 달려가는 것'은 없다. 그것은 이른바 불완전하게 구성된 관계작용(Beziehen)이다. 배경 속에 남아 있는 관계 항들에 근거해 생긴 그와 같은 규정들을 심리학적으로는 '절대적 인상(absolute Eindruck)'이라 부른다. 우리는 크기, 무게 등에 관한 절대적 인상을 갖는다. 따라서 본래적 의미에서 관계(Beziehung)의 규정과 대조(Kontrast)의 규정을 구별해야만 한다.

---

1 예를 들어 우리나라에서 180cm의 키는 큰 편이지만, 서양에서는 그렇지 않다. 그런데 어떤 사람이 미국에서 오래 살다 귀국하면, 즉 그의 환경세계가 바뀌면, 키의 기준에 대한 이제까지 습득된 타당성이 변화된다. 환경세계의 규정도 이렇게 변화될 수 있다는 사실은 '생활세계의 역사성'을 밝히는 데 매우 중요한 시사를 준다.

2부

술어적 사고와 오성의 대상성

1 술어화작용의 일반적 구조와 가장 중요한 범주적 형식의 발생

47 술어적 작업수행에서 인식의 관심과 그 성취

'존재자가 어떻게 존재하는지 또 존재자가 무엇인지' 하는 존재자의 확정은 모든 인식활동의 의미이다.[1] 그러나 그것은 이제까지 줄곧 연구한 수용성의 영역에서는 아직 인식활동의 목표에 도달하지 못했다. 대상들에 관련되고 대상들을 파악하며 해명하는 '주의를 기울이는(Zuwendung)' 다양한 단계에 있는 동일한 통일체인 대상들도 이미 이러한 수용성 속에 구성된다. 자극하는 것은 받아들여지고 능동적으로 주의를 기울임 속에 주어진 것은 개관되며, 기억에 의해 이미 개관된 것으로 되돌려지고, 그것은 다른 것과의 관계 속에 놓인다.

그런데 이 모든 작업수행은, 스스로를 부여하는 직관이든 재생산적 직관이든, 기체들의 직접적 직관에 결합된다. 언젠가 경험 속에 특히 직관 속에 주어진 것이 의식 속에 상실되지 않으면, 또 그것이 '친숙함(Vertrautheit)'과 '이미 알려진 것(Bekanntheit)의 질(質)'을 지닌 지평을

---

1 〔원주〕 이에 관한 아주 상세한 논의는 이 책의 「서론」 13절 참조.

만들어 내고 형성을 촉진시켜 이 모든 작업수행이 계속 활동하더라도, 그 때문에 경험된 것은 아직 우리의 소유물이 되지 못한다. 우리는 이 소유물을 지금부터 마음대로 처리할 수 있고, 언제나 끄집어낼 수 있으며, 다른 사람에게 알릴 수 있다. 수용적 경험을 이끄는 지각의 관심은 우선 본래적인 인식의 관심의 이전 단계이다. 그 관심은 직관적으로 주어진 대상을 모든 측면에서 주어진 것으로 이끄는 경향적 특징이다.[2]

그러나 인식하려는 의지(Wille zur Erkenntnis)는, 자기 자신을 위한 것이든 자신의 실천적 목적에 이바지하기 위한 것이든, 〔이것보다〕 더 나아간다. 수용성 속의 자아는 능동적으로 자극하는 것에 주의를 기울이지만, 자신의 인식과 그 인식의 목표에 도달하는 수단으로서 개별적 인식의 단계들을 의도하는 작용(Wollen)의 대상으로 만들지는 못한다.

반면 본래적 인식의 관심에서 자아의 의지에 따라 관여하는 것은 완전히 새로운 방식으로 관계한다. 즉 자아는 대상을 인식하고자 하며, 인식된 것을 단연코 확정하려고 한다. 모든 인식의 단계는 인식된 것(Erkanntes)을 이러한 동일자(Selbes)로서, 또 그것이 규정하는 특정의 기체(Substrat)로서, 미래의 삶의 과정에 끝까지 유지하고 이것들을 서로 관계 짓는 능동적 의지의 충동(Impulse)에 이끌린다. 인식은 자아의 행동(Handlung)이며,[3] 의도하는 작용의 목적은 그것을 동일하게 규정해 파악하는 것이고, 관찰하는 지각의 성과를 단연코 확정하는 것이다.[4]

---

2 〔원주〕이 책의 19절 참조.
3 후설은 인식(이론)을 하나의 행동(실천)으로 파악하는 점에서 전통적 견해와 근본적으로 다르다. 그에게서 모든 이성은 항상 '이론적·실천적·가치 설정적 이성 일반'이며, '실천적 이성인 동시에 논리적 이성'이다. 즉 이론과 실천은 부단히 상호작용하면서 전개되는 개방된 순환구조를 지닌다. 그런데 실천의 기초는 이론에 근거하고, 실천이 학문적 성격을 지니려면 이론을 전제해야 하기 때문에 실천은 이론에 의해 정초된다. 이러한 정초관계는 이론과 실천을 제3의 형식으로 종합하는 보편적 태도인 "이론적 실천"(『위기』, 329쪽)에서 구체적으로 파악할 수 있다.
4 〔원주〕필요한 제한에 관해서는 이 책의 「서론」13절 끝부분 참조.

인식의 이러한 작업수행은 미리 주어진 대상들에 관여하는 활동이지만, 파악하는 작용, 해명하는 작용, 관계 짓는 관찰작용의 단순한 수용적 능동성과는 완전히 다른 방식의 활동이다. 인식활동의 성과는 인식의 소유물이다. 인식의 대상인 '대상'이라는 적확한 개념은 그 대상이 직관적으로 주어진 시간을 넘어서 동일한 것이며 동일화할 수 있다는 점, 언젠가 직관 속에 주어진 것은 비록 직관이 끝났더라도 여전히 남아 있는 소유물로 (게다가 우선 공허하게 시사함으로써 다시 동일한 것 (Identisches)을 직관하게 이끌 수 있는 것, 즉 현전화나 새롭게 스스로를 부여함으로써 직관할 수 있는 형성물로) 보존될 수 있음에 틀림없다는 점을 함축한다.

따라서 여기에서는 새로운 종류의 객관화하는 작업수행이 중요하다. 이 작업수행은 단지 수용적으로 파악된 또 미리 주어진 대상성에 관여하는 활동이 아니다. 술어적 인식과 술어적 판단 속에 있는 그 침전물에서 새로운 종류의 대상성이 구성되는데, 더구나 이것은 그 자체로다시 파악될 수 있고 주제가 될 수 있다. 이 논리적 형성물을 '진술하는것(kategorein), 즉 서술적 판단에서 발생하는 '범주적 대상성' 또는 (실로판단작용은 오성의 작업수행이므로) '오성의 대상성(Gegenständlichkeit)'이라고 부른다.[5]

그러므로 수용성에 대립해 있는 더 높은 층(層)의 능동성, 즉 인식의 이러한 작업수행은 창조적 자발성, 대상들 그 자체를 우선 산출하는자발성으로 특징지을 수 있다. 논리적 형성물로서 이제까지 전적으로논리학자의 관심이었던 것은 바로 이 대상이다. 그러나 논리학자는 논리적 형성물이 근원적으로 산출되고 낮은 단계의 인식의 작업수행에서발생하는 본성(Art)과 방식(Weise)은 묻지 않았다. 이 형성물 속에 인식

---

5 〔원주〕이에 관한 상세한 분석은 이 책의 58절 참조.

1 술어화작용의 일반적 구조와 가장 중요한 범주적 형식의 발생

이 침전되어야만 비로소 인식은 영속적 소유물(bleibendes Besitz), 즉 실제적 대상이 될 수 있다. 나는 이 대상을 동일한 것으로 마음대로 처리할 수 있을 뿐 아니라, 논리적 작업수행과 결합된 표현들과 그 암시에 근거해 맨 먼저 나의 직관 속에 주어진 것은 동일한 것이다. 이것은 타인에 의해서도 직관될 수 있는 방식으로 그 자체로 상호주관적으로 (intersubjektiv) 구성된다.

실로 술어적 작업수행에 불가분적으로 결합된 표현의 전체 층(層)들, 말하는 것(Sprechen)과 술어적 사고(prädikative Denken)의 연관에 관한 전체적 물음들, 즉 '모든 술어적 사고가 단어들에 결합되었는지, 결합되었다면 어느 범위까지인지, 표현의 구문에 분절은 사고된 것의 분절과 서로 어떤 연관이 있는지'는 제쳐 놓아야 한다. 이 모든 연관을 도외시하고 주관적 활동으로서 현상적-체험적으로 나타나는 것과 마찬가지로, 술어적 작업수행은 순수하게 연구될 것이다.

이러한 논리적 작업수행 속에 구성된 대상성들은 독특한 종류의 대상성으로 밝혀질 것이다. 이것들은 언제나 그 근본적 토대를 소급해 지시하지만, 어쨌든 이 근본적 토대에서 분리될 수 있고 그 고유한 삶을 이끄는 이 판단들은 다양한 형식으로 형식논리학의 주제가 된다.

이것으로써 다음에 관찰할 중심적 주제들이 미리 지시되었다. 그것은 우선 술어적 활동 일반의 구조를 추구하고, '어떻게 그 활동들이 낮은 단계의 작업수행 위에 구축되는가' 하는 방식을 추구해야만 한다.(1장)

그런 다음 그 활동 속에 발생하는 대상성들의 구조와 존재하는 방식이 숙고되어야만 한다.(2장)

끝으로 이 대상성들의 근본토대에서 분리될 수 있는 사태(Tatsache)가 직관적 판단과 공허한 판단을 구별하게 이끌 것이다. 이러한 차이에서 술어적 판단의 양상들의 원천을 발견하고, 그 구성적 근원에서 이 양상들 자체를 자아가 결정하는 양상으로 파악할 것이다.(3장)

48 인식하는 행동은 실천적 행동과 평행관계를 이룬다

특수한 분석으로 이행하기 전에 여전히 몇 가지 일반적 문제, 즉 술어적 활동에 관계된 문제가 논의되어야 할 것이다.

술어로 인식하는 작업수행은 하나의 **행동**(Handeln)으로 특징지어졌고, 이것은 '행동의 일반적 구조도 술어로 인식하는 작업수행 속에 제시될 수 있는 반면, 한편으로 이 작업수행은 어쨌든 일상적인 말의 의미에서 [다른] 행동들과 구별된다'는 사실로 정당화된다. 우리는 특히 이러한 사고의 경우 외적 대상들(사물들)을 스스로 부여하는 다른 대상들에서 스스로 부여하는 것으로 수립하는 작용인 외적 행위(Tun)를 생각한다. 인식하는 행동 속에 새로운 대상성도 미리 구성되지만, 이렇게 산출하는 것은 사물들에서 사물들을 산출하는 것과 완전히 다른 의미를 갖는다.[1] 그리고 여기에서 무엇보다 중요한 것은 인식하는 행동 속에 범주적 대상성을 산출하는 것이 이러한 행동의 최종목표가 아니라는 점이다.

모든 인식하는 활동은 궁극적으로 판단의 기체들에 관계된다. 판단의 기체들은 인식작용이 계속 전진하는 가운데 줄곧 넓은 구간들이 산출된 대상들, 즉 논리적 형성물의 영역 속에 '판명함(Deutlichkeit)의 단순한 명증성에서 움직일 수 있다'는 가능성과는 무관하다. 인식활동의 목표는 대상을 산출하는 것이 아니라 스스로 주어진 대상에 관한 인식을 산출하는 것이며, 따라서 지속하면서 다시 동일화될 수 있는 것으로 대상을 '스스로 갖는 것(Selbsthabe)'이다. 만약 외적 행동 속에 작동되는 모든 의도하는 작용이 가치를 평가하는 노력(Streben), 즉 유용하고 기분좋은 것 등으로 평가된 것으로서 어떤 대상을 소유하려는 노력에 근거

---

1 [원주] 이에 관해서는 이 책의 63절 이하 참조.

1 술어화작용의 일반적 구조와 가장 중요한 범주적 형식의 발생

하면, 여기에서 중요한 것은 그러한 가치를 평가하는 노력이 아니라, 스스로 주어진 것으로 단순히 향하는 경향을 띤 특성을 성취하는 것이다. 왜냐하면 자아는 가치를 평가하는 작용이나 이것에 근거한 열망하는 노력 속에 사는 것이 아니라, 객관화작업(Objektivierung) 속에 살기 때문이다.

그러나 인식하려는 노력은 열망하는 노력과 유사한 점을 갖는다. 열망하는 노력은 동의(Fiat)에 의해 수립된 실현하는 행동으로 이끌고, 행동이 계속 전진되면 그 노력은 더 충족되며, 최초의 단순한 목표설정(Abzielen)에서 어떤 〔다른〕 목표달성(Erzielen)으로 변화한다. 목표에 이르는 길은 단순한 행동으로 이루어진 단순한 것이거나, 고유한 의지의 작용들 속에 기도되고 지배적 의도(Absicht)에 대립해 종속적 의도의 성격을 띤 중간목표들로 이행하는 복잡한 것일 수도 있다. 행동이 경과하는 가운데 목표설정이 점차 충족되고 목표에 접근함으로써 만족감이 커지는데, 만족하는 경향의 충족과 목표에 의지가 '향해진(Gerichtetsein)' 충족은 구별되어야만 한다. 이 의지에 따라 실현하는 것은 언제나 '행동으로 성취된 것인 공간적-물리적 사건에 대한 지각과 일치하는 행동으로 실현하는 것'이라는 사실로 특징지어졌다. 그것은 의도하는 작용이나 그 밖의 지각작용이 아니라, 지각된 것은 그 자체 속에 의지에 따라 산출된 것으로 특징지어진다.

우리가 인식하려는 노력을 성취한 경우 물론 외적 사건들이나 대상들이 실현되지 않으면, 어쨌든 인식하려는 노력은 그 구조 속에 외적으로 실현하는 행동과 정확하게 유사하다. 즉 목표는 인식이고, 우리는 또한 여기에서 '완전히 충족되지 않은 목표 설정'과 '인식의 행동 속에 완전한 목표달성까지, 완벽하게 알려진 것으로 우리 앞에 놓여 있는 대상까지 목표설정의 점차 증가하는 충족'을 구별한다. 마찬가지로 인식하는 행동의 경우 목표와 이것에 이르는 길, 중간목표들과 최종목표를 구별한다. 즉 인식작용은 종속적 행동과 지배적 행동으로 분해된다. 모든 개별적 행동은 이러저러한 규정들 속에 자신의 성과를 가지며, 행동 전체는 대상에 대한 완전한 술어적 인식 속에 그 전체적 성과를 갖는다. 여기에서 대상에 대한 규정들(술어적 규정들)에서 생기는 결과는 단순히 받아들여진 것, 즉 자극에 근거해 '주의를 기울임'에서 수용된 것이 아니다. 그것은 자아의 산출물, 즉 자아의 인식하는 행동의 의해 자아에서 산출된 인식으로서 그 자체로 지향적으로 특징지어지는 모든 것이다.

이러한 사실은 이전에 획득된 인식들로 다시 되돌아가는 경우, 즉 기억이나 그 밖의 현전화하는 형태로 직관을 재생산하는 경우 증명된다. 그렇다면 그 재생산은 이전의 어떤 직관에 대한 단순한 기억보다 더 많다. 재생산된 것으로 되돌아가자. 이것은 획득하려는 의지에서 산출된 우리의 활동하는 획득물이다. 이렇게 지향적으로 특징지어진 그것은 단순한 기억과 다르게 재생산된다. 모든 획득물의 경우처럼 이 경우 그것은 의지가 변양된 것이다. 이 변양은 그 획득물에 '이전에 의도적으로 파악된 것'이라는 성격뿐 아니라 '여전히 계속 유지하는 획득물'이라는 성격을 부여한다. 이 획득물은 우리가 지금 단순히 의도하는 작용을 반복하는 것이 아니라, 재생산된 형식으로 여전히 의도하는 의도 작용 속에 여전히 유지하는 것이다. 즉 자아 — 현재의 특별한 양상에 속하는 지금의 자아 — 는 여전히 의도한다. 이것은 내가 과거에 의도한 작용에 동의하고, 함께 의도하고, 그것을 지금의 자아, 즉 지금 의도하는 자아가 '함께 타당한 것(Mitgeltung)'으로 유지한다는 사실을 함축한다. 따라서 언젠가 술어적 판단작용 속에 자신의 진리에서 그것 자체(es selbst)로 파악된 것은 이제 그것이 반복되는 과정 가운데 다시 파악될 수 있고 재생산될 수 있기 때문에, 언제나 다시 마음대로 처리할 수 있는 것으로 지속하는 소유물이 된다.

1 술어화작용의 일반적 구조와 가장 중요한 범주적 형식의 발생

참된 그 자체의 인식은 인식의 관심에서 쏟은 과정 전체가 궁극적으로 도달하려고 노력하는 목표의 형태이다. 이것은 곧 완전한 그것 자체에, 그러나 상대적 의미에서는 그때그때 정당한 성과에 도달하려는 것이다. 이 성과를 통해 매개하는 것인 행동의 지평은 더 이상의 새로운 성과, 즉 여전히 참된 그 자체에 더 접근하려는 성과로 관통해 나간다. 각각의 인식단계는 '단지 명석함(Klarheit)과 직관성(Anschaulichkeit)으로 충족되는 것을 의미하는 것이 아니라, 동시에 인식하려는 노력이 충족되는 것 그리고 이것에 의해 인식하려는 노력이 점차 증대해 만족되는 것을 의미한다'는 사실로 규정된다. 점차 증가하는 인식의 충족과 제휴해 나가는 만족은 대상의 존재에 관한 만족 또는 외적 행동의 경우와 마찬가지로 대상을 소유하는 것에 관한 만족이 아니라 대상이 인식되는 양상에 대한 만족, 즉 주어진 것의 명석함에 관한 만족이다.

그러므로 행동으로서의 인식은 어떤 대상에 관한 참된 존재와 그렇게 존재함, 이것이 규정하는 특징을 관련된 사태들 속에 소유해 파악해 가는 활동, 목표를 설정하는 하나의 활동이다. 이렇게 소유해 파악하는 것은 예측적인, 명석하지 않은, 충족되지 않은 존재를 사념하는 매개로 실행된다. 사념작용을 통해서만 노력하는 것은 진전되고, 사념된 것이 사념된 것인 한, 그것은 현실적으로 살아 나아가는 인식작용 속에 실현하는 행동이 입증된다. 입증하는 것은 그에 상응하는 참된 그 자체로 동일화하는 이행 속에, 즉 대상의 존재와 그렇게 존재함의 명증적인 자신을 파악하는 것 속에 또는 간접적으로는 이미 이전에 참된 것으로 인식된 다른 대상 속에 연역적으로 포함된 것을 명증적으로 파악하는 것 속에 일어난다.

인식의 관심은 지배적일 수도 종속적일 수도 있다. 그 관심은 언제나 대상에 대한 순수하게 독립적인 관심, 실제로 순수한 이론적 관심일 필요는 없다. 그 관심이 목표로 설정하는 인식은 다른 최종목표에 대한, 실천적 목표와 이것을 향한 실천적 관심에 대한 단순한 수단일 수도 있다.[2] 한편 인식의 관심은 다른 관심들처럼 순간적이며 일시적일 수 있고, 심지어 그것이 성취되기 이전에 다른 관심으로 대체될 수 있다. 그러나 그 관심이 인식을 향한 것으로 성취되는 한, 서로 그 위에 구축되고 형식상 언제나 다시 구별되어 새로워지는 인식의 작업수행의 단계들을 위한 전제조건을 만들어 낸다.[3] 이 인식의 작업수행은 그 구조상, 자신의 목적(최종목표)을 포함한 어떤 실천적 목표에 이바지하든 동등한 것이다.

49 객관화하는 작업수행의 단계를 구별한 의미. 구성적 분석으로 이행

우리가 관심의 두 가지 단계와 이에 상응하는 '객관화하는 작업수행'의 두 가지 단계, 즉 수용적 경험의 단계와 술어적 자발성의 단계를 구별할 때, 이 단계들을 구별하는 것이 마치 서로 다른 작업수행들이 어떤 방식으로 서로 분리될 수 있는 것처럼 이해되면 안 된다. 오히려 분석의 목적을 위해 분리해 취급되어야만 하고, 객관화의 서로 다른 단계에 속하는 것으로서 발생적으로 인식된 것은 사실적으로 항상 밀접하게 서로 얽혀 있다.

수용성이 술어적 자발성에 선행한다는 사실은, 마치 수용적 경험들의 연쇄가 우선 언제나 본래적 인식의 관심을 일깨우기 이전에 경과해야만 하는 것처럼, 수용성이 사실적으로 독립적인 것이라는 점을 뜻하지 않는다. 오히려 처음부터 우리는 인식의 관심 속에 미리 주어진 대

---

2 따라서 이론적이든 실천적이든 모든 관심은 궁극적으로 '인식을 주도하는 관심'이다.
3 〔원주〕 이 책의 「서론」 14절 중간 부분 참조.

1 술어화작용의 일반적 구조와 가장 중요한 범주적 형식의 발생

상을 주제로 삼을 수 있다. 즉 대상을 주시하기 위해서일 뿐 아니라, 영속적 관심 속에 그 대상이 어떻게 존재하는가를 확정하기 위해 주제로 삼을 수 있다.

그렇다면 즉시 술어적 형식들과 인식작용은 수용적 파악작용과 제휴해 나아가고 서로 다른 단계에 속하는 것으로서 발생적으로 일어난 것은, 이 경우 어떤 의식이 구체화되는 가운데 사실상 불가분하게 서로 얽혀 있다. 물론 언제나 서로 겹쳐져 구축되어 있다. 〔따라서〕 각각의 술어화의 단계는 수용적 경험과 해명의 단계를 전제한다. 근원상 직관적으로 주어지고 파악되며 해명된 것만 근원적으로 술어화될 수 있다.

나중에 우리가 술어로 규정하고 관계 짓는 사고와 이 사고를 술어로 형성하는 작업수행에서 제3의 그리고 가장 높은 단계로서 개념적으로 파악하는 사고와 이 사고 속에 실행된 일반성을 형성하는 것을 구별하면, 동등한 것이 타당할 것이다. 또한 여기에서는 최초의 두 단계를 구별하는 경우보다 더 높은 정도로 추상적으로 분리하는 것이 중요하다.

이와 동시에 실제로 일반성을 형성하는 것을 포함하지 않는 어떠한 술어적 판단작용도, 술어적 형식들을 형성하는 것도 없다. 수용성의 모든 대상이 처음부터 어떤 방식으로 이미 알려진 유형의 대상으로서 현존하는 것처럼, 이에 상응해 술어로 형성하는 모든 것에는 모든 술어화작용과 불가분적으로 서로 뒤섞인 표현들과 이 표현들에 속한 일반적 의미에 근거해 이러저러한 것으로 규정하는 어떤 것이 이미 일어난다. 우리가 가령 'S는 p이다'라는 가장 단순한 형식의 지각판단 속에 여기에 있는 이 지각의 대상을 빨간 것으로 규정하면, 이 '빨간색-으로-규정하는 작용(Als-rot-Bestimmen)' 속 '빨간'이라는 의미의 일반성에 의해 일반적 본질인 '빨간색'의 관계가 이미 함축적으로 포함된다. 비록 이 관계가 '이것은 하나의 빨간 대상이다'라는 형식으로 일어난 것처럼 아직 주제가 될 필요는 없더라도 말이다. 〔그 관계가 주제인〕이 경우 비로소 우리는 본래적 의미의 개념적으로 파악하는 사고에 관해 논의할 수 있고, 따라서 이러한 사고에서 단순히 규정하고 관계 짓는 사고 그 자체를 정당하게 구별할 수 있다. 이 사고 속에 일반성과의 관계는 단지 함축적으로 포함되어 있지만, 아직 주제가 되지는 않았다. 이렇게 해서 우리는 표현하는 작용과 일반적으로 의미하는 작용, 또 이러한 의미에서 개념적으로 파악하는 작용은 모든 술어화작용과 결합되었다는 사실에서 발생된 문제를 도외시한다.

이제 술어적 형식을 발생을 추적하면, 「서론」(14절)에서 언급된 주제 전체의 일반적 제한을 도외시하고, 이 연구의 순서는 우선 1부의 논구가 진행됨으로써 규정될 것이다. 거기에서 우리는 지각 속에 있는 어떤 대상을 해명하는 것에서 출발했다. 이것은 술어적 단계에서 우선 'S는 p이다'라는 가장 단순한 형식의 지각 판단으로 이끈다. 이것이 구성되는 것을 추적해 봄으로써 술어화작용의 일반적 근본구조들이 밝혀지고, 이것에 의해 실로 더 일반적인 통찰이 이루어진다. 즉 술어적 판단이 가장 단순하게 출발하는 경우 뿐 아니라 모든 술어로 형성하는 것 일반에도 관계되는 통찰은 술어로 형성하는 것 일반과 하부의 층에서 일어난 사건들과의 관계에서 본질 속으로 열어 간다는 것이다.

그렇다면 우리가 더 복잡한 형식들로 올라가면, 단순한 것에서 더 복잡한 것으로 점차 뻗어 나가기 때문에 〔연구의〕차례는 오직 복잡성이 큰지 적은지 하는 정도라는 관점으로만 규정될 것이다. 그런 까닭에 연구는 더 이상 1부의 연구와 평행을 이루며 진행될 수는 없을 것이다.

우리는 여기에서 수용성의 구조를 완전히 구체화하는 것에 관한 통찰을 미리 전제할 수 있고, 오직 술어적 형식들이 형성되는 단순성의 관점에 의해서만 우리 자신을 이끌 수 있다. 왜냐하면 수용성 속에 단순한 것으로 증명된 것은 언제나 원초적 형식의 술어적 판단을 일으킬

1 술어화작용의 일반적 구조와 가장 중요한 범주적 형식의 발생

필요가 없기 때문이며, 거꾸로 가장 복잡한 구조의 수용성 속에 일어난 사건은 완전히 단순한 술어적 판단 속에 형식을 갖출 수 있기 때문이다.

50 술어화작용의 근본적 구조

a) 술어적 과정의 양면성

그러므로 아직 규정되지 않은 어떤 기체 S의 단적인 지각과 해명에서 출발점을 찾고, 나중에 논구할 근거에 입각해 우선 비독립적인 내적 규정, 즉 계기 'p'에 따라 이루어지는 기체에 대한 해명을 살펴보자. 가장 단순한 경우는 (어떤 대상을 관찰하는 것인) 해명이 언제나 새로운 계기들로 전혀 더 나아가지 않는 경우이다. 가령 관찰이 즉시 중단되어, 단지 'p'로 이끌고, 그런 다음 곧 규정하는 것으로 이행된다고 하자. 해명하는 것에 근거해 술어적 규정 'S는 p이다.'에 도달하면, 새로운 작업수행은 무엇인가?

우리는 어떤 기체 S를 해명함에서 S와 이것이 규정하는 계기 p가 합치된다(Deckung)는 사실을 보았다. 기체는 S에서 p로 이행하는 이러한 종합(Synthesis) 속에 여전히 파지되어 존속하는 기체로서 의미가 증가되었다.

그러나 우리가 S를 p 속에 이렇게 수축시키는 작용, 즉 이렇게 합치되는 작용을 체험할 때, 그것으로 우리는 아직 S를 술어적 판단에서 주어로 정립하지 않았고, 'S는 p이다'라는 방식으로 계기를 가진 것으로 규정하지 않았다. 오히려 이것은 새로운 종류의 능동성인 작업수행이다. 이미 수용적 파악작용과 해명작용에서 능동적 단계들이 일어난 것이다. 즉 능동적으로 주의를 기울임으로써 우선 기체 S는 구별되지 않은 자신의 통일체로 파악되고, 주제가 되며, 그런 다음 그 규정 p가 해명하는 종합 속에 능동적으로 파악된다. 자아의 능동성의 작업수행은 이러한 범위까지 이른다. 이것을 넘어서 해명하는 합치는 여전히 파지되어 간직된 기체 S와 그 규정 p 사이에 수동적으로 그 모습을 나타내고, 이것에 의해 주제인 기체의 대상 S는 수동적으로 변양되어 자신의 의미가 풍부해진다.[1]

S에서 p로 이행하는 것이 이러한 방식으로 일어났을 때, 이제 활동적인 관찰작용에 근거해 기체의 대상에 관한 더 높은 단계의 관심이 일어난다. 이 관심은 관찰작용 속에 의미가 증대된, 즉 그 의미가 풍부해진 S를 확정하는 관심이다. 관찰작용의 끝에서 이 과정의 시작에서와는 다른 S, 물러가 버렸고 단지 파지해 유지되어 남은 또 더 이상 관심의 초점 속에 없는 S가, 그것이 지금 의미상 확장된 것으로 스스로를 부여하는 것처럼 다시 관심의 초점 속에 나타난다. 우리는 S로 되돌아가고, 그래서 이것을 그것 자체와 동일화한다. 그러나 이것은 오직 그것이 되돌아가는 가운데 다시 S로서 현존한다는 것만 뜻한다.

이 새로운 주제의 파악에서 우리는 과거지향과 방금 전에 경과된 이행의 연관 속에 단순한 미래지향으로서 의미가 풍부해진다. 관심은 이제 의미가 풍부해지는 가운데 S로 향하는 방향으로 집중되는데, 이것은 우리가 다시 p로 이행한다는 사실을 전제한다. 왜냐하면 이것〔p〕은 근원적으로 〔S의〕 의미가 풍부하게 되는 것으로서만 종합적으로 이행하는 가운데 해명하는 합치 속에 두드러지게 나타나기 때문이다.

그러나 이행하는 것은 지금 S를 의미를 규정하는 가운데 확정하려는 인식의 의지에 이끌린다. 능동적으로 지향하는 것은 이전에 단지 수

---

1 〔원주〕 이 책의 24절 참조.

동적으로 합치된 것을 파악하고, 따라서 p로 능동적으로 이행하는 가운데 S에 증대된 것을 근원적으로 활동해 산출하는 것으로 나아간다. 그 의미가 증대되는 가운데 S를 향하고 증대하는 것 그 자체에 관심이 집중된 능동적 자아인 나는 이행하는 것과 부분적으로 합치되는 것을 자유로운 활동으로 성취한다. 그래서 나는 규정하는 지향, 이행하는 것과 합치되는 것에서 증대된 그 의미에서 S를 향한 지향을 충족시킨다. 나는 어떤 규정의 기체로 S를 가지며, 이것을 능동적으로 규정한다. 기체(Substrat)의 대상은 술어적〔판단의〕주어의 형식을 취하며, 출발점(terminus a quo)인 주어의 주제이고, 능동성은 그에 대립된 도달점(terminus ad quem)인 술어로 넘어간다. S가 'S는 p이다'라는 방식으로 p를 통해 규정된다는 의식이 수립되는 것은 능동성 속에서 비로소 이루어진다. 이 능동성은 종합적 능동성 일반일 뿐 아니라, 동시에 종합 자체의 능동성이다.

술어적 종합의 특색은 S에서 p로 종합적으로 이행하는 수행, S와 p 사이에 동일성이 통일되는 능동적 수행에 있다. 그러므로 우리는 어떤 방식으로 동일성이 통일되는 것에 향해 있다. 그러나 이것은 마치 우리가 동일화하는 작용의 과정으로, S와 p의 종합적 통일이 확립되는 체험의 다양성으로 (인식작용적으로) 향한 것처럼 이해되면 안 된다. 현상학적으로 술어적 종합을 해명하면, 지금 우리는 이러한 태도 속에 있다. 그러나 이 술어적 종합 그 자체를 수행함에서 우리는 그것이 p와 부분적 동일성을 갖는 S로 대상적으로 향해 있다.

한편 이것도 우리가 수용적으로 해명한 결과, 즉 해명하는 가운데 미리 구성된 이러한 연속적으로 구성된 동일성이 통일되는 것을 해명하는 사실을 뜻하지 않는다. 그것은 계속(Sukzession)을 새롭게 경과하는 것, 따라서 해명하는 것을 기억 속에 새롭게 하는 것을 뜻한다. 그렇게 해명을 반복하는 것은 수용적 경험 속에 일반적으로 우리가 어떤 대상을 그것의 직관적 규정들(징표들) 속으로 각인하고자 노력하는[2] 곳에서 일어난다. 이것에 의해 우선 단적으로 파악하는 시선은 이미 구성된 합치의 통일로 나아가고, 이 통일은 단적인 단선적 정립(einstrahlige Thesis) 속에 주제로 되며, 이제 새롭게 해명이 수행된다. 그러나 이것은 아직 어떠한 술어화작용으로도 이끌지 않는다.

해명의 기체가 주어로, 해명하는 항이 술어로 되는 것은 오직 수용적 능동성 안에서 해명하는 과정 속에 수동적으로 미리 구성된, 어떤 방식으로는 은폐된 통일체로 시선이 전향한다는 사실로만 일어난다. 이 통일체를 파악하면서 주의를 기울이는 것은 변화된 태도 속에 수동적 종합에서 능동적 종합을 만들어 내는 과정을 반복하는 것을 뜻한다. 능동적 종합은, 하부단계에서 모든 것이 단적으로 '주의를 기울임' 속에 파악되는 방식이다. 하지만 단적으로 '주의를 기울임' 속에 근원적으로 파악될 수 있는 것이 결코 아니라, 반복하는 경과함에서만 사건 속에 나타날 수 있다. 이미 말했듯이, 이것은 변화된 태도 속에 일어난다. 우리는 단순히 관찰하는 해명을 다시 실행하는 것이 아니라, 술어적 동일화의 활동을 실행하는 것이다. 그리고 이것은 단선적 활동이 아니라, 다선적(mehrstrahlig), 즉 다수 정립적(poly-thetisch) 능동성을 파악하는 의식이다. 규정해 동일화하는 작용은 주어화(主語化)하는 것인 S를 자발적으로 파악하는 것에서 p로 나아간다.

파악하는 시선은 스스로를 p로 규정하는 파악작용 속에 산다. 이전의 해명작용 속에 이미 객체는 함축적으로 p로 규정되어 있다. 즉 그것은 p로 명석하고 명료하게 되지만, '~로 규정되는 것'은 파악되지 않는다. 그것은 이전의 해명을 전제하는 새로운 능동적 종합을 수행하는 가운데에서만 비로소 파악된다. S는 이미 해명된 채 반드시 의식되어

---

2 〔원주〕이 책의 25절 참조.

있지만, 비록 해명되었더라도 지금 단적으로 동일한 것인 S로서 술어로 정립된다.

한편 그것이 해명된 것이라는 점은 그 형식에 속한다. 즉 그것은 주어의 형식으로 정립되고 p는 규정하는 것을 표현한다. '계사〔~이다〕'는 해명된 것과 해명하는 항이 종합되는 형식, 즉 '~로 규정되는 것'을 파악하는 작용을 표현하는 형식이 그 능동적 수행에서 이루어지고, 이 형식은 술어화작용 속에 파악하는 것에 이르는 전체 사태의 존립요소이다.

총괄해 보면, 본질적으로 술어적 종합은 언제나 두 가지 단계를 갖는다.

1) S로부터 이것이 합치되는 가운데 두드러지게 드러나는 계기들 p, q……로 이행하는 단계. 즉 p, q는 그 자체만으로 파악된다. '미리 구성하는 것(Vorkonstitution)'의 대상적 의미 또는 이 속에서 부각되는 대상의 본질 내용(Wasgehalt)을 수반하는 관심은 규정들 속으로 흘러가지만, S와 이미 파악된 각각의 계기들은 파지되어 남는다.

2) 그러나 이 경우 '자아가 관심을 갖고 S로 소급해 향하고, 가령 p를 우선해 특별히 파지해 지니며, 새로운 시선을 이것으로 향하고, 의미가 풍부하게 되는 것을 깨닫고, 그것이 p로 새롭게 이행함으로써 근원적으로 활동적으로 다시 그 의미를 풍부하게 산출하기 때문에 충만해지는 것'은 새로운 일이다. 이것은 규정하는 것들 각각에 대해서도 그러하다. 〔따라서〕 규정하는 것은 언제나 양면적이다. 이렇게 해서 전통〔적 논리학〕이 그것을 실제적으로 파악할 수 없는 가운데, '종합(Synthesis)'과 '분리(Diairesis)'라는 명칭으로 언제나 주의했던 술어화작용의 과정이 기술된다.

b) 술어화작용 속에 형식이 이중으로 형성됨

이러한 높은 단계의 객관화작업(Objektivierung)이 진전되는 것은

'주어의 주제'와 '규정하는 것의 주제'라는 새로운 주제의 형식이 자발적으로 형태 지어지는 가운데 밝혀진다. 이것은 주제의 형태, 즉 '주의를 기울임'과 파악함의 형태가 어디에서나 동일한 낮은 단계의 것과 같은 종류의 주제의 대상이 아니다. 오히려 새로운 자발성에서 생긴, 모든 것이 서로 일치된 새로운 주제의 형태이다. 그 각각은 구문론으로(syntaktisch), 즉 범주적으로(kategorial)[3] 형성하는 것, 즉 어떤 주어의 형식과 술어의 형식 등을 가지며, 이것들은 구문론의 통일체, 즉 어떤 판단-명제의 통일체에 결합되어 있다. 바로 이 형식들은 앞으로 논의될 반성과 대상화(對象化)하는 것 속에 형식들 그 자체로서 독자적으로 파악될 수 있다.

더 정확하게 살펴보면, 가장 단순한 모든 술어적 판단 속에 이미 이중적으로 형성하는 것이 수행된다. 판단명제의 항(項)들은 주어·술어 등 명제의 항들로 이것들에 속하는 기능의 형식을 구문론으로 형성할 뿐 아니라, 이것들에 지배되지만 여전히 다른 종류인 핵심형식[4]도 형성한다. 주어는 명사의 핵심형식을 가지며, 술어에서 규정 p는 형용사의 핵심형식 속에 있다. 그러므로 명사의 형식은 그 자체만의 존재, 어떤 대상의

---

3 〔원주〕이후에 '범주적'과 '구문론적'이라는 표현은 이미 『이념들』 1권과 『형식논리학과 선험논리학』의 용법에 따라 동일한 뜻으로 사용된다.(『이념들』 1권, 특히 23쪽 이하; 『형식논리학과 선험논리학』, 100쪽 이하와 무엇보다 '부록 1' 참조. 이 부록은 '구문론적 형식'과 '구문론적 소재'라는 개념을 본격적으로 자세하게 다룬다.)
순수하게 논리적 형식에 관계되는 '구문론'과 '구문론적'이라는 이 개념은 언어학에서 '구문론'과 '구문론적 형식'이라는 개념과 혼동되면 안 된다. 만약 이 점에 유념하면, 이 표현들의 이중성은 혼란되지 않고 작동하며, 혼동을 일으키지 않을 것이다.
이러한 이중적 의미에도 불구하고 '구문론적'이라는 표현을 변화시켜 '범주적'이라는 표현과 함께 유지하는 것은 적절할 것이다. 왜냐하면 그것이 '구문론적 범주'와 같은 합성어, 그리고 '구문론'과 '구문절(Syntagma)'과 같은 파생어에 가능성을 부여함으로써 표현방식상 편리함에 불가결하기 때문이며, '범주적'이라는 표현을 독점적으로 사용하는 것은 이것들이 동등한 뜻을 지닌 점이 인정되지 않기 때문일 것이다.
4 〔원주〕이러한 구별에는 『형식논리학과 선험논리학』, 259쪽 이하에서 이루어진 더 상세한 분석을 참조할 것.

독립성(나중에 보듯이, 이것은 물론 독립화하는 것에서도 유래할 수 있는 독립성이다.)을 지시하며, 어떤 것에서의 형식, 즉 규정하는 대상의 비독립성의 형식인 형용사에 대립된다. 이렇게 형성하는 것은 술어적 판단의 전체 속에 형식화된 것('핵심형성물')의 기능과 직접적으로 아무 관련도 없다.

그러나 그것은 구문론으로 형성하기 위한 전제, 주어의 형식 등과 같은 기능의 형식을 지닌 구문론의 소재인 핵심형성물을 덮어씌우기 위한 전제이다. 주어로 형성되는 것은 명사의 형식을 지닌 소재를 전제한다. 하지만 이 소재는 필연적으로 주어의 형식을 취할 필요는 없고, 앞으로 살펴보겠지만, 관계적 목적어(보어)라는 구문론의 형식을 가질 수도 있다. 마찬가지로 형용사의 형식 속에 파악된 것은 술어뿐 아니라 수식어로도 기능할 수 있다. 앞으로 이것에 관해서도 논의할 기회가 있을 것이다.[5]

형용사, 명사 등에 관한 논의는 마치 여기에서 언어적 형식의 차이가 중요한 것처럼 이해되면 안 된다. 심지어 이 핵심형식의 명칭이 언어적 형식을 부르는 방식에서 유래하더라도, 어쨌든 파악하는 방식의 차이만 생각해야 된다. 어떤 때는 어떤 대상이나 그 계기가 그 자체만으로 존재하는 것으로 주제가 될 수 있고, 다른 때는 '어떤 것에서'의 형식으로 주제가 될 수 있다. 그러나 이러한 파악하는 방식의 차이가 표현의 언어적 형식의 차이에 언제나 상응하지 않는다. 많은 언어들이 파악하는 방식의 차이를 표시하는 데 독일어의 경우처럼 마음대로 처리할 수 있는 서로 다른 단어의 형식을 지니지 않기 때문에 다른 수단이 사용되어야만 할 것이다.

이러한 형식을 형성하는 모든 것은 끊임없이 단계지어진 상대성 속

---

5 후설은 이 문제를 이 책의 55절에서 상세하게 논의하고 있다.

에 이해되어야 한다. 명사의 핵심형식을 취하고, 나아가 '주어'라는 구문론의 형식을 취하는 핵심소재들은 이미 다른 술어적 과정에서 유래한 임의의 형식들을 가질 수 있다. 이것들은, 앞으로 지적하겠지만, 그 자체로 이미 완전한 술어적 명제일 수도 있다. 이와 유사한 것이 형성하는 모든 것에도 타당하다. 우리는 우선 이러한 상대성을 도외시하고 바로 다음에 이어질 분석의 경우(사실상 이것은 지각에서 출발하는 한 자명하다.) 완전히 규정되지 않고 형식이 없는 기체들이 여전히 문제가 된다는 점을 받아들인다. 그러므로 이 기체들은 생각할 수 있는 최대한의 근원성에서 술어로 형성한 것을 새로운 의미의 침전물로 획득한다. 즉 논리적인 것으로서 의미가 형성되는데, 이것은 수용성 속에 이미 의미의 극(極)인 기체들을 받아들이는 의미의 형식[6]과는 철저하게 구별되어야만 한다.

물론 이러한 가장 근원적인 경우에 대해 상론한 모든 것은, 복잡하게 구축된 (이미 다른 방식으로 형성된) 기체들이 문제가 되면, 이 기체들에도 남아 있다. 이것들이 규정되면, 여기에서 제시된 가장 단순한 경우와 정확하게 똑같은 구조를 갖는다. 따라서 모든 임의적으로 규정 가능한 어떤 것 일반은 'S는 p이다'라는 가장 단순한 판단 속의 S로 기능할 수 있다. 인식하는 자아를 자극하는 모든 것은, '주의를 기울이는' 기체가 무엇이든, 근원적으로 독립적이든 비독립적이든 그래서 나중에 가서 독립적인 것이 되든, 규정의 주어가 될 수 있다. 우리가 더 높은 단계 위에 미리 구성된 대상성들이 명사화(名詞化)되는 가능성을 논의할 때[7] 비로소 '이러한 일반성이 어느 범위까지 도달하는가'를 측정할 수 있을 것이다.

---

6 〔원주〕이에 대해서는 이 책의 56절 이하 참조. 그리고 '궁극적 기체'의 개념에 관해서는 29절과 특히 「결론」(끝부분) 참조.
7 〔원주〕이 책의 58절 참조.

우리가 논의한 대상의 의미의 침전물은 수용적 경험의 각 단계와 정확하게 똑같이 술어적 판단작용의 각 단계가 자신의 영속적 성과를 갖는다는 점을 뜻한다. 현실적 판단작용이 계속 진행되는 가운데 서로 다른 방식으로 영향을 끼치는 습득성은 이러한 성과로 수립된다.

하지만 우선 우리는 이 습득성을 도외시하고, 판단의 형식들이 생성되는 현실성에서 이것들이 발생하는 것을 (마치 습득된 침전물들이 전혀 협동하지 않고도 최초에 근원적으로 산출되는 것처럼) 추적해 보자. 우리가 형식들이 형성되는 근원성을 논의하면, 이것은 이중의 의미를 갖는다. 즉 한편으로 기체가 선(先)술어로 명증적으로 주어진 것에 근거한 현실적으로 생성되는 가운데 산출되는 최초의 것임을 뜻하고, 다른 한편으로 앞의 것과 관련해 궁극적인 핵심소재인 여전히 전적으로 아무런 형식도 없는 기체들에 부착된 형식을 형성하는 것이라는 점을 뜻한다.

c) 술어로 규정하는 주제의 연관에 근원적 세포인 판단과 이 판단의 독립성의 의미

술어화작용을 분석하는 경우 우리는 'S는 p이다'라는 최초의 규정하는 단계를 그 자체만으로 그 속에 포함된 더 이상의 규정들이 가능한 연관에서 분리된 것으로 간주했다. 물론 이것은 하나의 추상이지만, 우리가 규정하는 주제의 연관의 전체 구조를 앞서 살펴보면, '이러한 추상이 어디까지 가능하고 정당화될 수 있는지'가 밝혀질 것이다.

실로 일차적인 것은 규정하는 것의 전체적 연관이며, 관심은 이러한 연관에서 미리 지시된 인식목표가 다양한 단계로 달성되지 않는 한 사라지지 않을 것이다. 따라서 사실상 규정하는 것이 그 최초단계에서 정지되는 일은 거의 드물고, 오히려 '이미 〔규정의〕 근거가 된 자극의 통일체와 더 나아가 수용적 관찰이 다양한 방향으로 전진하면서 동시에 들어가고 나오며, 해명하고 관계 짓는 다양한 것처럼' 그것에 근거해 전진하는 술어적 규정도 대부분 이 다양체(Mannigfaltigkeit)를 제시할 것이다.

그러므로 어떤 대상에 대한 주제의 관심이 일단 작동되면, 일반적으로 이것에서 다수의 관심은(특히 중요한 것은 한정된 실천적 의도에 종속적인 인식작용이 아니라, 순수하게 이론적으로 인식하려는 노력이다.) 실로 개방된 무한한 통일체에 모두 주제로 결합된 주제의 규정들에 개방된 무한함을 열어 나갈 것이다. 주의력을 뚫고 나타나는 언제나 새로운 대상들 중에 주제로 파악하고 술어로 판정하는 가운데 있는 대상들만 이미 작동된 일련의 것과 연결된다. 이 대상들은 이제까지의 것과 공통적이며, 어떤 관계를 갖는다. 〔따라서〕 주제의 지평 속에 끊임없는 변화가 일어난다. 그런 지평은 언제나 현존할 것이고, 주제로 생소한 것은 주의력을 뚫고 나타나는 가운데 주제로 함께 속하는 것, 즉 그 어떤 방식으로 최초의 주제에 대한 관심을 풍부하게 하고 충족시키는 것에 분리될 것이다.

이러한 사실은 앞에서 지적했듯이, 자극들의 결합된 형식으로 자극 속에 나타나며, 개별적으로 파악된 대상들 사이의 판단의 연관을 확립하는 판단작용 속에 전개된다. 주제의 대상들은 이제 외적으로 서로 관련지어지고, 그와 동시에 내적으로 규정되고 개별적으로 해명된다. 〔그리고〕 이렇게 해명됨으로써 해명하는 항들 그 자체는 다시 이제까지의 모든 기체와 직접적으로 또는 간접적으로 주제의 연관을 갖는다.

따라서 인식의 관심이 소진되면, 즉 충족되면, 그 관심은 필연적으로 다수의 주제의 관심들로 나뉜다. 그러나 이것들은 어떤 관심의 통일체로 조직된다. 이에 상응하는 판단의 활동은 판단의 단계들로 나아가고, 각각의 단계는 이미 수행된 다른 판단들과 더불어 판단의 통일체로 결합된 판단이다. 이 경우 우리가 〔인식을〕 주도하는 주제(leitendes Thema)로서 유일한 기체, 즉 허구적으로 고립화된 기체를 받아들이든 다수의 기체들을 받아들이든 전혀 상관없다. 아무리 많은 대상들이 주제로 자극하고 주제의 통일체로 결성되더라도, 어쨌든 관심이 만족되는 것은 그때그때 어떤 대상이 기체가 되고 이것에 의해 규정하는 것의 주어가 되는 집중화(Konzentration)를 통해서만 가능하다. 이것은 가장 깊게는 의식의 내적 구조에 근거한 주제적으로 통일적인 모든 과정의 본질적 특징이다.

물론 주어도 술어와 마찬가지로 그 자체 속에 여러 가지 항(項)들을 지닐 수 있으며, 복수(複數)의 형식을 가질 수 있고, 임의의 다른 부속어[수식어]를 가질 수 있다. 그러나 모든 판단의 단계에서는 주어에서 술어로 이행하는 종합에 상응하는 이러한 중간의 휴지(休止)가 언제나 존재한다. 주제의 과정이 언제나 단순한 기체들을 파악하는 것과 더불어 또 규정하는 측면으로 이행하는 이것에 속한 종합들과 더불어 시작한다는 것은 곧 주제의 과정에 본질이다. 이 각각의 단계는 그 자체 속에 포함된 술어적 판단이며, 완결된 작업수행, 즉 관심이 완결된 만족이다. 물론 이 각각의 단계는 주제의 전체 연관 속에서만 하나의 분절이다.

이와 같은 사실은 이러한 연관 속에 언제나 새로운 주제의 관심이 일깨워지고, 그런 다음 새로운 판단작용 속에 만족된다는 점과 대립되지 않는다. 어쨌든 모든 판단은 그 자체 속에 주제로 완결되고 그 자체로 주제적으로 독립적인 것이다. 그리고 이것은 이념적 가능성에 따라 확대되고 개방된, 따라서 완결되지 않은 주제의 연관이다. 이 연관은 전적으로 판단들에서 구축되며, 각각의 새로운 판단의 단계와 더불어 개별적 작업수행들에서 작업수행의 통일체, 즉 이미 획득된 만족에서 만족의 통일체를 만들어 낸다. 만약 판단들이 우선 독립적 완결성 속에 구성된 다음 판단의 연관에 삽입되면, 판단들은 물론 그 자체로 다시 연관의 형식을 취하고, 그 독립성을 상실할 것이다. 우리는 이러한 변화의 가장 중요한 점을 앞으로 논의할 것이다.

독립적 통일체들은 낮은 단계의 판단들 속에 기초된 더 높은 단계의 판단들로서만 끊임없이 생긴다. 그런 까닭에 모든 이론적 판단의 통일체는 더 높은 서열의 유일한 판단(다시 판단들 속에 기초 지어지는 등 판단들 속에 극도로 복잡하게 기초 지어진 판단)으로 증명되어야만 한다.

이렇게 해서 '개별적으로 그 자체만으로 이끌어 낸 판단의 단계에서 술어화작용 일반의 구조를 제시하는 것이 어느 정도까지 정당화되는지'가 입증되었다. 술어화작용의 구조를 제시하는 경우에 드러난 것은 오직 유비적으로 구축된 세포들로 이루어진 규정하는 것에 주제 연관의 근원적 세포(Urzelle)의 구조이다. 이것은 본래 진술논리의(apophantisch) 판단, 술어적 판단의 근원적 구조(Urstruktur)이다. 즉 이 판단은 일상적으로 논리학이 특별한 의미에서 판단으로서 특권을 부여했던 판단[8]이며, 주어와 술어가 '이다'-형식 속에 결합됨으로써 가장 분명하게 언어적 표현이 되는 자신의 '계사가 들어간' 통일체의 형식으로 특징지어진다.[9]

이에 대립해 '그리고(와)', '또는' 등의 결합형식, 즉 그것에 의해 형성된 것에 계사가 들어간 결합형식과 같은 독립성을 부여하지 못하는 연언(連言)의 결합이 일어나는 더 넓은 의미의 술어적 명제가 있다. 이 '이다'의 관계 속에 비로소 확연히 존재하는 것을 정립하는 것과, 이와 함께 기체의 대상에서 새로운 의미를 형성하는 것이 본래 수행된다. 계사

---

8 〔원주〕『형식논리학과 선험논리학』, 265쪽 이하, 294쪽 참조.
9 〔원주〕이것으로 모든 언어가 그러한 표현방식을 받아들일 능력이 있어야만 한다고 주장하는 것은 결코 아니다. 실로 그러한 표현방식을 받아들일 만한 언어들이 있는 곳에서도 조동사를 사용하는 계사가 들어간 명제의 경우, 논리적으로 같은 의미를 지닌 동사가 들어간 명제가 때때로 있다. 여기에서 언어적 표현상의 차이가 문제 되는 것은 아니다. 이미 앞에서 살펴보았듯이, 순수 논리적 의미구조의 관계는 언어적으로 형성되는 것이 관계하는 방식에서 얻은 것이며, 더구나 그 분절 속에 의미를 부여하는 논리적 과정의 분절이 가장 명확하게 반영되는 관계하는 방식에서 얻은 것이다. 거듭 말하지만, '동사가 들어간 명제를 논리적으로 같은 의미를 지닌 계사가 들어간 명제로 **철저하게** 변형시킬 수 있다는 전통〔적 논리학〕의 파악이 정당한지'의 문제는 미해결로 남겨 놓을 것이다.(이 책의 「서론」, 2절 참조)

1 술어화작용의 일반적 구조와 가장 중요한 범주적 형식의 발생

가 들어간 결합은 객관화하는 의식이 자신의 서로 다른 단계에서 궁극적으로 도달하려고 노력하는 것이고, 그래서 적확한 의미에서 대상화하는 작업은, 규정하는 것의 주제의 연관의 각 근원적 세포 속에 수행되는 것처럼, 계사인 '이다'의 정립에서 자신의 목표를 획득한다.

따라서 이 근원적 구조는 비록 성취되었더라도 각각의 술어적 판단 속에 제시될 수 있다. 아무리 복잡하게 구축되었더라도 그것은 언제나 이 두 가지로 분절된 성격을 가진다. 이러한 사실은 해명하는 관찰에 근거한 판단뿐 아니라 관계하는 관찰에 근거한 판단에 대해서도 타당하다. 그리고 지각의 판단에 대해서뿐 아니라, 지각의 통일체 속에 스스로 주어지든 기억이나 상상에 근거한 판단이든, 판단의 대상들이 수용적으로 주어지는 근거에 놓여 있는 통일체가 어떤 종류인지에 전혀 상관없이 타당하다. 우리에게 제시된 가장 넓은 의미에서 어떤 직관의 가능한 통일체가 도달하는 한, 또 이것에 의해 어떤 규정하는 관찰의 통일체가 가능한 한, 그만큼 그 통일체에 기초된 술어적 판단들도 존재하며, 이 판단들 모두는 여기에서 제시된 근본적 구조를 갖는다. 물론 이것으로 비직관적인 판단들도 존재하지 않는다고 주장하는 것은 아니다. 그러나 비직관적인 판단들은 언제나 발생적으로 가능한 직관의 통일체를 소급해 지시한다.

51 단순히 전진해 가는 해명에 상응하는 판단의 형식들

a) 연속적 규정작용

이제 'S는 p이다'라는 가장 단순한 형식에서 단계적으로 상승해 더 복잡한 형식으로 넘어가자. 여기에서 우선 나누지 않은 연속적 관찰,

따라서 1부 24절의 주제인 관찰에 상응하는 형식으로 이끈다. 이와 관련해 당분간 오직 비독립적인 계기들에 따른 해명만 문제가 된다고 다시 한정하자.

우리는 규정하는 작용을 이것의 최초의 단계와 함께 포착된 것으로 생각함으로써 'S는 p이다'라는 최초의 형식, 그와 동시에 술어화작용의 근원적 유형을 제시하는 형식을 획득했다. 이제 해명하는 움직임이 p에서 q, r 등으로 계속 나아간다고 가정하자. 그러면 이미 지적했듯이, 기체 S는 파지되어 남고, 해명하는 항들이 포착됨으로써 개별적으로 해명하는 모든 항이 그 자체로 포착된다. 그뿐 아니라 이전에 선행된 것에 첨부되어 포착되는 경우 p, q, r로 연속적으로 풍부해진다. 이렇게 그 해명하는 항들은 S에 속하는 것으로 서로 뒤섞여 수동적인 종합적 중첩 속에 나타난다. 그렇게 술어로 규정되면, 이 규정은 물론 위에서 단순한 규정을 위해 제시된 두 가지로 나뉜 동일한 구조를 갖는다. 파악하는 것은 해명하는 항들로 풍부하게 된 S로 새롭게 향하고, 이제 자발적으로 S와 이것을 해명하는 항들의 동일화작업이 실행된다.

그러나 이것만이 아니다. 개별적으로 규정하는 항들이 서로 뒤섞인 합치, 각각의 개별적인 것이 동일한 S와 합치하는 것에 근거한 합치도 이러한 방식으로 새롭게 되고, 게다가 자발적으로 수행된다. 이 경우 수행하는 자발성은 'S는 p 그리고 q……등'에서 '그리고' 속에 표현될 수 있다. 모든 항에는 S와의 독자적인 동일성의 종합이 속하는데, 즉 동일성의 광선들(Identitätstrahlen)은 어떤 S에서 p, q 등으로 나아간다. 하지만 이것은 단지 S 속에 결합된 것이 아니라, 규정하는 측면에서 집합적으로 결합된다. 〔그래서〕 어떤 주제의 관심은 그것들을 계속되는 질서 속에 총괄적으로 포착한다. 그러나 그 질서는 이념적인 것이 아니다. 왜냐하면 명제의 이념성(Idealität)은 규정하는 것의 어떠한 개체적 시간위치(Zeitlage)도, 객관적인 시간적으로 '잇달아 일어남

1 술어화작용의 일반적 구조와 가장 중요한 범주적 형식의 발생

(Nacheinander)'도 그 자체 속에 포함하지 않기 때문이다. 질서는 오직 구성될 뿐이다.

이러한 연속적인 술어적 종합은 마치 각각의 개별적 항에서 새롭게 S로 소급되어야만 하는 것처럼 이해하면 안 된다. 'S는 p이다'라는 자발적 수행이 이루어진 다음 'S는 q이다'라는 종합이 수행되기 위해 S로 새롭게 소급되어야만 하는 것처럼 이해되면 안 된다는 것이다. 오히려 이것은 나중에 논의될 술어화작용의 새로운 형식을 산출한다. 그러나 여기에서는 자발적 이행이 오직 단 한 번만 일어나며, 더구나 S와 하나의 통일체 속에 집합적으로 총괄적으로 파악된 해명하는 항들 사이에서 일어난다.

규정하는 측면에서 우리에게 등장하는 이 집합적 결합은 물론 독립적 기체의 경우에도 가능하다는 점을 여전히 주목해야 한다. 그렇다면 그것은 다수의 관찰이 자발적으로 두 가지로 나뉘는 수행의 표현이다.[1] 관찰된 기체들은 S, S_1, S_2 등과 같이 단순히 차례에 따라 경과되는 것이 아니라, 차례에 따라 파지되어 유지되는 것처럼 되돌아간다. 그리고 잇달아 일어난 관찰은 자발적으로 수행된 관찰이 된다. 기체들은 S, S_1 그리고 S_2 등과 같이 '열거하는' 방식으로 집합적으로 총괄되어 파악된다. 이러한 방식은 본래적 의미에서 술어적 판단의 '계사가 들어간' 종합과 구별되어야만 하는 범주적 종합의 독특한 형식이다.

b) '등등'이라는 형식으로 규정하는 것

연속적으로 규정하는 것이 항상 일정한 수의 항들로 완결된 어떤 과정의 관찰된 성격을 갖는 것은 아니다. 우리는 이미 1부에서 모

---

1 〔원주〕 이에 관해서는 이 책의 24절 d)와 61절 참조.

든 규정하는 기체는 '규정할 수 있는 것'으로, 즉 '가장 일반적인 유형에 따라 아직 규정되지 않은, [하지만 앞으로] 규정될 수 있는 지평을 지닌 알려진 어떤 것'으로 근원적으로 언제나 이미 수동적으로 미리 주어진다는 사실을 살펴보았다. 해명이 경과됨으로써 '미리 지시하는 것(Vorzeichnung)'은 더욱더 충족되지만, 현실적으로 구성된 일련의 규정들을 넘어서 앞으로 기대될 수 있는 새로운 특성을 위해 알려진 지평이 여전히 끊임없이 남아 있다. 균형 잡힌 양식으로 전진해 가는 분절된 모든 정신적 운동은 그러한 개방된 지평을 수반한다. 가장 가까운 하나의 항이 유일한 것으로 미리 지시되는 것이 아니라, 개방된 과정의 지향적 특징을 언제나 갖는 과정이 계속되는 것이 유일한 것으로 미리 지시된다.

이것은 특수한 형식의 연속적인 술어적 규정을 구성하는 데 중요한 의미가 있다. 우리가 판단의 과정을 그 운동 안에서 받아들이고 그 과정을 중단시키면, 이러한 일은 주제적 관심의 종류에 따라 이중의 방식으로 가능하다. 즉 주제의 관심은 'p' 또는 'p와 q'로 제한될 수 있다. 그렇다면 그것은 S에 관한 제한 없는 관심이 아니거나 제한 없는 관심으로 유지되지 못한다. 그것은 그 자체로 제한된다. '더 진행되어 규정할 수 있는 것'의 그 개방된 지평은 그렇기 때문에 사라져 버리는 것이 아니라 여전히 언제나 수동적으로 미리 구성되지만, 자아가 파악하는 것 속에 함께 편입되지는 않는다. 술어적 규정 'S는 p이다'나 'S는 p와 q이다' 또는 규정하는 항들이 더 풍부한 그 이외의 유사한 형식의 경우 자아의 자발적인 술어적 작업수행은 가라앉는다. 다른 한편 규정하는 운동은 중단되지만, S에 관한 주제의 관심, 즉 완전한 인식을 향한 지향은 그것의 제한 없는 성격에서 유지되어 남는다는 사실도 가능하다. 기체는 'p' 또는 'p와 q⋯⋯'에 따라 해명된 것으로 술어로 규정될 뿐 아니라, 그 이상으로 규정될 수 있는 것으로 자신의 특성 속에 규정되기도 한다.

그러므로 수동적으로 함께 미리 주어진 규정할 수 있는 것의 개방된 지평은 함께 주제화되며, 술어적 형식들 'S는 p 등등이다', 'S는 p와 q 등등이다'에 따라 생긴다. 여기에서 '등등'이라는 새롭게 규정하는 형식, 즉 판단의 영역 속의 근본적 형식이 등장한다. '등등'은 판단의 형태들에 들어가거나 S에 관한 주제의 관심이 얼마만큼 도달하는가에 따라 판단의 형태들에 들어가지 않는다. 따라서 그것은 판단의 형태들 자체에 차이를 만들어 낸다.

근본적으로 우리는 이렇게 함으로써 형식들의 무한함을 특징지었다.(본래 '무한함'이라는 말은 언제나 그 밖의 여분의 것이 존재한다는 점이 함께 생각된다는 사실을 제외하고는 '등등'과 동일한 것을 뜻한다.) 우리가 여기에서 수(數)의 개념을 특성에 관련시키면, '등등'이라는 꼬리가 있거나 없이 형성된 형식들은 한 개의 항, 두 개의 항 등을 가질 수 있다고 말할 수 있다. 물론 그런 까닭에 우리는 그 어떤 일정한 대상이 무한히 많은 본래적 규정을 그 자체에서 제공하거나 제공할 수 있다고, 또는 전적으로 객관적인 진리의 의미에서 각각의 대상은 무한히 많은 특성을 가져야만 한다고 아프리오리하게 말할 수는 없다. 그러나 본질적으로 또한 함께 주제화될 수 있는 '〔아직〕 규정되지 않았지만 〔앞으로〕 규정할 수 있는 그 지평'은 언제나 그것과 더불어 미리 주어진다.

c) 동일화해 연결하는 규정작용

물론 이미 다소 복잡하지만 어쨌든 아직 단순하며 나뉘지 않고 연속적으로 규정하는 영역에 속한 새로운 형식이 산출되는 것은 술어화작용이 수행되어(이것은 언제나 아프리오리하게 가능하다.) p 또는 더 많은 항들 p, q 등등에 의한 규정에 따라 S가 다시 1차적 파악으로 옮겨지고, 그다음 새롭게 규정하는 것이 주제로 연관된 방식으로 생기는 경우이다. 그러므로 'S는 p이다', 'S는 q이다'라는 종합은 이 규정하는 것들이 분리되어 남아 있고 규정하는 항들도 집합적 통일체에 총괄되지 못하는 (위의 a)에서 언급된) 경우, 단순히 자발적으로 차례에 따라 수행되지는 않는다.

이 경우 'S는 p이다', 'S는 q이다'라는 두 가지 판단은, 비록 이것들이 동일한 자아에서 수행되었고 서로 다른 시간 속에 아무 연관도 없이 생길 수 있더라도, 그 자체로는 어떠한 판단의 통일체도 갖지 못한다. 즉 자발적으로 수행된 어떠한 동일성의 통일체도 당연히 갖지 못할 것이다. 물론 이 두 판단이 하나의 현존 속에 잇달아 수행되거나 경우에 따라 '회상'이라는 매개를 통해 결합되면, 서로 다른 양상 속에 두 번 의식된 S는, 비록 이것들 사이에 관심이 중단됨으로써 생긴 단절이 놓여 있더라도, 즉시 수동적 합치에 이른다. 그러나 인식하려는 관심의 통일체가 중단되지 않은 채 그대로 남으면, 'S는 p이다'와 'S는 q이다'라는 두 가지 판단이 '잇달아 일어나는 것'만 S의 수동적 합치로 이어지는 것이 아니라, 주제의 능동성도 이렇게 이어짐으로써 S 그 자체 속으로 통과해 나갈 것이다. 그렇다면 그것은 처음에 그 자체만으로 자발적으로 실행된 종합 'S는 p이다'에서 이제 일치해 능동적으로 q로 규정되고 다른 측면에 따라 이전에 p로 규정된 S와 능동적으로 동일화되는 S로 다시 되돌아간다.

그러므로 이 경우 규정하는 것 p, q는 연속적으로 규정하는 경우처럼 통일체로 총괄되지 못한다. 그것들은 자신들 사이에 어떤 직접적인 지향적 연관도 갖지 못하고, 이 규정하는 것 두 가지가 동일한 방식으로 속한 S의 능동적 동일화작업에 의해 단지 간접적 연관만 가질 뿐이다. 그렇다면 두 가지 동일화하는 능동성의 통일체가 구성되며, 이 통일체에 의해 하나의 동일화하는 능동성이 관통해 나가고, 그래서 두 가지 판단에서 구축된 하나의 판단, 즉 'S는 p이고 동일하게 S는 q이다'가 생긴다. 이렇게 해서 일종의 기체의 능동적 동일화작업이 나타나며, 우리는 이

1 술어화작용의 일반적 구조와 가장 중요한 범주적 형식의 발생

동일화작업에서 동일성의 판단을 논의하는 경우 그 동일화작업은 자신의 서로 다르게 변양된 것과 더불어 매우 광범위한 의미를 지닌다는 사실을 볼 것이다.[2]

이 경우 '동일화작업의 근거에 놓여 있는 수용적으로 파악하는 단계들은 어떠한 종류인가'는 전혀 상관없다. 이 동일화작업은 파지되어 유지된 S에 근거해 p에서 q로 연속적으로 더 나아갈 수 있지만, 각각의 해명하는 단계에 따라 능동적으로 파악하는 것 속에 S로 새롭게 되돌아갈 수 있고, 이것에 의해 이전에 p에 따라 해명된 S는 이제 q 등등에 따라 해명된 S와 수동적으로 합치되어 나타난다. 어쨌든 술어적 자발성은 '필연적으로 전제되어야 할 해명이 어떤 특수한 형식으로 일어나는가'에 좌우되지 않는다. 이 자발성은 단지 S가 일반적으로 이미 'p, q……'에 따라 해명되었다는 사실만 전제한다.

52 '이다'-판단과 '가짐'-판단

a) '가짐'-판단의 형식은 독립적 부분들의 해명에 상응한다

이제까지의 분석은 비독립적인 계기들에 따라 해명하는 것 위에 구축된 술어적인 내적 규정에 관련되었다. 비록 이 분석을 통해 드러난 근본적 구조가 모든 술어적으로 규정하는 판단의 경우에 다시 발견될 수 있더라도, 어쨌든 비독립적인 계기들을 통해 처음에는 내적 규정으로 제한해야 한다. 왜냐하면 독립적 부분들에 의해 규정하는 것은 술어화작용의 경우 근본 구조에 변화를 일으키고, 낮은 단계와 정확하게 마찬가

---

2 〔원주〕 이 책의 57절 참조.

지로 동등한 도식(Schema)에 따라 경과되지는 않기 때문이다.

비독립적인 계기들에 의해 술어로 규정하는 것은 술어의 측면에서는 형용사의 형식으로 규정하는 것을 요구한다. 소문자 p로 상징적으로 암시된 이것은 규정하는 기체의 독립성에 상응하는 명사의 형식에 대립해 규정하는 것의 비독립성의 형식으로 증명된다. 그래서 규정하는 측면에서는 그 속에 비독립적인 계기가 아니라 독립적 부분인 단편(Stück)이 있는 규정하는 판단이 다른 방식으로 구축되어야만 한다. 그것은 형용사를 술어로 갖지 않으며, 술어화된 것의 독립성에는 술어에 속한 목적어, 즉 주어와 같이 명사의 핵심적 형식을 갖는 목적어의 구문론적 형식이 상응한다.

언어적으로 표현하면, 그 판단은 처음의 경우에 'S는 p이다'가 아니라, 'S는 T를 갖는다'가 된다. 이 '가짐-판단'을 단적인 '이다-판단'에 대립시킨다.[1] 이렇게 함으로써 이미 다른 경우에서처럼, 언어적 표현의 차이는 다시 순수한 논리적 의미의 차이를 지시하는 데 이바지한다. 분명히 이 두 가지 형식은 공통적으로 주어의 측면과 술어의 측면으로 나뉘는 근본구조를 가진다. 그러나 '이다-판단'과 달리 '가짐-판단'에서는 유일한 독립적 대상인 즉 주어가 명사의 핵심형식 속에 등장할 뿐 아니라, 여전히 술어의 측면에서 제2의 대상이 목적어로 등장한다.

발생적으로 보면 '가짐-판단'은, 어떤 기체의 독립적 부분에 관련되는 한, '이다-판단'과 근원적으로 동등하다. 왜냐하면 모든 규정의 기체는 처음부터 그것의 비독립적 부분뿐 아니라 독립적 부분에 따라서도 해명될 수 있고, 그런 다음 그것에 의해 술어화될 수 있기 때문이다. 따라서 앞의 절들에서 상론한 모든 것은 '가짐-판단'의 형식으로 규정하

---

1 우리말의 구조에서는 주어와 술어를 단순히 연결시켜 주는 '이다-판단'과 주어가 술어의 어떤 특성(내포된 의미·징표)을 지닌다는 것을 지시하는 '가짐-판단'이 확연하게 구별되지만, 인도·유럽어에서는 그렇지 않기 때문에 이러한 구별이 필요하다.

1 술어화작용의 일반적 구조와 가장 중요한 범주적 형식의 발생

는 것에 대해서도 타당하다. 또한 여기에서는 규정하는 것이 최초의 단계에 의해 완결될 수 있거나 연속적으로 진행될 수 있고, 이것은 위에서 제시된 모든 특수한 형식으로 일어날 수 있다.

b) 비독립적 규정의 명사화와 '이다'-판단의 '가짐'-판단으로 변형

'가짐-판단'은 그 의미가 완전히 변화되지 않고는 결코 '이다-판단'으로 변형될 수 없다. 이러한 사실은 근원적인 독립적 대상이 어떤 근원적 기체의 독립적 부분인 것과 같이 결코 그 독립성을 상실하지 않으며, 어떤 규정하는 대상으로 변화될 수 없다는 점에 근거한다. 그 반대로, 우리가 살펴보았듯이, 근원적으로 규정하는 대상들, 따라서 근원적으로 비독립적인 대상들이 독립화될 수 있다는 사실도 실로 매우 가능성이 큰 일이다. 이것은 술어적 영역에서 규정하는 대상들이 명사화(名詞化)될 수 있고, 그런 다음 주어로서 새로운 판단으로 들어가거나 앞으로 논의될 다른 기능의 형식을 넘겨받을 수 있다는 사실로 표현된다.

따라서 명사의 핵심형식에서 보편적 의미[2]는 그 발생적 근원에서 명백해진다. 그 의미는 '대상 일반'이라는 개념의 보편성에 기인하고, 단적으로 어떤 것 일반으로 존재할 뿐 아니라 처음부터 또 아프리오리하게 해명할 수 있는 어떤 것이 모든 대상의 근원적 의미, 즉 이미 수동성 속에 그렇게 미리 구성된 의미에 속한다는 사실에 기인한다. 대상은 근원적으로 자신의 가장 일반적인 유형에 따라 [아직] 규정되지 않았지만 [앞으로] 규정할 수 있는 것의 지평과 더불어 구성된다. 그렇다면 이것은 자발성의 단계에서 임의로 각기 정립할 수 있는 것 일반, 즉 어떤 것은 해명에 대한 기체가 될 수 있고, 더구나 술어적 판단에서 주어가 될 수 있다

---

2 [원주] 『형식논리학과 선험논리학』, 272쪽 이하 참조.

는 것을 뜻한다. 우리는 '이러한 관계에 근거한 명사화하는 보편적 가능성이 더 이상 어떤 결과를 갖는가' 하는 점에 여전히 몰두할 것이다.[3]

지금 논의하는 연관에서는 '어떠한 근원적 '가짐-판단'도, 따라서 어떤 기체의 독립적 부분들을 술어화하는 어떠한 것도 '이다-판단'으로 변화될 수 없다'는 점이 중요하다. 그러나 거꾸로 모든 '이다-판단'이 '가짐-판단'으로 변화될 수 있는 가능성은 실로 명사화하는 가능성에 근거한다. 이 가능성은 최초에 'S는 p이다(S는 빨갛다)'라는 형용사를 사용한 술어를 산출했던 근원적인 비독립적 규정을 명사화한다. 그런 다음 이것을 새로운 판단작용에서 주어로 기능하게 하지 않고, 독립적 규정이 'S는 P를 갖는다(S는 빨간색을 가진다)'라는 형식의 판단을 산출하는 것에 대립시키는 것과 같이 이것을 자신의 근원적인 기체의 대상에 대조시킬 수 있는 가능성이다.

이것으로 모든 단적으로 규정하는 판단에 관계 짓는, 즉 독립적 대상들을 서로 관계 짓는 판단이 같은 값을 지닌다고 주장하는 것은 결코 아니다. 오히려 이 형식은 비독립적 계기들이 문제가 되는 한, 더 근원적인 형식, 즉 형용사를 사용한 술어의 형식을 소급해 지시하는 변양으로서 언제나 명백하게 제시된다. 이 명사화하는 것과 이것 위에 구축된 술어화작용은 해명의 결과를 전제한다. 더 나아가 명사화하는 것은 비독립적으로 규정하는 것이 이미 근원적인 술어화작용 속에 형용사를 사용해 형성되었다는 점을 전제한다. 언어적 표현에도 명백하게 드러나듯이, 이 형용사는 이제 명사의 형식을 받아들인다. 더 정확하게 말하면, 핵심소재인 비독립적 계기는 그것이 명사의 핵심형식을 유지할 수 있기 전에 우선 형용사의 핵심내용을 받아들여야만 한다.[4] 그러므로

---

3 〔원주〕이 책의 2장 58절 참조.
4 〔원주〕명사와 형용사의 구별에 관해서는 앞의 50절 b) 이하 참조.

1 술어화작용의 일반적 구조와 가장 중요한 범주적 형식의 발생

단적인 내적 해명 위에 구축된 규정하는 형식들이 많이 있다.

53 관계적 관찰에 근거한 판단작용. 절대적 형용사와 상대적 형용사

이러한 관계들은 외적으로 관계 짓는 규정, 즉 관계적 관찰에 근거한 술어적 규정과 평행관계를 가진다. 또한 여기에서 유사하게 단순한 방식의 판단의 형식들이 산출된다.

예를 들어 'A는 B보다 크다'라는 비교하는 관찰 위에 구축된 비교하는 판단을 다루어 보자. 여기에서도 명백하게 주어의 측면과 술어의 측면으로 분절되는데, 이 속에서 술어적 종합이 두 가지로 나뉘는 과정이 표현된다. 그러나 이제 술어의 측면은 더 복잡하게 구축된다. 우리가 위의 비교하는 판단에서 A에서 부각된 규정이 B로 이행하는 것에만 근거해서, 즉 맨 처음에는 수동적으로 연상에 의해 수립되었고, 그런 다음 수용적으로 파악된 A와 B가 직관적으로 통일되는 것에 근거해 그 판단에 일어난다는 사실을 생각하면, 이 점을 즉시 이해할 수 있다.

우리는 '~보다 크다'라는 이 규정이 수용성의 단계에서 어떻게 이루어졌는지 기억한다. 즉 파악하는 시선이 A에서 B로 이행하는 경우 A는 규정의 기체로 파지되어 유지되고, 이렇게 이행해 풍부하게 되었다. 반면에 그것은 '~보다 크다'라는 규정에 의해 파지되어 유지된 채 남아 있다. 만약 이 위에 구축된 술어화작용이 그 결과로 일어나려면, 우선 규정한 것에 의해 풍부하게 된 A가 새롭게 파지되어 유지되고, 규정하는 것으로 이행하는 것이 능동적으로 수행되어야만 한다. 그러나 B와의 관계는 그것의 의미에 속하기 때문에 규정하는 것으로 이행하는 것은 B로 새롭게 이행하는 것과 일치해야만 한다. 그것은 'B보다 크다'라는 술어로 산출된다.

또한 여기에서 술어의 측면에서 규정이 형용사의 형식으로 등장한다. 그러나 이것은 그 자체가 형용사가 아닌 어떤 것과 결합된 형용사이다. 'B보다 크다'는 술어로서 주어에 속한다. 이것은 그 자신 속에 형용사를 갖지만, 단순히 형용사를 사용한 술어가 아니다. 형용사를 사용한 것은 주어에서 파악할 수 있는 것, 즉 규정으로서 주어에 속한 것이다. 그렇지만 'B보다'는 주어에서 아무것도 아니며 또한 'B보다 크다'가 완전히 받아들여진 것도 아니다. 'B보다'는 술어에 속하고, 이 술어가 상대적으로 술어로서 요구하는 형용사적 핵심과 일치해 술어 속에 있다.

따라서 술어의 두 가지 존립요소, 즉 형용사(형용사적 핵심)와 관계목적어는 서로 다른 그 형식에 의해 완전히 다른 방식으로 주어에 관계한다. 형용사를 사용하는 것은, 비록 내적 규정의 경우처럼 주어 속에 (in) 없더라도, 주어에(an) 있다. 그러나 관계목적어에서는 관계 짓는 시선이 주어에서 목적어로 나아간다. 이것은 관계목적어를 분리해 표현하는 방향, 즉 위에서 논의한 방향으로 표현된다. 형용사를 사용하는 것은 이른바 '관계 지어 통일로 정립함(Ineinssetzung)'에 근거해 그 자체만으로 파악된다.

이것을 다시 강조하면, 이 모든 것은 논리적 의미의 구조이다. 물론 우리는 당연히 이 구조를 표현이 분절된 것을 실마리로 삼아 독일어에서 찾아내지만, 그 문법적 구조가 완전히 다른 언어로 표현되는 경우에도 이에 상응하는 것〔논리적 의미의 구조〕을 찾아야만 한다.

그러므로 밖으로 나아가는 관찰에 근거해 상관적으로 규정하는 작용 속에 또는 관계 짓는 판단작용 속에 구성된 형용사는 단적으로 규정하는 (내적 해명 위에 구축된) 사고 속에 기체, 즉 주어로 기능하는 명사 이외에 어떤 대립물(이른바 그 밖의 명사, 즉 관계목적어를 요구하고 의식에서 자신과 합치된다는 사실을 통해 구성된 형용사)과 구별된다. 어떤 주어를 규정하는 모든 것, 제2의 명사적 대상으로 이행하는 종합에 근거해 어떤 주

1 술어화작용의 일반적 구조와 가장 중요한 범주적 형식의 발생

어를 규정하는 것은 상대적이다. 그래서 직관적 통일체를 형성하는 데 근거해 그와 같이 이행하는 종합의 형식만큼 서로 다른 상대적 규정들도 많다. 따라서 우리는 다음과 같이 구별해야만 한다.

1) 절대적 형용사. 모든 절대적 형용사에는 내적 해명과 규정 속에 산출된 규정하는 기체의 비독립적 계기가 상응한다.

2) 상대적 형용사. 이것은 밖으로 나아가는 관찰과 관계 짓는 통일체의 정립과 이것 위에 구축된 관계 짓는 판단작용에 근거해 산출된다.

물론 우선은 비독립적인 상대적 규정도 독립화될 수 있다. 술어적 영역에서 이것은 모든 절대적 형용사와 마찬가지로 모든 상대적 형용사도 명사화될 수 있다는 것을 주장한다. 관계 짓는 '이다-판단'에서 관계 짓는 '가짐-판단'이 일어난다. 가령 우리는 'A는 B와 유사하다'가 'A는 B와의 유사함을 갖는다'로 변형되는 것을 생각한다.

54 규정하는 판단작용과 관계 짓는 판단작용을 구별하는 의미

우리는 단적으로 규정하는 판단작용(내적 해명에 근거한 판단작용)을 관계 짓는 판단작용에 대립시킨다. 이에 덧붙여 어떤 방식으로는 당연히 모든 판단작용과 단적으로 규정하는 판단작용을 '관계 짓는 작용'(Beziehen)으로 부를 수 있다는 사실에 여전히 주의할 필요가 있다. 판단작용은 술어를 주어에 관계 짓는다. 그렇다면 '관계 짓는 작용'이라는 표현은 술어적 종합의 능동적 수행을 뜻할 뿐이다. 우리는 이 '관계 짓는 작용'이라는 개념을 더 넓은 개념으로 확정할 수 있고, 이것을 앞에서 좁은 개념으로 불렀던 것에 대립시킬 수 있다. 이렇게 대립시키는 것은 그 자체로 정당한 근거를 갖는다. 왜냐하면 대상들은 밖으로 나아가는 관찰작용 위에 근거한 판단작용 속에서만 실제적으로 주제적으로 서로 관계 지어지기 때문이다.

좁은 의미에서 관계 짓는 작용은 언제나 두 가지 독립적(또는 독립화된) 대상들이 관계의 항들로 현존한다는 사실을 뜻한다. 두 가지 측면에서 독립성은 언제나 '그 반대가 성립할 수 있다는 것'을 정초한다. '어떤 대상이 주어로, 어떤 대상이 관계목적어로 기능하는가' 하는 것은 본질적으로 미리 지시되어 있지 않다. 즉 판단 'A는 B보다 크다'는 판단 'B는 A보다 작다'와 마찬가지이며, 동등하게 근원적이다. 그것은 단지 그때그때 관심의 방향에만 좌우된다.[5] 단적으로 규정하는 판단 'S는 p이다' 속에는 그와 같은 상호관계에 대한 어떠한 것도 발견되지 않으며, 따라서 그 거꾸로도 성립할 수 없다. 본질적으로 근원적인 기체인 S는 우선 p가 명사화될 수 있기 이전에 규정하는 판단 속에 주어이어야만 한다.

규정하는 판단과 (좁은 의미의) 관계 짓는 판단을 이렇게 구별하는 것은 '이다-판단'과 '가짐-판단'으로 구별하는 것과 서로 교차한다. 규정하는 판단작용뿐 아니라 관계 짓는 판단작용은 '규정이 자신의 근원적인 비독립성을 간직하는지 여부, 따라서 그것이 형용사를 사용한 형식을 간직하는지 또는 규정이 독립화하고 어떤 '가짐-판단' 속에 기체에 덧붙여지거나 규정하는 판단작용의 경우 처음부터 기체의 독립적 부분, 즉 근원적인 독립적 부분(단편)인지'에 따라 두 가지 형식을 가질 수 있다. 이러한 점에서 규정하는 작용과 관계 짓는 작용의 구별은 그 자체로 애매하다. 즉 순수하게 형식적으로 고찰해 보면, 요컨대 판단의 형식에 따라 순수하게 고찰해 보면, 하나의 명사 이상을 그 자체 속에 갖는 모든 판단, 따라서 주어의 측면에서 갖는 명사 이외에 술어의 측면에서도 여전히 명사를 갖는 모든 판단은, 두 가지 독립적인 것을 서로 관련 짓는 것으로서 관련 짓는 판단으로 간주되어야만 한다.

---

5 〔원주〕이 책의 34절 b) 이하와 59절 이하 참조.

1 술어화작용의 일반적 구조와 가장 중요한 범주적 형식의 발생

그렇다면 한편으로 규정의 기체는 유일한 독립적 대상, 즉 판단 속의 유일한 명사이며 이에 대립해 형용사를 사용해 형식화된 단지 비독립적인 규정들을 갖는 내적 규정의 판단만, 따라서 'S는 p이다'라는 형식의 판단만 규정하는 판단으로 나타난다. 다른 한편으로 주어의 대상을 넘어서 제2의 명사, 즉 목적어로 이행되는 모든 것이 관계 짓는 판단으로 나타난다. 이 목적어가 경우에 따라서는 주어의 부분(근원적으로 독립적이든 독립화된 것이든)이라는 사실은 이때 전혀 상관없다.

단지 판단 속에 두 가지 논리적 명사가 대립해 있고 서로 관련지어 있다는 형식적 사정만 중요하다. 따라서 관계 짓는 사고하는 개념 아래에는 밖으로 나아가는 관찰에 근거한 총체적 판단들 이외에 독립화된 내적 규정들에 대한, 또한 하나의 전체 속에 있는 독립적 부분들이 포함된 것(S는 T를 갖는다.)에 대한 모든 '가짐-판단'도 속한다. 그러나 1부의 분석에 따라 이러한 규정들은, 발생적으로 살펴보면, '이다-형식'(S는 p이다.) 속의 내적 규정들과 전적으로 동일한 값을 지니며, 그 구성적 전제들에 따라 본래적 의미의 상관적 규정들과 완전히 구별된다는 점은 명백하다. 곧 이 규정들은, 그 자체로 또 그 자체만으로 보면, 상관적 규정들, 즉 본래적 의미에서 관계 짓는 규정에 대립해 '어떤 대상이 무엇인지'를 술어화한다. 이 규정들은 관심의 장(場) 속에 함께 주어진 대상들로 변화되어 넘어가는 것을 전제한다. 그러므로 위에서 한정한 좁은 개념의 관계 짓는 작용에 근거하면, '우리가 형식적 관점을 기준으로 삼는지 또는 발생적 관점을 기준으로 삼는지'에 따라 '규정하는 사고'와 '관계 짓는 사고'를 구별할 수 있는 이중의 의미가 생긴다.

55 관심을 규정들에 균등하지 않게 배분함으로써 생긴 부가어의 근원

a) 주문장과 부문장이 분절됨

이제까지 우리에게 생긴 판단의 형식들은 '이 형식들의 항들이 이전에는 아무 형식도 없는 소재들을 최초로 근원적으로 형성함으로써 일어났다. 따라서 이미 다른 곳에서의 술어적 작업수행에서 유래한 어떠한 부가어도 없는 단순한 주어와 단순한 술어였다'는 의미에서 모두 단순했다. 그러나 해명하는 관찰에 근거하면, 더 복잡한 형식들이 가능하다. 이 형식들에서 개별적 항들은 이미 그 자체로 둘로 분절되었다. 물론 이 경우 근본적 구조는 유지되어 남아 있지만, 단순한 골격을 더 이상 제시하지는 않는다. 이러한 복잡한 형식들은 관심이 변양되는 가운데 또는 인식하려는 노력을 진행함으로써 성취되는 것 속에 그 근원을 갖는다.

이제까지의 형식들에서 S에 관한 주제의 관심은 p, q, r 등으로 등장하는 규정들, 이른바 최초의 자연적 흐름 속에 충족된다. S의 사태의 내용뿐 아니라 그 상대적 규정들도 차례에 따라 부각되었으며, 이와 마찬가지로 술어로 파악되었다. 이렇게 해서 관심은 어떤 방식으로 연속적인 규정작용이 문제가 되는 경우, 등장하는 모든 규정이 동일한 방식으로 배분된 것으로 생각되었다. 그리고 이것은 규정하는 과정이 출발하는 경우에도 사실적으로 그러할 것이다. 연속적으로 관찰하는 경우 차례에 따라 등장하는 모든 규정은 주제의 시선에 대해 동등하게 중요하다.

그러나 주제의 의미, 즉 개별적으로 규정하는 것을 인식하려는 관심의 중요성은 다를 수 있다. 그 관심은 즉시 규정 q로 다가설 수 있고, 단지 부수적으로만 p에 관한 관심일 수 있다. 수용성에서 이는 다음과 같이 일어난다. 단지 일시적 시선의 빛이 p로 향하고 이것이 단지 부수적으로만 파악된 반면, 주된 비중은 q에 놓이고 이것이 시선에 우선적으로 다루어진다. 주된 사태(Hauptsache)로 포착하는 것과 부수적인 것(Nebenbei)으로 포착하는 것은 지배적 관심과 종속적 관심, 지배적 의도와 종속적 의도의 차이와 혼동되면 안 될, 인식하는 능동성의 방식의 차이다.

그렇다면 술어적 영역에는 인식하는 능동성에 상응해 'S는 p이고 q이다'라는 형식의 단순한 연속적 규정작용이 일어나는 것이 아니라 'S는 q이다'라는 능동적 종합의 수행이 주문장의 성격을 취하고, 'S는 p이다'라는 능동적 종합의 수행은 부문장의 성격을 취한다. 명백하게 알아볼 수 있듯이, 이러한 표현들은 여기에서 일차적으로 언어적인 어떠한 것도 나타내지 않고, 오히려 언어적 표현에 의미(Bedeutung)를 부여하는 범주적 종합(kategoriale Synthesis)의 형식을 나타낸다. 이 범주적 종합의 방식은 '언어의 구조에 의해 허용되는지'에 따라 언어상 종속 문장 속에 자신의 표현을 발견할 수 있지만, 그러나 반드시 발견해야만 하는 것은 아니다. 그러므로 'p인 S는 q이다'라는 형식으로 판단이 발생하는데, 여기에서 자아가 단순한(einfach) 시선의 빛 속이 아니라(주된 시선의 빛과 부수적 시선의 빛으로 나뉜) 이중의 시선의 빛(Doppelstrahl) 속에서 동일화작업의 종합으로 향한다는 사실이 밝혀진다.

이러한 형식도 빈번히 성취되어 q로 능동적으로 이행하는 경우, S는 이전에 이미 p로 규정된 것으로, 알려진 것, 따라서 이전의 인식에서 획득된 침전물 'p'를 지닌 것으로 등장한다. 그렇다면 새로운 규정인 q는 주된 관심을 갖는다. 왜냐하면 시선은 이전부터 단지 부수적으로만 알려진 p를 향하고, 부문장은 능동적으로 이행하는 것을 '새롭게 하는' 가운데 구성되기 때문이다. 그래서 현실적 직관에 근거해 S를 q로 규정하는 순간에 p는 전혀 '직관적으로 스스로 주어진 것'이 아니라, 단지 'S에 속한 것으로 현전화된다'는 점이 가능하다. 따라서 그와 같은 복합 문장에 근거로 놓여 있고 이 명증성을 정초하는 '수용적으로 주어지는 방식'이 철저하게 다를 수 있으며, 직관(Anschauung)과 현전화(Vergegenwärtigung)는 술어화작용에 근거로 놓여 있는 수용성 속에 혼합될 수 있다.

b) 명제의 형식이 변양된 부수적 형식

우리는 복합 문장이 형성되는 것이 단순한 문장의 근본적 구조의 토대 위에 일어난다는 점을 앞에서 살펴보았다. 주어의 측면과 술어의 측면은 이전과 정확하게 똑같이 유지되지만, 주어의 측면에는 'p인 S가 ~이다'라는 관계 문장의 형식으로 부가어가 첨가된다. 이 관계 문장의 형식, 더 일반적으로는 부문장의 형식은 근원적 형식, 즉 'S는 p이다'라는 단순한 술어화작용을 소급해 지시하는 변양(Modifikation)의 지향적 성격을 갖는다. 이 두 가지 경우 동일자, 즉 'S는 p이다'라는 판단의 내용(Urteilsinhalt)[1]이 유지되어 남는다. 이 판단의 내용은 근원적으로 독립적 문장의 형식을 가졌으며, 이제 관계적 부문장의 형식을 취하고, 그래서 부가적 기능을 취한다.

따라서 주문장과 부문장은 독립적 문장을 취할 수 있는, 관심의 단계들에서 발생적으로 생긴 형식이다. p를 통해 규정된 S의 동일성은 변양을 관통해 나간다. 즉 서로 다른 방식으로 술어로 정립된다. 이전에 어떤 술어의 주어였던 주어는 지금 부가적 규정의 주어가 된다. 술어화작용의 결과가 변양된 방식으로 부가작용(Attribution)으로 이행된다. 〔하지만〕 이행하는 종합의 자발적 수행은 상실되지 않았다. 이 속

---

1 〔원주〕'판단의 내용' 또는 '판단의 소재'라는 개념에 관해서는 『형식논리학과 선험논리학』, 192쪽 이하와 268쪽 이하 참조.

1 술어화작용의 일반적 구조와 가장 중요한 범주적 형식의 발생

에서 술어적 명제 전체가 형성되었지만, 이것은 변화된 성격을 띤다. 그것은 독립적 문장으로서, 그 자체만으로 완결된 술어적 객관화작용 (Objektivation)의 단계로서, 그래서 인식하려는 관심(Erkenntnisinteresse) 을 만족시키는 통일체로서 자신의 성격을 상실했고, 이러한 '전체' 로서 단지 주어에 속한 것이 되었다. 그것은 주어의 부가물이며, 이 제 이것에서 주된 관심의 방향 속에 있는 자발적 종합이 q로 이끈다. 이것은 복합문장의 상위에 놓인 전체 속에 있는 술어, 즉 주된 정립 (Hauptsetzung)에서 술어화된 것이다.

다양한 부차적 정립들은 하나의 유일한 주된 정립에 상관없이 '부 차적-주된 정립' 그리고 '부차적-부차적 정립'이 등장하는 등으로 계 속 이어지는 서로 다른 단계에서 등장할 수 있다. 그렇다면 술어적 종 합의 전체를 지배하는 그 주된 정립은 주문장에 상응하고, 부차적 정립 들에는 부가어(附加語)로 변양된 부문장들이 상응한다. 이 모든 것은 각 각의 부문장이 바로 위의 주된 정립의 방향이 관통해 나가는 주어를 갖 는다는 사실을 통해 서로 함께 통일적으로 결합된다.

이러한 것은 이제까지 논의한 모든 형식, 즉 규정하는 판단작용의 형식뿐 아니라, 관계 짓는 판단작용의 형식에 대해서도 타당하다. 이념 적으로 우리 모두는 부가어의 형식들로 이행할 수 있으며, 이 경우 물 론 각각의 규정하는 새로운 형식은 예를 들어 'B를 포함한 O'와 같이 부 가어의 새로운 형식들을 산출한다. 〔따라서〕 각각의 부가작용이 근원적으 로 하나의 한정작용(Determination)을 소급해 지시하듯이, 하나의 부가작용은 각각의 근원적 술어화작용(Prädikation)에 상응한다.

더구나 우리는 이제까지 부가작용을 언제나 부문장의 형식으로 수행 된 것으로 생각했다. 부문장의 술어, 즉 우리의 예에서 p로 이행하는 종 합을, 비록 단지 2차적 관심 속에 수행되었더라도 언제나 여전히 자발적 으로 수행된 것으로 생각했다. 그러나 이것도 중단될 수 있으며, 부문장의 술어적 형용사가 부가어적 형용사로 될 수 있다. 따라서 'Sp는 q이다' (가령 '찬 공기는 상쾌하다.')라는 형식이 산출될 수 있다. 즉 'S는 p이다'라는 근원적인 술어적 정립은 더 압축되고, p로 이행하는 종합은 더 이상 자발적으로 수행되지 않는다. 오히려 그 이전의 술어화작용 속에 주된 주제로서든 부차적 주제로서든 S에 부가된 규정 p는 q로 자발적으로 이행하는 경우 결과라는 성격으로 함께 받아들여진다. 어떠한 시선의 빛이나 부차적 시선의 빛도 S와 p의 종합으로는 더 이상 향하지 않고, 오히려 S는 즉시 p로 받아들여지고, 오직 q로 이행하는 것만 자발적으로 수행된다.

물론 부가작용은 주어의 측면에만 관련될 뿐 아니라, 술어적 명제에서 명사가 등장하거나 등장할 수 있는 곳 어디에서도 관련된다. 그러므로 부가작용은 술어적 측면이 근원적으로 관계목적어로 또는 비독립적 규정의 명사화에 근거한 것으로 하나의 명사를 포함하는 한, 술어의 측면에서도 관련된다. 부가작용의 형식은 한편으로 그 자체로 변양으로 특징지어지고, 다른 한편으로 독특한 종류의 형식인 하나의 명사에서 언제나 부가어로 등장한다. 이러한 형식은 주어의 형식이나 술어의 형식과는 다르게 판단 속에 일정한 위치에 묶인 것이 아니라, 명사가 등장하는 곳이면 어디에서도 등장할 수 있다는 사실에서 핵심형식과 유사하다. 그러나 이것은 변양을 통해 일어나고 그런 까닭에 이미 다른 방식의 형성된 소재들에서 언제나 지정되었기 때문에, 어쨌든 이 핵심형식과 원리적으로 구별된다. 반면 핵심형식의 일차적 작업수행은, 비록 (전체 명제들을 명사화하는 경우와 마찬가지로)[2] 다른 방식으로 이미 형성된 것을 형성시킬 수 있더라도, 완전히 형식이 없는 소재들을 형성하는 것이다.

---

2 〔원주〕이 책의 50절 b)의 중간 부분 참조.

1 술어화작용의 일반적 구조와 가장 중요한 범주적 형식의 발생

c) 규정의 측면에서 부가어의 연결

그 밖에 규정의 측면에서 부가어의 연결을 더 정확하게 관찰해 보자. 우리는 'S는 p이다'라고 판단한다. 이제 p에 대해 주제적으로 규정하는 관심이 일깨워지고, 이것은 α로 규정된다. 반면에 어쨌든 S에 대한 관심은 견지되고, 상위에 놓인 채 남아 있다.[3] 물론 맨 처음에 α로 이행하는 것이 (비록 단지 상대적이더라도) p를 독립화하는 것, 즉 p를 명사화하는 것을 요구한다. 판단 'P는 α이다'는 이것에 근거한다.

이 경우 주된 기체에 관해 우선적으로 쏟은 관심이 간직되면, 이제 주제의 관심이 통일되어 결합된 두 가지 명제 'S는 p이다'와 '동일한 것 (즉 p)은 α이다'가 생긴다. 예컨대 '이 사물은 빨갛다'와 '이 빨간색은 붉은 벽돌의 색이다'가 생긴다. 그러나 우리의 가정에 따라 S에 대한 관심이 지배적 관심으로 남아 있기 때문에 두 번째 명제는 부문장의 형식을 취해야만 한다. 왜냐하면 두 번째 판단을 향한 관심은 첫 번째 판단으로 나아가는 관심에 종속되기 때문이다. 그러므로 두 번째 명제는, 부문장의 형태이든 형용사를 사용한 부가작용이(그래서 이것은 복합형용사(가령 '붉은 벽돌의 색깔'), 즉 'S는 pα이다'로 언어적으로 표현될 수 있다.) 더 나아간 변양에서이든, 여전히 부가작용의 형식을 유지한다. 이렇게 해서 자신의 측면에서 규정된 그리고 규정된 것으로 규정하는 규정 형식이 생긴다.

---

3 〔원주〕수용성 속에 이 관계에 대한 더 상세한 분석은 이 책의 28절 이하 참조.

우리는 이 모든 형식이 형성되는 것을 '이미 수용적으로 파악된 기체 S를 연속적으로 규정하는 것에서 발생한 것'으로 생각한다. 기체 S는 이 경우 일관된 주제로 남아 있고 자신의 규정 속에 생긴 전체의 판단들에 통일체와 연관을 준다. 하나의 동일한 것으로 견지된 '대상 극(極)'으로 집중되는 것은 바로 모든 의미의 형태이다. 이 대상 극은 동일한 기체이며, 주어의 형식으로 술어적 판단 속에 들어오고, 여기에서 언제나 새로운 술어적 방식으로 사념되는 판단된 것이다. 즉 주어로서 그 극은 언제나 새로운 술어들과 부가어적 규정들의 주어이다. 가령 판단 'S는 p이다', 'Sp는 q이다', 'Sp와 q는 r이다'를 비교하면, 그와 같이 규정하는 주제의 연관에서 언제나 동일한 것으로 견지된 S가 중요하다는 것을 알 수 있다.

그러나 그것이 동일함에도 불구하고 판단들은 서로 다르다. 즉 판단들은 주어의 측면에서 아무 부가어도 없이 일단 S를 갖고, 그런 다음 'Sp', 'Sp와 q'를 갖는다. 물론 동일한 것이 목적어의 측면에서도 반복될 수 있다. 동일한 S는 언제나 새로운 의미(수용적 파악에서 유래하는 것이 아니라 특수한 의미의 논리적 자발성인 술어적 자발성에서 그 S에 증대된 의미)에서 사념된다. 그래서 우리는 이것을 '논리적 의미(Sinn)'라고 부른다. S가 주어로 판단 속에 등장하는 논리적 의미는 판단명제로서 판단 속에 정립된, 즉 정립적 성격(우리가 든 예에서는 우선 '확신'의 양상) 속에 의식된 판단의 내용 전체에 자신의 완전한 존립요소들과 함께 속한다.

술어로 규정하는 활동으로 그 논리적 의미가 판단의 기체에 생기 듯이, 그 논리적 의미에서 판단의 기체는 개념에 관한 개념을 형성한다.[1]

---

1 [원주] 이러한 점과 이 절 전체에 관해서는 『형식논리학과 선험논리학』, 43절 e), 102쪽

이것은 핵심소재로 명사(名辭)에 관계되는[2] 개념에 관한 다른 개념뿐 아니라 유적(類的) 일반성이라는 의미의 개념과 혼동하면 안 된다.

이제 우리가 규정하는 주제의 연관 속에 일어나는 논리적 의미의 변경(Wechsel)과 수용성에서 발견한 의미의 변화(Wandlung)를 비교하면, 당연히 논리적 의미가 풍부해지는 것은 모두 수용성 속에 의미가 풍부해지는 것을 전제한다는 점이 밝혀진다. 동일화작업의 자발적 종합은 실로 이미 수용적 파악과 해명이 선행된 곳에서만 일어날 수 있다. 다른 한편 이러한 논리적 의미의 변화도 수용성 속에서만 일어난 것에 의존하지 않는 자신의 독자성을 갖는다. 안으로 들어가든 밖으로 나가든, 수용적 관찰이 복잡하게 구축된 체계는 이미 구성되었을 수 있다. 어떤 대상은 이 관찰하는 작업수행에 근거해 이 모든 것에도 불구하고 술어적 파악의 유일한 단계가 반드시 그 결과로 일어나지 않고도, 모든 측면에서 직관이 최대한 충족되는 가운데 시선 속으로 이끌릴 수 있다.

술어적 파악이 설정되지 않는 한, 대상, 즉 이렇게 관찰하는 모든 파악의 주제는, 그것이 주어지는 방식이 풍부하게 많음에도, 그리고 그것이 주제임에도 불구하고, 논리적으로는 완전히 규정되지 않은 주제이다. 그렇다면 술어로 규정하는 자발성이 판단의 최초의 단계인 'S는 p이다'에 의해 설정되면, 이제까지 논리적으로 규정되지 않은 S는 자신의 최초의 규정을 갖는다. 이 S는 판단의 주어가 되며, 더 나아가 아마 판단의 목적어가 될 것이다. 그것은 'S는 p이다'라는 최초의 판단의 단계에 주어의 위치에서 여전히 논리적으로 규정되지 않은 것이지만, 이 판단작용 속에 규정을 획득하고 술어의 측면에서 자신의 규정을 갖는 유일한 것이다. 게다가 최초의 술어화작용 속에 수행된 규정은 부가어적 능

───────────────
이하 참조.
2 〔원주〕같은 책, 274쪽.

동성을 통해 주어에 결부되고 이것에 이어지는 술어화작용에서 S가 p로 존재하는 것으로 확정되며 새로운 능동성 속의 규정들에 종속된다. 그렇기 때문에, 우리는 그 이후의 단계들에서 더 이상 논리적으로 규정되지 않은 기체를 갖는 것이 아니라, 이미 논리적 의미가 부착된, 즉 부가어적 의미 p가 부착된 기체를 갖는다. 오직 부가어적 의미 p만 최초의 단계 이후에 우리에게 논리적 의미로 받아들여진다. 이 논리적 의미 속에서 기체는 우리에 대해 현존한다.

그러나 수용성 속에 이미 기체의 대상적 의미로 구성된 모든 것, 이 경우 해명하는 항들에서 직관적으로 함께 주어진 모든 것이 논리적 의미에 속하는 것은 아니다. 그것이 그 자체로 S의 술어로 둘로 분절된 종합에서 파악되지 않는 한, 그것은 논리적 의미에 속하지 않는다. 더 넓은 의미에서 '술어적'이라고 부를 수 있는 그 밖의 모든 종합, 예를 들어 접속사에 의한 종합에 대립해, 술어적 판단(계사가 들어간 판단)이 규정하는 주제의 연관에 근원적 세포로 갖는 특권적 지위[3]가 여기에서 다시 증명된다. 앞서 논리적으로 규정되지 않은 어떤 대상은 술어적 판단 속에서만 논리적 의미를 갖는다. 그와 같은 모든 술어적 명제에서 기체의 대상에 논리적 의미가 증대된 것을 뜻하는, 그 자체만으로 완결된 어떤 논리적 의미의 작업수행이 실행된다.

수용성 속에 있는 대상이 이것에 관련된 다양한 파악의 동일한 극(極)인 것과 정확하게 마찬가지로, 대상은 술어로 규정하는 것에서 동일한 것(Identisches)이다. 그러나 대상은 자신의 감각적 다양체와 그것이 변경하면서 주어지는 방식들의 통일체인 동일한 것은 더 이상 아니며, 술어적 작용들과 이 작용들에 의해 생긴 작업수행들의 통일체인 동일한 것이다. 이 작업수행들은 변경하는 논리적 의미로 둘러싸여 있다. 그

---

3 〔원주〕 이 책의 50절 c) 참조.

1 술어화작용의 일반적 구조와 가장 중요한 범주적 형식의 발생

대상은 자신을 다양한 판단의 교차점(Kreuzungspunkt)으로, 또 이와 상관적으로 상응하는 부가어들의 동일점(Identitätspunkt)으로 명백하게 제시하는 자발적 동일화작업의 다양체 속의 동일한 것이다. '부가어적 형성물 가운데 우리가 어떤 것을 취하는지', '부가어적 형성물이 '이것, 이 집, 이 빨간 집 등'과 같이 계속 나아가는 규정 속에 어떻게 형성되는지'는 이러한 형성물 각각에 주제의 판단 항(項)이다. 그 각각은 아무리 내용이 서로 다르더라도 판단 항으로서 자신의 주제를 가지며, 명백히 동일한 주제를 갖는다. 이 경우 우리는 '이것'을 이른바 이러한 계열에서 부가작용의 영점(零點)으로 받아들인다.(이것이 '이것'의 논리적 의미이다. 이것의 완전히 구체적인 의미는 그 이상이다. 가리키는 것, 주의를 일깨우는 것, 알려지게 요구하는 것의 '지시적(deiktisch)' 성격은 이것에 속한다.)

술어적 작용들의 동일한 극(極), 논리적 의미의 담지자인 대상은 본래적 의미에서 인식의 대상이 된다. 이것은 물론 '수용적 능동성들의 극인 대상과 술어적 자발성들의 극인 대상은 서로 다르다'고 주장하는 것이 아니다. 오히려 대상은 변화하는 자신의 의미와 함께 수용적으로 구성된 것과 같이 최초로 술어적 종합 속으로 들어오기 때문에, 수용적 파악에서 둘로 분절된 술어적 종합으로 이행되는 것처럼, 인식의 대상이 된다.

57 동일성의 판단의 근원

이제 판단의 기체를 논리적 의미로 연속적으로 덮어씌우는, 계속 규정해 가면서 이제까지 관찰한 단적으로 규정하는 판단의 형식들과 구별되는 독특한 판단의 형식, 즉 동일성의 판단의 형식이 생길 수 있다.

우리는 어떤 기체를 주제적으로 규정하는 데 최초로 억압받지 않은 흘러감에서 언제나 새로운 규정들의 동일한 것인 이 기체에 향해 있다. 동일하게 견지된 S는, 우리가 이 경우 그렇게 해서 유지된 동일성 자체에 향해 있지 않더라도, 언제나 새로운 논리적 의미로 덮어씌워진다. 일반적으로 맨 처음에는 이것을 일으키는 어떠한 동기도 없다. 예를 들어 S가 직관적으로 p로 또 더 나아가 q 등으로 규정되면, 그리고 S로부터 p, q ……로 규정하는 동일화작업의 이행이 능동적으로 수행되면, 'p로 규정된 S'는 'q로 규정된 S'와 확실한 자명성에서 수동적으로 합치된다. S는 동일한 것으로 직관적으로 우리 앞에 놓여 있고, 우리의 주제의 관심은 더욱더 풍부해지는 그것의 규정에 유일하게 향해 있다.

다른 한편 규정작용이 이러한 근원적으로 서로 관련된 연속성, 즉 끊임없이 직관으로 충족된 연속성 속에 실행되지 않으면, 예를 들어 S가 본래적 직관에 근거해 새롭게 r로 규정되고 그 밖에 그 속에서 S의 것으로 증대된 것들과 이전의 규정의 연관에 대한 기억 그리고 S에 침전된 규정들 p, q(이것들은 이제 더 이상 스스로 주어지지 않으며 r로 규정한 것과 마찬가지로 동등한 근원성에서 새롭게 수행되지 않는다.)에 대한 기억에 근거해 S가 우리 앞에 놓여 있다면, 또는 서로 분리되어 수행된 규정들 'S는 p이다'와 'S는 q이다'가 기억에 적합하게 떠오르면, 어떤 때는 'p로 규정된 S'와 다른 때는 'q로 규정된 S'의 동일성이 명백하게 확정되어야 한다는 요구가 제기될 수 있다. 맨 처음에 수동적으로 일어난 'Sp'와 'Sq' 사이의 동일성의 종합은 이제 자발적으로 수행되며, 'p인 S는 q인 S와 동일하다'는 형식의 판단이 생긴다. 자명하게 거기에는 끊임없이 계속 진행하며 동일화하는 연결로 여러 가지 가능성이 현존한다. 즉 동일화하는 판단을 더욱 풍부하게 형성하고, 더욱 확장된 규정들로 전진해 나갈 수 있으며 그 기체들을 동일화하는 자기합치(Selbstdeckung)를 둘로 분절된 자발성에서 수행할 수 있는 가능성이 현존한다.

그러면 'b인 Sa는 b와 c인 S′와 동일하다'와 같은 판단이 쉽게 규칙적으로 도출될 수 있는 많은 복잡한 형태의 형식이 생긴다. 더구나 다수의 동일성의 판단 자체가 이어 주는 동일화작업으로 다시 판단의 통일체, 가령 'S는 S′와 동일하고, 또한 이것은 S″와 동일하다' 등의 형식으로 이끌 수 있다.

우리는 이러한 사실에서 서로 다른 직관적 규정의 연관 속에 생기는 규정들을 통일시키는 것, 곧 서로 다른 판단의 연관 속에 일어난 판단의 성과를 총괄하고 하나의 새로운 판단 속에 확정시키는 것을 목표로 삼는 인식의 관심에 근거해 통일시키는 것에 대한 동일성의 판단의 근본적 기능을 파악했다. 순수한 형식상 이러한 동일성의 판단은 관계 짓는 판단과 유사하다. 즉 이것들 속에는 동일한 것으로 자발적으로 규정되는 두 가지 명사가 등장한다. 그러나 내용적으로 이것들은 규정하는 판단에 속한다. 이 판단은 하나의 기체를 그 자체로부터, 즉 그 자체에서 다른 기체들로 이행할 수 있는 가능성을 전혀 고려하지 않는 것으로부터 규정한다. 그렇지만 이것은 '실제로 근원적으로 규정하는 판단'은 결코 아니며, 일반적으로 새롭게 파악된 규정들을 근원적 자발성에서 술어로 파악하는 어떠한 것도 일어나지 않고, 오히려 이미 획득된 규정들을 단지 통일시킬 뿐이다. 그런 까닭에 동일성의 판단은 반드시 명석함(Klarheit)의 명증성 속에 수행되어야만 하는 것은 아니며, 반드시 자신의 규정들을 지닌 그 기체들이 원본적으로 직관적으로 주어질 필요는 없다. 〔판단의〕 동일성을 확정하려면 판명함(Deutlichkeit)의 명증성으로도 충분하다.[1]

---

1 이러한 논의의 전체적 맥락과 상관없이, '명석'과 '판명'의 개념에 대한 정의(定義)에 따라 과연 '어떤 경우에 명석하지 않은 판명이 가능한지' 깊이 생각해 볼 문제이다.

2 오성의 대상성과 술어적 작업수행에서 나온 대상성들의 근원

58 술어적 작업수행이 새로운 단계로 이행함. 범주적 대상성인 사태를 '미리 구성함'과 명사화함으로써 이것을 '이끌어 냄'

술어로 인식하는 행위의 가장 근원적이며 가장 단순한 형식들과 그 성과를 이렇게 개관한 다음 작업수행의 새로운 단계로 주의를 돌려 보자. 이러한 관찰은 술어적 사고 속에 발생하는 대상성(Gegenständlichkeit), 즉 범주적 대상성의 특성에 관한 연구로 이끌 것이다.

이제까지 우리는 가장 단적인 판단의 형식, 즉 규정하는 것의 주제적 연관이 근원적 세포의 주변에 형성될 수 있는 형태들이 확산되는 발생(Genesis)을 추적했다. 우리는 이러한 형식들이 현실적으로 경과하고 계속 형성되는 판단의 과정 속에 생기는 것으로 생각했다.

그러나 일단 그와 같은 근원적 세포, 가령 'S는 p이다'나 'S는 p와 q이다' 또는 'Sp는 q이다'와 같이 그 어떤 부속어를 지닌 판단이나 그것의 단적인 형식의 어떤 형태를 언제나 지닌 판단이 구성되면, 그 판단은 현실적 생성과정 속에 완전히 구성되자마자 곧 폐기되거나 그다음 단계로 이행할 필요가 없어진다. 그 반대로 이러한 판단의 각 단계가 그 자체로 완결된 의미의 작업수행을 제시하기 때문에, 이 작업수행 자체에서도 계속 구축될 수 있다. 이 작업수행이 과거지향 속으로 점차 사라지지만 여전히 유지되듯이, 가령 'S는 p ~인 이것'이라는 언어적 형식으로 표현되는 것은 이것과 연결되어 계속될 수 있다. 모든 언어는 그와 같은 결합에 대해 지시대명사, 즉 임의적으로 처리할 수 있는 지시어를 갖는데, 이것은 그 경우 현존하는 사물들을 직접 지적하는 데 이바지하는 것이 아니라, 논의의 문맥 속에 또 이와 상관적으로 논의에 의미를 부여하는 판단의 연관 속에 이전의 위치를 지시하는 데 이바지한다.

그러한 지시대명사에 일반적인 언어상 단순한 형식은 그것이 지시하는 이전의 판단명제로 독특한 변화가 일어났다는 사실을 알려 준다. 즉 판단명제는 독립적 명제로서 자신의 형식을 잃어버렸고, 이제 스스로 기체로 새로운 판단 속에 등장한다. 물론 이것은 명제가 명사화된다는 점을 전제한다. 이전에 다수의 시선 빛으로, 즉 근원적으로 둘로 분절된 규정하는 종합 속에 구성된 명제는 이제 단일의 시선 빛으로 파악되고, 이미 기술된 방식으로 연결되기 위해 이렇게 파악되어야만 한다. 왜냐하면 이미 지적했듯이, 새로운 판단의 각 단계는 규정하는 연속적 연관 속에 언제나 다시 단일의 시선 빛으로 기체를 파악함으로써 시작하기 때문이다.

그러므로 이전 판단에 〔새로운〕 판단을 연결하는 경우, 이전 판단은 주어로 술어적 판단 속에 들어오는 모든 기체와 정확하게 똑같이 단적으로 파악할 수 있는 대상으로 취급된다. 이것은 이전 판단이 반드시 그러한 것으로 미리 구성되었고, 이것이 이전 판단의 작업수행이라는 사실을 함축한다. 따라서 이 작업수행은 이른바 '이중의 모습'을 띤다. 즉 판단의 각 단계에는 미리 주어지고 이미 수용적으로 파악된 근원적 기체를 규정하는 것과 그 이상으로 규정하는 것이 일어날 뿐 아니라,

이 기체가 언제나 새로운 방식으로 술어로 사념되고 논리적 의미로 덮어씌워진다. 그와 동시에 사태 'S는 p이다'는 새로운 종류의 대상성이 미리 구성된다. 이 사태는 창조적 자발성 속에서 산출된다. 이제 이 사태는 자신의 측면에서 모든 독립적 대상성을 받아들일 수 있게 형성하는 모든 것을 받아들인다. 그것은 명사화되거나 새로운 판단에서 주어나 목적어가 될 수 있다.

이 명사화(名詞化)는 우리가 이전에 알았던 그 모든 명칭과 원리적으로 구별된다. 우리는 이전에 비독립적 규정들을 독립시키는 작용에 의존하는 명사화를 우선적으로 생각했다. 그래서 이 명사화는 실로 수용성의 영역 속에 자신의 이전 형식을 갖는다. 이 수용성의 영역에서조차 이전 비독립적 계기들을 '그 자체만으로 파악하는 작용'이 존재하며, 이것을 통해 그 계기는 자신이 해명하는 관찰의 기체(Substrat)가 된다. 이 기체가 대상 그 자체에서 계기이다. 그래서 이 계기는 기체가 된다.

이에 반해 하나의 판단에서 '사태'가 도출되고, 그 이후 새로운 판단 속에 명사로 기능하는 명사화에는 낮은 단계의 유비적인 어떤 것도 존재하지 않는다. 여기에서 새로운 판단 속에 주어가 되는 대상은 단적으로 수용하면서 파악될 수 있는 것이 아니라, 일반적으로 술어적 자발성의 높은 단계에서 비로소 등장하고 술어로 판단하는 작업수행의 성과로 등장하는 완전히 새로운 종류의 대상이다. 우리는 이러한 대상을 그 근원을 고려해 볼 때, '구문론적 또는 범주적 대상성'이라고 부를 수 있다. 왜냐하면 그것은 오성의 작업수행에서 발생된 오성의 대상성이기 때문이다.

59 상태의 '원천'인 단적으로 부여할 수 있는 대상. 상태와 사태

물론 그렇게 발생하는 범주적 대상성은 수용적으로 파악할 수 있는

2 오성의 대상성과 술어적 작업수행에서 나온 대상성들의 근원

대상성 속에 기초 지어진다. 수용적으로 파악할 수 있는 대상성은, 예컨대 '지구는 달보다 크다'는 사태(Sachverhalt)가 '지구'라는 수용적으로 부여할 수 있는 대상을 포함하듯이, 사태 그 자체 속에 그 대상성을 함축한다. 그러나 사태 그 자체는, 내적 (가령 속성의) 규정들과 상관적 규정들이 의미의 계기로서 '지구'라는 대상이 수용적으로 파악되는 대상적 의미에 속하듯이, '지구'라는 의미의 극(極)에서 의미의 구조로 제시될 수 있는 것은 아니다.

수용성 속에 그와 같은 사태에 상응하는 것은 관계, 또는 우리가 말하는 상태(Sachlage)이다. 이것은 '포함함과 포함됨', '더 큼과 더 작음' 등의 관계이다. 이 관계는 같은 값을 지닌 판단들이 직관적으로 주어진 실상(Verhalt)인 하나의 동일한 상태를 소급해 지시하는 방식으로, 본질상 이중적으로 해명되는 동일한 것이다. 각각의 상태는 더 많은, 가장 단순한 상태를 포함한다. 즉 하나의 쌍에 기초 지어진 상태는 그 자체 속에 두 가지 사태를 포함한다. 예를 들어 'a−b'의 크기의 상태는 'a>b'와 'b<a'라는 두 가지 사태를 포함한다.[1]

그러므로 상태는 기초 지어진 대상이다. 상태가 궁극적으로 어떠한 상태도 아닌 대상을 소급해 지시하기 때문이다. 모든 대상은 여러 가지 상태들의 가능하거나 실제적인 근본적 토대이며, 따라서 다시 그 자체

---

1 가령 '예나의 승자'와 '워털루의 패자', '5+3'과 '7+1'은 각기 다른 의미(사고)를 표현하지만, 동일한 지시체 '나폴레옹', '8'을 갖는다. 이 지시체는 프레게에서는 진리치(眞理値)이지만, 후설에서는 사태일 뿐이다. 즉 술어적 판단이 지향하는 '사태'는 수용적으로 파악될 수 있는 대상성에 기초한 범주적 (오성의) 대상성으로, 감각적 지각에 의해 구성된 것이다. 그리고 선술어적 경험(지각)이 지향하는 '상태'는 수용적으로 파악된 대상성들의 복합으로, 사태를 구성하는 기초로 이바지하는 수동적인 전(前)-범주적 관계이다. 따라서 '사태'는 '상태'의 계기 또는 양상이다.
따라서 하나의 동일한 '상태'에 둘 이상의 '사태'가 상응하고, 하나의 동일한 '사태'에 둘 이상의 '명제(사고)'가 상응한다. 예를 들어 컵에 물이 담긴 어떤 상태에는 여러 가지 사태가 상응하고, 반쯤 담긴 사태에는 '컵에 물이 반이나 있다.'와 '컵에 물이 반밖에 없다.'라는 서로 다른 명제가 상응한다. 그리고 같은 진리치를 갖는 명제들은 동일한 상태에 상응한다.

로 각각의 상태이다. 또한 모든 대상은 그 대상이 오직 해명할 수 있는 한, 가능한 직관 속에 부각될 수 있는 한, 상태들의 원천, 즉 자기 자신으로부터 상태들을 정초하는 것이다. 그렇다면 대상은 상황에 따라 속성의 상태에 원천, 또는 독립적 부분들을 부각시키는 것이 문제가 될 경우 전체-부분의 관계에 원천이다. 밖으로 나아가는 관찰, 관계 짓는 관찰의 경우 관계의 항들은 관계의 사태 속에 해명되는 관계의 상태의 원천이다.

이러한 상태에 근거해 술어적 판단들이 서로 다른 방향에서 형성될 수 있다. 이 상태에서는, 즉시 알아볼 수 있듯이, 우선 그 자체로는 아직 대상화될 필요가 없는 오직 수동적으로 구성된 관계들만 이해될 수 있을 뿐이다. 전체와 부분의 관계가 문제되면, 포함하는 것과 포함된 것에 대해 판단될 수 있고, 이렇게 판단된 것에서 '중요한 것이 직접적으로 포함된 것인지 간접적으로 포함된 것인지, 그래서 직접적 부분들과 전체의 관계인지 전체와 간접적 부분들의 관계인지'에 따라 서로 다른 형식이 생긴다.

한편 우리는 전체 속에 부분들이 결합하는 형식에 대해 판단할 수 있다. 즉 '전체는 이러저러한 형식을 갖는다', '부분들의 총괄은 결합으로서 이러한 형식을 갖는다.' 등등이다. 달리 말하면, 이와 다른 것으로 어떤 부분에서 다른 부분으로 이행하는 데 외적 관계에 근거한 판단이 있다. 각각의 부분은 그 자체만으로 어떤 것, 즉 그 자체만으로 파악된 것이지만, 그 각각은 곧 부분이며, 전체에 관여하고, 그것이 곧 규정하는 현실적 기체가 아니더라도, 어쨌든 주목하는 시선과 파악 속에 놓여 있다. 그리고 그 통일체의 형식은 판명하게 주어진 것 속에 부각된다. 동일한 것에 관여함에서 S와 S′가 공통성을 갖고 S에서 S′로 이행되면, 그 각각이 부분으로 의식될 때, 그 각각이 전체를 향한 관심의 방향에서 그것에 증대된 의미와 더불어 파악될 때, S 속에는 새로운 의미가 증가되는

2 오성의 대상성과 술어적 작업수행에서 나온 대상성들의 근원

것이 현존한다. 이 새로운 의미가 증가된 것은 이행하는 것과 공통적인 것 속에 합치하는 것에서 발생한다. S를 규정하는 주제로 만들고 이와 동시에 전체의 형식에 관해 S′에 관계 짓고 규정하는 것을 근원적으로 산출하는 능동성이 실행되면, 외적 관계의 판단은 근원적으로 구성된다. 즉 S는 S′와 관계(유사함, 동등함, 위치 등의 관계) 속에 있는 것으로 근원적으로 구성된다.

부분에서 전체로의 또 부분에서 〔다른〕 부분으로의 이 관계는 유일한 관계가 아니다. 두 가지 대상은 '포함함과 포함됨'의 관계뿐 아니라, 서로 교차됨의 관계에서도 있을 수 있다. 서로 교차됨에서 S가 (어떤 공통적인 부분 S″에 따라) S′와 동일하면, 이것은 서로 다르게 해명된다. 즉 S는 S″를 함축하고, S′는 동일한 S″를 함축한다. 또는 복수의 형식으로 S와 S′는 S″를 함축한다. 후자의 경우 규정하는 대상 S″는 단 한 번만 등장하고 이 대상에서 두 가지 동일화작업의 시선이 나뉘는데, 그 하나는 S로 다른 하나는 S′로 향한다. 이 모든 판단의 형식은 물론 가장 보편적인 구문론적 일반성에서 이해된 것이며, 이 경우 '그때그때의 대상들 그 자체는 단수인지 복수인지, 그 대상들은 단적인 것인지 이미 많은 논리적 의미들을 형성한 것에 의해 부착된 것인지' 하는 점은 미해결로 남아 있다.

그러므로 단적인 대상성은 서로 다른 술어적 사태들의 원천이다. 이것들은 우리가 '관계' 또는 '상태'라고 부르는 수용적으로 구성된 그 통일체를 형성한 것에 근거하기 때문이다. 많은 술어적 사태 속에 해명되는 것이 동일한 상태이다. 우리는 상태 그 자체를 '기초 지어진 대상성'이라고 불렀다. 〔하지만〕 더 정확하게 말해야만 한다. 즉 우리는 수용성 속에 아직 상태를 대상으로 갖고 있지 않으며, 더구나 기초 지어진 대상성으로 주제로 갖고 있지 않다. 우리는 여기에서 단적으로 파악할 수 있는 대상성만 갖고 있을 뿐이다. 이것들은 '서로 관련지어' 있고, 관찰하는 시선이 기체와 그 부분들 사이를 향해 나아간다. 또는 언제나 부분들의 감각적 통일체에 근거해 더 크거나 더 작은 것으로 부각된 서로 관계 지어진 것들 사이를 이리저리로 향해 나아가는 것을 예로 들 수 있다. 따라서 우리가 '상태'라고 부른 것은 여기에서는 단지 수동적으로 미리 구성된 기반(Fundament), 이 모든 사태의 속성이나 관계에 기반으로서만 등장한다. 그러나 근원적인 술어화작용 속에 사태들이 구성되고 대상화되면, 그 기반은 이것들의 근거에 놓여 있는 동일한 상태로서 대상적으로 파악될 수 있다.

60 사태와 완전한 판단명제의 구별

그러므로 그 자체로 완결된 각각의 술어적 판단명제는 그 자체 속에 새로운 대상성, 즉 사태(Sachverhalt)를 미리 구성한다. 이 사태는 그것이 〔명제 속에〕 '판단된 것(Geurteiltes)'이다. 왜냐하면 판단된 것이 '판정된 것(Beurteiltes)', 판단의 기체에 대해 논리적 의미가 증대된 것을 뜻하고, 이로써 논리적 의미로서 그 판단의 기체에 부가어적으로 첨가될 수 있기 때문일 뿐 아니라 판단된 것 그 자체가 하나의 대상이며 그 발생에 따라 논리적 대상 또는 오성의 대상이기 때문이다.

어쨌든 우리는 여기에서 다음과 같은 점을 더 정확하게 구별해야만 한다. 즉 판단작용 속에 새로운 대상으로 미리 구성된 것과 우리가 일상적 의미에서 '사태'라 부르는 것은 자신의 전체적 판단의 소재(Urteilsmaterie)를 지닌 판단명제가 아니라, 바로 현실적으로 관련지어진 것이라는 점이다. 이것은 각각의 현실적 판단작용 속에 우리는 우리의 주제, 즉 판단된 것, 예를 들어 S와 p를 규정하는 동일화작용을 갖는다는 사실을 뜻한다. 그것은 판단작용 속에 현실적으로 수행된다.

　　2 오성의 대상성과 술어적 작업수행에서 나온 대상성들의 근원

그러나 동일한 기체에 관련된 이전의 판단활동들의 획득물을 받아들이는 것은 현실적 판단작용과 서로 혼합될 수 있다. 'S는 p이다'라는 판단을 수행하는 경우, 가령 S는 이전에 규정한 것에서 이미 q에 의해 규정된 것으로 현존한다. 따라서 그것은 'Sq는 p이다'로 판단된다. 그와 같은 부가어를 추가하는 것은, 우리가 알고 있듯이, 이전에 현실적으로 수행된 술어화작용에서 유래하며, S가 현실적으로 q로 규정되는 이전의 술어화작용을 소급해 지시하는 술어화작용의 변양으로 특징지어진다. 완전한 판단의 소재에 당연히 함께 속하는 규정, 즉 그와 같이 변양된 방식으로 의식된 규정은 또한 우리의 시선 속에 있으며 S와 통일되어 함께 파악되기도 하지만, S와 q 사이의 동일성의 종합이 더 이상 수행되지는 않는다. 오히려 이러한 수행의 성과만 S 속에 함께 보존된다.

따라서 〔한편으로〕 기능을 수행하는 주제, 즉 현실적으로 판단된 'S는 p이다'와 〔다른 한편으로〕 더 이상 기능을 수행하지 않는 주제들, 즉 단지 판단하는 의식의 통일체 속으로 이끌려진 주제들은 구별되어야만 한다. 우리가 'S는 p이다'라는 단적인 판단작용 다음에 다른 판단에서 유래하는 많은 대상들과 술어들(q, r……)을 주어 속으로 그리고 술어 속에 부가어로 묶어 넣으면, 옛 형식의 판단을 '새롭게 수행(Neuvollzug)'해 받아들인 이 모든 사고(Sq, r은 p이다)를 '함께 수행(Mitvollzug)'하는 가운데, 우리가 규정하는 동일한 동일화작용을 수행하며 단지 이 동일화작용만 현실적으로 수행한다는 사실에는 아무 변화가 없다. 반면에 우리는 부가작용들로 이것들에서 지시되는 술어화작용들 가운데 어떤 것도 수행하지는 않는다. 우리가 유일하게 현실적으로 수행하는 것은, 비록 이 경우 S가 이전의 판단의 작업수행에서 유래하는 그 밖의 많은 사고의 내용과 더불어 생각되더라도, 'S는 p이다'라는 판단뿐이다.

우리가 인식작용적으로 기술한 것은 판단명제 속에, 또 그것을 현실적으로 수행하는 가운데 미리 구성된 대상성 속에 자신의 상관자

(Korrelat)를 갖는다. 오직 이 모든 변양 속에서도 이렇게 동일한 것으로 남는 것, 따라서 'S는 p이다'라는 현실적 판단작용 속에 구성된 것을 우리는 '본래적 의미의 사태'라고 부른다. 사태는 주제들의 순수한 종합적 통일체이다. 그리고 여기에서 주제는 관련된 판단을 수행함으로써 현실적으로 주제로 파악되며, 곧 이렇게 수행하는 것과 이러저러한 술어적 관계 속에 현실적으로 정립되는 모든 것이다. 개별적 사물들이 규정하는 주제이면, 그 사물들은 구문론으로 형성하는 것에서 사태 속으로 들어가고, 그것들은 그 사태 속에서 관계 지어진 명사이다. 사태는 판단들의 상관자이다. 즉 사태는 판단 속에서만 근원적으로 구성되며, 각각의 진술논리의 판단의 단계가 주제적으로 완결됨에 상응해 구성된 것도 이러한 완결된 성격을 띤다. 각각의 사태는 완전한 구문론적 대상성이며, 사태의 모든 항(項) 또는 단순한 명사가 아닌 명사들은 경우에 따라 그 자체로 다시 구문론적 대상성이다.

그러므로 사태와 자신의 완전한 판단의 의미(Urteilssinn)를 지닌 판단명제는 일치하지 않는다. 이 판단명제는 관련된 판단의 모든 논리적 의미를 내포하는 완전한 의미의 통일체이다. 사태는, 순간적인 현실에 규정하는 주제들에 관련된 다양한 판단활동의 성과를 수행하는 새로운 판단으로 끌어들이는 변화 가운데에도 자신의 동일성이 전혀 손상되지 않은 채 남는다. 각각의 현실적 주제는 현실적으로 판단하는 작업수행에 대해서뿐 아니라 이전의 작업수행이 획득한 성과를 변양시켜 연결하는 기체가 된다. 이것은 주제로 구성된 사태를 변화시키지 않지만, 그 사태가 사고되는 그대로 양상을 변화시킨다. 이렇게 그 양상이 변화된 방식에서 사태는 지금의 판단뿐 아니라 함축적 판단들의 주제가 되는 산물이다. 따라서 현실적으로 주제가 되는 산물은 그때그때 함축된 판단을 소급해 지시하는 확산된 형태를 갖는다. 이 형태는 자신의 근원적 형식, 즉 근원적으로 수행하는 형식 속에 자연히 해소된다. 이렇게

2 오성의 대상성과 술어적 작업수행에서 나온 대상성들의 근원

해결되는 것은 궁극적으로 단순한 판단들로 이끄는데, 이 판단들은 단지 판단의 틀일 뿐이며, 그 항(項)들은 부가어나 그 밖의 다른 부속어를 더 이상 포함하지 않는다.

이미 여러 번 강조했듯이, 그와 같은 판단들은 한계경우로 간주되어야만 한다. 여기서 사태와 판단명제 그 자체는 구별될 수 없다. 따라서 사태는 의미(Bedeutung)의 통일체 그 자체를 뜻한다.

그렇지만 이러한 판단들은 다음과 같은 점을 고려해 이중의 논의가 필요하다. 즉 그 판단들은 실로 단순한 제로(0)의 경우이며, 무한히 다양한 판단들은 사태 속에 항상 그 제로의 판단(Nullurteil)과 일치한다는 점이다. 사태의 개념은 처음부터 동일한 주제의 틀을 지시하는데, 동일한 하나의 현실적 주제를 가지며, 이 주제를 동일한 구문론적 형식들로 결합하는 모든 판단은 사태의 개념이 제공한 틀을 공통으로 갖는다. 제로의 명제는 그러한 일련의 틀에 속한 순수한 명제이며, 순수하게 규정하는 현실성의 상관자이다.

판단작용의 상관자, 즉 사태 그 자체는 하나의 판단일 것이며, 더구나 한계경우일 것이라는 사실은 우리가 여기에서는 사념된 대상들 그 자체 또 사념된 사태 그 자체도 중요하다는 사실을 생각하면, 그 역설적 성격을 상실한다. 사태 그 자체는 곧 완전히 충족된 이념일 뿐이다.[1,2]

---

1 〔원주〕 이에 관한 상세한 논의는 이 책의 68절 마지막 부분 참조.
2 실재적 존재(Reales)는 지평적으로 함께 주어지는 것을 갖기 때문에 언제나 우연적이며, 음영(陰影)의 원근법을 띠고 어느 한 측면만 주어지기 때문에 충전적(adäquat)이지 않다. 또한 새로운 경험을 통해 확인되거나 수정될 수 있기 때문에 필증적(apodiktisch)이지도 않다. 더구나 '의미의 영역은 직관의 영역, 즉 가능한 충족의 영역보다 매우 포괄적'이기 때문에 의식에 직접 주어진 사태 그 자체를 문제 삼기 위해서는 공허한 단어 분석을 떨쳐 버리고 경험과 직관으로 되돌아가 존재에 접근해 가야만 할 목적론을 지닌다. 결국 실재적 존재가 "완전히 주어지는 것은 (칸트적 의미에서) 하나의 이념"(『이념들』 1권, 297쪽)이다.

61 오성의 대상성에 관한 그 이상의 예인 집합.
생산적 자발성 속에서 집합의 구성

사태들은 술어로 산출하는 자발성 속에서 구성된 유일한 오성의 대상성이 아니다. 사태들은 좁은 의미에서 계사가 들어간 결합의 통일체인 술어적 판단의 근본적 기능 속에 정초되었다는 점에서 특권적 지위를 갖는다. 우리는 계사가 들어간 결합에 집합적 결합을 대립시켰는데, 이 집합적 결합은 계사가 들어간 결합에서처럼 기체의 대상들에서 논리적 의미를 형성하거나 의미의 침전물로 이끌지 않지만, 어쨌든 넓은 의미에서 술어적 자발성으로 간주될 수 있다.[1] 이것은 모든 술어적 자발성처럼 새로운 대상성, 즉 집합(Menge)이라는 대상이 '미리-구성되는 것'으로 이끈다.

또한 수용성의 영역에는 집합적 총괄작용인 다수의 관찰작용이 이미 존재한다. 이 관찰작용은 다른 대상들에 따라 어떤 대상을 단지 파악하는 것이 아니라, 바로 그다음 대상을 파악하는 경우 [이전의] 어떤 대상을 '파지해 유지하는 것' 등이다.[2] 그러나 이러한 총괄, 집합의 통일체는 아직 하나의 대상이 아니다. 즉 그것은 한 쌍, 집합체 일반적으로는 두 대상의 집합이 아니다. 우리는 한계 지어진 의식 속에 특히 어떤 객체에 주의를 기울이는 것이지 그 이상은 아니다. 그렇다면 우리는 파악한 것을 견지하는 가운데 다시 새롭게 총괄하는 것, 즉 잉크병과 방금 전에 들은 소음을 지금 새롭게 총괄할 수 있거나 최초의 두 가지 객체를 파악하는 가운데 유지하고 제3의 객체를 객체 그 자체로만 바라본다. 이 최초의 두 가지 객체를 결합하는 것은 그것으로 해소되지

---

1 [원주] 이 책의 50절 b)와 『형식논리학과 선험논리학』, 95쪽 이하 참조.
2 [원주] 이 책의 24절 d) 참조.

2 오성의 대상성과 술어적 작업수행에서 나온 대상성들의 근원

않는다. 제3의 객체를 결합해 받아들이거나 특별히 결합된 두 가지 객체 이외에 새로운 객체를 고려하는 것은 다른 일이다. 그리고 이제 우리는 ([A, B], C)의 형식, 마찬가지로 ([A, B], [C, D]) 등의 형식으로 파악하는 것의 통일체를 갖는다. 여기에서 다시 다음과 같이 말하는 것이 필요하다. 즉 그와 같은 모든 복잡한 형태의 파악은 객체들 A, B, C, ……를 갖는 것이지, 하나의 객체인 (A, B) 등을 갖는 것은 아니다.

다른 한편 우리는 쌍(Paar), 즉 어떤 쌍에 이어서 다른 쌍에 주의를 기울이고 파악하는 시선을 향할 수 있으며, 이 경우 그 쌍은 객체들이 된다. 이러한 짝짓기를 수행하면, 반복된 개별적 집중, 지금 A를 그러나 그다음 B를 집중해 부분적으로 파악하는 작용은 일종의 해명작용 (Explikation)으로, 즉 즉 총체적 객체 A+B를 통관하는 작용으로 기능한다. 더 상세하게 살펴보면, (A, B)를 표상하는 것은 (A+B)를 집합시키는 작용보다 우선한다. 이 작용 속에 그 총체(Inbegriff)는 대상이다. 즉 총체가 주어지기 위해, 총체를 '스스로 주어진 것' 속에 관찰하면서 파악하기 위해, A와 B를 함께 파악해야만 한다. 이 두 가지 대상을 파악하는 통일체에는 새로운 대상이 이른바 그 성과로 미리 구성된다. 이 성과는 이제 하나로 파악할 수 있고 'A, B……'라는 개별적으로 파악하는 가운데 해명할 수 있는 것이다.

그러므로 A와 B라는 복수의 형태로 파악하는 작용 속에 비로소 근원적으로 생기는 집합적 결합에는 기체가 되기 위해, 즉 본래적 대상인 동일화할 수 있는 것이 되기 위해 시선의 전환이 필요하다. 그러나 이것은 단순히 집합적 총괄로 포착하는 작용을 수행하는 한, 우리는 그것으로 미리 구성된 대상인 다수(Mehrheit)만 가지며, 소급하고 포착해 파악하는 것에서 비로소 능동적으로 [대상을] 형성함에 따라 대상적 통일체인 집합으로서 다수를 갖는다. 그것은 여기에서 술어적 자발성으로 산출된 모든 대상의 경우와 마찬가지이다. 즉 자발성을 통해 구문론적 대상성은 미리 구성되지만, 이 대상성은 그것이 완성된 다음 소급해 포착하는 것(Rückgreifen)에서 비로소 대상으로서 주제가 될 수 있다. 'A와 B와 C'라는 집합적 종합은 의식의 인식작용적 통일체이지만, 본래적 의미, 즉 주제가 되는 기체의 대상의 의미에서는 아직 어떤 대상의 통일체가 아니다. 이 속에서는 A, 또 B 그리고 C가 주제이지만, 아직 집합체가 주제는 아니다. 하지만 총괄하는 의식은 많은 항(項)을 지닌 하나의 유일한 객체가 아니라 통일적으로 포괄적인 다수의 객체를 포함한다.

그런데 본질적으로 각각의 종합적으로 통일적인 의식을 통해 하나의 새로운 객체, 곧 많은 항을 지닌 객체가 미리 구성된다. 이때 이렇게 미리 구성된 것을 주제가 되는 객체로 만들려면, 그래서 판단의 기체로 만들려면, 언제나 가능한 주제로 포착하는 작용(Zufassen)만 필요하다. 상세하게 말하면, 총괄작용(Kolligieren)은 본질적으로 집합체가 미리 구성되는 다수 정립적(polythetisch) 작업수행이다. 그것은 총괄작용이 완성된 다음 소급해 포착하는 파악작용으로 주제의 대상이 된다. 이 작용으로 집합은 대상으로, 동일화할 수 있는 것으로 자아에 주어진다. 그런 다음 그것은 다른 객체와 마찬가지로 하나의 객체이며, 다수의 주어지는 방식들에서 동일한 것으로 총체적으로 동일화될 수 있을 뿐 아니라, 언제나 새로운 동일화작용(Identifizieren) 속에 해명될 수 있다. 또한 해명작용은 언제나 다시 하나의 총괄작용이다. 그러나 그것은 모든 기체의 대상성과 마찬가지로, 주어로서 새로운 판단의 연관으로 계속 들어갈 수 있다.

당연히 집합들도 다른 선언적(選言的) 집합에 의해 또다시 총괄될 수 있고, 따라서 더 높은 등급의 집합이 구성될 수 있으며, 그런 다음 주제로 객체화될 수 있다. 그래서 하나의 집합 속에 선언적으로 통일된 대상들은 그 자체로 다시 집합일 수 있다.

그러나 궁극적으로 직관적으로 미리 구성된 각각의 집합은 궁극적 항(項)들, 즉 더 이상 집합이 아닌 개별성(Einzelheit)들로 이끈다. 왜냐하면 그러한 집합의 이념에는 그것이 최초에 '기체로 주어진 것'에서 이미 미리 주어진 다양한 특수한 자극들이 현존한다는 점이 속하기 때문이다. 우리는 그것을 파악하는 경우 이 특수한 자극을 활성화한다. 물론 더 가깝게 접근함에서 직관의 새로운 자극들을 작동시킨다는 점은 배제할 수 없다. 이 특수한 자극은 이전에 사념된 단일성(Einheit)들이 다시 다수성(Mehrheit)들로 해소되지는 않는다. 그러나 이러한 점에 관계없이 각각의 집합은 아프리오리하게 궁극적 집합의 항들, 따라서 그 자체로는 더 이상 집합이 아닌 항들로 소급될 수 있는 것으로 생각되어야만 한다.

하지만 어떤 집합의 통일체 안에서 서로 다른 부분적 집합들은 자극적인 특수한 결합으로 한정된다는 점, 이렇게 해서 중첩되는 집합들이 가능하다는 점, 그래서 다른 집합들과 관계를 맺는 일반적 집합들이 억제하는 모든 가능한 관계를 제공할 수 있다는 점이 첨부될 수 있다.

그에 따라 집합은 선언으로 대상들을 서로 연결시키는 집합적 능동성에 의해 근원적으로 미리 구성된 대상성이다. 이 대상성을 능동적으로 파악하는 것은 단적으로 추후에 포착하는 작용(Nachgreifen)이나 방금 전에 구성된 것을 포착하는 작용(Ergreifen) 속에 존재한다. 자발성의 순수한 형성물인 집합은 특별한 형식을 뜻하는데, 생각할 수 있는 모든 종류의 주제의 대상은 항들로서 이 형식에 들어오며, 그런 다음 이 형식에 의해 대상들은 규정하는 판단들에서 그 자체로 다시 모든 종류의 항으로 기능할 수 있다. 술어적 객관화작용의 종합 가운데 하나는 '그리고(연언)'이며, 물론 완전히 다른 방향에 속하는 것이지만 관계의 종합 가운데 하나는 '또는(선언)'이다. 이것들은 집합작용, 즉 집합의 구문론적 특수한 형식의 근본요소이다.

그러므로 근원적으로 수동적으로 미리 구성된 집합은 존재하지 않는다. 수동성은 단지 전제조건만 만들어 줄 뿐이다. 그러나 실로 많은 대상들이 선언으로 미리 구성된 것으로 놓여 있고, 그것들이 결합된 자극적 힘을 실행한다는 사실은 필수적인 것이 아니다. 대상들은 서로 잇달아 주제의 시야에 들어올 수 있으며, 우리가 선행된 대상에 서로 다른 방식으로 판단하면서 몰두하는 가운데, '서로 잇달아 일어남(Nacheinamder)'에서 기술된 집합작용의 조건들을 충족시킨다.

자극의 통일은 계기적(繼起的)으로 형성되며, 관심이 변천〔이행〕하는 데 길을 마련해 준다. 그리고 만약 등장하는 대상들이 선언적이면, 집합작용이 시작할 수 있다. 그러나 S가 선언적 특성들 속에 단계적으로 해명되고 이러한 특성들이 처음부터 집합적 결합에 이르는 것과 같이, 이것들도 처음부터 능동성 속에 발생한다. 언제나 거기에는 집합체(Kollektivum)를 대상으로서 객체화하는 시선의 전환이 가능하다.

62 상태와 사태의 원천인 오성의 대상성. 구문론적 결합과 관계를 구문론적이지 않은 결합과 관계로부터 구별함

모든 오성의 대상성, 집합 등은 본질적으로 이것들에 속한 계기(Moment)들에서 해명될 수 있는 것으로 가장 넓은 의미의 전체성(Ganzheit)이다. 이것들은 수용적으로 부여할 수 있는 대상성 속에 기초하기 때문에 물론 더 높은 단계의 전체성이다. 수용성의 모든 근원적인 기체의 대상이 전체를 범례화한다고 이 전체성을 전체(Ganzes)와 혼동하면 안 된다.

특히 집합의 대상에서 이것은 집합작용(Kollektion)을 통해서는 어떠한 감각적 전체도 구성될 수 없다는 점을 함축한다. 집합 안에서 집합의 항들(이것들에 의해 우리는 집합된 감각적 대상들이 중요하다는 점을 가정한다.)은, 어떤 감각적 전체의 부분들이 전체 그 자체에 관계하듯이 집합에 관계하는 것은 아니다. 우리가 감각적 전체와 그 부분들 사이에서 발견한 부분적으로 합치되는 종합은 여기에서 일어나지 않는다.

집합의 항들은 어떤 방식으로 서로의 외부에(außereinander) 남아 있다. 이것들이 결합하는 형식은 결코 감각적인 것이 아니라 구문론적인 것이며, 곧 총괄된 것이다. 그리고 우리는 무엇이든 모두 임의적으로 총괄시킬 수 있기 때문에, 이것은 결합하는 형식이 감각적으로 직관할 수 있는 통일화에 대해 타당한 동질성(Homogeneität)의 조건들, 즉 적어도 '유사하게 존재함'이나 '유사하지 않게 존재함'의 관계조건들에 전적으로 의존하지 않는다는 것을 뜻한다. 그것은 구문론적으로 결합하는 형식이다. 총괄된 모든 항은 그것이 총괄되었다는 사실을 서로 공통으로 갖는다. 만약 우리가 사태들로 방향을 돌리면, 여기에서도 유사한 종류의 구문론으로 결합하는 형식을 발견할 수 있다. 예를 들어 어떤 대상의 모든 속성은 그것이 속성이라는 사실을 공통으로 갖는다.

그 속에 근거 짓는 결합과 관계를 지닌 실질적(sachlich) 공통성과 이것들의 관련과 관계를 지닌 형식적(formal) 공통성의 차이는 이미 지적되었다.[1] 실질적 공통성은, 비록 가장 넓은 의미이더라도, 언제나 감각적 직관의 통일체 속에 근거한다. 따라서 여기에서는 동등함(Gleichheit)이나 유사함(Ähnlichkeit)이 더욱 중요하다. 〔그런데〕 실질적 공통성은 본래의 동질성을 규정한다. 이에 대립된 형식적 공통성은 감각적 직관의 가능한 통일체 속에 정초된 것이 아니라, 구문론으로 형성한 것을 통해 수립된다. 물론 이 공통성도 유사함, 즉 순수한 형식상의 동질성으로 소급된다. 그러나 이것은 형성된 기체의 대상들의 유사함이라기보다 다른 단계에 놓여 있는 유사함이다. 이 경우 공통적인 것은 유사함으로 소급되는 관계이다. 관계 짓는 모든 작용에는 유사함의 관계도 함께 포함하는 극도로 넓은 의미에서의 결합이 근거에 놓여 있다. 그리고 결합

---

1 〔원주〕 이 책의 43절 d).

은 함께 속한 그 어떤 것, 즉 공통성을 통해 유사한 것으로 부각된 것의 결합이다.

그러므로 오성의 대상성은 그 자체로 상태나 사태의 원천이다. 왜냐하면 '오성의 대상성이 모든 대상성과 함께 공통으로 가질 수 있는 관계들, 즉 전체 일반으로서 그것들에 속한 관계들, 오성의 대상성이 모든 전체와 마찬가지로 관여할 수 있는 관계들 이외에' 구문론적 대상성으로서 그 특수한 성격 속에 근거하는 독특한 결합과 관계의 원천이기 때문이다. 그런 까닭에 우리는 다음과 같이 구별해야만 한다.

1) 구문론적 결합과 그 밖의 다른 결합들, 즉 구문론적 전체와 비-구문론적 전체를 구별해야 한다. 후자는 술어적 자발성을 통해 미리 구성되지 않고 오히려 전체 속에 결합된 다수의 직접적 부분들을 해명함으로써 비로소 나뉘는 대상들이다. 즉 부분들은 그것들이 포함된 전체와 상황의 선행하는 통일체에 근거해 서로 관계 지어져 있다. 더구나 그것들은, 예를 들어 동등함의 크기 등의 관계 속에 있다.

2) 따라서 구문론적 관계와 비-구문론적 관계도 구별되어야만 한다. 모든 관계는 오성의 대상성이다. 그것은 하나의 사태이며, 게다가 단순한 사태이지, 다수의 사태들 $S-S_2$의 연쇄는 아니다. 명사(名辭)들 그 자체가 오성의 대상성이거나 또는 전체로서 사태들의 기초가 오성의 대상이면, 사태는 구문론적이다. 모든 사태는 사태의 명사들 사이에 공통성을 수립하고 그 자체로 대상적으로 파악될 수 있는 기반을 갖는다.[2] 이 대상성은 해명될 수 있는 한, 그 자체로 가장 넓은 의미에서 전체이며, 해명작용을 통해 부각되는 모든 것은 가장 넓은 의미에서 부분이다. 즉 그것은 전체와 부분적으로 동일한 공통성을 가지며, '규정되는 전체'와 '규정되는 부분'이라는 두 가지 상관적 관계를 정초한다. 서로

---

2 〔원주〕 이 책의 59절 참조.

뒤섞인 부분들은 전체 속에서 자신들의 기반(Fundament)을 갖는다. 즉 전체의 두 가지 해명하는 항은 서로 그와 같은 관계를 가지며, 이것들은 본질적으로 규정하는 활동을 통해 구성될 수 있는 교차되는 관계 또는 결합하는 관계이다.

63 오성의 대상성과 수용성의 대상성을 구성하는 것의 차이

자발적 작업수행에서 발생하는 오성의 대상성의 몇 가지 중요한 유형들을 알게 된 다음, 그 구성(Konstitution)이나 존재방식(Seins-weise)을 수용적으로 주어진 대상성들의 구성이나 존재방식과 대조함으로써 더 명백하게 밝혀 보자.

오성의 대상성은 더 높은 단계의 전체성이며, 따라서 앞으로 지적하겠지만, 독특한 영역의 대상이다. 모든 대상은 본질적으로 그 대상이 가장 넓은 의미에서 간취될 수 있고, 대상 그 자체로서 원본적으로 파악될 수 있으며 더구나 해명될 수 있는 것으로 파악될 수 있다. 어떤 대상을 능동적으로 파악하는 모든 것은 '그것이 미리 주어진다'는 점을 전제한다. 수용성의 대상들은 근원적 수용성에서 연상(Assoziation)이나 자극(Affektion) 등 그 구조들과 더불어 미리 주어진다. 이 대상들을 파악하는 작용은 더 낮은 단계의 능동성이며, 근원적으로 수동적으로 미리 구성된 의미를 단순히 수용하는 작용이다.

이에 반해 오성의 대상성은 단순히 수용하는 작용 속에 결코 근원적으로 파악될 수 없다. 오성의 대상성은 적어도 근원적으로는 아니지만 ('이차적 수동성'에 관해서는 앞으로 논의할 것이다.)[1] 순수한 수동성 속

---

1 '2차적 수동성'에 관한 더 상세한 논의는 이 책의 67절 b) 참조.

에 미리 구성되어 있지 않고, 오히려 술어적 자발성에서 미리 구성되어 있다. 오성의 대상성이 근원적으로 미리 주어지는 방식은 자발적 작업수행인 자아의 술어적 행위 속에 그것을 산출하는 것이다.

여기에서는 수용적으로 파악하는 것과 산출하는 자발성을 비교했다. 이 경우 첫눈에 나타나는 그 유사함에 혼란되면 안 된다. 또한 수용적으로 파악하는 것을 분석하는 경우 자아의 자의적(willkürlich) 행위와 비-자의적 행위, 자아의 운동감각들(Kinästhesen), 주위를 돌아다니거나 눈을 움직임 등을 통해 관점(Perspektive)들을 능동적으로 산출하는 것에 관해 논의했다. 이렇게 산출하는 것에 의해 외적 대상은 일반적으로 수용성 속에 비로소 구성된다. 또한 외적 대상은 눈을 움직임, 주위를 돌아다님 등에 근거한 대상이 완전히 다양하게 제시됨으로써 'S는 p이다'라는 사태가 자발적이며 시간적으로 경과하는 것인 판단하는 행위 속에 산출되는 것과 정확하게 마찬가지로, 종종 자발적으로 이끈 과정의 끝에서야 비로소 시간적으로 생성되는 것 속에 완전히 구성된 것처럼 보인다. 그러므로 여기에서도 일종의 산출하는 활동이 문제되어야 한다.

그러나 이러한 공공연한 유사함이 근본상 본질적 차이를 왜곡시키면 안 된다. 정지되었거나 진행 중인 모든 감각적 대상에는 그것이 '파악되었다'는 것은 본질적인 것이 아니다. 다양한 감각자료가 경과하는 것을 동기 짓는 자아의 행위(Tun)는 완전히 비-자발적일 수 있다. 나타남이 경과하는 것도, 자아가 그것이 경과하는 가운데 나타나는 것에 수용적으로 파악하면서 주의를 기울이든 않든, 전적으로 동등하게 수동적으로 통일체에 결합된다. 어떤 방식으로도 대상은, 비록 주의를 기울이는 것이 당연히 필요하고 이것에 의해 대상이 그 자체로 파악되더라도, 그렇게 '거기에' 있고, 장(場) 속에 존재한다. 반면 오성의 대상성, 사태는 본질적으로 자발적으로 산출하는 행위 속에서만, 따라서 자아가 거기에

2 오성의 대상성과 술어적 작업수행에서 나온 대상성들의 근원

있는(Dabeisein) 경우에만 구성될 수 있다. 자아의 행위가 일어나지 않으면 기껏해야 수용적으로 구성된 대상성의 경우에 머물고, 대상은 그 장 속에 지각할 수 있는 것으로 남지만, 그것에 근거해 새로운 아무것도 구성되지 않는다.

더 깊은 이해로 이끄는 다음과 같은 차이가 이러한 논의에 이어진다. 즉 비록 두 가지 대상성이 하나의 시간적 과정 속에 구성되고 이 과정의 끝에 가서 비로소 완전히 구성되어 현존하더라도, 어쨌든 지각의 대상은 처음부터 확실히 일거에 현존한다. 그것이 주어지는 방식은 각각의 새롭게 제시되는 것으로 풍부해지지만, 다양한 나타남들이 경과하는 것은 각 순간에 중단될 수 있으며, 비록 아직 모든 측면에서 또 가능한 한 최대로 충족되지는 않았더라도, 어쨌든 우리는 언제나 실로 하나의 대상을 갖는다. 자아가 여기에서 자신의 행위 속에 산출한 것은 대상 그 자체가 아니라, 곧 그 대상에 관해 제시한 것(Darstellung)이다.[2] 이 제시하는 모든 것을 통해 자아는 그것들 속에 제시되는 하나의 동일한 대상으로서 그것에 언제나 향해 있거나, 자신의 시간적 국면 속에 점차 자신의 시선 앞에 경과하는 사건에 향해 있다. 경과하는 그 모든 국면은 이러한 사건에 관한 국면이며, 이 사건은 자아의 대상으로서 〔자아에〕 향해 있다.

반면 자발적 산출작용 속에 산출되는 것은 사태 그 자체이지, 이 사태에 관해 제시하는 것이 아니다. 반대의 경우처럼 자아는 어떤 임의의 시점에서 그 과정을 중단할 수 없다. 만약 중단할 수 있다면, 자아는 이러한 오성의 대상성을 갖지 못할 것이다. 이 산출작용에서 자아는 사태를 그것이 시간적으로 생성되는 가운데 구성하는 경우 〔이전과〕 동일한 방

---

2 〔원주〕 또한 대상 그 자체가 선험적 관점에서 구성의 산물이라는 사실은 존재상의 차이에 관계하는 이렇게 대조하는 것의 테두리 속에 고려되지 않을 수도 있다.

식으로 사태에 향한 것이 결코 아니기 때문이다. 자아의 대상은 사태가 아니라, 판단작용 속의 S, 판단작용 속의 p 등으로 규정된 기체이다.

자아는 자신의 판단하는 행위 속에 규정되는 것 또 자신의 규정들로 풍부하게 되는 것을 향해 있다. 이것이 자아의 판단작용의 대상이다. 이러한 방식으로 오성의 대상성 일반은 판단작용 속에 미리 주어진 것으로서 산출하면서 비로소 미리 구성된다. 오성의 대상성은 판단작용 속에 규정의 기체 S와 같이 동등한 방식으로 대상적인 것이 아니라, 우선 우리가 판단에서 사태를 '이끌어 내는' 시선의 전환이 필요하다.

그렇다면 우리는 더 이상 우리의 대상인 S가 아니라, 오히려 'S는 p이다'라는 '사태'에 향해 있다. 맨 먼저 S가 대상이 되는 일차적 판단 'S는 p이다'가 구성되어야만 하고, 그런 다음에야 비로소 우리는 이것에다 '이것(S는 p이다)은 즐겁다' 등을 연결시키며 계속 나아갈 수 있다. 또는 변경된 시선의 위치에서 다시 판단은 'S를 주어로 p를 술어로 포함한다'는 것에 관한 주어가 될 수 있다. 이와 같이 규정하는 것은 그런 다음에야 비로소 기체로 독립화될 수 있거나, 다른 한편으로 S가 그 주어의 형식으로 대상이 될 수 있다. S는 판단을 수행함에서 이미 이러한 주어의 형식을 얻는다.

그러나 판단작용 속에는 단적인 S, 즉 규정의 기체가 대상이지, 주어의 형식에서의 S가 대상은 아니다. 이 형식은 자발적으로 산출하는 가운데 S에 배분되고, S를 이 형식에서 대상으로 파악하려면 판단이 산출된 다음 독특한 단계가 필요하다. 이 단계는 판단이 대상화된 토대 위에 그 구성요소들, 즉 주어를 형성하는 가운데 판단의 주어를 새로운 기체로 규정하면서 파악하고, 이러한 방식으로 '구문론적 형식'이라는 개념을 획득한다.[3] 판단 산출이 완결된 후에야 비로소 가능한 모든 시

---

3 〔원주〕『형식논리학과 선험논리학』, 117쪽 참조.

선의 전환, 즉 오성의 대상성이 다양한 방향에서 산출된 것에서 이끌어내는 시선의 전환은 우리가 어떤 감각적 대상에서 제시함, 그 대상이 우리에 대해 구성되는 나타남으로 되돌아가는 시선의 전환과는 완전히 구별된다.

64 오성의 대상성의 비실재성과 그 시간성

a) 모든 대상성 일반이 주어지는 형식인 내재적 시간

오성의 대상성과 수용성의 대상들을 구성하는 데서 생기는 차이는 양측의 대상성에 시간성(Zeitlichkeit)의 차이에서도 뚜렷하게 각인되며, 실로 원리적으로 구별되는 이것들이 존재하는 방식은 그 시간성의 차이로 궁극적으로 파악되어야 한다.

실재적인 개체적 대상성 전체는 객관적으로 동일화할 수 있다는 의미에서 자신의 실제성(Wirklichkeit)을 가지며, 이것은 객관적 시간, 즉 세계시간(Weltzeit)의 통일체 속에 상호주관적으로(intersubjektiv) 구성되는 방식으로 그 자체로 존재하는 대상성에 관한 논의에 자신의 근거를 부여한다. 이 세계시간 속에 각각의 실재적인 것(Reales)은 자신의 확고한 시간위치(Zeitstelle)를 가지며, 이 시간위치를 통해 실재적인 것은 그것과 동등한 그 밖의 모든 실재적인 것과 개별적으로 구별된다.[1]

확실히 오성의 대상성은 실재적 대상성들의 영역 전체에 속하지 않는다. 이 영역의 맨 밑에는 단순한 자연의 사물이 속하는 영역이 있다. 우리는 세계 속에 어떤 사물들을 발견하는 것처럼 사태들을 발견하지는 않는다. 이 실재성의 영역에 대립해 사태들은 비-실재적(irreal) 대상성

---

1 〔원주〕이 책의 38절 참조.

이며, 실재성들은 객관적 시간과 객관적 시점들에 결합된 것과 동일한 방식으로 결합된 것이 아니다.

그럼에도 어쨌든 사태들이 아무 관계가 없거나 어떠한 시간성도 갖지 않는 것은 아니다. 예를 들어 어떤 사태가 시간적 과정 속에서, 즉 시간적으로 생성되는 경과 속에서 미리 구성되었으며, 이 과정이 종결된 다음에 사태는 완전히 구성되었고, 이제 새로운 대상성으로 이끌어 낼 수 있다고 말한다. 그래서 사태는 어떠한 객관적 시간 속에도 존재하지 않을 것이다.

이러한 점을 숙고해 보자. 모든 체험, 모든 의식은 '흐름(Fluß)'이라는 근원적 법칙에 지배된다. 체험이나 의식은 그 지향성(Intentionalität)에 대해 무관심할 수 없는, 따라서 그 지향적 상관자 속에 나타나야만 하는 지속적 변화를 겪는다. 구체적인 모든 체험은 생성되는 통일체(Werdenseinheit)이며, 시간성의 형식으로 내적 의식 속에 있는 대상으로 구성된다.[2] 이 점은 실로 모든 내재적 감각자료에 대해 타당하지만, 더 나아가 이 감각자료를 포괄하는 통각 또 그 밖의 모든 지향적 체험에 대해서도 타당하다.

체험들은 내적 의식의 대상이지만, 대상들도 체험에서는 '체험들 속에 사념된 것'으로 구성된다. 체험에 속하고 체험 그 자체에 시간위치와 내적 의식의 〔현존하는〕 방식을 부여하는 필연적인 '시간의 구성(Zeitkonstitution)'은 체험의 지향적 대상들에 어떠한 영향을 끼치는가? 원본적 체험 속에 구성된 대상 그 자체는 자신의 독특한 본질의 내용에 속하는 시간의 형식을 언제 필연적으로 받아들여야만 하는가?

어쨌든 우리는 즉시 다음과 같이 말해야만 한다. 즉 체험들이 구성되는 내재적 시간은 그것에 의해 동시에 체험들 속에 사념된 모든 대상이 주어

---

2 〔원주〕 이 책의 42절 c) 참조.

2 오성의 대상성과 술어적 작업수행에서 나온 대상성들의 근원

지는 형식이다. 그리고 그것이 근원적으로 모든 대상에 속하는 한, 마치 시간과 아무 관계도 없는 그 자체의 존재가 체험들에 존재하는 것처럼 우리가 체험들에 첨가하는 것은 아니다. 시간과의 필연적 관계는 언제나 현존한다. 그러나 감각적인 개체적 지각의 대상들에 대한 관계와 오성의 대상성에 대한 관계는 서로 다르다.

b) 실재적 대상성의 시간성. 주어지는 시간과 객관적 (자연의) 시간

그와 같은 대립을 더 명백하게 하기 위해 우선 지각의 대상성을 살펴보자. 개체적인 공간적 대상들은 감각자료의 '파악(Auffassung)', '통각(Apperzeption)'에 의해 구성된다. 실로 내재적 감각자료인 이 대상들은 그 개체적 본질에 속하는 형식인 시간을 가지며, 더구나 각각의 자료는 일반적 본질인 지속(Dauer)뿐 아니라 그 개체적 지속, 즉 그 자신의 시간도 갖는다. 그리고 내재적 감각자료들의 모든 시간은 순수자아에 관련된 하나의 시간이다. 이 시간은 모든 위치, 이미 경과된 개별적 자료들에 고유한 모든 절대적 시간, 개체적 시간을 그 자체 속에 포함한다. 새롭게 등장하는 각각의 자료는 물론 이른바 자신의 새로운 시간이 필요하고, 이 새로운 시간은 즉시 계속 전개되는 시간의 한 단편(Stück)이다. 내재적 감성(Sinnlichkeit)의 세계에 속한 대상들은 하나의 세계를 형성하며, 이 세계는 세계 그 자체에 속한 시간의 형식, 따라서 대상적인 시간의 형식에 의해 통합되어 있다.

그러므로 모든 대상과 같이 감각의 대상들[3]도 그것들이 주어지는

---

3 〔원주〕물론 여기에서 대상들에 관한 논의는 단지 조건부로만 허용된다. 왜냐하면 외적 지각이 자연적으로 경과하는 가운데 우리는 감각자료를 대상으로 갖는 것이 아니라, 오히려 감각자료를 통해 이것들 속에 나타나는 음영 지어진 지각의 사물들을 향해 있다. 이것들은 추상적으로 해체함으로써만 반성 속에 비로소 본래적 의미의 대상(주제의 대상)이 된다.

시간을 갖는다. 그러나 그 독특한 본질은 이러한 대상들에게 주어지는 시간이 동시에 본질적 시간이라는 점을 결정한다. 감각의 대상들은 주어지는 시간 속에 존재하고, 이 시간 속에 주어지는 형식뿐 아니라 구성에 본질적 형식인 현존재의 형식(Daseinsform)도 갖는다.

이제 이러한 감각자료에서 통각으로 구성되는 개체적인 공간의 대상성, 즉 자연의 대상성으로 넘어가자. 이미 말했듯이, 이것은 감각적으로 주어진 것들에 관한 통각을 통해 간접적으로 구성된다. 감각자료는 그 자체로 또는 그 내용적 규정과 시간적 규정으로 구성된 공간의 세계에 속하지 않는다. 그러나 이 모든 규정은 통각에 의해 표상된 것으로 이바지한다. 통각은 직관이며, 연관 속에 함께 들어오고, 직관의 통일체, 즉 자연 경험(Naturerfahrung)의 통일체를 형성한다. 이것에 의해 재현하는 자료의 시간적 소재에 통각의(구성의) 통일체로 공간적 사물의 소재(Materie)가 구성된다. 그리고 그 감각적 장소의 차이를 통각으로 통일함으로써 공간의 형식이 구성되며, (재현된 것으로서) 감각의 시간성을 통각으로 구성된 통일체에 의해 통각된 시간 또는 객관적 시간이 구성된다.

따라서 대상들이 근원적 구성 속에 감각적이지만 간접적으로 구성되면, 즉 '직접적인 감각적 대상들이 이 대상들에 속한 직접적으로 구성적인 내재적 시간과 함께 높은 단계에서 통각된 대상들에 대해 통각으로 재현된 것으로 이바지하는 방식으로' 일종의 물리적인 공간적 대상이 구성되면, 이것에는 내재적 시간의 통각으로 재현작용을 통해 객관적 시간, 통각된 시간이 증대된다. 내재적 시간은 그 자체로 더 높은 구성적 단계의 지향적 대상에 들어가지 않지만, 이 내재적 시간을 통해 그 속에서, 또 모든 시점, 질서 등에 따라 자신의 〔나타남의〕 다양체를 갖는 하나의 통일체로 생각된다. 이것은 시간의 경우 (성질, 장소성의 경우와 같이) 제시하는 것(Darstellendes)과 제시된 것(Dargestelltes)을 동일한 말로 표시하게 이끌고, 따라서 구별할 수 있는 모든 계기를 관통해

2 오성의 대상성과 술어적 작업수행에서 나온 대상성들의 근원

나가는 어떤 합치에 상응해 양 측면[내재적 측면과 통각적 측면]에서 색깔, 형태, 장소, 시간을 논의하게 하는 독특한 상태(Sachlage)이다.

자연의 대상들은 모든 대상성과 마찬가지로 자신이 주어지는 시간을 가지며, 그와 동시에 그것들을 포괄하는 독특한 본질적 형식인 객관적 시간으로서 자연의 시간(Naturzeit)을 갖는다. 자연을 경험한 각각에 대해 하나의 감각적 시간이 존재하고, 그것의 모든 감각자료[외견들]에 대해 그리고 이것에 언젠가 주어졌던 모든 사물에 대해, 주어지는 시간이 존재한다. 이 시간은 확고한 형식이며, 확고한 질서를 정초한다. 이것이 동시성(Gleichzeitigkeit)과 계기[의 관계](Folge)를 제공한다.

그러나 이것은 자연 시간과 전혀 일치하지 않는다.(이것은 여기에서 주어진 분석과 매우 다르더라도, 어떻게 보면 이미 칸트가 지적한 것이다.) 즉 이것은 주어지는 시간과 객관적 시간이 일반적으로 합치할 정도로 부분적으로 일치할 수 있다. 그렇다면 질서(Ordnung)와 지속하는 것(Dauern)은 일치한다. 그러나 주어진 '잇달아 일어남(Nacheinander)'은 객관적 '잇달아 일어남'일 필요는 없으며, 주어짐의 지속은 실로 그것이 주어짐 이외에도 지속하는 자연의 객체 그 자체의 지속은 아니다. [요컨대] 주어지는 시간은 내재적 영역에 속하고, 자연의 시간은 자연에 속한다.

그러므로 자연은 그 자체로 자신의 현존재의 형식인 시간을 가지며, 거기에서 '시간'이라 부르는 형식은 하나의 포괄적 연속체(Kontinuum)이다. 이 연속체는 모든 대상 속에 일어나는 본질적 규정들, 즉 우리가 그 '시간의 지속'이라 부르는 본질적 규정들을 개체적으로 지속하는 것인 그 개체적 개별화에서 그 자체 속에 포함하고, 이러한 점을 통해 그 연속체는 질서 지어지고 통일되며, 최초의 단계에서 실질적 연관을 만들어 내며, 이것을 통해 그 이후의 실질적 연관을 가능케 한다. 왜냐하면 이 지속의 개별화는 지속하는 것의 개별화, 즉 지속을 넘어서 확장되는 그 밖의 규정들의 개별화를 가능케 하고 조건 짓는다. 따라서 여기에서 시간은 하나의 형식이며, 동시에 그 형식에 의해 질서 지어진 개별적-형식들의 무한함이다.

이러한 형식들은 대상성 자체가 구성되는 계기들을 형성한다. 모든 시간의 대상은 시간 속에 깊이 파묻혀 있고, 각 대상은 시간의 지속, 즉 그것이 속한 자신의 특수한 형식에 의해 시간의 한 단편으로 잘린다. 시간은 세계의 내실적 계기(reelles Moment)이며, 서로 다른 시간과 분리된 위치 속에 있는 개체적 대상들은 이 시간위치를 통해 연속적으로 지속하는 한에서만, 따라서 그것들이 중간시간들(Zwischenzeiten) 속에 존재하는 한에서만, 그러한 대상일 수 있다. 그렇지 않다면 그것들은 단지 동등하지만, 개체적으로는 서로 다른 대상일 수밖에 없다. 개체적 대상의 경우 시간위치 그 자체는 충족된 시간의 지속으로서 각 시점에 구성되는 대상에 속한다. 경험하는 (개체적인 것을 원본적으로 부여하는) 의식은 흐르는 또 체험의 흐름 속에 확장되는 의식일 뿐 아니라, '~에 관한 의식(Bewußtsein-von)'으로 통합되는 것(Integrierendes)이다. 그러므로 이 의식 속에서 대상적 상관자는 각각의 국면에서 구별될 수 있고, 각각의 새로운 국면에서 새로운 상관자가 구별될 수 있다. 그러나 이것은 의식의 계기들이 '~에 관한 의식'으로 통합되듯이, 지속적인 모든 계기의 대상이 하나의 대상의 통일체로 통합되는 방식으로서만 그러하다.

동일한 것은 개체적 상상의 대상에 대해서도 타당하다. 이 대상은 대상을 구성하는 상상체험의 시간인 '대상이 주어지는 시간'을 가지며, 다른 한편 이 대상은 그 유사-객관적 시간을 가지며, 이것에 근거해 그 유사-개체화(Quasi-Individuation)와 유사-동일성(Quasi-Identität)을 상상세계와 이것에 속한 상상시간의 형식과의 통일체 속에 갖는다.[4]

---

4 〔원주〕 이 책의 40절 참조.

2 오성의 대상성과 술어적 작업수행에서 나온 대상성들의 근원

c) 전체-시간성인 비실재적 대상성의 시간의 형식

이제 오성의 대상성으로 넘어가자. 확실히 이것은 모든 대상과 같이 주어지는 시간을 갖는다. 오성의 대상성은 아무 형식도 없는 그 기체들과 마찬가지로 내재적 시간에서 생성되는 과정 속에 구성된다.

판단명제는 생성된 통일체이며, 여기에서 생성되는 것은 주어에서 창출된 것이다. 그리고 판단이 근원적으로 그 자체로 존재하는 것, 구성이 그 자체로 존재하는 것도 창출되는 양상으로 존재하는 것이며, 따라서 시간성의 형식으로 존재하는 것이다. 즉 시간의 형식은 그것이 주어지는 방식이라는 인식대상(noema)의 양상으로서 판단에 속한다. 그러나 여기에서 이 시간의 형식은 개체적인 감각적 대상의 경우와는 전적으로 다른 것을 뜻한다. 개체적인 감각적 대상은 주어지는 내재적 시간 속에 제시되는 어떤 객관적 시점에서 등장함으로써 그 자체로 개체화된다. 그에 반해 판단명제는 전혀 개체가 아니다. 이것들 사이에서 생기는 차이는 대상성의 형식인 시간성의 방식에서 근본적 종류를 의미한다.

물론 판단명제는 그 기체들을 형성하는 감각적 대상성과 같이 내재적으로 동시적이며, 따라서 동일한 주어지는 시간 속에 구성될 수 있다. 그러나 이것으로 판단명제가 이러한 대상성 그 자체가 개체화되는 객관적 시간에 관여하는 것은 아니다. 그러므로 더 높은 단계에서 구성된 모든 대상성의 경우, 즉 공간적 대상과는 같지 않은 경우, 낮은 단계의 대상 속에 구성된 시간들은 더 높은 대상을 위해 제시하는 기능을 갖는다. 만약 더 낮은 단계의 대상(또는 그러한 대상을 구성하는 지향적 체험) 위에 작용(낮은 단계의 대상성은 그 자체로 이러한 작용들의 대상성 속으로 들어가지 않는다.)이 구축되면, 낮은 단계의 대상성의 시간도 작용들의 대상성에 들어가지 않는다.

그리고 시간을 구성하는 낮은 단계의 작용들이 함께 들어오면, 어쨌든 이 작용들은 대상성 그 자체와 마찬가지로 시간들이 높은 단계에서 구성된 대상성에 들어오는 데 관계할 필요는 없다. 가령 어떤 대상이 빨간색으로 지속하는 가운데 수용적, 직관적으로 주어진 대상이 근거에 놓여 있으면, 이 사태를 'S는 빨갛다'라는 판단 속에 술어로 명백하게 제시하는 판단은 지금 생성되는 가운데 수행된 것으로 구성되고, '지금(Jetzt)'에 또는 그 자체에 속한 어떤 시간간격(Zeitstrecke)에 관계한다. 그러나 이것은 대상이 지속하는 간격과 다르다. 우리가 그 연쇄 속에 동일한 판단을 반복하면서 동일한 대상이 통일되는 의식을 산출하는 임의의 기억을 수행하면, 동일한 판단은 그때마다 새롭게 구성하는 그 자신이 형성되는 것(Selbstwerden), 자신의 새로운 지속을 갖는다. 경우에 따라 판단의 속도는 매우 다를 수 있다. 어쨌든 판단명제인 그 판단은 하나의 동일한 것이다. 이것은 그와 같이 판단하는 모든 작용이 본질적으로 포괄적인 총체적 동일화작용의 통일체에 들어오며, 이것들은 다양한 작용들이지만 '이러한 모든 작용 속에 판단명제는 동일하다'는 것을 뜻한다. 이 판단명제는 자신의 일정한 판단의 위치를 갖는 하나의 시간적 작용 속에서만, 경우에 따라서는 임의적으로 많은 시간위치를 지닌 임의적으로 수많은 작용 속에서만 근원적으로 주어진다.

그러나 명제 그 자체는 구속하는 어떠한 시간위치도 갖지 않고, 시간 속의 어떠한 지속도 갖지 않는다. 그리고 불가분하게 명제에 속한 지속이 생성되면서 구축되는 것은 우연적인 작용의 개체성을 갖지 않는다. 명제는 실재적 대상과 같이 객관적 시점 속에 개체화되지 않으며, 오히려 그것은 이른바 '도처에 있지만 어디에도 없는(überall und nirgends)'[5] 비

---

5 이것은 '명제 그 자체' 또는 '진리 그 자체', 즉 이념적 본질이 실재적 사물과 같이 어떠한 시간 – 공간성도 갖지 않지만, 분명히 실제로 현실에 존재하는 것을 뜻한다.

2 오성의 대상성과 술어적 작업수행에서 나온 대상성들의 근원

실재적인 것(Irreales)이다. 실재적 대상성들은 객관적 시간의 통일체 속에 포괄되며, 그 연관의 지평을 갖는다. 따라서 이러한 통일체를 지시하는 지평의 지향은 그것들에 대한 의식에 속한다.

반면 다수의 비실재적 대상성들, 가령 어떤 이론의 통일체에 속하는 다수의 명제들은 시간적 연관을 지시하는 그러한 지평의 지향과 함께 의식되지 않는다. 종합적으로 생성되는 통일체의 이념인 명제들의 비실재성은 개체적 작용들 속에 각각의 시간위치에서 나타날 수 있는 것의 이념이다. 이것은 각각의 시간위치에서 필연적으로 시간적으로 또 시간적으로 생성되면서 나타나지만, 어쨌든 모든 시간에 동일하다. 그것은 모든 시간에 관계된다. 또는 비록 어떤 시간에 관계되더라도, 항상 절대적으로 동일하다. 그것은 어떠한 시간적 차별화도 겪지 않고, 달리 말하면, 본래적 의미에서 어떠한 연장(延長)도, 시간상 어떠한 확장도 겪지 않는다. 그것은 모든 시간 속에 동일한 것으로 놓여 있을 수 있는 한, 시간 속에 '우연적인 것(kata symbebekos)'으로 놓여 있다. 서로 다른 시간들은 자신의 지속을 연장하지 않으며, 이 지속은 이념적으로 임의적이다. 이것은 본래 그 본질에 속한 규정인 지속을 전혀 갖지 않는다는 점을 뜻한다.

세계, 즉 모든 가능한 세계는 실재성(Realität)들의 우주(Universum)이며, 우리는 시간-공간성 속에 시간-공간적 장소에 의해 세계의 형식으로 개체화된 모든 대상을 이러한 실재성으로 간주한다. 비실재적 대상성은 세계 속에 시간-공간적으로 등장하지만, 많은 시간-공간적 위치에서 동시에 나타날 수 있으며, 어쨌든 수적으로 동일하게 하나로 나타날 수 있다. 그 대상성은 주관의 형성물이며, 세계성(시간-공간성) 속에 주관의 장소로 위치가 정해진다는 점에서 본질적으로 등장한다. 하지만 그 대상성은 동일한 주관의 서로 다른 시간위치에서 동일한 것으로 산출될 수 있다. 즉 반복해 산출하는 것들에 대립해 동일한 것으로,

또 서로 다른 주관들이 산출하는 것에 대립해 동일한 것으로 산출될 수 있다.

오성의 대상성은 비실재적인 것으로 세계 속에 등장한다.(사태가 '발견된다.') 그것은 일단 발견된 다음에는 새롭게 또 임의적으로 자주 생각될 수 있으며, 그 본성상 일반적으로 경험될 수 있다. 이것은 다음을 뜻한다. 즉 오성의 대상성이 발견되기 이전에도 그것은 이미 타당했고, 오성의 대상성을 산출할 수 있는 능력을 지닌 주관들이 현존하며 생각될 수 있는 한, 각각의 시간 속에 산출할 수 있는 것으로 받아들여질 수 있다. 그리고 모든 시간에서 현존재(Dasein)라는 이 방식은, 요컨대 가능한 모든 산출에서 그것들이 동일한 것이라는 방식을 갖는다. 이와 마찬가지로 우리는 아직 아무도 구성하지 않은 수학적 대상이나 그 밖의 비실재적 대상이 '존재한다'고 말한다. 물론 그 대상의 현존의 그것이 구성된('경험된') 다음에야 비로소 증명되지만, 이미 알려진 대상의 구성은, 비록 아직 알려지지 않았더라도, 발견될 수 있는 지평을 미리 열어 놓는다. 그 대상이 (어느 누구에 의해서도) 발견되지 않은 한, 그리고 시간-공간성 속에 사실적으로 존재하지 않으며 결코 발견되지 않을 것이라는 점('이것이 어느 정도까지 가능한가' 하는 점은 결정될 필요가 없다.) 이 가능한 한, 그것은 결코 세계의 실제성(Weltwirklichkeit)을 갖지 않을 것이다.

그러나 어쨌든 만약 그 대상이 현실화(aktualisieren)되면, 또는 실재화(realisieren)되면, 그것도 시간-공간적으로 장소가 정해진다. 물론 이렇게 한다고 그 장소를 부여하는 것이 대상을 실제로 개체화하지 않는다. '어떤 주체가 어떤 명제를 명증적으로 사고하는 것'은 그 명제에 장소성(Lokalität)을 부여하는 것인데, 그 명제는 사고하는 사람에 의해 파악된 것으로서 유일한 것이다. 하지만 마치 서로 다른 시간에 생각된 것으로서 동일한 것과 같은 명제 그 자체는 아니다.

그러므로 오성의 대상성의 무시간성(Zeitlosigkeit), 이것이 '도처에 있지만 어디에도 없는' 것은 시간성의 탁월한 형태로서 명백하게 제시되는데, 이 형태는 개별적 대상성들과 오성의 대상성을 근본상 본질적으로 구별한다. 즉 시간적 다양체를 그 속에 놓여 있는 초(超)-시간적 통일체가 관통해 나간다. 이 초-시간성(Überzeitlichkeit)은 전체-시간성(Allzeitlichkeit)을 뜻한다. 그와 같은 각각의 다양체에는 동일한 통일적인 것이 놓여 있으며, 그래서 시간 속에 놓여 있고, 이러한 점은 본질적이다. 내가 지금 판단하면, 판단의 내용, 즉 판단명제는 '지금'의 양상으로 의식된다. 하지만 이 판단명제는 어떠한 시간위치에서도 존재하지 않으며, 어떤 개체적 순간이나 어떤 개별적 개체화에 의한 시간위치에서도 대표되지 않는다. 그것은 그에 상응하는 판단하는 작용이 전개되는 각각의 위치에서 그 자체이며, 그 자체로 생성된다. 그러나 개체적인 것은 자신의 시간위치와 시간의 지속을 가지며, 어떤 위치에서 시작하고 [다른] 어떤 위치에서 사라져 버리는 반면, 그와 같은 비실재성은 초시간성, 어쨌든 시간성의 하나의 양상인 전체-시간성이라는 시간적 존재를 갖는다.

더구나 이 전체-시간성이 즉시 타당성(Geltung)의 전체-시간성을 자신 속에 포함하지 않는다는 점에 주의해야만 한다. 우리는 여기에서 타당성이나 진리(Wahrheit)에 관해 논의하는 것이 아니라, 오성의 대상성에 관해 논의한다. 이 대상성은 사념된 것이며, 개체적 판단작용들 속에 언제나 다시 동일한 것으로 실현될 수 있는 가능한 이념적-동일적인 지향적 극(極)이다. 곧 사념된 것에 대해 논의하기 때문에 '진리의 명증성에서 실재화되는지'는 중요한 문제가 아니다. 과거에 참으로 존재했던 판단은, 가령 '자동차가 가장 빠른 교통수단이다'라는 명제가 비행기 시대에 그 타당성을 상실하는 것처럼, 참으로 존재하기를 중단할 수 있다. 그럼에도 불구하고 그 명제는 임의의 개인들에 의해 언제나 판명함이라는 명증성 속에 다시 동일한 하나의 명제로 형성될 수 있고, 사념된 것으로서 자신의 초시간적인 비실재적 동일성을 갖는다.

d) 오성의 대상성의 비실재성은 유적 일반성을 의미하지 않는다

오성의 대상성의 비실재성은 유적 일반성(Gattungsallgemeinheit)과 혼동되면 안 된다. 즉 임의의 많은 진술하는 작용 그리고 누가 진술하든 주관은 이 하나의 동일한 명제를 진술할 수 있고 그 명제를 하나의 동일한 의미로 가질 수 있기 때문에, 가령 많은 빨간 사물이 류적 본질인 빨간색에 속하듯이, 진술하는 작용의 의미인 명제는 유적 일반자로서 다양한 작용에 속한다고 생각하려는 유혹이 클 수 있다.[6] 이 모든 사물은 빨간색을 공통으로 갖고, 이념화하는 추상작용(ideierende Abstraktion)으로 파악된 빨간색이 일반적 본질인 것처럼, 사실상 많은 작용들에 공통인 이념적-동일한 명제는 일반적 본질, 즉 어쨌든 유적 본질일 것이다.

이에 대립해 다음과 같이 말해야 한다. 확실히 명제는 그것이 사념되는 무한한 수의 정립적 작용을 지시하는 한, 일반적이다. 그러나 그 명제는 유적(類的) 일반성, 즉 그것이 종적(種的) 일반자에 속하고, 종이나 류로서 종에 속하며, 가장 아래 단계에서는 구체적 내용(Washeit)에 속하는 외연의 일반성으로서 유적 일반성이라는 의미에서 일반적이 아니다. 그러므로 명제는 색깔이나 음(音) 등과 같이 이른바 일반자의 개념에 상응하는 본질이라는 방식으로 일반적이 아니다. 유적-일반적 본질, 예를 들어 색깔의 형상(Eidos)이 색깔을 지닌 많은 대상으로 개별

---

6 후설은 이미 『논리연구』 1권에서 다양한 '심리적 판단작용'과 동일한 '논리적 판단내용', 즉 실재적인 것과 이념적인 것의 차이를 혼동한 심리학주의는 결국 회의적 상대주의에 빠질 뿐이라고 철저히 비판했다.

화되면, 이 대상들 각각은 자신의 채색의 개체적 계기를 가지며, 우리는 많은 개체적 색깔의 계기들과 이것들에 대립된 유적 일반자인 색깔의 형상을 갖는다. 이 형상은 우리가 색깔을 지닌 다수의 개별적인 것을 부여했고, 이것들을 비교함으로써 색깔을 지닌 객체들이 중첩되는 합치에 이르고, 합치되는 가운데 공통적인 (그러나 내실적 의미에서 공통적이지 않은 것으로 밝혀지는) 일반자가 파악되어 범례들 속에 우연적인 것에서 분리된다는 사실에 의해서만 간취될 수 있다. 이것이 유적 일반자를 추상하는 직관의 과정이다. 이에 대해서는 나중에 더 논의할 것이다.[7]

〔그러나〕 어떤 진술의 의미를 이끌어 내 파악하고 이것을 대상으로 만드는 것이 문제인 경우에는 사정이 전혀 다르다. 가령 '2<3〔2는 3보다 작다.〕'라는 명제를 문법적 의미에 따라 분석하려는 명제로 파악하기 위해 '2<3'라고 판단하는 판단작용들을 비교하면서 다룰 필요는 없다. 우리는 일반화하는 추상작용을 수행할 필요가 전혀 없으며, 따라서 마치 그것에 상응해 각각의 판단작용 속에 독자적 계기, 즉 개체적 명제가 발견되듯이 명제를 유적인 것으로 발견하는 것은 결코 아니다. 각각의 판단은 그 자체로 명제, 즉 그 명제를 생각하고, 이렇게 사념된 명제는 처음부터 비실재적인 명제이다. 동일한 명제를 생각하는 판단작용의 두 가지 작용은 동일자(dasselbe)를 동일한 것으로(identisch) 생각하며, 그 각각의 작용은 계기로서 그 작용 속에 포함되었을 개체적 명제를 그 자체만으로 생각하는 것이 아니라, 단지 '2<3'이라는 비실재적인 명제만 그와 같은 모든 개별화의 유적 일반자라는 동일한 명제만 생각한다. 각각의 작용은 그 자체로 동일한 명제를 생각한다. 〔요컨대〕 사념작용(Meinen)은 각각의 정립하는 작용(Setzen)의 개체적 계기이지만, 사념된

---

7 이 부분은 이 책의 3부 2장, 특히 87절 참조.

것은 개체적이지 않으며, 더 이상 개별화될 수도 없다.

각각의 작용은 실로 그 내실적 특성에서 '그 작용이 어떻게 명제를 의식했는가' 하는 개체적 방식을 갖는다. 예를 들어 어떤 작용은 더 명백하고 다른 작용은 더 모호하게, 어떤 작용은 이른바 통찰의 작용이고 다른 작용은 이른바 맹목적 작용일 수 있다. 하지만 명제 그 자체는 이 모든 작용과 그 양태들에 대한 동일화작용의 상관자로서 동일한 것이지, 비교하는 합치의 상관자로서 일반자는 아니다. 동일한 의미는 개체적으로 개별화되지 않으며, 유적 일반자는 합치되는 가운데 그 자체 안에 개별적인 것을 갖지만, 그 의미는 개별적인 것을 그 자체 안에 갖지 않는다.

여기에서 우리는 다음과 같이 반론할 수 있다. 즉 순수한 일반자인 본질에 이르기까지 서로 다른 단계의 일반자의 대상성은 오성의 대상성에 속한다. 그리고 어쨌든 이 일반자의 대상성은 개체적 대상에 관한 '외연'을 갖는 한, 또는 그것이 높은 단계의 일반자라면 일반자의 대상성에 관한 '외연'을 갖는 한, 개별화된다고 반론할 수 있다.

이러한 반론에 대해 다음과 같이 답변할 수 있다. 즉 모든 오성의 대상성과 같이 일반자의 대상성은 '전체-시간성'에서 존재한다는 의미에서 비실재적이다. 일반자의 대상성은 언제나 다양하게 가능한 사념 속에 동일하게 남아 있는 하나의 대상성으로서 직관적으로나 비직관적으로 사념될 수 있고, 이러한 사념 속에 그것들이 주어지는 시간을 갖는다. 그러나 이 대상성이 등장하는 다수의 구성하는 체험들은 그 대상성이 일반자의 방식으로 포함하는 대상들의 외연은 아니다.

비록 그 대상성이 이러한 일반자의 개별적 예로서 그것에 속한, 함께 주어진 대상에서 일반자를 이끌어 내 바라보는 방식으로 직관적으로 주어지더라도, 그것은 이러한 대상 속에 개별화되지만, 직관적으로 주어지는 구성하는 체험 속에 개별화되는 것은 아니다. 그리고 우리는 이러한 체험 속에 하나의 동일한 것에 향해 있다. 이 동일한 것은, 다른 체험에서도 아주 똑같이, 다르게 주어지는 시간과 더불어 등장할 수 있다.

그러므로 일반자의 대상성이 주어지는 어떤 시간 속에 '등장하는 것'은 그것이 개별화되는 것과 구별되어야만 한다. 어떤 때는 일반자의 동일성에 그것과 관계된 다수의 의미의 작업수행이 상응하고, 다른 때는 그것에 포섭되는 다수(Vielheit)의 개별적 예가 일반자의 동일성에 상응한다. 이 의미의 작업수행 속에 일반자는 우리에 대해 현존하며, 그 개별적 예들은 개체적 대상일 수 있지만, 더 높은 일반자의 경우 그 자체로 다시 오성의 대상성일 수 있다. 그래서 다수의 개별적 예들의 경우, 일반자의 외연을 형성하는 다수의 오성의 대상성은 일반자의 대상적 내용에 속하는 것으로, 그때그때 일반자가 사념되기 때문에 그것이 공허한 사념이든 직관적이든 일반자가 정립되는 다수의 의미와 엄밀하게 구별되어야만 한다.

65 포괄적 의미에서 실재적 대상성과 비실재적 대상성의 구별. 의미의 대상성(사념된 것)의 영역에 속하는 오성의 대상성

여전히 다른 측면에서 비실재적인 오성의 대상성을 특징짓고 실재적 대상성과 대조하려면 보충이 필요한데, 이 보충에 의해 실재적 대상의 개념뿐 아니라 비실재적 대상의 개념도 필연적으로 확장된다.

우리의 연구에서 주어진 한계는 '실재적 대상의 경우, 우리는 외적 지각에서 속견의 수용성(doxische Rezeptivität)으로 주어진 대상인 단순한 자연의 사물을 우선적으로 생각한다'는 점을 당연히 수반한다는 점이다. 그러나 이 말은 경험작용(Erfahren)에서처럼 구체적인 의미에서 생각해 보면, 속견의 수용성과 외적 지각에서 이것을 활성화시키는 것

(Aktivierung)은 비록 근본적이더라도 단지 하나의 층(層)[1]이며, 그와 마찬가지로 실재적인 것(Reales)의 전체 영역은 외적 지각의 대상, 즉 단순한 자연의 사물에 의해 철저하게 규명된 것은 아직 아니라는 것을 알 수 있다. 실재성들의 우주인 세계는 시간-공간성의 형식 속에 개별적인 것들, 즉 객체들, 사물들, 시간-공간적으로 구체화된 구체적 대상들이 개방되어 끝이 없는, 분절된 우주이다. 그것들은 개체적 속성들의 기체, 일반자들의 단일성(Singularität), 결합들의 항(項), 전체의 부분 등이다. 이것은 실재적인 것 또는 실재적으로 구체적인 것에 관한 가장 일반적인 개념을 지시한다. 또한 우리는 그것에 의해 가장 넓은 개념의 사물이 지시되었다고 말할 수 있다.

세계는 사물들의 우주이다. 그러나 물리적〔자연의〕 사물들은 이에 관한 단지 특수한 예일 뿐이다. 예술작품, 책, 도시 등은 실재적 대상이며, 이러한 가장 넓은 의미에서 사물이다. 이 사물들이 우리에게 주어지고 우리에 의해 생각되는 의미, 즉 그 사물들의 의미에는 속견적 경험(지각)에서 발생하는 규정들이 속한다. 뿐만 아니라, 그것들은 우리의 평가하는 행동이나 욕구하는 행동을 소급해 지시하고, 이 행동에서 발생하는 의미의 규정들 그 자체를 지닌다. 또한 이것들은 우리가 대상들에서 경험적으로 발견하는, 개체적인 것으로서 대상들에 실재적으로 속한 규정들, 예를 들어 일정한 도구의 편리함과 같은 것이다. 물론 대상은 이러한 규정들을 통해 그 자체로 또 그 자체만으로 존재하는 것 속에 규정되는 것이 아니라, 그 대상이 우리에 대해 의미하는 것에 따라 우리, 즉 우리의 가치작용과 욕구작용에 관계되어 규정된다. 이것들은 대상들에서 기초 지어진 것으로서, 즉 대상들이 순수한 자연적 규정(더 좁은 의미에서는 사물적 규정) 속에 기초 지어진 것으로 등장할 수 있는

---

1 〔원주〕 이것과 그 다음의 논의에 대해서는 이 책의 「서론」 12절 참조.

2 오성의 대상성과 술어적 작업수행에서 나온 대상성들의 근원

의미의 형성물이다.

우리는 이것을 '의미의 규정들'이라고 부를 수 있으며, 또는 이 규정들이 더 높이 기초 지어진 자발성에서 논리적으로 파악되는 한, '의미의 술어'라고 부를 수 있다. 그리고 우리는 이것들을 단순한 사건으로서 대상들에 속하는 순수하게 실질적인 규정과 구별할 수 있다. 어떤 대상성은 여러 가지 의미의 규정(가치의 술어)을 지니고 우리에 대해 일상적으로 교제하는 가운데 존재할 수 있으며, 어쨌든 이 경우 그것은 논리적으로 완전히 규정되지 않은 주제일 수 있다. 또한 논리적 자발성에서 유래하는 어떠한 의미도 그 자체로 지니지 않을 수 있으며, 논리적으로 완전히 규정되지 않은 것, 즉 개체일 수 있다. 그러므로 실재적 대상, 가장 넓은 의미에서 '사물'의 개념에는 단순한 사건뿐 아니라 유의미한 사물, 그 말의 구체적인 의미에서 경험의 대상도 속한다.

어떤 실재적인 것의 각 속성은 하나의 실재적 속성이다. 그래서 의미의 규정도 사물들의 실재적 규정에 속한다. 우리는 이 경우 특수한 의미에서 실재적 성질과 비실재적 성질을 구별함으로써 실재적인 것(Reales)의 적확한 개념을 규정한다. 우리는 특수한 의미에서 '실재적'이라는 것을 넓은 의미에서 어떤 실재적인 것에서 '그 의미상 본질적으로 시간-공간의 위치를 통해 개체화되는 모든 것'이라고 부른다. 그러나 '비실재적'이라는 것을 '그것들의 시간-공간적으로 등장하는 것에 따라 특수하게 실재적인 것 속에 기초 지어지지만, 서로 다른 실재성에서는 동일한 것, 즉 단순히 동등하지 않은 것으로 등장할 수 있는 각각의 규정'이라고 부른다.

그리고 이 점은 이제까지 논구된 좁은 의미의 오성의 대상성뿐 아니라 판단에서 이끌어 낼 수 있고 임의의 많은 판단 속에 동일하게 같은 것으로 사념될 수 있는 사태에도 해당된다. 이것은 모든 문화의 대상성에도 타당하다. 괴테의 『파우스트』는 『파우스트』의 범례라고 일컫는 임의의 많은 실재적 책(사람들이 만들었고 읽으려고 결정한 그 책은 그 자체로는 순수하게 실질적이지 않지만 의미를 규정한 것이다!) 속에 나타난다. 예술작품, 정신적 형성물 그 자체를 규정하는 이러한 정신적 의미는 실재적 세계 속에 구체화되었지만, 이 구체화하는 것을 통해 개체화된 것이 아니다. 또는 동일한 기하학적 명제가 임의적으로 빈번히 진술될 수 있지만 각각의 실재적 진술은 이러한 의미를 가지며, 서로 다른 진술은 동일한 의미를 갖는다. 확실히 정신적 의미는 그 물체적 토대를 통해 세계 속에 구체화되지만, 서로 다른 물체는 동일한 이념적인 것, 따라서 '비실재적인 것'이라고 부르는 것이 물체화된 것일 수 있다.

물론 라파엘로의「마돈나」처럼, 어떤 이념적 대상은 사실상 말 그대로 세계에서 유일하게 존재하는 성격을 띨 수 있지만, (완전한 이념적 내실의) 충분한 동일성에서는 사실상 반복할 수 없다. 그러나 어쨌든 이 이념적인 것 역시 괴테의『파우스트』와 같이 원리상 반복할 수 있다.

비실재성의 영역 속에 우리를 중요한 구별로 이끄는 비실재적 대상성의 다른 하나의 예는 헌법이다. 국가(국민)는 세속적인, 복잡하게 통일된 실재성이다. 국가는 자신의 지배영역을 소유하는 실재적 국토로서 영토를 갖는 한, 특수한 장소성을 갖는다. 헌법은, 그것이 범주적 대상성이며 국가의 의사 또는 국가의 시정목표로서 서로 다른 시각에 반복해서 반응할 수 있으며 서로 다른 사람들에 의해 추후에 이해될 수 있고 동일화될 수 있는 표현인 한, 하나의 이념성을 갖는다.

그러나 세계에 존재하는 일정한 국민과 관련되어 어쨌든 이 이념적인 것은 다시 독특한 종류의 비실재성을 갖는다. 어느 누구도 '반복할 수 있다는 것'(복원할 수 있다는 것)은 누구나 지금 세계에 존재하는 장소성과 관련해 동일한 자신의 도덕적 의무라는 의미에서 그것을 반복할 수 있다는 것을 뜻한다. 더구나 우리는 (시민의 의사 속에 국가의 의사를 그 자체로 지니며, 이러한 의사를 수행하는 자로서) 시민에 의해 '본래적으로 복원할 수 있는 것'과, 경우에 따라 이 헌법을 단지 역사적으로 이해하는 자인 방관자(Außenstehender)에 의한 '비-본래적으로 복원할 수 있는 것'을 구별해야만 한다.

그러므로 문화의 형성물도 항상 완전히 자유로운 이념성은 아니라는 점이 밝혀진다. 그리고 자유로운 이념성(논리적-수학적 형성물과 모든 종류의 순수한 본질구조와 같이)과 구속된 이념성이 구별된다. 이 구속된 이념성은 그 존재의미 속에 실재성을 수반하며, 그것에 의해 실재적 세계에 속한다. 여기에서 모든 실재성은 시간-공간성으로 소급되고, 게다가 개체적인 것의 형식으로 소급된다. 그러나 이러한 실재성은 근원적으로 자연에 속한다.

실재성의 세계로서 세계는 그것의 가장 낮은 층(層)인 자연에서 자신의 개체성을 갖는다. 우리가 이론적 학문의 의미에서 진리, 참된 사태에 관해 논의하고, '결단코 또 모든 사람에 대해 타당한 것이 판단하는 확정들의 목적(Telos)으로서 그 의미에 속한다'는 점에 관해 논의하면, 이것들은 어떠한 영토에도 구속되지 않는 자유로운 이념성이다. 또는 이것들은 세계 속에 또 각각의 가능한 세계 전체 속에 그 영토를 갖는다. 그것들은 가능하게 '복원할 수 있는 것'에 관한 한, 전체-시간적이며 전체-공간적이다. 구속된 이념성은 지구에 구속되고, 화성에 구속되고, 특정한 영토 등에 구속된다. 그러나 자유로운 이념성도 역사상 영토에 [한정되어] 나타나고 발견되는 등, 사실상 세계에 존재한다.

따라서 오성의 대상성은 이념적 대상성, 즉 비실재적 대상성의 포괄적인 영역의 특수한 경우이다. 모든 대상성은 그 자체 속에 자신의 대상적 의미를 갖는다. 이것 자체가 스스로 충족되는 가운데 있는 의미이다. 의미의 동일성에 의해 모든 대상성은 다양한 작용 속의 동일자로 경험될 수 있고 생각될 수 있다. 대상을 해명하는 모든 것은 그 의미를 해명하는 것이고, 이 해명하는 항(項) 또는 고유한 본질적 술어는 그것에 고유한 본질적 의미의 계기에 의해 대상을 규정한다.

그러나 단순한 의미는 대상적 규정 그 자체가 아니다. 명증성, 즉 대상적인 것 그 자체에서 이끌어 낸 규정만, 또는 참된 그 자신인 대상에서 기준을 세움(Normierung)으로써 정당화된 (따라서 올바르거나 참된) 규정만 대상적 규정이다. 물론 우리는 다음과 같이 말할 수 있다. 대상적 의미, 참된 존재나 비존재(Nichtsein)에 좌우되지 않는 자신의 독특한 동일성 자체에서 시선의 전환을 통해 대상이 될 수 있는 사념된 것 그 자체는 각각의 대상에 자신의 의미내용(Sinnesgehalt)으로 내재한다. 하지만 단순한 의미내용은 본래적 의미에서 대상의 술어가 아니다. [또한] 대상의 술어는 대상 그 자체와 동일한 의미가 아니다. 대상 그 자체는, 그 자신인 그 자체(an sich selbst)이며, 다양하게 스스로를 부여한 것들의 동일한 것이고, 나 자신에 대해서든 모든 사람과 모든 공동체에 대해서든 언제나 그 자체로 거기에, 또 모든 사람에 의해 확증될 수 있기 때문에, 그 자신 속으로 접근할 수 있는 것이다.

그렇지만 대상들은 사념되거나 참된 그 존재에서 술어로서의 의미, 그것들에 참으로 일어나는 그 스스로의 존재에 속하는 규정 그 자체를 지닌 것과는 여전히 다른 방식으로 의미에 관계할 수 있다. 이것은 그 세계에 존재하는, 의미의 담지자인 비실재성들, 시간-공간적으로 등장하는 실재적 대상들의 경우이다. 그 가장 가까운 예는 음성, 문자, 작품 전체가 속하는데, 이 모두는 음성(音聲)을 이러저러하게 생각하는 사람들이 말하거나 쓰는 한에서, 의미의 담지자이다. 여기에 주목할 만한 함축이 있다. 어떤 진술명제의 대상적 의미에는 음성과 '의미'가 속한다.[2] 우리가 문법적, 언어학적 태도에서 진술들을 주제(즉 인간의 문화세계에 대상성인 주제)로 삼으면, 그 속에서 사념된 의미를 지닌 본래적 통

---

[2] 이와 같이 명제로 제시된 표현은 의사소통하는 심리적 체험(형식)과 문자나 음소(音素)의 물리적 체험(내용)으로 형성된 '표현 그 자체', '표현의 의미', '표현이 지시하는 대상성'으로 구성된다.

　　2 오성의 대상성과 술어적 작업수행에서 나온 대상성들의 근원

일체에서 음성은 그 고유한 본질(이것은 그 모든 술어를 포함한다.)에 속한다. 즉 음성에 의해 사념된 의미는 이제 그 자체로 대상의 존립요소이다. 이것은 언어의 대상성으로서 자신의 의미를 갖는다. 그런 까닭에 그 대상에 상응하는 대상적 의미는 의미의 의미(Sinnes-Sinn), 두 번째 단계의 의미이다. 따라서 우리는 대상적 의미로서의 의미와, 대상의 규정으로서의 의미를 구별해야만 한다. 대상적 규정으로서의 의미는 주제로서 대상 그 자체에 속하는 반면, 대상 그 자체는 대상적 의미에 대해 동등한 방식으로 타당하지 않다. 오히려 우리는 대상적 의미를 관통해 대상에 향해 있다.

그러므로 비실재적 대상성들의 비실재성은, 우리가 의미의 대상성, 즉 '~에 관한 의미(Sinn)', '~에 관한 의미(Bedeutung)'[3]로 존재하는 것을 '그 고유한 본질적 규정에 속하는 대상성'이라고 말하는 방식으로도 해석될 수 있다. 이것들은 의미의 대상성 또는 대상을 통해 생각된 사념된 것이다. 어떤 의미를 갖는다는 것은 대상들의 대상적 규정에 속한다. 의미의 대상성이 의미를 형성하는 실재적으로 구체화하는 것 안에서만 존재한다는 것은 의미의 대상성의 본질에 속한다. 『파우스트』의 많은 범례가 지닌 동일한 하나의 의미가 이념적으로 하나인 『파우스트』이듯이, 또는 「마돈나」의 많은 복제품들이 지닌 의미가 이러한 하나의 「마돈나」이듯이 말이다. 이처럼 하나의 작품을 의미하는 것, 이러한 의미를 갖는 것은 그 복제〔재생산〕들이 구체화될 수 있는 많은 실재적 대상에 속한다. 비-실재적 대상성은 모든 대상처럼 그것에 관련된 다양한 사념들의 동일한 극(極)이다.

---

3 후설은 "Sinn과 Bedeutung은 같은 뜻"(『논리연구』 2-1권, 52쪽)으로 파악했지만, 점차 'Bedeutung'은 표현의 이념적 내용으로 남고, 'Sinn'은 의식의 체험에서 표현되지 않은 기체의 〔앞으로〕 인식될 수 있는 내용 전체를 포괄하는 본질을 뜻하는 것으로 사용했다.(『이념들』 1권, 274쪽 참조)

그러나 그것들은 자신들과 관련된 다양한 파악, 다양한 방식으로 단순히 사념된 것이 아니라 그 자체로 사념된 것, 즉 '~에 관한 의미'로 사념된다. (다양한 범례, 복제 등에서) 사념된 것이 존재한다는 것은 그 자체로 그것을 대상적으로 규정하는 것에 함께 속한다. 요컨대 그것들은 단순히 수용적으로 파악할 수 있는 대상이 아니라, 산출한 뒤에 재산출하는 자발성에 의해 비로소 대상이 될 수 있다. 그래서 우리는 실재적 대상성과 비실재적 대상성의 구별도 사념된 것이 아닌 대상성('사념된 것이 존재한다는 것'은 이 대상적 의미에 속하지 않는다.)과 그 자체로 사념된 것(Vermeintheit), 즉 의미의 대상성, 또는 사념된 것들에서 발생된 대상성의 구별로 파악할 수 있다. 그 특수한 예는 오성의 대상성이다.[4]

의미 그 자체(사념된 것 그 자체)도 곧 하나의 대상이며, 또는 그러한 대상이 될 수 있다. 이것은 본질상 해명할 수 있는 것인 '어떤 것 일반(Etwas überhaupt)'이라는 가장 넓은 개념에 포함된다. 그것은 어떤 판단의 기체가 될 수 있으며, 판단하는 동일화작용과 해명하는 작용의 기체가 될 수 있다. 이제 그것은 두 번째 단계의 대상적 의미를 갖는다. '의미의 의미'는 '의미를 가짐(Haben)'으로써 충족된다. 그러나 이제 우리는 의미가 대상 속에 놓여 있고, '의미의 의미'는 의미 속에, 또한 상응하는 대상 속에 놓여 있다고 말한다. 그렇다면 '의미의 의미'가 다시 대상이 될 수 있고 그런 다음 다시 하나의 의미를 갖는 한, 우리는 무한소급에 직면한다. 이것은 의미가 대상의 내실적 존립요소일 수 없다는 점을 지시한다. 그래서 의미들과 전혀 의미가 아닌 대상들은 서로 대립해 있고, 이 둘은 본질적 상관관계 속에 있으며, 그 상대성이 언제나 다시 단계가 정해지는 관계, 그러나 절대적 차이에 근거한 관계 속에 있다.

---

4 〔원주〕『형식논리학과 선험논리학』, 118쪽 참조.

2 오성의 대상성과 술어적 작업수행에서 나온 대상성들의 근원

3 판단의 양상들의 근원

66 서론: 자아가 결정하는(능동적으로 태도를 취하는) 양식인 술어적 판단의 양상들

우리는 이제까지 관찰한 술어화작용의 가장 일반적인 구조와 이 작용 속에 발생하는 새로운 종류의 대상성에서 단순화시킨 것을 사용해 왔다. 우리는 그것이 확실성, 즉 단적이며 논란의 여지가 없는 확실성의 양식에서 정언적 판단작용이었던 한에서만 판단작용을 고려했다. 요컨대 판단작용이 근거하는 선술어적(vorprädikativ) 경험을 '중단 없이 일치해 경과하는 것으로, 관찰하는 관심의 경향이 아무 거침없이 실현됨으로써 전개되는 것'으로 생각했다. 관찰하는 지각의 영역 속에 이미 등장하는 단적인 신념의 확실성을 양상화하는 현상은 이전에 분석되었지만, 우리는 연구를 더 진행하면서 일단 이러한 현상을 도외시했다.

〔하지만〕 출발에서 방법적으로 필연적이었던 단순화하는 것은 이제 지양되어야 할 필요가 있으며, 높은 단계, 즉 술어적 사고의 단계에 대해서도 양상화(Modalisierung)의 의미가 고려되어야 한다. 왜냐하면 우리가 이제까지 술어적 판단작용을 완전히 중단 없이 양상화되지 않은

지각에 근거해 일어나는 것으로 생각했다면, 여기에서 한계경우만 문제될 수 있다는 점이 분명하기 때문이다.

각각의 지각에서 수동적 기대(Vorerwartung)에 근거해 협력하는 예측[선취]작용(Antizipation)은 수용성의 영역 속에 일종의 양상화, 즉 적어도 개방된 특수화(Besonderung)의 양상(Modalität)을 조건 짓는다.[1] 그리고 이것은 다른 모든 종류의 양상화와 같이 자명하게 자신이 성취한 것을 높은 단계에서 지시하며, 술어적 양상들의 특수한 형식을 일으킨다. 그러므로 확정하는 작용(Feststellen)인 판단작용의 완전히 구체적인 의미도 양상화의 현상을 관찰의 영역에 편입시킬 때 비로소 밝혀질 것이다. 완전히 중단 없고 양상화되지 않는 지각의 한계경우를 가장하면, 의사소통할 목적이든 어떤 경험이 경과한 성과를 각인시키기 위해서든, 때에 따라 수용적으로 경험된 것을 확장하는 것에 관심을 일으킬 수도 있다.

그러나 일반적으로 확정하는 것에 대한 관심은 이미 신념(Glauben)의 단적인 확실성이 어떤 동기에서 도전받거나 경우에 따라 의심스러운 것이 된 것에 대한 태도, 또 이제 의심에서 확실성에 도달하고 결정하는 것(Entscheidung)으로 의심을 해소하고 의심스럽게 된 것에 대해 태도를 취하는 것이 중요한 곳에서만 비로소 생긴다. 또한 이미 말했듯이, 그러한 결정으로 생긴 재건된 확실성은 간접적인 단적인 신념의 확실성에 대립해 [하나의] 양상화로 특징지어질 수 있다. 그리고 양상화에 관해 논의하고 높은 단계에서 양상들의 근원과 동기를 심문하면, 우선 단적인 확실성이라는 근원적 타당성의 양상에 각 변화를 그 자체 속에 포함하는 넓은 개념의 양태[2]를 기초로 삼을 것이다. 그런 다음에야[3]

---

1 [원주] 이 책의 21절 c) 참조.
2 [원주] 이 책의 21절 d) 참조.
3 [원주] 이 책의 76절 이하 참조.

3 판단의 양상들의 근원

비로소 넓은 의미의 양상과 좁은 의미의 양상(확실성이 확실성으로 존재하기를 중단하는 변화의 양상)의 구별이 술어적 사고의 단계에서 갖는 의미를 밝힐 것이다.

술어적 판단의 양상은 결정하는 양상으로 이해될 수 있다. 물론 이 경우 '결정하는 것'이라는 표현은 이중의 의미를 가짐에 주의해야 한다. 즉 수용적 경험의 영역에서도 어떤 의미에서 결정하는 것에 관해 논의할 수 있다. 〔대립적〕 파악들이 동요하는 것을 관통해, 지각작용이 계속 경과하는 데 개방된 것으로 가능한 '미리 지시된 것(Vorgezeichnetes)'이 충족되는 가운데 이미 일종의 결정이 나타난다. 하지만 이 경우 수동적 종합들(passive Synthesen)이 중요하다.[4] 이것들은 수동적 속견(Doxa)의 양상적 변화, 수동적 기대의 지향들의 충족, 수동적으로 기대의 지향들에 증대된 억제들의 해소 등이다. 그러나 본래적 의미에서 결정하는 것, 즉 술어적 판단작용 속에 자아의 능동성으로서 자아가 응답하는 태도를 취하는 것은 전적으로 다른 것이다.

그래서 '신념'과 '신념의 양상 자체'라는 개념이 다르다는 것은 분명하다. 왜냐하면 우리는 이제 그 구성적 작업수행에 따라 '수동성'과 '능동성'이라는 본질적으로 서로 다른 과정과 사건을 구별해야만 하기 때문이다. 그러므로 다음과 같이 구별해야만 한다.

1) 일치함이나 불일치함의 수동적 종합, 선술어적 경험 속에 억제되지 않고 자유롭게 충족되는 지향 또는 말소됨을 겪은 억제된 지향 등.

2) 술어적 판단작용 속에 자아가 능동적으로 태도를 취하는 것, 능동적 결정, 확신, 확신시킴, 선택함 그리고 끝으로 '기초에 놓인 수용적 경험이 단절되지 않은 것에 따라 증명과 그 반증이 더 이상 진지하게 문제 되지 않는' 가장 넓은 의미에서 확신의 능동성. 이 능동성도 인식대

---

4 〔원주〕 같은 책, 같은 곳.

상적(noematisch) 상관자를 갖는다. 이 경우 수동적 지향성을 단순히 분명하게 드러내는 것, 예를 들어 단지 주목해 주의를 기울이는 형식으로 진행하는 추측을 체험하는 것으로 확인하는 지각작용만 문제가 되는 것은 아니다. 오히려 자아는 독특한 태도를 취하는 것에서 자신이 판단하고, 긍정하든 부정하든 결정한다. 실로 '확신'이라는 말은 이미 일반적으로 수용적인 지각의 상태에서 판단하는 '태도를 취하는 것'을 규정하며, 그래서 판단하면서 규정되는 것을 뜻한다. 이러한 사실로 '왜 판단작용과 확신된 것이 실천적[실제적]으로 빈번히 같은 값을 지닌 표현들이 되는가' 하는 점도 이해된다.

우리가 앞으로 수동적 양상화와 능동적 양상화의 이러한 관계를 추적하면, 여기에서 나타나는 판단의 '태도를 취하는 것'이, 수동적 속견의 사건을 전제하는 한, 지향적으로는 완전히 비-독립적이라는 점도 이해할 수 있을 것이다. 결정하면서 태도를 취함으로써 비로소 일상적으로 '판단작용'이라고 부르는 것의 완전한 의미가 들어맞게 된다. 이것에 의해 비로소 아주 적확한 의미에서 확정하는 작용이 문제가 된다. 이 확정하는 작용은 술어적 판단작용의 근본상 본질적 작업수행을 형성한다.

그러므로 우리는 여기에서 비로소 판단작용의 본질이 아주 구체적으로 밝혀지는 지점에 도달했다. 그리고 동시에 이 지점에서 판단의 양상에 관한 이론뿐 아니라, 이른바 판단의 질(質)에 관한 이론[5](이것들은 전통적으로 논리학의 두 가지 핵심 부분이다.)도 구성적 발생에서 근원적으로 구축되는 것이 틀림없다. 우리는 이것으로 특히 다음과 같은 사실을 이해할 수 있게 된다. 즉 양상화는 단지 때에 따라 판단의 연관 속에

---

5 형식논리학은 판단을 ① 양(주어 S의 외연의 양)에 따라 '전칭(모든 S)', '특칭(약간의 S)', '단칭(개체 S)' ② 질(주어 S와 술어 p의 일치 여부)에 따라 '긍정(p이다)', '부정(p가 아니다)', '무한(non-p이다)' ③ 관계(판단 S와 판단 p의 상호관계)에 따라 '정언(S는 p이다)', '가언(S라면 p이다)', '선언(S는 p이든가 q이다)' ④ 양상(판단의 확실성과 타당성)에 따라 '개연(p일 것이다)', '실연(p이다)', '필연(반드시 p이다)'으로 분류한다.

3 판단의 양상들의 근원

등장하는 하나의 사건이 아니라, 양상화를 통한 통로이며, 또 이것에서 신념의 확실성과 확장하는 것에 도달하려는 노력은 '현상(Phänomen)'이라는 사실이다. 일반적으로 이 현상에 의해 판단하려는 노력의 의미는 그 궁극적인 뿌리에서 비로소 이해될 것이다.

더 나아가 이렇게 판단하는 '태도를 취하는 것', 타당성을 부여하는 것과 그 변화는, 판단의 영역에 속하는 그 밖의 다른 자아의 행동방식들, 특히 활동적으로 해명·총괄·비교·구별하는 작용 등 우리가 서로 다른 사태의 논리적 형식들에 의지하는 모든 작업수행과 혼동해선 안 된다. 이 모든 작용에서 판단작용은 언제나 자아에서 일어나는 타당성을 부여하거나 거부하는 작용일 뿐이다.

언제나 이러한 적확한 의미에서 자아가 태도를 취하는 것은 아니다. 만약 자아가 확인하면서, 단지 파악하면서 현존하는 것, 즉 저절로 경험 속에 명백하게 밝혀지는 것을 단적으로 지각하면, 다른 것이 존재하지 않는 거기에는 태도를 취할 동기는 전혀 없다. 개방된 동기 또는 특정한 의식에 성취되지 않은 반대의 동기가 작동할지도 모르며, 선언적(選言的) 가능성들이 서로 대립하는 긴장 속에 현존할지도 모른다. 따라서 판단하면서 태도를 취하는 것 그 자체와 그 동기가 구별되어야만 한다.

67 양상화의 동기인 판단의 공허한 변양들

가능한 종류의 '태도를 취하는 것'과 이에 상응하는 서로 다른 판단의 양태를 고찰하기 전에, '이미 논구된 적확한 의미에서 발생적으로 어떤 판단의 태도를 취하는 것, 요컨대 단적인 확실성의 근원적 형식을 갖지 않는 판단에 이르는가'에 관한 물음으로 이행하자.

그와 같은 양상화는 단적인 신념의 확실성이, 수용적 하부 층에서든 이미 내려진 술어적 판단에서든, 의심스럽게 되는 경우에는 언제나 등장할 것이다. 그리고 이것은 술어적 판단작용이 완전한 근원성에서(판단의 기체들이 완전히 근원적으로 스스로를 부여하는 것에 근거해) 일어나지 않는 경우에는 언제나 그러할 것이다. 왜냐하면 그렇게 완전히 스스로를 부여하는 직관이 존재하는 곳에서는 '그렇게 있음(so)'이나 '다르게 있음(anders)'에 관한 어떠한 의심도 가능하지 않으며, 그런 까닭에 명백하게 판단을 결정할 동기가 전혀 주어지지 않기 때문이다.

이제까지 살펴본 관찰의 범위에는 우리가 판단작용을 산출한 것의 완전한 근원성에서 일어난 것으로 생각했다는 점이 함축되었다. 그러나 그것은 거의 어디에도 사실적으로 실현되지 않는 한계경우이다. 이것은 수용적으로 지각하면서 파악하고 해명하는 영역에서 이미 지적되었다.[1] 〔그런데〕 그 사실적 연관 어디에도 해명이나 상관적 관찰은 '근원적 건설(Urstiftung)'이라는 의미에서 완전히 근원적으로 수행되지 않았다. 이전에 경험된 것과 이것으로 건설된 '〔이미〕 알려진 것(Bekanntheit)'의 성격으로 되돌아가는 예측작용(Antizipation)은 언제나 협동한다.

그러므로 예견(Vorgriff)과 그 경험적 충족의 가능성 또는 불가능성의 관계, 즉 모든 경험에 본질적인 관계에는 양상화가 등장하는 것의 근거, 특히 높은 단계에는 '양상화된 술어적 판단들'과 '판단의 태도를 취하는 것'의 근거가 놓여 있다. 더 정확하게 말하면, 우리가 높은 영역에서 양상들의 근원을 심문하면, 이 양상들이 동기 지어질 수 있는 두 가지 서로 다른 방식이 문제가 된다.

즉 한편으로 양상들은 '술어적 판단작용이 수용적 경험작용과 그 예측작용에 따르면서 직접적으로 수용적 경험작용 위에 어떻게 구축

---

1 〔원주〕 이 책의 29절.

3 판단의 양상들의 근원

되는가' 하는 방식에서 동기 지어질 수 있다. 다른 한편으로 양상들은 언젠가 형성된 술어적 판단들과 이 속에서 산출된 오성의 대상성이 침전됨으로써, 즉 근원적으로 획득된 것의 습득적 소유물(habituelle Besitz) 속에, 동시에 비-근원성에서 끊임없이 변화됨으로써 받아들이는 변양들 속에 동기 지어질 수 있다. 이 변화는 경험이 더 이상 경과하는 것과는 상관없이 독립적으로 일어나고, 언젠가 획득된 판단들을 복원시켜 그 이후의 경험의 성과로 적응시키려고 시도하는 경우, 양상화와 '비판적으로 태도를 취하는 것'에 대한 끊임없는 원천을 부여한다.

a) 경험의 예측하는 작용 속에 정초된 공허한 변양들과 양상화

우선 양상들이 동기 지어지는 첫 번째 경우에 머물자. 수용적 경험 속에 끊임없이 등장하는 양상화는 물론 그것 위에 구축된 술어적 판단작용의 영역 속에 있는 곳, 즉 관찰하고 해명하며 서로 관계 짓는 지각이 경과하는 가운데 즉시 술어적 판단작용으로 이행되는 곳이 아니라, 그렇게 수용적으로 경과하는 것의 최종적 성과가 비로소 술어적 판단 속에 총괄되는 곳에서 양상들의 동기를 불러일으킨다. 왜냐하면 수용적 경험작용은 자신이 경과하는 가운데 끊임없이 스스로를 수정하기 때문이다. 일관된 경험의 확실성에 토대해 스스로를 부분적으로 말소하는 것이 끊임없이 일어난다. 이것은 시선을 이리저리 둘러봄으로써, 불확실하게 보인 것을 응시함으로써 더 명백하고 정확하게 나타나는데, 이 경우 '더 정확하게'는 자주 '다른 것'을 뜻한다.

관찰하는 경험의 기체인 대상은 그때그때 궁극적 직관에서 일어나고 다양한 관찰의 결과일 수 있는 해명하는 항(項)들과 규정하는 것에서 우리에 대해 현존한다. 이것으로 이전에 일어난 심상(心像, 제시하는 것, Darstellung))[2]이 다른 '더 판명한' 심상(Bild)과 모순에 근거해 수정되고 말소되면, 말소된 심상은 반성 그 자체를 통해 대상이 될 수 있고, 이것은 기억(Erinnerung)이나 과거지향(Retention)에 근거해 확인될 수 있다. 하지만 일반적으로 수용적 경험이 정상적으로 경과하는 가운데 그것을 일으킬 동기는 전혀 주어지지 않는다. 우리는 대상 그 자체를 향해 있다. 〔그런데〕 대상은 가장 명석한 직관에 근거해 제시되는 것처럼 현존하며, 이 직관에 의해 배제되고 말소된 이전에 제시한 것들, 즉 대상에 관한 직관은 더 이상 우리의 관심사가 되지 못한다. 그것은 과거지향적으로 점차 사라지고 가라앉아 버림으로써 더욱더 먼 과거로 빠져 들어간다. 그것들은 철저하게 말소되었고, 사태로부터 '현존하는 것'이 (수동적으로) 결정되었다. 자아는 자신이 결정할 때 선택할 필요가 없으며, 스스로 가능성들 가운데 어느 한 가능성의 토대 위에 세울 필요도 없다. 어떤 태도를 취하는 것의 가능한 토대인 그 밖의 다른 가능성은 무너졌고, 실질적 확실성의 토대인 유일한 토대는 자연히 현존한다. 자아는 그 토대 위에 서 있는 것으로 보며, 오직 거기에서만 주관적으로 확인된다.

더 단순한 경우는 처음부터 그 위치에 개방된 가능성이 있을 수 있는, 또 반대의 유혹이 없기 때문에 결정하는 것에 관한 논의가 더 이상 멀어질 수 없는 경우이다. 그러므로 외적 경험 속에는, 정지해 있든 변화되든, 어떤 사물의 존재에 관한 경험의 각각의 경과와 계기가 개방된 가능성의 지평으로 둘러싸여 있다. 이것은 주어진 계기 속에 그것에 대해 아무것도 말하지 않는 개방된 가능성이다. 그에 따라 기대는 아무런 억제도 겪지 않은 단적인 확실성이다. 만약 관찰하는 수용성의 그와 같은 연관의 최종적 결과가 술어적 판단 속에 총괄되면, 이 술어적 판단

---

2 '심상'은 기억, 상상 또는 외적 자극에 의해 의식에 나타난 직관적 표상을 뜻한다. 따라서 지향적 의식 속에 구성된 것이기 때문에 기억 또는 과거지향과 다르다.

3 판단의 양상들의 근원

은 단적인 확실성의 양상을 가질 것이며, 판단의 기초가 되는 선술어적으로 경과하는 가운데 때에 따라 등장했던 말소되고 수정되는 흔적을 그 자체로 더 이상 지니지 않을 것이다.

의사소통을 위한 목적이든 각각의 지각 단계의 성과를 확인하고 각인하려는 의도이든 술어로 규정하는 작용이 계속 지각의 진행에 따르면, 사정이 다르다. 그렇다면 신념의 확실성이 동요하는 모든 것은 술어적 명제에서 '추정적으로 그렇다', '가능한 방식으로 그렇다'는 형식으로 표현된다. 또는 처음에 확실한 것으로 주어졌고 그에 따라 술어화된 것은 지각을 수정하는 경우 나중에 철회될 '어쨌든 그렇지 않고 다르게 존재한다'는 형식으로 표현된다. 또는 회의(Zweifel)를 거친 다음 입증될 수 있는 '그것은 실제로 그러하다'는 형식으로 표현된다. 이 모든 형식은 앞으로 상세하게 논할 것이다. 이 경우 언제나 판단이 등장할 것인데, 더구나 이것은 사실적으로 이미 지각된 것을 예측하고 '유형상 미리 알려진 것(typische Vorbekanntheit)'에 근거해 지각의 대상에 의해 일깨워진 예측〔선취〕하는 작용이 이끄는 확실성의 형식으로 등장할 것이다.

우리는 이 대상에 관해 예측으로 규정한 것을 술어화하며, '이 규정들이 이미 알려진 유형의 대상인 그 대상에 실제로 이르게 된다'고 그 규정들에서 기대한다. 우리는 '사람들이 이러한 종류의 대상에 관해 판단한다'와 같이 판단하며, 무언의 기대 속에 '실로 그 규정들이 이 특정한 대상에 대해서도 올바를 것이다'라고 판단한다. 따라서 실제로 완전히 근원적으로 수행된 판단작용과 사태를 산출하는 것은 사실상 주제를 규정하는 사실적 진행에서 높은 빈도로 전혀 제시될 수 없다. 오히려 비본래성에서만 완전히 직관화(Veranschaulichung)하는 것 없이 선판단(Vorurteil)[3]에 근거해 자주 판단되고, 명제들과 사념된 사태의 대상성들

---

3 후설 현상학이 추구하는 '무전제성(Voraussetzungslosigkeit)'의 원리는 언어나 논리학

이 구성될 것이다. 스스로를 부여하는 직관화(直觀化)가 일어나면, 사정에 따라서는 이미 형성된 판단이 거짓으로 입증되며, 수정할 필요가 있거나 완전히 말소하는 것과 이에 속한 새로운 판단을 형성하는 것이 필요하다. 이 새로운 판단은 이제 참된 것에 적합해야 한다. 그렇다면 이미 이전에 구성된 대상성인 이전 판단은 여전히 자신의 대상적 성격 속에 현존하지만, 진리에 대한 요구가 충족될 수 없는 단순한 명제이다.

그러므로 판단활동이 경과하는 것은, 그것이 직접 수용적인 경험의 진행에 따르고 각 단계마다 그 진행에 적합한 것과 같이 이미 공허한 예측의 판단을 형성한 뒤 이에 상응해 말소하며, 그 밖에 양상화할 동기를 준다. 범주적 대상성을 근원적으로 산출하는 것은 여기에서도 언제나 비-근원성, 즉 예측하는 작용에 의해 섞인다.

b) 근원적으로 형성된 판단이 침전되어 생긴 공허한 변양들[4]

그러나 공허한 판단의 영역, 경험 속에 직접 충족되지 않고 경험에서 확증되지도 않으며 확증될 수도 없는 판단작용의 영역은 더욱더 커진다. 이 판단작용은 확증을 시도하는 경우 부정(否定)의 동기를 일으키는 공허한 사념으로 입증된다. 그와 같이 공허하고 충족될 수 없는 사념들은 경험이 진행됨에 따른 판단이 경과하는 것의 직접적 연관 속

까지 모두 배격해 절대적인 무(無)에서 출발하려는 것이 아니다. 그것은 의식에 주어지지 않는 형이상학적 대상이나 충분히 검토되지 않은 단순한 가설의 개념들을 배제하고, 탐구의 영역을 내적 직관, 즉 순수 체험에 국한시켜야 한다는 것을 뜻한다. 따라서 '선판단'을 배제하는 것과는 전혀 무관하다. 후설이 분석한 '선(先)-술어적 경험'은 곧 '선판단'의 한 형태이며, 선험적 주관성이 역사성을 통해 담지하는 '습득성(Habitualität)'은 '선판단' 이외에 결코 다른 것일 수 없다.

4 〔원주〕더 상세한 분석은 『형식논리학과 선험논리학』, '부록 2', 275쪽 이하 참조.

에 형성될 뿐 아니라 그 근원을 변양들에서 갖는다. 이 변양들은 낮은 단계에서 분리할 수 있고 독립적인 충(層)인 술어적 충의 본질에서 일어나며 판단의 양상들을 형성할 수 있는 새로운 원천을 부여한다.

이 모든 변양은 직관에 근거해 형성된 완전히 근원적인 판단작용의 근원적 형식에서 나아간다. 동시에 자발적인 것인 이 산출작용은 오성의 대상성에 적합한 방식, 그것이 원본으로 주어지는 방식이다. 그러나 내적 시간의식의 본질적 법칙성에 따라 각각의 대상성의 경우 일련의 변양이 '지금'-의식 속에 원본으로 주어진 것에 연결되듯이, 그것은 자발적으로 판단하는 산출작용에 대해서도 타당하다. 〔따라서〕이 모든 변양은 그 자체로 지향적 변양으로 특징지어진다. 즉 그 변양들은 그것들이 파생된 근원적 형태를 지향적으로 소급해 지시한다.

최초의 변양은 과거지향의 변양이다. 근원적으로 자발적으로 수행된 판단작용 다음에 방금 전에 현실적으로 수행된 판단은 '방금 전에 수행된(soeben vollzogen)' 양상으로 여전히 의식된다. 이제 그 판단은 우리가 수용적으로 구성된 대상을 위해 실행했던 것과 정확하게 마찬가지로 이 과거지향적 변화 속에 파지되어 유지될 수 있다. 그렇다면 위에서 기술한 방식으로 판단에서 서로 다른 구문론적 대상성을 이끌어 낼 수 있는 가능성이 존재한다. 또는 현실적으로 수행하는 가운데 다시 한 번 그것으로 되돌아가고, 그것을 새롭게 산출해서 원본으로 주어질 가능성이 존재한다. 이것에 의해 다시 산출된 것은 이전에 산출된 것과 동일성(Selbigkeit)의 의식 속에 합치한다.

그러나 판단도 자신이 과거지향으로 '점차 사라지는' 가운데 파지한 것에서 방출될 수 있다. 그렇게 되면 판단은 배경 뒤로 가라앉으며, 그와 일치해 더 불분명해진다. 그 판단이 부각되는 정도는 단계적으로 더욱더 미세해지고, 결국 현실적 의식의 영역에서 완전히 사라져 망각된다. 이제 그것은 수동적 배경, 무의식(Unbewußtes)에 합병된다.

이 무의식은 결코 '죽은 무(無, totes Nichts)'가 아니라 의식의 한계양상(Grenzmodus)이며, 그래서 다른 어떤 수동성과 마찬가지로 '문득 머리에 떠오름', '아른거리는 생각' 등의 형식으로 다시 촉발될 수 있다.[5]

그러나 이러한 변양 속에 판단은 근원적 수동성이 아니라, 현실적인 자발적 산출작용에서 자신의 근원을 본질적으로 소급해 지시하는 2차적 수동성이다. 따라서 그것은 근원적이고 원본적으로 구성된 것의 변양을 통해 발생된 그 밖의 모든 수동성과 같이 이 수동적 변양 속에 자아의 습득성(Habitualität), 이미 새롭게 연상적으로 일깨울 준비가 된 영속적 소유물(bleibendes Besitz)을 제시한다. 우리는 '문득 머리에 떠오름', '아른거림'의 형식으로 일깨워진 것에 다시 주의를 기울일 수 있고, 그것에 더 가까이 접근해 명석하게 만들 수 있으며, 결국 사정에 따라서는 새로워진 분절된 수행 속에 판단이 다시 스스로 주어지게 이끌 수 있다.

〔그런데〕 수동적으로 아른거리는 판단, 문득 머리에 떠오르는 생각은 과거의 어떤 판단을 현전화한 것과 혼동하면 안 된다. 현전화하는 것은 자아를 전제하는데, 이 자아는 현전화하고 과거의 판단작용과 함께 참여하거나 과거의 판단작용에 동의하기를 거부할 수 있다. 그 가운데 어느 것도 우선 아른거리는 생각 속에 발견될 수 없다. 그것은 자아를 향한, 이른바 자아가 새롭게 수행하게 권유하는 하나의 자극, 단순한 요구이다.

이제 새로워진 자발적으로 수행하는 형태로 판단을 복원(Reaktivierung)하면, 그것은 다음과 같은 서로 다른 방식으로 가능하다.

---

5 이와 같이 수동적 배경이 된 무의식은 "현상학적 무(無)가 아니라 의식의 한계 양상"(『형식논리학과 선험논리학』, 279~280쪽), "2차적 감성"(『이념들』 2권, 332, 334쪽), "침전된 지향성"(『위기』, 118, 240쪽)으로 동기부여(Motivation)에 의해 항상 새롭게 연상적으로 일깨워질 수 있는 자아의 지속적 소유물, 즉 '습득성'을 형성한다.

　　　　　　　　　　　　　　3 판단의 양상들의 근원

1) 〔판단의〕 수행은 철저하게 근원적인 능동성일 수 있다. 이것은 각각의 판단의 단계가 새롭게 해명되어 수행될 뿐 아니라, 판단의 기체들이 새롭게 스스로를 부여하는 직관 또는 현전화하는 직관이 된다는 사실에서 그러하다.[6] 그러므로 둘로 분절된 술어화작용의 종합 전체는 새롭게 수행되며, 이러한 전체의 과정은 이미 이전에 수행된 규정하는 작용의 반복으로서 그 자체로 지향적으로 특징지어지고, 이전에 수행된 규정하는 작용과 더불어 종합되는 합치 가운데 나타난다.

2) 그러나 다음과 같은 경우가 매우 자주 일어날 수 있다. 즉 판단의 활동이 이전 판단의 성과에 연결되고, 수용적으로 구성된 기초 짓는 판단의 기체들이 동등하게 직관할 수 있음과 명석함에서 반드시 새롭게 주어지지 않고도 이전에 판단된 것을 새롭게 분절된 수행, 따라서 본래적 수행으로 이끄는 경우이다. 또는 직관은 완전히 공허한 판단작용, 단지 상징적으로 지시하는 판단작용에서 직관에 의해 완전히 충족된 판단작용에까지 이르는 정도로 다소간에 미흡할 수 있다. 자명하게도 최초의 범주적 대상성을 근원적으로 구성하는 것은 기체가 원본적으로 주어지는 것을 전제하며, 따라서 두 가지 단계의 원본성(Originalität)을 전제한다. 그러나 대상성이 일단 구성되면, 우리는 다시 그 대상성으로 되돌아갈 수 있고, 하부 층에서 기체들이 반드시 다시 직관적으로 주어지지 않더라도 그 대상성을 다시 한 번 더 산출할 수 있다.

그렇다면 이러한 사실은 본래 둘로 분절된 종합이 더 이상 수행되지 않는다는 것을 뜻한다. 즉 S에서 p로 새롭게 직관적으로 이행되고, 그런 다음 p에 의해 풍부해진 S로 되돌아감에서 자발적으로 이행되는 종합이 수행되는 것이 아니라, 오직 제2의 단계만 실제적으로 또 본래적으로 수행된다. S가 규정 p에 의해 풍부해진다는 사실, 규정 p가 S에 속한

---

6 〔원주〕 여기에서 가능한 변양들에 관해서는 이 책의 27절 이하 참조.

다는 사실은 가령 기억 속에 우리에 대해 다소간에 직관적으로 현존하지만, 원본적 직관으로 되돌아감으로써 확증되지는 않고 오히려 단순히 받아들여진다. 아마 그것은 결코 더 이상 확증될 수 없고, 새롭게 직관화하는 경우 그 반대의 부분이 명백하게 제시될 것이다.

그럼에도 불구하고 'S는 p이다'라는 사태의 대상성은 그것을 근원적으로 구성하는 것과 습득적으로 계속 작동하는 작용에 근거해 동일한 것으로 다시 주어질 수 있다. 즉 'S는 p이다'라는 판단은 물론 직관에 의해 충족되지 않아도 하나의 동일한 것으로 새롭고 판명하게 수행될 수 있다.

3) 여전히 다른 변양이 가능하다. 근원적 판단은 재생함으로써 완전히 분절되지 않고도 새롭게 수행될 수 있다. 연상적으로 일어나는 '말의 연속'은 어떤 판단의 통일체를 만들어 낼 수 있지만, '의미 없는 것'이 '의미 있는 것'과 혼합되어 혼란된 방식으로 만들어 낸다. 이러한 경우 (가능한 직관화하는 것을 고려하지 않는) 단순한 판단에서 본래적인 비-자발적 산출작용은 더 이상 논의될 수 없으며, 또는 적어도 부분들에서도 그러하다. 이것들은 언어적 지시에 따라 형성된 단순한 명제이다. 〔그런데〕 그와 같이 혼란된 판단들은 이제 판명하게 되며, 동시에 실로 판단의 기체들을 '직관할 수 있는 것', 즉 '명증적으로 주어진 것'이 명백하게 제시되지 않고도, 그것에 의해 '의미 있는 것'과 '의미 없는 것'이 구별된다. 아마 판단의 기체들은 결코 명백하게 제시될 수 없을 것이다. 오히려 단순한 판단작용, 단순한 판단의 사념된 것 또는 판단의 사념된 것들의 연관이 '판명함'이라는 명증성에서 다시 주어진다.

68 공허한 사념들을 비판해 생긴 판단의 태도를 취하는 근원.
확증(일치)을 향한 비판

그러므로 수용적 경험 외부에 또 이 경험 이외에 다양하게 술어로 판단하는 삶(Urteilsleben)도 경과한다. 근원적 경험이 진행하는 것과 무관하게 이미 내려진 모든 판단과 그 속에 이미 구성된 모든 범주적 대상성이 그것에 속한다. 이 범주적 대상성은 위에서 기술한 침전되는 법칙성에 따라 복원할 수 있는 가능성을 지닌다. 그와 같이 침전된 획득물인 대상성은 새롭고 근원적으로 수행된 판단작용으로 들어가 작동할 수 있다. 〔그래서〕자극된 앞선 기대들이(하지만 공허한 영역 속에) 충족되면, 새로운 신념은 이제까지 습득된 신념에 적응한다. 그러나 또한 의심이 생기면, 추측이 일어난다. 경우에 따라서는 의심이 해소되고, 추측은 습득된 것의 측면에서 저항이 제기되지 않고도 확실성의 전체에 잘 순응하면서 다시 깨어지지 않는 확실성으로 이행한다.

따라서 우리는 다시 기체가 근원적으로 스스로 주어진 것으로 되돌아가지 않는 공허하고 복원된 판단작용 안에서도 점진적으로 알게 되고, 이미 이전에 획득된 지식을 새롭게 첨가된 지식에 적응시킨다. 하지만 이 새롭게 첨가된 지식은 경험적으로 '지식을 취하는 것'의 적확한 의미에서 '지식을 취하는 것'은 아니다. 각 경우에 이미 타당한 것으로 수행되고 습득적 소유물을 받아들인 지식이 그것을 풍부하게 하고 보충하고 상세히 규정해 새로운 지식과 일치되는 대신, 오히려 부정(否定)으로 양상화(말소)되거나 다른 방식으로, 즉 선언적(選言的)으로 회의를 통해 단순한 추측 등이 지양되는 방식으로 양상화되는 가능성이 존재한다.

이러한 사실에서 결정하려고 노력하는 것과 이미 내려진 판단을 비판하고 이미 자발적으로 산출된 범주적 대상성을 비판할 필요가 생긴다.

즉 사념된 것인 범주적 대상성이 근원적으로 경험이 주어짐으로써 충족되는 합치에 이를 수 있는지에 대한 그 진리를 비판할 필요가 있다. 그리고 근원적 동기부여에서 그때그때 판단의 내용에 관련된 어떤 의심이 판단의 연관 그 자체 속에 실제로 일어나지 않는 곳에서도 비판할 필요가 있으며, 획득된 '판단의 태도를 취하는 것'에서 자주 수행되는 평가절하를 생각하면, 그러한 평가절하에서 획득된 것을 보존할 필요도 생긴다.

우리가 문제된 상태를 직접 관찰하면서 의심하지 않는 가운데, 어쨌든 우리는 우리에게 확실한 것이 존재하지 않거나 그렇게 존재하지 않을 수 있다는 가능성을 자주 인정한다. 이러한 가능성에 대해서는 판단에서 자주 일어나는 평가절하의 일반적 경험이 곧 말해 주지만, 주어진 〔위의〕 경우에서는 그것 이외에 다른 가능성이 없다.

이에 반해 우리의 확실성에 대해서는 현실적 연관 그 자체 속에 모든 것이 말해 준다. 즉 확실성은 존재하며 확실성으로 남아 있지만, 그 자신 이외에 반대의 가능성을 갖는 확실성, 즉, 자신의 순수함을 상실한 확실성이다. 확실성의 이러한 양상에 관해서는 나중에 더 논의할 것이다.[1] 여기에서는 '이미 내려진 판단과 이 판단 속에 구성된 범주적 대상성에 관한 비판에서 생긴 판단의 양상이 어떻게 발생하는가'를(단지 그것들이 예측으로 내려진 것이든 그 이후에 복원된 이전에 내린 판단의 획득물이든) 이해하는 것만 필요하다.

비판을 통해 결정하고 신념의 태도를 취해 확실성에 도달하려는 노력은 단순하게 결정하는 것 일반(신념에서 그 어떤 회의, 그 어떤 분리)을 겨냥하는 것이 아니다. 그것은 인식하려는 노력(Erkenntnisstreben)으로서 진리(Wahrheit)를 향해 있다. 실로 '인식(알게-만듦, Er-Kennen)'이라

---

1 확실성의 양상에 관해서는 이 책의 특히 77절 참조.

3 판단의 양상들의 근원

는 말은 아직 지식에 이르지 못했고, 단지 미리 사념된 것을 지식, 즉 자명하게 경험적 지식으로 이끄는 노력이 문제가 되는 것을 시사한다. 이러한 넓은 의미에서 파악하면, 각각의 진행되는 경험작용(Erfahren)은 이미 하나의 인식작용(ein Erkennen)일 것이다.[2]

그러나 이미 말했듯이, 정상적인 말의 의미는 진리에 대한 노력, 진리에 대한 인식을 포함하며, 따라서 진리 그 자체를 경험하려는 노력, 지식 속에 얻으려는 노력을 포함한다. 인식이 목표로 삼는 진리에 대한 경험은 더 낮은 단계의 경험을 전제하며, 다음과 같은 사실을 포괄한다. 인식은 공허하게 선취하는 신념, 특히 술어적 신념(공허하거나 비-본래적인 직관적 신념)과 이에 상응해 믿어진 것, 판단된 것에 관한 원본적으로 부여하는 경험, 즉 그것이 명증적으로 주어지는 경험이 일치하는 의식이다.[3]

이 일치하는 것에서 선취하는 신념은 경험된 신념과 더불어 종합적으로 합치되고, 경험된 신념 속에 충족된다. 다른 방향에서 보면, 이러저러한 진술의 의미로 정립된 단순한 판단과 '그것 자체(es selbst)'라는 양상에서 이러한 의미에 관한 경험이 일치한다. 우리는 대상적 사념(Meinung), 정립된 대상성 그 자체, 정립된 사태 그 자체가 '~에 미리 향해 있음' 속에 확인되고, 사태 또는 대상 그 자체와 종합되는 통일체 속에 확증되며, 이러한 통일체로 확정된다고 말할 수도 있다. 따라서 이렇게 일치하는 가운데 그 자체로 경험적인 것이 되며, (이렇게) 경험된 것은 곧 진리이다.[4]

그렇게 일치하는 것은 경험을 통해 경험을 중단 없이 확증함으로써 명백하게 제시될 수 있다. 그렇다면 진리에 대한 인식은 공허한 판단

---

2 후설 현상학에서 경험과 인식의 관계에 대해서는 이 책의 47절 옮긴이 주 참조.
3 [원주] '명증성'의 개념에 관해서는 이 책의 4절 이하 참조.
4 [원주] '진리'에 대한 서로 다른 개념에 관해서는 『형식논리학과 선험논리학』, 46절 113쪽 이하 참조.

들, 사념된 것들이 중단 없이 입증되는, 충족되는 성격을 가질 수 있다. 그러나 인식하는 자가 자신의 노력에서 현실적이든 습득적이든 자신의 동기부여 속에 불러일으킨 가능성, 즉 적극적으로 확증하는 대신 이미 확실한 신념을 단절할 수 있는 가능성에 관한 의식을 가지면, 또는 인식하는 자가 진리를 추구함에서 참과 거짓의 선택을 함께 속한 가능성의 통일체로 자신 앞에 가지면, 인식은 '판단의 사념된 것, 즉 사념된 사태 그 자체에 대한 비판을 관통한 것에 근거해 결정한 것'이라는 성격을 얻는다. 그리고 이것은 정상적인 경우이다.

근거에 놓인 기체의 대상성이 스스로 주어지는 가운데 충족되는 확증으로 이끌지 못하는 판단의 사념에 대해 공허한 판단작용의 체험을 통해 동기 지어진 비판의 태도에서는 사념된 사태 그 자체와 실제적 사태가 구별된다.[5] 이 비판의 태도에서는 완전히 공허하게 사념될 수 있거나 다소 직관으로 충족된 단순히 사념된 사태는 완전히 충족된, 즉 직관으로 완전히 충만된 사태와 구별된다. 이러한 사태에서 '그 기체가 어떤 상태에 있는 것'은 완전히 직관적으로 주어진다. 〔따라서〕 '사태 그 자체(Sachverhalt selbst)'는 완전히 충족된 사태의 의미(Sachverhaltssinn)라는 이념이다. 즉 사태 그 자체는 의미의 대상성이기 때문에 당연히 두 번째 단계의 의미에서 의미의 이념, 즉 완전히 충족된 사태를 생각하는 이념일 뿐이다.[6]

---

5 〔원주〕 위의 책, 44절 b) 참조.
6 이 책 60절의 옮긴이 주 참조.

69 판단의 사념된 것 그 자체와 참된 사태.
사태는 어느 정도까지 의미의 대상성인가

이제부터 사태는(판단에서 '명사화(名詞化)'를 통해 이끌어 낼 수 있듯이) 의미의 대상성, 즉 사념된 것의 독자적 영역의 대상성이라는 자신이 의아하게 확정하는 것도 상실한다. 이것은 사태가 독특한 영역의 독자적 대상으로서 판단이 경과하는 가운데 독립화되고 주제화되는 사태를 이끌어 내는 것에서 우리가 실제성(Wirklichkeit) 대신, 단지 사념된 것 그 자체를 향해 있다는 것을 주장하는 것이 결코 아니다. 우리가 향하는 것은 언제나 실제로 존재하는 사태이다. 맨 처음 수용적으로 구성된 대상성들이 그 속에 들어온 실제로 어떤 상태에 있는 것(Sichverhalten)은 이 경우 우리가 끊임없이 주제로 삼는 최종 목적이다.

그러나 일단 형성된 술어적 판단은 산출되자마자, 이 판단 속에 새로운 대상성이 자발적으로 구성되자마자 일종의 독자성을 갖는다. 이 판단은 새롭게 다시 수행될 수 있으며, 경우에 따라서는 의사소통하는 교제에서 추후에 수행될 수 있다. 그리고 이 판단은, 그런 까닭에 반드시 충족될 수 있는 것이 아니더라도, 사념된 것으로서 명증성으로, 즉 '판명함'이라는 명증성으로 이끌릴 수 있는 독자적 본성을 갖는다.

이러한 명증성에서 그 판단은 독자적 대상성의 한 영역으로 증명된다. 그리고 이 독자성, 즉 판단작용 속에 새로운 종류의 대상성이 미리 구성된다는 사실, 일단 구성된 판단과 범주적 대상성 일반은, 직관으로 충족될 수 있다는 점은 도외시하더라도, 단순히 공허한 명제로서 일종의 독특한 삶을 이끌고 하부 층에 대해 자신의 독립성을 갖기에 단순한 의미로서 '판명함'의 명증성으로 이끌리고 그 자체로 다양한 판단들의 기체가 될 수 있다. 이 모든 것은 언제나 다시 참으로 존재하는 기체의 대상성과 그 규정들, 이것들이 어떤 상태에 있는 것을 향한 근원적인

단도직입적(gerade) 태도에서 공허한 사념, 단순한 명제가 사태 그 자체
와 구별되는 비판적(kritische) 태도[1]로 이행할 것을 요구한다.

사태 그 자체는 완전히 충족된 사태를 사념하는 이념이며, 이 사념
하는 작용은 근원적으로 판단명제 속에 수행된다. 그러므로 여기에서
우리는 이미 위에서[2] 언급한 사태와 판단명제의 관계를 이해하게 된다.
'도대체 사태는 어느 정도까지 하나의 의미로 간주될 수 있는가'와 '사
태는 어느 정도까지 하나의 판단(판단명제)인가'는 근본적으로 동일한
물음이다. 즉 사태를 사념하는 그 자체는 하나의 판단명제이며, 이 판
단명제는 곧 사태 그 자체가 사념되는 대상적 의미일 뿐이다.

그러나 사실상 판단명제에서 사태 그 자체는, 모든 대상적인 그 자체
가 대상적 의미 속에 사념되고 경우에 따라 대상적 의미 속에 그 자체
로 주어지듯이, 사념되는 것만은 아니다. 오히려 완전히 충족된 판단을
사념하는 것이 문제되는 한, 사태의 그 자체는 판단을 사념하는 것 속
에 (수용적 경험의 대상들에 관한 충족된 사념하는 작용 속에 경우에 따라 대
상적인 그 자체가 주어지듯이) 주어지는 것이 아니라, 우선적으로 산출된
다. 그 자체가 충족되는 가운데 의미인 사태 그 자체는 완전히 충족된

---

1 사태 그 자체의 궁극적 근원을 철저하게 되돌아가 묻는 후설 현상학은 완결된 체계를 추
구하는 것이 아니라, 비판을 거치지 않은 소박한 선입견을 제거하고 자유롭게 태도를 변
경함으로써 서로 다른 대상의 영역을 적확하게 탐구할 시선을 제공하는 부단한 "사유실험"
(Denkexperimente)(『형식논리학과 선험논리학』, 167쪽)이다.
후설은 우선 소박하게 존재에 대한 신념을 전제하는 '자연적(단도직입적) 태도'와 이러한 태
도 자체를 문제 삼는 '반성적(비판적) 태도'를 구분한다. '자연적 태도'에는 일상적 경험으로
주관과 객관(대상)의 외적 상관관계를 자연스레 고찰하는 '인격주의적 태도'와, 추상화를 통
해 주관을 배제하고 객관적 자연을 관찰하는 '자연주의적 태도'가 있다. 또한 '반성적 태도'
에는 실증적 자연과학에 입각해 경험적으로 고찰하는, 그래서 여전히 소박하고 독단적인 '심
리학적 태도'와, 자연적 태도를 총체적으로 판단중지를 해 주관과 객관의 본질적 상관관계를
철저하게 선험적으로 고찰하는 '현상학적 태도'가 있다. 물론 이 '반성'은 마음속의 상태, 즉
의식의 활동을 단순히 관찰하는 내성(內省)이 아니라, 의식의 대상적 상관자까지 생생하게
파악하는 것이다.
2 〔원주〕 이 책의 60절 중간 이후 참조.

3 판단의 양상들의 근원

판단명제 속에 산출되며, 판단명제 속에 자발적으로 산출되는 방식으로 주어진다.

더구나 우리는 '대상적 의미'라는 개념이 여기에서는 애매해진다는 사실에 주목할 수 있다. 근원적으로 '의미'라는 개념(우리는 이것을 '명제'와 대조함으로써 언어적으로 표현할 수 있다.)은 『논리연구』에서 나타난 판단의 질(Qualität)과 소재(Materie)를 구별한 것[3]을 일반화함으로써 획득된다. 이 일반화에서 특히 판단에 적용되어, '판단의 소재' 또는 '판단의 내용'으로서 '의미'라는 개념이 생겼다. 그리고 자신의 정립적 성격을 지닌 의미인 완전한 판단명제는 이것과 구별된다. 판단의 내용과 정립적 성격의 이러한 통일체는 '판단의 의미'라는 더 넓은 개념을 형성한다.[4] 이것은 판단의 사념된 것 그 자체이다. 사념된 것 그 자체에는 '판단의 인식대상(Urteilsnoema)'의 한 구조로서 정립적 성격도 속한다.

'명제'에 관한 논의는 단순히 사념된 명제 그 자체뿐 아니라 참된, 충족된 명제, 즉 사태 그 자체도 이해될 수 있기 때문에 애매하므로, 우리는 '단순한 명제'를 생각하는 곳에서는 언제나 '단순한 의미로 간주된 명제'라는 말을 첨부할 것이다. 이렇게 함으로써 이것은 사념된 것들 그 자체의 영역, 즉 넓은 의미에서 의미의 영역에 함께 속한다는 점을 암시한다. 그렇다면 일상적으로 진행해 나가는 판단이 경과하는 가운데 명사화된 것은 인용부호 속에 있는 명제, 즉 판단의 사념된 것 그 자체가 아니라, 타당한 것으로 위임하는 명제, 곧 사념된 사태 그 자체이다.

---

3 이에 관해서는 『논리연구』 2-1권, 제5연구, 20절과 22절 참조.
4 〔원주〕 『형식논리학과 선험논리학』, 192쪽(89절 a)) 이하, 그리고 '판단의 소재'라는 개념에 관해서는 같은 책에서 이미 자주 인용된 269쪽('부록 1'의 9절) 참조.

70 기초에 놓인 기체의 대상성의 명증성과 유사한 사태가 주어진 것의 명증성

사태와 사태를 기초 짓는 대상들의 관계에는 여전히 다음과 같은 점이 주목되어야 한다.

기초에 놓여 있는 기체 그 자체가 모든 실재적 대상성의 경우와 같이 본질상 완전히 충전적으로 주어질 수 없다면, 예측(선취)하는 작용은 본질상 그것이 주어지는 방식에 속한다. 또한 완전히 충전적으로 주어지는 것이 '무한히 멀리 놓여 있는 이념'이면, 이것은 그 기체 위에 구축된 사태에 대해서도 타당하다. 특히 그것들은 본질상 단지 예측으로만 주어진다. (따라서) 기초에 놓여 있는 기체의 대상들에 관한 지각이 '원본적으로 구성하는 의식'이라는 점은 자명하다.

본질상 그러한 대상성은 근원적으로 달리 주어질 수 없으며, 그 존재가 규정되지는 않았지만 가능한 그 이상의 규정을 지시하는 그 자체의 방식으로만 명증적이 될 수 있다. 규정하는 경험이 한없이 계속됨으로써 자신의 모든 범위에서 원본적으로 구성하는 의식은 여기에서 그 자체만으로 완전히 규정된 '그 자체(Selbst)'를 결코 제공하지 않는다. 완전히 규정된 '그 자체'는 단지 이성(Vernunft)의 이념으로만, 이념적으로 완결되고 많은 측면에서 무한하고 가능한 지각체계의 상관자로만, 무한한 과정 속에 있는 가능성으로 간취될 수 있는 무한함의 통일체로만 존재한다. 그것은 이성의 동기부여를 통해 언제나 단지 유보적으로만 실제성으로 미리 지시되고, 선험적인 범주적 조건들 아래에서만 참된 '그 자체의 존재(An-sich-sein)'로서 가능한 '그 자체'가 된다.

그러므로 각각의 사물과 관련된 사태는 이러한 사실에 관여한다. 그 사태는 자신의 명증성과 진리를 갖는데, 이것은 그 사태가 원본적으로 주어진 유보된 것, 즉 규정되지 않은 진리라는 것을 뜻한다. 그 사태는 '규정되지 않은 것'의 형식으로 원본적으로 구성된다. 그러나 '자신의 참으로 규정된 그 자체'로서 원본적으로 구성되지는 않는다. 사물과 관련된 판단의 사태도 하나의 이념이다. 기초에 놓여 있는 지각이 결코 충전적이 될 수 없듯이, 또 이것이 결코 사물 그 자체를 포함하지 않고 단지 끊임없이 변화되고 확장되는 것으로 충만되는 사물의 의미만 포함하듯이, 우리가 판단이 사념하는, 즉 판단 속에 판단된 것인 참으로 존재하는 것을 지각판단에 포함해 이해하면, 지각판단도 결코 사태 그 자체를 포함하지 않는다. 초월적으로 실재하는 것에 관련된 참으로 존재하는 사태의 어떠한 것도 충전적으로(adäquat) 주어지지 않는다. 또는 어떠한 경험 판단에서도, 비록 이것이 경험으로 매우 충만되었더라도, 판단작용은 참된 것, 즉 사태 그 자체를 자신 속에 지닐 수 없다.

71 승인하거나 부인하는 것으로서 판단의 태도를 취하는 것. 취득하는 것인 승인하는 것과 자신을 유지하려는 노력에 대한 그 의미

이제까지의 논의는 인식하는 삶 일반의 본질적 구조를 지닌 술어적 판단의 양상들이 존재하는 연관을, 경험 속에 확증될 수 있는 것을 넘어서서 포착하는 공허한 판단(직접적으로 경험이 경과하는 것에 따르는 판단의 경우처럼 예측하는 작용의 방식이든, 판단의 근원적 경험으로 되돌아가지만 습득적으로 이루어진 공허한 사념으로 복원되는 방식으로 넘어서 포착하든)에 이르는 서로 다른 동기들이 존재하는 연관을 지적했다.

양상화된 판단작용은 직접 경험에서 증명된 단적인 확실성의 형식을 갖지 않는 곳 어디에서나 등장한다. 그것은 불확실하게 된 것으로 등장하거나, 경험에서 새롭게 확증하는 것으로, 경우에 따라 경험에서 수정하는 것을 수반하는 비판을 통과해 확실성을 재건하는 것으로 등장한다. 공허한 판단작용이 독자적으로 경과하는 것에 따르면서 예측하는 작용에서 일어나는 경험이든, 판단이 이전에 취득한 것을 복원함으로써 일어나는 경험이든, 궁극적으로 그것을 확증하는 것은 언제나 하나의 가능성, 즉 판단의 기체가 스스로를 부여하는 경험으로 되돌아가는 가능성만 갖는다.

〔요컨대〕모든 확증은 판단의 기체로 소급된다. 양상화된 판단이 발생하는 것은 언제나 스스로를 부여하는 것을 넘어서 파악하는 공허한 판단작용과의 연관 그리고 이 예측하는 작용에 대한 비판과의 연관 속이다. 따라서 모든 판단의 양상은 원리적으로 태도를 취하는 양식, 즉 공허한 사념들에 대한 비판 속에 생기며 이것과 관련해 이해되어야만 할 결정하는 양식으로 파악될 수 있다.

그러므로 이러저러하게 결정하는 적확한 의미에서 판단작용은 긍정하거나 부정하기 위한 결정이며, 승인하거나 거부하는 것, 부인하는 것이다. 이 판단작용은 단적으로 '존재하는 것', 대상적 의미에서 이미 단순히 '명백하게 된 것' 속에 부각되는 것, '무효한 것(nichtig)'과 '무효하지 않은 것(nicht nichtig)', 이중으로 말소하는 것을 관통해 '어쨌든 그러한 것(doch so)'이라는 존재의 양상 자체와 혼동하면 안 된다. 이 모든 양상은 이미 수용성 속에 등장할 수 있다. 즉 자아는 스스로 어떤 태도를 취할 필요가 없지만, 이렇게 수동적으로 양상화됨으로써 그렇게 태도를 취하게 동기 지어질 수 있다. 특별히 판단하면서 태도를 취하는 것에는 인식작용적으로(noetisch) '예'와 '아니오'가 발생하고, 그 인식대상적(noematisch) 상관자는 대상적 의미에서 등장하는 '타당한'과 '부당한'이며, 이 상관자에는 '자아로부터 수여된 타당한 설명 또는 부당한 설명'이라는 성격으로 등장한다.

따라서 이러한 특수한 의미에서 판단작용은 '동의하거나 거부하는 것, 즉 부인하는 것'이라는 이중으로 가능한 형태로 나타나는 자아가 정립하는 작용(positio), 정립하는 것(Setzung)이다. 이것은 '동기 짓는 지각에 근거한 판단작용이 문제인 곳에서는 두 가지 대립된 태도를 취하는 작용이 가능하며, 이것은 사정에 따라 현실적이 된다'는 점을 뜻할 뿐이다. 이것이 '정립하는 것 그 자체가 전통적 논리학의 의미에서 이중의 성질을 갖는다는 사실을 뜻하는지'는 여전히 숙고되어야만 한다.

이 태도를 취하는 작용은, 자신의 동기부여의 토대를 지각 그 자체속에 (즉 지각의 독자적이고 경우에 따라 순수하게 수동적으로 경과하는 가운데) 진행되는 것에서 갖는 한, 완전히 비-독립적이다. 지각은 그 자신의 지향성을 갖는데, 이것은 자아의 자발적 행동이나 구성적 작업수행의 어떠한 것도 아직 포함하지 않는다. 왜냐하면 이 지향성은 자아가 그것을 긍정하거나 부정하는 결정을 내리게 전제되었기 때문이다. 두 가지 대립된 태도를 취하는 작용은 이러한 동기를 부여하는 토대가 통일되어 또는 그것들이 분열된 것에서 통일되어 서로 밀접하게 연관된다. 예를 들어 서로 대립되는 두 가지 가능성이 있는 경우 어떤 가능성을 긍정하는 결정은, 현실적이 아니라도 어쨌든 잠재적으로라도, 그 가능성이외의 상관자로서 상관적 (다른) 가능성을 부정하는 결정을 갖는다.

'자아를 겨냥한 동기부여가 어떻게 기능하며, 자아는 어떻게 이것에 긍정하거나 부정해 답변하면서 반응하는지'를 상세히 살펴보면 다음과 같다.

자아가 확고하게 타당한 것으로 정립하거나 부정하는 결정에 대한 동기부여의 토대는 지각의 정합성(Einstimmigkeit)을 재건하는 것이다. 모순 속에 서로를 배제하는 지각의 파악들이 분열된 것은 중단 없는 통일체로 되돌아간다. 자아는 이 모든 것에 의해 촉발된다. 자아 그 자체는 그 자신의 방식으로 자기 자신과 일치하지 않게 되고, 분열되며, 결국에는 (다시) 일치하게 된다. 자아는 파악들 가운데 하나에 토대해 제기되는 기대경향, 즉 무엇보다 이 파악의 기대경향을 수행하고, 이것을 자아 중심(Ichzentrum)에서 능동적 기대가 되게 만드는 경향이 있다.

그러나 자아는 이렇게 함으로써 자신이 억제되었다는 것을 발견하며, 대립해 있는 기대경향으로 끌려 들어가고 반대의 파악으로 향하는 경향이 있다. 만약 지각의 정합성이 재건되면, 즉 유일한 지각이 정상적 형태로 흘러가면, 자아의 내적 모순은 자기 자신과 더불어 해소된다. 〔그 결과〕 자아는 더 이상 때에 따라 이러저러한 경향을 띨 수 없다. 자신의 지양된 지향적 경향을 지닌, 특히 생생하게 미리 방향이 정해진 (그러나 말소된) 기대를 지닌 지양된 파악은 더 이상 수행될 수 없다. 이렇게 해서 자아는 이제 단순히 자유로운 기대의 지평과 지금 정합적으로 세워진 지향성을 수행하는 장으로 갖지 않는다.

또한 자아는 이러한 토대 위에 능동적으로 제기되며, 정합적으로 주어진 것을 단적으로 존재하는 것으로 취득한다. 승인하는 것은 독특하게 취득하는 것, 확정하는 것이다. 더욱이 나에 대해 이제부터 그리고 영속적으로 타당하게 존재하는 것으로 확정하는 것이다. 이렇게 승인함으로써 자아는 능동적으로, 활동적으로 노력하면서 어떤 획득물, 따라서 영속적 지식을 취득하며, 또한 의식적으로 취득한다. 왜냐하면 타당한 것으로 설명하는 작용, 이른바 자아가 수행하는 승인의 본질에는 '이렇게 해서 자아에 대해 타당한 것으로서 자아의 것으로 증대된 것이 이제부터 타당한, 그리고 앞으로도 영속적으로 타당한 성격을 지닌다'는 사실이 함축되어 있기 때문이다. 이것은 의식적 자아의 개방된 시간의 지평 속에 타당하다는 것을 뜻한다. 우리는 우리 자신이 긍정적으로 판단하면서 타당하게 정립하는 것을 '우리에 대해 이제부터 확증된 것'으로, '미래에 대해 확인된 것'으로, 게다가 '이러저러하게 존재하는 것'으로 사념한다.

그리고 이것은 개별화된 사건으로 사념하는 것이 아니라, 일반적인 실천적 삶에서처럼 활동적으로 인식하는 삶에서도(비록 그것이 개별적으

3 판단의 양상들의 근원

로 현실적으로 노력하는 가운데 언제나 경과하더라도) 하나의 통일체가 조직된다. 모든 확실성은 하나의 확실성의 통일체로 조직되고, 이와 상관적으로 나에 대해 존재하는 모든 것은 하나의 세계로 조직된다. 그렇다면 그때그때 특수한 계열의 변형된 노력, 즉 인식의 실천(Erkenntnispraxis)까지 포괄하는 가장 넓은 의미에서 행동하려는 노력은 이 세계에 관련된다. 어떤 확실성이 양상화되는 각각은 세계의 주체에 관계하고, 이 주체는 확실성의 체계 전체와 관계하며, 이미 해결된 것이 다시 의문으로 제기된다. 그래서 진전해 가는 것이 자유롭지 못한 한, 그것은 계속 진행되는 실천에서 억제되는 것을 의미한다. 이 때문에 실천적 관심(praktisches Interesse)은 각각의 신념, 각각의 '태도를 취하는 것'에 달려 있다.

〔그런데〕 불확실하게 된다는 의미에서 각각의 양상화는 (언젠가 목적이 달성된 것, 완성된 노력 속에 구성된 것의) '완성된 것(Vollendung)'을 '완성되지 않은 것'의 형식으로, 즉 의심스러운 것 등으로 가장 넓은 의미에서는 확실성을 지양하는 특별한 형식으로 변화되는 것과 같은 것이다. 그러므로 각각의 양상화는 필연적으로 그에 상응하는 확실성을 위해 적극적으로 노력하는 형식을 취한다. 〔요컨대〕 판단하는 삶(Urteilsleben)을 통해 우선 각각의 개별적 자아는 가장 넓은 의미에서 판단의 일관성을 추구하고, 판단작용의 정합성을 유지하려고 노력한다. 이것은 '양상화가 단순히 대상들과 대상적인 실천적 세계가 그 존재의 성격에서 관계하는 하나의 현상이 아니라, 판단하는 자가 판단의 확실성(또한 이와 같이 일반적으로 신념의 확실성)을 포기하게 강요받으면, 개인적으로 관계된다'는 것을 뜻한다. 따라서 판단의 일관성과 확실성을 추구하는 노력은 자아가 자기 보존을 추구하는 일반적 노력의 성향(Zug)이다.

만약 자아가 자신의 태도를 취하는 경우, 즉 자신이 '타당한' 경우, 자신이 '그것은 실제적이다', '그것은 가치 있고 좋다'의 경우 지속할 수 있으면, 자아는 보존된다. 자아는 궁극적으로 양상화되지 않은 확실성들(여기에는 판단의 확실성이 포함된다.)을 향해 노력함으로써 이러한 자기보존을 파괴하는 모든 것에 대항한다. 따라서 확실성을 추구하는 노력과 양상화의 더 일반적인 의미는 매우 중요하다.

72 판단의 '질'의 문제. 부정판단은 결코 근본적 형식이 아니다

그렇다면 무효화된 반대파악에 의해 결정하는 것에서는 무엇이 일어나는가? 물론 이러한 반대파악도 과거지향적으로 유지된다. 왜냐하면 자아가 이전에 반대파악으로 이끌렸고, 아마 이것에 우선적으로 기울어졌을 것이기 때문이다. 사실상 이 파악은 이전에 정상적 지각의 형식으로 일치했고, 자아에 의해 추정적으로 존재하는 사물로 관찰된 것으로 수행되었을 수도 있다. 그러므로 시선을 이러한 방향으로 돌리거나 다시 다른 방향으로 돌릴 수 있는 자극의 동기가 현존한다.

그러나 여기에서 자아는 지금 거부하는 것을 통해, 부당한 설명을 통해 답변한다. 이 거부하는 것은 명백히 앞선 타당성에 관한 설명에 대립되거나 그러한 설명의 단순한 경향에 대립하며, 따라서 이 경향은 어떤 태도를 취하거나 그 태도를 취하는 경향에 대립되고, 궁극적으로 확인하는 작업수행에 대립한다. 이것에 의해 긍정하고 승인하는 태도를 취하는 것과 부정하고 부인하는 태도를 취하는 것은, 가령 색깔의 영역에서 빨간색과 파란색처럼, 단순히 두 가지 동등한 '질(Qualität)'을 제시하는 것이 아니다. 그래서 '질에 관한 논의는 도대체 여기에서 적합하지 않다'는 사실이 분명해진다. 자아가 부정하는 작용은 타당성이 배제되며, 이미 이러한 표현에는 [부정의] 이차적인 지향적 성격이 암시되어 있다.

전통적 논리학의 근본적 결함은 판단의 근본형식이 논의될 수 있는 의미가 해명되지 않은 채 그와 같은 근본형식이 설정되었으며, 그 형식들 가운데 우선 부정(부정적 정언판단)이 등장했다는 점이다. 이에 반해 근본적 형식의 계열이 더 이상 논의될 수 없다는 점이 강조되어야만 한다. 오직 하나의 근본형식만 존재하는데, 그것은 단적인 (긍정적인, 하지만 가령 '승인하는 것'은 아닌) 정언판단 'S는 p이다'이다. 이 판단은 물론 일정한 의미에서, 즉 근원적 형식이 본질적으로 특수화된 것으로서, 근본형식으로 부를 수 있는 본질적 형식을 갖는다. 이 형식은 예외 없이 [근원적 형식이] 변화된 것이며, 우리가 살펴보았듯이, 이미 승인하는 것에 대해서도 타당하다. 이것은 변화된 것이고, 가장 넓은 의미에서 근원형식이 양상화된 것이다.

이것으로 각 논리적 판단의 개념에 여전히 최고로 중요한 관점이 부각된다. 우리는 '~을 찬성해 결정하는 것'을 이제부터 타당하고 확정된 것으로 소유하는 것, 취득하는 것을 통해 특징지었다. [반면] '~을 반대해 결정하는 것'은 어떤 방식으로 우리에게 기대되었고 경우에 따라 이전에 우리의 소유물인 그 타당성이(마치 우리가 변화된 동기부여의 상황 때문에 어떤 결정을 거부하거나 어떤 의지 경향에 반대할 때 그 밖의 다른 작용에서 유사함을 발견하는 것처럼) 거부되었다는 것을 뜻한다.

그러나 '~을 반대해 결정하는 것'인 부정은 '부당한 것'에 상응하는데, 이것은 우리가 태도를 손쉽게 대체함으로써 그 자체로 다시 타당하게 될 수 있는 것, 즉 긍정적으로 판단하면서 확정시킬 수 있는 것이다. 그렇다면 아닌 것(Nein) 또는 무효한 것(Nichtig)은 확정의 내용 속에 나타난다. 따라서 우리는 판단의 개념도 파악할 수 있는데, 그 개념은 오직 존재를 확정하는 행위와 이 속에서 무효한 것을 '내용의 계기' (Inhaltsmoment)로서, 이른바 '존재하는 비-존재(seiendes Nichtsein)'로서 다룬다.

사실상 논리학과 과학은 모두 확정하는 판단으로 환원되며, 이것은 매우 정당하다. 아무리 많이 부정되더라도 이론적 진술에는 부정하는 것이 전혀 없고, 오히려 때로는 '그렇게 존재하는 것'으로 때로는 '그렇게 존재하지 않는 것' 등으로 확정한다. 따라서 우선적으로 다루어진 판단의 개념은 타당한 것으로 확정하는 것인 오직 하나의 '질'만 아는 개념이다. 물론 이것은 '결정되는 것 그 자체가 하나의 양상에 관한 것이 아니라, 비록 논리학이 쏟는 관심이 오직 확정하는 것, 주장하는 것에만 향해 있더라도 대립된 양상들 속에 경과한다'는 사실에는 아무런 변화도 없다.

73 변양된 판단의 주어를 지닌 더 높은 단계의 판단의 태도를 취하는 것인 실존판단과 진리판단

승인하거나 부인하는(타당성으로 정립하거나 배제하는) 것으로 판단하면서 태도를 취하는 가장 단순한 경우는, 태도를 취하는 작용이 직접적으로 정합성과 부정합성의 수동적 종합 위에 구축되고 지각의 수용성 속에 등장하는 것처럼, 비판 위에 구축되는 경우이다. 그러나 술어적 판단이 이미 형성되었으면, 그리고 술어적 판단이 여전히 생생하게 복원되고 그 속에서 사념된 기체들과 사태들 그 자체에서 확증할 수 있다는 요구를 지니고 등장하면, 이 요구의 권리가 검토되는 비판적 태도로 이행하는 것은 [결국] '판단하면서 태도를 취하는' 특별한 형식, 즉 실존판단(Existenzialurteil)과 진리판단(Wahrheitsurteil)의 형식에 동기를 부여한다.

그러므로 각각의 술어로 긍정하거나 부정하는 것은 이미 실존판단을 포함하는 것이 아니다. 오히려 이것은, 존재자가 그때그때 우리에게 사념되는 대상적 의미가 그 자체로 대상화되는 경우에만 비로소 가능하다. 실존판단과 술어적 진리에 관한 판단의 경우 더 높은 단계의 판단의 태도를 취하는 작용뿐 아니라 단순히 간단하게 승인하거나 거부하는 경우처럼 선술어적 경험 속에 끊임없이 일어나는 자기수정(自己修正)의 결과를 술어로 확정하는 것도 문제가 된다. 그런 까닭에 특별히 이러한 더 높은 단계에서 비판적 태도가 내리는 판단작용은 단적으로 규정하고 관계 짓는 (단적인 기체에 대한 판단작용으로서) 판단작용도 될 수 없고, 또한 순수한 사념된 것 그 자체를 기체, 즉 가령 그 내용에 따라 규정되어야 할 어떤 독자적 영역의 대상들인 기체로 갖는 판단작용도 될 수 없다. 오히려 판단작용 속에 두 가지는 독자적인 판단을 만들어 내는 독특한 방식으로 관련지어질 것이다.

판단작용들 사이를 단적으로 규정하면서, 동일화하면서 이행하는 가운데 동일성 속에 관철된 것, 언제나 새롭게 자신이 규정하는 것 속에 끊임없이 자기 자신과 합치하는 것은 대상 그 자체, 즉 이러한 판단들 모두에 '대상이 된 것'이다. 이 대상은 판단의 사념들이 원본적으로 부여하는 직관에 의해 충족되는 것이 성공하면, 실제로 실존한다. 그렇지 않다면 실제적인 것에 전혀 상응하지 않는 공허한 사념, 공허한 명제만 남는다. 〔그런데〕 그 자체로서 대상은 원본적으로 부여하는 직관 속에 나타난다. 그 대상이 개체적인 것이면, 지각 속에 나타난다. 연속적으로 충족되는 지각작용, 지각이 동일화하는 충족으로 이행하는 것은 지각의 대상에 대한 '그 자체', 즉 모든 판단하는 활동이 향한 궁극적 목적(Telos)으로서 '그 자체'가 산출하는 과정이다. 지향은 '명제를 형성하는 모든 것을 통해 각각의 형성물이 명증적으로 주어지는, 즉 '그 자체'의 양상으로 형성된 것이 주어지는 가운데 자신의 목적을 갖는 명제'라는 방식으로 '그 자체'를 향해 나아간다. 연속적 과정 속에 언제나 합치되는 종합은 동일한 것으로서, 즉 동일한 하나로 의식되는 의미의 관점에서 수행되며, 특별하게 합치되는 종합은 충족되고 '그 자체' 속에 확증하는 것으로서의 종합이다.

이것은 직선적으로 경과하는 근원적인 술어로 규정하는 것과 술어이전에 규정하는 것에서도 그러하다. 사념된 것 그 자체는, 우리가 동일화하는 종합에 주제로 향하지 않더라도, 동일화하는 합치 속에 참된 '그 자체'와 더불어 나타난다. 이제 비판적 태도로 이행하면, 모든 명제는 단순한 사념이지만 그래도 참된 '그 자체'를 충족시키는 의미로 자신 속에 지녀야 한다고 요구하는 사념으로 주어진다. 이것은 이에 대해 명제이다. 우리는 이 명제에서 단순한 의미, 즉 술어적으로 말하면, 판단의 내용(판단의 소재)과 정립적 성격[1]을 구별하고, 이제(의미가 충족될 수 있는 의미인 한) 의미와 참된 '그 자체'를 동일화하는 종합에 향한다. 이 경우 우리는 아주 일반적으로 '이 의미에는 어떤 대상이 상응하고, [그래서] 그 의미는 타당한 의미이다.' 또는 '이 의미에는 어떤 대상도 상응하지 않고, 그 의미는 부당한 의미이다.'라고 말한다. 그러므로 우리는 의미(Sinn)로부터 '존재(Sein)'를 술어화한다. 이것이 근원적인 실존판단이다.

'우리의 판단작용이 의미로서 명제를 내포하며, 이 의미가 '존재하는' 양상으로 정립된다'는 현상학적 명증성은 여기에서 문제되지 않는다. 오히려 현상학적 명증성은 위에서 언급된 사념된 것 그 자체에 대한 반성을 전제한다. [그런데] 이 반성은 자신의 참된 '그 자체'와 더불어 가능한 동일화하는 작업을 심문하지 않는다. 반면 이러한 태도도 인식작용적(noetisch) 반성과 구별될 수 있는데, 이 반성에서 판단명제와 그 의미의 인식대상적(noematisch) 통일체는 인식작용적 다양체들(Mannigfaltigkeiten)[2]의 통일체로 주어진다. 만약 우리가 선험논리학

---

1 〔원주〕'의미'와 '명제'의 개념에 관해서는 이 책의 69절 마지막 단락을 참조.

2 '다양체'는 리만(G. F. B. Riemann) 이래 현대 기하학에서 일정한 공리의 연역 체계를 지칭하는 용어로, 일종의 류개념(집합)이다. 후설은 이 개념을 학문을 진정한 학문으로 성립시킬 수 있는 형식에 관한 학문 이론(Wissenschaftslehre)으로서 순수논리학을 정초하려는 형식적 영역의 존재론(regionale Ontologie)의 의미로 발전시킨다.

3 판단의 양상들의 근원

(transzendentale Logik)³을 추구하고 이 모든 것을 제시하면, 이러한 태도에서 우리는 여기(인식작용적 반성)에 있다. 반면에 실존적으로 판단하면, 그 밖의 어떤 술어(이것은 의미로 간주된 어떤 명제의 술어가 아니다.)를 정립하는 것과 같이 실존적 술어를 정립한다. 우리는 '실존하는 것'(Existieren)을 생각하며, 그 밖의 판단하는 사념작용 속에서와 마찬가지로 이 사념작용 속에 '참된 존재'를 향해 있다. 더 정확하게 말하면, 우리는 여기에서 '참으로 존재하는 것'이 곧바로 부각되는 동일화하는 작업의 종합을 향해 있다.

그런 까닭에 'A가 존재한다.'는 실존판단, 가령 이전에 우리가 집으로 규정했고 집으로 존재하는 것으로 사념된 대상이 실존하는 경우, 실존판단은 'A라는 의미는 그에 상응하는 실제성을 갖는다'는 것을 뜻한다. 그러므로 그것은 실존판단 속에 의미에 의해 술어화된다. 우리가 의미를 작용(Akt)의 내실적 계기(reelles Moment)로 간주했던 한에서, 이것은 받아들여질 수 없었다. 왜냐하면 거기에서 명백하게 '실존판단을 수행함에서 정언판단에 대립된 태도를 취하는 어떠한 변경도 필요하지 않다'라는 극복할 수 없는 어려움이 생겼기 때문이다. 우리는 이 변경을 '작용과 작용의 계기들에 대한 (인식작용적) 반성'이라고 부른다. 우리는 작용의 인식작용적 측면에 따라 작용에 더 이상 마음을 쓰지 않는 한, 대상을 향한 방향을 유지한다.

'대상(사태)이 실존한다'는 실존판단에는 '그 명제는 참이다'라는 '진리판단'이 상응한다. 그 실존판단에서 명제의 '소재'는 그 단순한 의미에 관해 판단된다. 이때 우리는 '단순한 명제', 판단된 것 그 자체, 즉 주어로서 자신의 정립적 성격을 지닌 판단의 의미를 갖는다.(이 판

---

3 후설은 칸트의 『순수이성비판』에 따라 운동감각적 경험에서 시간적 공간적 연관의 구성을 해명하는 작업을 '선험적 감성론'이라 부른다. 따라서 수동적 감성은 능동적 이성에 기초를 이루며, '선험적 감성론'은 '선험논리학'으로 상승해야 한다.

단의 의미에서 이 명제는 우리가 실제로 판단하든 어떤 판단 속에 들어가 생각하든 동일한 것, 가능한 명제이다.) 그렇다면 이에 상응하는 통찰로 넘어가면, 실제적 판단, 즉 사태에 대한 사념은 사태 그 자체와 합치되고, 그것을 긍정하는 것을 경험한다. 실존한다는 사태는 실제로 존재하는 사태이며, 이와 상관적으로 명제(명제 속에 사태는 정립된다.)는 참된 명제이다.

물론 우리는, 실존적 진술과 진리에 대한 진술에 관심을 갖거나 이것에 향하지 않아도, 지각이 진행되는 가운데 반복해 '그 자체'와 마주칠 수 있다. 그러나 그러한 진술에 향하면, 우리는 그렇게 진술한다. 게다가 정립된 것과 '그 자체', 대상의 명제와 그 원본적인 것의 관계가 이와 관련된 동일화작용에 앞서 있다. 그러나 정립된 것은 순수한 대상적 의미이며, 우리는 이 정립에 참여하지 않는다. 우리는 '가설적으로(hypothetisch)' 시험 삼아 정립된 것을 '그 자체'와 동일화시킬 수 있고, 이제 'X는 실제적이거나 실제적이 아니다'라고 판단할 수 있다. 인식대상적 '대상'에는 원본적 의식의 '대상 그 자체'가 상응한다. 〔따라서〕 실존판단은 사념된 대상 그 자체(대상적 의미)를 원본적인 것에 동일화시킨 것(이것이 부정적인 것이면, 모순되는 가운데 동일화시키는 것)에 근거한 판단이다.

다른 한편 진리판단은 주어의 측면에서 가능하게 정립하는 것의 이념인 대상의 명제, 즉 의미로 간주된 명제를 판단한다. 이 명제로부터 우리는 '그것은 참이다, 그것은 대상 즉 사태 그 자체와 일치한다'라고 진술한다. 그러나 대상 그 자체, 즉 원본적인 것은 그것의 측면에서 단지 실제적인 원본적 작용들의 동일한 것은 아니고, 하나의 이념(Idee)이다. 왜냐하면 그것은 원본적인 것인 그 작용들과 합치될 수 있다는 가능한 모든 작용에 대해 동일한 것이기 때문이다. 경우에 따라 우리는 진리에 관해 진술하면서 '그 자체'에서 방금 전에 수행된 동일화작업, 즉 대상의 명제, 정립된 것 그 자체 또는 우리가 원본적인 것 속에 갖는 '그 자체'에 눈길을 돌린다.

우리가 실제로 주어진 것 없이 판단을 진술하면, 일치하는 작용의 관계에 관한 주장은 어떤 다른 관계들에 관한 주장과 같이 이루어지고, 그와 다른 주장과 같이 자신의 객관적 진리를 가지며, 관계 그 자체는 자신의 실제적 존재를 갖는다. 우리는 이러한 사실을 확신할 수 있다. '각각의 명제는 참이거나 거짓이다.'[4]는 아프리오리하게 각각의 명제에 속한다. 그러므로 진리판단은, 다른 모든 판단이 입증하는 것을 전제하고 요구하는 한, 자신의 특수한 기본적 기능을 갖는다. 따라서 우리는 술어적 명제들의 진리에 관한 각각의 진술에서 〔한편으로〕 가능한 판단을 정립하는 이념으로서 명제와 〔다른 한편으로〕 명제의 원본적인 것, 즉 '명증적 의식'인 원본적 의식(Originalbewußtsein) 속에 주어지는 명제의 진리를 관계 짓는다. 그렇다면 정합성(Übereinstimmung)은 판단의 근본토대로서 명증적인 것이다. 〔요컨대〕 명제는 참이며, 자신의 진리, 자신의 원본적 '그 자체'에 일치한다. 그렇지 않다면 그 명제는 거짓이고, 원본적 명제에 모순된다.

74 실존의 술어화작용과 실제성의 술어화작용의 구별

a) 실제성의 술어화작용의 근원

실존(Existenz)의 부정 속에 자신의 대립물을 갖는 실존의 술어화작용은 비-실제성, 즉 허구의 술어화작용 속에 자신의 대립물을 갖는 실

---

4 〔원주〕 모든 명제를 결정할 수 있음에 관한 이 논제의 전제와 필요한 제한에 관해서는 『형식논리학과 선험논리학』, 79절 이하 참조.

제성(Wirklichkeit)의 술어화작용과 혼동하면 안 된다.[1]

우리는 이제까지 그 토대가 미리 주어진 것으로 전제된 경험에서 〔고찰을〕 진행했다. 정상적 경험 속에 단적으로 주어진 각각의 것은 정 상적 술어화작용 속에 경험에 근거해 단순히 실제성으로 받아들여진다. 〔그러나〕 이것은 '실제성'이라는 개념에 포함되지 않는다. 그것은 반성되 지 않은 의식 안에서 실제적인 것을 규정하는 개념에 포함된다. 자연적 태도에서는 우선 (반성 이전에) '실제적'이라는 어떠한 술어도, '실제성'이라 는 어떠한 류개념도 존재하지 않는다. 우리가 상상하고 또 상상 속에 살아 가는 태도(따라서 그 모든 양상에서 유사-경험작용의 태도)에서 주어진 실 제성으로 이행할 때, 그 밖에 우연적인 개별적 상상과 그 상상된 것을 앞질러 나아갈 때, 우리는 이것들을 가능한 상상 일반과 허구 일반에 대 한 범례로 받아들이고, 우리에게 '허구물(또는 상상)'이라는 개념이 생기 며, 다른 측면에서는 '가능한 경험 일반'과 '실제성'이라는 개념도 생긴다.

더구나 허구물은 경험에서 또 경험의 토대에 입각해 정립된, 경험된 상상작용(Phantasieren)의 대상이다. 즉 허구물의 지향적 대상성은 그것 이 상상된 양상 속에 있다. 상상의 세계에 사는 상상하는 사람('꿈꾸는 사람')에 대해 우리는 '그가 허구를 허구로 정립한다'고 말할 수 없다. 오히려 그는 변양된 실제성, 즉 '마치 실제성과 같은 것(Wirklichkeit-als-ob)'을 갖는다. '마치(Als-ob)'라는 성격은 자아가 경험하는 자(Er-fahrendes)라는 사실, 자아가 첫 번째 단계의 변양되지 않은 작용들을 향 하며 자신의 내적 의식 속에 그와 같은 작용들 가운데 상상작용을 갖고 그 대상들은 변양된 성격을 갖는다는 사실과 언제나 연관된다. 경험 속

---

1 존재의 영역은 '실재적인 것(Reales)'과 '이념적인 것(Ideales)'으로, 존재의 양상은 '실 제적(wirklich)'과 '가능적(möglich)'으로, 존재의 계기는 '현존함(dasein)'과 '그렇게 존재 함(sosein)'으로 구분할 수 있고, 그 각각의 쌍은 문제로 삼는 존재(존재자)에 따라 서로 교 차해 존립할 수 있다.

3 판단의 양상들의 근원

에 살며 이 경험에서 상상 속에 잠기는(이것에 의해 상상된 것은 경험된 것과 대조된다.) 사람만 비로소 '허구'와 '실제성'이라는 개념을 가질 수 있다. 물론 우리는 개념적으로 파악하는 모든 것 이전에 어쨌든 대조가 현존한다고 말해야만 한다. 첫 번째 단계에서 경험된 실제성과 이 속에서 구성된 더 높은 단계의 실제성은 필연적인 실제성의 연관을 형성하고, 이 연관에서 그 연관 밖에 있는 상상된 모든 것이 나타나며, 허구적 부분인 세계와 경험된 세계가 대조된다. (비록 우리가 본래적 대조에 관해 논의할 수 없더라도) 이렇게 해서 실제적인 것과 변양된 것 사이의 독특한 관계가 정초된다.

이렇게 대립시킴으로써 우리는 일반적인 본질적 공통성을 갖는다. 즉 여기의 대상과 저기의 대상, 이와 마찬가지로 두 가지 측면에서 개체적인 것, 시간의 연장(延長), 요컨대 술어화할 수 있는 모든 것을 갖는다. 그러나 상상의 대상은 단적인 대상들의 세계 안에 있는 '가상(Schein)'이다. 그것은 자아, 자아의 대상들과 체험들 그 자체에 관련된 작용의 상관자로서만 존재하는 그대로 존재한다. 그러므로 인용부호 속에 있는 대상도 상상 속에 변양된 것이다. 〔결국〕 그 대상들은 이중의 인용부호를 갖는다.

b) 실존의 술어화작용은 의미를 향하고, 실제성의 술어화작용은 주어인 명제를 향한다

이제 'A는 실존한다', 'A는 실존하지 않는다' 같은 실존의 술어화작용에 대립해 'A는 하나의 실제성이다', 'A는 실제적이다' 또 'A는 하나의 허구이다', 'A는 비-실제적이다' 같은 진술형식은 어떻게 이해될 수 있는가?

예를 들어 우리는 경험된 사물, 사람, 풍경과 관련해 '그것은 실제

사물이다'라고 말하고, 상상의 사물 또는 허구적 심상 속에 제시된 것과 관련해 '그것은 허구이고, 실제적 인간, 사물 등이 아니다'라고 말한다. 하지만 이것은 경험과 확실성의 양상에서 경험의 판단(이와 상관적으로 말하면, 단적인 존재에 관한 판단)에 대해서만 타당한 것이 아니라, '그것은 가능하다, 의심스럽다' 등의 존재의 양상에 대해서도 타당하다는 사실에 주의해야만 한다. 우리가 경험의 실제성의 토대 위에 있다면, 즉 실제 경험하고 따라서 확실성의 양상에서 실제성을 가지며 이것에서 모순·회의·추측·개연성이 생기면, 이것들은 모두 실제성(즉 실제적 가능성, 실제적 추측 등)이다. 그러나 만약 극장에서 새로운 희곡작품이 사연되는 것을 관람하면, '심상 속에서', '그 희곡작품 속에서', '제시되는 허구 속에서' 주연배우의 미래의 행동에 대한 추측, 개연성, 회의가 생긴다. 그러므로 이 모든 것은 허구가 변양된 성격을 갖는다.

모든 정상적 진술은 실제성의 양상 속에 수행된다. 따라서 비-정상적 진술은 인용부호 속에 있거나 진술하는 상황과의 관계가 필요하다. 그리고 이 상황에서 의미가 변양된 것이 이해된다. 〔그런데〕 이 변양은 실제성의 의식 안에서 일어나는 것과 같은 종류의 의미의 변화는 아니며, (거기에서 우리는 '실제적'이라는 양상에서만 의미를 갖기 때문에) 오히려 의미 자체에 허구의 성격을 부여하는 변양이다.

실제성의 의식 안에서 의미는 '확실히 존재하는 것' 또는 '개연적으로, 추정적으로 존재하는 것'으로 우리에게 현존하며, 그것에 대해 'A가 실존한다', 'A가 추정적으로 존재한다' 등이 술어화된다. 그 의미가 말소되고 충족되지 않으며 다른 의미와 모순되는 가운데 존재하지 않는 것으로 명백하게 제시되고 그에 따라 'A는 존재하지 않는다'라고 판단되더라도, 그것에 의해 'A는 하나의 허구물, 상상의 대상이다'라고 생각되는 것은 아니다. 오히려 그것은 경험의 대상이며, 경험의 대상으로 남아 있다. 하지만 이것은 관통하는 경험의 확실성의 토대 위에 충족되는 확증으로 이끌리지 않는 경험의 대상, 곧 말소된 경험의 대상이다.

실존과 비-실존의 구별이 실제성과 상상의 구별과는 완전히 다른 차원에 있다는 사실은 '그와 같이 말소하는 것이 통일적인 상상의 연관의 토대 위에서도 일어날 수 있다'는 점에서 명백하게 밝혀진다. 우리는 지금까지 견지했던 상상의 세계의 통일체에 속하지 않는 것으로 '무효화해 말소하는 것(Nichtigkeitsstrich)'을 유지하는 상상의 명제를 만들 수 있다. 실제적 경험과 실제적 세계 속에 등장하는 모든 것이 여기에서 '마치' 속에 자신과 대등한 것을 갖듯이, 실존과 비-실존도 그러하다. 상상 세계의 통일적 토대 위에 유사-실존(Quasi-Existenz)이 존재하고, 이와 마찬가지로 유사-비실존(Quasi-Nichtexistenz) 그리고 이에 관련된 실존 판단이 존재한다.

이것에서 '실제성과 허구물에 관한 술어화작용에서 주어는 단순한 의미, 즉 실존판단에서처럼 단순한 판단의 소재가 아니라 확실한 것, 개연적인 것, 추정적인 것 또는 존재하지 않는 것으로 정립된 의미, 따라서 명제이다'라는 사실이 생긴다. 〔요컨대〕 명제는 '실제적-허구적'이라는 서로 대립된 술어들의 주어이다. 우리가 제기한 (또는 그와 같이 받아들인) 모든 단적인 진술에는 하나의 진술-'명제'가 상응하고, 이 명제는 실제적 판단작용의 상관자로 현존하는 것으로 의식되는 실제적 명제이다. 이것은 유사-판단작용('마치'의 판단작용)의 형식에서 '허구들' 속에 주어지고 이 허구들에서 이끌어 낼 수 있는 진술명제와 대조해 '실제적'이라고 부른다.

75 실제성의 술어화작용과 실존의 술어화작용은 결코 규정하는 술어화작용이 아니다

일상적 논의에서 대상 그 자체는 실제적 대상과 같은 의미를 지닌다. 대상들은 '실제적인 것'을 통해서는 어떠한 규정도 얻지 못한다. 대상들은 규정, 즉 경험에 적합하게 주어진(경험의 작용들 속에 있는) 규정을 얻는다. 정립된 대상들은 경험작용 속에 규정되거나 경험의 작용 속에 그렇게 규정되어 의식되고, 경험의 해명작용과 경험의 술어화작용 속에 주어로 파악되며, (경험작용 속에 경험된 것으로서) 정립된 대상들이 규정하는 것은 그것들에 배분된다.

'실제적'이라는 술어는 대상을 규정하는 것이 아니라, '나는 상상하지 않으며, 어떠한 유사-경험작용, 유사-해명작용, 유사-술어화작용도 수행하지 않고, 허구에 관해 논의하는 것이 아니라 경험에 적합하게 주어진 대상들에 관해 논의한다'는 점을 뜻한다. 이렇게 대조하는 것은 인용 부호 속에 있는 대상들, 즉 대상의 명제들에 관해 판단되며, 게다가 경험 안에서 등장하는 상상(따라서 허구)의 의미의 존립요소에 대립된 경험의 의미의 존립요소인 경험의 대상들에 관해 판단된다는 사실을 함축한다.

우리가 경험 속에서 동일한 대상을 가지며 상상 속에 또는 허구로 동일한 대상을 가지면, 두 가지 측면에서 동일한 의미의 본질을 갖지만, 이것은 물론 술어화작용의 주어가 아니다. 오히려 한 측면에서는 실제적으로 타당한 의미의 주어, 즉 경험에서 끌어내거나 경험 속에 생생한 명제의 주어 그리고 인식대상적 반성 속에 파악된 명제의 주어이며, 다른 측면에서는 상상에서 끌어낸 인식대상적 반성 속에 상상의 상관자로 발견된 자신의 유사-타당성을 지닌 허구의 의미의 주어, 따라서 상상명제의 주어이다. 우리가 'X는 하나의 실제성이다'라고 말하면, 그 하나는 실제성의 영역에 편입되고, 다른 하나는 허구의 영역에 편입된다.

대상, 가령 집이 '실제성'으로 표시되면, 그것은 본래적 의미에서 어떠한 규정이나 해명하는 상세한 규정도 얻지 못한다. 예를 들어 집으로 규정된 대상(경험의 의식 속에 정립된 것)은 자신의 명제로 환원된다. 집에 대한 사념은 인식대상적 반성을 통해 파악되고, 실제적 명제로서 류 개념에 편입된다. 집에 대한 정립은 계속 수행되거나 수행된 것으로 계속 남을 수 있다. 그렇다면 우리는 '그 집은, 그 명제에 관한 한, 실제성이다.'라고 말한다. 그러므로 이것은 '마치 실제성이 아닌 대상들의 부류(모든 대상의 부류는 실제성의 부류이다.)가 존재하듯이, 그 집은 실제적인 것인 대상들의 부류에 속한다.'라는 사실을 뜻하지 않는다. 오히려 '경험의 명제, 즉 변양되지 않은 명제는 이것에 대립해 실제적 명제의 반영이며 허구의 술어가 속하는 명제인 상상의 명제를 갖는다'는 사실을 뜻한다.

물론 이와 유사한 것이 실존의 술어화작용에 대해서도 실행되어야만 한다. 또한 이것은 본래적 의미에서 규정하는 술어화작용이 아니다. 이것은 술어화작용이 논의하는 것처럼 보이는 대상들, 실존의 술어화작용의 동기가 생기는 실질적 관계에서 문제가 되는 영역의 대상들에 관해 판단하는 것이 아니다. 오히려 그 주어가 대상의 의미이지 대상 그 자체가 아니기 때문에, '존재한다'는 것에 의해 규정이 증대되는 것은 대상의 의미이지, 대상이 아니다. 그러므로 이러한 방식으로 볼 때 실존의 술어화작용은 단적인 술어화작용과 같이 규정하는 것이 아니다.

76 좁은 의미의 양상으로 이행함. 능동적으로 태도를 취하는 작용인 회의와 추측

이제 다시 판단의 양상으로 되돌아가자. 사실상 실제성의 술어화작용은 이러한 판단의 양상에 속하는 것으로 간주되어서는 안 된다. 이제까지 관찰된 승인하거나 거부하는 판단의 태도를 취하는 작용에 의해 양상의 영역은 아직 결코 충분하게 논의되지 않았다. 오히려 더 좁은 의미에서 양상, 확실성이 확실성으로 존재하기를 중단하게 되는 양상, 즉 우리가 이제까지 단지 수용성의 영역에서만 주시했던 양상[1]도 더 높은 단계에서 그에 상응하는 양상을 반드시 갖는다는 것은 분명하다.

또한 이미 지각의 파악이 수용성 속에 동요하는 가운데 등장하는 회의(Zweifel)의 의식과 가능성(Möglichkeit)의 의식에는 자아의 능동적 행동, 즉 우선 우리가 본래적 의미에서 '회의한다'('나는 그것이 이러한지 저러한지 회의한다.')는 말로 부르는 것이 상응한다. 여기에서는 지각이 분열되는 단순한 현상이 더 이상 문제되는 것이 아니라, 자아가 자기 자신과 일치하지 않게 되는 것(Uneinswerden)이 (비록 이것이 자명하게 수동적인 사건들의 동기의 토대 위에 있더라도) 문제된다. 자아는 이제 자신과 일치하지 않으며, 자아가 때에 따라 이러저러한 것을 믿는 경향이 있는 한, 자신에 의해 분열된다. 그렇다면 자아가 이러한 경향을 띤다는 것은 끌어당기는 가능성의 단순한 자극적 성향(Zug)을 뜻하는 것이 아니고, 오히려 그 가능성이 존재하는 것으로서 나를 끌어당기며, 나는 스스로 결정하는 방식으로 때에 따라 이러저러한 것과 더불어 동행하며, 능동적으로 태도를 취하는 것에서 때에 따라 이러저러한 것(물론 이것은 언제나 다시 억제된다.)에 타당성을 부여한다. 자아가 이렇게 동행하는 것은 가능성 그 자체의 중요성에 의해 동기지어진다.

끌어당김(Anmutlichkeit)으로서 이러한 가능성에서 내가 능동적으로 잠시 뒤따르는 판단의 경향이 나온다. 이것은 내가 일시적으로 그 가능성에 찬성해 결정되게 수행한다는 점을 함축한다. 그렇다면 나는 바로 반대 가능성의 자극적 요구 때문에 꼼짝 못한다. 또한 이러한 요구는 내가 순종하기를 바라고 그것을 믿게 만드는 경향이 있다. 작용의 자극

---

1 〔원주〕 이 책의 21절 b), d) 참조.

　　　　　　　　　　　　　　3 판단의 양상들의 근원

(Aktregung), '사로잡힌 것을 느낌'으로서 이러저러하게 판단하는 것인 '작용의 경향', 이러한 경향을 띠는 것은 '간절히 원함'·'경향을 지님', 넓은 의미에서 '노력함'의 현상에 속한다.

그리고 이것은 자아가 태도를 취하는 것(능동적 회의에서처럼 경우에 따라 단지 순간적으로만 수행된 판단작용)과 구별되어야 한다. 나는 이 판단작용으로 여러 측면들 가운데 한 측면을 편든다. 다른 측면에 따라 판단의 경향은, 비록 이 두 가지가 다양하게 서로 밀접히 뒤섞여 관련되어도, 그것이 동기 지어지는 자극해 끌어당김(affektive Anmutung), 즉 끌어당기는 가능성과 개념적으로 또 실질적으로 구별되어야 한다. 내가 서로 대립된 경향을 교대로 따르면서 스스로를 나타내는 끌어당기는 가능성에 토대해 제기하는 '능동적으로 회의의 태도를 취하는 것'은 그것이 억제되었다는 사실로 특징지어진다. 억제(Hemmung)는 여기에서 단순한 결여(Privation)가 아니라, 억제된 결정, 곧 도중에 〔끼여〕 꼼짝 못하게 된 결정이라는 현상의 한 양상이다. 자아는 어느 정도 수행하는 가운데 동행하지만, 결국 확고하게 신념이 결정된 것에는 이르지 못한다. 그렇다면 이와 마찬가지로 자아에 의해 거절된 결정, 그와 같은 동기의 상황에서 다른 가능성들에 대립된 결정은 억제된 부정적 결정이다.

추측하거나 개연적인 것으로 간주하는 태도를 취하는 것은 '회의의 태도를 취하는 것'과 구별되어야 한다. 이 태도는 끌어당기는 가능성들 가운데 어느 하나가 우월성이 유지될 때, 그것에 대해 더 많이 논의될 때 일어날 것이다. 우리가 서로 다른 비중을 지닌 가능성을 관통하면, 더 무거운 비중을 지닌 것이 그 가운데 어느 하나를 결정할 동기를 줄 수 있으며, 일종의 우선적으로 다루어 승인할 동기를 줄 수 있다. 그런 까닭에 이러한 승인은 어쨌든 단적으로 존재하는 것으로 〔어떤 것을〕 확정하거나 주장하는 것을 포함하지 않는다.

우리는 수동적, 자극적으로 끌어당김과 구별되어야만 할 '자아가 태도를 취하는 것'인 추측(Vermutung)에서 한 측면을 취하고 그것에 대해 어떤 방식으로 (그러나 비록 비중이 가벼워도 다른 측면도 타당하게 인정하는 방식으로) 결정한다. 〔그러면〕 추측의 형식을 띤 이 결정은 더욱 새롭게 강화된다. 가령 그 결정은, 대립적 경향과 대립적 가능성을 해명하는 경우 그것의 상대적으로 취약한 점과 우월한 점이 더욱 판명하게 나타나는 사실을 통해, 또 비중이 무거운 것을 강화하는 새로운 동기가 전면에 등장하는 사실을 통해 더욱 새롭게 강화된다. 그러나 거꾸로 비중이 무거운 것이 감소될 수도 있다.

그러므로 추측 그 자체는 본질적으로 기초에 놓여 있는 끌어당김의 강도(强度)에 의해 조건 지어지는 강도의 차원을 가지며, 이 강도는 축소되거나 증대될 수 있다. 추측의 결정은 어떤 측면의 무거운 비중이 계속 유지되는 한, 이 강도가 동요하는 것에 영향을 받지 않는 결정으로 남는다. 그 결정은

'A는 추측적(가능적·개연적)이다'라는 의미를 지닌다. 그러나 〔강도가〕 동요하는 것이 다른 측면으로 번지면, 무거운 비중이 때에 따라 이러저러한 것에 실리면, 추측하는 작용은 회의하는 작용으로 이행한다.

물론 추측의 부정적 상관자는 '개연적이지 않은 것으로 간주되는 것'이다. 이것에 의해 다시 일종의 거부하는 것이 사념되지만, 이것은 단적인 부정이 아니다.

자명하게 실존의 술어화작용과 실제성의 술어화작용에 관해 상론한 것은 여기에서 생긴 'A는 가능하다, 추측적이다' 등과 같은 술어화작용에 대해서도 타당하다. 이것도 결코 규정하는 술어화작용이 아니다.

77 확실성의 양상들과 확신의 개념. 순수한 확실성과 순수하지 않은 확실성, 추정적 확실성과 필증적 확실성

서로 다른 끌어당김의 가능성에 대립되는 '태도를 취하는 것'의 다른 형식은 그 가능성 가운데 어느 하나를 편들고 다른 가능성을 내적으로 반대하는 형식이다. 이렇게 사실상 '신념의 확실성'이라는 의미에서 결정이 되고, 하나의 확정, 하나의 주장, 그러나 이른바 순수하지 못한 병적인 주장(불량한 논리적 양심을 지닌 결정)이 된다. 이것은 신념이 이렇게 확고하게 결정되는 것이 사태 그 자체로부터 정합적으로 구성된 경험에서 또는 대립된 가능성을 말소함에서 동기 지어지는 경우와 같지 않다. 이러한 사실은 '승인하거나 거부하는 태도를 취하는 것 그 자체의 확실성이 '순수함'과 '순수하지 않음', '완전함'과 '완전하지 않음'이라는 자신의 양상을 갖는다'는 점을 보여 준다. '순수하지 않음'은 여전히 끌어당기는 다른 가능성이 자극으로 작동하지만, 어쨌든 우리가 확실성에서 그 가능성 가운데 어느 하나를 찬성해 결정하는 곳에는 언제나 존재한다.

우리는 중단 없는 정립 속에 '그것은 그러하다'를〔라고〕 수행한다. 어쨌든 이 경우 '우리가 그토록 아주 확신하고 아주 확실하지만, 많은 것들이 그렇게 존재함(Sosein)에 반대하고, 끌어당기는 가능성인 어떤 다른 존재가 우리 앞에 현존한다'는 사실이 있을 수 있다. 그와 같은 끌어당김은 서로 다른 무게를 가질 수 있고, 더 강하거나 약하게 이끌 수 있다. 그러나 이것들이 우리를 규정하지는 않는다. 우리가 결정했고, 경우에 따라 이전에 회의와 추측을 관통해 가는 과정 속에 결정했던 하나의 가능성만 신념 속에 우리를 규정한다. '확신(Überzeugung)'과 '확신의 강도(強度)'에 관한 개념은 이러한 사태 속에 자신의 근본을 갖는다.〔그리고〕 '확신의 강도'는 확실성(Gewißheit)의 순수함이나 완전함의 정도

(程度)에 상응한다.

이 확신의 강도의 정도는 이미 언급한 추측의 강도의 정도 속에 자신의 유사함을 갖는다. 이에 상응해 어떤 의미에서 추측은 순수하거나 순수하지 않은 확실성 그 자신의 양상을 가질 수 있다. '추측의 태도를 취하는 것'은 태도를 취한 것이 (어떠한 끌어당김도 이 우월성에 대립된 경향으로 나가지 않는 방식으로) 확실하게 우월한 가능성의 강도로 의식될 때, 확실한 것이다. 따라서 여기에는 더 우량하거나 불량한 논리적 양심을 지닌 '추측의 태도를 취하는 것'과 같은 것도 존재한다. 불량한 〔논리적〕 양심을 지닌 경우는, 두 가지 측면 가운데 하나에 대해 추측의 태도를 취하기보다 끌어당길 가능성의 무게를 통해 어떤 회의하는 작용이 정당화될 경우, 즉 〔그에〕 대립된 무게가 충분히 고려되지 못했음을 발견할 경우이다. 물론 추측의 확실성 그 자체는 다른 관점, 즉 확실성에 관한 다른 개념과 이에 상응해 순수한 확실성과 순수하지 않은 확실성의 다른 구별이 기초로 놓여 있는 관점에서 '순수하지 않은 확실성'으로 부를 수 있다.

확실성의 이러한 양상과 경험적(empirisch), 즉 추정적(präsumptiv) 확실성의 양상은 엄밀하게 구별되어야 한다. 이 양상들은 그 밖에 필증적 확실성과 대립된 양상을 갖는다. 확실성의 양상의 첫 번째 그룹은 끌어당기는 가능성, 우리가 그렇게 부른 '문제점이 있는 가능성', 즉 그때그때 어떤 것을 지지해 편드는 가능성의 영역에 관련된다. 우리가 언제나 그에 반해 개방된 가능성의 활동공간에 관련된 확실성을 갖는 경우, 우리는 경험적인 추정적 확실성에 관해 논의한다.

그러므로 모든 외적 지각은 일반적인 '미리 지시하는' 확실성 안에서 각각의 순간에 드러나는 그 특수성에서 어떤 것에도 지지해 편들지 않는 특수화하는 것의 활동 공간을 수반한다. 우리는 '동일한 것이 활동 공간의 개방된 모든 가능성을 지지해 편들고, 이것은 모두 동등하게 가능하다'고 말할 수도 있다. 이러한 사실은 다른 사람이 반대하는 것을 어떤 사람이 찬성하지 않는다는 점을 함축한다. 여기에서는 비존재 (Nichtsein)가 배제되지 않고 가능하다. 그러나 그것이 동기 지어지지는 않는다. 그런 까닭에 외적 경험의 확실성은, 비록 경험이 진행됨으로써 언제나 다시 확증되는 확실성이더라도, 언제나 이른바 해약을 예고해 주는 추정적 확실성이다.

그래서 우리는 확증된 추정적 확실성을, 경우에 따라 어떤 것을 지지 해 편드는 대립적 끌어당김을 동반하는 단순한 추측과 혼동하면 안 된다. 마찬가지로 우리는 확증된 추정적 확실성을 개연성(Wahrscheinlichkeit)과 혼동해도 안 된다.[1] 이 개연성은 경우에 따라 통찰로 평형을 이룬, 사정 에 따라 강력하고 압도적으로 지배하는 우월성을 표현한다.(따라서 '외 적 경험의 세계의 확실성은 단지 추정적 확실성'이라는 통찰은 그것이 단순한 추측이나 개연성이라는 사실을 뜻하는 것은 결코 아니다.)

추정적 확실성에 대립된 양상은 필증적인, 절대적 확실성의 양상이 다. 그것은 '비존재가 배제되었다' 또는 이와 상관적으로 '이러한 점은 절대적으로 확실하다'는 사실을 포함한다. 여기에는 어떠한 개방된 대 립된 가능성도, 어떠한 그 활동공간도 존재하지 않으며, 그래서 절대적 확실성의 개념에는 필연성(Notwendigkeit)의 개념이 상응한다. 이 필연성 은 술어적 판단의 다른 양상이다. 그러나 지금의 연관에서는 경험에서 또 우선적으로 외적 경험에서 판단의 양상이 발생하는 것을 추구하기 때문에, 우리가 여기에서 이러한 양태의 근원에 직면할 수 없다는 점은 분명하다.

---

1 〔원주〕'개연성의 명증성'에 관한 본질적 보충은 이 책의 '부록 2' 참조.

78 물음과 답변. 판단을 결정하려고 노력하는 것인 묻는 작용

또한 묻는 작용(Fragen)의 현상은 양상화된 확실성의 영역 속에 그 근원을 가지며, 회의(懷疑)와 밀접한 연관 속에 현존한다. 회의와 마찬가지로 묻는 작용은 수동적 영역의 사건 속에 근원적으로 동기 지어진다. 이 수동적 영역에는 파악한 것이 선언적[양자택일]으로 동요하는 것이 지향적 모순 속에 분리된 두 가지 직관에 상응한다. 대립의 통일체에는 서로 대항하는 A, B, C가 의식되고 일치해 있다. 우리는 이것을 'A이든 B이든 C이다'라는 사실이 의식된다는 말 이외에 달리 표현할 수 없다. 그리고 곧 이것을 우리는 능동적 물음과 능동적 회의의 표현 속에, 게다가 물음의 내용 또는 회의의 내용으로 발견한다. 가령 사람들은 내가 'A인지 아닌지' 등을 묻고 내가 회의[의심]한다고 말한다.

그러므로 수동적 영역에서 회의에 선행하듯이 동일한 방식으로 묻는 작용에 선행하는 것은 문제가 된 가능성들이 통일되는 장(場)이다. 물론 문제점이 있는 가능성은 적어도 두 개 이상 있다. 더구나 이 대립된 가능성 가운데 어느 하나가 단순히 의식에 적합하게 부각되고, 반면에 다른 가능성이 공허하며 주제로 수행되지 않은 표상들에서 주목받지 못한 채 배경 속에 남아 있을 수 있다. 자아의 각 작용은 자신의 주제를 가지며, 회의의 주제와 같이 물음의 주제는 내가 단순히 '이것은 목각인형인가?'[1] 하고 물을 때와 같이 그것의 선언적으로 대립된 항들이 주제 밖에 남아 있는 문제점이 있는 개별성이든 또는 '이것은 마네킹인가 사람인가?' 하고 물을 때와 마찬가지로 완전히 문제점이 있는 선언(選言)이다.

실로 자아의 독특한 능동적 행동인 묻는 작용의 특성은 무엇인가?

---

1 〔원주〕이 책의 21절 b)에서 든 예를 참조.

3 판단의 양상들의 근원

문제점이 있는 가능성의 수동적인 선언적 긴장 상태(수동적 의미의 회의)는 우선 능동적으로 회의하는 작용, 즉 자아의 작용을 분열시키는 행동을 동기 짓는다. 이 분열은 자아가 자신의 태도를 취하는 작용의 정합성(Einstimmigkeit)을 위해 본질적으로 노력하는 것에 근거해 직접적으로 불쾌함을 수반하며, 이 불쾌함을 넘어서 일치하는 정상의 상태에 도달하려는 근원적 충동을 수반한다. 〔그래서〕 확고한 결정, 즉 궁극적으로는 억제되지 않은 순수한 결정을 위한 노력이 생긴다. 만약 이 노력이 단순히 자극적이고 수동적으로 충동된 것으로 남아 있지 않고 자아에서 능동적으로 수행되면, 어떤 묻는 작용이 일어난다.

완전히 일반적으로 보면, 묻는 작용은 양상의 변화, 긴장과 억제에서 확고한 판단의 결정에 도달하려고 노력하는 것이다. 묻는 작용은 물음 속에 자신의 지향적 상관자를 갖는다. 이 상관자는, 판단작용이 사태가 대상성으로 미리 구성되는 판단 속에 자신의 상관자를 갖는 것처럼, 묻는 작용의 능동성 속에 미리 구성된 범주적 대상이다.

묻는 작용은, 비록 그것이 당연히 불가분적으로 판단의 영역과 인식의 영역에 속하며 인식하는 작용과 인식된 것, 더 상세하게 말하면, 인식하는 이성과 그 형성물에 관한 학문인 논리학에 필연적으로 속하더라도 그 자체로 판단의 양상은 아니다. 왜냐하면 판단하는 삶 또는 이성적으로 판단하는 삶은 판단과 특수한 형식의 판단이 목표로 삼는 독특한 욕구, 노력, 의지, 행동에 대한 매체(Medium)이기 때문이다.[2]

모든 이성은 실천적 이성인 동시에 논리적 이성이다. 물론 이 경우 판단작용을 통해 판단과 진리로 나가는 가치작용, 욕구작용, 의지작용과 행동은 가치작용, 욕구작용, 의지작용이 아닌 판단작용 자체와 구

---

2 요컨대 의식의 삶이 어떤 가치를 추구하고 어떤 것을 욕구하며 의지에 따라 행동하는 선(先)술어적 영역은 묻는 작용을 통해 술어적 판단으로 제시된다.

별되어야 한다. 따라서 묻는 작용은 판단에 관련된 실천적 행동(praktisches Verhalten)이다.[3] 내가 나의 실천적 삶에 그 밖의 결정에서 혹시 나를 억제하는 달갑지 않은 억제된 상태에 있음을 발견하는 한, 나는 물음을 제기하는 가운데 어떤 결정을 놓쳐 버린다. 그렇기 때문에 나는 결정하기를 원한다. 그러나 묻는 작용은 단순히 욕구하는 상태에 있는 것이 아니다. 오히려 묻는 작용은 의지의 영역에 속하며, 우리가 판단의 결정을 실제로 이끌어 낼 수 있는 실천적 방도를 간취한 다음에야 비로소 결정적인 의지작용과 행동이 될 수 있는 '판단을 결정하려고 노력하면서 향해 있는 것'이다.

물론 물음의 정상적 개념은 다른 사람에게, 경우에 따라 자기 자신에게 되돌려진 질문(Anfrage), 내가 내 자신에게 묻는 질문의 개념이다. 다른 사람과의 의사소통은 여기에서 고려되지 않는다. 그러나 이 경우 다른 사람과 유사하게 자기 자신과 의사소통하려는 목적에서 (자아는 실제로 자기 자신과 교류할 수 있기 때문에) '자기 자신을 향한 것'을 고려하지 않을 수도 있다. 그렇다면 우리는 원초적으로 묻는 작용을 판단을 결정하려는 실천적 노력, 더 나아가 습득된 실천적 태도(Einstellung)로 이해한다. 이 실천적 태도는 경우에 따라 오랜 기간 효력을 발휘하며, 언제나 그에 상응하는 의욕, 수고, 행동으로 이행하고 해결할 방도를 시험하는 등의 준비가 되어 있다.

묻는 작용의 독자적 의미는 답변(Antwort)을 통해 또는 답변 속에 밝혀진다.[4] 왜냐하면 답변과 더불어 긴장이 완화된 노력이 충족되고, 만

---

3 후설에서 이론과 실천의 관계에 대한 상세한 것은 20절과 47절의 옮긴이 주 참조.
4 이처럼 물음의 의미가 답변 속에 밝혀지는 것은 "아직 알지 못한 것(Nichtwissen) 속에는 언제나 본질적으로 부수적인 앎(Mitwissen)이 함축되어 있고"(『위기』, 366쪽), 따라서 "아직 알려지지 않은 것(Unbekanntheit)은 동시에 (이미) 알려진 것(Bekanntheit)의 한 양상(ein Modus)"(이 책, 8절)이기 때문이다. 즉 미리 아는 것(Vorwissen), 미리 지시하는 것(Vorzeichnung)은 항상 불완전하고 내용상 규정되어 있지 않지만, 주어진 핵심을 '넘어서

족감이 생기기 때문이다. 만족감이 생길 수 있는 서로 다른 방식과 단계에서는 서로 다른 가능한 답변들이 상응한다. 'A인가?'를 예로 들어보자. 이에 대한 답변은 '예, A입니다' 또는 '아니오, A가 아닙니다'이다. 따라서 이 물음은 가능한 답변으로 '두 가지 확고한 판단의 태도를 취하는 작용'을 갖는다. 묻는 노력은 그에 상응하는 판단 속에 충족되고 답변되기 때문에, 물음의 의미내용(Sinngehalt)에 병행해 적합한 판단형식들의 경험은 묻는 자가 가능한 답변의 형식을 이미 의식에 적합하게 예측하고 이러한 형식이 물음의 내용인 물음 그 자체의 표현 속에 이미 등장하는 것으로 이끈다는 것은 자명하다.

〔따라서〕 각각의 가능한 판단의 내용은 물음의 내용으로 생각할 수 있다. 물론 물음 속에 있는 것은 아직 실제적 판단이 아니라, 오직 기대된 판단, 단지 표상적인 (중립화된) 판단이다. 이 표상적 판단은 물음의 내용으로 '예'와 '아니오'에 있다. 물음이 완전한 선언에서 여러 가지 선언지(選言肢)를 지닌 것이면, 그 물음은 가령 'A인가 또는 B인가?'이다. 그러므로 이 물음은 이에 상응해 고려된 판단들을 선언으로 이끌고, 답변은 물음의 내용인 선언지들 속에 가능한 판단에 따라 방향이 정해진다.

본래적 의미에서 답변은 하나의 판단을 결정하는 것이다. 즉 무엇보다 긍정하거나 부정해 결정하는 것이다. 물론 어떤 의미에서 보면, 그것은 어떤 물음에 대해 '나는 그것을 모른다'라고 말하는 답변일 수 있다. 이것은 명백하게 의사소통하는 교제에 관계한다. 이 교제에서 나는 이렇게 답변함으로써 다른 사람에게 내가 그의 욕구를 들어줄 수 없다는 사실, 그리고 내게 그의 물음에 어떠한 답변도 없다는 사실을 알린다. 그러나 어떤 답변이 주어지는 경우에도 판단을 결정하는 것인 그 답변은

사념함'(Über-sich-hinaus-meinen)으로써 앞으로 상세하게 규정될 수 있는 가능성들이 활동할 수 있는 공간(Spielraum)인 공허한 지평(Leerhorizont)을 갖기 때문이다.

언제나 확고한 확실성의 양상을 가져야만 하는 것은 아니다.

'개연적으로 간주하는 것'도, 비록 그것이 궁극적으로 만족할 수 없더라도, 결정하는 하나의 태도를 취하는 것이다. 자아가 개연적으로 간주하면서 가능성들 가운데 어느 하나에 토대한 신념 속에 스스로를 제기하는 한, 분열은 결정하는 가운데 언제나 어떤 방식으로든 해소된다.

사실상 우리는 'A인가?'라는 물음에 종종 '예, 그것은 개연적입니다', '아니오, 그것은 개연적이지 않습니다'라고 답변할 수 있다. 마찬가지로 결정에 관한 어떤 것을 그 자체로 갖는 각 판단의 양상(따라서 억제된 결정의 각 형식)이 답변에 이바지할 수 있는 한, 더 약화된 답변도 가능하다. 예를 들어 'A인가 또는 B인가?'라는 물음에 '나는 A라고 믿는 경향이 있다'라고 답변하는 경우이다. 물론 여기에서도 '나는 모른다' 또는 '나는 결정하지 않았다', '나는 회의한다'가 자주 선행된다. 이것에 의해 묻는 작용의 실천적 지향은 본래 '앎(Wissen)'으로, 확실한 결정이라는 적확한 의미에서 판단작용으로 나아간다는 사실이 밝혀진다. 그러나 이 약화된 답변의 형식도 완전히 만족할 만한 것이 아니더라도 〔여전히〕 답변이다. 반면에 가령 'A는 매력적이다'라고 말하는 것은 결코 어떠한 답변도 될 수 없다.[5]

79 단적인 물음과 정당성을 지닌 물음의 구별

이 모든 것은 모든 종류의 물음에 동등한 방식으로 공통적이며 모든 물음에 한결같이 가능한 구조와 관계이다. 그러나 이러한 일반적 영역 안에서 물음들의 서열과 더불어 본질적으로 두 가지 종류의 물음을

---

5 그 이유는 어떤 확실한 태도를 취할 판단을 결정하지 않았기 때문이다.

고려해야만 한다.

한편으로 우리는 단순한 물음을 갖는데, 이것은 근원적으로 회의하는 상태에서 어떤 결정을 겨냥하며, 답변 속에 그 결정을 얻는다. 어쨌든 수립된 정합성과 이것으로 달성된 자아와 자기 자신이 내적으로 일치하는 것을 다시 상실할 수 있다는 사실에 관한 빈번한 경험은 그 이상의 동기부여를 수반할 수 있다. 즉 그것은 새롭고 불쾌한 불확실성을 극복할 충동을 일깨울 수 있다. 이 경우 자아는 판단하면서 결정하려는 노력과 〔이미〕 내린 판단을 취득하고 확정하려는 노력에서 그 밖의 경우와 같이 편안한 만족감을 갖지 않는다. 오히려 노력은 궁극적으로 확실하게 된 판단, 즉 그 판단을 소유함으로써 자아가 양상화되는 분열된 상태로 새롭게 떨어지지 않는다는 것을 주관적으로 확신할 수 있는 판단으로 나간다.

즉 물음들은 어떤 확고한 주장에 의해 단번에 자신의 확고한 답변을 경험할 수 있다. 이 확고한 주장에 의해 우리는 궁극적 입장에 도달한 것처럼 보이는데, 그럼에도 불구하고 묻는 작용은 다시 시작될 수 있다. 예를 들어 'A인가?'의 물음에 답변은 '예, A입니다'이다. 그러나 아마 어떤 회의가 사실적으로 일어나지 않아도, 우리는 한 번 더 '실제로 A인가?'라고 묻는다. 지각의 영역에서는 이러한 일이 '분열된 지각은 파악들 가운데 하나라는 의미에서 그 자체 속에 결정을 포함하는 정합적 지각으로 이행되는 방식으로' 정초될 수도 있다. 그럼에도 '지각의 계속된 경과가 이 지각에 속하는 예측〔선취〕들과 함께 파악의 의미 타당성을 입증하지 못하는' 개방된 가능성이 끊임없이 존재한다.

그러므로 스스로를 계속 확신시키고, 지각의 판단을 정당화하며, 더 상세하게 음미함으로써, 즉 미리 지시된 가능성에 따라 지각작용을 자유롭고 활발하게 실현시킴으로써, 그런 다음 그것이 실제적으로 일치하는지를 주시함으로써, 지각의 판단을 확인할 필요가 생길 수 있다.

그런 까닭에 단적인 물음과 정당성을 지닌 물음을 구별해야만 한다. 정당성을 지닌 물음은 궁극적으로 확실하게 된 판단, 즉 자아가 정당화하면서 정초할 수 있는 판단을 향해 있고, 이와 상관적으로 실제적 존재, 참된 존재를 향해 있다. 왜냐하면 입증을 통해 이전에 존재한 것으로 판단된 것은 새로운 성격, 즉 '참되며, 실제적으로 그러해' 우리가 진리의 물음이라고 부를 수 있는 성격도 부여되기 때문이다. 따라서 이 물음에 상응하는 답변은 빈번히 진리의 판단, 즉 술어적 진리에 대한 판단[1]이 된다. 물론 이렇게 상승해 가는 단계는 반복될 수 있다. 실제적이고 참된 것이 진정으로 궁극적인 것일 필요는 없다. 가령 새로운 지평들이 열릴 수 있고, 새롭게 정당화하는 것에 대한 요구를 제기할 수 있다.

우리는 우리가 갖는 모든 확실성과 확신을 이러한 방식으로 문제제기할 수 있다. 게다가 그것이 그렇게 존재한다는 사실을 확신하면서도, 어쨌든 '그것이 실제로 그러한가?'라고 묻는다. 이것은 우리가 '그것은 어떻게 정당화되며, 객관적으로 증명되는가?'를 묻는 것을 뜻한다. 〔이 것은〕 우리가 법정의 소송절차에서 증인 A가 정당하다는 사실을 확신할 수 있고, 그런 다음 사건 전체를 마음속에 결정된 것으로 간주하고 더 이상 의심하지 않는 것과 유사하다.

어쨌든 우리는 객관적 해명을 통해 더 나은 결정, 즉 대립되는 가능성들을 완전히 무효화시키는 근거에 입각한 결정에 도달하기 위해 더 심문할 수도, 사건을 여전히 문제 삼을 수도 있다. 그렇다면 이 가능성은 더 이상 타당하지 않지만, 그래도 객관적으로 무효한 것으로 증명되어야 한다. 그래서 정당성을 지닌 물음은 단순한 판단의 확실성이 아니라 정초된 확실성을 향한다. 그 물음은 도달된 확실성의 근거에 관한 물음이며, 그에 따라 획득된 모든 확실성에서, 또한 절대적 확실성에서 제

---

1 〔원주〕 이에 관해서는 이 책 앞의 73절 참조.

3 판단의 양상들의 근원

기될 수 있다.

우리는 이러한 사실을 '우리가 절대적 명증성에 상응하는 모든 비-명증적 판단, 동일한 것을 판단하는 비-명증적 판단을 생각할 수 있다'는 방식으로 이해해야 한다. 동일한 내용을 비-명증적으로 사념하는 모든 것은, 심지어 그것이 근원적으로 명증성에서 생겼더라도, 문제로 제기될 수 있다. 우리는 [이러한 점을] 증명하면서 그것을 명증성으로 환원하고 입증할 수 있으며, 그래서 '그것은 참으로 그러하고, 정말 실제적이다'라는 답변에 이를 수 있다. 정당성을 지닌 물음에서 우리는 판단하는 것을 제지하고, 그것을 단순히 '생각된 것'으로 변화시킨다. 그러나 우리는 단순히 그것뿐 아니라, 오히려 동시에 그에 상응하는 인식의 목표를 가지며, 동기부여의 방도를 추구한다. 우리는 이 동기부여의 방도를 통해 방금 전에 제지했던 실제적인 것으로서, 게다가 완전히 동기 지어진 판단으로서 또는 그 근거를 수반하며 그 근거에서 획득되었고 실질적으로 동기 지어진 인식으로서 새로 판단에 이르게 된다.

그래서 주관적으로 '확실함(Gewiß-sein)', '결정됨(Entschieden-sein)'과 '확신됨(Überzeugt-sein)'은 실질적 확실함, 즉 통찰적 근거, 요컨대 사념된 사태 자체에 대한 통찰에 입각해 결정됨과 구별되어야 한다. 그에 따라 순수하지 않은 확실성의 양상, 불량한 양심을 지닌 확실성의 양상은 이미 존재하는 신념의 확실성, 즉 확신의 근거에 관한 물음이기 때문에 정당화를 지닌 물음을 제기할 특별한 동기를 부여할 것이라는 점은 분명하다. 그러나 이와 마찬가지로 습득적으로 이루어진 공허한 판단작용의 양상 전체도 동기를 부여할 것이다. 더구나 공허한 판단작용은 본래의 것이든 생소한 것이든 근원적으로 실질적 명증성에서 획득된 것이며, 정당화하는 근거로 되돌아가는 것(Rückgang)에 관한 물음을 발생시킬 수 있다. 정초하는 것(Begründung)은 '사태 그 자체(Sache selbst)'로 되돌아가는 것, 즉 근원적 명증성에서 '스스로를 부여하는 것

(Selbstgebung)'으로 되돌아가는 것 속에 놓여 있다.

〔따라서〕 특수한 의미에서 이론적 관심(theoretisches Interesse)은 정초하는 것에 관한 관심, 규범화하는 것(Normierung)에 관한 관심이다.[2] 확정하는 것, 지킬 수 있는 표현으로 고정시키는 것 그리고 정초하는 것을 각인시키는 것은 이 규범화하는 것에 연결된다. 정초함으로써 관통된 각각의 판단은 규범이 정당화된 성격, 즉 올바른 이성(orthos logos)의 성격을 갖는다. 정초하는 것은 말할 것도 없이 더 완전하거나 덜 완전할 수 있다. 그것은 단적으로 의심스러운 것이 될 필요는 없으며, 오히려 자신이 정초한 것의 완전성에 관해 단순히 의심스러운 것이 될 수도 있고, 이러한 의미에서 정당성을 지닌 물음이 제기될 동기를 부여한다. 물론 그 자체만으로 보면, 정초하는 것에 대한 이론적 지향은 아직 의문을 지닌 지향이 아니다. 그러나 우리가 이론적 태도에서 사념들이 때로는 충족되고 때로는 이론적으로 충족시키는 지향이 성취됨으로써 실망하게 된다는 사실을 아는 한, 우리는 일반적으로 의문을 지닌 태도를 취한다.

이와 함께 다음과 같은 점이 주목되어야 한다. 즉 대립되는 다른 확신들이 등장할 때 우리는 일반적으로 어떤 확신을 즉시 포기하지 않는다. 왜냐하면 그 확신이 고수되었는지 여부에 대한 회의가 확신의 성격을 양상화하고, 어쨌든 '나는 ……한 사실을 믿는다'는 확신의 성격(가령 이것에서 단순한 추측을 만든다.)을 아직 폐기하지 않기 때문이다. 즉 이것은 우리를 '순간적으로' 깊이 생각하게 만들고, 그런 까닭에 우리가

---

2 후설은 『논리연구』 1권에서 논리학은 이론적 학문과 규범적 학문을 포함한다고 파악했다. 예를 들어 '모든 군인은 용감해야만 한다'는 실천적 당위의 명제는 '용감한 군인만이 훌륭한 군인이다'라는 이론적 사실의 명제를 내포한다. 그런데 규범적 학문 속에 내포된 이론적 영역은 이론적 학문을 통해 해명되어야 하고, 이론적 학문 역시 실천적 계기를 완전히 배제하는 것이 아니기 때문에 일정한 규범을 지닌다. 그러나 규범법칙의 기초는 이론법칙에 근거하므로 규범적 학문이 학문적 성격을 지니려면 이론적 학문에 의해 정초되어야 한다.

3 판단의 양상들의 근원

'도대체 그것은 실제로 일치하는가?' 하는 물음을 통해 재검토하는 증명을 갖춘 것이다.

그것은 다음과 같은 구별이다. 즉 '우리가 아직 실제로 결정하지 않았는지,(여기에서 이것은 확정하는 것을 받아들인 것을 뜻한다.)' 우리가 단순히 '그것은 그렇게 보인다', '그것은 스스로를 그렇게 부여한다', 이에 반해 '그것은 있는 것처럼 보이지만, 물론 어느 것이 다른 것과 일치하지 않는다', '나는 그것이 있는지 저것이 있는지 회의한다'라고 말하든지 우리가 결정, 가령 예전의 확고한 확신과 그 밖에 새롭게 결정된 확신을 갖는지(이 경우 우리는 가령 나중에야 비로소 그것들이 서로 충돌을 일으킨다는 사실을 주목하게 되며 그때 우리는 의심에 빠진다.)의 구별이다. 그러나 그 밖에도 추후에 검토하려는 모든 노력, 즉 언제나 다시 한 번 확신시키는 것(증인을 소환하는 것)은 '기억이 속일 수 있다'는 생각, '충족되는 것은 아마 결코 아주 완전한 것이 아니다' 등과 같은 생각에 의해 학문과 학문적 태도 속에 동기 지어진다. 이것은 결코 공허한 가능성이 아니라 그것이 의식되면서 '그것이 도대체 지금 또 여기에서 어떻게 존재하는지'를 어느 정도 의심스러운 것으로 만드는 실재적 가능성이다.

그러므로 습득적 소유물(habitueller Besitz)로 이행된 통찰적 확실성마저 다시 불확실성, 회의, 물음으로 이끈다. 즉 모든 것이 다시 의심스러운 것이 된다. 그러나 우리는 어쨌든 의문의 여지가 없는 인식, 의문이 제기되지 않은 확신에 도달하려고 노력한다.

3부

일반적 대상성의 구성과 일반자의 판단작용의 형식들

80 고찰의 진행

우리는 술어적 정언판단의 근원, 근본적 형식들, 양태들을 통찰한 이제까지의 고찰 전체에서 오직 개체적 판단의 기체를 지닌 판단, 즉 개체적인 것(Individuelles)에 관한 판단을 예로 들었다. 이것은 사실상 경험에 입각한 판단의 근원이 중요한 한에서 자명했으며, 여기에서 경험은 궁극적인 개체적 대상이 스스로 주어지는 것을 뜻한다.

그렇지만 여기에는 추상적 한정이 함축되어 있다. 이미 경험에 근거한 판단작용은 우선 개체의 특성(Diesheit), 그 존재(Sein) 또 '그렇게 존재함(Sosein)'을 확정하는 것에 만족하지 않고, 판단된 내용(Beurteiltes)을 일반적 개념에 포함시키고, 이것을 통해 특수한 의미에서 그것을 파악하려고 노력하는 것이기 때문이다. 그러므로 객관화하는(Objektivierung) 작업수행을 논의하는 데는 이제까지 고찰된 형식으로는 충분치 않다. 새로운 종류의 대상성과 판단형식이 생기는 그다음 단계의 작업수행은 이러한 형식 위에 구축되고 그 형식 속에 실로 불가분하게 서로 얽혀 있다. 이것이 파악하는 사고(begreifendes Denken)의 작업수행이다.

　물론 개별적 대상을 유형적으로 일반자(Allgemeines)에 관련시키는 것은 이미 개별자에 관한 각각의 파악에서 — 실로 모든 존재자가 미리 만나는 '유형적으로 친숙한 것(Vertrautheit)'과 '이미 알려진 것'(Bekanntheit)의 지평(Horizont)을 통해 그 존재자를 술어로 판단하는 경우 — 일반적 의미에 관한 그 어떤 명칭을 사용해야 할 필연성에서 이미 작동한다.[1] 그러나 일반자에 대한 이러한 관계가 판단작용 속에 그 자체로 주제화되는 경우와 그렇지 않은 경우에는 근본적 차이가 있다.

　이제까지 우리는 '유형적으로 이미 알려진 것'의 지평을 통해 미리 지시된 예측(선취)작용을 이 작용이 비본래적, 수용적으로 주어지는 양상과 공허하고 미리 파악하는 술어적 판단의 양상을 구성하는 데 갖는 의미에 관해서만 고찰했다. 그러나 그 '유형적으로 이미 알려진 것'의 성격 자체가 새로운 대상성을 구성하는 데로 (즉 이 유형적 일반자 자체로) 이끌 수 있고, 이 유형적 일반자의 대표자인 각 대상은 최초에 등장하는 경우 유형에 대한 이러한 관계가 반드시 주제화되지 않고도 즉시 파악된다는 사실을 여전히 고려하지 않았다. 만약 그 관계가 주제화되면, 새로운 형식의 판단들, 즉 근원적인 정언판단의 변형이 생길 것이다. 우리는 이 변형의 근원적 유형으로 'S는 p이다'라는 형식을 알게 되었다. 그것은 이른바 서로 다른 일반적 판단 또는 '일반자-판단(Überhaupt-Urteil)'이다.

　이러한 판단에서 대상은 더 이상 개체적 대상으로 주제화되는 것이 아니라, 그 종류, 유형의 임의적 대상으로 주제화된다. 그와 같은 판단이 가능하려면, 그것은 당연히 '대상, 즉 그 가운데 파악되는 일반성이 그래서 우리가 이제까지 그것을 발견했던 방식(이미 알려진 것

---

1 〔원주〕이 책의 「서론」 10절 초반과 49절 초반을 참조.

의 성격을 지닌 대상이 단순히 우리 앞에 있는 방식)으로 단지 수동적으로 미리 구성되어 있지는 않다'는 사실, 이 경우 대상이 이러한 성격을 힘입고 있는 유형적 일반자 그 자체는 주제화되지 않고 남아 있다는 사실을 전제한다. 오히려 일반성 자체는 그 자체로 파악되어야만 한다. 그리고 이러한 파악작용, 일반적 대상성이 능동적으로 구성하는 것은 새로운 종류의 자발적으로 산출하는 작업수행이다. 이 작업수행에서 새로운 대상성은 능동적으로 구성된다. 이 경우 그 대상성은 판단 속에 핵심으로 등장할 수 있다. 이것은 이제까지 고찰했듯이, 더 이상 개체적(individuel) 핵심이 아니라, 그 어떤 일반성의 단계에 있는 유적(generell) 핵심이다.

그러므로 이제까지 고찰한 형식들과 대립된 일반적 판단작용의 형식을 의미하는 변형은 무엇보다 판단의 핵심의 측면에서 추구되어야만 한다. 반면에 술어적 종합의 형식은 그 근본적 구조상 S와 p의 경우, 중요한 것이 개체적 핵심이든 유적 핵심이든, 동일한 것으로 남아 있다. 이 점에서 이제까지 우리가 분석한 술어적 종합과 그 양상화의 타당성은(우리가 구체적인 예를 들 필요가 있던 곳에서 일반적 판단을 끌어들이면, 그 근본적 구조는 그것을 복잡하게 만드는 변형을 겪기 때문에 개체적 핵심을 지닌 판단에 제한했다.) 보편적 일반성(universale Allgemeinheit)이다.

이제 파악하는 사고의 작업수행 속에 구성된 일반적 대상성, 즉 대상과 가능한 판단의 기체인 일반성, 유형, 종(種), 유(類) 그 자체에 관해 말하면, 이것들은 서로 다른 단계의 대상성이다. 그리고 우선적으로 다가오는 경험적-추정적 유형의 일반성은 단지 하나의 단계로, 게다가 낮은 단계로 증명된다. 일반성은 경험 속에 이미 알려진 유형, 그러나 아직 파악되지 않은 유형으로서 '수동적으로 미리 구성된 것'에 근거해 구성될 수 있을 뿐 아니라, 자발성에서도 자유롭게 형성될 수 있다. 이것은 가장 높은 단계에서 순수한 일반성 또는 본질적 일반성으로 이끌

고찰의 진행

고, 이것에 근거해 판단으로 이끈다. 이 판단은 더 이상 대상들이 경험적으로 '이미 알려진 것의 유형'에 대상을 관계 짓고 주제화하는 작업(Thematisierung)이 아니라 대상의 순수한 본질에 관계 짓고 주제화하는 작업에서 발생한다.

이러한 일반적 판단작용의 작업수행에 의해 논리적 능동성은 자신의 목표(Telos)에 도달한다. 대상은 술어로 형성하는 것에 근거해 동일성의 통일체로 구성될 뿐 아니라, 이것과 일체가 되어 파악되고, 이것을 통해 완전히 특수한 의미에서 인식된다. 일반적 사고는 비로소 어떤 상황을 넘어서 마음대로 처리할 수 있고, 또한 상호주관적으로 마음대로 처리할 수 있으며, 인식의 소유물을 제공하는 확정으로 이끈다. 그리고 이것은 사실상 인식활동의 목표이다.[2]

술어로 규정하는 작용과 경험 속에 스스로 주어지는 개별적 기체를 서로 관계 짓는 작용은 언제나 개체적 특성(Diesheit)에 관한 판단작용으로서 다소간에 경험의 어떤 상황(Situation)에 결부된다. 이것은 언어적으로는 대부분 지시대명사나 우연적 의미를 지닌 그 밖의 다른 표현을 사용함으로써 알려진다. 일반성의 형식으로 파악하는 작용은 비로소 '사고의 객관성'이라는 개념 속에 포함된 경험적 상황의 '지금(Jetzt)' 그리고 '여기(Hier)'에서 떨어져 나가는 것을 가능케 한다. 그러므로 우리는 여기에서 사실적으로 가장 높은 단계의 논리적 능동성과 관계한다.

이미 위에서 말한 것에서 우리가 고찰할 순서가 생긴다.

우리는 가장 낮은 단계의 일반성, 구성적으로 가장 단순한 일반성으로부터 그것을 산출하는 근원성에서 이 모든 형식을 탐색하면서 가장 높은 단계의 일반성까지 상승해 갈 것이다. 그러나 구성적으로 가장 근원적인 것은 경험적–추정적 유형의 경우와 같이 가장 가까이 놓여 있

---

2 〔원주〕 이 책의 「서론」 13절 중간 부분 참조.

는 것 그리고 우선 그 자신을 드러내는 것은 아니다. 발생적으로는 더 단순하게 구축된 일반성이 그것에 선행한다.(1장)

이것에서 우리는 단계적으로 가장 높은 단계의 일반성, 즉 순수한 일반성까지 밀고 들어간다. 이 순수한 일반성을 구성하는 것은 그와 같은 경험적 유형을 '미리 구성하는 것(Vorkonstitution)'에 독립적이며, 자유롭게 산출하는 형성하는 것에 기인한다.(2장)

우리가 그렇게 일반적 대상성의 단계가 구축되는 것을 추적하면, 그 경우 비로소 그 다음 가장 높은 단계의 자발적 작업수행인 '일반자-판단작용(Überhaupt-Urteilen)'의 형식이 구성되는 것이 연구될 수 있다. 일반적 대상성을 구성하는 것은 사실상 이것에 대한 전제를 형성한다.(3장)

고찰의 진행

1 경험적 일반성의 구성

81 일반자의 근원적 구성

a) 일반자가 부각되는 근거인 동등한 것과 동등한 것의 연상적 종합

경험의 모든 대상이 처음부터 '유형적으로 이미 알려진 것'으로 경험된다는 사실은 모든 통각(Apperzeption)이 침전된 것 속에 또한 연상적 일깨움(assoziative Weckung)에 근거한 통각이 습득적으로 계속 작동해 침전된 것 속에 그 근거를 갖는다. 연상은 근원적으로 수동적으로 동등한 것과 동등한 것의 종합을 수립하고, 현존의 장(場) 안에서뿐 아니라 체험의 흐름 전체와 이것의 내재적 시간 그리고 언제나 이 속에서 구성된 모든 것을 관통해서도 그 종합을 수립한다.[1] 동등한 것과 동등한 것의 종합은 그렇게 구성된다. 이것은 연상으로 일깨워질 수 있고, 그런 다음 현전화하는 직관의 통일체 속으로 집중될 수 있다.

일반자를 그것이 가장 근원적으로 산출되는 가운데 탐색하면, 우리

---

1 〔원주〕 이에 관해 그리고 아래의 논의에 관해서는 이 책의 16절 이하 참조.

는 우선 경험적 유형으로 이끄는 동등함의 종합을 끌어들이면 안 된다. 왜냐하면 연상을 통해 집중된 것은 여기에서 스스로 주어진 것일 필요가 없기 때문이다. 연상으로 동등함을 관계 짓는 것은 실로 현재의 경험 속에 스스로 주어진 것과 다소간 애매하게 기억된 것 사이에도 존재하며, 이것들은 '유형적으로 이미 알려진 것'의 성격을 정초한다. 이러한 성격을 통해 경험적 유형이 이미 구성된다.

따라서 우선 이를 도외시하고, '일반성이 그 유형에 근거해 근원적으로 스스로 주어지는 가운데 어떻게 구성되는지' 추적하기 위해 지각 속에 현존의 통일체를 통해 스스로 주어진 것에 논의의 범위를 한정하자.

우리가 분석한 연상적 통일체를 형성한 성과로 되돌아가 파악해 보자. 각각의 대상은 장 속에 존재하는 다수의 '함께 주어진 것들'로부터 우리를 촉발시킨다. 그리고 어쨌든 분리된 다수의 대상들인 다수성 그 자체도 자극적이며 통일적으로 작동할 수 있다. 그것은 분리된 것들을 단순히 총괄한 것이 아니다. 오히려 그것에 속한 개별적 대상들이 공통적 특성을 갖고 이 특성에 근거해 주제적 관심의 통일체 속에 등장하면서 총괄될 수 있는 한, 그것은 이미 '미리-구성하는 것'의 수동성 속에 내적 근친성(Affinität)의 유대관계를 본질적으로 포함한다. 개별적 항들을 총괄하면서 훑어보는 가운데 그 공통적인 것에 따라 유사함의 합치가 일어나고, 그 차이에 따라 구별이 생긴다. 공통적인 것은 유사함의 크기에 따라 그만큼 서로 불러일으키는 더 큰 힘을 가진다. 예를 들어 특별히 결합된 한 쌍에서 동등하거나 비교적 매우 유사한 색채가 부각되고 다른 한 쌍에서는 형태 등이 부각된다. 각각의 항은 자신의 상대편과 함께 이행하는 가운데 '그것이 동일한 기체(Substrat)이며, 유사한 계기와 동등한 계기의 기체'라는 점에서 합치된다. 즉 합치의 계기 속에 유사한 것은 그 유사함의 척도에 따라 유사한 것과 융합(Verschmelzung)되고, 반면에 이 융합 속에 일치하는 이중성에 대한 의

1 경험적 일반성의 구성

식은 계속 존재한다.

이 유사함은 유사한 간격 또는 특정한 의미에서 '차이'라고 부르는 정도(程度)를 갖는다. 완전히 동등함의 경우 융합은 의식에 적합하게 완전한 융합, 즉 간격이 없고 차이가 없는 융합이다. 이 모든 것은 순수하게 수동성 안에서 생긴 일이다. 융합과 동등함의 합치는 '합치에 이르는 개별적 항들이 실제로 자발적으로, 집합적으로 관통하는지 다수성의 수동적인 '미리-구성하는 것'에 머물러 있는지' 하는 것과는 완전히 별도로 일어난다.

앞서 지적했듯이, 관계판단의 사태형식은 이 동등함의 종합에 근거해 구성될 수 있다. 지각된 어떤 잉크의 얼룩에서 다른 얼룩으로 이행함으로써 합치는 '동등함의 종합'의 형식으로 수행되며, [이와] 분리된 확정과 종합해 총괄하는 파악에서 'A는 B와 동등하다'는 사태가 일어난다.

그러나 판단작용은 여전히 다른 방향으로도 나아갈 수 있다. 동등한 것을 통한 동등한 것의 '연상적 일깨움'에 근거해 어떤 대상은 더 이상 단순히 그 자체만이 아니라 비슷한 것과의 공동체에서 촉발하는 데 반해, 그 대상에 그 자체만으로 타당한 각각의 판단은 비슷한 대상들이 타당한 판단들과 결합될 수 있다. 즉 유사함을 통해 수립된 다수성의 통일체에서 개별적 판단은 다른 개별적 판단과 더불어 공동체 속에 들어올 수 있고, 이것에 의해 새로운 판단의 방식은 개별성을 넘어서 파악하면서 생긴다. 이러한 사실은 동등한 것과 동등한 것의 종합이 갖는 특성을 고려해 보면 이해할 수 있을 것이다. 그 독자성은 '동일함의 종합과 매우 유사한 것처럼 보이지만, 어쨌든 동일함의 종합은 아니다'라는 사실에 있다. 우리는 그 종합이 동일함의 종합과 유사해 동등한 것에서 [다른] 동등한 것으로 이행함에서 곧바로 '이것은 실로 동일한 것이다'라고 종종 말한다.

그러나 동등한 것들은 두 가지 분리된 대상이며, 동일한 하나가 아니다. 어쨌든 그 각각의 이중성에는 또한 임의적으로 다양한 각각의 동등한 것에는 실제로 가장 엄밀한 의미에서 통일성(Einheit)과 동일성(Selbigkeit)이 있다. 이것은 근원적으로 동등함이 합치되는 종합 속에 부각된다. 또는 그것은 이러한 종합을 통해 근원적으로 대상으로 미리 구성된다. 그렇다면 판단작용의 새로운 방식은 이것에 근거한다.

b) 일반자는 산출하는 자발성 속에 구성된다. 개체적 판단과 유적 판단

우선 주제로 규정하는 관심이 특히 S에 집중되고, 함께 결합된 것에 대한 일반적 관심이 상실되지 않는 경우를 가정해 보자.

사실상 연속적으로 진행하고 종합적으로 포괄적인 관심과 관통해 가는 능동적 통일화작업을 일으키는 충동인 촉발(Affektion)은 끊임없이 작동한다. 그래서 S로 제한하는 데 우선 부각된 속성의 계기 p는 'S는 p이다'라는 형식으로 파악된다. 이제 관심이 함께 촉발되는 S′로 이동해 간다고 하자. 이 관심은 그것의 개체적 계기인 완전히 동등한 계기 p에 근거해 함께 촉발된다. 이 S′는 이전의 S와 동등한 방식으로 자신의 계기 p에 의해 술어로 규정될 것이다. 공통적 촉발의 근거였던 S와 S′가 합치되는 수동적 종합은 이제 능동적으로 파악될 수 있다. 우리는 'S와 S′는 동일한 것, 즉 p이다'라고 말한다. 어쨌든 S는 자신의 계기 p를 갖고, S′도 다시 자신의 계기 p를 갖는다. 따라서 기체들과 마찬가지로 그 특성들도 분리된다.

그러나 그것들은 주제가 이행하는 가운데 합치되고 능동적으로 동일화된다. 하지만 이것이 가령 두 가지 측면에서 속성의 계기 또는 심지어 S와 S′가(비록 우리가 'S와 S′는 동일한 것'이라고 말하더라도) 동일하게 의식된다는 것을 뜻하지는 않는다. 이 경우 당연히 총체적인 동일화작용은 문제 밖이다. 그러나 다른 한편 우리가 '해명하는 합치'라고 부

1 경험적 일반성의 구성

른 부분적 동일화작용도 문제가 되지 않는다. 우리는 규정하는 것으로서 속성의 계기를 이 부분적 동일화작용에 힘입고 있다.

아무튼 동등한 계기에서 〔다른〕 동등한 계기로 이행하는 가운데 합치되는 것과 더불어 통일체가 부각되는데, 이 통일체는 분리되었거나 결합된 두 가지의 통일체라는 사실, 그리고 우리가 언제나 동등한 계기 p를 갖는 새로운 항 S″로, 그런 다음 S‴로 이행할 때 이러한 통일체가 항상 총체적으로 동일한 것으로 부각된다는 사실은 분명하다. 그 통일체는 우선 개체적 계기들의 수동적인 동등함의 합치에 근거해 부각되고, 그런 다음 그것으로 되돌아가는 가운데 그 자체만으로 파악된다. 따라서 우리는 각각의 기체에 의해 자신의 개체적 계기가 술어화되는, 즉 'S′는 p′이다, S″는 p″이다'로 술어화되는 첫 번째 계열의 판단과, 이에 대립해 어디에서나 동등한 p가 일반자(즉 그 모든 것에서 p′ 그리고 p″ 등으로 부각되는 동일한 일자(一者))로 술어화되는 판단을 구별해야만 한다.

이것은 통일체가 계기 p′, p″ 등의 수동적 동등함의 합치 속에 종(種) p의 통일체로 미리 구성됨을 뜻한다. 그래서 새로운 방향의 판단작용이 가능한데, 여기에서 S′로 되돌아가 동일화작용을 새롭게 수행함으로써 S′을 더 이상 p′를 통해 개체적 계기로 규정하는 것이 아니라 p를 통해 S, S′ 등에서 동일한 같은 것(identisches dasselbe)으로 규정한다. 그래서 'S는 p이다', 'S″는 p이다' 등의 판단이 생기는데, 이 경우 p가 지시하는 것은 더 이상 어떤 개체적인 술어적 핵심이 아니라, 유적 핵심, 즉 우선 서로 잇달아 파악된 둘 또는 그 이상의 S에 공통적인 것인 일반자이다.

그러므로 이것은 일시적이며 변화하는 계기(契機)에 의해 규정되는 대신, 이념적인 절대적으로 동일한 것에 의해 규정된다. 이 동일한 것은 개별화된 모든 대상을 통해 또 반복하거나 유사하게 만드는 방식으로 복잡하게 된 그 계기들을 통해 이념적 통일체로서 관통해 나간다. 앞으로 살펴보겠지만, 이 통일체는 계기들의 실제성에 전혀 관심을 갖지 않고, 계기들과 더불어 생성되거나 소멸되지도 않으며, 이 계기들 속에 개별화되지만 어쨌든 이 계기들 속에 부분으로 존재하지 않는다.

우선 여기에서 다른 판단형식들이 서로 구별된다는 사실, 또는 이제 까지 고찰한 판단형식들과 구별되는 새로운 판단형식이 구성된다는 사실에 주목하자. p′가 개체적 대상 S에서 개체적 계기를 지시하는 판단 'S는 p′이다'는 p가 일반자, 형상(Eidos)을 지시하는 판단 'S는 p이다'와 전혀 다르며, 또한 판단 'p′는 p이다(개체적 계기 p′는 종인 p이다)'와 전혀 다르다. 어떤 때는 기체와 그 개체적 계기 사이에 동일화작업이 일어나고, 다른 때는 기체에 의해 일반자가 술어화된다. 이것은 종인 p에 의해 규정되거나 동등한 다른 계기 p″ 등과 합치하는 것에 근거해 p′가 된다.

따라서 우리는 어떤 때는 개체적 핵심을 내포하고 이것에서 '개체적 판단(Individualurteil)'이라고 일컫는 개체적인 것이 술어화되는 판단을 갖는다. 〔반면〕 다른 때는 새로운 핵심, 즉 적어도 한 측면에서 일반성이 등장한다. 이 '유적 판단(generelles Urteil)'은, 그 핵심의 차이가 단적으로 해명하는 종합에 대립해 동일성의 종합이 변양된 형식을 산출하기 때문에, 판단의 새로운 형식이다. 이것은 우리가 근원적으로 변양된 형식을 정언판단 'S는 p이다'의 근본형식에 기초로 생각했던 것과 마찬가지이다. 그것은 물론 단적으로 해명하는 종합에 근거해서만, 또는 그와 같은 다수의 종합에 근거해서만 나타날 수 있는 종합이다.

원리적으로 또 발생적으로 말하면, 물론 그러한 유적 핵심, 즉 '다수에 대립된 일자(一者)(hen epi pollon)'는 어떤 일반자의 통일체로서 아프리오리하게 자아에 의식될 수 있고, 종합적으로 이행하는 가운데 동등한 대상들을 분리해 파악하는 것을 능동적으로 수행한 다음에야 비로소 주제로 파악하는 것이 가능하다. 그러나 가령 'pS(S에서 계기 p)는 pS′와 동등하다'는 형식의 판단작용처럼 어떠한 관계 짓는 비교의 판단작용도 선행될 필요가 없다. 이것은 다른 태도를 요구한다. 일반자, 즉

1 경험적 일반성의 구성

다양체에 대립되는 통일체를 향한 관심의 방향은 어떤 동등한 것을 그 것과 동등한 다른 것과 관련해 규정하는 것을 겨냥하지 않는다. 그러 므로 '이다'〔계사〕-술어화작용의 형식으로 활성화되는 것은 수동적으 로 스스로를 제시하는 동등한 것들이 합치되는 종합이 아니다. 오히려 관심을 일깨우는 것은 개별적으로 파악된 동등한 것들이 합치되는 가운데 수동적으로 미리 구성된 일자, 합치하는 것에 근거해 부각된 동일한 것 (Identisches)이다. 이것은 우리가 어떤 방향으로 진행해 가더라도 언제 나 같은 하나이며, 능동적으로 파악된다.

이 경우 동등한 대상들을 해명하는 것(Explikation)과 같은 것이 수행 되지 않는다는 점은 분명하다. 여기에서 명백하게 드러나는 일자는 그 것들의 부분, 즉 부분적인-동일한 것으로 대상들 속에 놓여 있지 않다. 만약 그렇지 않다면, 그것은 실로 어디에서나 있는 동등한 것일 뿐이 며, 동등한 것들은 서로 교차하는 관계 속에 있을 것이다.

그러므로 일자는 동등한 것 속에 반복되지 않는다. 그것은 단지 한 번만 그러나 다수〔의 대상들〕속에 주어진다. 그것은 새로운 대상성, 즉 감성에 근본적 토대를 두더라도 능동성의 근원적 원천에서 발생하는 오성 의 대상성으로서 우리와 마주친다. 왜냐하면 일반자 일반이 미리 구성 되고, 그런 다음 계속 주제의 대상이 될 수 있으려면 훑어보고, 개별적 으로 파악하고 합치되게 이끄는 능동성이 필수적이기 때문이다. 일반 자를 근원적으로 파악하는 것은 단적인 수용성의 개별적 대상들의 경 우와 같이 관심이 관통해 나갈 다른 종류의 관심의 장(場)을 갖는다. 주 목하는 시선의 빛은 이미 구성된 개체적 대상들을 관통해 나가고, 동등 함과 연대해 계속 나간다. 그리고 합치됨으로써 구성된 일자는 개체적 대상들에서 어떤 것으로 주제가 되는 것이지, 그 대상들의 부분으로서 주제가 되는 것은 아니다. 왜냐하면 비교된 것들은 완전히 분리될 수도 있기 때문이다.

c) 일반자의 동일성에 관여함과 단순한 동등함

개별적인 것들에서 스스로를 부여하는 이러한 작용은 다른 모든 관계와 구별되는 독특한 동일성의 관계를 지시한다. A와 B에서 동일한 방식으로 부각된 일반자인 α가 대상적으로 파악되면, 그것은 스스로를 A와 B에서 부여하고, 이에 상응해 이행하는 가운데 새로운 사태가 생길 수 있다. 즉 A는 일반자의 개별적인 것이며, 그것은 일반자에 관여(Methexis)하고, α를 통해 파악된다. α를 주어로 삼으면, 술어인 α는 개별적인 것 A, B에 속하고, 그 개념은 그 개별적인 것에 결합하는 (koinonia)[2] 것을 뜻한다. 첫 번째 사태를 자연스러운 말로 표현하면, 우리는 가령 '이것은 빨갛다, 저것도 빨갛다'라고 말한다. 이 경우 형용사를 취하는 형식은 본질적으로 사태의 형식에 속하며, 우연적-문법적인 것이 아님에 주의해야 한다.[3] '일반자-판단작용의 형식들이 이러한 관계에 근거해 어떻게 생기는가'에 관해서는 앞으로 논의해야 할 것이다.

관여하는 관계는 단순한 동등함의 관계와 혼동되면 안 된다. 일반자의 동등함이 단지 과장된 논의라고 생각해도 안 된다. 여기저기에 있는 동등한 것은 중첩됨으로써 차이 짓는 것에서 부각된다. 그러나 구체적인 개별적 대상들은 다양체 속에, 즉 총괄하는 작용을 능동적으로 수행함으로써 스스로를 드러내는 중첩되는 합치를 결코 변경시키지 않는 다수성 속에 분리되듯이, 이 경우 현저하게 드러난 동등함의 계기와 마찬가지로 차이를 만드는 계기도 분리될 것이다. 각각의 대상은 자신의 계기, 가령 빨간색의 계기를 가지며, 모두가 빨간 다수의 대상은 각각

---

2 플라톤에 따르면 개별자의 세계는 이데아를 통해 존재하고 파악될 수 있고, 감각을 실마리로 참된 인식에 도달할 수 있다. 즉 개별자는 이데아에 '관여하고', 이데아는 개별자 속에 '드러나며(parousia)', 이들(이데아 사이에도)은 '결합한다'. 물론 이 구별(chorismos)은 공간적(실재적) 의미가 아니라 인식하는 주관에 의해 파악된 것이다.

3 〔원주〕'형용사'의 개념에 관해서는 이 책의 50절 b) 이하 참조.

1 경험적 일반성의 구성

자신의 개체적이 독자적 계기를 갖지만, 그러나 동등함 속에 갖는다.

이에 대해 동등함(Gleichheit)은 단지 어떤 일반자의 동일성(Identität)의 상관자라는 사실이 강조되어야 한다. 이 일반자는 사실상 동일한 일자로, 또 개체적인 것의 대립물로 분명하게 보일 수 있다. 이 동일한 것은 우선 두 가지로, 그런 다음 임의의 다수로 개별화된다. 이 모든 개별화하는 것은 동일한 것과의 관계로 서로 관련되며, 그런 다음 '동등하다'고 한다. 그래서 비유적으로 그렇게 개별화하는 것을 그 자체로 갖는 개별적 대상들은 빨간색에 관해 '동등하다'고 하고, 비본래적 의미에서는 그 자체로 일반자가 개별화된 것으로 간주될 수 있다.

82 경험적 일반성과 그 외연. 개념의 이념성

우리는 일반자를 우선 두 가지 기체가 인접한 관계를 유지함으로써 주어지는 것으로 생각했다. 그리고 사실상 여기에서 이미 어떤 일반자, 물론 두 가지 대상의 공통적인 것으로서 가장 낮은 단계의 일반자가 구성된다. 그러나 비교하는 것은 우선 A에서 B, B에서 C, D 등으로 계속 나아갈 수 있고, 각각의 새로운 단계에서 일반자는 더 큰 외연을 획득한다. 이미 지적했듯이, 이러한 동등함의 합치에 근거해 개별적 판단들, 즉 'A는 빨갛다', 'B는 빨갛다', 'C는 빨갛다' 등이 생길 뿐 아니라, 복수형의 새로운 사태의 형식, 즉 'A와 B는 빨갛다', 'A와 B와 C는 빨갛다'도 생긴다. 이 경우 '빨갛다'는 종(種)을 지시한다. 이것을 거꾸로 표현하면, 판단들은 '빨간색(이것은 지금은 주된 기체로, 새로운 구문론적 형식에서 주어로 등장한다.)은 A, B, C ⋯⋯에 속한다'가 된다. 그렇다면 첫 번째 형식에서 다양한 주어, 즉 복수형의 주어가 있고, 종합적 시선은 각각의 항(項)에서 언젠가 정립된 일반적 술어를 향해 나간다. 거꾸로 주어인 어떤 일반자는 술어화작용의 다양한 시선을 자기 자신에서 내보낸다. 각각의 개별적 시선은 A와 B 등 집합의 어떤 항에 한정한다.

이러한 경우에서 일반자로 이끄는 비교는 유한하게 완결된 경험을 통해 개체적으로 규정된 것 속에 등장하는 개체적으로 규정된 대상에 관계한다. 그렇다면 일반자는, 비록 그 대상에 대립된 비-실재적인 것인 일반자라고 하더라도, 어쨌든 그 대상에 부착되는데, 특히 그 대상에서 부각된 것으로, 그 대상에 거주하는 개념으로 나타난다. 그럼에도 경험이 확장되고 동등한 대상으로 이끌자마자, 예전의 대상이 파지되었거나 연상을 통해 회상된 일깨움에 도달하는 가운데 동등함의 종합이 계속되는 것이 즉시 일어난다. 새로운 동등한 것들은 곧 동일한 일반자를 개별화한 것으로 인식된다. 이것은 무한히 계속될 수 있다. 동등한 대상들의 개방된 지평이 추정적으로 실제적 대상이나 실재적으로 가능한 대상의 지평으로 의식되듯이, 그 지평이 개방된 무한함으로 직관되듯이, 그 지평은 곧 동일한 일반자가 개별화된 것의 무한함으로 스스로를 부여한다. 〔그래서〕 개체적으로 결합되어 파악된 일반성들은 이제 무한한 외연을 얻고, 그것들이 맨 처음 추상된 바로 그 개체들에 속박된 것에서 벗어난다.

이에 덧붙여 개별적인 것을 어떤 일반자가 개별화된 것으로 파악하기 위해 근원적인 일반성을 형성하는 데 종합적으로 연결시키는 것은 전혀 필요하지 않다는 사실에 주의해야만 한다. 개념, 예를 들어 '꽃'이 이전에 근원적으로 비교함으로써 부각되면, 새롭게 등장하는 꽃은 이전에 비교했던 경우에 대한 직관적 회상이 필수적이지 않더라도, 언젠가 수립된 '꽃' 그 자체라는 유형을 연상적으로 일깨움에 근거해 재인식된다. 그렇다면 일반자가 실제적으로 스스로 주어지는 것은 동등함 속에 있는 개별자를 넘어서, 경우에 따라 가능하게 계속되는 개방된 지평을 지니고 나아갈 것을 요구한다. 더구나 '이전의 경우가 개체적으로 표상되는지'는 문제가 아니다. 그래서 '일반자는 결코 개별적 실제성(einzelne Wirklichkeit)에 묶여 있지 않다'는 사실이 명백해진다.

이제 우리는 경험을 넘어서 또 경험 속에 실제로 주어진 대상들을 비교하는 것을 넘어서 자유로운 상상(freie Phantasie)으로 이행할 수 있다. 우리는 동등한 (우선 실제로 경험된 실제성과) 개별성들을 가상하고(fingieren), (언제나 새롭고 서로 개체적으로 다르며 동등한 개별성들인 개별성, 또한 경험이 계속 경과하면 그 경험 속에 가능한 방식으로 실제적으로 주어질 수도 있을 개별성인) 게다가 임의의 많은 개별성을 가상한다.

그러므로 순수하게 가능한 개별성들, 즉 순수하게 가능한 개념의 대상성들의 무한한 외연은 각 개념에 속한다. 내가 사물들을 가상하면, 나는 사물들의 개념을 '순수한 가능성'으로서 그 사물들에서 파악한다. 나는 동일한 개념을 실제적 사물들, 더 정확하게 말하면, 내가 실제적 경험에 근거해 실제성으로 정립하는 사념된 사물들에서 발견할 수 있다. 이 사물들은 상상에서 실제적 경험으로 이행하는 가운데 동일한 일반자를 실현하는 개별화하는 것으로 스스로를 부여한다. 그 동일한 일반자는 상상에서 간취된 가능성 속에서는 현실적이 아니라 유사-실현된 것이다.

따라서 일반적 대상성, 즉 개념을 형성할 가능성은 연상적인 동등함의 종합이 존재하는 그만큼 도달한다. 개념을 형성하는 작업수행의 보편성은 이것에 기인한다. 실제성이나 가능성에서 어떤 방식으로 실제적 경험의 대상이나 상상의 대상으로 구성된 모든 것은 비교하는 관계들 속에 명사(名辭)로 등장할 수 있고, 형상적(形相的)으로 동일화하는 능동성을 통해 또 일반자에 포섭시키는 능동성을 통해 파악될 수 있다.

이념성 속에 있는 개념은 순수한 이념적 존재, 즉 그에 상응하는 개별성들의 실제적 실존을 결코 전제하지 않는 존재를 갖는 대상적인 것으로 파악될 수 있다. 비록 그것에 상응하는 개별성들이 단지 순수한 가능성으로만 존재하더라도, 그것은 바로 존재하는 것이다. 다른 한편 그것은 경험된 실제성의 테두리 속에서는 실제적 개별성이 실현된 개념일 수도 있다. 그리고 실제적 개별성이 존재하면, 그와 동등한 다른 개별성처럼 실제적 개별성으로 간주될 수 있다. 이와 상관적으로 일반자의 순수한 존재와 순수한 가능성의 존재가 있다. 이 순수한 가능성은 일반자에 관여하고, 그 근본토대로 또 일반자에 대한 순수한 추상작용의 근본토대가 갖는 이념적으로 무한한 범위로 반드시 구축될 수 있다.

물론 순수한 개념인 개념은 처음부터 현실적 실제성과의 모든 관계 밖에서, 즉 순수한 상상의 가능성을 비교해 발생할 수 있다. 이것에 의해 존재하는 것('경험의 실제성'의 의미가 아니라 곧 '가능성'으로 존재하는)으로 주어진 가능성이 획득된 각각의 실제적 동등함은 가능한 실제성의 가능한 동등함과 그것이 관여할 수 있는 가능한 일반자를 지향적으로 포함한다는 사실이 분명해진다. 다른 한편 개념은, 비록 근원적으로 경험에 근거해 실제적 일반성으로 형성되어도, 항상 순수한 개념으로 파악될 수 있다.

일반자의 이념성은, 플라톤〔의 관념론〕과 같이 만드는(platonisierend) 모든 전환(轉換)(이것에 의해 우리는 개별자들과 일반자의 관계를 기술했다.)에도 불구하고, 마치 모든 '주관적인 것(Subjektives)'과 아무 관계도 없는 '그 자체의 존재(An-sich-sein)'가 중요한 것처럼 이해하면 안 된다. 오히려 모든 오성의 대상성과 같이, 그것은 자신이 근원적으로 주어지는, 본질적으로 주관에 상관적으로 속한 산출하는 자발성의 과정을 지시한다. 자신의 서로 다른 단계에 있는 일반자의 존재는 본질적으로 이러한 과정 속에 구성된 것(Konstituiert-sein)이다.

우리가 경험에서 또 이 경험에 근거해 일어나는 비교하는 것과 개념을 형성하는 것에서 출발했지만, 아직 순수한 일반성을 다룰 정도에까지 이르지 못했다. 우리가 기술한 것은 경험적 일반성을 획득하는 과정이었다. 자연적인 삶의 모든 개념은 그 이념성에 관계없이 개별성들 속에 가능하게 실현할 터전을 갖는 경험적 영역의 '함께-정립하는 것'(Mitsetzung)을 수반한다. 우리가 동물, 식물, 도시, 집 등에 관해 논의하면, 그것으로 우리는 처음부터 세계의 사물, 게다가 우리의 실제적인 사실적 경험세계(이것은 단순히 가능한 세계가 아니다.)의 사물을 생각한다. 이에 상응해 우리는 그 개념들을 실제적 일반성, 즉 이 세계에 결부된 일반성으로 생각한다. 그와 같은 각 개념의 외연은 실로 무한하지만, 그것은 실제적 외연, 즉 주어진 세계 속에 실제적 사물들과 실재적으로 가능한 사물들의 외연이다. 경험적 개념의 외연에 속하는 이 실재적(real) 가능성은 순수한 일반성이 관계되는 순수한(rein) 가능성과 혼동하면 안 된다. 이에 대해서는 나중에 더 상세하게 논의할 것이다.

83 경험적-유형적 일반성과 이것이 수동적으로 미리 구성됨

a) 자연적 경험의 통각의 유형에서 경험적 개념을 획득함

우선 경험적 일반성의 영역 속에서 여전히 중요한 구별이 이루어져야 한다. 맨 처음 수동적으로 미리-구성된 유형화작업에서 경험적 개념, 게다가 '일상적 경험'의 의미에서 경험적 개념뿐 아니라 더 높은 단계에서 경험과학의 개념으로 이끄는 길을 더 정확하게 주시해야만 한다.

이전에 말한 것으로 돌아가자. 경험의 사실적 세계는 유형화되어 경험된다. 사물은 나무·관목·동물·뱀·새, 특히 전나무·보리수·라일락·개·독사·제비·참새 등으로 경험된다. 책상은 재인식된 것으로, 여전히 새로운 것으로 성격 지어진다. 개체적으로 새로운 것으로 경험된 것은 우선 본래 지각된 것에 따라 알려지고, 동등한 것(또는 유사한 것)을 생각나게 한다. 그러나 유형적으로 파악된 것은 그것에 상응하는 '이미 알려진 것을 미리 지시하는' 가능한 경험도 가지며, 따라서 아직 경험되지는 않았지만 기대되는 징표들의 유형을 갖는다. 만약 어떤 개를 보면, 우리는 먹고 놀고 달리며 뛰는 등의 유형적 본성인 개의 거동을 즉시 예견한다. 지금 그 개의 이빨을 보지 않지만, 또한 그 개를 본 적이 전혀 없더라도, 우리는 '그 개의 이빨이 어떻게 보일지' 미리 안다.[1] 즉 '그와 같은' 동물, 즉 '개'에서 '이빨'이나 유형적으로 그러한 종류를 가졌다는 사실을 이미 오래전부터 종종 경험했다면, 우리는 그것을 개체적으로 규정해서가 아니라 유형적으로 미리 안다. 우선 계속된 경험 속에 지각된 어떤 대상에 의해 경험된 것은 본래적 지각과 유사한 존립요소들을 지닌 각각의 지각된 대상으로 즉시 통각으로 전이(轉移)된다. 우리는 그것을 예견하고 실제적 경험은 이 예견을 입증할 수도 있고, 그렇지 않을 수도 있다. 〔이렇게〕 입증함으로써 어떤 유형의 내용(Gehalt)[2]이 확대되지만, 그 유형(Typus)도 특수한 유형으로 분리된다. 다른 한편 각각의 구체적인 실재적인 것(Reales)은 그 유형의 형식을 동시에 갖는다는 점을 제외하면, 자신의 개체적 징표들을 갖는다.

유형적으로 파악된 각 사물은 우리를 유형의 일반적 개념으로 이끌 수 있다. 다른 한편 우리는 반드시 이러한 방식으로 일반자를 향해야만 하는 것은 아니다. 경우에 따라 일반적 의미를 지닌 '개'[3]라는 명칭을 사용하더라도, 우리는 유형적으로 파악된 '개'를 일반자인 '개'가 개별화된 것으로 주제로 파악할 필요는 없고, 오히려 개체적인 것으로 그

---

1 이러한 점은 82절에서 든 '꽃'의 예, 즉 '지금'의 시점에서 아직 알려지지 않은 것을 그 친숙한 유형을 통해 미리 지시하고 해석해 예측해 가는 귀납추리를 수행하는 의식(23절 역주를 참조)의 침전된 지향성에 대한 분석이 생생하게 제시해 준다.
2 'Inhalt'는 일상적으로 광범위하게, 'Gahalt'는 의식에 내재적인 이념적 영역에 사용된다. 그런데 후자를 '내실'로 옮기면 'reell'과 혼동되기에 모두 '내용'으로 옮긴다.
3 〔원주〕 이 책의 80절 참조.

'개'를 향할 수 있다. 그렇다면 수동적으로 미리-구성된 유형(그 '개'는 처음부터 이 유형 속에 파악된다.)과의 관계는 비-주제로 남게 된다. 그러나 이 관계에 근거해 언제나 우리는 '개'라는 일반적 개념을 형성하고, 우리의 경험에 이미 알려진 다른 개를 표상한다. 또한 우리는 자의적인 상상을 형성함으로써 개방된 다수 속에 다른 개를 표상할 수 있으며, 이것에서 '개'라는 일반자를 간취할 수 있다. 우리가 일단 일반자를 파악하는 것을 목표로 삼으면, 81절에서 논한 종합에 따라 어떤 대상에서 각 부분, 각 개별적 계기는 개념적으로 일반적으로 파악될 수 있는 것을 우리에게 제공한다. 그렇다면 각 분석은 일반적 술어화작용과 제휴해 나갈 것이다.

그러므로 통일적인 일반적 유형, 즉 어떤 대상이 다른 대상들과 연상적으로 일깨워진 동등함의 관계에 근거해 최초로 파악된 일반자는 다수의 특수한 개념을 포함하는 하나의 일반자, 하나의 개념이 될 것이다. 그러나 대상들이 실재적 대상이면, 부각된 감각적 유형은, 계속 진행하는 경험의 경우 또 이에 따라 이 대상들의 참된 존재를 명백하게 밝히는 경우 우리가 동등한 것으로 발견할 수 있는 모두를 남김없이 다 설명해 주지 못한다. 대상들이 존재하는 그대로를 나타낼수록, 각 대상들이 직관 속으로 들어올수록, 동등함을 발견할 수 있는 가능성은 그만큼 더 열린다. 그러나 그 이상의 규정이 이미 파악된 규정과 항상 규칙적으로 결합되어 있다는 점, 요컨대 경험에 적합하게 '함께 현존하는 것'(mitvorhanden)으로 예상될 수 있다는 점이 분명해진다.

예를 들어 '개'라는 유형에는 그 이상의 징표들을 예측(Antizipation)할 수 있는 개방된 지평을 지닌 유형적 징표들의 존립요소가 속한다. 이것은 일반자에 따라 어떤 '개'는 다른 모든 '개'와 같이 존재하며, 경우에 따라서는 비록 일시적이며 아주 불완전하더라도, 이제까지의 '개'에 관한 경험을 통해 특징적으로 미리 지시되고, 사실상 그 유형을 통해 이미 알려진 일반자는 아직 알려지지 않은 유형의 징표들의 규정되지 않은 어떤 지평을 수반하는 방식으로 존재한다는 점을 말한다. 만약 경험하는 가운데 우선 이러저러한 '개'로 계속 나간다면, 결국 우리는 언제나 새로운 것을 발견하게 될 것이다. 이 새로운 것은 단지 이 '개'에 속하는 것이 아니라, 이제까지 우리가 획득한 유형의 징표들을 통해 규정된 '개' 일반이다.

따라서 실제적 개념을 넘어서 또 실제적 경험으로 획득된 그때그때의 개념을 넘어서 추정적 이념, 일반자(Allgemeines)의 이념이 생긴다. 이 이념에는 이미 획득된 징표 이외에 〔아직〕 알려지지 않은 징표(개념적 규정)의 규정되지 않은 개방된 지평도 속한다. 게다가 이 이념은 끊임없이 추정하는 의미에서 지평, 이미 알려진 징표를 통해 '개'로 증명된 것이 주어진 또 상세하게 연구된 '개'에서 귀납적 경험(induktive Empirie)을 통해 규칙적으로 발견되는 새로운 징표도 가지며, 이것은 계속 이어지는 끊임없는 경험적 확실성의 의미에서 지평이다.

그러므로 경험적 개념은 새로운 징표를 계속 받아들임으로써 변화되지만, 경험적 이념(empirische Idee)에 따라, 즉 언제나 수정될 수 있는 개방된 개념의 이념에 따라 변화된다. 이 개념은 동시에 경험적 신념의 규칙을 그 자체 속에 포함하고, 계속되는 실제적 경험에 기초한다.

b) 본질적 유형과 비본질적 유형. 학문적 경험은 본질적 유형을
   명백하게 밝힌다

물론 이미 수동적으로 미리 구성되고, 그다음 주제적으로 파악된 경험의 유형적 일반성 가운데 가령 풀, 관목 같은 유형적 일반성이 존재한다. 이 경우 개방된 무한한 유형적 지평의 어떤 것도 맨 처음에 규정하는 징표에 연결되어 있지 않다. 이것은 '거기에는 언제나 새로운 유

1 경험적 일반성의 구성

형적인 것(Typisches)이 있다는 것을 알게 된다'는 그때그때의 전제가 경험〔이 진행됨〕에 따라 깨질 수도 있음을 뜻한다. 직접적 경험은 종종 순수하게 사실적으로 존재하는, 내적으로 '함께 속한 것'을 은폐할 수 있는 현저한 차이에 따라 사물들을 분리하고 구별한다. 예컨대 포유류에 속하는 '고래'는 자신이 살아가는 방식에서 물고기와 함께 갖는 외적 유사함으로 은폐된다. 이것은 이미 언어적 명칭을 통해 알려진다.

우리는 이 경우 비본질적 유형에 관해 논의할 수 있다. 구체적인 자연의 포괄적 경험에서 개체들은 언제나 서로 다른 일반성의 단계 속에 더욱더 본질적 유형으로 정렬된다. 학문적 탐구, 경험적-자연사적(自然史的) 탐구는 이에 관계된다. 여기에는 필연적으로 자연적 경험의 통각으로 수행된 학문 이전의 여러 가지 비본질적 유형이 기초에 놓여 있다. 학문적 종(種)의 개념은 체계적·방법적인 경험으로 본질적 유형을 규정하려 시도한다. 학문적 개념들은 단지 유한한 수의 규정된 징표들만 포함할 수 있지만, 비록 처음에는 알려져 있지 않더라도 학문적으로 특별한 개연성을 갖고 이러한 내용으로 함께 규정된 유형적 징표들의 개방된 무한한 지평도 수반한다. 이 무한한 지평은 이후의 탐구에서 추구되고 한정될 수 있다. 그 밖에 유형적인 것은 인과성에도 관계한다. 〔그런데〕 살아가는 상황에서 관련된 유형(종)의 동물이나 식물의 '삶(Leben)'의 인과성, 그 '발달'과 번식 등을 여기에서 더 상세하게 파고들 필요가 없다.

a) 완전히 동등한 개체들을 반복해 얻은 일반자의 구체적 일반성.
   독립적 일반성과 추상적 일반성, 명사적 일반성과 형용사적 일반성

경험된 것이 정렬되는 유형적 일반성은 서로 다른 단계를 갖는다. 가령 우리가 경험해 도달한 유형인 '전나무', '침엽수'를 나란히 세울 때 후자가 더 넓은 '외연(外延)'을 가지면, 이는 더 높은 일반성이다.[1] 일반성의 단계는 외연의 항(項)들이 동등한 정도에 따라 조건 지어진다.

우리가 개체적 대상들의 경험에서 나아가면, 발생적으로 가장 근원적이며 최초의 대상에서 마주치는 가장 낮은 일반자는 독립적으로 경험할 수 있는 완전히 동등한 개체들을 단순히 반복해 생기는 일반자이다. 우리는 이것을 '구체물(Konkretum)'이라고 부른다. 각각의 개체적 대상은 반복해 생각될 수 있고, 완전히 동등한 제2의 대상은 그 대상에 대립해 생각될 수 있다. 각각의 개체는 자신의 구체물이 개체적으로 개별화된 것이며, 이것은 구체적 개체이다. 동등한 독립적[2] 대상들(개체들)을 반복해 생긴 이 일반자는 일반성에서 가장 낮은 일반성, 즉 가장 독립적인 일반성이다. 왜냐하면 이것은 다른 일반성 속에 기초되지 않고, 따라서 다른 일반성을 전제하지 않기 때문이다. 예를 들어 '밝음'이라는 일반자는 밝음을 그 자체 속에 포함하는 '색깔'이라는 일반자 속에 기초되어 있다. 또 다시 그 색깔은 오직 형태화된 색깔로만 생각될 수 있고, 이 형태화된 색깔 또는 채색된 형태(공간의 형태), 더 정확하게 말하면, 형

---

1 개념에서 '내포'는 그 개념의 징표(속성)들 전체를, '외연'은 그 개념이 지시하고 적용되는 범위(대상) 전체를 뜻한다. 따라서 외연이 확장되면 내포는 당연히 축소된다.
2 〔원주〕'독립성(Selbständigkeit)'에 관해서는 이 책의 29절 이하, '구체물'과 '추상물(Abstraktum)'에 관해서는 『이념들』 1권, 15절 이하 참조.

1 경험적 일반성의 구성

태화된 공간의 사물 그 자체는 완전한 구체물, 즉 일반자로서 완전히 독립적인 일반자이다.

이 사실에서 가장 낮은 구체적 일반성이 다른 일반성, 즉 그 추상적 계기들의 일반성을 기초 짓는다는 점을 알게 된다. 이 추상적 계기들의 일반성은 물론 다시 반복해 생긴 일반자를 산출하지만, 이것은 비독립적 일반자이며, 가장 낮은 비독립적 일반자는 추상적 종(種)이다. 그리고 이것은 근원적으로 비독립적인 개별성의 외연을 가지며 근원적으로 형용사의 형태로 파악하게 예정된 일반성이며, 그 자체로 근원적으로 형용사의 형태를 취하는 일반성이다. 우리는 이것과 명사의 형태를 취하는 일반성인 근원적으로 독립적인 일반성을 대립시킬 수 있다.

b) 단순한 유사함에 근거한 일반성인 더 높은 단계의 일반성

만약 어떤 일반성의 외연에서 개별적 항들이 갖는 동등함이 더 이상 완전한 동등함이 아니면, 더 높은 단계의 일반성이 생긴다. 우리는 완전한 동등함을 유사함의 극한으로 파악한다. 유사함에서 〔다른〕 유사함으로 이행하는 경우 합치가 나타나는데, 이 합치는 어쨌든 완전한 합치가 아니다. 중첩된 유사함의 항들은 어떤 간격을 갖는다. 서로 다른 유사함은 서로 다른 간격을 가질 수 있고, 이 간격들은 그 자체로 다시 비교될 수 있으며 자신의 유사함을 갖는다.

그러므로 유사함은 하나의 정도(程度)이며, 그것의 극한, 즉 완전한 동등함은 합치를 통해 아무런 간격도 없는 것, 단순히 반복된 것의 합치를 뜻한다. 그것은 일반성의 가장 낮은 단계의 근본토대이다. 우리는 더 높은 단계의 일반성이 정초되는 단순한 유사함에서 총체적 유사함(유사한 것들의 개별적 계기 전체에 관련된 유사함)과 부분적 유사함(동등함의 극한을 갖지만, 반면 다른 것들은 유사하지 않은, 개별적 계기들에 관련된 유사함)

의 차이를 그 주요한 차이로 발견할 수 있다.[3] 그에 따라 서로 다른 단계의 일반성이 생긴다. 그래서 일반성의 단계는 일반성의 외연 속의 개별적 항들에서 발견되는 모든 유사한 계기(총체적 유사함의 경우 이것은 총체적 계기들이다.)에서 유사함의 간격의 크기뿐만 아니라, 유사한 계기들의 수를 통해, 즉 총체적 유사함에 접근하는 기준을 통해서도 조건 지어진다. 더 정확하게 말하면, 완전한 동등함은 총체적 유사함의 극한이며, 반면 단순히 부분적 유사함의 경우 (비록 개별적 계기들에 관련된 완전한 동등함이 그 극한에 도달하더라도) 전체와 관련해서는 이 극한에 결코 도달할 수 없다. 그것은 언제나 단순한 유사한 것으로 남아 있다.

그럼에도 이 경우 유사함의 일반자는 자신의 극한과의 관계에 의해 동등함의 일반자를 포함하지만, 특히 부분적인 간접적 동등함의 일반자, 즉 '이러저러한 계기에 관련된' 동등함의 일반자를 포함한다. 따라서 유사함의 합치에서도 공통적인 것이 명백하게 드러난다. 또는 그것은 근원적으로 공통적인 것으로 관통해 나타난다. 〔요컨대〕 그것은 완전히 동등한 항들을 반복해 생긴 일반자에서 바로 그 위의 종(種), 단순한 유사함의 일반자로 이행하는 과정, 즉 우선 총체적 유사함의 일반자, 그다음 계속 순수하게 완전히 동등한 것 또는 총체적으로 유사한 것이 아니라 이러저러한 계기들에 관련된 동등한 것(유사한 것)을 포함하는 부분적 유사함(동등함)의 일반자로 이행하는 과정 속에 완전히 주어진다.

단순한 유사함의 일반자는 높은 단계의 일반자이다. 왜냐하면 그 외연의 항들은, 심지어 두 가지 유사한 것이 합치되어야만 형성되더라도, 언제나 동등한 것이 가능하게 반복해 생긴 일반자로 생각될 수 있기 때문이다. 그러므로 그것은 두 가지나 그 이상의 구체적 일반성을 이미

---

3 〔원주〕 '유사함'의 극한으로서 '동등함'의 개념에 관해서는 이 책의 16절 이하, '유사함의 간격'뿐 아니라 '총체적 유사함'과 '부분적 유사함'의 개념에 대해서는 44절, 45절 참조.

       1 경험적 일반성의 구성

자신 속에 갖는 종(種)의 일반자이다. 그런 다음 우리는 더 높은 종, 유 등을 얻는다. 이것들은 일반자(가장 낮게는 반복해 얻은 일반자)를 비교함 으로써 생기기 때문에 비독립적 일반성이다. 따라서 일반성들은 다른 대 상들과 마찬가지로 비교될 수 있다. 예를 들어 빨간색과 파란색이 비교 될 수 있다. 그리고 이러한 종합적 능동성 속에 높은 단계의 일반성이 구성된다. 그 일반성은 이러한 능동성 속에 일반성들을 개별화된 것으 로 포함하는 하나의 일반성으로 근원적으로 스스로 주어진다.

그러므로 동등한 구체물들에 근거해 '구체적' 종이 생기고, 구체적 종들에서 구체적 유가 생긴다. 물론 이것은 '구체적' 종 등이 그 자체로 어떤 구체물이라는 사실을 뜻하는 것은 아니다. 구체적인 것들에서 그 근원을 지적하기 위해 그것을 단순히 '구체적 종'이라고 부른다. 왜냐하 면 그것에는 비독립적 일반성, 추상적 계기들을 반복해 생긴 일반자를 갖는 종, 예를 들면 형태의 종 등도 포함되기 때문이다. 구체적인 더 높 은 단계의 일반성에 대립해 이것을 추상적인 것, 즉 '추상적 유와 종'이 라고 부른다.

경험적 유형(우리에게 우선적으로 다가오며 '유형적으로 이미 알려진 것' 의 수동적인 '미리-구성함'에 기인하는 일반성)이 적어도 더 높은 단계, 즉 종의 일반성이나 유의 일반성에 속하는 일반자라는 사실은 강조할 필 요가 거의 없다. 왜냐하면 완전히 동등한 것을 단순히 반복해 생긴 가 장 낮은 일반자는 사실상 하나의 한계경우이기 때문이다.

85 실질적 일반성과 형식적 일반성

또 하나의 중요한 차이는 실질적 일반성과 형식적 일반성의 차이이다. 이 차이를 이해하기 위해 우리는 대상성을 논리적-구문론적 형식이 없는 것과 구문론적 형식을 갖춘 것,[1] 즉 오성의 대상성으로 구별한 것을 기억해야만 한다. 어떤 종류가 일반자를 파악하려는 목적에서 비교된 대상인지에 따라 두 가지 근본적으로 다른 종류의 일반성이 생긴다.

1) 동등한 것들이 합치되는 종합은 명백히 대상들을 단적인 경험의 대상들 — 따라서 아직 구문론적으로 형성되지 않은 대상들 — 로서 연결시킬 수 있다. 그것들은 이렇게 합치되는 종합과 이에 속한 추상작용의 종합에서만 구문론적 형식을 얻는다. 그러므로 순수한 실질적 개념들과 동시에 어떠한 명칭도 갖지 않는 구체적 개념들이 당연히 생긴다. 왜냐하면 나무, 집 등과 같이 언어적으로 명시된 개념은 이미 그것을 넘어서 판단활동으로 획득된 다양한 술어들을 포함하기 때문이다. 어쨌든 원초적인 한계경우를 맨 처음 세우는 것이 중요하다. 이 경우 모든 해명하는 작용과 술어를 구문론으로 연결시키기 전에 구체적 개념들이 문제가 된다.

2) 그러나 그 경우 우리가 구문론적 형성물들과 비교하면, 거기에서 새로운 동등함이 등장한다. 게다가

① 수동적 경험에서 해명하는 작용으로 밝혀진 내용들에 속하고, 따라서 실질적 공통성[2]에 기인하는 동등함. 이것은 실질적인 일반적 개념을 산출한다.

② 자발적으로 산출해 생긴 구문론적 형식들에 속하는, 즉 단순한 형식적 공통성에 관계되는 동등함. 예를 들어 '빨간색은 파란색과 구별된다'라는 진술 속에 실질적 개념인 '빨간색'과 '파란색' 이외에 차이에 관한 논의와 주어형식·술어형식·목적어형식인 명제의 형식 전체에서 순수한 형식도 표현된다. 만약 모든 실질적인 것을 명제들 속에 규정되지 않게

---

1 '구문론'에 관해서는 이 책의 50절 b)의 원주 참조.
2 〔원주〕실질적 공통성과 형식적 공통성의 차이에 관해서는 이 책의 62절 이하 참조.

1 경험적 일반성의 구성

할 수만 있으면, 동등함·차이·일자·다수성·집합·전체·부분, 대상·속성과 같은 개념, 요컨대 이른바 순수한 모든 논리적 개념 그리고 다양한 사태의 형식 속에 언어적 진술형식으로 표현될 수 있고 표현되어야만 할 모든 개념은 순수한 형식적 개념, 형식적 일반성이다.

2 본질직관의 방법을 통한 순수한 일반성의 획득

86 경험적 일반성의 우연성과 아프리오리한 필연성

우리는 경험적 일반성이 실제적 개별성과 실재적으로 가능한 개별성의 외연을 갖는다는 사실을 앞에서 살펴보았다. 이 일반성은 처음에는 사실적 경험 속에 주어진 동일한 대상들, 더 나아가 단순히 유사한 대상들을 반복하는 데 근거해 획득되었기 때문에, 근원적으로 획득된 실제적 개별성들의 한정되고 이른바 셀 수 있는 외연〔범위〕에만 관계되는 것이 아니다. 오히려 그것들은 어떤 지평을 일반적으로 갖는데, 이 지평은 자유로운 임의성(Beliebigkeit)을 통해 이러한 추정적 존재의 지평을 추론함으로써 획득될 수 있는 개별성들에 관한 그 이상의 경험을 추정적으로 제시한다.

만약 미리 주어진 무한한 세계의 실재성이 문제가 되면, 우리는 계속 부여할 수 있는 개별성들의 임의의 수를 생각할 수 있는데, 그 수는 이 경험적 일반성을 실재적 가능성으로 함께 포괄한다. 그렇다면 그 외연은 무한히 개방된 것이며, 어쨌든 경험적으로 획득된 종과 더 높은 류의 일자(一者)는 '우연적인 것'이다. 이것은 우연적으로 주어진 개별자가 개넘을 형성하는 출발점이었고, 마찬가지로 우연적인 동등함과 유사함을 넘어서 이끌었다는 사실을 뜻한다. 여기에서 '우연적'이라고 말하는 이유는 비교를 출발하는 항(項)이 사실적 경험 속에 주어진 우연적인 것이기 때문이다.

이 우연성의 반대개념은 아프리오리한 필연성이다. 〔그런데〕'그 경험적 개념에 대립된 순수한 개념이 어떻게 형성될 수 있는지'가 밝혀져야만 한다. 따라서 그러한 개념을 형성하는 것은 사실적으로 주어진 출발하는 항의 우연성과 그 경험적 지평이 갖는 우연성에 의존하지 않는다. 그리고 이 순수한 개념은 어떤 개방된 외연을 마치 단지 추후에 포괄하는 것이 아니라, '바로 앞서서', 즉 아프리오리하게 포괄한다. 이렇게 앞서서 포괄하는 것은 순수한 개념이 모든 경험적 개별성에 규칙을 지정할 수 있어야만 한다는 사실을 뜻한다.

경험적 개념의 경우 그 외연의 무한함은 단지 '실제적 경험이 진행되는 가운데 추정적으로 첨가된 '언제나 다시'라는 성격이 말소될 수는 없는지, 계속 진행해 나갈 수 있는 것이 사실적으로 어떤 때는 한계에 도달하지는 않는지 하는 점이 실제로 명백하지 않아도, 나는 임의의 수의 동등한 개별성을 생각할 수 있다'는 사실만 뜻한다. 이에 반해 순수한 개념의 경우 사실적으로 '계속 진행해 나갈 수 있는 것'의 무한함은, 모든 경험에 앞서서 그 이후에 경과하는 데 규칙을 미리 지시하고 따라서 어떤 변동이 생기거나 말소하는 것을 배제하기 때문에, 명증적으로 주어져 있다. 앞으로 아프리오리한 일반성과 그 필연성의 이념은 더 판명하게 밝힐 것이다.

87 본질직관의 방법

a) 본질직관의 근본토대인 자유로운 변경

지금까지 말한 것에서 보면, 순수한 개념이나 본질적 개념을 획득하기 위해 경험적으로 비교하는 것만으로는 충분치 않으며, 특수한 대비책을 통해 경험적으로 주어진 것에서 맨 처음 부각된 일반자가 무엇보다 우연성의 성격에서 자유롭게 되어야만 한다는 사실은 분명하다.

이러한 작업수행에서 최초의 개념을 얻어 보자. 이 작업수행은 경험된 또는 상상된 대상성이 임의의 범례(주도하는 '본보기(Vorbild)'라는 성격, 즉 변경에 항(項)들의, 변경에 근거한 개방된 무한한 다양체를 산출하기 위해 출발하는 항의 성격을 지닌 범례)에 이르는 변화, 즉 변경에 의거한다. 요컨대 우리는 그것을 순수한 상상으로 변형시키기 위한 본보기로 사실(Faktum)에 의해 이끌린다. 이 경우 언제나 새로운 유사한 상(像)들이 모상(Nachbild), 즉 상상의 상(Phantasiebild)으로 획득되는데, 이것들은 모두 근원적 상(Urbild)에 구체적으로 유사한 것이다.

그러므로 우리는 자유롭게 자의적으로 변경에 항(Variante)들을 산출하는데, 그 각각은 변경 그 자체의 전체 과정과 똑같이 '임의적(beliebig)'이라는 주관적 체험의 양상으로 등장한다.[1] 그런 다음 하나의 통일체[일자]가 나중에 형태를 취한 것들의 다양체(Mannigfaltigkeit)에 걸쳐 두루 관통한다는 점, 어떤 근원적 상을, 예를 들면 어떤 사물을 자유롭게 변경하는 경우 필연적으로 어떤 불변자(Invariante)가 필연적인 일반적 형식(이 형식이 없으면 이 사물은 자신의 종(種)의 예로 결코 생각될 수 없을 것

---

1 이러한 자유변경에서 변형된 것을 형성하는 것은 '조작'이 아니라 '임의적 형태'를 취해야만 한다. 몇 개의 유사한 모상에서 공통점을 추출하는 것은 모호한 확률적인 귀납적으로 일반화한 것에 불과하기 때문이다.

2 본질직관의 방법을 통한 순수한 일반성의 획득

이다.)으로 유지되어 남아 있다는 점이 밝혀진다. 이 일반적 형식은 자의적으로 변경을 실행하는 가운데 그리고 변경에 항들의 차이가 별 문제가 되지 않는 동안에 절대적으로 동일한 내용으로, 즉 모든 변경에 항이 그것에 일치하게 되는 불변하는 무엇(Was), 일반적 본질로 부각된다.

우리는 '임의적'이라는 양상 속에 실행되고 언제나 계속 나아갈 수 있는 모든 변경에 (비록 동일한 근원적 상의 변경이더라도) 한계를 지정해 주는 필연적 불변자인 일반적 본질에 시선을 향할 수 있다.[2] 이 본질은 그것 없이는 이러한 대상이 생각될 수 없는 것, 즉 그것 없이는 대상이 그러한 대상으로 직관적으로 상상될 수 없는 것으로 명백하게 제시된다. 이 일반적 본질은 형상(Eidos), 플라톤의 의미에서 '이데아(idea)'이지만, 모든 형이상학적 해석에서 자유로운, 순수하게 파악된 '이데아'이다. 따라서 그것은 〔변경의〕 과정에서 생기는 '이념직관(Ideenschau)' 속에 우리에게 직접 직관적으로 주어지는 것과 똑같이 파악된 '이데아'이다. 이 경우 출발점으로 생각된 것은 '경험이 주어진 것'이다. 분명히 단순한 상상이나 상상 속에 대상적-직관적으로 머리에 떠오르는 것도 〔출발점으로〕 이바지할 수 있다.

예를 들어 어떤 음(音)을 실제로 들든 상상 속에 있는 음으로 머리에 떠올리든 어쨌든 그 음을 출발점으로 삼아 처리해 가면, 우리는 임의의 변경에 항들이 변화되는 가운데 파악된 형상인 음을 여기〔이 변경에 항들〕에서 필연적으로 공통적인 것으로 획득한다.

만약 임의적으로 변경된 것으로서 다른 음-현상을 출발점으로 삼으면, 우리는 새로운 범례에서 다른 형상인 음을 파악하는 것이 아니라, 새로운 것과 이전의 것을 '나란히 놓음'으로써 그것이 동일한 것

---

2 따라서 자유변경 속에 설정된 이 확고한 한계에 기초해서만 판단들은 유의미한 판단일 수 있으며, 논리학은 '세계 속에 참으로 있는 존재자'에 관한 참된 논리학이 된다. 논리학의 이러한 성격에 관해 더 자세한 것은 이 책의 9절 역주 참조.

(dasselbe)이라는 점, 양 측면에서 변경에 항들과 변경들이 하나의 유일한 변경으로 수렴된다는 점, 또 변경에 항들은 여기저기에 동일한 방식으로 하나의 형상이 임의적으로 개별화된 것이라는 점을 알게 될 것이다. 심지어 우리가 어떤 변경에서 새로운 변경으로 계속 나아가면서 이렇게 '계속 나아가는 것'과 새로운 변경의 다양체를 형성하는 것 자체에 다시 어떤 임의적 성격을 부여할 수 있다는 점, 또 임의성의 형식에서 계속 나아감으로써 동일한 형상, 즉 동일한 일반적 본질인 음 일반(Ton überhaupt)은 언제나 다시 생기는 것에 틀림없다는 점도 분명해질 것이다.

b) 변경에 항을 형성하는 과정에서 임의성의 형태

형상은 합치에 도달된 변경의 항들이 자유롭게 임의적으로 계속 산출될 수 있는 다양체, 즉 개방된 무한함에 관련된다는 사실은, 마치 우리가 여기에서 파악되는 형상이 실제로 모든 가능성에 따라야 한다고 확신할 수 있는 듯이, 무한히 실제로 '계속 나아가는 것', 모든 변경에 항을 실제적으로 산출할 것을 요구하리라는 것을 뜻하지 않는다. 오히려 중요한 것은 변경에 항을 형성하는 과정인 변경이 그 자체로 임의성의 형태를 갖는다는 사실, 그리고 그 과정은 변경에 항들을 임의적으로 계속 형성하는 의식 속에 수행된다는 사실이다.

그렇다면 우리는, 비록 〔그 과정을〕 중단하더라도, 어쨌든 직관적이며 개별적이고 서로 뒤섞여 옮겨진 변경에 항들의 사실적 다양체를, 어떤 방식으로 스스로를 제시하는 대상들의 사실적 계열(faktische Reihe)로 또 자의적으로 이끌어 내거나 처음부터 허구적으로 산출된 사실적 계열로 생각하지 않는다. 오히려 모든 개별적인 것이 범례적인 임의성의 성격을 갖듯이, 임의성은 앞으로도 변경의 다양체에 속한다. 그것은 '무엇이 그 다양체에 여전히 어울리는가'와 상관없고, '나는 그렇게

2 본질직관의 방법을 통한 순수한 일반성의 획득

계속 나아갈 수 있다'는 의식 속에 내가 여전히 파지하는 것과도 상관 없다. 모든 변경의 다양체에는 본질적으로 '임의성에 따라 등등(und so weiter nach Belieben)'이라는 주목할 만하고 아주 중요한 의식이 속한다. 오직 이러한 의식을 통해서만 우리가 '개방된 무한한 다양체'라고 부르는 것이 주어진다. 이 다양체는 명증적으로 우리가 오랫동안 산출하거나 임의적으로 적합한 것을 이끌어내 진행해 가고, 따라서 실제적 직관의 계열을 확장시키든 않든 또는 이전에 이미 〔그 진행을〕 중단하든 중단하지 않든 동일한 것이다.

c) 본질직관의 근본토대인 변경의 다양체 전체를 '파지해 유지함'

이러한 다양체 위에 (또는 실제적으로 직관 속에 나타나는 변경에 항들과 더불어 구성되는 변경작용의 명백한 과정의 기초 위에) 형상(形相)인 일반자의 본래적 직관이 더 높은 단계로 근거 지어진다. 새로운 모상은 연상(Assoziation)의 목적이 없는 호의(好意)와 수동적 상상의 착상에 힘입고 있다. 비록 이것을 단지 자의적으로만 범례로 획득하더라도, 또는 우리가 그 모상을 상상에 의해 '변형시켜 가상하는 작용(Umfingieren)'의 순수하게 독특한 능동성을 통해 우리의 근원적 본보기에서 획득되었더라도, 이 직관에 지침을 주고 우리가 '본보기'라고 불렀고 출발점으로 삼은 그 범례에서 언제나 새로운 모상으로 이행하는 것이 놓여 있다.

모상에서 〔다른〕 모상으로, 유사한 것에서 〔다른〕 유사한 것으로 이렇게 이행하는 것에서 모든 임의적 개별성이 등장하는 순서에 따라 중첩시키는 합치에 도달하고, 순수하게 수동적으로 종합되는 통일체 속으로 들어온다. 이 통일체 속에 그 개별성 모두는 서로 변화된 것으로 나타나고, 그런 다음 계속해서 형상인 동일한 일반자가 개별화되는 '개별성들의 임의적 순서'로 나타난다. 이렇게 계속되는 합치를 통해 비로소 순수하게 그 자체만 이끌어 내 직관될 수 있는 동일자(Selbiges)가 일치하게 된다. 즉 그것은 그 자체로 수동적으로 미리 구성되고, 형상의 직관은 그렇게 '미리 구성된 것'을 능동적으로 직관하는 파악에서 기인한다. 이것은 오성의 대상성, 특히 일반적 대상성을 구성하는 모든 경우에도 똑같다.

물론 이에 대한 전제는 다양체 그 자체가 다수성(Vielheit)으로 의식되고 파지된 것에서 전적으로 벗어날 수 없다는 것이다. 그렇지 않다면 오직 '다수에 대립된 일자(hen epi pollon)'로서만 있는 이념적으로 동일한 것(Identisches)으로서 형상을 획득하지 못한다. 예를 들어 어떤 사물이나 도형을 임의적인 새로운 도형으로 '변형시켜 가상하는 작용'에 몰두하면, 언제나 새로운 것 또 언제나 단지 일자(Eines), 즉 최후에 가상된 것(Letztfingiertes)만 갖게 될 것이다. 오직 이전의 허구물을 개방된 과정 속에 있는 다양체로 파지해 유지하는 경우에만, 오직 일치시키는 작용과 순수하게 동일한 것에 주목하는 경우에만, 형상을 획득한다. 당연히 중첩시키는 합치를 일부러 능동적으로 수행할 필요는 없다. 왜냐하면 그 합치는 '잇달아 관통하는 것'과 '이 관통하는 것을 유지해 파지하는 것'으로 자연히 순수하게 수동적으로 일어나기 때문이다.

d) 개별자에 대한 경험과 본질직관의 관계. 추상이론의 오류

변경에 근거한 본질직관의 특징은 개체적 대상을 직관하는 경험과 대조해 보면 더 판명해질 것이다. 변경에서 특별한 자유(Freiheit)에 대립해 개체적인 것에 관한 모든 경험에는 완전히 규정된 구속(Bindung)이 존재한다. 즉 만약 수동적으로 미리 주어진 것에 근거해 개체적인 것을 수용적으로 경험하고 그 개체적인 것을 파악하기 위해 그것으로 향하고 그것을 존재하는 것으로 받아들이면, 우리는 이른바 통각의 토대에

입각하게 된다. 이 통각을 통해 지평들은 최초의 발걸음과 함께 미리 주어진 토대 위에서 그 이후 가능한 경험에 대해 미리 지시된다.

우리가 계속 경험하는 모든 것은, 그것이 우리에 대한 대상으로 타당하려면, 정합성(Einstimmigkeit)의 연관에 들어와야 한다. 그렇지 않으면 무효화되어 말소되고, 실제성으로 수용적으로 받아들여지지 않는다. 그것이 이미 경험의 모든 개별적 대상과 더불어 미리 지시되는 것처럼, 경험이 통일되는 것을 토대로 반드시 정합성이 지배하며, 그래서 모든 모순은 배제되거나 말소된다. 그러므로 적어도 가장 낮은 단계의 능동성을 포함하는 적확한 의미에서 모든 경험작용은 경험의 토대 위에 있음을 뜻한다.

우리가 어떤 연관 속에 상상하고 개별적 상상들이 상상의 통일체로 총괄되는 한, 동등한 것은 상상에 대해서도 타당하다. 상상에서는 실제적 경험에 대해 언급된 모든 것이 '유사(Quasi)'의 양상으로 반복된다. 우리는 통일적 상상의 세계로서 '유사-세계'를 갖는다. 이 '유사-세계'는 우리가 통일적으로 상상하는 작용이 진행되는 가운데 서 있을 수 있는 토대이다. 다만 '그와 같이 통일되기를 얼마나 바라는가'는 우리의 자유로운 임의성의 재량에 달렸다는 차이가 있을 뿐이다. 우리는 그와 같은 세계를 임의적으로 확장할 수 있는 반면, 실제적 세계가 통일되는 데는 '미리 주어진 것'을 통해 확고한 한계가 세워져 있다.[3]

우리는 개체적인 것에 관한 경험이 이렇게 '구속된 것'에 대립해 본 질직관 속에 있는 특별한 자유를 이해할 수 있다. 우리는 변경의 다양체를 자유롭게 산출하는 것에서, 변경에 항(項)에서 [다음] 변경에 항으로 '계속 나아가는 것'에서, 경험의 통일에 토대해 경험이 어떤 개체적 대상에서 다른 개체적 대상으로 계속 나아가는 것과 동등한 방식으로 정

---

3 [원주] 이 상세한 논의 모두에 관해서는 이 책의 40절 이하 참조.

합성의 조건에 구속되어 있지는 않다. 가령 지금 노란색으로 채색된 어떤 개체적 집을 표상하면, 우리는 마찬가지로 '그 집이 파랑색으로 채색될 수도 있었다'거나 '그 집이 기와지붕 대신 슬레이트 지붕을 가질 수도 있었다' 또는 '이러한 형태 대신 다른 형태를 취할 수도 있었다'고 생각할 수 있다. 그 집은 통일적 표상 속에 그것에 속하는 그 어떤 규정 대신 그 규정과는 양립할 수 없는 다른 규정을 지닐 수도 있다. 그 집은 동일한 것으로서 'a'로도 '비-a'로도 생각될 수 있다. 그러나 물론 'a'로 생각될 경우 그와 동시에 '비-a'로 생각될 수는 없다. 이 양자는 통일될 수도 없고, 동시에 존재할 수도 없으며, 양자가 각각 동시에 실제적으로 존재할 수도 없다. 하지만 그것은 'a' 대신 각각의 계기에서 '비-a'일 수 있다. 따라서 그것은 그것에 대립된 규정이 교체될 수 있는 동일한 것으로 생각된다.

이러한 명증성을 수행하는 데 직관적으로 대상의 실존은 대립된 술어들 가운데 어느 하나 또는 다른 것을 소유하는 것에 구속되고, 그것들을 함께 소유하려는 것을 배제하는 요구에 구속된다. 그러나 일치하는 징표들의 동일한 기체는, 그 '단순한 정립(schlichte Thesis)'이 가능한 것이 아니라 단지 '변양된 정립(modifizierte Thesis)'(이 동일한 것이 'a'로서 존재하는 것으로 규정되면, 그것에는 'a'가 '비-a'라는 말소된 형식으로 속하며 거꾸로도 마찬가지이다.)만 가능하다는 점을 제외하면, 명증적으로 놓여 있다. 물론 동일한 기체는 '개체 그 자체'가 아니다. 전환하는 것은 어떤 개체를 그것과 공존하는 양립 불가능한 두 번째 개체로 전환하는 것이다.

단적인 개체는 실존하는 것(또는 가능한 방식으로 실존하는 것)이다. 그러나 모순 속에 통일체로 직관되는 것은 결코 개체가 아니라, 서로 지양(止揚)되고 공존하는 것이 배제되는 개체들이 구체적으로 '혼합된 통일체'이다. 이것은 그 상관자가 모순, 즉 양립 불가능한 구체적 통일체를 의미하는, 독특한 구체적 내용을 지닌 독특한 의식이다. 이 주목할 만한 혼합된 통일체가 본질직관에 기초로 놓여 있다.

그러므로 '일반자는 오직 개체적인 개별적 직관에 근거해서만 추상작용을 통해 구성될 수 있다'고 주장하는 낡은 추상이론은 부분적으로 명석하지 않고, 부분적으로 올바르지 못하다. 예를 들어 내가 '나무'라는 일반적 개념, 더구나 순수한 개념으로 생각된 일반적 개념을 개체인 개별적 나무에 대한 직관에 기초해 형성하면, 여기에서 '나의 머리에 떠오르는 나무'는 결코 '개체로 규정된 나무'로 정립되는 것이 아니다. 오히려 나는 그것을 '그 나무는 지각 속에 또 자유롭게 움직이는 상상 속에 동일한 것이다', '그 나무는 실존하는 것으로 정립되지 않고 문제시 되지도 않는다', '그 나무는 결코 하나의 개체로는 확정되지 않는다'라고 표상한다. 〔요컨대〕본질직관에 기초적인 개별자는 본래적 의미에서 직관된 개체 그 자체가 아니다. 오히려 여기에서 기초적인 주목할 만한 통일체는 본질 외적인 구성의 계기들(동일하게 파악될 수 있는 본질의 계기들 이외에 보충적 계기로 등장하는 계기들)이 변화되는 개체이다.

e) 변경의 다양체들이 중첩되는 합치에서 합동과 차이

앞에서 언급한 것에는 변경의 다양체들이, 합치(Deckung) 속에 있는 합동(Kongruenz)과 더불어 다른 측면에 따라 많은 차이(Differenz)가 결합된다는 사실이 함축되어 있다. 예를 들어 주어진 어떤 빨간색에서 일련의 임의의 다른 빨간색(이것들을 실제적으로 보든 상상 속에 있는 색깔로 머리에 떠올렸든)으로 이행하면, 우리는 임의의 변경에 항들이 변화되는 가운데 합동하는 '빨간색'이라는 형상(Eidos)을 필연적으로 공통적인 것으로 획득한다. 반면에 합치 속에 있는 서로 다른 연장(延長)은 합동되는 대신, 오히려 모순되는 것으로 부각된다.

그러므로 차이의 이념은 오직 형상으로서 동일하게 공통적인 것의 이념과의 관련 속에서만 이해될 수 있다. 차이는 다양체들이 중첩되는 것을 통해서는 그것에 의해 부각되는 합동의 통일체로 이끌릴 수 없다는 것, 따라서 그것에 의해 형상을 볼 수 있게 만들지 못하는 것이다. 합동의 일치함에 이르지 못하는 것은 중첩되는 가운데 차이가 난 것으로 서로 대립한다는 것을 뜻한다. 예를 들어 어떤 색깔이 동일하지만, 그 색깔은 때에 따라 이러저러한 확장과 형태를 갖는다. 중첩되는 가운데 어떤 것은 다른 것과 대립되며, 이것들은 서로 배타적이다.

그러나 다른 한편 '공통적인 것이 전혀 없는 것은 모순 속에 나타날 수 없다'는 사실은 분명하다. 우리가 든 예에서는 실로 동일한 색깔이 전제되어 있을 뿐 아니라, 채색된 어떤 것은 둥글고 다른 것은 모난 경우, 이 둘이 연장된 도형이 아니라면 결코 모순 속에 나타날 수 없을 것이다. 따라서 그것과 모순되는 것으로서 다른 차이들과 중첩되는 모든 차이는 이끌어 내 직관할 수 있는 새로운 일반자(Allgemeines)를 지시한다. 여기에서 이 일반자는 그때그때 모순의 통일체가 되는 서로 중첩되는 차이들의 일반자인 형태이다. 그것은 최상의 영역에까지 이르는 이념들이 단계적으로 구축되는 것에 관한 이론에 매우 중요할 것이다.

이념화작용(Ideation)의 과정에 속하는 세 가지 중요한 단계를 총괄적으로 개관해 보자.[4]

1) 변경작용의 다양체들을 산출하면서 통관하는 것(Durchlaufen)

---

[4] 이 이념화작용의 과정은 칸트의 『순수이성비판』, '순수 오성개념의 연역'(A 99-104)
  ① 직관의 형식인 시간과 공간을 통해 촉발된 잡다한 내용이 직관 속에 전체와의 연관 아래 각지(Apprehensioon)또는 통관·총괄되고,
  ② 구상력(Einbuldungskraft)에 의해 계속 이어지는 선행된 표상을 소멸시키지 않고 재생산(Reproduktion)시켜 현재의 표상과 통일되고,
  ③ 선행된 표상과 현재의 표상의 동일성이 개념 속에 재인식(Rekognition)되는 과정과 매우 유사한 구조를 갖는다.

2 본질직관의 방법을 통한 순수한 일반성의 획득

2) 지속적 합치 속에 통일적으로 결부시키는 것(Verknüpfung)

3) 차이들에 대립해 합동하는 것을 이끌어 내 직관하는 능동적 동일
화작업(Idenbtifizierung)

f) 변경과 변화

여전히 한 가지 사실을 해명할 필요가 있다. 우리가 논의하는 것은
변경(Variation)과 변경에 항들에 관한 것이지, 변화(Veränderung)와 변화의
국면들에 관한 것은 아니다. 사실상 이 두 가지 개념은 몇 가지 관련된
점이 있음에도 불구하고 본질적으로 구별된다.

'변화'는 언제나 시간적으로 존재하는 것, 지속하는 것, 지속(Dauer)
을 통해 존속하는 것으로 파악된 실재적인 것(Reales)의 변화이다. 모든
실재적인 것은 변화할 수 있으며, 오직 변화나 불변 속에서만 존재한다.

〔그런데〕'불변'은 단지 변화의 한계경우일 뿐이다. '변화'도 끊임
없이 '다르게 존재하는 것(Anderssein)' 또는 '다르게 되는 것(Anders-
werden)'을 뜻하며, 어쨌든 동일한 것, 즉 개체적으로 동일한 것은 '다르
게 되는 것' 속에 있다. 어떤 색깔의 변화, 그 색깔이 바래는 것 등이 그
예이다. 실재적인 것은 이러한 개체적인 것, 실재적인 것으로 변화되어
자신의 상태를 변화시키지만, 이 상태가 변화되는 가운데 그 개체적 동
일성을 유지한다. 반면 '불변'은 '동일한 것들이 지속되지만, 이 경우
이것들이 지속하는 각 국면 속에 끊임없이 동등한 것으로 남아 있다'는
점을 뜻한다. '변화'의 경우 지속되는 가운데 그 국면들에 두루 걸친 존
재는 각각의 새로운 국면에서 '다르게 존재하는 것' 또는 '다르게 되는
것'이며, 개체적으로 동일한 것으로 남아 있지만, 동시에 스스로 동등
하게 남아 있는 것은 아니다.

우리는 실재적인 것이 지속하는 국면들과 이 국면들을 차지하는 것

에 시선을 둠으로써 동일한 것이 제시되는 다양체를 갖게 된다. 즉 지금의 동일한 것, 그런 다음의 동일한 것 등, 각각의 국면에 따라 동등한 것 또는 동등하지 않은 것으로서 동일한 것을 갖게 된다. 그러나 시선을 전환해 국면들 속에 제시되고 시간적으로는 동일한 것으로 음영 지어진 지속하는 것(Dauerndes)에 둠으로써 우리는 통일체, 변화되거나 변화되지 않는 동일한 것(Identisches), 즉 다양하게 제시되는 것의 흐름을 관통해 존속하고 계속 지속하는 동일한 것을 경험하게 된다. 이 통일체는, 가령 개별적 시간의 국면들이 변경에 항이 아닌 것처럼, 개별적 시간의 국면들의 일반자가 아니다. 그 통일체는 사실상 하나의 개체(Individuum)인데, 이 개체는 지속하고 지속하면서 변화되거나 동등하게 남아 있다. 모든 변화에서 개체는 동일하게 동일한 것으로 남아 있다. 반면 '변경'은 '우리가 개체적인 것의 동일성을 포기하고, 그것을 다른 가능한 개체적인 것으로 변형시켜 가상한다'는 사실에 기인한다.

다른 한편 개체적인 것의 변화에는 그 국면들도 (비록 시선을 전환해야만 이루어지더라도) 변경에 항으로 다루어질 수 있다. 그렇다면 모든 변화의 국면이 그 유에 함께 속하지 않는 변화는 결코 가능하지 않다는 사실은 분명하다. 어떤 색깔은 오직 〔다른〕 색깔로만 다시 변화될 수 있지, 가령 어떤 음(音)으로 변화될 수는 없다. 이러한 사실에서 미루어 모든 가능한 변화는 그것이 결코 뛰어넘을 수 없는 최상의 유(類) 안에서 수행된다.

88 일반성을 '직관한다'는 말의 의미

우리가 논의하는 '본질-직관' 또 일반적으로 일반자의 직관은 여전히 정당화될 필요가 있다. 여기에서 '직관한다(Erschauen)'라는 표

　　　　　2 본질직관의 방법을 통한 순수한 일반성의 획득

현은 아주 넓은 의미로 사용되는데, 그 의미는 '스스로 경험하는 것 (Selbsterfahren)', '그 자체로 보인 사태를 갖는 것' 그리고 이 '스스로 보는 것(Selbst-sehen)에 근거해 유사함을 주목하는 것', '이에 의거해 공통적인 것, 즉 빨간색, 도형 등이 스스로를 뚜렷이 드러내는, 요컨대 직관하는 파악에 이르는 정신적으로 중첩되게 수행하는 것'을 뜻할 뿐이다. 물론 이 경우 감각적으로 보는 것(sinnliches Sehen)은 문제가 되지 않는다.[1]

우리는 개체적이고 개별적인 '빨간색'을 보듯이 일반적 '빨간색'을 볼 수는 없다. 그러나 일반적 언어의 사용에서 근거 없이 습관화된 것은 아닌 '본다(Sehen)'는 말의 〔의미〕확장은 불가피하다. 그 말 속에 다음과 같은 사실이 표현된다. 즉 개별적으로 보인 많은 임의적 범례의 공통적인 것과 일반적인 것은 감각적 지각작용 속에 있는 개체적인 개별자와 아주 유사하게 직접적으로 또 그것 자체로서 우리 자신의 것이 된다. 물론 그것은 합동(Kongruenz)을 능동적으로 비교하는 중첩시키는 더 복잡한 직관작용 속에 우리 자신의 것이 된다. 이것은 직관이 아프리오리한 것으로 순수한 형상이 직관되어야만 할 곳에서 특수한 방법적 형태를 갖는다는 점을 제외하면, 공통성과 일반성에 관한 모든 종류의 직관하는 파악작용에 대해서도 타당하다. 그 형태는 바로 변경을 통해 생긴, 방금 기술한 실제성에 대한 무관심인데, 이것을 통해 실제성으로 현존하는 것은 일련의 변경에서 무관심하게 출발하는 항(項)인 임의적인 범례의 성격을 얻는다.

---

1 "직접적으로 보는 것(Sehen) ─ 단순히 감각적으로 경험하는 보는 것이 아니라, 어떤 종류이든 원본적으로 부여하는 의식으로서 보는 것 일반 ─ 은 모든 이성적 주장의 궁극적 권리의 원천"(『이념들』 1권, 43쪽)이다. 즉 '보는 것'의 고유한 본질은 "보면서 해명하는 것"(『형식논리학과 선험논리학』, 167쪽)이다. 결국 의식에 직접 주어진 것이 '본질'이며, 이것을 그대로 받아들이는 것이 '직관'이다. 따라서 '본질직관'은 결코 형이상학의 실체와 같은 것을 신비적 방법으로 파악하는 것을 뜻하지 않는다.

89 순수한 일반성을 획득하려는 목적에서 모든 존재의 정립을 명백하게 배제해야만 할 필연성

　우리는 본질직관에 관해 기술한 것이 우리의 과제를 어렵게 만들고, 표면상 기초적인 것으로 강조된 변경의 다양체들과 이것에 매우 독특하게 관여된 상상의 기능으로 작업하는 것이 불필요한 것처럼 생각할 수도 있다. 어쨌든 임의로 여기의 빨간색과 저기의 빨간색, 경험이나 그 밖의 표상의 빨간 대상들이 임의로 미리 주어진 다수성은 '빨간색'이라는 형상(Eidos)을 직관할 가능성을 제공한다는 언급으로 충분할 것이다. 단지 여기에서 기술되어야 할 것은 중첩되는 합치 속에 '통관하는 것'과 일반자를 '이끌어 내 직관하는 것'이다. 그럼에도 불구하고 여기에서 매우 주목해야 할 것은 '이러한 논의에서 '임의적'이라는 것이 단순한 논의나 우리의 사소한 태도를 뜻하면 안 되고, 오히려 이념들을 직관하는 작용 그 자체의 근본적 성격에 속한다'는 사실이다.

　그러나 그러한 논의 속에 '유사한 대상들의 일정한 다수성이 비교하는 합치로 일반자를 획득하기에 충분할 것'이라는 생각이 있다면, 우리는 여기의 이 빨간색과 저기의 그 빨간색에 양 측면에서 동일한 것(Identisches)과 일반자(Allgemeines)를 획득하지만, 이 빨간색과 저 빨간색의 공통적인 것으로서만 획득한다는 점이 여전히 강조되어야만 한다. 〔요컨대〕 우리는 형상(形相)인 '순수한 빨간색 일반'을 획득하지 못한다. 물론 제3의 빨간색 또는 언제라도 항상 스스로를 제시하는 여러 가지 빨간색에 관련시켜 '그 둘의 일반자는 다수의 일반자와 마찬가지로 동일하게 같은 것(identisch dasselbe)'이라는 사실을 인식할 수 있다.

　하지만 우리는 언제나 경험의 범위에 관련해서만 공통성과 일반성을 획득한다. 왜냐하면 무한히 진행할 가능성이 공통성과 일반성에 의해서는 여전히 통찰해 주어지지 않기 때문이다. 그렇지만 임의로 새롭

　　　　　　　2 본질직관의 방법을 통한 순수한 일반성의 획득

게 관련시킬 수 있는 동등한 것 모두는 반드시 동일한 것을 산출해야
만 한다고 또한 '빨간색'의 형상은 이 빨간색이나 이것과 합치될 수 있
는 그 어떤 빨간색에 속하는 가능한 개별성의 무한함에 대립해 일자(一
者)'라고 말하자마자, 우리는 무한한 변경을 우리의 의미에서 근본토대
로 사용한다. 이 변경은 분리할 수 없는 상관자인 형상에 속하는 것, 이
른바 형상의 외연, 즉 순수한 개념적 본질의 외연을 (형상이 '개별화된 것'인,
형상에 포섭되는, 플라톤적으로 말하면.[1] 형상에 '관여하는(Teilhabe)' 관계인)
가능한 개별성들의 무한함으로 우리에게 제공한다. 생각할 수 있는 모
든 개별자 일반은 본질에 관련되고, 본질과 그 본질의 계기들에 관여한
다. 이어서 우리는 '어떻게 상관적으로 순수한 일반자에 포섭되는 개별
성들의 총체성(Allheit)이 순수한 일반자에 상응하는가' 하는 점을 논의할
것이다.

우선 '완전히 자유로운 변경은 일반자를 실제로 순수한 것으로 획득
하기에 충분치 않다'는 사실이 여전히 지적되어야 한다. 심지어 변경
을 통해 획득된 일반자조차 본래적 의미에서 여전히 순수하고, 모든 실
제성의 정립에서 자유로워야 하는 것은 아니다. 비록 변경을 통해 이
미 우연적이며 실제적으로 실존하는 출발의 범례와의 관계가 배제되었
더라도, 어쨌든 일반자에는 실제성과의 관계가 부착되어 있고, 더구나
'변경을 통해 교체된 개별적 경우들의 사실적 실제성은 순수한 형상과
완전히 무관하다'는 방식으로 부착되어 있다. 그리고 이것은 문자 그대
로 받아들여야만 한다.

실제성은 다른 가능성들 가운데 〔하나의〕 가능성으로, 더구나 임의
적 상상의 가능성으로 다루어져야만 한다. 이것은 미리 주어진 실제성

---

1 플라톤에서 이데아(형상)와 개별자의 관계에 관한 이러한 용어에 관해서는 이 책의 81절
c)의 옮긴이 주 참조.

에 대한 모든 구속이 사실상 극도로 신중하게 배제되는 경우에만 비로소 일어난다. 만약 자유롭게 변경을 하면, 예를 들어 세계에 있는(in der Welt) 임의의 음 — 지상에서 사람이 들을 수 있거나 들었던 음 — 이 존재할 것이라는 사실을 고수하면서 변경을 수행하면, 우리는 본질적 일반자를 형상으로 갖지만, 이 일반자는 우리의 사실적 세계(tatsächliche Welt)에 관련되고, 이러한 보편적 사태에 구속된 것이다. 이것은 은밀한, 즉 명백한 근거에 입각해 우리 자신이 눈치챌 수 없는 구속이다.

보편적이며 언제나 통일되는 경험이 자연스레 전개되면서 경험된 세계는 보편적으로 견지되는 존재의 근거로, 또 우리의 모든 활동의 보편적 장(場)으로 우리에게 주어진다. 세계는 우리의 모든 습관 가운데 가장 확고하고 가장 보편적으로 우리에 대해 타당하며, 우리가 어떤 관심을 기울이든 그 세계는 우리에 대해 현실적 타당성으로 남아 있다. 왜냐하면 모든 관심과 마찬가지로 형상적 인식에 대한 관심도 그 세계에 관련되었기 때문이다. 우리가 경험적으로 획득된 개념들에 포섭되는 임의로 가능한 개별성들을 단초로 이미 진행시켜 〔세계를〕 생각했던 것과 같이, 모든 상상의 유희에서 또 이념을 직관하려는 의도를 지닌 상상의 변경에서 세계는 함께 정립되어 있다. 각각의 사실과 각각의 형상은 사실적 세계에 관련되고, 이 세계에 속하는 것으로 남아 있다. 명백히 우리는 자연적 태도에서 바로 그것의 보편성에 의해 은폐된 세계를 정립한 것(Weltsetzung)과 존재를 구속한 것(Seinsbindung)을 알아차리지 못한다.

우리가 이러한 구속을 의식하고, 그 구속을 의식적으로 '관여하지 않게 두고(außer Spiel setzen)', 따라서 변경에 항들의 가장 넓은 외연의 지평을 모든 구속, 즉 모든 경험의 타당성에서 자유롭게 할 경우에만 비로소 완전한 순수성을 만들어 낸다. 그런 다음 우리는 이른바 순수한 상상의 세계, 절대적으로 순수한 가능성의 세계에 있게 된다. 그와 같은 모든 가능성은 이제 임의성의 양상으로 가능한 순수한 변경에 대한 중심항(中心項)일 수 있다. 이러한 각 가능성에서 절대적으로 순수한 형상이 생기지만, 각기 다른 가능성에서 어떤 계열의 변경과 다른 계열의 변경이 위에서 기술한 방식으로 하나로 결합될 경우에만 생긴다. 그러므로 색깔이나 음에 대해서도 서로 다른 형상이 생기는데, 이것들은 다른 종류이며, 더구나 그 속에서 순수하게 직관된 것에 관해 다른 종류이다.

순수한 형상, 즉 본질의 일반성은 예를 들어 '빨간색'이라는 종(種)이나 '색깔'이라는 유(類)이다. 그러나 이것들이 순수한 일반성으로 파악되고, 따라서 어떤 사실적 현존재, 즉 어떤 사실적 '빨간색'이나 어떤 색채를 띤 사실적 실제성에 대한 모든 전제에서 자유로울 경우에만 그러하다. 그것은 기하학이 진술하는 의미이다. 예를 들어 우리가 원(圓)을 일종의 '원추의 절단면'이라고 부르고 형상적으로 통찰해 파악하면, 이 경우 사실적 자연의 실제성에 속하는 것으로서 실제적 표면은 문제가 되지 않는다. 이에 따라 순수하게 형상적인 일반자–판단작용은 기하학의 판단작용이나 이념적으로 가능한 색깔, 음 등에 관한 판단작용과 같이, 그 일반성에서 보면, 전제된 어떠한 실제성에도 구속되어 있지 않다. 기하학에서 문제가 되는 것은 생각할 수 있는 도형이며, 형상적 색채론에서 생각할 수 있는 색깔이다. 이 색깔은 순수하게 직관된 일반성의 외연을 형성한다.

수학 전체도 이렇게 근원적으로 만든 개념들로 조작하며, 그 직접적 본질법칙(공리)을 '결코 어떠한 예외도 가능한 것으로 허용하지 않는', '필연적이며 엄밀한 의미에서 일반적인' 진리로 산출한다.(칸트의 경우) 수학은 이러한 진리를 그 순수 개념들의 생각할 수 있는 모든 개별화된 것에 대해, 즉 확고하게 완결된 그 변경의 다양체들 또는 아프리오리한 외연들에 대해 절대적 동일성에서 산출할 수 있고 명증적인 것으로 인식할 수 있는 유적 본질의 사태들로 직관한다. 이러한 사태들에서 수학은 계속 연역적 직관(필연적 귀결의 아프리오리한 명증성)을 통해 자신의 이론과 추론된 정리를 산출하며, 다시 이렇게 산출하는 것을 임의적으로 반복함으로써 이념적 동일성(ideale Identität)으로 통찰할 수 있게 산출한다.

90 순수한 일반성과 아프리오리한 필연성[1]

이제 앞에서 이미 언급한 순수한 일반성의 외연에 관한 문제, 그리고 이것과 밀접하게 연결된 순수한 가능성과 경험적-사실적 실제성의 관계에 관한 문제에 주의를 기울여 보자.

물론 순수한 일반성은 자유로운 변경에서 또 실제적 존재의 모든 정립을 일관되게 배제하는 것에서 그 방법적 근원에 따라 사실 — 즉 사실을 구속하는 경험적 실제성 — 에 관한 어떠한 외연도 가질 수 없고, 순수한 가능성의 외연만 가질 수 있을 뿐이다. 다른 한편 형상적 일반성은 언제든 일어날 수 있는 실제성에 관련시킬 수 있다. 실제적으로 일어나는 모든 색깔은 동시에 순수한 의미에서 하나의 색깔이다. 즉 각각의 색깔은 〔하나의〕 범례로 간주될 수 있고, 어떤 변경에 항(項)으로 변형될 수도 있다.

그러므로 우리는 모든 실제성을 순수한 가능성, 즉 자유로운 임의성(Belieben)의 영역으로 끌어올릴 수 있다. 그러나 자유로운 임의성도 독특하게 구속되었다는 점이 밝혀진다. 상상에 적합한 임의성에서 (비록 아무 연관도 없고 상상에 적합하게 생각할 수 있는 실제성의 통찰에 일치하

---

1 〔원주〕 이에 관해서는 『이념들』 1권, 6절 참조.

지 않더라도) 서로 뒤섞여 변경될 수 있는 것은 그 자체 속에 필연적 구조, 즉 형상을 지니며, 더욱이 그것이 이러한 종류의 어떤 대상일 수 있으려면 필연적으로 어떤 대상에 속해야만 하는 것을 규정하는 필연성의 법칙을 지녀야만 한다. 그렇다면 이 필연성은 사실적인 모든 것에 대해서도 함께 타당하다. 그래서 순수한 형상인 색깔, 예를 들어 '밝음'의 계기에 불가분하게 속하는 모든 것은 각각의 사실적 색깔에도 속해야만 한다.

순수한 본질적 일반성에 속하는 것을 단순히 나열하는 일반적 진리는 사태들에 관한 모든 물음에 선행하고, 이것들의 사실적 진리에 선행한다. 그런 까닭에 본질적 진리는 아프리오리한 진리, 즉 그 타당성 때문에 경험에서 생긴 모든 확정, 모든 사실성에 선행하는 진리이다. 경험을 통해 주어지고 경험적 사고를 통해 판단된 모든 실제성은 '그와 같은 판단의 정당성에 관한 한, 그것은 모든 것에 앞서 가능한 경험의 아프리오리한 조건과 가능한 경험적 사고에 상응해야만 한다'는, 즉 '어떤 일치하는 동일한 의미의 대상성으로 그것을 표상할 수 있고 정립할 수 있는 순수한 가능성의 조건에 상응해야만 한다'는 무조건적 규범에 지배된다.

자연의 수학은 자신의 모든 명제를 통해 자연(물리적 경험의 실제성)에 대해 그와 같은 아프리오리한 조건을 표명한다. 수학은 그러한 조건을 아프리오리하게, 즉 항상 '그' 자연(Natur)을 사실(Faktum)로 다루지 않고, 표명한다. 사실들과의 관계는 아프리오리하게 언제나 가능하게, 또 그 가능성 속에 명증적으로 이해할 수 있게 적용하는 일이다.

이제 우리는 다음과 같이 말할 수 있다. 그 순수한 가능성의 법칙에 따라 실제성을 판단하는 것 또는 본질법칙, 즉 아프리오리한 법칙에 따라 실제성을 판단하는 것은 모든 종류의 실제성과 관련지을 수 있고 철저하게 필연적인 보편적 과제이다. 수학적 사고와 수학적 자연과학의 예에서 쉽게 이해할 수 있는 것은 전적으로 모든 종류의 대상영역에 대해서도 일반적으로 타당하다. 각 대상영역에는 가능한 아프리오리한 사고가 속하며, 그래서 '우리가 어디에서나 아프리오리한 것에 냉정하고도 중요한 동일한 의미만 부여하는 한', 아프리오리한 학문과 이 학문을 동등하게 적용하는 기능은 각 대상영역에 속한다. 우리가 수학적 사고에 일반적 본질의 특성으로 제시했듯이, 아프리오리한 사고의 방법론(Methodik)을 수학적 영역의 유일한 속성으로 간주할 근거는 전혀 없다.[2, 3] 사실상 그와 같은 제한을 받아들이는 것조차 실제성과 가능성, 경험과 순수한 상상 사이의 일반적 본질의 관계에 직면해 모순이다.

〔그래서〕각각의 구체적 실제성과 이 실제성에서 실제로 경험되거나 경험할 수 있는 각각의 개별적 특징에 이념적 또는 순수한 가능성의 영역과 아프리오리한 사고의 영역으로 나아가는 길이 열려 있다. 그리고 가장 일반적인 방식으로 개별적인 순수한 가능성을 형태화하는 방법뿐 아니라 변경해서 변형된 것 속에 서로 뒤섞여 이행하는 가능성의 무한한 외연을 형태화하는 방법은 어디에서나 동일하며, 물론 그것들에 속한 순수한 본질적 일반성, 즉 이념(본질, 순수한 개념)과 본질법칙을 근원적으로 직관적으로 형성하는 것도 어디에서나 동일하다.

---

2 〔원주〕물론 이 경우 '수학의 본질적 사고의 방법은 이념화하는(Idealisierung) 방법으로, 정밀하게(exakt) 파악할 수 없는 유동적인 유형학(Typik)의 다른 영역에 관련된 본질직관과 중요한 점에서 구별되어야만 하고, 그래서 이 유비(類比)는 가장 일반적인 것에서만 타당하다'는 사실이 강조되어야 한다. 이러한 차이에 관해서는 『위기』(『필로소피아(Philosophia)』, 1권) 특히 98쪽 이하와 124쪽 이하 참조.
3 옮긴이는 『필로소피아』에 게재된 『위기』의 쪽수를 확인할 수 없는데, 그것은 후설이 수학과 수학적 자연과학이 자연을 수학화(이념화)하는 과정과 동기, 그 문제점을 집중적으로 분석하고 치밀하게 비판한 8절과 9절을 뜻할 것이다.

2 본질직관의 방법을 통한 순수한 일반성의 획득

91 순수한 일반성의 외연

a) 순수한 개념의 외연의 전체성은 개별적 차별화를 전혀 제공하지 않는다

순수한 일반성(Allgemeinheit)은 순수한 가능성의 외연을 갖는다. 다른 한편 그 일반성은 각각의 실제적인 것에 규칙을 제정하는 한, 경험적 실제성과의 관계도 갖는다. 그러나 이것을 마치 일반성이 순수한 가능성의 외연 이외에 실제성의 외연도 갖는 것처럼 이해하면 안 된다. 이러한 주목할 만한 관계는 순수한 개념의 외연과 가능한 경험적 외연을 대조함으로써 더 판명해질 것이다.

'인간'이라는 순수한 개념의 외연에는 '인간이 그 세계 속에 발견되든 않든, 이 세계의 통일체 속에 가능하든 가능하지 않든, 세계에 관련되든 그렇지 않든' 어떤 방식으로도 가정할 수 있는 모든 인간이 속한다. 그렇다면 인간은 경우에 따라 아무 연관도 없는 상상작용과 그 밖의 직관 속에 표상할 수 있는 것 그 자체로 현존하고 '어떤' 인간을 해석한다. 그것은 시간의 지속에서도 마찬가지이다. '시간적 지속(zeitliche Dauer)'이라는 이념의 외연은 아무 연관도 없이 상상할 수 있는 또는 실제적으로 경험되거나 경험할 수 있는 모든 시간이 지속하는 것 (Zeitdauern) 그 자체뿐 아니라, 시간 속에, 즉 실제적 시간 속에 시간이 지속하는 모든 것도 포괄한다. '시간의 지속'이라는 외연의 이러한 총체성은 '시간의 지속'이라는 종(種)의 어떠한 개체화(Individuation)도 제공하지 않는다. 이와 마찬가지로 색깔의 가장 낮은 형상적 차이에 속하는 상상의 색깔들의 총체성은 실제적 의미에서 어떠한 개체적 색깔도 아니며, 이 가장 낮은 종의 어떠한 개체화도 아니다.

'지속'이라는 종은, 정립적이든 비-정립적이든 연관이 있든 연관이 없든 서로 다른 직관 안에서 크기를 비교할 수 있는 한, 특수화된다. 그러나 이 경우 우리는 '어떤 상상 안에서, 어떤 상상과 상상세계의 통일체를 끝까지 관철하는 임의로 확대하는 것 안에서, 또한 어떤 경험의 통일체 안에서 그 이상의 차별화(Differenzierung)가 일어난다'는 주목할 만한 점을 발견한다. 이 차별화는 종적인 것이 아니며, 이 세계를 넘어설 수 없다. 그래서 이러저러한 상상의 세계에 상응하는 차이를 비교하면, 우리는 그것에 관해 동일성도 비-동일성도 진술할 수 없다.

물론 이것은 실로 색깔 등과 같은 모든 대상적 규정에 대해서도 타당하다. 그러나 우리는 '대상적 규정은 오직 세계 속에서만 가능한 시간적(그런 다음 더 나아가 공간적) 차별화에 의해 간접적으로 타당하다'는 사실을 안다. 세계 안에서 색깔의 가장 낮은 차이를 최후에 구별짓는 것, 즉 개체화하는 것은 '지금 그리고 여기(hic et nunc)'이며, 어쨌든 그것들의 측면에서는 종적 차별화를 갖는 시간-공간적인 것의 최종적 차이이다.

하나의 세계 안에서 개체적 차별화가 존재한다. 즉 실제적 세계에서는 실제적인 개체적 차별화가, 가능적 세계에서는 가능적인 개체적 차별화가 존재한다.[1]

b) 가능성의 차별화와 실제성의 차별화

이제까지 언급한 것에서 '순수한 개념의 외연의 총체성은 어떻게 이해될 수 있는가'라는 문제가 생긴다. 이 총체성은 그것이 개별화된 것인 순수한 가능성에까지 이른다. 이 논리적-개념적 개별화는 객관적으로 동일화할 수 있는 것으로의 개별화는 아니다. 달리 말하면, 어떤 대상으로

---

1 〔원주〕이에 관해서는 이 책의 38~40절, 그리고 '부록 1'을 참조.

2 본질직관의 방법을 통한 순수한 일반성의 획득

서, 술어들 또는 (모순율에 지배되는) 객관적 진리에 대한 어떤 동일한 기체로서 개체성에 관한 논리적 요구는 어떤 개념의 외연을 개별화함으로써 충족되는 것이 아니라, 오히려 시간의 조건에 지배된다. 이것은 우리가 개체적 개별화에 대해 실제적이거나 가능적인 (실제로 연결될 수 있는) 직관들의 연속적 연관 속에 정합적으로 증명할 가능성이 요구된다는 사실을 뜻한다. 순수한 개념의 외연의 총체성은 세계 속에 있는 (실재적) 대상들의 총체성이 아니며, 경험적 총체성이 아니라 그 시간 속에 있는 총체성이다.

따라서 각각의 본질에 대해 다음 두 가지 차별화를 구별해야만 한다.

1) 가능성의 차별화. 아무 연관도 없이 부여하는 상상이나 경험으로 소급된 아무 연관도 없는 가능성의 형식에서 차별화.

2) 연관 있는 실제성 또는 유사-실제성의 통일체의 테두리 속의 차별화. 또는 차라리 '하나의 시간'이라는 형식을 지닌 어떤 가능한 실제성의 테두리 속의 차별화. 어떤 본질의 모든 차별화는 가능한 작용들의 무한함 안에서 구성된다. 그러나 그 작용들은, 이 작용들이 모두 서로 뒤섞인 연관을 갖는 한, 결합되어 있다.

자유로운 가능성의 총체(All)는 아무 연관이 없는 영역이다. 이 영역에는 연관의 통일성이 없다. 그렇지만 그 영역 속에서 끄집어낸 각각의 가능성은 동시에 연관 있는 가능성들의 총체의 이념을 지시하고, 이 총체에는 필연적으로 하나의 시간이 상응한다. 그와 같은 각각의 총체는 하나의 세계를 정의(定義)한다. 그러나 이 두 가지 세계는 서로 아무 연관이 없다. 그들 세계의 사물·장소·시간은 서로 아무 관계가 없다. '이 가능한 세계의 어떤 사물과 저 가능한 세계의 어떤 사물이 동일한 것인지'를 묻는 것은 아무 의미도 없다. 여기에서는 오직 사적(私的)인 비-동일성만 그것들에 적용하고 이것들에(이렇게 함으로써 1부에서 확정한 것을 간략하게 기억하기 위해) 비교하는 모든 관계만 갖는다.

92 순수한 일반성의 단계를 구축하는 것과 이념들을 변경해 가장 높은 구체적 류들(영역들)을 획득하는 것

이제까지의 고찰에서는 이미 순수한 일반성, 전적으로 다른 단계의 본질이 부각되었다. 왜냐하면 '대상의 영역 전체에 대해 필연적 법칙을 포함한다'고 우리가 말한 본질은 가령 '빨간색'이라는 형상과 같은 가장 낮은 종(種)과 명백하게 구별되기 때문이다. 달리 말하면, 우리가 이미 경험적 일반성에서 낮은 일반성에서 점차 더 높은 일반성으로 상승하면서 단계의 구축(Stufenbau)을 확정할 수 있었던 것처럼, 그것은 물론 순수한 일반성에 대해서도 타당하다. 그렇다면 그것을 파악하는 데 본질직관의 활동이 정점을 이루는 가장 높은 일반성은 어떠한 것인가?

먼저 본보기로서 동일한 하나의 범례에서 자유로운 변경을 통해 매우 다른 순수한 본질을 얻을 수 있다는 사실에서 출발하자. 비록 어떤 형상이 근원적으로 직관되는 모든 변경의 다양체가 하나의 유일한 변경의 다양체로 결부되고 어느 정도는 그 자체로 유일한 다양체의 모양뿐이더라도, 이러한 사실은 타당하다. 왜냐하면 일련의 변경을 하나의 유일한 변경으로 결부시키는 것은 다른 의미를 가질 수 있기 때문이다.

어떤 임의의 빨간색으로부터 일련의 변경을 통해 계속 나아가면, 우리는 '빨간색'이라는 형상을 획득한다. 다른 빨간색을 범례적 출발점으로 삼으면, 다른 변경의 다양체를 직관적으로 획득할 것이다. 그러나 이 새로운 다양체는 첫 번째 다양체의 '그리고 등등(Und-so-weiter)'이라는 개방된 지평에 속하며, 똑같이 첫 번째 다양체는 새로운 다양체의 지평에 속한다는 사실, 즉 형상은 '하나의 동일한 것(das eine und selbe)'이라는 사실이 즉시 밝혀진다. 우리가 임의의 빨간색 대신 임의의 녹색으로 변경했고, '녹색'이라는 형상을 얻었을 경우에도 마찬가지이다.

다른 한편 그것들이 구별됨에도 불구하고 빨간색이 생기는 계열의

2 본질직관의 방법을 통한 순수한 일반성의 획득

변경과 녹색이 생기는 계열의 변경이라는 두 가지 계열의 변경은 어떤 방식으로 다시 포괄적인 변경의 다양체, 즉 '빨간색' 또는 '녹색'의 형상이 생기는 것이 아니라 '색깔 일반'이라는 형상이 생기는 하나의 유일한 다양체 속에 결부될 수 있다는 점이 파악되어야 한다.

첫 번째 경우 우리는 변경을 해서 '빨간색'을 직관하는 데 향해 있다. 이 경우 우리는 '빨간색'으로 방향을 견지해야만 하거나, 그 밖의 변경을 하는(Variieren) 모든 자의성에도 불구하고 어느 한 방향에 우리를 구속시켜야만 한다. 변경을 시작해 공통적인 '빨간색'이 우리에게 명백하게 드러나면, 우리는 그것을 즉시 확정할 수 있으며, '빨간색 일반'(따라서 임의적으로 변경하는 경우 이 공통적인 동일한 것이 생기게 될 것)으로 생각할 수밖에 없다. 만약 '녹색'이 일어나면, 우리는 이것을 '함께 속하지 않는 것', 즉 '간취되고 계속 의도했던 빨간색에 모순되는 것'으로 거부한다. 다른 한편 우리가 방금 전에 거부된 녹색의 변경에 항이 빨간색 각각의 변경에 항과 대립되지만 어쨌든 공통적인 것을 가지며 따라서 합치되는 점도 갖는다는 사실에 관심을 기울이면, 순수한 형상으로 파악된 이 새로운 공통적인 것은 변경을 규정할 수 있다.〔그러면〕실로 '빨간색'에 대한 또 '노란색' 등에 대한 것과 마찬가지로 '녹색'에 대한 변경의 다양체들은 일치해 함께 속한다. 즉 일반자는 지금 색깔이다.

그러므로 우리는 처음부터 완전히 구속되지 않은 방식으로 —— 따라서 이미 밝혀진 그 어떤 일반자를 구속하는 것을 변경시키지 않고, 또한 이끌어 내 직관할 수 있고 그런 다음 제한하는 모든 일반성을 넘어서 놓여 있는 일반자(우리의 예에서는 '빨간색', '파란색', '노란색' 등의 일반성을 넘어서 최상의 일반성으로 놓여 있는 일반자)를 추구하지 않고 —— 이러한 태도를 취할 수 있다. 이 경우 변경은, 그것이 어떻게 진행되든 상관없이, 일반적으로 단지〔하나의〕변경일 뿐이며, 따라서 일반적으로 철저하게 통일적인 합치의 종합으로 결합되어야 한다. 그것은 최상의 유(類)인 최상의 본질의 일반성을 구성하는 길이다. 이 본질의 일반성은 자기 자신을 넘어서는 더 높은 일반성을 전혀 가질 수 없는 일반성이다. 다른 한편 이 일반성은, 변경 전체의 제한된 변경의 영역에 속하기 때문에, 이 변경 전체에서 길어 낼 수 있었던 모든 특수한 일반성 속에 이념적으로 공통적인 것으로 포함되어 있다는 속성을 동시에 갖는다. '빨간색', '녹색' 등의 이념은 '색깔'이라는 이념에 '이념적으로 관여'한다.

우리는 다음과 같이 말할 수도 있다. 즉 이념, 순수 일반성은 그 자체로 다시 변경에 항으로 기능할 수 있다. 그런 다음 이 이념 또는 일반성에서 더 높은 단계의 일반자(이념에서 생긴 또는 이념의 〔더 높은〕이념)를 이끌어 내 직관할 수 있다. 왜냐하면 이념과 처음에는 간접적인 그 이념적 개별성들이 그 외연을 형성하기 때문이다.

우리의 예에서 변경은 최상의 추상적 유(類), 추상적 본질로 이끌었다. 왜냐하면 그와 같은 것은 색깔인데, 이것은 결코 독립적 대상도 그 자체만으로 독립적으로 존재하는 실재적인 것(Reales)도 아니기 때문이다. 그 색깔은 연장되었고, 연장(Ausdehnung)에 두루 배분되어 있다. 또한 그 연장은 본질적으로 연장된 것, 우선은 어떤 표면에 속한다. 그러나 이것조차 '그 자체만으로' 있는 것이 아니라, 그것을 제한하는 것으로 어떤 물체를 지시한다. 그러므로 우리는 궁극적으로 어떤 구체적 대상(여기에서는 색깔이 추상적 계기인 어떤 공간의 사물)으로 이끌린다. 물론 어떤 주어진 색깔에서 변경하는 어떠한 길도 그러한 대상으로 이끌지 않는다. 추상된 것(Abstraktes)에서 변경은 언제나 다시 추상된 것으로만 이끌 뿐이다.

그러나 우리는 변경의 경우 처음부터 어떤 구체적인 독립적 대상에서 진행해 나갈 수 있다. 그러므로 우리는 여기에서 가령 이 '만년필'을 변경함으로써 '실용품'이라는 유(類)를 얻는다. 어쨌든 이렇게 한정하는 것을 중단할 수 있으며, 여전히 〔그 이상의〕 변경할 가능성을 발견할 수도 있다. 가령 '만년필'을 '돌'로 변형시켜 생각할 수 있고, 그런 다음 여전히 공통적인 것을 관통해 나갈 수 있다. 이 두 가지는 공간적으로 연장된, 물질적 사물이다. 그렇게 우리는 구체적인 것들의 최상의 유인 '영역(Region)'이라고 부르는 최상의 유인 '사물(Ding)'에 도달한다. 그와 다른 영역은 신체적-영혼의 존재인 '인간(Mensch)'이라는 영역이다. 영역의 본질은 자기 자신을 넘어서는 더 높은 일반성을 결코 갖지 않는 것이며, 넘어설 수 없는 확고한 한계(Grenze)를 모든 변경에 설정하는 것이다. 〔따라서〕 어떤 영역의 근본적 개념은 변경을 통해 다른 영역으로 이행될 수 없다. 여기에서는 기껏해야 그 이후의 작업수행인 형식화하는 것만 가능할 뿐이다. 〔그리고〕 이 형식화하는 것을 통해 그 두 가지는 '어떤 것 일반'이라는 형식적 범주로 파악된다.

하지만 이것은 변경과 본질적으로 다르다. 그것은 다른 것으로 변경할 수 있는 것의 규정성을 '변형시켜 가상하는 것(Umfingieren)'이 아니라, 모든 대상적 규정성, 즉 내용적 규정성을 '도외시하는 것(Absehen)', '비우는 것(Entleeren)'이다.[1]

더 높은 일반성은 이념을 변경함으로써 획득된다. 이것은 '이념직관(Ideenschau)이 능동적으로 산출하는 더 높은 의식, 즉 새로운 종류의 대상성인 일반자가 스스로 주어지는 의식인 한, 그 자체로 단순한 경험의 유사한 것(Analogon)'이라는 사실을 함축한다. 우리는 경험작용(Erfahren)에서 '이념화작용(Ideation)'이라는 명칭으로 수행할 수 있는 것을 (그 경험작용이 단지 유사한 것을 수행하는 한, 즉 그것이 우리에게 근원적 자체성(Selbstheit)에서 일종의 대상성을 의식하게 이끄는 한) 다른 모든 종류의 의

---

1 〔원주〕 '일반화하는 것(Generalisierung)'과 '형식화하는 것'의 이러한 차이에 관해서는 『이념들』 1권, 12절 이하 참조.

식에서도 실행할 수 있다. 모든 이념화작용은 그 자체로 이것을 실행하고, 직관된 이념은 여기에서 직관된 것을 뜻한다. 왜냐하면 그 이념은 모호하고 간접적이며 공허한 상징이나 말을 매개로 사념되거나 논의된 것이 아니라, 바로 직접적이며 그 자체로 파악되기 때문이다.[2] 그러므로 우리에게 그 어떤 종류의 직관하는 파악작용(Erfassen)과 〔직관을〕 갖는 것(Haben)을 제공하는 기초에서 우리는 언제나 이념화작용을 다시 본질적으로 동일한 방법으로 실행할 수 있다.

그래서 우리는 경험의 사물들을 변경시키고 이것을 통해 사물의 개념을 본질의 일반성으로 획득할 수 있을 뿐 아니라, 우리가 독립적으로 총괄했던 집합, 실재적 사태, 내적이거나 외적인 관계 등(이것들을 직관하는 것은 관계 짓는 활동이 필요하다.)도 경험한다. 그래서 집합, 관계, 모든 종류의 사태의 순수하고 일반적인 이념도 획득한다. 그러는 동안 그것들이 주어지게 되는 직관하는 활동에서 출발해 그와 같은 모든 대상성에 대해 변경의 다양체들을 형성하고, 본질의 일반자와 필연적인 것을 이끌어 내 직관한다. 그런 다음 이와 같이 획득된 이념에 대해서도 마찬가지로 계속 처리해 나갈 수 있다. 우리는 그것에 의해 대상-일반의 '형식적 영역'의 이념을 획득한다. 〔그리고〕 이것은 가능한 대상성들의 형식의 이념을 자체 속에 포함한다.

93 '사물'의 영역을 획득하는 데 명시된 최상의 유를 획득하는 어려움

그럼에도 불구하고 최상의 구체적 유(類)를 획득하는 것은 아마 이제까지 기술한 것만으로 가능할 만큼 단순하지는 않다. 우리가 단순한

---

2 〔원주〕 이 책의 88절 참조.

변경이 실제로 보편적이며 구체적 영역의 완전한 개념에 속하는 모든 것을 실제로 고려하는 방법적 준비를 미리 마련하지 않을 경우, 그 변경은 그러한 유를 획득하지 못한다.

a) 변경할 수 있는 범례를 수립하는 방법

우리가 '자연의 사물(Naturding)'이라는 영역을 획득하기 위해 사실적 실제성의 범례적 사물을 출발점으로 삼거나 그러한 사물에서 자유로운 변경을 실행하기 위해 실로 순수하게 가능한 자유로운 상상을 출발점으로 삼으면, 우리는 '변경할 수 있는 범례를 수립하는 것이 실로 어려운 방법을 요구한다'는 사실을 간과하면 안 된다.

우리가 어떤 지각의 객체에서 출발하면, 그 객체는 지각 속에 우리에게 원본적으로 주어지지만, 원리적으로는 단지 불완전하게 주어진다. 〔따라서〕 계속 진행되는 직관 속에 대상적 의미를 체계적으로 드러내 밝히는 것이 우선적으로 필요하며, 맨 먼저 이 사물에 관한 완전한 직관을 마련해야만 한다. 그러나 우리는 이 사물이 참으로 존재하는 (만약 그것이 존재하면) 모든 것에 따라 현실적 경험을 자유롭게 실시할 수는 없으며, 우리가 현실적 경험의 통일체 속에 획득한 것은 원리적으로는 일면적인 것(einseitig)이고 불완전하게 스스로 주어진 것이다. 거기에서 사물로서 스스로를 갖게 되는 것은 어떤 추정적 지평, 즉 내적 지평과 외적 지평에 둘러싸여 있다. 우리는 기껏해야 미리 가능한 것〔예측〕의 지평인 이러한 지평을 그 선언적(選言的) 가능성들의 체계에 의해 전개하는 것으로, '그 이후 경험이 어떻게 경과하는가(서로 양립할 수 없는 많은 방식에서 그 경험은 무엇일 수 있는가)', '그에 따라 사물은 어떻게 나타날 수 있는가' 또 '그 사물이 이렇게 경험이 진행되는 가운데 어떻게 동일한 것(일치하는 경험이 경과하는 가운데 합류하는 모든 나타남의 통일체)

으로 직관적으로 실현될 수 있는가'를 표상하게 만드는 것으로 이행할 수 있을 뿐이다.

그러므로 우리는 가능한 변경의 체계 속에 있으며, 일련의 가능한 일 치하는 경험들과 그 나타남의 내용들을 추구하고, 그와 동시에 그 속에 서 확정된 대상적 의미를 지닌 출발하는 지각에서 끊임없이 이끌린다. 그러나 여기에서 '확정되었다'는 것은 '오직 자신의 실제적이며 본래 직 관적인 내용을 지닌 의미가 더 이상의 직관적 경험의 내용들의 양식을 지평에 적합하게, 즉 임의적이 아니라 규칙적으로 규정할 수 있는 것인 일반적으로 규정할 수 있는 방식으로 미리 지시한다'는 것을 뜻한다.

바로 이것이 우리 자신이 맨 처음 변경과 본질을 고찰해 알게 된 것이다. 이것이 결여되면, 우리는 실제적 경험에서 가능적 경험으로 의 행렬을 소박하게 뒤따를 것이다. 왜냐하면 우리는 '이 사물이 예측 (Voraussicht)할 수 있게 존재할 수 있고, 그 어떤 실행할 수 있는 경험이 진행되는 가운데 이러저러하게 존재함에 틀림없다'고 직관하게 만드는 것에 관한 해명되지 않은 논의에서도 이해할 수 있게 소박하게 수행하 기 때문이다. 여기에서 이 가능적 경험은 지식을 받아들이는 경험, 의 도적인 개별적 파악에서 그에 상응하는 개별적 규정들(개념 이전의 규정 들)로 해명을 전개하는 경험을 뜻한다.

그렇다면 이제 지각이 출발한 내용들을 견지하고 자유로운 임 의성과 순수한 일반자(Überhaupt)의 의식 속에 양식(樣式)의 일반자 (Allgemeines)를 이끌어 내 부각시킴으로써 자유롭게 변경할 수 있다. 하지만 출발한 지각을 순수한 가능성으로 변화시키고 이 가능성 자체 를 자유롭게 변경시켜 생각하며 게다가 모든 의미의 지평에 따라(동일 한 것에 관한 일치하는 경험의 양식 속에 가능한 경험의 형태를 만들어 내는 체계, 즉 그 지평에서 산출되는 체계와 함께) 계속할 수 있는 임의적 가능 성으로 생각하는 한, 우리는 출발한 내용들에 대한 구속을 포기할 수도

2 본질직관의 방법을 통한 순수한 일반성의 획득

있다.

〔그런데〕시선의 방향을 주관적 작용들이 아니라 사물로 경험된 것, 즉 언제나 동일하게 남아 있는 것으로 경험된 사물과 언젠가 해명되는 그 속성들로 향하면, 변경되는 가운데 또 일반적으로 연속해 스스로 합치되는 가운데 '동일한 것 일반(Selbiges überhaupt)'은 이것에 일반적으로 귀속되는 일반적 규정들 속에 생긴다. 게다가 그것은 순수한 가능성에 관련된 순수한 일반성이다. 이 일반성은 사실(Faktum)과 모든 가능한 사실(개별적 경우)에 속하는데, 그것은 사실이 아니라 어쨌든 동일한 것으로 또 범례적 사실을 변형시킨 것으로 표상될 수 있는 한에서, 그 사실에 속한다.

그렇지만 여기에는 다음과 같은 어려움이 놓여 있다. 범례적으로 출발한 직관, 즉 우리가 반드시 시작해야만 할 최초의, 일시적인, 유한하게 완결된 직관 속에 그 자체(es selbst)로 아무튼 개방된 무한함으로 사념된 사물은 그 사념 속에 이 무한함을 오직 함축적으로만 포함한다. 게다가 이 경우 그 무한함의 각각은 다양한 상대성 속에 서로 얽혀 있다는 점이다. 그러나 어떤 항속적인 본질이 전체(Ganzes)로서 이러한 나타남의 연속성(Kontinuität)뿐 아니라 이 연속성 속에 항상 등장하는 각 사물의 종(種)에 대해서도 명백하게 밝혀질 수 있는 것처럼, 이것은 사물에 관한 일치하는 경험이 사물이 '스스로 나타남(Selbsterscheinung)'의 연속성(이 연속성 속에 개관할 수 있는 양식들의 통일체로 어떤 '스스로 나타남'의 통일체가 종합적으로 구성된다.)과 함께 단도직입적인, 일직선적인 무한함(개방된 끝이 없음)을 뜻하지 않는다. 오히려 '사물의 내용(Was)'과 '경험작용 속에 드러나 밝혀지는 것'은 정상성(Normalität)이나 비-정상성이라는 양식의 형식들(Stilformen)에 지배되는 상황에 관련된다. 그것은 동시에 가능한 '직관화(直觀化)하는 것'(연속적으로 가능한 경험을 수립하는 것)을 드러내 밝히는 방도들을 규정하는 양식의 형식이다.

따라서 이미 '정지(Ruhe)'와 '변화(Veränderung)'라는 명칭은 가능한 운동과 변화의 의미 또는 가능하게 직관화할 수 있는 경험의 진행을 규정하는 준칙(Normalien)을 지시한다. 더 나아가 이른바 각각의 사물은, 사물의 모든 주변과 그에 속한 상호실재적(interreal)인 인과성을 고려하지 않고도, 그 자신의 독아론적(獨我論的) 고유한 본질을 갖는다. 여기에서 우리는 변하지 않거나 변화하는 사물을 감각적으로 직관할 수 있는 것(일차적 의미에서 직관할 수 있는 것), 즉 그것이 이미 전제하는 모든 인과성이 관여하지 않게 만드는 것을 정상적인 것으로 갖는다.〔그래서〕(정상적 신체성(Leiblichkeit)에 속하는) 정상적 감성(Sinnlichkeit)의 경우 일차적으로 직관할 수 있는 것은 우선 그 자체만으로 사물에 고유한 것으로 주어지고, 또한 경험하는 자인 나에 대해 그렇게 직관할 수 있는 것이 주어진다.

그러나 이 감성은 비-정상적일 수 있고, 지각의 기능도 비-정상적으로 협력할 수 있으며, 게다가 사물과 그 사물을 직관한 내용은 나에 대해 현존하는 다른 사람들의 직관 속에 다르게 제시될 수 있다. 내가 그 직관의 내용을 단순히 그 사물 자체에 속하는 것으로 간주하면, 눈에 띄지 않았던 그 내용이 나와 다른 모든 사람에게 함께 동일하게 나타나는 것으로 습관적으로 사념되었기 때문에, 상호주관적 비-정상성을 고려하지 않고도, 그러한 일이 일어난다. 따라서 정상적 경험의 공동체(Erfahrungsgemeinschaft)[1]와의 관계는 나중에 가서야 비로소 분명하게 드러난다.〔그렇지만〕이 관계 속에 비-정상적 기능을 지닌 개체와 공동체는 전면에 나타나지 않는다.

---

1 이것은 정상적으로 기능하는 '이성'과 '신체'에 근거한 '언어의 공동체', '전달의 공동체' 즉 '선험적 상호주관성'을 뜻한다. 더 상세한 것은 이 책 12절의 옮긴이 주 참조.

2 본질직관의 방법을 통한 순수한 일반성의 획득

b) 완전한 구체화를 획득하는 문제. 추상적 본질고찰과
   구체적 본질고찰

이 모든 것은 결코 우연적 사실이 아니다. 오히려 내가 어떤 사물을 직관할 때, 경험의 체계가 정상성이나 비-정상성에 대해 갖는 그와 같은 상대성과 관계는 그 모든 규정에 따라 의미를 해석하는 가능성에 함께 속한다. 이 모든 것은 질서가 정해진 자신의 연관을 가지며, 체계적이고 완전하게 직관화하는 것이 가능한 어떤 사물의 완전한 본질의 양식을 밝히기 위해서는 그러한 연관을 만족시켜야만 한다.

만약 본의 아니게 정지하거나 변화하는 사물을 고찰하고 이념화작용을 떠맡으면서 시작하면, 우리는 즉시 맨 먼저 '정상적 신체성'과 오직 '그와 같은 신체성으로 이루어진 공동체'만 고려할 것이다. 그러나 그 결과는 밝혀지거나 함께 고려되지 않은 상대성에 부착되어 있다. 모든 상대성이 설명되고 본질에 대한 관찰 속에 편입될 때 비로소 어떤 사물 일반의 영역적 본질의 이념이 생긴다. 그 후에 이 이념은 개방된 무한한 자연 일반의 연관 속에, 더 나아가 이것의 개방된 환경세계(offene Umwelt)인 '주관의 공동체(Subjektgemeinschaft)' 일반에 관련된 가능한 구체적 세계 일반의 연관 속에 생긴다.

그런 다음에야 비로소 우리는 완전히 구체화된 본질통찰(Wesenseinsicht)을 얻는다. 해명되지 않은 상대성 속에 포섭된 모든 본질에 대한 관찰은 그렇다고 아무 성과가 없는 것은 아니다. 그러나 그것은 추상적이며, 그 성과의 의미와 관련해 커다란 위험을 지닌 불완전한 것이다. 추상적 본질은, 비록 순수하더라도, 비-독립적이며, [아직] 알려지지 않은 본질을 상관적으로 미해결로 남겨 둔다. 그것은 '비-독립적 가능성'에 대한 명칭인데, 이 가능성의 주제를 변경하는 것은 비-주제의 부수적 변경(Mitvariation) 그 자체의 영역에 달려 있다. 그것은 부수적으로 의미를 규정하지 주제로 의미를 규정하지 않는다. 어떤 (실제적으로 존재하는) 사물의 존재의미(Seinssinn)에는 감각적 형태 등에서(하지만 감성의 주체들과의 관계에서) 감각적 성질들을 지닌 감각의 사물성(Sinnendinglichkeit)이 속한다.

더 나아가 실제적으로 존재하는 사물에는 그것이 모든 사람에 대해 동일한 것으로 경험될 수 있고, '정상적'이거나 '비-정상적'일 수 있는 모든 사람의 감성으로 경험될 수 있다는 사실이 속한다. 이러한 사실과 '각 감각의 사물적인 것은 상호주관성(Intersubjektivität) 속에 신체(Leib)와 관련된 감성의 상대성에 의해 서로 얽혀 있는 상호실재적(interreal)인 과성에 지배된다'는 사실과 얽혀 있다. 여기에서 객관적으로 실제적인 것으로 어떤 사물의 본질에 대해 문제가 되는 모든 것은, 비록 일차적으로 감각적으로 직관할 수 있는 것의 더 낮은 단계가 아니더라도, 직관적으로 파악될 수 있다. 이념화작 속에 본질의 일반성이 생기는데, 그러나 이 일반성은 우선 함께 속한 모든 상대성을 본질직관 속으로 함께 편입시키는 완결된 구체화가 획득될 때까지 단지 〔그것에 이르는〕 단계일 뿐이다.

바로 그 때문에 고대의 존재론은 자신의 목표를 달성하지 못했다. 왜냐하면 고대의 존재론은 존재론적으로 구체화하는 것을 체계적으로 아주 상세하게 논의할 엄청난 과제를 파악하지 못했고, 구체적 본질직관과 본질직관 일반의 방법을 분명하게 해명하지 못했기 때문이다. 비록 일면적이라도 진정한 방법으로 획득된 모든 본질의 개념은 동시에 보편적 존재론(universale Ontologie)[2]으로 귀속된다. 〔따라서〕 모든 존재론적 상대성은 본질적이다.

---

2 모든 존재와 자연적 삶 속에 익명으로 은폐된 선험적 주관성의 아프리오리를 드러내 밝히는 작업이 "참된 진정한 보편적 존재론"(『성찰』, 38, 181쪽), "존재자에 대한 구체적 본질의 학문으로 이해된 생활세계의 존재론"(『위기』, 145쪽)이다.

상대적이든 실제적으로 구체적이든 모든 형상적(形相的) 가능성은 추상적으로 한정하고 자유로운 변경을 수행할 기회(예를 들어 색깔, 도형, 삼각형 등과 같은 추상적 본질을 형성할 기회)도 제공한다. 〔그런데〕 가장 보편적이며 가장 자유로운 것인 최상의 일반성을 차별화하는 것에는 특수한 문제들이 생긴다. 우리는 순수한 가능성을 포기하지 않고 오직 이 가능성을 향한 태도를 취함으로써 따라서 순수한 상상을 실행하고 이 상상의 형성물을 객관화(Objektivierung)함으로써 '순수한 가능성'이라는 명칭에서의 전제들(그러나 순수한 가능성 안에서의 전제들)에 우리 자신을 자의적으로 결합시킬 수 있다. 예를 들어 '삼각형'을 '세 개의 변에 의해 한정된 것'으로 정하고, 이러한 차이를 형성하는 데 그와 같은 자유로운 형성물에 본질의 특성을 심문함으로써 우리는 '도형 일반'을 직관적으로 수행할 수 있는 방식으로 결합시킨다. 물론 본질의 일반성을 그와 같이 특수화한 것은 '개', '나무' 등과 같은 구체적 개념과 혼동하면 안 된다. 경험적 개념은, 우리가 이미 파악했듯이, 순수한 일반성을 실제적으로 측수화한 것이 아니다. 그것은 유형적 일반성, 즉 실제적 경험에 의해 언제나 새롭게 미리 지시하는 것(Vorzeichnung)을 예상하는 경험이 활동하는 공간(Spielraum)들을 사념하기 때문이다.

3 일반자의 양상에서 판단들

94 자발적 작업수행의 가장 높은 단계인 판단작용의 '일반자-변양들'의 고찰로 이행함

구문론의 대상들과 형식들의 서로 다른 형태를 연구하는 데 중요한 발걸음을 계속 내디뎌 보자.

개념을 형성하는 것은 다른 구문론의 대상성과 동등한 방식으로 단지 새로운 대상성을 만들어 내는 것이 아니며, 새롭게 형성된 대상들로 다른 구문론의 대상성이 하는 것과 유사한 방식으로 단지 사태들의 새로운 형식을 정초하는 것이 아니다. 그러므로 일반자가 등장함으로써 개별자와 일반자 사이의, 예를 들어 '빨간색'이라는 개념과 개별적으로 빨간 대상들 사이의 독특한 판단의 관계가 생길 뿐 아니라, 그래서 '이것은 빨갛다'라는 판단의 형식도 생긴다. 이것은 구문론의 형식인 집합과 더불어 그 자체에서 생기는 '개별적인 집합의 항(項)'과 '집합' 사이의 새로운 종류의 근원과 유사할 것이다. 오히려 이른바 종적(種的)인 일반적 판단작용, 판단작용의 일반자-변양도 일반자와 일치해 생긴다. 이것으로 완전히 새로운 양식의 구문론의 형성물이 지시되는데, 이것은 개념이 형성되는 것, 일반적 대상성이 구성되는 것을 전제하며, 이렇게 해서 대상들과 사태들의 생각할 수 있는 모든 형식으로까지 퍼져 있다.

그러므로 가치론의(axiologisch) 관점에서도 인식의 가치에 따라 가장 높은 것을 제시하는 자발적 작업수행의 가장 높은 단계가 중요하다. 이 작업수행에는 모든 학문의 적확한 의미에서 모든 학문적인 것, 즉 학문의 이념에 그 본질적 내용을 부여하는 것이 포함되어 있다.

95 개체적 '이것'이 상관없게 된 것에 입각한 '일반자-변양'의 근원

이제까지 고찰한 형식들과 대조되는 이러한 판단의 새로운 형식은 어떻게 이해될 수 있는가?

그 형식은 자발적으로 산출하는 것 속에 일반적 대상성이 구성된다는 사실에 의해 이미 필연적으로 주어지지 않는다. 판단 그 자체가 '일반자-판단(Überhaupt-Urteil)'으로 반드시 변양되지 않아도 일반적 대상은 다른 모든 대상과 마찬가지로 판단 속의 핵심으로 등장할 수 있다. 예를 들어 'A와 B는 빨갛다'라는 판단에는 술어의 측면에서 '빨갛다'는 유적(類的) 핵심이 등장한다. 그럼에도 불구하고 이 판단은 변양되지 않은 정언(定言)판단이다. 이와 마찬가지로 유(類), 종(種) 등이 주어의 위치에 있을 때, 예를 들어 '이 색깔은 밝다'에서 변양되지 않은 판단이 생길 수 있다. 그러나 어떤 판단 속에 유적 명사들이 등장하자마자, 곧 그 명사들 속에 개별성(Einzelheit)과 일반성(Allgemeinheit)의 관계는(그것 때문에 그 관계 자체가 주제가 될 필요는 없다.) 미리 구성된다. 하지만 그것이 주제가 되면, '일반자-변양'이 생긴다.

이것을 예로 설명해 보자. 우리는 정원에서 한 송이 장미를 본다. 우리는 그 장미를 이제 개체적인 '여기의 이것(Dies-da)'으로 관찰할 수 있다. 즉 그것은 우리를 자극하면서 우리의 관심이 자신을 향하게끔 이끈다. 〔그러면〕 우리는 그것을 알기 위해 그것을 파악하면서 주의를 기울인다. 지향(Intention)은 개체적 객체를 해명하는 것을 겨냥하고, 우리는 그것을 술어로 더 규정하면서 모든 측면에서 그 객체 속으로 파고든다. 가령 우선 '그 장미가 노랗다'는 사실을 발견하고, 이제 '이 장미는 노랗다'라고 술어로 판단한다. 처음부터 그것은 장미에 관한 이전 경험에 근거해 그 일반적 유형에 따라 〔이미〕 알려진 것으로 구성된다.

따라서 여전히 관심의 다른 방향이 가능하고 다르게 형성된 지향도 가능하다. 시선은 이러한 일련의 동등함을 관통해 나갈 수 있고, 동등한 것은 이것이 동등한 타당성에 관한 논의를 표현하는 것처럼 〔우리의〕 관심에 대해 사실상 완전히 동등하게 타당할 수 있고, 〔그래서〕 개체적 차이는 상관없을 수도 있다. 개별자를 사념하는 작용의 형식은 이렇게 구성되는데, 이 형식 속에 개별자는 단지 동등한 타당성을 정초하는 것(그래서 곧 상관없지 않은 것)에 따라서만 관찰된다. 즉 각각의 개별자는 오직 '그 어떤 A'로만, 즉 '하나의' 장미로만 관찰되지, 결코 이러저러하게 상세하게 규정되는 장미로 관찰되지 않는다. 이 경우 각각의 다른 개별자는 개체적으로 다르게 규정된 개별자이다. 바로 그것은 여기에서 아무 상관없고, '하나의 A'라는 형식 속에 표현된 의견〔사념〕을 넘어선다.

이 아무 상관없는 것은, 근원적 직관을 전제하면, 거기에 함께(damit) 있으며, 해명함으로써 끝어낼 수 있다. 그러나 그것은 지금의 의미부여와 지금의 판단의 방향을 차지하는 태도 속에서는 고려되지 않는다. 그렇다면 앞에서 든 예에서 우리는 노란 장미를 단지 다른 장미들 가운데 '하나의 장미'로만 주시하고, 그 개체적 '이것(Diesheit)'에 대해서는 관심을 두지 않는다. 관심은 여기에 주어진 장미들 가운데 하나인 '노란 장미가 있다'는 사실에 향한다. 우리는 단지 '이 장미(diese Rose)

는 노랗다'가 아니라 '하나의〔한 송이〕 장미(eine Rose), 즉 이 영역에 있는 장미, 예를 들면 여기에서는 정원에 있는 장미가 노랗다'라고 판단한다.

아마 우리가 여전히 그와 같은 장미를 발견하고, 그런 다음 동일한 태도에서 '여전히 다른 것', '두 송이 장미가 노랗다' 또는 규정되지 않은 복수형으로 '약간의 장미는 노랗다'고 판단한다. 여기서 '약간의(einige)'는 '한 송이 또 한 송이 등'을 뜻한다. 여기서 개방된 '그리고 등등'(Undsoweiter)에 속하는 것은 무조건적인 '언제나 다시(immer wieder)'가 아니라, 규칙상 우리가 '반복해', '여러 번' '하나의 A'를 발견할 수 있다는 사실뿐이다.

96 특칭판단

a) 내재적 판단인 특칭판단. 특칭성과 수(數)의 개념

관심이 이렇게 변화하는 것에 근거해 두 가지 관점에서 새로운 것이 형성된다. 한편으로 동등한 것에서 〔다른〕 동등한 것으로 이행하는 가운데 이 새로운 태도 속에는 '하나의 A', '하나의 A와 하나의 A' 또한 '하나의 A와 다른 어떤 것', '하나의 A와 다른 A 그리고 또 다른 A 등'의 형식들과 이와 마찬가지로 규정되지 않은 다수성이 발생한다. 이것으로 우리는 원초적인 수(數)의 형식의 근원에 있는데, 이 형식은 여기에서 '그 어떤 것'의 기능 속에 형성물로서 생기고, 게다가 판단활동을 규정하고 본래적 방식으로 판단활동에 흠뻑 스며든 능동적으로 산출하는 태도 속에 생긴다.

다른 한편으로 새로운 판단의 변양(예컨대 '하나의 장미는 노랗다'라는 특칭판단)이 형성된다. 이것은 개체적으로 규정된 명사(名辭)에 관련된 단

칭판단(가령 '이 장미는 노랗다')와 완전히 구별된다.[1] 특칭판단의 영역은, 예를 들어 독일에 있는 장미들에 관련된, 개방된 무한한 영역일 수도 있다. 그 특칭판단의 의미에는 명백히 어떤 내재(Inexistenz), 어떤 연관, 어떤 영역 속의 어떤 존재가 함께 포함된다. 그것은 노란 장미들이 이 정원에, 유럽에, 지구상에 존재하고 현존한다는 내재적 판단이다.

이제까지 우리는 오직 '그 어떤 A 일반'만 포함하는 가장 단순한 특칭판단만 알게 되었다. 그러나 일반적으로 '특칭판단이 하나 또는 다수는 특칭성의 명사를 갖는다는 사실에 의해 특징지어졌다'고 말할 수 있다. 그 가운데 우리는 곧 '그 어떤 A 일반', '그 어떤 B 일반' 등과 같은 구절만 이해하는데, 이 각각의 구절에서는 개념적 일반자의 규정되지 않은 개별성을 독특하게 정립하는 작업이 수행된다. 그 밖에도 명시적이든 함축적이든, 특칭성의 복수의 모든 명사는 이 경우 다수성을, 규정되지 않은 복수의 경우 특칭성의 명사의 규정되지 않은 다수성을 지향적으로 그 자체 속에 간직한다.

수(數)는 특칭명사가 규정된 다수성이다. 어쨌든 수의 의미에는 '규정된 특칭의 복수는 비교하고 개념을 형성하는 길에서 그에 상응하는 형식의 개념(그 어떤 사과와 그 어떤 사과, 그 어떤 배와 그 어떤 배 등)에 지배된다'는 사실이 속한다. 개념적으로 공통적인 것은 A가 그 어떤 개념인 경우 '그 어떤 A와 그 어떤 다른 A'로 표현된다. 그것은 '2'라는 수의 개념이다. 이것은 '3' 등도 마찬가지이다. 이것들은 근원적인 또 직접 길어 낸 수이다. 산술은 '2 = 1 + 1', '3 = 2 + 1' 등과 같이 수를 산출하고 합계해 산출함으로써 수를 규정하는 개념인 간접적 개념을 충분한 근거로 이끈다.

---

1 이것은 정상적으로 기능하는 '이성'과 '신체'에 근거한 '언어의 공동체', '전달의 공동체' 즉 '선험적 상호주관성'을 뜻한다. 더 상세한 것은 이 책 12절의 옮긴이 주 참조.

3 일반자의 양상에서 판단들

다수의 특칭명사는, 예를 들어 수로 등장하는 것처럼, 복수의 복합체 속에 결합될 필요는 없다. 특칭성은 매우 다르게 나뉠 수 있다.(예를 들어 '장미들은 부분적으로 격자 울타리에서 부분적으로 자유로운 그루터기에서 자란다') 또한 특칭성은 원초적인 사태의 형식 속에 등장할 뿐 아니라, 이 형식들이 변형되는 모든 것과 변형된 형식에서 수립할 수 있는 총체적으로 형성하는 모든 것은 여러 가지의 또 체계적으로 추적할 수 있는 방식으로 특칭성을 받아들일 수 있다. 그리고 바로 이러한 사실을 통해 매우 복잡한 사태의 형성물 속에 매우 여러 가지로 나뉜 특칭성의 명사는 구문론적 부분의 형성물에서 등장할 수 있다.

b) 규정된 판단이 변양된 것인 특칭판단

　　이 경우 '그 어떤 A'라는 명칭 아래 '그 어떤 A는 B이다'라는 실로 가장 원초적인 형식조차 술어인 B에 관해 표현된 본래 새로운 대상성을 만들어 내는 것이 아니라는 사실에도 주의해야만 한다. '그 어떤 장미'는 그 어떤 규정된 사물(예를 들어 어떤 규정된 장미나 사과)에 관해 진술되듯이 '노란 것이 있음(Gelbsein)'이 진술되는 새로운 대상이 아니다. 오히려 '이것은 노랗다'라는 규정된 술어화작용 또는 규정된 사태에는 술어화작용의 본래 규정되지 않은 방식의 형성물인 특칭으로 사태가 변화된 것이 상응한다. 이 술어화작용은 새로운 주어를 만들어 내는 것이 아니라, 규정되지 않은 방식으로 정립하면서 주어 일반을 생각하고, '어떤 A'로 생각한다. '그 어떤 것'은 '~이다'[계사]와 '노란색'을 함께 촉발하고, 따라서 판단된 것의 전체 의미를 촉발한다.

　　우리는 규정되지 않은 채 어떤 사태에 관련되지만 본래 그 자체로 하나의 사태는 아닌 어떤 사고의 형성물을 갖는다. 특칭을 형성하는 것은 근원적으로 개체적으로 규정된 사태에서(즉 그것의 규정된 명사에서 그런 다음 사태를 결부시키는 모든 것에서 또 규정된 명사에서 다시 규정된 명사를 산출하는 그 모든 변화에서) 행사할 수 있는 이른바 사고에 의한 조작(Operation)을 나타낸다.

그러므로 특칭성은 사태들을 연언(連言), 선언(選言), 가언(假言)으로 형성하는 가운데 적절한 구절에 일어나며, 특칭의 명제 형식은 이러한 형성물 전체, 즉 여전히 매우 복잡한 명제에 대해 생긴다. 그렇다면 우리는 특칭의 가언적 전건(前件)명제와 인과적 전건명제를 가지며, 이것들에 속하는 것으로서 특칭의 후건(後件)명제를 갖는다. 마찬가지로 이것은 명제가 단순한 확실성을 표명하든 문제점이 있는 가능성이나 개연성 등을 표명하든 상관없다. 또한 상상하는 사고의 가능성도 특칭성으로 이끈다. 예를 들어 '나는 이 정원에 파란 장미들이 있다'고 생각해 볼 수 있고, 이것은 사고에서 가능하다.

c) 아프리오리한 실존판단인 특칭적 상상판단

만약 판단작용을 판단된 사태들 그런 다음 특칭적 '사태에 대한 생각(Sachverhaltsgedanke)'을 순수한 상상 속으로 옮기면, 우리는 새로운 특칭성을 획득할 수 있다. 왜냐하면 우리는 '마치(Als-ob)의 양상 속의 모든 변형은 [근거 없이] 상상된 실제성에서 순수한 가능성이 우리에게 생기는 이전에 기술한 방식으로 독특한 형식을 산출한다'는 사실을 고려해 그 특칭성을 획득하기 때문이다. 순수한 상상 속에 '그 어떤 삼각형 일반이 직각 삼각형'이라고 생각하면, 이 특칭적 사태를 '마치' 속에 일치하게 직관적인 통일체로(마치 우리가 그렇게 존재하는 것과 이에 속한 조작으로 실제로 형태화된 것을 획득하는 것처럼) 획득하면, 우리는 태도를 변경해 '그 어떤 삼각형이 직각 삼각형'이라는 순수한 가능성을 실제적인 것으로 발견할 수 있다. 그 밖에도 이 가능성에는 다음과 같이 더 간단한 특칭적 형식의 순수한 가능성이 포함된다. 그것은 '하나의 삼각형은 하나의 가능성이며, 하나의〔어떤〕삼각형은 존재할 수 있고, 그 삼각형이 존재한다고 생각할 수 있다'는 가능성이다. 더 명백하게 말하면, 우리는 순수한 상상의 의미에서 이 '생각할 수 있음(Denkbarsein)'에 아프리오리한 가능성(즉 '~한 사실'은 아프리오리하게 가능하다, 아프리오리하게 생각할 수 있다는 가능성)에 관한 논의를 사용한다.

여기에서 '~이 존재한다'는 실존판단 또는 내재적 판단은 아프리오리한 것(Apriori)이 본래 변양된 것에서 생긴다. 언어상 실존판단은 '~이 존재한다', '~이 실존한다'를 통해, 그 밖의 다른 특칭성의 논의형식을 통해 애매하게 표현된다. 그러나 이미 말했듯이, 이것은 특칭성 그 자체, 실제적 특칭성이 아니라, 그와 같은 특칭성의 아프리오리한 가능성이다. 모든 수학적 실존명제는 이렇게 변양된 의미, 즉 삼각형, 사각형, 더 이상 올라가는 수의 다각형이 '존재한다'는 의미를 갖는다. 〔예를 들어〕정오십육면체는 '존재한다'. 그러나 그 측면들에 관한 어떤 수〔56〕도 존재하지 않는다. 참된 의미는 '어떤 '~이 존재한다'가 전혀 아니고, '~이 존재한다'가 아프리오리하게 가능하다'는 것이다. 물론 이것은 그 자체로 실제적 실존명제, 일반적으로 실제적 특칭판단이다. 즉 이것은 가능성의 실존, '삼각형이 존재한다'는 가능성의 실존을 이야기한다. 그러나 '삼각형이 존재한다'는 사실을 이야기하는 것이 전혀 아니다. 그리고 이것은 어디에서나 그러하다. 아프리오리한 실존판단인 수학의 모든 실존판단은 사실상 가능성에 대한 실존판단이다. 모든 수학적 특칭판단은 직접적으로 가능성에 대한 특칭판단이지만, 수학에 관한 특칭판단의 가능성에 대한 특칭판단이다.

그렇다면 우리는 '아프리오리한 가능성 가운데 그와 같은 특칭적 사건들에 대한 가능성만 존재한다'고 올바로 말할 수 있다. 어쨌든 〔이에 관해서는〕설명이 필요하다.

모든 아프리오리한 가능성은 '～에 대한' 아프리오리한 가능성이며, 아프리오리하게 가능한 실제성이다. 그러므로 어떤 것이 존재한다는, 그 어떤 A가 존재한다는, 그 어떤 특칭적 사태가 있다는 아프리오리한 가능성은 곧 그와 같은 것에 대해 순수하게 '생각할 수 있음'이다. 다른 한편 우리는 순수한 가능성이 그 자체로 존재자(사실상 존재하는 어떤 것이며 따라서 근원적으로 산출하는 가운데 순수한 가능성으로 스스로 주어진 특칭명제도 존재하는 어떤 것이다.)라는 이중성을 다시 갖는다. 존재하는 삼각형의 가능성 가운데는 직각 삼각형, 둔각 삼각형에 대한 어떤 가능성이 존재한다. 이것은 가능성에 관한 실제적 실존판단이고 특칭판단이다. 하지만 동시에 이 속에는 생각할 수 있는 특칭적 사태, 생각할 수 있는 실존 등에 대한 아프리오리한 표상이 포함되어 있다.

97 보편판단

a) 특칭적 변양에서 생긴 보편적 일반자의 근원

이제 근원적인 보편판단의 길, 따라서 보편적 판단의 사태, 보편적 명제가 근원적으로 스스로를 부여하면서 산출하는 길을 개척하자. 우리는 이 경우 '일반자(das Überhaupt)'가 다시 자신의 역할을 하지만 본질적으로 변형된 의미를 유지한다는 사실을 즉시 알게 될 것이다.

실제성의 영역에 있는 판단작용에서 다시 출발하자. 우리가 실제성의 영역 속에 경험하고 개념적으로 생각하면서 '여기에 있는 이것은 A이며, 이 A는 B이다'라는 사실을 인식하며, 계속 진행해 나가는 인식작용 속에 언제나 다시 다른 A를 발견하고 또 그것이 B라는 것을 언제나 다시 발견한다고 가정해 보자. 이렇게 진행되면서 매번 더욱 더 강력해지는 추정이 생기고, 우리는 새롭게 파악된 A가 B로 다시 발견될 것을 예상한다. 그러나 단지 이것뿐 아니다. 이렇게 계속 진행되는 가운데 실재적 가능성인 가능한 A들, 즉 추측으로 여전히 발견할 수 있는 A들의 개방된 지평이 형성된다.

이제 우리가 자유롭게 할 수 있는 것인 이 개방된 영역에 관련된 그 어떤 A를 단서로 삼자. 따라서 우리는 〔그 A를〕 산출하면서 추정적 A를 명백하게 또 '그 어떤' A라는 특칭성의 태도에서 유지한다. 그리고 어쨌든 〔이것은〕 이러한 단순한 특칭적 태도에서 다시 일어나지 않는다. 즉 우리는 '그 어떤 A'로 예견해 첨가된 것을 '무엇이든 그 어떤 것'(우리가 A들의 개방된 연쇄로 예견해 표상하는 이 개방된 영역에서 임의의 어떤 것, 즉 그 어떤 것)의 형식으로 동시에 파악한다. 우리가 보편적인 '그 어떤 것 (Irgendein)'에 대한 이러한 생각을 형성하자마자, 'B가 있음(B-sein)'의 필연성이 동시에 그 보편성에서 그 생각에 부착된다. 〔그래서〕 그 어떤 것, 임의의 그 무엇은 그 자체로 필연적으로 B이다.

여기에서 새로운 것은 다음과 같다. 즉 경우에 따라 예상할 수 있는 새로운 A들이 미리 지시되고 예견해 직관적으로 만들어진 연쇄를 관통해 개관함으로써 우리는 이러한 특칭의 형식 속에 '그 어떤 것'을 단순히 이끌어 내 파악한 것이 아니라, 곧바로 이끌어 내 파악된 A, 게다가 그 어떤 A는 그것에 대해 임의성에 따라 연쇄의 다른 것이 받아들여질 수 있는 것이다. 그것은 말하자면 임의적인 것 일반의 대표자이다. 이 '임의적인 것 일반'은 완전히 새로운 형식이며, 게다가 비-독립적 형식이다. 왜냐하면 그것은 이 새로운 의미 속에 단순히 술어화하는 가능한 판단들을 소급해 지시하는 사태 또는 판단에 대한 완전히 새로운 의미의 형식에 속하기 때문이다. 이와 상관적으로 표현하면, 보편적으로 판단하는 사고 속에 완전히 새로운 어떤 작업수행, 즉 어떤 판단작용이 실행되는데, 이 판단작용은 규정되어 주어진 어떤 주어에 관해 이것을 개념적으로 규정하면서 단순히 어떤 술어를 세우는 것이 아니라 그와 같은 술어화작용에 대해 '일반자-타당성(Überhaupt-Geltung)'에 새로운 것을 산출하고 파악한다. 일반적으로 A와 더불어 B가 주어지고, 일반적으로 어떤 것이 A이면 그것은 또한 B이다.

보편적 일반자의 사태가 주어지는 근원을 이렇게 서술함으로써 이 보편적 '일반자가 그렇게 존재함(Überhaupt-so-sein)'은 자신의 의미 속에 특칭적 일반자를 그 자체로 포함하고 더 높게 형성하는 더 높은 형태를 만드는 형식이라는 사실이 명백하다. 보편적 일반자는 '일반자를 생각함(Überhaupt-denken)' 속에 포괄된 의미의 보편성을 갖는다. 그것은 그 의미가 특수화되는 것을 허용하고, '어떤 A'라는 특칭의 형식으로 생각된 각각의 것 속에 직접적으로 특수화하는 자신의 충족을 발견할 수 있는 보편성이다. 각각의 규정된 A는 '하나의 A'이며, 보편적인 '어떤 A 일반'에 대한 적절한 범례이다. 각각의 규정된 A는 그와 같이 특수화된 것으로 보편적인 것에 연결될 수 있다. 이와 함께 독특한 형식으로서 범례의 형식이 생긴다. 즉 언제나 그렇듯이 어떤 임의의 A, 가령 '이 A'가 생긴다. 그리고 이것은 물론 그에 상응하는 판단 속에 비-독립적 단편으로 생긴다.

이제 보편판단에 관해 특칭판단에 관한 것과 유사한 것을 다시 말할 수 있다. 이러저러하게 규정된 명사들을 특칭성의 명사로 변화시킴으로써 규정된 명사 위에 구축된 각각의 사태의 형식이 이러한 형식의 특칭적 변형으로 이행하는 것과 마찬가지로, 그 사태의 형식은 보편성의 명사로 그에 상응해 변화시킴으로써 보편적 사태의 형식으로 이행한다. 〔그래서〕 하나의 보편판단은 일반적으로 그와 같은 명사를 통해 보편판단이 되며, 자신의 더 많은 명사를 가질 수 있다.

명백히 하나의 동일한 판단은 특칭적인 동시에 보편적일 수 있다. 따라서 두 가지 종류의 명사를 자신 속에 가질 수 있으며, 더구나 단칭

명사도 가질 수 있다. 즉 예를 들어 고유명사와 각각의 개체적 '이 A'는 그와 같은 단칭명사를 가질 수 있다.

b) 전칭판단

결국 근원적인 보편적 사고(Gedanke)를 매우 본질적으로 전환한 것, 즉 전칭적(全稱的) 사고와 전칭판단을 언급해야만 한다. 우선 '그 어떤 A'와 '그 어떤 다른 A' 등을 수집하고 '각각의 A 일반'이 그 수집한 것에 속해야 한다는 사고를 통해 그것을 규정하면, 우리는 전칭(Allheit)의 사고를 획득한다. '모든 A는 B이다'는 '전칭의 각각의 A는 B이다'(이것은 '각각의 A는 B이다'라는 단순한 사고가 논리적으로 불필요하게 복잡하게 된 것이다.)와 같은 값을 지닌 복수형의 전칭판단을 뜻한다.

c) 보편적 상상판단 속에 아프리오리한 가능성을 획득함

이제 보편적 상상판단으로 이행하면, 실제성의 영역, 즉 근원적으로 부여하는 경험의 실제성의 영역에 있는 보편판단에 비해 다음과 같은 차이가 즉시 주목을 끈다. 즉 실제성의 영역에 있는 보편판단의 경우 일반성은 경험적-귀납적 일반성이며, 이것에는 '경험적' 또는 추정적 필연성이 속한다. 그런 까닭에 경험적 일반성과 필연성에 대립된 추정적이지 않고 무조건적인 아프리오리한 필연성을 구별했고, 그에 따라 경험적 일반판단과 아프리오리한 일반판단을 구별했다. 그러나 여기에 경험(Empirie) 속에 이와 관련된 아프리오리도 존재하며, 그래서 〔한편으로〕 순수한 아프리오리와 〔다른 한편으로〕 경험적으로 결합된 아프리오리, 경험적으로 결합된 것 또한 어쨌든 경험적인 것은 이 경우 본질-외적인 그러한 것을 구별해야만 한다.

순수한 아프리오리에서 시작하자. 이미 파악했듯이, 그 발상지는 순수한 상상(Phantasie)이다. 그렇다면 이제 아프리오리한 보편적 판단작용과 이것의 아프리오리한 형성물을 어떻게 획득하는가? 물론 우리가 경험적 일반판단을 가상할 수 있고, 예를 들어 경험적 세계를 가상해 그 속에서 귀납적 일반성, 즉 일반적 사태를 귀납을 통해 정초된 것으로 생각하면, 순수한 가능성의 영역 속에 경험적 일반성과 필연성의 연관을 생각할 수 있다. 그렇다면 우리는 가령 '일반적으로 상황에 따라 A는 반드시 B이다' 또는 '일반적으로 어떤 것이 A이면 그것도 반드시 B이다'라고 가정한다. 'A-임'은 추정적 필연성으로 'B-임'을 예상케 만든다. 이와 같은 것이 그에 상응하는 '직관할 수 있음(Anschaulichkeit)' 속에 '유사-스스로 주어진 것(Quasi-Selbstgegebenheit)'이 되면, 일종의 가능성, 즉 〔한편으로〕 경험적으로 일반적인 연관의 가능성과 〔다른 한편으로〕 아프리오리한 가능성인 경험적으로 필연적인 연관의 가능성이 주어진다. 그러나 우리는 그에 속한 아프리오리한 필연성을 지닌 아프리오리한 보편적 판단작용을 그렇게 획득하지 않는다.

오히려 아프리오리한 보편적 판단작용은 자유롭게 변경하는 가운데 순수한 일반성을 획득하는 데 연결된 판단작용 속에 생긴다. 가령 우리는 음(音)의 형상(Eidos)을 획득하고 '이 형상에는 음질(音質)·강도·음색이 속한다'는 사실, 그리고 '동등한 음들이 관통하는 가운데 그 음질도 동등하다'는 사실을 발견한다. 〔그렇다면〕 우리는 이제 '이러한 음의 구체물 가운데 그 어떤 개별적 음은 구체적 강도·음질 등이라는 개념의 개별자를 그 자체 속에 갖는다'고 특칭으로 판단할 수 있다.

그러나 우리는 임의로 반복하는 것에 근거해 계속하면서 '음이라는 구체적 개념(음의 구체물)이 이러한 강도·음질·음색이라는 비독립적 부분의 개념을 그 자체 속에 포함하며, 음의 구체물의 가능한 개체적 개별자 각각은 이러한 강도, 음질의 개별적 계기를 자체 속에 포함한다'

고 말할 수도 있다. 이것은 자유로운 변경 속에서도 그러하다. 우리는 그것이 일반적으로 그러하다는 사실, 보편적 사태는 아프리오리한 가능성의 영역 속에 있다는 사실을 안다. 즉 구체적 개념이 그 부분의 개념을 포함하듯이, 그 어떤 개별자가 음이라는 모든 가능한 사태는 '이 동일한 개별자가 강도·음질을 지닌다'는 사태를 일반적으로 포함한다.

이제 우리는 형식적 추상화(Abstraktion)도 실행할 수 있고 형식적 법칙을 얻을 수도 있다. 반복(Wiederholung)을 통해 임의의 구체물들이 생기는 임의의 개체를 생각한다. 우리는 개체·구체적 개념·구체적 부분의 개념 등의 형식적 개념을 형성하고, 그런 다음 '각각의 구체적 개체에는 속성의 계기 또는 부분이 속하고, 각각의 구체적 개념에는 부분의 개념이 속하며, 동일한 하나의 구체적 개념의 각각의 개체적 개별자는 이 구체물의 각 부분의 개념에 상응하는 술어를 갖는다'는 사실을 알 수 있다. 어떤 개별자의 각 내적 계기, 가장 넓은 의미에서 각 부분은 그 구체적 개념의 부분의 개념인 어떤 술어에 지배된다.

근원적으로 순수한 상상 속에, 그래서 아프리오리하게 형성된 생각인 '어떤 음'에서 출발하자. 따라서 이 '어떤 음'은 우리가 개체적으로 개별적 음들을 아프리오리한 가능성으로 염두에 두고 근원적으로 절대적 동일성 속에 형성된 음의 개념을 그것들에 관련짓는 방식으로 형성된 생각이다. 우리는 임의로 직관할 수 있는 음의 범례를 분석하고 음질과 강도, 이에 속한 개념 또는 술어를 발견한다. 그러므로 이제 '스스로 주어진 것' 속에 또 '아프리오리한 특칭성'의 의미에서 특칭적 사태를 형성할 수 있다. 즉 그 어떤 음은 그 어떤 음질을 지니며, 그 어떤 음은 그 어떤 강도를 지닌다. 물론 이것은 아프리오리한 가능성으로 이해된 것이다.

그러나 여기에서 그 이상의 것도 획득할 수 있다. 만약 자유롭게 변경을 하고, 임의성 속에 아프리오리한 가능성에서 그 어떤 음을 받아들이면, 우리는 '각각의 음은 그것이 어떤 것이더라도 (아프리오리한 가능성으로서) 그 어떤 음질을 지닌다'는 사실, '각각의 음은 그 어떤 강도를 지닌다'는 사실을 인식한다. '각각의 가능한 음, 각각의 생각해 낼 수 있는 음 일반은 가능한 강도를 자체 속에 포함한다'고 말할 수도 있다.

하지만 이러한 논의는 애매하다. 왜냐하면 그것이 '일반적으로 어떤 음의 가능성을 강도라는 개념을 통해 규정된 것으로 생각할 수 있다'는 점을 뜻할 수도 있기 때문이다. 이것은 '그 음이 강도 없이도 아주 똑같이 그렇게 생각될 수 있다'는 사실을 미해결로 남겨 놓았다. 그와 마찬가지로 나는 그 어떤 음이 일종의 바이올린의 음이라는 사실을 머리에 떠올릴 수 있다. 그러나 그것으로 언급되어야만 할 것, 이것은 '우리가 그 어떤 가능한 음을 근원적으로 형성하는 데 '음이 존재한다(Tonsein)'는 생각은 '강도를 지녔다(Intensität-haben)'는 생각을 자체 속에 포함한다'는 것을 일반적으로 통찰할 수 있다는 사실이다.

또한 우리는 어떤 음 일반을 생각하는 보편적 태도에서 그 속에 포함된 것으로 그 음이 '강도를 지녔다'뿐 아니라 '음질을 지녔다', '음색을 지녔다'도 생각한다. 〔그래서〕 범례를 변경시키면서 '음'이라는 아프리오리한 개념을 형성하면, 우리는 그 개념 속에 음질·강도·음색이라는 부분의 개념이 포함된 것을 발견한다고 말할 수도 있다. 우리가 '음'이라는 개념을 견지하고 이러한 그 어떤 개체적 개별자를 '일반자를 생각함' 속에 생각하면, 이 개념에는 일반적으로 '개별자도 음의 부분의 개념에 관여한다'는 사실이 속한다. 아주 일반적으로 말하면, 어떤 개념이 다른 개념 속에 포함되면, 그 개념들이 서로 뒤섞여 포함되어 있다는 것, 즉 후자의 개념을 술어로 갖는 각각의 주어가 보편적으로 전자의 개념을 술어로도 반드시 가져야만 한다는 것은 그에 상응하는 술어화작용에 대해 타당하다.

물론 순수한 음이라는 개념을 넘어서 개념 일반과 개념이 대상 일반의 이 일반적 영역으로 나아가면, 우리는 그 이상의 순수하게 형식적으로 일반화하는 것(Verallgemeinerung)과 형식적 일반성의 영역 속에 아프리오리한 '일반자를 생각'한다. 〔그러면〕앞에서 든 예에서처럼, 우리는 일반적으로 순수한 아프리오리 속에 명백하게 제시된 일반적 사태, 즉 어떤 함축(Implikation), 서로 뒤섞임(Ineinander), 서로 뒤섞여 포함됨(Beschlossensein)을 사태의 형식으로 갖는 사태를 획득한다. 우리는 개체적으로 반복하는 것과 그 구체적 부분의 개념에서 절대적으로 구체적인 가장 낮은 단계의 개념에서 출발해 더 높은 일반성의 단계의 개념으로 상승해 가면서 아프리오리한 함축의 그와 같은 연관을 언제나 다시 확정할 수 있다.

그리고 각각의 연관은 스스로를 부여하는(우리가 지금 말할 수도 있듯이) 필증적인 보편판단의 사태를 우리에게 제공한다. 또한 이것은 형식적 일반성 속에 보편판단으로 진술될 수 있고, 절대적으로 형식적으로 스스로를 형성하는 가운데 통찰될 수 있다. 이 경우 우리는 언제나 '순수한 사고 속에 아프리오리하게, 따라서 순수한 상상 속에 수행된 〔개념을〕형성하는 것은 대상적으로 파악할 수 있는 형성물을 출현시킨다'는, 또한 '이 아프리오리한 형성물은 새롭게 수행될 수 있는 형성하는 것과 더불어 '포함됨'의 관계 속에 들어온다'는 주목할 만한 특성을 갖는다. 이 경우 우리는 함축의 보편적인 아프리오리한 판단을 이렇게 형성하는 것(이와 완전히 마찬가지로 아프리오리한 특칭판단을 이전에 형성하는 것)에 대해 우리가 이 형성물을, 게다가 동등한 내용의 형성물을 산출하고 싶을 때는 언제라도 '포함되는' 동등한 관계도 발견함에 틀림없는 절대적 확실성을 갖는다. 또한 이것은 독특한 아프리오리한 판단 속에 언제나 스스로 주어질 수 있다. 그러나 이 아프리오리한 판단은 명백하게 완전히 다른 계통에 속하고, 절대적으로 스스로를 부여해 형성하는 모든 것을 그 상관자로 수반한다.

이제까지 우리가 획득한 것을 개관해 보고, 물론 몇 가지 변형되었지만, 전통〔적 논리학〕에 적절하게 의존하는 명사들을 확정해 보자.

그 출발점은 근원적인 정언판단의 경우였다. 정언판단 속에 개체적 주어는 그 자체로 직접 파악된다. 개체적 대상들은 자신의 모든 변형을 통해 근원적 명사들로 관통해 나가며, 그 개념적 술어들은 그 자체로 근원적인 실질적(material) 술어이다. 우리는 그와 같은 모든 판단을, 아무리 복잡하더라도, '단칭판단'이라고 부른다. 그 명사들은 단칭명사를 뜻한다. 언어상 각각의 고유명사와 '빨간색', '집' 등과 같이 실제적으로 부른 각각의 개념적 술어는 어떤 단칭명사를 지시한다.

그런 까닭에 다음과 같은 단계들이 생긴다.

1) 단칭판단은 오직 단칭명사만 갖는 판단이다. 물론 이 판단은 그 자체로 다시 단계의 등급을 갖는데, 가장 낮은 단계로는 '이것은 빨갛다' 등과 같은 가장 단순한 형식의 그룹에 단칭적 정언판단이 있다.

2) 우리는 이〔위의〕 단계를 '특칭판단'이라는 명칭으로 유지한다. 각각의 단칭명사는 특칭화(特稱化)되고, 그래서 판단의 전체 의미가 특칭이 된다. 그렇다면 단칭명사를 많게 또는 적게 특칭화하는 것에 따라 다양한 형식의 특칭판단이 생긴다.

3) 이〔위의〕 단계는 보편판단의 단계이다. 이것에는 적어도 하나의 보편명사를 갖는 모든 판단이 속한다. 그 밖에 모든 판단은 모두 단칭으로 남거나 또는 특칭이 될 수 있다. 특칭성과 보편성은 동일한 판단 속에 배제되지 않는다.

이와 다른 구별은 개체적 판단과 유적 판단의 구별이다. 즉 정언판단 속의 명사들은 반드시 개체적 대상일 필요가 없으며, 오히려 일반적 대상성일 수 있다. 그럼에도 불구하고 판단은 변양되지 않은 판단, 즉 단칭판단일 수 있고, 따라서 개체적 단칭 판단뿐 아니라 유적 단칭판단도 각각 '일반자–변양'(Überhaupt-Modifikation)을 겪을 수 있다. 그러므로 예를 들어 ('그 어떤 것 일반'이라는 형식으로 어떤 개체적 핵심을 지닌) 개체적 보편판단과 유적 보편판단이 존재한다.

처음 거론한 두 가지와 교차되는 또 다른 구별은 개별판단(이것은 종종 '단칭'이라고도 부른다.)과 복수판단의 구별, 따라서 '하나의 주어를 가졌는지 다수의 주어를 가졌는지 또는 하나의 술어(관계목적어)를 가졌는지 다수의 술어(관계목적어)를 가졌는지' 하는 판단의 구별이다. 이 구별은 앞에서 거론한 두 가지 구별과 교차된다. 즉 예를 들어 각각의 개체적 보편판단은 개별판단이거나 복수판단일 수 있다. 또한 거꾸로 단칭의 유적 판단은 임의적으로 결합하는 가운데 복수판단일 수 있다 등등이다.

부록

어떤 내용을 '사태'로 파악하는 것과 개체성의 근원. 시간의 양상과 판단의 양상

내가 방금 전에 상상한 동일한 대상이 경험에도 주어질 수 있다. 단지 가능한 이 동일한 대상(또한 각각의 가능한 대상)은 실제적 대상일 수도 있다. 거꾸로 나는 각각의 실제적 대상에 관해 '그 대상은 실제로 존재할 필요가 없으며, 그렇다면 그 대상은 단순한 가능성이다'라고 말할 수 있다.

따라서 동일한 대상, 이것은 대상 그 자체를 뜻하지 않는다. 왜냐하면 어떤 대상에 관해 단적으로 말할 때, 우리는 그 대상을 실제적인 것으로 정립하고, 실제적 대상을 생각하기 때문이다. 오히려 여기와 이와 유사한 모든 논의에서 동일하게 이끌어 내 직관할 수 있는 내용이 중요한데, 이것은 경험하는 의식 또는 그 의식의 인식대상(Noema) 속에 완전한 의미로 놓여 있고, 거기에서 '실제적(wirklich)'이라는 경험의 성격(경험의 상관자)을 갖는다. 그것은 또한 그에 상응하는 상상의 의식 속에 '유사-경험하는 것'으로 놓여 있고, 이 속에 '상상된'(유사-경험작용의 상관자, 즉 '유사-실제적')이라는 성격을 갖는다. 내가 변경된 태도로 상상된 것 그 자체를 정립하는 것인 가능성을 정립하면, 그렇게 정립된 것, 즉 가능성은 곧 이러한 완전한 의미 자체이다. 〔그리고〕 이 의미는 '가능한 실제성으로서의 가능성'을 뜻한다. 즉 그와 같이 완전한 각각의 의미는 명증성으로 어떤 실제성의 내용일 수 있으며, '실제적'이라는 성격 속에 경험될 수 있다.

이것은 명백히 단순한 표상에 관한 개념, 즉 단순히 표상된 것으로서 개념을 형성한다. 이 개념은 경험을 정립하는 것과 유사-경험을 정립하는 것 속에 동일한 동일자(identisch derselbe)의 인식대상적 본질의 존립 요소이다. 그것은 순수한 상상(이것은 그 자체로 완전히 다른 의미에서 '단순한 표상'이라 불린다)의 상관자가 아니라, 지각된 것 그 자체에 또 이와 평행하며 정확하게 상응하는 상상된 것 그 자체에 있는 공통적 본질이다.

그러므로 이 개념은 그때그때 대상의 개체적 본질이며, 이 본질은 두 가지 측면에서 동일한 시간의 지속(Zeitdauer)과 이 지속에 관한 시간의 충족이 배분되는 것을 명백히 포괄한다. 그러나 시간의 지속은 여기에서 채색 등과 아주 똑같이 동일한 본질이다. 동등함, 유사함 그리고 일반적으로 합치된 통일체는 '실제적'의 양상으로 정립된 대상(곧 '실제적'이라는 성격을 띤 이러한 본질)과 '유사-실제적'의 양상으로 정립된 대상, 또한 일반적으로 어떤 양상과 변양을 통해 직접 경합된 것은 곧 개체적 본질이라고 일반적으로 정립된 것들을 통합시킨다. 개체적 본질은 〔다른〕 개체적 본질과 합치되거나 유사하게 되거나 또는 대조하는 가운데 부각된다.

그러나 이 개체적 본질은 어느 정도까지 일반자인가? 그것은 일상적 의미에서 하나의 본질인가? 그것은 실제적으로 정립된 대상과 유사-실제적으로 정립된 대상이 합치하는 가운데 분리되고, 그 대상들이 완전히 동등한 경우에는 하나가 된다. 하지만 어떤 체험과 다른 체험의 인식대상적 존립 요소 속에는 항상 하나의 개체적 본질이 있다. 그리고 완전히 동등한 것을 대립시키면, 그것은 물론 '동일한 일반자가 개체적 실제성으로 또는 개체적 가능성으로 여기저기에서 개별화된다'는 것을 뜻한다. 여기의 색깔과 저기의 색깔, 여기의 지속과 저기의 지속 또 각각의 시점(時點)에 따른 것들이 개별화된다.

그런데 합치되는 관계는 경험된 두 가지 대상, 가령 하나의 유일한 현존 속에 주어진 두 가지 대상뿐 아니라, 하나는 기억 속에 다른 하나는 동시에 지각 속에 주어진 두 가지 대상에 대해서도 이루어지는 사실을 고려해 보자. 이 경우 경험된 대상의 시간들은 서로 다르지만, '완전히 합치'된다. 이것은 그와 같은 유사-경험이 연관을 갖는 통일체 속에 움직이는 한, 유사-경험에서도 마찬가지이다.

이에 반해 경험이나 유사-경험의 통일체(가령 하나는 지각 또는 유사-지각이고 다른 하나는 유사-기억이면)에 속하지 않는 아무 연관도 없는 직관을 받아들이면, 완전히 합치될 수 있다. 그러나 앞의 경우에서 동등한 시간을 하나의 시간 안에서 서로 다른 것으로, 즉 이 시간 안에서 구별된 동등한 시간의 간격으로 파악하고 경우에 따라 명증적으로 알게 된 반면, 다른 경우에 이것은 전혀 문제가 되지 않는다. 내가 기억 속에 들어가 상상하면, 이렇게 기억된 것은 연관을 갖는 동일한 상상 속에 동시에 유사-지각된 것에 대립된 과거의 것이다. 내가 연관이 없는 이 상상과 더불어 그 밖의 상상을 유지하면, 이 상상 속에 상상된 것과 저 상상 속에 상상된 것은 '이전'과 '이후'라는 관계를 전혀 갖지 않을 것이다.

우선 서로 다른 개체의 동등함이 그 안에 등장하는 유일한 현존의 경우를 고찰하자. 두 가지 측면의 완전한 본질이 합치되고, 시간의 지속은 〔계속된〕시간의 지속과 합치된다. 끊임없이 형성하고 언제나 끊임없이 정립하는 이러저러한 내용(변화할 수 있는 주어지는 것들의 끊임없는 생성과 끊임없는 흐름 속에 존재하고 그 존재 속에 확장되는 내용)을 구성하는 과정인 근원적 경험의 과정 속에 어떤 지속하는 것 또는 그 지속하는 작용과 그 지속이 생기고, 다른 지속하는 것이 생긴다. 그것은 두 가지 위치의 포괄적 과정 속에, 다르게 주어지는 방식을 통해, 다른 정립 등에서 생긴다. 각각의 새로운 정립('지금'의 정립)은 어떤 새로운 시점의 형식으로 자신의 내용을 정립한다. 이것은 '시점의 개체적 차이가 새로운 '지금(Jetzt)'[1]에 속한 과거지향(Retention)이 지속적으로 변화되는 가운데 동일한 상관자를 유지하는 주어지는 양상을 통해 어떤 근원적으로 건립하는 상관자'라는 사실을 뜻한다. 동일한 것(Identisches)이 주어지는 방식의 변형(Wandel)인 방향이 정해지는 끊임없는 변화(Änderung)는 변형 그 자체에 상응한다.

어쨌든 여기에서 더 분명한 판명함을 요구해야만 한다. 갑자기 떠오르는 모든 새로운 근원적 현재는 직접적 제시(Präsentation)(언제나 새로운 현재의 시점이 생성되는 것)의 끊임없는 흐름 속에 계속된 본질적으로 동일한 것 또는 그 본질상 끊임없이 변형될 수 있는 것으로서 어떤 내용을 지닌 새로운 현실적 정립이다. 〔그런데〕 그 내용이 변화되지 않은 것으로 지속한다고 가장해 보자. 이러한 흐름 속에 본질적으로 동일한 내용은 끊임없이 차이 짓는 것, 새로운 것, 끊임없이 다른 것(비록 내용적으로는 동일한 것이라도)으로 의식된다. 달리 말하면, 종적(種的)으로 동일한 내용은 사실적으로, 현존재 속에 서로 다른 것으로, 개체적으로 그 계기(繼起)에서 끊임없이 다른 것으로 의식된다. 그 내용은 여기에서 이러한 것으로 근원적으로 의식된다. 개체성·사실성·현존재 속의 차이의 근원이 되는 점은 바로 여기이다.

어떤 내용을 사태로 파악하는 작용 또는 근원적으로 갖는 것 또 구별된 내용을 구별된 사태로 파악하는 작용은 근원적인 직접적 제시의 현실성 속에 수행되고, 그 내용의 원본적 현재의 의식 속에 수행된다. 그 내용은 '지금'의 양상 속에, 즉 '지금의 내용'으로 의식되며, 개체적인 〔'지금'의〕 양상 속에 이 내용에 관한 유일한 것이다. 적어도 개체적 현존재가 지니는 최초의 가장 근본적인 성격은 '지금-있음(Jetzt-sein)'의 형식으

---

1 후설은 '생생한 현재(lebendige Gegenwart)'를 뜻하는 이 용어를 부사(jetzt)를 대문자로 표기해 명사적 의미로 사용한다.

로 등장한다. 가능한 제2의 성격인 '여기에-있음(Hier-sein)'은 이미 최초의 성격을 전제한다. 여기에서 이 문제를 더 파고들지는 않겠다.[2]

우리는 내재적 대상뿐 아니라 감각의 대상의 경우 '어떻게 '지금-있음'이 개체적 현존재에 연관되는지,' '의식의 흐름 속에 서로 교체되고 새롭게 등장하는 내용의 차이에 연관되는지'를 연구할 수 있다. '지금-있음'은 관련된 내용을 정립하는 원본적 의식의 현실성과 필연적으로 연관되고 불가분하게 결부된다. 이 현실적으로 정립하는 의식, 내재적인 원본적 의식으로서 그 자체에서 현실적으로 정립하는 의식은 그 내용의 시간위치(Zeitstelle), 즉 하나의 시간위치라는 형식에서 내용을 원본적으로 정립하는데, 이 시간위치는 '지금'의 양상이 아니다. 왜냐하면 '지금'의 양상은 과거지향 속에 원본적으로 직접 제시하는 의식이 변형되는 것에 상응해 연속적으로 서로 다른 정도나 단계를 지닌 '방금 전에 있었음(eben gewesen)' 속에 끊임없이 변형되기 때문이다. 동일한 개체적인 것에 관한 의식은 이러한 연속적 의식의 체험 모두를 통해 자신의 규정된 시간위치를 갖는(그러나 끊임없이 흐르는 과거의 양상들 속에 시간위치를 갖는) 내용으로 나아간다. 원본적 의식은 시간위치를 '지금'으로 정립하며, 과거는 동일한 내용의 과거 또는 지금의 내용을 뜻하는 동일한 개체의 과거이다. 이것은 형식상 지나가 버린 '지금'으로서 과거이며, 내용상 '지금'이 아니라 끊임없이 변양되는 동일한 내용이다.

'지금'은 원본적 의식 속의 현실적 '지금'이며, 과거지향적 의식 속에 변양된 '지금', 즉 지나가 버린 '지금'이다. 어쨌든 그것은 이 모든 변양을 관통해 동일한 내용의 '지금'으로, 즉 끊임없이 새로운 원본적 의식에 대한 자신의 상대적인 위치를 바꾸면서 또 이것과 일치해 언제나 새로운 과거의 양상을 받아들이는 동일한 '지금'이다. 과거는 중단 없이

---

2 더 상세한 것은 이 책의 23절과 1904~1905년 강의인 『시간의식』을 참조.

변형된다. 이러한 변형은 이념적으로 무한히 계속된다. 원본적 의식 속에 주어지는 또 각각의 자아에 대해 유일하고 무한한 이 의식의 끊임없는 과정 속에 주어지는 각각의 지금 존재하는 것은 그렇게 계속된다. 각각의 '지금'은 그것을 통해 개체적 사태가 되는 어떤 내용의 원본적 현존재의 성격으로서 과거들의 무한한 연속체(Kontinuum)의 원천점이다. 그리고 실제적이든 여전히 가능적이든 과거의 총체는 그 모두가 근원적으로 직접적 제시의 한 과정으로 소급되게 기묘하게 구조가 정해져 있다. 각각의 과거는 그 내용과 더불어 근원적 '지금'에 일의적으로 질서가 정해졌다. 모든 과거는 무한한 과거들의 일직선적 연속체들 속에 분리되고, '이 일직선적 연속체들이 연속적으로 서로 뒤섞여 이행하고 그 일직선적 연속체들에서 하나의 일직선적 연속체를 형성하는 방식으로' 하나의 이차원적 체계에 합류한다. 이것은 곧 원본적 현재가 흘러가는 일직선적 연속체를 통해 규정된다.

그렇다면 시간위치의 동일성 또는(자신의 측면에서 흐르면서 일직선적 연속체를 관통하는 순간적 현재의 하나의 유일한 원천점을 갖는 영원히 흐르는 과거들의 이 이차원의 연속체에 대립해 일차원의 일직선적 연속체인) 하나의 시간의 동일성은 무엇인가? 모든 과거의 계열은 하나의 시점(Zeitpunkt)을 나타내고, 이러한 계통의 연속체는 하나의('객관적') 시간의 연속체를 나타낸다.[3]

그러므로 각 시점은 동일한 원천점인 '지금'에서 흘러나가고 모든

---

3 모든 체험이 통일적으로 구성되는 터전인 내적 시간의식의 끊임없는 흐름은, 과거로부터 '지금', 미래로 이어지는 '가로방향의 지향성'과, '지금'이 지나가 버렸지만 흔적도 없이 사라진 것이 아니라 변양된 채 무의식 속에 원근법적으로 침전되어 여전히 유지되는 '세로 방향의 이중성'이라는 이중의 연속성을 지닌다. 바로 이 연속성에 근거해 의식의 흐름은 방금 전체 체험한 것을 현재화해 지각하는 '과거지향', 지속하는 시간의 객체가 산출되는 원천인 근원적 인상, 즉 '지금' 그리고 미래의 계기를 현재에 직관적으로 예상하는 '미래지향'으로 중단 없이 연결되어 통일체를 이룬다.

무한함의 경우 일의적이며 균등하게 규정된 과거들의 체계 속에 시종 일관 구성되는 동일한 현존재의 동일성의 형식이다. 시간의 현존재, 그 사실성 그 자체에 관계하는 규정은 시간 속에 그 위치를 통해, 그런 다음 더 상세하게는 그 상황을 규정하는 지속을 통해 각 개체에 마주친다. 그것은 그 과거들의 체계에 정리되며, 언제나 사라져 버리면서 과거 속으로 가라앉는 동일한 것이다. 이 경우 그것은 그 밖의 다른 모든 사태, 즉 시간적으로 다르게 규정된 사태(우리가 여전히 공존의 문제를 도외시하면)와 구별된 이러한 관점에서 동일한 사태로 남아 있다.

시간의식 속에 또 직접 제시하는 의식 속에 원본적으로 구성되는 존재인 사실적 존재의 본질은 나타나고 사라져 버린다. 즉 항상 나타나면서 끊임없이 사라져 버림 속에 있다. 그렇지만 그것은 각각의 그 과거의 국면에 따라 단연코 지나가 버리는 방식으로 그러하다. 〔요컨대〕 각각의 과거의 국면은 일회적이다.

그러나 일차원적으로 동일한 시간은 단지 하나의 객체화작용일 뿐인데, 그것은 우리가 시간으로 이해하는 것과 여기에서 본질필연적 형식인 것을 본래 완전히 길어내지 않는다. 현재의 양상과 과거의 연속체의 양상의 차이는 시점들 그 자체의 연속체인 '객관적 시간'이라는 명칭으로 배제된다.

어쨌든 우리의 일상적이거나 학문적인 술어화작용도 필연적으로 이러한 차이에 관계된다. 그런 까닭에 '지금', (완만하지만 유형적으로 이해할 수 있는 의미에서) '현재' 그리고 '미래', '더 가깝거나 먼 과거' 등과 같은 표현은 아주 필수 불가결하다. 〔물론〕 '우리가 이러한 모호한 진술들을 어떻게 정확성에 접근시킬 수 있는가' 하는 물음을 다루는 데는 독자적인 장소가 요구된다. 여기에서는 이 물음을 다루지 않겠다.[4]

---

4 후설은 순수한 근원적인 감각자료가 시간적으로 구성되는 과정과 이러한 구성의 기초인

각 시점은 무한한 과거지향의 연속체를 통해 원본적으로 주어진 '지금'이 올라가는 것과 가라앉는 것의 통일체로 구성되며, 시점에 관해 타당한 것은 각각의 지속에 관해서도 타당하다. 존재하는 모든 것은, 그것이 무한히 생성되고 그것에 상응하는 과거들의 연속체 속에 흘러가는 한, 존재한다. 그것은 현재로부터 지속적으로 단계가 정해진 과거로 변형되는 흐름 속에 있는 동일한 것이다. '지속작용(Dauern)'은 언제나 새롭게 생성되는 흐름, 즉 언제나 새로운 존재가 생성되는 흐름 속에 구성되며, 끊임없이 일어나고 사라지는 가운데 있다. 적절한 내용의 경우 끊임없이 일어나고 사라지는 (과거 속으로 가라앉는) 가운데 동일한 기체(Substrat)는 동일한 것(Identisches)으로 구성되는데, 이 기체는 언제나 생성되고, 생성되는 가운데 항속하는 것으로 항상 존재하며, 자신의 시간 동안 지속한다. 각각의 번뜩이는 시점이 사라지면서 과거의 양상 속으로 가라앉음으로써 생성되는 것의, 새로운 현재의 각각의 번뜩이는 시점이 이 모든 양상을 관통해 객관적 과거의 자신의 위치, 자신의 객관적 시간위치를 구성하는 한, 자신의 시간 동안 지속한다. 그리고 그것과 관련해 이 모든 양상은 주어진 것의 양상이며, '지금'의 원본적 시점과의 관계를 갖는다.

그러므로 우리는 두 가지 기본적 과정을 갖는데, 그러나 이것은 하나의 동일한 구체적 과정 전체의 분리할 수 없는 두 측면이다.

1) 그 속에 존재자가 생성되는 것으로 언제나 다시 현재 속으로 들어오고 언제나 새로운 내용과 함께 등장하는 새로운 시점의 현재가 연속적으로 등장하는 것.

2) 하지만 그 속에 동일하게 동일한 시점이 구성되는 각각의 현재가

현상학적 시간이 구성되는 시간의식의 지향성을 이미 1904~1905년 겨울학기 강의(이것은 1928년 『시간의식』으로 출판되었다.)에서 상세하게 분석했다.

등장하는 시점 또는 생성되는 것이 등장하는 시점이 연속적으로 사라져버리는 것.

지속(Dauer)은 현재나 과거의 근원적인 지속이다. 그리고 그것은 시점과 마찬가지로 그 자체로 하나의 객관적 통일체이다. 그것은 임의적인 단계의 존재했었음(Gewesenheit) 또는 과거에 이르기까지 최초의 근원성의 모든 양상을 통해 객관적으로 동일하게 구성된다. 그 지속은 근원적으로 구성된다. 즉 어떤 생성작용이 등장하게 만드는 최초의 현재의 시점이 존재하고, 실로 과거의 양상 속으로 가라앉으며, 이렇게 가라앉는 것의 연속성과 일치해 시점의 현재가 항상 새롭게 등장한다. 따라서 우리는 연속체들의 한 연속체, 연속적 공존의 연속적 계기(繼起)를 갖는다. 이 연속적 계기에서 국면으로 이바지하는 각 연속체는 등장하는 유일한 시점을 가지며, 이 과거의 연속체도 길이에 따라 끊임없이 구별되고, 그에 상응하는 시점들 속에 서로 다른 내용을 지닌 동등한 단계의 형식을 갖는 방식으로 항상 과거의 하나의 유일한 양상을 갖는다.

이러한 연속적 계속(Sukzession) 속에 근원적 지속은 관통하는 계속적 합치가(게다가 규정된 방식으로) 일어나게 되는 근원적인 것으로 구성된다. 그러나 이 계속은, 지속이 근원적으로 생성되면, 중단되지 않는다. 가라앉아 버리는 과정이 진행되는 가운데, 그 새로운 내용들이 새로운 현재성으로 또 지속하는 것에 속하는 것으로 더 이상 등장하지 않는 과정의 경우, 이제 완전히 구성된 〔시간의〕 간격은 가라앉아 버리고 사라져 버리는 무한함 속에 자신의 동일성을 〔시간의〕 간격(또는 언제나 지속하면서 존재했던 것으로 지속하는 것)으로 유지한다. 즉 그것은 존재했었음 속에 자신의 동일성을 유지한다.

우리가 '시간의 양상(현재, 과거)'이라고 부르는 것을 판단의 방식이나 신념의 방식에 양상의 상관자인 판단, 즉 근원적 속견(Urdoxa)(양상화되지 않은 신념)에 진지하게 관련지을 수 있는가? 그리고 이와 상관적으로 '[이전에] 존재했었다는 신념의 의식'이 정당한 의미에서 존재자에 관한 의식이기 때문에, 이러한 시간의 양상은 실존의 양상을 나타내는가?

신념 일반은, 본질을 파악하는 것에서와 같이, 가령 본질에 관계하는 신념에서 개체적 존재에 대한 신념으로 이행하는 경우 구별될 수 있는가? 현존재(Dasein)는 '본질이 있음(Wesens-sein)' 이외에 어떤 실존의 양상인가? 그렇다면 우리는 여기에서, 마치 '유'(類)인 실존(Existenz)이 '본질이 있음', '~사실이 있음(Daß-sein)' 그리고 다른 어떤 것으로 구별되듯이, '종'(種)으로 구별하는 것에 관해 논의해서는 안 되는가?

원본적 의식은 다양한 변형이 생기는 작용들의 원천(Quell)의 의식이다. 이 작용들은 모두 원본적 의식과 합치되고, 모두 동일한 것을 믿으며, 모두 동일한 것에 관한 '존재의 의식(Seinsbewußtsein)'이고, 이 의식 속에 자신의 충족을 발견한다. 이러한 변형은 어디에서나 동일한 것이다. 따라서 원본적으로 부여하는 의식을 고찰하면, '유'인 색깔이 구별되는 것처럼(일반화의 경우, 우리가 '유'와 '종'이라는 개념을 얻는 데 힘입고 있는 일반화의 경우에도, 일반적으로 당연히 조심해야 하듯이) 구별되는 '유'가 없다는 점은 분명하다.

〔그러나〕 본질의 의식은 현존재의 의식과 다르며 더 복잡한 구조를 갖는다. 만약 현존재의 의식을 연구하면, 우리는 이 의식 속에 시간의 양상에 차이를 발견하고, '융합(Verschmelzung)', '동일화(Identifikation)' 등이 관통해 가는 이 차이들의 연속적 연관을 완전히 필연적으로 발견한다. 그러나 마치 신념 그 자체가 자신의 특성은 변화시키고 자신의 의미는 변화시키지 않는 것처럼, 우리는 그것을 '정립(Setzung)의 양상'이라고 불러야 하는가? 물론 우리는 현존재가 문제되는 원본적 의식 속에 있는 어떤 필연적 변형도 발견한다. 그러나 그 변형은 인식작용(noesis)-인식대상(noema)의 구조 전체에 관계하지, 가령 그 원본적 의

식에서 속견적인 것(Doxisches)을 형성하는 것에 관계하지 않는다.

확실히 시간의 양상을 '실존의 양상'이라고 할 수도 있다. 즉 '실존'을, 일상적인 좁은 말의 의미에서 인정하듯이, 곧 '현존재(Dasein)'나 애매하지만 '현존재자(Daseiendes)'로 이해하면, 그렇게 부를 수 있다. '현재' ·'과거'·'미래'라는 시간의 양상은 '거기에 존재하는 것(Da-seiendes)'의 양상, 즉 시간적으로 존재하는 것인 개체적으로 존재하는 것의 양상이다.

개체적 존재자는 근원적 현존 속에, 게다가 이 시간의 양상들이 변형되는 가운데 근원적으로 주어진다. 개체적 존재자는 무한히 흐르는 시간이 변형되는 가운데 주어진다. 이 시간 속에서 고정적인 또는 객관적 시간(따라서 모든 (그 자체로 고정적인) 현존재자의 본질 형식인 시간)은 (흐르는 것이 함께 속한 다양체들의) 통일체로 (변화가 단지 외견상으로 고정성을 넘어서는 고정적 존재의 고정적 형식으로) 구성된다. 그렇다면 본질적으로 회상과 그 변양들(이 변양들 속에 근원적인 직접적 제시와 현존의 〔시간의〕 간격이 회상의 양상으로 주어진다.)을 제쳐 놓아야만 한다. 그때 우리는 '지금'의, 따라서 새로운 시간위치의 더욱더 새로운 원천점이 끊임없이 생기는 것을 근원적으로 보거나 다시 직관적으로 갖는다. 그러나 이것들은 단순한 '지금'의 시점이 아니라 끊임없는 통일체(('방금 전에-지금-존재했었다'는 성격으로) 흐르는 과거의 연속성을 관통하고 실로 흐르는 가장 작은 간격 속에도 명백해지는 통일체) 속에 스스로를 그 자체로 근원적으로 부여한다. 회상에서 모든 것은 그에 상응하는 방식으로 변양된다. 즉 '정립'은 '재-정립'으로, '지금'은 '재생된 지금'으로, '과거'는 '재생된 과거'로 또 그 속에서 시점(時點)과 시간간격의 통일체는 개체의 본질의 형식으로 변양된다. 이것은 원본적으로 파악된 것이 아니라 '재-파악된 것'이다.[5]

---

5 따라서 술어적 판단도 내적 시간의식 속에 끊임없이 정립되고 통일된 객체가 미리 확보되

그 밖에 우리가 다른 개체 또 이 개체에 속한 다른 시간의 간격에 관련된 제2의 회상을 가지면, 어쨌든 두 가지가 직관적으로 다시 주어지기 때문에, 우리가 시간의 관계에 관한 명증성을 가져야만 하는 것처럼 보인다. 그러나 회상을 명석하게 직관할 수 있는 경우조차 우리가 이러한 관계·계속(Sukzession)·거리(Abstand)에 관해 회의와 오류[착각]에 사로잡힐 수 있다는 사실은 어떻게 일어나는가? 회상된 두 가지 간격이 객관적 관점에서 그 계기(繼起)에 따라 질서가 정해지는 회상의 포괄적 통일체를 수립하는 일은 왜 필요한 것처럼 보이는가?

이 점에 관해 우리가 '관계의 점들(Beziehungspunkte)'의 본질 속에 관계(Relation)가 주어진다고 논증할 수 없다는 것은 분명하다. 그러므로 근원적 직관 또는 이 직관과 동등한 '관계의 점들'을 적절하게 직관화하는 것은 관계를 명백하게 하기 위해 충분함에 틀림없다. 왜냐하면 사실상 여기에서 흄(D. Hume)이 관계를 구분하면서[6] 현상학자에게 제시한 바로 그 문제가 해결되기 때문이다.

왜 어떤 부류의 관계들은 '관계의 점들'의 본질 속에 기초 지어지고, 다른 것들은 지초 지어지지 않는가? 그리고 시간은 아프리오리한 질서의 법칙을 지닌 아프리오리한 형식이 아닌가? 이것은 '시점들이 질적(質的)인 종(種)과 유사하게 시간의 거리와 시간의 관계 일반(이것에는 곧 시간의 법칙이 타당하다.)을 기초 짓는다'라는 사실과 달리 이해될 수 있는가?

어야만 가능하기 때문에, 과거지향(Retention)이 필수적이다.(『시간의식』, '부록 12'의 중간 이후를 참조)

6 흄은 지식을 형성하는 관계를 유사함(Resemblance), 동일성(Identity), 시간과 공간(Time and Space), 양과 수의 비례(Proportion in Quantity, Number), 질적 차이(Degree in Quality), 모순(Contrariety), 인과(Causation)로 구분하고, 이것들을 다시 순수한 관념에 의존하는 '관념의 관계(Relation of Idea)'와 경험에 의존하는 '사실의 관계'(Relation of Fact)로 나누어 실체와 인과법칙을 분석했다.

개연성에 관한 주장의 명증성. 흄의 파악에 대한 비판

추정(Anmutung)과 추측(Vermutung) 또는 실재적 가능성과 개연성의 관계를 해명하는 것은 이미 수행된 경험을 통해 미래의 것에 관한 진술들을 정초하는 것을 정당화하는 물음, 특히 과거로부터 미래를 추론하는 매우 잘 알려진 종류인 인과적 추론을 정초하는 것을 정당화하는 물음에서 중요한 의미를 지닌다. 만약 U라는 종류의 사건이 W라는 종류의 사건을 필연적으로 끌어온다는 사실, 또 U가 W를 생기게 한다는 사실을 미리 알면, 우리는 W를 U가 우리에게 주어지는 곳에서 자명하게 예상한다. 그리고 이것은 〔여기에서〕 삼단논법의 추론이 문제가 되기 때문에, 의심할 여지없이 정당하다.

그러나 우리는 도대체 U라는 종류와 W라는 종류의 사건 사이에서 필연적인 시간의 계기(繼起)가 결합되어 있다는 것을 어디에서 알게 되는가? 무엇이 상황 U에서 필연적으로 W가 일어나야 한다는 확신을, 또는 일반적으로 그 어떤 인과관계가 존재한다는 확신을 정당화하는가? 필연성은 법칙성과 동의어이기 때문에, 여기에서 일반적 경험판단을 정당화하는 물음으로 나아갈 수 있다. 도대체 어떤 권리로 우리는 일반적으로 그 어떤 경험의 관계가 이루어지는 사실, 이러저러한 자연법칙이 성립하며 게다가 '모든 존재(Sein)와 사건(Geschehen)은 전체 자연과 모든 시간을 포괄하는 하나의 유일한 법칙적 연관에 의해 파악된다'는 명제나 법칙의 법칙이 성립한다는 사실을 가정하는가?

흄은 이러한 문제를 포괄적 연구의 대상으로 만든 최초의 사람이었으나, 결국 회의주의로 끝맺고 말았다.[1] 심지어 그는 가장 사소한 인과성에 관한 물음, 하물며 어떤 자연법칙과 자연법칙의 통일체에 관한 명제 그리고 그가 통상 말하듯이 자연의 경과와 동등한 형태를 띤 명제에 관한 물음마저도 정당화할 수 있는 가능성을 발견하지 못했다.

그는 아주 엄격하게 '이성적 통찰(Einsicht)'의 영역과 '맹목적 의견(Meinen)'의 영역을 구별했다.

〔여기에는〕 한편으로 '관념들의 관계(relation of ideas)'의 분야가 있다. 이 분야에는 관계(Beziehung)가 '관계의 점들'과 불가분하게 결부되고, 따라서 직관 속에 필연적으로 함께 주어진다. 그래서 우리는 (일반화하는 추상작용을 통해) 관련된 개념들의 본질 속에 근거한 관계의 법칙을 획득할 수 있다. 이 관계의 법칙에 지배되는 규정을 이러한 법칙에서 벗어난 행태로 표상하는 모든 시도는 명백히 모순에 빠지며, 그래서 도저히 실행될 수 없다. 이 법칙들을 부정하는 것은 명백하게 이치에 어긋난 것을 뜻한다.

다른 한편으로 '사실의 문제(matters of fact)'의 분야가 있다.[2] 이것은

---

1 후설은 "흄의 회의주의가 본질과 관념〔이념〕을 실증주의적으로 혼동하지 않고 의식의 지향성에 관해 눈을 떴다면, 그리고 현상학적 태도에서 순수의식의 본질을 탐구했다면, 그는 위대한 회의주의자가 아니라 이성에 관한 참된 실증적 이론을 정초한 사람이 되었을 것"(『엄밀한 학문』, 316~317쪽)이라고 비판한다. 결국 후설은 경험이 발생하는 사실(quid facti)이 아니라, 경험이 객관적이며 보편적으로 타당하기 위한 권리(quid juris)를 해명한 것이다.
2 흄은 지식을 관념들의 관계를 다루는 '수학적 지식'과 사실들의 분야를 다루는 '사실적 지식'으로 구분했다. 전자는 필연적이고 보편타당한 확실성을 갖지만 새로운 사실을 알려 주지 못하는 반면, 후자는 새로운 사실을 알려 주지만 우연적이고 확률적인 개연성만 지닌다. 라이프니츠도 모순율에 근거한 '이성적 진리'와 충족이유율에 근거한 '사실적 진리'를 구분했

사실에 관한 일반적 주장과 이것을 전제하는 단칭적 사실에 관한 주장의 분야이다. 인과관계는 질이나 강도의 경우 '더 높음' 또는 '더 깊음'과 같은 관계는 결코 아니다. 결과를 원인에 결부시키는 필연성, 우리가 물활론과 같이 기꺼이 가상하는 '작동하는 것'과 '작동된 것'은 개별적인 경우에 언제나 직관될 수 있는 것이 결코 아니다.

그러므로 여기에는 우리가 개별적인 경우에서 일반성을 끌어내는 것을 인정할 일반화하는 추상작용을 위한 여지가 없다. 그리고 이것에는 '우리가 원인이라고 부르는 사태의 내용과 결과라고 부르는 사태의 내용 속에 어떠한 것도 이 둘이 필연적으로 결합할 것을 요구하지 않기 때문에 그 결합을 폐기하는 것은 생각할 수도 없을 것이다'라는 사실이 상응한다. 어떤 인과적 관계를 부정하거나 이에 상응해 여전히 매우 확실한 그 어떤 자연법칙을 부정하는 것은 최소한의 이치에 어긋난 것도 함축하지 않는다.

흄에 따르면, 이러한 분야 전체 속에는 어떠한 이성적 정당화도 발견될 수 없다. 즉 여기에 속한 종류의 그 어떤 판단에 대해 이에 대립된 판단보다 이성적 우선권을 부여하는 권리원천(Rechtsquelle)을 제시하려는 생각해 낼 수 있는 모든 시도는 실패한다. 우리가 여기에서 할 수 있는 유일한 것은, 여기에 속한 판단과 개념의 심리학적 근원을 탐구하는 것, 즉 사실적인 인간의 심리(Psyche) 속에 이러한 판단이 지닌 합리성의 가상(假象)이 생기는 원천을 찾아내고 또한 '도대체 어떻게 우리가 지각과 기억 속에 주어진 것을 넘어서 미래의 것에 대한 믿음에 이르게 되는가', '어떻게 강요하는 감정이 생기는가' 그리고 '어떻게 이것이 관념들 사이의 관계의 영역 속에서만 자신의 유일한 터전을 갖는 그 객관

다. 칸트 역시 주어를 단순히 설명하는 '분석판단'과 새롭게 지식을 확장해 주는 '종합판단'으로 구분했지만, 경험이 인식될 수 있는 근거를 밝히는 실마리로서 아프리오리한 종합판단의 가능성을 모색했다.

적 필연성과 혼동되는가'를 발생적으로 설명하는 것이다.

모든 회의주의와 마찬가지로 이 회의주의는 명백하게 이치에 어긋나게 전개된다는 사실을 쉽게 파악할 수 있다. 경험판단을 정당화하는 것이 인정되지 않으면, 심리학적 설명은 전혀 불가능하다. 모든 경험과학의 확신이 환상에 불과하면, 심리학은 이러한 환상의 원천을 제시하거나 심지어 이러한 확신을 '환상'이라고 낙인찍을 만한 만족을 제공할 수 없다. 왜냐하면 심리학은 실로 그 자체로 경험과학이며, 심리학이 그 부적절함을 드러내 밝혀야 할 원리들에 기초하기 때문이다.

물론 흄 자신은 이러한 순환론(Zirkel)을 간과하지 않았다. 그런 까닭에 그는 스스로 '회의론자'로 자칭했다. 왜냐하면 그는 자신의 모든 이론을 만족할 만한 것으로 받아들이지 않았고, 다른 한편으로 자신이 이치에서 어긋나지 않을 어떠한 방도도 찾지 못했기 때문이다.

그는 이러한 어려움을 극복하기 위해 필사적으로 노력하는 가운데 혹시 '개연성의 원리가 인과적 추론과 일반적으로 직접 주어진 것을 넘어서 도달하는 모든 경험판단을 정당화하는 데 적합할 수 있지 않은가' 하는 생각도 검토했다. 〔그러나〕 그는 이러한 생각을 거부했다. 그는 '개연성의 판단이 인과적 판단과 마찬가지로 '맹목적 습관(blinde Gewohnheit)'과 '연상(Assoziation)'이라는 동일한 심리학적 원리³에서 생겼고, 따라서 우리를 더 이상 촉구하지 않는다'는 사실을 입증할 수 있을 것으로 믿었다.

흄의 시도는 분명히 여기에서 실패했음에 틀림없다. 왜냐하면 그는 심리학적 분석과 구별되는 순수 현상학적 분석의 본질을 명확하게 밝

---

3 흄은 인과관계의 필연성도 반복된 경험으로 일반화해 형성된 인간의 '연상적 습관', 즉 '주관의 신념'에 불과하다고 파악해 개연성으로 간주한다. 이러한 객관적 필연성에 대한 회의적 태도는 칸트가 '물 자체'에 관해 불가지론(不可知論)을 주장하는 데 결정적인 영향을 주었다.

히지 못했기 때문이며, 이러한 사실과 연관해 현상학적으로 실현할 수 있는 관념들 사이의 관계의 분야 속에 가능한 이성적 정당화의 본질도 명확하게 밝히지 않았기 때문이다. 관념들 사이의 관계의 분야에 이성 (Vernunft)은 오직 '우리가 여기에서 관계의 법칙을 충전적인 일반성의 의식 속으로 끌어올릴 수 있다'는 점, 우리가 그러한 일반적 명증성의 의미를 명확하게 밝히고 그런 다음 '법칙 그 자체의 객관적 타당성은 그와 같은 충전적인 일반적 의식의 이념적 가능성 속에 존재한다'는 사실을 인식한다는 점에 있을 뿐이다.

우리는 일반적이며 필연성의 연관을 갖고 진술하는 경험판단의 분야도 이와 유사하게 살펴볼 것이다. '이러한 종류의 경험판단은 단지 개연적인 판단의 권위만 갖는다'는 사실을 알면, 우리는 판단의 심리학적 근원에 관한 모든 물음에 앞서서 '객체성(Objektivität)에 속하는 원리들이 여기에서도 충전적인 일반화작용(Generalization)을 통해 파악될 수 없는지, 따라서 이성이 관념들 사이의 관계들의 영역에서와 마찬가지로 개연성의 영역에서도 존재할 수 있는지'를 탐구해야만 한다.

흄이 '어떻게 많은 수의 가능성이 정신에 영향을 끼쳐 동의나 신념을 일깨우는가'를 물었던 곳에서, 우리는 우리의 입장에서 다음과 같이 묻는다. 즉 우리는 일련의 유리한 기회의 관점에서 개연성을 객관적으로 진술할 수 있는 권리를 갖는가?

이 점을 명백하게 하기 위해 흄이 든 '주사위의 예'를 고찰해 보자. 주사위의 네 면은 어떤 그림이 그려 있고, 나머지 두 면은 비어 있다. 만약 주사위가 던져지면, 우리는 비어 있는 면보다 그림이 그려진 면이 나타날 개연성이 높다고 간주하고, 더욱이 그것을 '4 대 2'의 비율에 따라 두 배나 더 개연적인 것으로 간주한다. 여기에는 여섯 개의 동등한 가능성이 있고, 그 각각은 '6분의 1'의 개연성을 갖는다. 그림이 그려진 면이 나타나는 것에는 네 번의 유리한 기회가 있고, 따라서 그 개연성은 '6분의 4'에 달한다. 〔그런데〕이러한 계산은 명증성에 의해 정당화될 수는 없는가? '그 주사위는 아주 이상하다'라는 점을 받아들여야만 할 어떠한 근거도 없으면, 던져진 주사위가 우선 일반적으로 〔여섯 면 가운데〕한 면을 위로한 채 떨어진다는 사실을 우리는 경험에서 안다. 우리는 한 면이 맨 위에 놓여 있다는 사실을 언제나 경험했고, 또한 이 사실을 지금의 경우에도 받아들인다. 〔그렇다면〕우리는 어떤 권리로 그렇게 판단하는가?

어쨌든 우리는 '던져진 주사위가 지정된 방식으로 떨어진다는 판단은 경험에 입각한 근거를 갖는다는 점에서 아무렇게나 진술된 명제와 구별된다'는 사실을 '명증적'이라고 말할 것이다. 그리고 우리가 기억하는 이전 경험에서 각 경우는 우리의 명제에 무게를 부여하고, 이 무게는 이전 경험의 수(數)와 더불어 증가한다는 사실은 명증적이다.

흄은 이러한 점에서 출발해야만 했었다. 즉 '상황 U에서 W가 일어날 것'이라는 사실은 그 자체만으로 이미 '일반적으로 상황 U에서 W가 일어난다'는 주장에 어떤 무게를 부여하며, 이 무게는 경험된 경우의 수와 더불어 늘어난다는 명증성에서 출발했어야만 했다. 만약 모순된 사례, 충돌을 일으키는 지각이나 기억 또는 경험적으로 정초된 판단이 현존하지 않으면, '일반적으로 U 다음에 W가 일어난다'는 주장[4]은 많든 적든 커다란 무게를 지닌 정당화된 개연성의 진술이다.

우리가 '주사위의 예'에서 알 수 있는 것은 기억이 '그 어떤 한 측면이 맨 위에 놓인다'는 규정되지 않은 판단을 곧바로 명증적으로 동기 짓는다는 점이다. 만약 지금 어떤 경험의 무게를 지닌 이 규정되지 않은 판단이 주어지고 일정한 정도로 개연적인 것으로 동기 지어지면, 이 무

---

4 이것은 'A (원인) 때문에 B (결과)가 일어난다'는 인과적 주장이 아니라 'A가 일어난 다음 B가 일어났을 뿐'이라는 단순히 시간적 선후(先後)에 관한 주장을 뜻한다.

게가 6의 가능한 경우들로 나뉜다는 사실도 계속 명증적이다. 또한 이제까지의 경험이 어떠한 우선권도 없다면, 즉 이 경우들이 '동기 짓는 경험의 힘'이라는 관점에서 완전히 균형을 이루면, 또는 각각의 어느 하나의 무게에 다른 것들의 동일한 무게가 상응하면, '이 모든 경우는 모두 동등하게 가능하다'는 사실도 명증적이다.

〔다른 한편〕 '주사위의 예'에서 어떤 우선권이 있다고 가정해 보자. 그렇다면 가령 네 개의 또 오직 네 면만 어떤 그림이 있고, 따라서 네 가지 가능한 경우는 '그림이 맨 위에 놓인다'는 공통적 규정성을 지닌다. 그런 다음 '그림이 맨 위에 놓인다'는 가정은, 그것이 네 가지 동등한 개연적 경우를 총괄하는 한, 규정된 면이 나타나는 개연성과 비교해 네 배의 무게를 유지한다는 사실은 명증적이다. 그리고 이 무게가 '비어 있는 면이 맨 위에 놓인다'(이것은 단지 두 가지 가능성만 총괄한다.)는 대립된 가정의 무게에 4 대 2의 비율로 관계한다는 사실도 명증적이다.

이에 상응해 더 세련되고 정교하게 다듬을 필요가 있을 이러한 고찰에서 인간의 정신은 전혀 문제 밖에 있으며, 그 정신이 경험적-심리학적 법칙성에 근거해 경험한 결과도 마찬가지이다. 오히려 우리는 주어진 것에 단순히 시선을 돌리고, 동기 짓는 것의 독특한 관계, 즉 일반적 가정이 이전 경험들의 무게를 통해 얻는 체험할 수 있는 성격에 시선을 돌려야 한다. 또한 여기에서 관념들 사이의 관계의 분야에서와 정확하게 마찬가지로 '이념화하는 추상(ideierende Abstraktion)'을 수행한다. 이 이념화하는 추상작용으로 우리는 관련된 개연성의 원리를 본질필연성에서 직관한다. 그렇다면 각 개연성의 주장은, 순수하게 기호적(symbolisch)이든 부분적으로 직관적(intuitiv)이든 정당화된다. 또한 개연성의 주장이 원본적이고 본래의 경험에 적합하게 되면, 즉 그것에 본질적으로 속한 직관적 상태(Sachlage)[5]의 원본적인 동기부여(Motivation)의 힘이 여기에서 체험되면, 따라서 정당화가 충족되는 가운데 주어지면, 그것은 올바른 개연성의 주장이라고 할 수 있다. 여기에서는 본질법칙적 관계가 문제가 되기 때문에, 어떤 원리가 정식화될 수 있으며, 그래서 우리는 '경험적 주장은, 그와 같은 원리를 통해 정초될 수 있다면, 즉 그 원리가 그것을 검증할 이념적 가능성을 보증하면, 정당화된다'고 말할 수도 있다.

---

5 '상태'와 '사태'의 구별에 대해서는 이 책의 59절과 그 옮긴이 주 참조.

후설 연보

성장기와 재학 시절(1859~1887)

1859년   4월 8일, 오스트리아 프로스니츠(현재 체코 프로스초프)에서 양품점을 경영하는 유대인 부모의 3남 1녀 중 둘째로 출생.

1876년   프로스니츠초등학교와 빈실업고등학교를 거쳐 올뮤츠고등학교 졸업.

1876~78년   라이프치히대학교에서 3학기(수학, 물리학, 천문학, 철학)를 수강.

1878~81년   베를린대학교에서 바이어슈트라스(K. Weierstraß) 교수와 크로네커(L. Kronecker) 교수에게 수학을, 파울센(F. Paulsen) 교수에게 철학을 6학기 수강.

1883년   변수계산에 관한 논문으로 박사학위를 받은 후 바이어슈트라스 교수의 조교로 근무.

1883~84년   1년간 군복무를 지원.

1884년   4월, 부친 사망.

1884~86년   빈대학교에서 브렌타노(F. Brentano) 교수의 강의에 깊은 영향을 받기 시작.

1886년	4월, 빈 교회에서 복음파의 세례.
1886~87년	할레대학교에서 슈툼프(C. Stumpf) 교수의 강의를 숙상.
1887년	8월 6일, 말비네(Malvine Steinschneider)와 결혼.
	10월, 교수 자격 논문 「수 개념에 관하여」가 통과됨. 할레대학교 강사로 취임.

할레대학교 시절(1887~1901)

1891년	4월, 『산술철학』 1권을 출간.
1892년	7월, 딸 엘리자베트(Elisabeth) 출생.
1893년	프레게가 『산술의 근본 법칙』에서 『산술철학』을 비판. 12월, 장남 게르하르트(Gerhart) 출생.(게르하르트는 법철학자로 1972년 사망.)
1895년	10월, 차남 볼프강(Wolfgang) 출생.(볼프강은 1916년 3월 프랑스 베르됭에서 전사.)
1896년	12월, 프러시아 국적 취득.
1897년	『체계적 철학을 위한 문헌』에 「1894년부터 1899년까지 독일에서 발표된 논리학에 관한 보고서」를 게재(1904년까지 4회에 걸쳐 발표).
1900년	『논리연구』 1권(순수논리학 서설) 출간.
1901년	4월, 『논리연구』 2권(현상학과 인식론의 연구) 출간.

괴팅겐대학교 시절(1901~1916)

1901년	9월, 괴팅겐대학교의 원외 교수로 부임.
1904년	5월, 뮌헨대학교에 가서 립스(Th. Lipps) 교수와 그의 제자들에게 강의.
1904~05년	「내적 시간의식의 현상학」을 강의.

1905년	5월, 정교수로 취임이 거부됨. 8월, 스위스 제펠트에서 뮌헨 대학생 펜더(A. Pfänder), 다우베르트(J. Daubert), 라이나하 (A. Reinach), 콘라트(Th. Conrad), 가이거(M. Geiger) 등과 토론회.
1906년	6월, 정교수로 취임.
1907년	4월, 제펠트의 토론이 바탕인 일련의 다섯 강의.
1911년	3월,《로고스》창간호에 「엄밀한 학문으로서의 철학」을 발표.
1913년	4월,『철학과 현상학적 탐구 연보』(이하『연보』로 약칭)를 책임 편집인으로 창간하면서『순수현상학과 현상학적 철학의 이념 들』1권을 발표. 셸러(M. Scheler)도『연보』에『윤리학의 형식 주의와 실질적 가치 윤리학』1권을 발표.(2권은 1916년『연보』 2집에 게재.) 10월,『논리연구』1권 및 2권의 개정판을 발간.
1914년	7월, 제1차 세계대전 발발.(12월 두 아들 모두 참전.)

프라이부르크대학교 시절(1916~1928)

1916년	4월, 리케르트(H. Rickert)의 후임으로 프라이부르크대학 교의 교수로 취임. 10월, 슈타인(E. Stein)이 개인 조교로 근 무.(1918년 2월까지.)
1917년	7월, 모친 사망. 9월, 스위스 휴양지 베르나우에서 여름휴가 중 1904~1905년 강의 초안 등을 검토.(1918년 2~4월에 베 르나우에서 보낸 휴가에서 이 작업을 계속함.)
1919년	1월, 하이데거 철학과 제1세미나 조교로 임명.
1921년	『논리연구』2권 수정 2판을 발간.
1922년	6월, 런던대학교에서 「현상학적 방법과 현상학적 철학」을 강의.
1923년	일본 잡지《개조(改造)》에 「혁신, 그 문제와 방법」을 발표. 6월, 베를린 대학교의 교수 초빙을 거절. 하이데거가 마르부 르크 대학교에, 가이거가 괴팅겐 대학교에 부임. 란트그레베

(L. Landgrebe)가 개인 조교로 근무.(1930년 3월까지.)

1924년 일본 잡지 『개조』에 「본질 연구의 방법」과 「개인 윤리의 문제 로서의 혁신」을 발표. 5월, 프라이부르크대학교의 칸트 탄생 200주년에 「칸트와 선험철학의 이념」을 강연.

1926년 4월, 생일날 하이데거가 『존재와 시간』의 교정본을 증정.

1927~28년 하이데거와 공동으로 『브리태니커 백과사전』 「현상학」 항목 을 집필하기 시작.(두 번째 초고까지 계속.)

1927년 하이데거가 『연보』 8집에 『존재와 시간』을 발표.

1928년 1904~1905년 강의 수고를 『연보』 9집에 『시간의식』으로 발표. 3월, 후임에 하이데거를 추천하고 정년으로 은퇴.

은퇴 이후(1928~1938)

1928년 4월, 네덜란드 암스테르담에서 「현상학과 심리학」과 「선험적 현상학」을 강연. 8월, 핑크(E. Fink)가 개인 조교로 근무. 11월, 다음 해 1월까지 『형식논리학과 선험논리학』을 저술.

1929년 2월, 프랑스 파리의 소르본대학교에서 「선험적 현상학 입문」 을 강연. 3월, 귀국길에 스트라스부르대학교에서 같은 주제로 강연. 4월, 탄생 70주년 기념 논문집 『연보』 10집에 『형식논 리학과 선험논리학』을 발표.

1930년 『이념들』 1권이 영어로 번역되어 출간. 이 영역본에 대한 '후 기'를 『연보』 최후판인 11집에 발표.

1931년 「파리 강연」의 프랑스어판 『데카르트적 성찰』이 출간. 6월, 칸 트학회 초청으로 프랑크푸르트, 베를린, 할레 대학교에서 「현 상학과 인간학」을 강연.

1933년 1월, 히틀러가 집권하면서 유대인 박해 시작. 5월, 하이데거가 프라이부르크대학교의 총장에 취임.

1934년 4월, 미국 남캘리포니아대학교의 교수 초빙 요청을 밀린 저술들의 완성을 위해 거절. 8월, 프라하철학회가 「우리 시대에 철학의 사명」이라는 주제로 강연 요청.

1935년   5월, 빈 문화협회에서 「유럽 인간성의 위기에서 철학」을 강연. 11월, 프라하철학회에서 「유럽 학문의 위기와 심리학」을 강연.

1936년   1월, 독일 정부가 프라이부르크대학교의 강의 권한을 박탈하고 학계 활동을 탄압. 9월, 「프라하 강연」을 보완해 유고슬라비아 베오그라드에서 창간한 『필로소피아』에 『위기』의 1부 및 2부로 발표.

1937년   8월, 늑막염과 체력 약화 등으로 발병.

1938년   4월 27일, 50여 년에 걸친 학자로서의 외길 인생을 마침.

그 이후의 현상학 운동

1938년   8월, 벨기에 루뱅대학교에서 현상학적 환원에 관한 학위 논문을 준비하던 반 브레다(H. L. Van Breda) 신부가 자료를 구하러 프라이부르크로 후설 미망인을 방문. 10월, 루뱅 대학교에서 후설아카이브 설립을 결정. 11월, 유대인 저술 말살 운동으로 폐기 처분될 위험에 처한 약 4만 5000여 장의 유고와 1만여 장의 수고 및 2700여 권의 장서가 구출되어 루뱅대학교로 이전. 후설의 옛 조교 란트그레베, 핑크 그리고 반 브레다가 유고 정리에 착수.

1939년   『위기』와 관련된 논문 「기하학의 기원」을 핑크가 벨기에 브뤼셀에서 발간한 《국제철학지》에 발표. 3월, 유고 『경험과 판단』을 란트그레베가 편집해 프라하에서 발간. 6월, 루뱅대학교에 후설아카이브가 정식으로 발족.(이 자료를 복사해 1947년 미국 버팔로대학교, 1950년 독일 프라이부르크대학교, 1951년 쾰른대학교, 1958년 프랑스 소르본대학교, 1965년 미국 뉴욕의 뉴스쿨에 후설아카이브 설립.)

1939년	파버(M. Farber)가 미국에서 '국제현상학회'를 창설. 1940년부터 《철학과 현상학적 연구》를 창간.
1943년	사르트르가 『존재와 무: 현상학적 존재론의 시도』를 발표.
1945년	메를로퐁티가 『지각의 현상학』을 발표.
1950년	후설 아카이브에서 유고를 정리해 『후설 전집(*Husserliana*)』을 발간.
1951년	브뤼셀에서 「국제현상학회」가 개최됨.
1958년	후설아카이브에서 『현상학 총서(*Phaenomenologica*)』를 발간.
1960년	가다머(H-G. Gadamer)가 『진리와 방법』을 발표.
1962년	미국에서 '현상학과 실존철학협회'가 창설됨.
1967년	캐나다에 '세계현상학 연구기구'가 창립. '영국현상학회' 『영국 현상학회보』를 발간.
1969년	'독일 현상학회'가 창립되고 1975년부터 『현상학 탐구』를 발간하기 시작. 티미니에츠카(A-T. Tymieniecka)가 '후설과 현상학 국제연구협회'를 창설하고 1971년부터 『후설 연구 선집』을 발간.
1971년	미국 듀케인대학교에서 『현상학 연구』를 발간.
1978년	'한국현상학회'가 창립되고 1983년부터 『현상학 연구』를 발간.

후설의 저술

후설 전집

1 『성찰(*Cartesianische Meditationen & Pariser Vorträge*)』, S. Strasser 편집, 1950; 『데카르트적 성찰』, 이종훈 옮김, 한길사, 2002. 2016(개정판)

2 『이념(*Die Idee der Phänomenologie*)』, W. Biemel 편집, 1950; 『현상학의 이념』, 이영호 옮김, 서광사, 1988.

3 『이념들 1권(*Ideen zu einer reinen Phänomenologie und phänomenologischen Philosophie I*)』, W. Biemel 편집, 1950. K. Schuhmann 새편집, 1976; 『순수현상학과 현상학적 철학의 이념들』 1권, 이종훈 옮김, 한길사, 2009.

4 『이념들 2권(*Ideen zu einer reinen Phänomenologie und phänomenologischen Philosophie II*)』, M. Biemel 편집, 1952; 『순수현상학과 현상학적 철학의 이념들』 2권, 이종훈 옮김, 한길사, 2009.

5 『이념들 3권(*Ideen zu einer reinen Phänomenologie und phänomenologischen Philosophie III*)』, M. Biemel 편집, 1952; 『순수현상학과 현상학적 철학의 이념들』 3권, 이종훈 옮김, 한길사, 2009.

6 『위기(*Die Krisis der europäischen Wissenschaften und die transzendentale Phänomenologie*)』, W. Biemel 편집, 1954; 『유럽 학문의 위기와 선험적 현상

학』, 이종훈 옮김, 한길사, 1997. 2016(개정판)

7 『제일철학 1권(*Erste Philosophie(1923~1944) I*)』, R. Boehm 편집, 1956.

8 『제일철학 2권(*Erste Philosophie(1923~1924) II*)』, R. Boehm 편집, 1959.

9 『심리학(*Phänomenologische Psychologie(1925)*)』, W .Biemel 편집, 1962; 『현상학적 심리학』, 이종훈 옮김, 한길사, 2012.

10 『시간의식(*Zur Phänomenologie des inneren Zeitbewußtseins(1893~1917)*)』, R. Boehm 편집, 1966; 『시간의식』, 이종훈 옮김, 한길사, 1996.

11 『수동적 종합(*Analysen zur passiven Synthesis(1918~1926)*)』, M. Fleischer 편집, 1966.

12 『산술철학(*Philosophie der Arithmethik(1890~1901)*)』, L. Eley 편집, 1970.

13 『상호주관성 1권(*Zur Phänomenologie der Intersubjektivität* I(*1905~1920*))』, I. Kern 편집, 1973.

14 『상호주관성 2권(*Zur Phänomenologie der Intersubjektivität* II *1921~1828*))』, I. Kern 편집, 1973.

15 『상호주관성 3권(*Zur Phänomenologie der Intersubjektivität* III(*1929~1935*))』, I .Kern 편집, 1973.

16 『사물(*Ding und Raum(1907)*)』, U. Claesges 편집, 1973.

17 『형식논리학과 선험논리학(*Formale und transzendentale Logik*)』, P. Janssen 편집, 1974; 『형식논리학과 선험논리학』, 이종훈·하병학 옮김, 나남, 2010.

18 『논리연구 1권(*Logische Untersuchungen* I)』, E. Holenstein 편집, 1975.

19 『논리연구 2-1권(*Logische Untersuchungen* II/1)』, U. Panzer 편집, 1984.

20-1 『논리연구 보충판 1권(*Logische Untersuchungen. Ergänzungsband.* I)』, U. Melle 편집, 2002.

20-2 『논리연구』 보충판 2권(*Logische Untersuchungen Ergänzungsband.* II), U. Melle 편집, 2005.

21 『산술과 기하학(*Studien zur Arithmetik und Geometrie(1886~1901)*)』, I. Strohmeyer 편집, 1983.

22 『논설(*Aufsätze und Rezensionen(1890~1910)*)』, B. Rang 편집, 1979.

23 『상상(*Phantasie, Bildbewußtsein, Erinnerung(1898~1925)*)』, E. Marbach 편집, 1980.

24 『인식론(*Einleitung in die Logik und Erkenntnistheorie(1906~1907)*)』, U. Melle 편집, 1984.

25 『강연 1(*Aufsätze und Vorträge(1911~1921)*)』, Th. Nenon & H. R. Sepp 편집, 1986.

26 『의미론(*Vorlesungen über Bedeutungslehre(1908)*)』, U. Panzer 편집, 1986.

27 『강연 2(*Aufsätze und Vorträge(1922~1937)*)』, Th. Nenon & H. R. Sepp 편집, 1989.

28 『윤리학(*Vorlesung über Ethik und Wertlehre(1908~1914)*)』, U. Melle 편집, 1988.

29 『위기-보충판(*Die Krisis der europäischen Wissenschaften und die transzendentale Phänomenologie(1934~1937)*)』, R. N. Smid 편집, 1993.

30 『논리학과 학문 이론(*Logik und allgemeine Wissenschaftstheorie(1917~1918)*)』, U. Panzer 편집, 1996.

31 『능동적 종합(*Aktive Synthesen(1920~1921)*)』, E. Husserl & R. Breeur 편집, 2000.

32 『자연과 정신(*Natur und Geist(1927)*)』, M. Weiler 편집, 2001.

33 『베르나우 수고(*Die Bernauer Manuskripte Über das Zeitbewußtsein (1917~1918)*)』, R. Bernet & D. Lohmar 편집, 2001.

34 『현상학적 환원(*Zur phänomenologische Reduktion(1926~1935)*)』, S. Luft 편집, 2002.

35 『철학 입문(*Einleitung in die Philosophie(1922~1923)*)』, B. Goossens 편집, 2002.

36 『선험적 관념론(*Transzendentale Idealismus(1908~1921)*)』, R. D Rollinger & R. Sowa 편집, 2003.

37 『윤리학 입문(*Einleitung in die Ethik(1920 & 1924)*)』, H. Peucker 편집, 2004.

후설의 저술

38 『지각과 주의를 기울임(*Wahrnehmung und Aufmerksamkeit*(1893~1912))』, T. Vongehr & R. Giuliani 편집, 2004.

39 『생활세계(*Die Lebenswelt*(1916~1937))』, R. Sowa 편집, 2008.

40 『판단론(*Untersuchungen zur Urteilstheorie*(1893~1918))』, R. D. Rollinger 편집, 2009.

후설 전집에 수록되지 않은 저술들

1 『엄밀한 학문(*Philosophie als strenge Wissenschaft*)』, 『로고스(*Logos*)』 1집, W. Szilasi 편집, Frankfurt, 1965; 『엄밀한 학문으로서의 철학』, 이종훈 옮김, 지만지, 2008.

2 『경험과 판단(*Erfahrung und Urteil*)』, L. Landgrebe 편집, Prag, 1939; 『경험과 판단』, 이종훈 옮김, 민음사, 1997. 2016(개정판)

3 *Briefe an Roman Ingarden*, R. Ingarden 편집, The Hague, 1968.

후설 유고의 분류

1 세속적(mundan) 현상학
   ① 논리학과 형식적 존재론 ── (41, 이하 괄호 안의 숫자는 일련의 묶은 편수를 뜻함)
   ② 형식적 윤리학, 법철학 ── (1)
   ③ 존재론(형상학(形相學)과 그 방법론) ── (13)
   ④ 학문 이론 ── (22)
   ⑤ 지향적 인간학(인격과 환경세계) ── (26)
   ⑥ 심리학(지향성 이론) ── (36)
   ⑦ 세계통각의 이론 ── (31)

2 환원

　① 환원의 길 ── (38)

　② 환원 자체와 그 방법론 ── (23)

　③ 잠정적인 선험적 지향적 분석학 ── (12)

　④ 현상학의 역사적 및 체계적 자기특성 ── (12)

3 형식적 구성으로서 시간 구성 ── (17)

4 원초적 구성(근원적 구성) ── (18)

5 상호주관적 구성

　① 직접적 타자경험의 구성적 기초학 ── (7)

　② 간접적 타자경험의 구성(완전한 사회성) ── (3)

　③ 선험적 인간학(선험적 신학, 목적론 등) ── (11)

6 강의들과 강연들

　① 강의들과 그 부분들 ── (44)

　② 강연들과 부록들 ── (7)

　③ 인쇄된 논문들과 그 부록들의 수고(手稿)들 ── (1)

　④ 정리되지 않은 원고 ── (4)

7 1935년 비판적으로 선별할 때 수용하지 않았던 속기 필사본

　① 1910년 이전 수고들 ── (69)

　② 1910년부터 1930년까지의 수고들 ── (5)

　③ 1930년 이후『위기』와 관련된 수고들 ── (33)

　④~⑤ 후설 장서에 기재한 난외 주석들의 사본

8 1935년 비판적 선별할 때 수용하지 않았던 흘림체 필사본(베르나우 초고)

　① ── (21)

　② ── (21)

9 필사체 수고 사본 및 1938년 이전 후설의 조교들이 타이프 친 원고

　① 강의들 ── (4)

　　a『현상학 입문』(1922)

　　b『철학입문』

　　　c『제일철학』

　　　d『현상학적 심리학』

　② 강연들 ── (3)

　　a 베를린 강연

　　b 칸트 기념 강연회의 연설

　　c 파리 강연과『데카르트적 성찰』

　③ 출판 구상 ── (17)

　　a『이념들』2권과 3권

　　　• 슈타인 사본

　　　• 란트그레베 사본

　　　• 란트그레베 사본에 대한 후설의 수정

　　b『논리연구』제6연구(2-2권)의 개정

　　c 의식의 구조에 대한 연구들

　　　• 1부

　　　• 2부

　　　• 3부

　　　• 이러한 사상의 범위에 대한 구상

　　d 일본 잡지《개조》에 기고한 논문의 구상

　　e『위기』3부를 위한 구상

　　　• 프라하 강연

　　　• 빈 강연

　　　•『위기』3부; 내용색인; 역사연구;『위기』3부의 수정

　　f~h 커다란 구도 속에서의 구상

　　i 후설의 관념론에 관한 논쟁

　　j『브리태니커 백과사전』에 기고한「현상학」항목의 구상

　　k~p 네 가지 구도 속에서의 구상

10 비망록

11 다른 저자들의 수고들

570

12 스승들의 강의를 들을 때 후설이 작성한 메모

13 편지들

　① 후설이 쓴 편지들

　② 후설에게 보낸 편지들

　③ 후설에 관한 편지들

　④ 후설 사후(1938년) 후설 부인의 편지들

14 기록 문서들

　① 임명장들

　② 광고 포스터들

　③ 강의 안내문들

　④ 일지들

찾아보기

ㄱ

가능성 42, 43, 50, 67, 90, 92, 96, 97,
105, 114, 132, 135, 154, 155, 160,
161, 163, 171, 175~182, 186, 218,
219, 226, 235, 262, 264~266, 269,
272~278, 285, 307, 319, 321, 324,
335, 351, 352, 400, 401, 403, 406,
410, 411, 413, 417, 419, 420, 433,
437, 438~449, 452, 470~472, 483,
487, 497~506, 510~514, 516, 518,
525, 526~533, 539, 540, 551~558
갈릴레이 32, 33, 107
감정이입 31, 36, 260, 263, 264
개체화 27, 271, 274, 287~289,
379~384, 390, 391, 504, 505
객관적 인식 34, 35, 84, 108~110
객관화 45, 126, 129, 143, 144, 155, 186,
196, 294, 305, 308, 311, 318, 326,
344, 366, 455, 518
결단
　판단의 결단 52
경험의 공동체 515

과거지향 49, 50, 98, 158, 167, 168, 170,
174, 192~196, 208, 258, 276, 315,
354, 403, 406, 423, 542~546, 550
관심
　실천적 관심 119, 134, 311, 422
　이론적 관심 88, 310, 451
　인식에 대한 관심 86, 87, 499
관찰 44, 46, 47, 50, 77, 126~129,
131~136, 144, 146, 162~167,
184~188, 196~198, 202~205,
210~121, 218, 226, 233, 235, 236,
243~251, 257, 259, 275, 294, 300,
304~306, 314, 315, 317, 322,
326~328, 336~338, 340, 341, 346,
348, 350, 353, 355, 357, 358, 363,
364, 396, 397, 401~403, 411, 415,
423, 436, 516, 520, 521
괴테 390, 391
구성
　미리 구성 45, 128, 191, 244, 245,
291, 307, 316~318, 321, 329, 334,
353~355, 359, 360, 363~367,

369, 371, 373, 375, 414, 444, 457,
459~466, 472, 474, 475, 480, 489,
520
귀납 24, 49, 91, 106, 148, 195, 473,
475, 485, 530, 531
근원적 건설 401
근원적 속견 126, 134, 547
기대지향 165, 166
기억
　신선한 기억 211
기체
　궁극적 기체 42, 80~82, 103, 126, 232,
321
　절대적 기체 223, 225~233,
기하학화 107

ㄴ

내재 25, 45, 49, 79, 93, 96, 127, 130,
146~149, 188, 194, 254, 265,
374~378, 380, 393, 460, 473, 522,
523, 526, 543
내재적 판단 93, 523
논리학
　선험논리학 30, 52~57, 62~64, 78, 83,
101, 102, 105, 107, 116, 146, 215,
319, 325, 334, 347, 363, 373, 395,
405, 407, 412, 415, 416, 427, 428,
430, 496, 562, 566
　세계의 논리학 101, 102
　형식논리학 30, 33, 42, 43, 51, 53~57,
62~64, 68, 69, 75, 78, 81~83, 101,
102, 105, 107, 116, 135, 146, 171,
215, 232, 306, 319, 325, 334, 343,
347, 363, 373, 395, 399, 405, 412,
415, 416, 496, 562, 566
능동성 45, 48, 82, 107, 121, 126~130,

135, 154, 186, 188, 190~196,
201~208, 220, 222, 225, 226, 228,
232, 234, 246, 253, 257, 261, 281,
284, 305, 314~317, 331, 342, 349,
350, 358, 366, 367, 370, 398, 408,
444, 458, 466, 470, 480, 488, 490

ㄷ, ㄹ

다양체 159, 323, 349, 350, 377, 384,
427, 466, 467, 485, 487, 488~493,
495, 497, 500, 507, 508, 511, 549
단적인 파악 45, 47, 126, 184, 186, 188,
202, 203~205, 218, 225, 231, 251
단편 43, 46, 56, 143, 234~242, 260,
264, 281, 333, 339, 376, 379, 529
대상성
　범주적 대상성 138, 245, 305, 307, 353,
355, 405, 408, 410, 411, 414
　상상의 대상성 255, 267, 269, 271, 277,
292
　오성의 대상성 305, 353, 355, 356, 363,
367, 369~375, 380, 383~385, 387,
388, 390, 392, 395, 402, 406, 471,
481, 489
　의미의 대상성 388, 394, 395, 413, 414,
502
데카르트 30~33, 36, 59, 62, 71, 114,
189, 562, 565, 570
동기부여 148, 407, 411, 413, 417, 420,
424, 448, 450, 557
되돌아가 물음 18, 32, 50, 70, 112~114,
135, 270, 273, 449, 506
되돌아감 63, 76, 85, 408, 409
라파엘로 391

ㅁ

명사화 63, 321, 334, 335, 338, 339, 345,
353~355, 414, 416

명석 71, 95, 129, 136, 212~215,
217~219, 310, 317, 352, 403, 407,
408, 492, 550

명증성 30, 34, 42, 64, 68~85,
101~105, 109~112, 117, 118, 122,
134~136, 138, 144, 200, 222, 254,
274, 307, 343, 352, 385, 393, 409,
412, 414, 417, 427, 442, 450, 491,
501, 540, 550, 551, 555, 556

미래지향 49, 98, 158, 165, 167, 170,
187, 190, 192, 195, 196, 315, 544

미리 알려져 있음 42, 89, 96

미리 앎 89

미리 지시하는 것 43, 100, 104, 124,
166, 168, 175, 177, 179, 216, 329,
445, 518

ㅂ

반복 54, 77, 78, 79, 114, 130, 147, 210,
211, 220, 222, 269, 288, 309, 316,
317, 347, 364, 381, 382, 391, 408,
429, 449, 464, 466, 477~480, 483,
490, 501, 522, 531, 532, 534, 554

반성 18, 102, 111, 112, 114, 121, 126,
127, 319, 376, 403, 415, 427, 428,
431, 435, 436, 456

범례 79, 102, 104, 113, 123, 126, 133,
136, 137, 143, 251, 256, 299, 367,
386, 390, 394, 395, 431, 485~488,
496, 498, 501, 507, 512, 514, 529,
532, 533

변양 48, 49, 76~78, 85, 86, 95, 130,
134, 137, 148, 170, 182, 190~196,

204, 205, 208, 210, 216~218, 222,
268, 271, 298, 309, 315, 332, 335,
341~345, 346, 360, 361, 400~409,
425, 431~436, 465, 491, 519~527,
535, 536, 540, 543, 544, 549

복원 29, 34, 117, 210, 391, 392, 402,
407, 410, 411, 418, 419, 425

본질직관 31, 97, 138, 483, 485, 488,
489, 492, 495, 496, 497, 503, 517

브렌타노 22, 129, 559

ㅅ

사태 18, 20, 24, 33, 35, 40, 42, 47, 74,
84, 114, 138, 158, 160, 176, 186,
232, 249, 262, 278, 306, 310, 318,
341, 342, 353, 355~359, 361, 362,
363, 367~369, 371~375, 381, 383,
390, 400, 403, 404, 409, 412~418,
425, 428, 429, 440, 444, 450, 462,
467, 468, 496, 499, 501, 502, 511,
519, 520, 525, 525, 527~529, 531,
532, 534, 539, 542, 544, 545, 553,
558

상상 26, 28, 43, 48, 73, 84, 85, 101,
102, 107, 137, 158, 178, 194, 217,
245, 251, 255, 256, 266~277, 279,
282, 284, 286, 287, 291, 292, 326,
379, 403, 431~436, 470, 471, 474,
485, 486, 488, 490, 492, 497, 498,
499, 501, 503~506, 512, 518, 525,
526, 530~532, 534, 539~541, 567

상태 72, 122, 154, 166~168, 171, 176,
185, 204, 205, 209, 213, 220, 281,
355~359, 367, 369, 378, 399, 411,
413~415, 444, 445, 448, 494, 557,
558

상호주관성 31, 37, 52, 59, 123, 124, 139, 260, 515, 517, 523, 566
생활세계 20, 21, 32, 33~36, 41, 50, 52, 84, 103, 105, 108, 109, 111, 113~115, 117, 124, 133, 210, 216, 517, 568
선술어적
 선술어적 경험 30, 43, 42, 50, 52, 83, 84, 85, 98, 102, 109, 111, 122, 132, 136, 143, 171, 264, 356, 398, 426
 선술어적 명증성 42, 74, 75, 79, 102, 103, 105, 111, 117, 134~136
 선술어적 영역 133, 136, 169, 171, 176, 183
 선술어적 의식 47
 선술어적 종합 136, 200
 선술어적 판단작용 129
선판단 404, 405
선험적 주관성 20, 28, 35~40, 52, 64, 107, 114, 170, 210, 405, 517
수동성
 2차적 수동성 370
수용성 48, 129, 143, 150, 154, 232, 291, 293, 294, 303~305, 310, 312~314, 321, 336, 341, 343, 346, 348, 349, 355, 356, 358, 363, 367, 370, 371, 374, 388, 397, 403, 419, 437, 466
술어화 102, 128, 135, 136, 212, 246, 303, 312~314, 317, 318, 322, 325, 327, 328, 330, 332, 333, 335, 336, 340, 343~345, 348, 349, 359, 360, 396, 404, 408, 427, 428, 430~436, 439, 464~466, 469, 474, 524, 528, 533, 545
습득성 34, 36, 52, 117, 210~212, 322, 405, 407

시간
 시간 구성 569
 시간의식 148, 194, 195, 252, 266, 277~279, 282, 406, 543~550
 시간지속 273
신체 37, 48~51, 90, 120, 121, 138, 139, 170, 172, 181, 260, 263, 510, 515~517, 523
실존판단 425~428, 434, 525~527
실증주의 18, 26, 35, 108, 129, 552
실천
 이론적 실천 52, 87, 304
 인식의 실천 118, 342

ㅇ
아리스토텔레스 65, 66, 135
아프리오리 42, 95~97, 115, 269, 330, 334, 366, 430, 483, 484, 500~503, 517, 525, 526, 527, 530~534, 550, 553
양상화 84, 130, 165, 174, 175, 179~184, 187, 396, 397, 399~402, 405, 410, 418, 419, 422~424, 443, 448, 451, 457, 547
언어공동체 123, 124
여전히 파지함 45, 188, 190~196, 203~207, 247, 248, 258, 314, 315, 488
역사성 27, 34, 36, 50~52, 64, 91, 109, 118, 123, 137, 210, 300, 405
연상 49, 97, 145, 147~151, 158, 207, 209, 244, 276, 278~285, 291, 298, 299, 336, 370, 407, 409, 460~462, 469, 470, 488, 554
영역 20, 23, 28, 29, 33, 34, 38, 43, 48, 50, 55, 64, 70, 75, 79, 82, 84, 87,

89, 90, 93, 100, 107, 109, 110, 112,
116~126, 132~134, 136~138, 143,
144, 148, 150~152, 155, 163, 168,
169, 171, 176, 182, 183, 193, 213,
215, 225, 227, 245, 255, 256, 261,
264, 274, 275, 279, 281, 284, 294,
303, 307, 330, 334, 338, 342, 355,
362, 363, 370, 374, 378, 388, 389,
391, 392, 396~398, 400~402, 405,
406, 410, 414~416, 423, 426, 427,
431, 435~437, 441, 443~445, 448,
472, 473, 493, 501, 503, 506, 507,
509~512, 516, 522, 523, 527, 528,
530~532, 534, 552, 553, 555, 562
운동감각 50~52, 138, 160~162, 180,
185, 371, 428
원근법 50, 127, 362, 544
유클리드기하학 107
유형
  유형적으로 친숙한 것 244, 456
  유형화 100, 472
융합 147~150, 260, 280, 461, 462, 548
음영 50, 127, 290, 362, 376, 495,
의지 37, 48, 50, 52, 115, 124, 126, 135,
137, 138, 162, 163, 304, 308, 309,
315, 400, 424, 444, 445
이념
  이념성 74, 327, 391, 392, 468,
470~472
  이념의 옷 108, 111, 113
  이념직관 486, 510
  이념화 33, 37, 103, 106~109, 111,
113, 115, 123, 124, 134, 137, 138,
385, 493, 503, 510, 516, 517, 557
  이념화 작용 138
이성 17, 18, 26~29, 34, 37, 39, 40, 64,

84, 116, 139, 170, 260, 304, 417,
428, 444, 451, 493, 496, 515, 523,
552, 553, 555
인상 25, 29, 49, 50, 127, 167, 169, 181,
193, 194, 196, 204, 218, 257, 299,
300, 544
  절대적 인상 299, 300
인식 행동 87, 131, 308
임의성 101, 224, 483, 487, 488, 490,
500, 501, 528, 532

ㅈ
자발성 48, 129, 138, 143, 202, 208, 245,
254, 305, 311, 319, 327, 332, 347,
348, 350~352, 355, 363, 364, 366,
369, 371, 390, 395, 457, 463, 471
자아
  순수 자아 117
  자아 중심 421
자연
  자연의 수학화 107, 502
자유변경 102, 485, 486
작업수행 43, 64, 67, 70, 73, 75, 76, 80,
86, 89, 98, 103, 104~110, 112~117,
119, 123, 124~128, 130, 132, 133,
138, 143~146, 153, 155, 163, 168,
184, 187, 189, 210, 224, 235, 243,
252, 278, 279, 293, 303~307, 311,
312, 314, 315, 324, 329, 341, 345,
347~349, 353~355, 360, 361, 365,
370, 371, 388, 398, 400, 420, 423,
455, 457~459, 470, 485, 510, 519,
520, 528
접근 20, 34, 36, 38, 40, 90, 101, 105,
111, 120, 154, 159, 163, 176, 181,
185, 186, 283, 284, 296, 308, 310,

362, 366, 393, 407, 479, 545

정립성 48, 97, 137, 266, 275

정상성 47, 139, 170, 300, 514~516

정신을 자연화하는 것 92

제시함 159, 374

존재론 19, 31, 35, 62, 63, 68, 293, 427,
517, 564, 568

주관적 속견 34, 35, 84, 87, 109, 110,
119, 126

주관적인 것 92, 112, 121, 124, 471

중첩 109, 111, 171, 174, 193, 200, 201,
221, 248, 251, 280, 295~297, 366,
386, 467, 478, 489, 492~497

지평

경험의 지평 41, 42, 52, 89, 90, 104

공허한 지평 43, 99, 100, 172, 181, 214,
271, 446

내적 지평 45, 47, 91, 92, 94, 186, 187,
197, 244, 512

외적 지평 46, 47, 92, 96, 187, 243, 244,
512

잔여의 지평 213, 214

지평의 지향 99, 213, 219, 257, 259,
382

지향성 21, 25, 28, 35, 40, 48~50, 91,
112, 129, 130, 166, 189, 206, 215,
375, 399, 407, 420, 421, 473, 544,
546, 568

직접 제시 543, 545

ㅊ, ㅋ, ㅌ

추상 20, 25, 26, 31, 33, 37, 52, 62, 122,
123, 132, 145, 152, 234, 240, 263,
312, 322, 376, 385, 386, 415, 455,
469, 471, 477, 478, 480, 481, 489,
492, 509, 516, 518, 532, 552, 557

침전 34, 37, 46, 49, 51, 68, 78, 82, 91,
97, 104, 109, 110, 112, 113, 114,
115, 117, 123, 131, 206, 209, 210,
246, 249, 305, 306, 321, 322, 342,
351, 363, 402, 405, 407, 410, 460,
473, 544

칸트 31, 32, 42, 93, 115, 129, 135, 146,
191, 262, 362, 378, 428, 493, 500,
553, 554, 562, 570

태도

단도직입적 태도 415

비판적 태도 415, 425~427

실천적 태도 136, 445

이론적 태도 451

자연적 태도 26, 28, 29, 35, 36, 38, 114,
415, 431, 499

태도 변경 84, 122, 256, 270

통각 93, 94, 111, 145, 158, 161, 162,
168, 170, 173, 174, 177, 206, 207,
209, 212, 216, 263, 375~378, 460,
472, 473, 476, 489, 490, 568

ㅍ, ㅎ

판명 69~71, 77, 78, 80, 129, 212~215,
217, 222, 307, 352, 357, 385, 403,
409, 414, 439, 489, 504, 542

플라톤 21, 168, 467, 471, 486, 498

핑크 19, 31, 59, 562, 563

해명작용 133, 136, 250, 314, 317, 364,
369, 435

현상 17~19, 21, 22, 25, 27~41, 51, 52,
54, 58, 59, 63, 64, 70, 71, 76, 77,
79, 83, 91, 96, 105, 107, 110, 114,
116, 123, 124, 129, 137, 138, 139,
148~152, 154, 168, 170, 176, 178,
181~197, 205, 254, 257, 262, 265,

266, 268, 281~286, 306, 316, 325,
396, 397, 400, 404, 407, 412, 415,
422, 427, 437, 438, 443, 486, 546,
550, 552, 554, 555, 560~570
현재
　구체적 현재 195
　생생한 현재 143, 147, 157, 158, 195,
　260, 542
현전화 73, 95, 104, 158, 173, 174, 178,
　179, 245, 251, 255, 256, 259, 260,
　264, 266, 271, 279, 281, 282, 284,
　292, 305, 309, 342, 343, 407, 408,
　460
환경세계 34, 47, 98, 100, 124, 128,
　133~135, 144, 260, 299, 300, 516,
　568
회상 95, 130, 154, 155, 158, 168, 174,
　217, 258, 265, 266, 270, 280, 331,
　469, 549, 550
흄 129, 286, 550~556
흐름 20, 27, 29, 37, 45, 48, 49, 97,
　98, 103, 127, 128, 132, 139, 156,
　189~191, 195, 204, 265, 266,
　276~278, 282, 285, 292, 341, 375,
　379, 460, 495, 541~544, 546

이종훈

성균관대학교 철학과와 같은 대학교 대학원 철학과에서 박사학위를 받았다. 현재 춘천교육대학교 윤리교육과 교수로 재직 중이다. 저서로『현대의 위기와 생활세계』(1994),『아빠가 들려주는 철학이야기』제1~3권(1994, 2006),『현대사회와 윤리』(1999)가 있으며, 역서로『언어와 현상학』(커닝햄, 1995),『소크라테스 이전과 이후』(컨퍼드, 1995),『시간의식』(후설, 1996),『유럽 학문의 위기와 선험적 현상학』(후설, 1997),『데카르트적 성찰』(후설, 2002),『엄밀한 학문으로서의 철학』(후설, 2008),『순수현상학과 현상학적 철학의 이념들』제1~3권(후설, 2009),『형식논리학과 선험논리학』(후설, 2010),『현상학적 심리학』(후설, 2013) 등이 있다.

현대사상의 모험 22

경험과 판단 논리학의 발생론 연구

1판 1쇄 펴냄 1997년 10월 20일
2판 1쇄 펴냄 2009년 8월 17일
3판 1쇄 펴냄 2016년 12월 30일
3판 2쇄 펴냄 2020년 4월 13일

지은이   에드문트 후설
옮긴이   이종훈
발행인   박근섭·박상준
펴낸곳   ㈜민음사

출판등록 1966. 5. 19. 제16-490호
주소   서울특별시 강남구 도산대로 1길 62 (신사동)
          강남출판문화센터 5층 (06027)
대표전화 02-515-2000/팩시밀리 02-515-2007
홈페이지 www.minumsa.com

한국어판 © 민음사, 2016. Printed in Seoul, Korea

ISBN   978-89-374-3386-3(94160)
         978-89-374-1600-2 (세트)

* 잘못 만들어진 책은 구입처에서 교환해 드립니다.